Gute Eltern sind bessere Mitarbeiter

Joachim E. Lask · Ralph Kriechbaum

Gute Eltern sind bessere Mitarbeiter

Dieses Buch ist öffentliches Eigentum.
Für Verlust und jeder Art von Beschädigung
haftet der Entleiher.
Vor allem bitte keinerlei Anstreichungen!
Auch Bleistiftanstreichungen gelten als
Beschädigung des entliehenen Buches!

Joachim E. Lask
WorkFamily-Institut, Ober-Ramstadt
Hessen, Deutschland

Ralph Kriechbaum
Fakultät für Betriebswirtschaft
Hochschule Rosenheim, Rosenheim
Bayern, Deutschland

ISBN 978-3-642-34808-2   ISBN 978-3-642-34809-9   (eBook)
DOI 10.1007/978-3-642-34809-9

Die Deutsche Nationalbibliothek verzeichnet diese Publikation in der Deutschen Nationalbibliografie; detaillierte bibliografische Daten sind im Internet über http://dnb.d-nb.de abrufbar.

© Springer-Verlag GmbH Deutschland 2017
Das Werk einschließlich aller seiner Teile ist urheberrechtlich geschützt. Jede Verwertung, die nicht ausdrücklich vom Urheberrechtsgesetz zugelassen ist, bedarf der vorherigen Zustimmung des Verlags. Das gilt insbesondere für Vervielfältigungen, Bearbeitungen, Übersetzungen, Mikroverfilmungen und die Einspeicherung und Verarbeitung in elektronischen Systemen.
Die Wiedergabe von Gebrauchsnamen, Handelsnamen, Warenbezeichnungen usw. in diesem Werk berechtigt auch ohne besondere Kennzeichnung nicht zu der Annahme, dass solche Namen im Sinne der Warenzeichen- und Markenschutz-Gesetzgebung als frei zu betrachten wären und daher von jedermann benutzt werden dürften.
Der Verlag, die Autoren und die Herausgeber gehen davon aus, dass die Angaben und Informationen in diesem Werk zum Zeitpunkt der Veröffentlichung vollständig und korrekt sind. Weder der Verlag noch die Autoren oder die Herausgeber übernehmen, ausdrücklich oder implizit, Gewähr für den Inhalt des Werkes, etwaige Fehler oder Äußerungen. Der Verlag bleibt im Hinblick auf geografische Zuordnungen und Gebietsbezeichnungen in veröffentlichten Karten und Institutionsadressen neutral.

Planung: Marion Krämer
Einbandabbildung: © Squaredpixels/Getty Images/iStock

Gedruckt auf säurefreiem und chlorfrei gebleichtem Papier

Springer ist Teil von Springer Nature
Die eingetragene Gesellschaft ist Springer-Verlag GmbH Deutschland
Die Anschrift der Gesellschaft ist: Heidelberger Platz 3, 14197 Berlin, Germany

Geleitworte

Ressourcen von Eltern als Bereicherung für die Organisation entdecken

Wie Sie im Weiteren sehen werden, haben die Autoren dieses bahnbrechenden Buches eine eindrucksvolle Anzahl an Aussagen von Frauen und Männern in Führungspositionen gesammelt. Diese Zeugen der ersten Generation liefern eine Vielfalt an Beobachtungen und Erfahrungen sowie einige sehr aufmerksame Überlegungen zur Essenz des Lernens und der persönlichen Entwicklung.

Zudem ist es den Autoren gelungen, eine äußerst beeindruckende Reihe internationaler Studien im Bereich der Soziologie, Psychologie und Psychotherapie durchzuarbeiten.

Von 1988 an war ich für 10 Jahre der Eigentümer und Leiter des Kempler Instituts Skandinavien.

Unser Fokus lag besonders darauf, eine qualitativ hochwertige Zusatzausbildung in Familientherapie für Fachleute aus dem Bereich der Psychologie, Psychiatrie, Sozialpädagogik und Sozialarbeit zu schaffen.

Ein wesentlicher Teil dieser Ausbildung war ein 6-Tages-Sommerworkshop, zu dem die Teilnehmer eingeladen waren, ihre Familien mitzubringen. Daran nahmen Gruppen von circa 50 Erwachsenen und 40 Kindern teil. Manche Partner unserer Teilnehmer(innen) hatten Führungspositionen in Industrie, Service, Anwaltskanzleien, staatlichen Organisationen etc. inne. Teil deren Rückmeldungen war immer: „In meinem Arbeitsumfeld wissen wir nichts über diese Art des Dialoges und der Lösung zwischenmenschlicher Konflikte. Wäre es möglich, dass Sie auch etwas für uns schreiben, denn wir können uns ja nicht bloß an der Familientherapie bedienen?"

Dieses Buch ist genau das, was unsere Sommerworkshop-Teilnehmer(innen) erbeten hatten. Meiner Meinung nach ist es eines der solidesten und mutigsten Werke, die ich jemals zum Thema Führung gelesen habe. Elterliche Führung ist nicht länger ein Replikat der früheren industriellen Führung. Eine Folge ist, dass die Angestellten der Gegenwart unterschiedliche Erwartungen und Ansprüche im Hinblick darauf haben, wie sie sich am Arbeitsplatz fühlen möchten, und insofern bereit und auch fähig sind, für das Unternehmen oder die Organisation ihr Bestes zu geben.

Für das Wohlbefinden ihrer Familien zu sorgen ist keine Bedrohung für ihre fachliche Leistung, sondern vielmehr, wie dieses Buch dokumentiert, eine Bereicherung für die Organisation. Wir stehen ganz am Anfang einer Wechselwirkung zwischen Familie und Arbeitsplatz, beide definieren unsere Identität und die Erfahrung, uns als Individuum wertvoll zu fühlen, zu entdecken.

Jede destruktive Beziehung, das Fehlen florierender und dynamischer Entwicklung – sowohl zu Hause als auch am Arbeitsplatz –, vermindert auf beiden Seiten die individuelle Stärke, Kreativität und Belastungsfähigkeit, ungeachtet des Geschlechts oder der Position innerhalb der Organisation.

Ein maßgebliches Argument also, die elementaren Werte der modernen Familie in die Art, wie wir Führung am Arbeitsplatz verstehen und umsetzen, zu übernehmen – nicht nur auf der Geschäftsführungsebene, sondern in allen Beziehungen, in denen Mitarbeiter führen oder andere ausbilden. Diese Werte sind:

- Empathie,
- Dialog,
- persönliche und soziale Verantwortung,
- Beständigkeit,
- gegenseitiger Respekt für persönliche Integrität und Grenzen,
- Gleichwürdigkeit.

Bis diese Werte in unserem täglichen Verhalten spürbar werden, bedarf es für die meisten von uns einer Zeit des Lernens und Experimentierens in unserer Eigenschaft als Eltern und Partner.

Das Gleiche gilt auch für Führungskräfte, unabhängig vom Bildungshintergrund. Demzufolge ist es für Organisationen und Betriebe wichtig, ihren Führungskräften Ausbildungen, Mentoring sowie Coaching anzubieten.

Elementare menschliche Werte in Unternehmen zu integrieren wurde in den letzten zwei Jahrhunderten als kontraproduktiv für den Profit angesehen. Heute wissen wir, dass diese Werte sich sehr wohl als positiv für den Profit sowie für das Gewinnen von neuen und das Halten von loyalen Mitarbeitern erweisen.

im November 2016

Jesper Juul
Familientherapeut, Autor und Unternehmer
Odder, Dänemark

Gute Eltern sind die besseren Mitarbeiter! Und vielleicht auch die besseren Führungskräfte?

Zunächst einmal gebe ich zu, dass ich befangen bin. Ich habe drei Kinder: einen 20-jährigen Sohn, gerade ausgezogen und im Studium, eine 17-jährige Tochter, die momentan ihr Abitur macht, und einen 10-jährigen Sohn, der soeben die Grundschule verlassen hat. Als Vater höre ich daher gern, dass ich durch oder wegen meiner Elternschaft ein besserer Mitarbeiter sein könnte.

Joachim Lask und Ralph Kriechbaum haben eine Fülle von Material zusammengestellt, das ihre Behauptung, dass gute Eltern in der Kindererziehung viele Dinge lernen, die sie im Beruf nutzen können, auch belegt. Im einleitenden Kapitel werden zum Beispiel aktuelle Befunde der Neuropsychologie schön zusammengefasst. Einer dieser Befunde ist, dass positive Emotionen das kindliche Lernen unterstützen und dass elterliches Lob dabei sehr hilfreich ist. Diese Befunde kann man unmittelbar auf den beruflichen Kontext übertragen, und was Eltern im Umgang miteinander und mit ihren Kindern lernen – und zwar auf täglicher Basis – können und sollten sie mitnehmen und auch im Umgang mit Mitarbeitern und Kollegen anwenden.

Ähnliches gilt für viele Dinge, die Elternschaft mit sich bringt: Man lernt Stressmanagement (schon von der Geburt des ersten Kindes an, häufig verbunden mit wenig Schlaf), Konfliktmanagement (z. B. wenn die Kinder in der Pubertät sind), Zeitmanagement, das Setzen und Verfolgen von Zielen usw. Dass diese Dinge nicht allen Eltern immer gelingen, ist selbstverständlich, und die Betonung im Titel des Buches liegt auf „gute" Eltern. Um gute Eltern zu sein, empfehlen die Autoren einige Grundprinzipien. Dazu gehören Dinge wie verbindlich und konsequent zu sein, für sich selbst zu sorgen und auf sich achten zu können, die eigenen Werte vorzuleben und positive Beziehungen zu pflegen und zu fördern.

Diese Themen werden von den Autoren dann in einzelnen Kapiteln ausführlich behandelt und vom familiären auf den beruflichen Kontext übertragen. Ein Ziel im familiären Bereich könnte lauten: „Tochter Sabine soll im nächsten Vokabeltest 12 Punkte erreichen." Lask und Kriechbaum analysieren dieses Ziel durch Fragen wie: „Ist dieses Ziel eines der Eltern oder der Tochter?", „Wurde es gemeinsam ausgehandelt oder vorgegeben?", „Ist es realistisch?" usw. Der Leser erkennt unmittelbar, worauf es beim Formulieren, Vereinbaren, Nachverfolgen und Belohnen von Zielen ankommt, und die Übertragung auf den beruflichen Bereich ist naheliegend und gelingt mühelos. Alle Kapitel enthalten solche Beispiele aus der Familie, aber auch viele praktische Anwendungen und kleine Fallstudien aus der Unternehmenspraxis.

Das Buch ist gespickt mit Zitaten aus insgesamt zehn Interviews, die Joachim Lask und Ralph Kriechbaum mit interessanten Persönlichkeiten zum Thema geführt haben. Dazu gehören bekannte CEOs und Führungskräfte aus anderen gesellschaftlichen Bereichen wie die ehemalige Wella-Vorständin Elke Benning-Rhonke oder die ehemalige schweizerische Nationalrätin Ursula Haller. Andere Interviewpartner sind z. B. ein Handwerksmeister oder Geschäftsführer und Geschäftsführerinnen mittelständischer Unternehmen. Sie alle eint, dass sie Kinder haben und sehr reflektiert beschreiben, wie sich ihre Elternrolle auf ihr Verhalten im Beruf ausgewirkt hat. Die Zitate allein machen das Buch lesenswert und der Abdruck der vollständigen Gespräche im Anhang bietet viel Stoff zur Anregung und weiteren Auseinandersetzung mit dem Thema.

In meinen eigenen Interviews mit Führungspersönlichkeiten sprach ich unter anderem mit der damaligen Frankfurter Oberbürgermeisterin Petra Roth über das Thema Führung. Ihre erste Aussage war, dass sie führen gelernt habe, als sie Mutter wurde. Für sie sei das Leben als Mutter eigentlich nichts anderes als zu führen. Von daher, und ich glaube die Autoren würden dem sofort zustimmen, kann man den Titel des Buches ohne Weiteres auf Führungskräfte übertragen.

Gute Eltern sind sicher die besseren Mitarbeiter. Entgegen vieler Vorurteile opfern Menschen, nachdem sie Eltern geworden sind, eben *nicht* einen Großteil ihres beruflichen Engagements der Familie. Betrieb und Familie sind in diesem Sinn kein „Nullsummenspiel" und Zeit für die Familie automatisch verlorene Zeit für das Unternehmen. Im Gegenteil – auf die (leider wenige) Forschung dazu gehen Lask und Kriechbaum an verschiedenen Stellen ein – sind Eltern häufig loyaler dem Unternehmen gegenüber, sie sind organisierter und verlässlicher und sie lernen, besser mit ihren Kolleginnen und Kollegen umzugehen.

Ich glaube zudem, dass Eltern die besseren Führungskräfte sind, und das obige Beispiel zum Stichwort Ziele ist ein klassisches Führungsthema. Nun werden manche Leser sagen, dass seien doch Selbstverständlichkeiten. Leider ist die Praxis in Deutschland und anderswo aber leider nicht so, dass die Vorteile von Elternschaft gesehen und Eltern für ihre Kompetenzen auch belohnt werden. Gerade Frauen erleben häufig, dass sie als Mütter die weniger interessanten Projekte bekommen und weniger Karriere machen als ihre männlichen Kollegen (mit oder ohne Kinder). Und Männer, die in Elternzeit gehen oder berufliche Termine so zu organisieren versuchen, dass sie mit den Ansprüchen der Familie vereinbar sind, werden belächelt oder stoßen auf Unverständnis oder sogar auf Ablehnung.

Lask und Kriechbaum fordern ein Umdenken in Gesellschaft und Unternehmen. Deutschland braucht Kinder – und daher auch Eltern. Wie schon der Philosoph Thomas Vasek vor einigen Jahren in seinem Buch *Work-Life-Bullshit* geschrieben hat, sind die Zeiten lange vorbei, in denen Beruf und Arbeit völlig getrennte Sphären darstellen. Und statt zu versuchen, das Leben vor 16 oder 17 Uhr (die Arbeit) irgendwie mit dem Leben nach dieser Uhrzeit zu vereinbaren, sollte man die vielfältigen Überschneidungen und Überlappungen der Bereiche wahrnehmen und zum jeweils Besten für beide integrieren.

Da die Arbeit von der Elternschaft profitiert, sollten auch Eltern davon profitieren. Ihre Arbeit im (so Lask und Kriechbaum) „Kompetenzcenter Familie" sollte Anerkennung finden und unterstützt werden. Einige Fallstudien im Buch zeigen, dass das durchaus gelingen kann, und Lask und Kriechbaum präsentieren Studien und Zahlen, vor denen man die Augen nicht verschließen sollte. Zwei Drittel der Mütter arbeiten Teilzeit, aber nur knapp 6 % der Väter. Für beide Geschlechter gilt, dass z. B. die Elternzeit eine Fortbildung darstellt, in der man über mehrere Monate auf Ganztagesbasis geschult wird, z. B. im Stress- und Zeitmanagement. Dies sollte von Arbeitgebern auch anerkannt werden und die Elternzeit nicht als verlorene Zeit angesehen und deshalb zum Karrierehindernis werden.

Dies setzt aber auch die Fähigkeit bei den Eltern voraus, die Kompetenzen, die sie im Umgang mit ihren Kindern erwerben, zu erkennen und die Relevanz für den Beruf benennen zu können. *Gute Eltern sind die besseren Mitarbeiter* kann dabei sehr helfen und ist eine lohnende Lektüre für Eltern, Mitarbeiter und Führungskräfte!

Frankfurt, Deutschland Rolf van Dick
im September 2016

Der unschätzbare Wert von Familie

Familie ist mir zu allen Zeiten unglaublich wichtig gewesen. Zum einen, weil ich selbst als Kind und Jugendlicher durch meine Eltern und meine Familie stark geprägt worden bin. Es war keine heile Welt, in der ich groß wurde. Erst recht war ich kein Musterknabe. Aber Familie war ein Schutzraum, in dem ich mich und meine Begabungen austesten konnte. Meine Eltern waren mir Vorbilder und Ansporn, Halt und Sicherheit. Sie lebten mir ihre christlichen Werte vor, waren engagiert, öffneten mir Horizonte, gaben Geborgenheit und Schutz. Sie lebten mir Fach- und Sozialkompetenz vor – und sie gaben ihren Kindern ihr wertvollstes Pfund mit, ein tiefes Vertrauen in Gott. „Ora et labora", „Bete und Arbeite", hieß der Wahlspruch zu Hause. Das hat mich tief geprägt und ist auch heute Maßstab für werteorientiertes Handeln.

Der Mensch wächst mit seinen Aufgaben. Das gilt auch für die Entwicklung einer Familie. Meine Eltern haben mir genau das vorgelebt, und selbst erlebe ich das „Wachsen" an den unternehmerischen Aufgaben in meiner Familie. Ja, Familie ist ein effektives Kompetenzcenter für verantwortungsvolles, werteorientiertes Handeln.

Familie ist mir seither wichtig geblieben, auch als ich selbst eine Familie gründete. Meine Ehe ist der Anker meines Lebens. Ohne sie könnte ich die beruflichen Belastungen nicht tragen. Unsere Kinder sind das Wertvollste, das wir haben. Die Gemeinschaft in der Familie gibt mir sehr viel, und deshalb ist die Familie ein unerschöpfliches Reservoir für meinen Berufsalltag. Ich bin in diesem Sinne bewusst ein „Familienunternehmer".

Deshalb versuche ich, auch in meiner Unternehmensgruppe Familien zu stärken, denn jeder Mitarbeiter kommt aus einer Familie. Je mehr sich die Familien mit dem Arbeitsplatz identifizieren, desto besser ist die Zusammenarbeit, die Zufriedenheit im Beruf und die Motivation, gemeinsame Ziele zu erreichen.

Intakte Familien sind ein unschätzbarer Wert, zwei getrennte Lebenswelten, aber mit vielen Bezügen zueinander. Joachim Lask und Ralph Kriechbaum haben recht: Familie und Unternehmen müssen Partner werden. Wir Unternehmer setzen auf das Kompetenzcenter Familie, auf eine werteorientierte Partnerschaft. Der mit diesem Buch vorgelegte Ansatz, wie Familie und Unternehmen sich gegenseitig Mehrwert stiften, möchte ich Eltern, Mitarbeitern und Unternehmern als Pflichtlektüre empfehlen.

Über allem ist es dann tröstlich, dass „gute Eltern" nicht perfekt sein müssen (und können). Denn sonst dürfte ich dieses Geleitwort gar nicht schreiben ...

Haiger, Deutschland
im September 2016

Dr. Friedhelm Loh

Zukunft nachhaltig gestalten

Familie denkt in Generationen, denkt an die Zukunft von Kindern und Kindeskindern. Für sie zu arbeiten, für Zukünftiges zu wirken, hilft nicht nur, den kurzen Erfolg im Blick zu haben, sondern die langfristigen Folgen zu bedenken. Ich glaube, dass dies der eigentliche Grund ist, warum Familienunternehmen so erfolgreich sind.

Familie hat eine überragende Bedeutung für unsere Volkswirtschaft. Sie ist der Stabilitätsanker, für den wir Deutschen bewundert werden, denn: Familien tragen die deutsche Wirtschaft. Kein anderes EU-Land hat so viele familiengeführte Unternehmen wie Deutschland: Rund 90 % aller Unternehmen sind familiengeführt. Davon zählen rund 1500 Betriebe zu den sogenannten „Hidden Champions". Das sind mittelständische Weltmarktführer, fast alle mit Standort im ländlichen Raum. Familienunternehmen stellen 60 % aller sozialversicherungspflichtigen Arbeitsplätze und 80 % der Ausbildungsplätze in Deutschland. Familienunternehmer haben ein einzigartiges Verhältnis zu ihrem Betrieb, sie denken nicht in Legislaturperioden oder Quartalsberichten, sondern übernehmen Verantwortung für Generationen.

Am deutlichsten wird das in Land- und Forstwirtschaft: Wenn ich einen Baum pflanze, weiß ich, dass frühestens meine Enkel ihn vielleicht ernten werden. Bei familiengeführten Unternehmen haften die Eigentümer persönlich für den Erfolg ihrer Betriebe. Sie leben Kindern und Enkeln vor, Verantwortung für die Familie, Mitarbeiter und ihre Region zu übernehmen. Meine Familie darf nun schon in der 32. Generation in unserer Heimat leben und wirtschaften.

Diese Nachhaltigkeit decken Joachim Lask und Ralph Kriechbaum mit ihrem Buch *Gute Eltern sind bessere Mitarbeiter* für die Familie neu auf. Kindererziehung, Mutterschaft und Vaterschaft denkt nicht nur, sondern handelt in Generationen in den Bedingungen einer Familie: Vertrauen, Verantwortung und genügend Zeit. Eine positive Beziehung entwickeln, konsequent sein oder Werte vorleben sind sicherlich elterliche Aufgaben, bei denen sich der gute Erfolg meistens erst nach längerer Zeit einstellt, dann jedoch auch nachhaltig. Dass dabei Eltern im Kompetenzcenter Familie genau jene Fähigkeiten entwickeln können, die in der Wirtschaft für Nachhaltigkeit dringend benötigt werden, wird mit diesem Buch offengelegt. Gelungene Elternschaft basiert auf Nachhaltigkeitskompetenz!

Das einzigartige Bildungs- und Handlungswissen vom nachhaltigen Wirtschaften in der Familie und mit der Natur spielt künftig eine immer größere Rolle für die soziale und wirtschaftliche Entwicklung ganz Deutschlands. Dieses vor allem auch im ländlichen Raum vorhandene Kapital und das „Kapital" der Familie darf nicht leichtfertig verspielt werden, sondern sollte als wesentlicher Pfeiler unserer Gesellschaft verstanden und gefördert werden.

Eltern, die sich der Herausforderung Zukunft stellen, sind leistungsstark, das beweisen sie täglich in ihren Familien. Langfristig und nachhaltig kann die Gesellschaft den Wohlstand nur steigern, wenn wir ein faires Geben und Nehmen von Familien und Unternehmen finden. Und dabei – das zeigt dieses Buch in vielen Facetten praktisch auf – gibt es ausschließlich Gewinner: die Familie, die Unternehmen und die Gesellschaft.

Dass dieses Buch zu einem Umdenken und neuem Handeln beiträgt, das wünsche ich mir von Herzen.

im September 2016

Michael Prinz zu Salm-Salm
Vorsitzender der „Familienbetriebe Land und Forst" in Deutschland
Wallhausen, Deutschland

Stille Reserve Eltern

Wir werden Zeugen einer in der Menschheitsgeschichte einzigartigen Entwicklung. Erstmalig lernen wir von der Generation nach uns. „Frag doch dein Kind", wenn wir die Finessen der Technik nicht durchdringen, ist dabei nur die Spitze des Eisberges. Der wirklich spannende Teil liegt – wie so oft – unter Wasser. Spannend deshalb, weil es allen Beteiligten nicht bewusst ist. Es verhält sich so wie mit dem Fliegenbinden. Könnten Sie eine Fliege binden, wenn Sie es müssten? Viele verneinen diese Frage. Man spricht dann von einer bewussten Inkompetenz, Sie wissen, dass Sie etwas nicht können. Wenn Sie aber wüssten, dass eine Fliege wie ein Schnürsenkel gebunden wird, dann können Sie wie das Gros der Menschheit diese Frage bejahen, und aus der Inkompetenz ist eine Kompetenz geworden, ohne dass Sie etwas dafür tun mussten. Alles ist schon vorhanden, nur Ihre Kompetenz war Ihnen einfach nicht bewusst. Und genauso ist es mit dem Nutzen von Familienkompetenzen in Unternehmen. Eltern entwickeln und haben etwas, was Unternehmen brauchen. Heben Sie die stille Reserve „Eltern"!

Erziehung und Führung haben dieselbe DNA. Was für Eltern die Erziehung der Kinder zur Selbstständigkeit und zu einem eigenverantwortlichen Leben unabhängig von den Eltern ist, findet sich in Jobbeschreibungen und Anforderungsprofilen von Vakanzen als unternehmerisches Denken und die Bereitschaft zur Übernahme von Verantwortung wieder. Gemeint ist aber dasselbe.

Lask und Kriechbaum legen ein Buch vor, das die beiden Enden Führung und Vaterschaft verknüpft, sodass endlich zusammenkommt, was auch zusammengehört.

Gerade als Vater, der in einem großen Unternehmen arbeitet, wünsche ich Ihnen viel Spaß beim Lesen!

im September 2016
Olaf Johannsen
Mitbegründer von einem
Unternehmensväternetzwerk
Frankfurt, Deutschland
olaf-johannsen@web.de

Vorwort

Und plötzlich war uns klar: Unternehmensentwicklung und damit auch Lean Management in Unternehmen hat seinen tiefen Ursprung in der Familie. Eltern können beides dort studieren und erlernen. Zielvereinbarungen (Management bei Objectives), der kontinuierliche Verbesserungsprozess (Kaizen), Beenden von Verschwendung (Muda), Eigenverantwortung (Empowerment) und viele weitere der Lean-Begriffe schlüsselten sich auf, als wir genau betrachteten, durch welche Aufgaben sich Eltern herausgefordert fühlen und mit welchen Arbeiten sie versuchen, diese zu bewältigen.

Was war geschehen? Wir – Joachim E. Lask [JL] und Prof. Dr. Ralph Kriechbaum [RK] – trafen uns fast zufällig und informell 2012 in Ann Arbor, Michigan, und berichteten uns gegenseitig über unsere Familien- und Vatererfahrungen. Natürlich versäumte keiner, seinen jeweiligen beruflichen Background zum Thema beizusteuern.

Durch meine [RK] Forschung zu erfolgreichen Wertschöpfungsprozessen an der Hochschule Rosenheim und meine Erfahrungen aus Beratungen zu Unternehmensentwicklungen und Lean Management in vielen internationalen Unternehmen erschloss sich mir, wie sich der Führungsansatz, der weitläufig als Lean Management bezeichnet wird, von Peter Drucker über William Edwards Deming bis hin zum Toyota-Produktionssystem – dem weltweiten Benchmark für effizientes Wertschöpfungsmanagement – maßgeblich aufgrund von Kompetenzen aus und mit informellen Lernorten wie der Familie entwickelte.

Dass die Familie die beste Akademie für berufliche Handlungskompetenzen ist, konnte ich [JL] mit dem WorkFamily-Institut und mit eigenen

Untersuchungen und Erfahrungswissen aus langjährigen Unternehmensberatungen aufzeigen.

Am Ende unserer Begegnung kamen wir zu dem Schluss: „Eigentlich müssten wir hierzu ein Buch schreiben für Eltern, Mitarbeiter, Führungskräfte und Unternehmer." Wir konnten ja nicht ahnen, dass ca. vier Wochen später Frau Krämer vom Springer-Verlag bei mir [JL] anfragte, ob ich ein Buch schreiben möchte. Das war im September 2012 und der Startschuss für unser Buchprojekt.

Was wir mit diesem Buch bezwecken:

- Eltern können ihre in der Familie erworbenen Kompetenzen viel spezifischer beschreiben und diese – wenn sie wollen – als Wettbewerbsvorteil auf dem Arbeitsmarkt einbringen.
- Mitarbeiter, die in Personalunion auch Eltern sind, nutzen den beidseitigen Spill-over-Effekt, indem sie ihre Handlungskompetenzen aus der Familie in die Arbeit oder auch von der Arbeit in die Familie übertragen. Elternzeit ist Weiterbildungszeit.
- Führungskräfte und Unternehmer nutzen gezielt die Ressource „gute Eltern" und die Familie als Kompetenzcenter. Informell gelernte Kompetenzen sind zentraler Bestandteil im Bewerbungsprozess.
- Unternehmer haben die Möglichkeit, ihre Unternehmensentwicklung erfolgreicher umzusetzen, da sie den Wert informell erlernter Kompetenzen besser verstehen und damit besser nutzen können.
- Die Gesellschaft und ihre Mitglieder entwickeln ihre Haltung zur Familie weiter – sie wird zur Quelle vertieften Lernens. Unternehmen werden durch Familienkompetenzen ihrer Mitarbeiter erfolgreicher. Wertschöpfung wird erfolgreicher!

Was Sie in diesem Buch erwartet:

- In Kap. 1 geben wir eine kurze Einführung über das Verhältnis zwischen den Lebensbereichen Familie und Arbeit, beschreiben den „informellen Bildungsweg" am Lernort Familie und zeigen sechs neuronale Rahmenbedingungen für das Lernen auf, die in der Familie bestens erfüllt sind.
- In Kap. 2 stellen wir Ihnen das Kompetenzcenter Familie vor und beantworten u. a. folgende Fragen: Was wird dort gelernt? Was macht den informellen Bildungsweg in der Familie so attraktiv und wertvoll? Was steht im Lehrplan des Kompetenzcenters Familie? Wer sind die „guten Eltern"? Zum Schluss des Kapitels geben wir mit dem

Changemanagement ein erstes Beispiel, was das Kompetenzcenter Familie zu leisten vermag.
- In Kap. 3 treffen nun Wirtschaft und Familie aufeinander. Anhand der sieben Herausforderungen für Eltern zeigen wir Ihnen eine Anzahl von Fähigkeiten, die Eltern in ihren Familien lernen müssen und gleichzeitig auch im Kontext Organisation und Arbeitsplatz einsetzen können. Das heißt, wir fragen stets danach: Was kann das für ein Unternehmen bedeuten? Worin gleichen sich Vorgänge in der Familie und in Organisationen und welche Unterschiede lassen eine Übertragung nicht zu? Welchen Nutzen hat die Wirtschaft vom Kompetenzcenter Familie? Unter der Überschrift „Kompetenzcenter Familie" bieten wir im Text immer wieder kleine Zusammenfassungen an, indem wir eine berufsrelevante Handlungskompetenz benennen, sie kurz definieren und anhand von verhaltensnahen Teilfertigkeiten konkretisieren.
- In Kap. 4 nehmen wir die betriebliche Perspektive ein mit u. a. diesen Themen: Toyota-Casestudy, Teamarbeit, Teilzeit in Führungspositionen, Frauen und Erwerbstätigkeit, demografische Entwicklung, (noch) keine Willkommenskultur für Familien. Für Eltern gibt es eine Anleitung und ein Training, berufsrelevante Elternkompetenzen in eigene Sprache zu fassen. Für Führungskräfte und Personalentwickler stellen wir eine Handlungsanweisung zur Verfügung, informelles Lernen im Unternehmen strategisch und systematisch zu nutzen.
- Zum Schluss des Buches geben wir in Kap. 5 einen Ausblick, indem wir aufzeigen, wie notwendig eine gute Partnerschaft von Wirtschaft und Familie in Bezug auf die aktuelle Entwicklung rund um das Thema Industrie 4.0 ist.
- Das Herzstück dieses Buches sind die halb strukturierten Interviews, in denen Politiker, Unternehmer und Führungskräfte als Eltern unsere Fragen beantwortet haben. Folgende Themen wurden angesprochen: Welche Handlungskompetenzen haben Sie als Eltern mit Ihrer Familie entwickelt? Welchen Vorteil und Nutzen hatten Sie hiermit in Ihrem Arbeitsleben? Worauf führen Sie die niedrige Geburtenrate in Deutschland zurück? Welche Anforderungen werden von modernen Arbeitsplätzen an Mitarbeiter gestellt und welchen Beitrag bietet hierzu das Kompetenzcenter Familie? Wir nehmen in den Kapiteln auf diese Interviews unterschiedlich Bezug und stellen sie in der vollständigen Version in den Anhang. Ein Herzliches Dankschön sagen wir allen Interviewteilnehmern, die uns mit ihren Antworten einen Blick in ihr Privates gewährt haben. Das ist in der Tat etwas besonders Wertvolles.

- Wir laden Sie an verschiedenen Stellen dieses Buches dazu ein, etwas Praktisches zu tun. Das sind kleine Aufgaben, bei denen Sie etwas aufschreiben, eine Gedankenreise machen oder eine andere Perspektive einnehmen können. Wir würden uns freuen, wenn Sie diese Einladung immer wieder annehmen.

Einen besonderen Dank wollen wir Elisabeth Gärtner aussprechen, die wesentlich bei der Durchführung sowie der Vor- und Nachbereitung vieler Interviews mitgewirkt hat und während der gesamten Zeit stets Ansprechpartnerin zur Reflexion und Motivation war. Besonderer Dank gilt auch Heike Kriechbaum, die durch das Familienmanagement mit den noch jungen Kindern die zeitintensive Arbeit an diesem Buchprojekt erst ermöglicht hat. Ebenso dankbar sind wir Marion Krämer und Barbara Lühker aus dem Springer-Verlag für die gute Prozessbegleitung, Gestaltungsimpulse und die gelungene Balance zwischen Geduld mit uns Autoren und der Terminierung von Abgabedaten. Der tiefste Dank geht an unsere Kinder für ihr geduldiges Lehren ihrer Eltern im Kompetenzcenter Familie. Durch sie kennen wir uns jetzt besser.

Und nun viel Erfolg im Kompetenzcenter Familie!

Ober-Ramstadt, Deutschland Joachim E. Lask
Kufstein, Österreich Prof. Dr. Ralph Kriechbaum
im September 2016

Inhaltsverzeichnis

1	**Einführung**	1
1.1	Arbeit und Familie – eine bewegte Geschichte	3
1.2	Work-Life-Balance – ein gut gemeintes Konzept	5
1.3	Work & Life – ein neuer Versuch der Annäherung	6
1.4	Der informelle Bildungsweg – Kompetenzcenter Familie	8
1.5	Wenig Zeit für die Familie – Rückgang der Geburtenrate	13
1.6	Sechs neuronale Rahmenbedingungen für den Kompetenzaufbau – wie wir lernen, was wir lernen	15
	Unser Gehirn ist ein Filter	15
	Unser Gehirn besitzt Neuroplastizität	16
	Unser Gehirn besitzt einen Velcro-Effekt	17
	Lernen braucht positive Emotionen	18
	Unerwartet positive Emotionen begünstigen das Lernen erheblich	19
	In bestimmten Anforderungsbereichen ist Lernen besser möglich	21
	Literatur	23
2	**Das Kompetenzcenter Familie**	27
2.1	Der Spill-over-Effekt – Elternkompetenzen am Arbeitsplatz	27
2.2	Sieben Herausforderungen – das Entwicklungspotenzial für Eltern und Unternehmen	32
2.3	Sieben Vorteile des Lernorts Familie	36
	Tiefe Vertrauensbeziehungen	37

	Learning by Doing	38
	Genügend Zeit	40
	Günstige Motivationsmuster	41
	Klar definierte Lernziele	42
	Selbstmanagement	43
2.4	Phasen der Familienentwicklung – der Lehrplan für Eltern	45
	Leben mit Kleinkindern	46
	Familie mit Jugendlichen	47
	Entlassen der Kinder	48
	Beispiel: Changemanagement – Eltern zwischen Veränderung und Optimierung	49
Literatur		54

3 Wirtschaft trifft Familie — 57

3.1	Stehe zu deiner Elternschaft!	58
	Von der Endgültigkeit der Elternschaft – oder: Das Mission Statement	59
	Elternschaft macht nicht immer glücklich	66
3.2	Achte auf dich selbst!	68
	Geht es mir gut, kann es auch euch gut gehen	69
	Mit Begeisterung in Familie und Beruf	73
	Burnout	75
	„Liebe deinen Nächsten wie dich selbst!"	80
	Drei grundsätzliche Fragen an mich	81
3.3	Fördere positive Beziehungen in der Familie!	94
	Begegnung auf Augenhöhe tut gut	96
	Ohne dich geht es nicht!	98
	Fünf Handlungsfelder der positiven Beziehung	99
	Mehr als Wohlfühlen	100
	Der Engagement Index	102
	Sicherheit durch Vertrautheit	108
	Positive Begegnungen	117
	Miteinander Reden	120
	Förderung – ich verhelfe dir zur Selbstständigkeit	121
	Wertschätzung und Anerkennung	126
	Orientierung an Werten, Leitbildern und Glauben	130
3.4	Sei verbindlich und konsequent!	132
	Das Unbequeme an der Konsequenz	133
	Konsequenz gehört zur erfolgreichen Führung	134
	Ziele formulieren	136

		Die wirksame Aufforderung	140
		Konsequenzen sind Hilfen zur Zielerreichung	142
		Die Konsequenzmatrix	146
		Der kontinuierliche Verbesserungsprozess – ein Beispiel für Konsequenz	150
	3.5	Lebe deinen Glauben und deine Wertvorstellungen!	159
		Welches Bild vom Menschen habe ich?	160
		Respekt vor dem Menschen	166
		Führung durch Vorbild	174
	3.6	Sorge für die sichere Bewältigung des Alltags!	176
		Familie und Mitarbeiter vor Schaden bewahren	177
		Arbeitsschutzstrategie – eine tägliche Übung im Kompetenzcenter Familie	184
		Strategien zur sicheren Bewältigung des Alltags	187
		Verhältnisprävention	188
		Vorbildfunktion von Eltern und Führungskräften	193
		Beispiel: Betriebsunfälle durch Elternkompetenzen reduzieren	196
		Gesundheit fördern	199
		Verhaltensprävention – oder was jeder selbst tun kann	202
	3.7	Bleibe realistisch!	205
		Visionen sind Strategien zum Handeln	207
		Pseudorealitäten	209
		Realistisch werden und bleiben	215
	Literatur		229
4	**Betriebswirtschaftliche Perspektive**		237
	4.1	Soziale Kompetenzen und betriebliche Weiterentwicklung	238
	4.2	Beispiel: Wie Elternkompetenz im Unternehmen zu Hochleistung führt (Toyota)	246
		Prinzipien der Zusammenarbeit mit den Mitarbeitern	247
		Das magische Dreieck der Wertschöpfung	254
		Das größte Experiment in der Organisationsentwicklung	258
		Vertrauen als Grundlage höchster Qualitätssicherung	260
	4.3	Teamarbeit im Unternehmen und in der Familie	265
		Vor- und Nachteile von Teamarbeit	267
		Was zeichnet ein Team aus?	269
		Was unterscheidet die Familie vom (Arbeits-)Team?	275
		Wie kann Führung gelingen?	277
		Das Klima im Team	288

4.4	Eltern in Führung	292
	Männer machen Vollzeitkarriere – Frauen verharren in der Teilzeitposition	293
	Frauen in Teil- und Vollzeitjobs sowie in Führungspositionen	295
	Elternzeit ist Investition in das Humanvermögen der Eltern	303
	Teilzeit in Führung	304
4.5	Wie wir mit dem Älterwerden im Unternehmen und in der Familie umgehen	308
	Älterwerden und Altsein	309
	Altersmanagement	317
	Erfahrungswissen	322
4.6	Informelles Lernen und dessen systematische Nutzung in der Personalentwicklung	324
	Formulierung eigener Beispiele informell gelernter Handlungskompetenzen	325
	Entwicklung eines Handlungskompetenzmodells	326
	Analyse der Mitarbeiter bezüglich ihrer informellen Lernorte	327
	Erstellen der Handlungskompetenzmatrix mit Erfassung informeller Lernorte	328
	Informelles Lernen in der Personalentwicklung nutzen	330
	Einführung des informellen Lernens im Unternehmen	332
	Schulung der Führungskräfte und Prozessbegleitung	333
4.7	Elternkompetenzen arbeitsplatzrelevant formulieren – ein Leitfaden für Eltern	333
	Identifizieren	334
	Erstellen konkreter Praxisbeispiele	336
	Spill-over: Vorteile für mich und den Arbeitgeber	337
Literatur		340

5 Ausblick — 345

6 Anhang: Interviewprotokolle — 349
   6.1 Ursula Haller — 351
   6.2 Dr. Karin Uphoff — 361
   6.3 Elke Benning-Rohnke — 369
   6.4 Fred Jung — 374
   6.5 Peter Ullinger — 383

6.6	Prof. Dr. Matthias Landmesser	389
6.7	Dr. Peter Schwibinger	395
6.8	Uschi Schulte-Sasse	397
6.9	Lothar Jahrling	402
6.10	Dr. Hans-Jörg Gebhard	411

Stichwortverzeichnis 417

# 1

Einführung

Immer wieder berichten erfolgreiche Persönlichkeiten, dass sie ihre Fähigkeiten im Umgang mit Menschen in der eigenen Familie gelernt haben [1], von den Eltern oder mit den Kindern. Egal, ob Mitarbeiter, Unternehmer, Führungskraft oder Politiker: Ein Gespür für die Situation zu bekommen, gut zu kommunizieren, sich auf die eigenen Gefühle zu verlassen, Teamplayer zu sein, Menschen zu motivieren oder Instruktionen zu geben bzw. anzunehmen und vieles mehr können Eltern effektiv im Kompetenzcenter Familie lernen.

„Gute Eltern sind bessere Mitarbeiter" ist eine schlichte Erfahrung. Nur: Viele Eltern sind sich ihres Wettbewerbsvorteils auf dem Arbeitsmarkt noch nicht bewusst. Viel zu häufig wird Elternschaft als unvereinbar mit einer Berufstätigkeit gesehen – von Führungskräften und Eltern selbst. Stattdessen sollten Wirtschaft und Familie Partner sein. Vorteile gibt es viele, für beide Seiten!

Andererseits hat der Fachkräftemangel die Unternehmen in vollem Umfang erreicht. Der „Run auf die Guten" ist im vollen Gange – selbst in den Ausbildungsberufen –, und die schlechte Nachricht lautet: Es gibt zu wenige!

Dabei hat die Förderung der Fachkompetenz unser Bildungssystem in Deutschland über Jahre geprägt. Bildung sei die wichtigste Ressource, die wir in Deutschland haben, sagte Horst Köhler in seiner Grundsatzrede 2006 [2] als Bundespräsident und bezweifelte, dass schon jede und jeder von uns begriffen hat, wie groß die Herausforderung „lebenslanges Lernen" ist. Prof. Dr. Matthias Landmesser, war Leiter der Personal- und Führungskräfteentwicklung der IBM in Nord-, Mittel- und Osteuropa, ist überzeugt, dass sich Sozialkompetenz und personale Kompetenz in Zukunft zu zentralen Wettbewerbsfaktoren für den Unternehmenserfolg entwickeln werden [3]. Und hört man Personalern und Führungskräften genau zu, dann haben wir in Deutschland nicht nur einen Fachkräftemangel, sondern vielmehr haben wir auch bei den Führungskräften einen Mangel an sozialer und emotionaler Kompetenz.

Und wen wundert es? Immer seltener begegnen wir im Alltag Kindern, mit denen wir diese Kompetenzen gemeinsam erlernen können. Nicht nur weil wir immer weniger Kinder zur Welt bringen, sondern auch weil sie in unserer Gesellschaft oftmals nicht erwünscht sind. Ebenso wird das Elternsein häufig als lästig empfunden. Wie soll ein Familienvater, der seine Elternzeit bei seinem Vorgesetzten ankündigt, sich als „familienfreundlich" behandelt vorkommen, wenn ihm gesagt wird, dass ihm zwar laut Gesetz diese Elternzeit zusteht, er jedoch nach dieser Zeit ggf. den Anschluss an seine Gruppe verpasst, versetzt wird oder mit weiteren Nachteilen zu rechnen hat?

Seit Langem gibt es gute wissenschaftlich gesicherte Erkenntnisse, dass das informelle Lernen in der Kompetenzbildung den weitaus größten Einfluss hat [4]. So werden Handlungskompetenzen vor allem in Bildungssituationen wie Partnerschaft, Familie oder Ehrenamt erworben statt in formellen Ausbildungsinstitutionen. Völlig unverständlich ist, warum Unternehmen dies bisher konsequent übersehen und nicht nutzen.

Was spricht eigentlich dagegen, genau diese Ressourcen in einer familienorientierten Personalpolitik einzubauen? Warum fördern Unternehmen die Fort- und Weiterbildung von Eltern im „Kompetenzcenter Familie" nicht, etwa in Emotionswahrnehmung und -regulation, Stressmanagement, Changemanagement, Zielbildung, Konfliktfähigkeit oder leistungsförderndem Feedback? Ihnen stünden viele Vorteile zur Verfügung wie etwa Kompetenzgewinn für das Unternehmen, Mitarbeiterbindung im Sinne von „Die engagieren sich nachhaltig für Familie!".

Dabei wird Effektivität von Weiterbildungsseminaren heute mehr denn je angezweifelt [5, 6]. Die Teilnehmerzufriedenheit in Weiterbildungsseminaren mag hoch sein. Wenn aber der Transfer in den aktuellen Arbeitsalltag ausbleibt, hat das Unternehmen nichts davon. Kompetenzen können nicht innerhalb weniger Stunden oder Tage aufgebaut werden. Diese fatale Erwartungshaltung zeigt sich leider besonders gut bei Seminaren für Führungskräfte. Der Kardinalfehler erfolgt bereits in der Besetzung von Teamleitern oder Gruppenleitern. Statt die Mitarbeiter selbst zu befragen, wer sich eine Führungsposition zutraut, wird der Mitarbeiter, der die beste Fachkompetenz aufweist, mit der Führungsaufgabe betraut. Dann erhält dieser den

Hinweis, dass er die (noch) fehlende Führungskompetenz in einigen Weiterbildungsseminaren draufsatteln kann. Das ist in etwa so, als ob ein exzellenter Entwickler plötzlich im Vertrieb arbeiten soll, und sich wundert, warum der Kunde ihm nicht zuhört oder ihn nicht versteht.

Ein wesentlicher Grund, warum Weiterbildungsprogramme oftmals wirkungslos bleiben, sind die kurzen Lernzeiten. Insbesondere bei Handlungskompetenzen gilt: Verstanden ist noch nicht gekonnt, und gekonnt ist noch nicht angewendet, und angewendet ist noch nicht im Alltag oder gar unter Stressbedingungen sinnvoll eingesetzt. Wer kennt das nicht: Der Vorgesetzte verhält sich plötzlich so mitarbeiterorientiert, spricht so freundlich, lobt und sucht aktiv den Kontakt zu den Mitarbeitern. Und jedem in der Gruppe ist klar, dass der Chef auf einem Führungskräfteseminar war. In einer Woche ist er wieder ganz der Alte. Der Wunsch, dass Einsichten zu Verhaltensänderungen führen, wird besonders beim Erwerb von Handlungskompetenzen nur selten erfüllt.

Dagegen bieten Lernorte wie Familie, Partnerschaft, Ehrenamt oder Sport andauernde Lern- und Trainingsmöglichkeiten, in denen meist auch eine ausgezeichnete Motivationsstruktur besteht. So bietet etwa der Familienzyklus von der Geburt eines Kindes bis zu dessen Verlassen des Hauses viele Lernmöglichkeiten von sozialen, emotionalen und Selbstkompetenzen für Eltern und Kinder als zukünftige Arbeitskräfte, die im Unternehmen direkt zur Leistungssteigerung führen.

Vielleicht ist die Trennung von Arbeit und Familie durch die industrielle Revolution noch zu tief in unseren Wirklichkeitsdeutungen verwurzelt. Doch jene Unternehmen, die Familie und Beruf zu Kompetenzpartnern machen und so das vorhandene Humanvermögen der Eltern nutzen, haben auf dem Markt der Fachkräfte die Nase vorn. Die gute Nachricht ist also: „Es gibt sie doch, die guten Fachkräfte, man muss nur wissen, wo man sie findet!"

1.1 Arbeit und Familie – eine bewegte Geschichte

Joachim E. Lask

Mit der Industrialisierung haben Arbeit und Privatleben eine neue Zuordnung und damit Gestaltungs- und Sinnmöglichkeit erfahren. In dem herkömmlichen Lebens- und Überlebenskonzept aus „Haus und Hof" standen die Arbeit und das Leben fast ausschließlich in einem festen Zweckverband. Dieser lockerte sich durch die Industrialisierung. So wurde es möglich, den

Beruf passend zu seinen Begabungen zu wählen, sowie Talente durch Aus- und Weiterbildung zu entwickeln. Aus diesem Arbeitsmodell beziehen wir bis heute unseren Selbstwert und erfahren Freude und Sinnerfüllung durch die gewählte Tätigkeit.

Es sind jedoch auch seltsame Blüten, die diese Kultur für unser Leben hervorgebracht hat: Bis zum 25. oder 30. Lebensjahr bereiten wir Menschen darauf vor, innerhalb eines schmalen Zeitkorridors von 15 bis 20 Jahren eine blitzschnelle berufliche Karriere zu absolvieren, Wohneigentum zu erwerben und eine entsprechende Altersversorgung zu sichern. Unter diesem Druck steigt die Gefahr, im Beruf mehr und mehr das einzige identitäts- und sinnstiftende Element für das Leben zu sehen. Je stärker die Konzentration in dieser Weise auf den Beruf erfolgt, desto weniger Zeit steht für Beziehungen, persönlichen Ausgleich und Zeit in der Familie zur Verfügung.

Ein Teufelskreis setzt sich in Bewegung: Je mehr Zeit ich bei der Arbeit verbringe, desto häufiger jammern Partner, Kinder, Verwandte oder Freunde über meine mangelnde Präsenz. Je mehr sie klagen und jammern, desto wahrscheinlicher engagiere ich mich intensiver im Beruf. Immerhin gibt es hier noch Anerkennung und Wertschätzung durch die erreichte Position und das verdiente Geld.

Parallel wird nicht nur erwartet, sondern auch ausdrücklich von der jungen Generation gewünscht [7], dass sich neben der beruflichen Entwicklung auch in privaten Lebensbereichen eine ähnlich rasante Entwicklung einstellt. Eine stabile Partnerschaft bietet die emotionale Heimat. Sie ist in einer globalen und mobilen Welt nach wie vor für viele ein wichtiges und erstrebenswertes Ziel. Gesellschaftlich wird die Geburt von mindestens zwei Kindern angemahnt. Darüber hinaus ist gegebenenfalls für die alten Eltern zu sorgen. Und das Ehrenamt in Kirche, Politik oder Vereinen wird überall gerne gesehen. All dies soll im gleichen engen Zeitkorridor mit der beruflichen Entwicklung einhergehen.

Kein Wunder, wenn immer häufiger und immer mehr Menschen aus diesem Modell aussteigen, innerlich kündigen oder warten, bis sich der Burnout als Möglichkeit zum Ausstieg anbietet. Immer mehr Männer und Frauen verzichten darauf, Familien zu gründen, 30 % der 45- bis 49-jährigen Akademikerinnen sind und werden kinderlos bleiben [8]. Eine nachvollziehbare, aber auch traurige und besorgniserregende Entwicklung sowohl gesellschaftlich als auch wirtschaftlich.

Mit der Industrialisierung haben wir somit eine zunehmend künstliche Trennung zwischen Beruf und Privatleben geschaffen, was unter anderem dazu geführt hat, dass Identitäts- und Sinnstiftung verstärkt ausschließlich aus dem einen oder anderem Lebensbereich bezogen wird.

1.2 Work-Life-Balance – ein gut gemeintes Konzept

Joachim E. Lask

In wenigen Jahren wird das Arbeitslosenproblem gelöst sein, da wir zu wenig junge Menschen für den Arbeitsmarkt qualifizieren können. Schon jetzt besteht ein manifester Fachkräftemangel, nicht nur in den Ingenieurberufen. Die Arbeitspolitik zielt darauf ab, dass Väter und Mütter im Erwerbsleben stehen, damit unsere Gesellschaft funktioniert. Aber wir haben richtig erkannt: Familie und Arbeit – das kann so nicht weitergehen. Konzepte mit den Überschriften „Work-Life-Balance" oder „Vereinbarkeit von Familie und Beruf" werden seit ca. zehn Jahren intensiv angewendet. So stoßen u. a. die Bundesregierung und Wirtschaftsverbände gute Projekte an. Beispiele sind Betriebskindergärten, flexible Arbeitszeiten für Eltern, Homeoffice oder Telearbeitsplätze. Ohne Zweifel: Diese Maßnahmen helfen der Familie und führen immerhin zu einer höheren Verträglichkeit von Familie und Beruf.

Gleichwohl ändern sich wichtige Parameter für eine gelungene Vereinbarkeit der beiden Lebensbereiche nicht. So verharrt die Geburtenrate in Deutschland zwischen 1,4 und 1,5 Kinder je Frau. Obwohl die Frauenerwerbstätigkeit gestiegen ist, bleibt die Karriere für Mütter meist nicht realisierbar und wird oft auch nicht gewünscht.

Work-Life-Konzepte sind in aller Munde. Uns fällt es jedoch schwer, sie richtig zu übersetzen:

- Geht es um „Arbeit und Leben" oder um „Arbeit und Privates" oder steht an erster Stelle das Private?
- Gehört zum Leben auch die Arbeit?
- Kann ich bei der Arbeit Privates tatsächlich verbergen? Oder kommt nicht insbesondere dann, wenn ich unter Stress stehe, mein persönlicher Kern und damit Privates besonders zum Vorschein?
- Ist nicht Familie immer auch öffentlich z. B. in Kita, Schule, Kirche oder Sport?

Der Begriff der „Vereinbarkeit" unterstellt von vornherein, dass Beruf und Familie, Arbeit und Privates sich ausschließen oder sich zumindest gegenüberstehen. Sicherlich kann es sein, das „Work" und „Life" in ein ungesundes Verhältnis zueinander geraten. Dies geschieht dann, wenn sie gegeneinander ausgespielt werden.

Wir sind jedoch der Meinung, dass sich die Perspektive der Gemeinsamkeit lohnt. Arbeit und Privatleben haben viele Gemeinsamkeiten – etwa den Menschen selbst! Dieser muss gar nicht mit sich „vereinbart" werden, sondern der ist schon da. Vorteile dieser Gemeinsamkeit sehen wir in der Entwicklung von Handlungskompetenzen, im Retentionmanagement wie beispielsweise Teilzeit und Führung oder familienverträglichen Arbeitsbedingungen, in den wirtschaftlichen und gesellschaftlichen Interessen wie Geburtenrate/Bevölkerungspyramide oder Rentensystem. Das Unternehmen, das in seine Stellenanzeige schreiben kann „Bei uns können Sie Ihrer Karriere nachgehen und Ihre Familie gründen", wird sie bekommen – die guten Fachkräfte.

1.3 Work & Life – ein neuer Versuch der Annäherung

Joachim E. Lask

Was hindert uns, zwischen den Lebensbereichen fruchtbare Gemeinsamkeiten zu suchen (im Sinne von: Wie könnten sich unterschiedliche Lebensbereiche gegenseitig bereichern?), statt diese Lebensbereiche in ein Balanceverhältnis zu zwingen?

Das WorkFamily-Institut entwickelt und fördert „Work & ..."-Konzepte – also „Work & Family" oder „Work & Sport". Diese gehen davon aus, dass verschiedene Lebensbereiche sich gegenseitig bereichern *(enrich)* können. Greenhaus und Powell (2006) greifen diesen Grundgedanken in einer Übersichtsarbeit zum Spill-over-Effekt [9] auf. Sie zeigen, wie Ressourcen, etwa Handlungskompetenz oder biopsychosoziale Gesundheit, aus einem Lebensbereich auch für einen anderen Lebensbereich von Nutzen sein können.

Trifft Familie auf Wirtschaft, war das Verhältnis bisher weniger befruchtend und zum Teil gar nicht partnerschaftlich. Eltern stehen unter Generalverdacht, weniger produktiv für das Unternehmen zu sein. Die Familie muss Opfer bringen, damit der Vollerwerbstätige beste Leistungen erzielen kann. Streng genommen wäre es für ein Unternehmen die beste Situation, wenn Mitarbeiter weder verheiratet sind noch Verantwortung für eine Familie haben. Sie könnten sich dann mit aller Kraft für das Unternehmen engagieren. Zum Glück steht dies konträr zu Jim Collins' [10] Untersuchungsergebnis. Er suchte nach Merkmalen, die Spitzenunternehmen von guten Unternehmen unterscheiden. So fand er heraus, dass CEOs aus

Spitzenunternehmen überdurchschnittlich häufig von einem ausgewogenem Familien- und Eheleben berichten im Vergleich zu CEOs von guten Unternehmen.

Interessant ist, dass auch die Organisationspsychologie bisher hauptsächlich die Nähe zur Arbeit gesucht hat, obwohl die Definition von Organisation nach psychologischer Lesart direkte Nähe zur Familie aufweist (vgl. Lutz von Rosenstil [11] oder Nerdinger [12]):

> **Organisationen bezeichnen den Zusammenschluss von Menschen**
> - zur Erreichung bestimmter Ziele (z. B. ökonomische, soziale, psychische Sicherheit; Fortpflanzung, Erziehung, Befähigung zum Leben …),
> - die hierfür eine zielgerichtete Ordnung bzw. Regelung von Aufgaben (z. B. Aufgabenteilung, Funktions-, Prozessverantwortung)
> - in bestimmten sozialen Gebilden entwickelt haben (z. B. Wohn-, Haus-, Generationengemeinschaft)
> - bzw. sich dieser Ordnung unterwerfen (z. B. Familien-, Hausregeln).

Folglich sind die Themen der Organisationspsychologie im Kern Bestandteil des Themenkanons der Familie.

Wir zeigen Ihnen gleich eine Auswahl von Begriffen, die im Inhaltsverzeichnis eines jeden Lehrbuches zur Organisationspsychologie zu finden ist, und laden Sie zu einer kleinen Aufgabe ein: Welcher familienorientierte Begriff fällt Ihnen ein, wenn Sie den organisationspsychologischen Begriff lesen? Sie werden feststellen, dass es bei einigen Begriffen gar keiner Übersetzungsarbeit mehr bedarf:

- Personalauswahl,
- Kommunikation,
- Lernen,
- Sensemaking,
- Personalentwicklung, Coaching,
- Gruppen und Gruppenarbeit,
- Konflikte und Konfliktmanagement,
- Arbeitsmotivation, Arbeitszufriedenheit,
- Anwesenheitsmotivation,
- Zeitmanagement,
- Mobbing, Innere Kündigung,
- Arbeitsschutz: Stress, Burnoutsyndrom, psychische Belastung,
- Führungspsychologie,

- interkulturelles Management, Diversität, Gleichbehandlung,
- Organisationsklima, Organisationskultur,
- Fehlzeiten, Fluktuation.

Zwar hat die Organisationspsychologie bisher hauptsächlich die Nähe zur Arbeitswelt gesucht, doch ab sofort stellen wir die Organisationspsychologie als Leittheorie für Erleben und Verhalten in Unternehmen und Familien dar. In diesem Buch werden wir Ihnen Berührungspunkte zwischen Wirtschaft und Familie aufzeigen. Davon gibt es viele: organisatorische, psychologische, soziologische, biologische, theoretische oder praktische Berührungspunkte.

1.4 Der informelle Bildungsweg – Kompetenzcenter Familie

Joachim E. Lask

„Ich erinnere mich noch gut an den Moment kurz nach der Geburt meines ersten Sohnes. Ich fragte mich: Wie mache ich das denn jetzt? Der Junge bleibt jetzt 18 Jahre lang bei mir? Ich kenne mich da nicht aus. Die überholten Rollenbilder meiner eigenen Eltern helfen mir nicht weiter. – Dass da ein hartes internes Weiterbildungsprogramm anstand, war mir ziemlich schnell klar. Dass ich mich damit auch als Persönlichkeit weiterentwickeln würde, habe ich zumindest geahnt." (Elke Benning-Rohnke, Mutter von zwei Kindern, vier Jahre Vorstand bei der Wella AG in Darmstadt, heute in eigener Unternehmensberatung in Ismaning bei München tätig, sitzt im Aufsichtsgremium der Daiichi Sankyo Europe GmbH)

„Die Familie hat mich verändert. Ich wusste oftmals nicht, was als Nächstes passiert. Ich habe mich darauf eingelassen. Die Familiensituationen haben eine hohe Veränderungskraft. Ich habe in Gesprächen mit meiner Frau, die nicht immer Vergnügen waren, zumindest versucht, nachzuvollziehen, was bei mir nicht so besonders gut angelegt ist. Das Korrektiv war für mich nicht schädlich für mein berufliches Weiterkommen. Ich habe durchaus verstanden, dass persönliche Veränderung notwendig ist und ich nicht zu einem Zeitpunkt X den Stein der Weisen gefunden habe. Mit der Familie habe ich mich stets weiterentwickelt. Die Familie dreht sich ständig – das Berufliche auch." (Dr. Hans-Jörg Gebhard, Vater von zwei Kindern, Aufsichtsratsvorsitzender der Südzucker AG)

Von Angestellten wird viel verlangt: etwa Lernbereitschaft, soziale Kompetenzen und die Fähigkeit, sich schnell und sicher in laufende Projekte einzuarbeiten und in bestehende Teams zu integrieren. Aber in welcher Schule, an welcher Uni oder in welchem Weiterbildungsinstitut werden diese Kompetenzen gelehrt, vermittelt und trainiert? Und zwar so, dass sie alltagstauglich am Arbeitsplatz eingesetzt werden können? Die Antwort ist genauso einfach wie überraschend: in der Familie! Der Lernort Familie ist eine exzellente Aus- und Weiterbildungsstätte für berufliche Schlüsselqualifikationen. Familie ist das Kompetenzcenter – auch für die Wirtschaft.

Eltern stellen sich Tag für Tag den stets wechselnden Anforderungen, die das Familienleben mit sich bringt. Dabei entwickeln sie Fähigkeiten und überfachliche Kompetenzen, die nicht nur bei der Gestaltung aktueller und zukünftiger Familiensituationen, sondern auch im Berufsleben hilfreich sind. Dieser Ausbildungsstätte „Familie" stehen Seminare gegenüber, in denen die Unternehmen ihre Angestellten für die berufliche Weiterentwicklung fit machen wollen.

Untersuchungen haben jedoch gezeigt, dass in solchen Weiterbildungsseminaren Fähigkeiten im besten Fall antrainiert werden; die Übertragung in den (Arbeits-)Alltag gelingt selten. Gerade die ständigen Veränderungen, die zum Leben mit Kindern dazugehören, machen den Lernort Familie so wertvoll. Eine Studie des Deutschen Jugendinstituts [13] weist nach, dass Mitarbeiter durch ihre Elternschaft Kompetenzen wie Organisationsfähigkeit, Verantwortungsbewusstsein, Zeiteinteilung, Belastbarkeit und Flexibilität nachweislich verbessert haben.

David Livingstone [14] konnte zeigen, dass 70 % der beruflich relevanten Kompetenzen in privaten und beruflichen Handlungskontexten gelernt werden. Die alltäglichen Herausforderungen in Familie, Partnerschaft, Freizeit und Beruf bieten ein Lernfeld, das häufig nur unbewusst genutzt wird. Das Lernen in diesen Handlungskontexten führt zum Aneignen von Lösungsstrategien für aktuell wiederkehrende Herausforderungen und Probleme. Dieses selbst motivierte Lernen ist nicht vorgegeben und wird von den Bedürfnissen, der Begeisterung oder dem eigenen Interesse geleitet.

Wie wird der Kompetenzbegriff in diesem Buch definiert?

> Nach Staudt u. a. (1999) konstituiert sich die **Kompetenz** einer Person aus drei Faktoren:
>
> 1. Handlungsfähigkeit als kognitive Basis,
> 2. Handlungsbereitschaft als motivationale Grundlage und
> 3. Zuständigkeit als organisatorische Legitimation [15]
>
> Dieser recht praktisch orientierten Definition von Kompetenz schließen wir uns an.

Hierzu ein Beispiel: Eine Frau, die selbst Mutter ist, hört ein schreiendes Kind. Sie hat Ideen oder verfügt über Wissen, wie sie dieser Situation begegnen kann (Handlungsfähigkeit). Weil sie Mitleid mit dem Kind erlebt, könnte sie sich dem Kind zuwenden und es beruhigen (Handlungsbereitschaft). Da sie jedoch nicht die Mutter dieses Kindes ist, ist sie nicht legitimiert, hier helfend einzugreifen, und so beobachtet sie die Situation weiter (Zuständigkeit).

In diesem Buch verwenden wir den Begriff der Handlungskompetenz. Dieser bezieht sich in der Literatur häufig auf Fach-, Selbst- und Sozialkompetenz [16]. Im Kontext unseres Buches differenzieren wir jedoch zwischen Handlungskompetenz und Fachkompetenz, da Fachkompetenz eher in formalen Bildungsstätten und Handlungskompetenz wie die Sozial- und Selbstkompetenz eher auf dem informellen Bildungsweg erworben wird.

Bisher wurde das Informelle Lernen in der Familie von Unternehmen weitestgehend ausgeklammert und übersehen. Dies ist eine Verschwendung (Muda) von Ressourcen! Der Kompetenzerwerb gelingt schneller und effizienter, wenn er nebenbei, im Kontext von Anforderungen erworben wird – im Sinne von Learning by Doing. Und das ist in der Regel im Studium, in der Weiterbildung oder im Workshop nicht der Fall.

Wie kommt es zu dieser Verschwendung? Betriebliche Investitionen in die Kompetenzentwicklung der Mitarbeiter durch Aus- und Weiterbildung unterliegen dem gleichen Credo wie die Lean Production: „Werte schaffen ohne Verschwendung." Wie kann es dann sein, dass Unternehmen und Eltern den Rohstoff „informelle Bildung" vergeuden? Wir haben folgende Antworten gefunden:

- Elternkompetenzen wurden bisher als berufsrelevante Handlungskompetenzen nicht erkannt, sowohl bei Eltern als auch bei Arbeitgebern.
- Eltern sind nicht bereit, ihre Handlungskompetenzen „billig" herzugeben, da sie hierfür nicht entlohnt werden.
- Der Arbeitgeber legitimiert Eltern nicht, ihre Fähigkeiten im Unternehmen einzusetzen. Möglicherweise fehlt der bürokratische „offizielle Weiterbildungsschein" als Nachweis.
- Es gibt eine Scheu, Fähigkeiten aus dem privaten Lebensbereich für den Arbeitsplatz zu nutzen.
- Ressourcen wie Begeisterung und Eigenmotivation bleiben auf der Strecke oder werden den reinen Sach- bzw. Leistungsanforderungen untergeordnet.

Ehrlich gesagt: Auch diese Antworten haben uns etwas ratlos hinterlassen. Denn die Kompetenzprofile von Eltern sind so einfach zu identifizieren und das New-Lean-Thinking fordert Organisationen doch auf, Verschwendung zu eliminieren und „informelles Lernen" in die Personalentwicklung zu integrieren.

In einer ersten Studie [17] befragten wir erwerbstätige Eltern nach ihrer psychischen Befindlichkeit am Arbeitsplatz und erfassten diese mit einem Befindlichkeitsfragebogen, beispielsweise: In den letzten sieben Tagen war ich am Arbeitsplatz „fröhlich gestimmt", „hoffnungsvoll", „habe ich mich gut gefühlt" usw. Zusätzlich wollten wir wissen, worauf die Eltern diese Befindlichkeit zurückführen. Hierzu gab es zwei Antwortmöglichkeiten: Das führe ich hauptsächlich auf 1) „die Arbeit zurück" bzw. 2) „die Familie zurück". Zu unserem Erstaunen gaben 60 bis 87 % der Eltern an, dass sie ihre Befindlichkeit am Arbeitsplatz hauptsächlich auf die Familie zurückführen. Diese Kausalattribuierung positiver Stimmung am Arbeitsplatz auf die Familie deutet auf einen starken, meist unbewussten Spill-over-Effekt hin, den Greenhaus und Powel [9] als „emotionalen Pfad" beschreiben. Mit anderen Worten: Die eigene Stimmung lässt sich nicht an der Wohnungstüre abstreifen, egal ob man gerade kommt oder geht.

In zwei weiteren Untersuchungen [18, 19] befragten wir Eltern, wie sie den Nutzen ihres Elternverhaltens für den Arbeitsplatz einschätzen. Erneut waren wir von der Eindeutigkeit der Ergebnisse überrascht. Bis zu 9 von 10 Eltern erwarteten einen Nutzen von ihren Elternkompetenzen für den beruflichen Alltag. Diese Elternkompetenzen waren beispielsweise: „Erziehungsziele formulieren", „konkretes Loben", „gutes Vorbild geben". Dieses Ergebnis entspricht dem „instrumentellen Weg", den Greenhaus und Powell für Spill-over-Effekte beschreiben: Eltern entscheiden bewusst, ob sie ihre Ressourcen aus dem familiären Bereich am Arbeitsplatz zur Verfügung stellen, im Sinne von: „Ich entscheide mich, ob ich das, was ich als Elternteil besonders gut kann, überhaupt dem Unternehmen zur Verfügung stelle."

Warum ist nun aber der informelle Lernort Familie für die Personalentwicklung und alle, die sich mit der Work-Life-Balance befassen, bisher scheinbar Neuland? Und warum ist es für Eltern so schwer, ihre Kompetenzen in Worte zu fassen?

Viele Eltern sind sich ihres Wettbewerbsvorteils auf dem Arbeitsmarkt (noch) nicht bewusst. Ein Elternteil, das mit seinem Kind im Sandkasten einen Tunnel baut, ruft bei sich mehr Fähigkeiten ab als nur „Tunnelbau im Sandkasten". Die Elternarbeit besteht vielmehr aus Beobachten, dem Erkennen der Ressourcen des Kindes oder einem leistungsfördernden Feedback. Auch wenn der Tunnel wieder einbricht, werden Eltern ihrem Kind bei der

Emotionsregulation helfen und es für einen nächsten Versuch motivieren. Eltern sind (noch) nicht darin geübt, dieses elterliche Handeln in beruflich relevanten Kompetenzbegriffen zu beschreiben. Der Kompetenzerwerb erfolgt eher beiläufig. Werden Eltern jedoch auf die erworbenen Kompetenzen angesprochen, erkennen sie den Zusammenhang unvermittelt und entscheiden für sich, ob sie diese Kompetenzen auf dem Arbeitsmarkt anbieten möchten.

Die erwähnte Sprachlosigkeit betrifft nicht nur Eltern, sondern auch Personalentwickler, Führungskräfte oder Unternehmer. Leider wird in vielen Chefetagen auch heute noch die Elternschaft als etwas gesehen, das schwer mit dem Beruf zu vereinbaren ist. Dort sind Themen wie „Vereinbarkeit von Familie und Beruf" oder „Work-Life-Balance" zwar bekannt, jedoch noch nicht richtig angekommen. Dabei liegen die Vorteile auf der Hand. Denn sowohl Eltern als auch Unternehmensmitarbeiter brauchen eine robuste Stresstoleranz, eine hohe Selbstmotivation und ein gutes Ziel- und Zeitmanagement, um Spitzenleistungen zu erzielen – in der Familie sowie im Beruf.

Und wir hören schon den Aufschrei „Aber wir haben ein Zertifikat ‚Familienfreundlicher Arbeitgeber'" oder Ähnliches. Es ist richtig: In den Unternehmen hat sich in den letzten Jahren im Hinblick auf Familienfreundlichkeit tatsächlich etwas bewegt. Mitarbeiter bekommen eine ganze Reihe von Zusatzleistungen geboten, damit die Familie neben dem Beruf einfacher zu managen ist.

Das ist natürlich gut so. Doch bei uns bleiben Fragen: Wird damit der Wert der Elternarbeit erkannt? Wird hiermit die Elternschaft im Kern wertgeschätzt? Werden Mitarbeiter eingeladen, Eltern zu werden, im Sinne von „Bei uns können Sie Ihrer Karriere nachgehen und Ihre Familie gründen!" oder „Ihre Elternkompetenzen werden bei der Bewerbung anerkannt"?

Wir sind der Überzeugung, dass Eltern in der Vereinbarkeit von Familie und Beruf ein entscheidendes Wort mitzureden haben, statt sich von politischen Regelungen oder unternehmerischen Bedingungen bestimmen zu lassen. Für uns ist es nicht hinzunehmen, dass der Wert der Familie wie an der Börse gehandelt wird. Braucht man den zweiten Elternteil auf dem Arbeitsmarkt, dann steigt der Wert der Familie. Ist der Arbeitsmarkt gesättigt, dann kann ein Elternteil gerne zu Hause bleiben. Wir finden das absurd!

Die Familie an sich hat eine Würde und damit einen nicht hinterfragbaren Wert. Diese Würde geben wir der Familie, wenn wir mit Peter Drucker [20], dem Pionier der Managementlehre, die Frage nach dem Mission Statement stellen: Was ist der tiefe Sinn und Zweck, was ist der Grund für das Dasein der Familie?

Mit diesem Buch möchten wir die Würde der Familie an der Schnittstelle „Wirtschaft trifft Familie" illustrieren. Die Familie ist die natürliche Grundeinheit der Gesellschaft [21] und damit Keimzelle der Organisationen, der Unternehmen und der Gesellschaft. Sich dieser Würde von Familie vor dem Hintergrund „Wirtschaft trifft Familie" bewusst zu werden und sie zu verteidigen, darum geht es letztlich in diesem Buch. Und eine gute Chance hierfür sehen wir darin, dass Eltern, Führungskräfte, Geschäftsführer und Unternehmer beginnen, das Kompetenzcenter Familie und die daraus entstehenden Handlungskompetenzen im Kontext des Privatlebens und der Arbeit zu nutzen.

1.5 Wenig Zeit für die Familie – Rückgang der Geburtenrate

Ralph Kriechbaum

Bisher sehen Unternehmensführer, vor allem in Deutschland, die Familie immer noch als Nebenbuhler um die Gunst der Zeit, die der Arbeitnehmer doch bitte für die Abarbeitung der Aufgaben in der Firma einsetzen soll. Ja, selbst in vielen Artikeln in Zeitschriften, sogar in der einschlägigen Fachliteratur, wird immer von Work-Life-Balance geschrieben. Doch die Gesellschaft hat es sogar schon geschafft, dass die Arbeitnehmerinnen und die Arbeitnehmer das Gefühl haben, sie müssten der Zeit am Arbeitsplatz die Priorität einräumen gegenüber der Zeit, die sie in der Familie verbringen.

In über 90 % der Gespräche mit jungen Menschen an den Hochschulen in Deutschland und Österreich hören wir, dass die persönliche Entwicklung, Verwirklichung und Karriere zuerst einmal Priorität hat, bevor über eine „Auszeit" mit Familiengründung nachgedacht wird. Schon allein der Begriff „Auszeit" hört sich wie eine Unterbrechung des ordentlichen Karriereverlaufs an. Die Zeit mit der Familie steht in hartem Konkurrenzkampf mit der Arbeitszeit in den Firmen. Und wenn man die Statistiken der letzten Jahrzehnte betrachtet, so hat sich, bei einer Geburtenrate von unter 1,5 Kindern pro Elternpaar, die Zeit im Job offensichtlich durchgesetzt. Und das, obwohl eine Gesellschaft nur dann ihren Erhalt sichern kann, wenn die Geburtenrate bei mindestens 2,1 Kindern gehalten wird.

Mit anderen Worten, wir können bereits heute ausrechnen, wann der oder die letzte Deutsche, der oder die letzte Österreicher(in) geboren wird! Wirklich. Es ist notwendig, dass jeder Mann und jede Frau im Mittel 2,1

Kinder zeugt, auf die Welt bringt und danach ins Erwachsenenalter begleitet. Zwei Elternteile, zwei Kinder, das ergibt Sinn. Die 0,1 kommen einfach daher, dass es im statistischen Mittel immer 5 % gibt, die keine Nachkommen haben können, aus welchen Gründen auch immer. Biologisch ist es nicht möglich, oder der Tod tritt ein, bevor die Zeugungsfähigkeit erreicht ist. Deshalb ist es also notwendig, die Geburtenrate im Mittel bei 2,1 pro Person zu halten, damit die Bevölkerungszahl des Landes stabil bleibt. Unser derzeitiges Wirtschafts- und Sozialsystem ist noch auf eine zumindest leicht steigende Bevölkerungszahl eingestellt, und jede Änderung nach unten würde nach derzeitigen Prognosen zu einem Rückgang des Wirtschaftswachstums und damit zur Deflation und wirtschaftlichen Depression führen, ähnlich wie Japan dies seit den 1990er-Jahren erlebt.

Für die zentraleuropäischen Länder ist es von besonderem Interesse, dass die Geburtenrate trotz vieler positiver Einflussfaktoren rückgängig ist, und dieser Trend scheint sich nicht umzukehren, wie Jean-Claude Chesnais in seinem Kommentar „A March Toward Population Recession" [22] schreibt. Seinen Ausführungen zufolge scheint die Hoffnung auf den Erhalt der Bevölkerung in dieser Region, aus dem eigenen Bestand heraus, bereits verloren. Es werden statistisch nicht mehr so viele Eltern genug Kinder zeugen und großziehen, dass die Bevölkerungszahl sich ohne Zuwanderung selbst erhalten kann.

Für deutschsprachige Länder bedeutet dies zu Ende gedacht, dass aufgrund der Tatsache, dass wir bereits seit einigen Generationen eine Geburtenrate von unter 2,1 – nämlich von um 1,5 – haben, diese Entwicklung des Rückganges stark beschleunigt abläuft! Es ist in der Bevölkerungsentwicklung deutschsprachiger Menschen deutlich ein weiterer Knick nach unten zu erkennen, was daran liegt, dass die Menschen, die in eine Generation hineingeboren wurden, in der die Geburtenrate bereits sehr niedrig lag, jetzt nicht mehr genug Kinder bekommen können, um diese Bevölkerungszahl selbst wieder steigern zu können. So leben in Deutschland jedes Jahr im Verhältnis mehr alte Menschen als im Jahr zuvor (vgl. Statistisches Bundesamt: Bevölkerungsentwicklung Deutschland 1950 bis 2014). Es muss sich also etwas ändern, wenn uns der Erhalt unserer Gesellschaft, unserer Werte, unserer Familien, unserer Unternehmen, unserer selbstbestimmten Zukunft wichtig ist. Und wir sagen das nicht, um ein düsteres Bild der Zukunft zu malen oder um die Öffnung unserer Gesellschaft einzuschränken. Es ist einfach so.

Die Wirtschaft im deutschsprachigen Raum, die Unternehmen, die sich in diesem Gebiet aufhalten, werden Wege finden müssen, um ihre Zukunft selbstbestimmt mit neuen Mitarbeitergenerationen zu gestalten: entweder mit Mitarbeitern, die aus Generationen stammen, in denen die Geburtenrate wieder höher ist, oder mit Mitarbeitern, die zum Teil aus anderen Herkunftsländern hierherziehen. Oder, und das ist vor allem wirtschaftspolitisch zu betrachten, die Unternehmen verlegen ihre Standorte dorthin, wo sie noch zukünftige Mitarbeitergenerationen finden, die den Bedarf decken können. So verlegen die ersten deutschen Unternehmen ihre Produktion in Regionen, in denen langfristig eine Sicherung der qualifizierten Mitarbeiterzahlen gewährleistet ist, während sie in Deutschland damit rechnen, keine qualifizierten Mitarbeiter mehr zu finden, um den nicht nachlassenden Bedarf an Produkten auf dem Weltmarkt befriedigen zu können. Mit der Verlagerung der Produktion in Regionen mit stabilen oder steigenden Bevölkerungszahlen werden jedoch auch die Zahlungen in Sozialsysteme und die Wohlstandssicherung verlagert.

Umso schöner und interessanter ist es doch, darüber nachzudenken, und sich intensiv mit den Möglichkeiten auseinanderzusetzen, wie die Familie ein Hort, eine Quelle wertvoller Mitarbeiter für die Zukunft weiterer Unternehmensentwicklung sein kann.

1.6 Sechs neuronale Rahmenbedingungen für den Kompetenzaufbau – wie wir lernen, was wir lernen

Ralph Kriechbaum

Wie bereits beschrieben, ist die Familie eine schier unerschöpfliche Quelle des Kompetenzaufbaus, auch für betriebliche Fähigkeiten des Menschen. Im Besonderen ist die Familie aus neuronaler Sicht sogar der beste Ort, Kompetenzen zur betrieblichen Weiterentwicklung eines Unternehmens zu erlernen. Um dies nachzuvollziehen, ist es hilfreich, die Rahmenbedingungen zu betrachten, die unser menschliches Gehirn idealerweise vorfinden sollte, damit ihm der Aufbau von Kompetenzen besonders erfolgreich gelingt.

Unser Gehirn ist ein Filter

Zuerst einmal ist es wichtig zu verstehen, unter welchem starken Einfluss unser Gehirn dauerhaft steht. Jede Sekunde wird eine Vielzahl von Signalen über das sensorische System an das Gehirn weitergeleitet. Bereits Hermann Ebbinghaus hat sich im vorletzten Jahrhundert mit der Signalverarbeitung des menschlichen Gehirns auseinandergesetzt und festgestellt, dass die Zahl von Merkmalen, die auf einen Blick erfasst werden können, bei ca. 7 ± 2 Signalen liegt. Im Taschenatlas der Psychologie wird beschrieben, dass die Signalverarbeitung im Gehirn bei 10^9 Signalen pro Sekunde liegt. Da ca. eine Milliarde Signale pro Sekunde im Gehirn ankommen, muss das Gehirn das jeweilige Signal als wichtig oder unwichtig einstufen. Zu jeder Sekunde filtert das Gehirn also etwa die wichtigsten 100 Signale aus der Vielzahl der ankommenden Signale aus, und gibt diese zur Verarbeitung weiter. Aus diesen 100 Nervensignalen – das können Bilder sein, die die Augen erfassen, Töne, die die Ohren aufnehmen, Temperaturen, die die Haut empfindet –, wählt dann das Gehirn weiter aus, welche 5 bis 10 Signale weiterbearbeitet werden. Denn diese Zahl kann von einem gesunden, normal beanspruchten menschlichen Gehirn bewusst verarbeitet werden.

Diese Zahl wurde immer wieder in verschiedenen Versuchen, Experimenten und auch Analysen von menschlichen Grenzbelastungen belegt. So werden in Simulatoren für die Cockpits ziviler Flugzeuge Untersuchungen durchgeführt, um sicherzustellen, dass nur die wichtigsten Signale in einer verarbeitbaren Anzahl an die Piloten weitergegeben werden, damit die Piloten in Entscheidungssituationen nicht überfordert werden.

In solchen oder ähnlichen Versuchen hat sich auch gezeigt, dass unter Stress die Menge der bewussten Signalverarbeitung im menschlichen Gehirn reduziert wird. Von daher geht man auch heute noch davon aus, dass das menschliche Gehirn jede Sekunde 7 ± 2 Signale des Nervensystems bewusst verarbeiten kann.

Unser Gehirn besitzt Neuroplastizität

Wenn wir etwas lernen, so verändern sich in unserem Gehirn die Nervenbahnen derart, dass bestimmte Erinnerungen, Gedankengänge und kognitive Fähigkeiten leichter möglich sind. Das heißt, dass neues Wissen und neue Kompetenzen auch mit neuen Nervenverbindungen im Zusammenhang stehen. Das Gehirn ist quasi plastisch und lässt sich für neue Kompetenzaneignungen so verändern, dass bestimmte Fähigkeiten zukünftig einfacher ausführbar sind. Begrifflich lässt sich „plastisch" als Gegensatz zu „elastisch" verstehen. In einer elastischen Eigenschaft geht etwas wieder in den Ausgangszustand, nachdem die Belastung oder die Anforderung nicht mehr besteht. Wenn das Gehirn etwas lernt, ist jedoch der neue Zustand dauerhaft neu eingestellt. So lässt sich mit der Neuroplastizität des Gehirns zum Beispiel erklären, warum wir das Fahrradfahren nicht mehr verlernen: Das Gehirn hat sich so verschaltet, dass es die Kompetenz dauerhaft besitzt.

Das Gleiche gilt natürlich auch für das Erlernen von Verhaltensweisen, Führungskompetenzen, Konfliktfähigkeiten, den Umgang mit Frustration, die Fähigkeit, auf Stimmungen anderer Menschen zu reagieren, und die Kompetenz, für sich selbst und andere zu sorgen.

Nun war es eine verbreitete Annahme, dass sich die Neuroplastizität des menschlichen Gehirns mit zunehmendem Alter reduziert. Man ist sogar nach entsprechenden Experimenten davon ausgegangen, dass die Neuroplastizität im Alter zwischen 20 und 26 stark nachlässt, eine erwachsene Person sich also beim Lernen und beim Kompetenzaufbau extrem schwertut oder vieles gar nicht mehr erlernen kann. Man dachte also, dass an die Stelle der Plastizität eine Elastizität tritt, mit der die Denkweisen und Signalverarbeitungen immer wieder nach dem alten Muster ablaufen. So ist es für einen älteren Menschen nicht leicht, neue Fähigkeiten zu erlernen, zuweilen meinen die Partner, Kollegen oder Kinder: „Mensch, du wirst ja immer sturer!" Oder sie verwenden den Spruch „Was Hänschen nicht lernt, lernt Hans nimmermehr!" oder gar „In dem Alter ist Hopfen und Malz verloren".

Nach neuesten Erkenntnissen unter anderem von deutschen Hirnforschern, darunter Manfred Spitzer aus Ulm und Gerald Hüther aus Freiburg, kann man davon ausgehen, dass die Neuroplastizität grundsätzlich auch in hohem Alter weiterhin vorhanden ist, sie aber aus bestimmten Gründen dann von den Menschen nicht mehr genutzt wird.

Unser Gehirn besitzt einen Velcro-Effekt

In den Untersuchungen zum Lernverhalten menschlicher Gehirne wurde immer wieder festgestellt, dass das Gehirn Dinge leichter dazulernt, wenn die neuen Lerninhalte an Wissen anknüpfen können, die bereits bekannt sind. Ganz neue Inhalte im Gehirn zu verankern ist hingegen schwerer. In gewisser Weise widerspricht dies dem allgemeinen Verständnis, dass Lernkurven zu Beginn sehr steil sind und dann immer mehr abflachen. Die Ursache dafür liegt im Velcro-Effekt, also in einem Klettverschlusseffekt im Gehirn.

Dies lässt sich auch anhand eines anderen Bildes gut veranschaulichen. Im Gehirn existieren, aufgrund von neuronalen Zellenverknüpfungen, Bahnen, über die das Gehirn Informationen abrufen und verbinden kann. Das kann man als Wissen bezeichnen. Diese Ausprägung von Bahnen aus Nervenzellenverbindungen kann man sich vorstellen wie Trampelpfade im Urwald, die von Menschen ausgetreten werden. Wenn ein Mensch zum Jagen und Beerensammeln in den Urwald geht, so wird er mit der Zeit immer der Route folgen, die ihm den größten Erfolg bringt.

Zuerst wird er bei den Beerenbüschen vorbeigehen, um sich für die Jagd zu stärken. Danach geht er zur Wasserstelle, an der er meist leichte Jagdbeute machen kann. Daraufhin geht er zum Wasserfall, um sich zu erfrischen und seinen Wasserbehälter aufzufüllen, und anschließend macht er sich von dort wieder auf den Weg nach Hause. Da diese Trampelpfade seinen Gewohnheiten am besten entsprechen und er damit zumeist Erfolg gehabt hat, wird er immer wieder die gleichen Wege in der gleichen Reihenfolge einschlagen und somit Trampelpfade austreten, die ihm auch zukünftig den leichtesten Sammel- und Jagderfolg sichern. Auf den ausgetretenen Pfaden ist die Vegetation auch weniger störend, und man kann auf ihnen somit schneller gehen.

Im übertragenen Sinn kann man sich die Ausprägungen der Nervenzellenbahnen genauso vorstellen: Je häufiger eine Nervenzellenverbindung genutzt wird, desto stabiler und schneller kann sie zukünftig genutzt werden. Das Lernen hat also einen Klettverschlusseffekt (englisch Velcro-Effekt) im Gehirn, sodass sich die häufig genutzten Nervenverbindungen dauerhafter verbinden.

Lernen braucht positive Emotionen

Dass Angst kein guter Lernpartner ist, hat sicherlich jeder von uns schon mehrfach erfahren. Viele Versuche haben bestätigt, dass Menschen, die von positiven Emotionen beseelt sind, besser lernen können. So konnten sich Probanden, denen Fotos mit lachenden Kindergesichtern vorgelegt oder auf Bildschirmen gezeigt wurden, anschließend Lerninhalte besser merken. Auch konnten sich Menschen, die positive Emotionen erlebten, danach besser an Lerninhalte erinnern, die mit positiven Emotionen verbunden sind.

Es ist übrigens auch so, dass negative Gedanken in einem Umfeld negativer Emotionen besser gespeichert werden (vgl. [23]). Was das für unser Schulsystem bedeutet, hat Gerald Hüther u. a. in seinem Buch *Mit Freude lernen – ein Leben lang* [24, S. 41 ff. und S. 113 ff.] ausgiebig erläutert. Die Frage, mit der wir uns beschäftigen, ist: Was bedeutet das für unsere Unternehmen? In welchem Umfeld lernen unsere Mitarbeiter am besten und welchen Lernumgebungen sind sie außerhalb des Unternehmens ausgesetzt, von denen die Firma profitieren kann?

In der Familie, in der die Mitarbeiter zusammen mit ihren Kindern lernen, sind die Rahmenbedingungen für das Lernen ideal. Die menschlichen Gehirne haben alles, was sie für gutes Lernen brauchen, auch unabhängig vom Alter. Hüther beschreibt die Erfüllung zweier Grundbedürfnisse, die dem Menschen eigen sind – das Bedürfnis nach Zugehörigkeit und das Bedürfnis nach Selbstwirksamkeit –, als notwendige Bedingungen für gutes Lernen. Er führt dies auf die frühkindlichen Erlebnisse vor und nach der Geburt zurück: Zuerst ist das Bedürfnis nach Zugehörigkeit im Bauch der Mutter bedingungslos erfüllt, dann, wenn das Kind auf die Welt kommt, wird es sich als eigenständige Person seiner Selbstwirksamkeit täglich immer mehr bewusst.

Beispiele, wie positive Emotionen das eigene Lernen beeinflussen, haben wir alle schon erlebt. Jeder frühere Schüler erinnert sich an einen Lehrer, den er mochte. Und es ist beeindruckend, wie in jeder Schülergeneration die Schüler immer wieder erzählen, dass sie den größten Lernerfolg bei den Lehrern hatten, die sie mochten. Viele geben sogar explizit an, dass sie sich an den Stoff, den sie bei dem Lehrer durchnahmen, den sie am meisten mochten, am besten erinnern können. Das Gehirn hatte offensichtlich die besten Rahmenbedingungen für gutes Lernen.

Es ist ein großer menschlicher sowie wirtschaftlicher Verlust, wenn dieses ideale Lernumfeld der Familie als Konkurrenzfeld anstatt als erweitertes Lernfeld für das Unternehmen gesehen wird. Ja, die Familie ist ein Lernfeld, das dem Unternehmen Expertise zukommen lässt, ohne Weiterbildungskosten zu verursachen. Es muss nur die innere Haltung der Vorgesetzten entsprechend geändert werden. So ist eine Mutter, die aus dem Mutterschutz zurückkehrt, nicht eine Mitarbeiterin, die wochen- oder monatelang gefehlt hat, sondern eine Fachkraft, die in der vergangenen Zeit ihre Kompetenzen durch intensives Lernen, ganz außerhalb der Arbeitszeit, in einem emotional hervorragenden Umfeld zum Wohle des Unternehmens weiterentwickelt hat. Und dazu musste sie nicht einmal durch Führungsentwicklungsgespräche motiviert werden.

Unerwartet positive Emotionen begünstigen das Lernen erheblich

Es sind jedoch nicht nur die normalen positiven Emotionen, die das Lernen ermöglichen oder erleichtern. Wenn es bei einem Menschen zu unerwartet positiven Emotionen kommt, z. B. wenn er bei einem Versuch, etwas zu schaffen, tatsächlich Erfolg hat, so werden im Gehirn neuronale Botenstoffe ausgeschüttet, die die Vernetzung von Nervenzellen im Gehirn erheblich begünstigen (vgl. Hüther: *Was wir sind und was wir sein könnten* [25]; Spitzer: *Lernen* [26]). Dies trägt dazu bei, dass er sich Erfolgsstrategien, z. B. im Sport, besser merken kann.

Damit schaffen es Menschen, neue Vorgehensweisen zu erlernen, die bessere Ergebnisse erzielen. Wenig effektiv ist es hingegen, einfach nur mehr vom Gleichen zu machen, und dann zu hoffen, dass das Ergebnis schon besser wird. So soll Albert Einstein gesagt haben: „Die Definition von Wahnsinn ist, immer das Gleiche zu tun und andere Ergebnisse zu erwarten." Zum Glück sind wir mit einem Gehirn ausgestattet, das uns die Möglichkeit gibt, nicht dem Wahnsinn verfallen zu müssen, wir brauchen es nur entsprechend regelmäßig mit Experimenten zu stimulieren, von denen das ein oder andere überraschenderweise positiv ausgehen könnte. Und wenn dann ein Experiment tatsächlich positiv ausgeht, schon haben wir – ohne dass wir etwas dagegen tun können – gelernt!

Betrachten wir noch kurz einen der bedeutendsten neuronalen Botenstoffe, den unser Gehirn produziert, um das Lernen positiv beeinflussen zu können: das Hormon Dopamin. Bei Untersuchungen am Institut von Manfred Spitzer hat sich gezeigt, dass unerwartete positive Emotionen das Hormon Dopamin freisetzen und dass sich anschließend die Ausbildung von Nervenverbindungen im Gehirn positiv beeinflussen lässt. Somit werfen unerwartete positive Emotionen einen körpereigenen Lernverstärker an, der dem Gehirn Anreize gibt, in solchen Situationen besser zu lernen.

Wenn man all diese Faktoren zusammen betrachtet, ist es gar nicht verwunderlich, dass die Unternehmen, die nach dem PDCA-Zyklus nach Walter A. Shewhart und W. Edwards Deming vorgehen, um Unternehmensprozesse weiterzuentwickeln, so unglaublich erfolgreich im Markt agieren (s. Abschn. 3.4). Sie nutzen sozusagen die regelmäßige Dopaminausschüttung der Gehirne ihrer Mitarbeiter geschickt, um eine lernende Organisation aufzubauen. Denn im PDCA-Zyklus wird explizit mit Verbesserungsmaßnahmen experimentiert, die beim Erfolg zu unerwarteten positiven Emotionen bei den beteiligten Mitarbeitern führen. Dass die Durchführung von PDCA-Zyklen immer im Team, also bei sichergestellter Zugehörigkeit (Sie erinnern sich an die Erkenntnisse von Gerald Hüther über die Rahmenbedingungen für gutes Lernen), stattfinden, bedarf hoffentlich keiner weiteren Erläuterung. Das ist bei den erfolgreichen Unternehmen selbstverständlich.

Ein weiteres Hormon, das die Lernfähigkeit des Gehirns positiv beeinflusst, ist das Hormon Oxytocin. Es wird auch gern als Bindungshormon bezeichnet, denn es beeinflusst, wann immer es im Körper eines Menschen freigesetzt wird, die sozialen Interaktionen von Menschen. Es schafft sozusagen die Möglichkeit, dass Menschen einander mögen können, was wiederum ein gutes Lernumfeld für Gehirne schafft. So steigt die Oxytocinausschüttung im Menschen bereits, wenn er ein Lächeln seines Gegenübers wahrnimmt. Das Halten der Hand wirkt noch stärker.

In bestimmten Anforderungsbereichen ist Lernen besser möglich

Abschließend schauen wir uns noch an, unter welchen Anforderungsbedingungen Lernen am besten möglich ist. Die Hirnforschung der letzten Jahre hat jedoch nur bestätigt, was wir alle aus eigener Erfahrung nur zu gut kennen. Wenn sich unser Gehirn in einem Zustand der absoluten Überforderung befindet, wenn also in einer Prüfung Aufgaben drankommen, bei deren Erklärung im Unterricht wir gefehlt haben, weil wir zu Hause krank im Bett lagen und wir uns keine Zeit genommen haben, uns den Stoff von einem Mitschüler erklären zu lassen, dann sind wir überfordert. Wir haben keine Ahnung, wie wir vorgehen sollen, wir erkennen die Zeichen, mit denen die Zahlen in der Aufgabe verknüpft sind, vielleicht gar nicht. In einem solchen Anforderungsbereich wird unser Gehirn nicht wirklich lernen können.

Oder nehmen wir die Skipiste, die so stark abfällt, dass wir uns nicht trauen, über den nächsten Buckel vor uns zu schauen. In einer solchen Situation wird uns auch der beste Skilehrer keine Schwungverläufe vermitteln können, die uns problemlos über den Skihang bringen könnten. Spätestens, wenn der Skischüler seine Ski auszieht und den Berg hinunter robbt, wird auch dem Skilehrer klar, dass es in einer solchen Situation wohl nicht gut möglich ist, Skifahren zu lernen.

Auch werden wir einem Mitarbeiter, dem wir eine neue Aufgabe übertragen wollen, keine gute Lernsituation bieten, wenn wir ihn vor einen Bildschirm setzen, auf dem Zahlenkolonnen untereinanderstehen, obwohl er noch kein computerbasiertes Planungssystem genutzt hat und nicht wenigstens ein paar Wochen Erfahrung damit sammeln konnte. Er wird vielmehr angstvolle Emotionen erleben, vor allem, wenn wir ihm gleich noch sagen, dass ein Fehler seinerseits das Unternehmen mehrere tausend Euro kosten wird, oder wir ihm bei seinem letzten Fehler den verlorenen Unternehmensgewinn vorgehalten haben.

Mitarbeiter, die starke Überforderung erleben, haben nahezu keinerlei Möglichkeit, sich in der neuen Situation zurechtzufinden. Sie werden nicht lernen können, welche Vorgehensweisen, welche Strategien es braucht, um die neue Herausforderung zu meistern. Überforderung ist ein schlechter Lehrer. Trotzdem sind viele Vorgesetzte auch heute noch der Meinung, man müsse die Mitarbeiter ins kalte Wasser werfen, damit sie an ihren Aufgaben wachsen. In Wirklichkeit jedoch steuert diese Strategie dann nur in das Peter-Prinzip, dem zufolge ein Aufstieg einer Führungskraft jäh darin endet, dass diese bis zu einer Stufe der eigenen Unfähigkeit befördert wird.

Die tatsächlich erfolgreichere Strategie ist die systematische Erweiterung der Kompetenzen des Mitarbeiters, damit er die Herausforderungen der nächsten Führungsstufe bewältigen kann.

Im Gegensatz dazu ist Lernen in einer Situation, in der man die Lösung oder Lösungsstrategie zu Aufgaben schon lange im Vorhinein kennt oder sofort durchschaut, auch wiederum nicht möglich, da es für das Gehirn keinerlei Gründe gibt, sich neuronal neu zu vernetzen. Es gibt also keinerlei Anreize, neue Verbindungen der Nervenzellen aufzubauen, weil alle Anforderungen bereits in den existierenden Nervenbahnen ganz wunderbar abgearbeitet werden können. Um mit Worten die Gedanken von Gerald Hüther auszusprechen: Der Mensch sieht gar keine Möglichkeit der persönlichen Weiterentwicklung, sein intrinsischer Drang zur zusätzlichen Erkenntnis über seine Selbstwirksamkeit kann nicht gestillt werden. Aus diesem Grund werden auch sehr begabte Kinder, wenn sie in der Schule nicht ihren Fähigkeiten entsprechend gefordert sind, oftmals in den Leistungen stark zurückfallen, weil sie gar nicht mehr mit Begeisterung lernen können. Es fehlt der Anreiz und die hormonelle Stimulanz für die Lernzentren im Gehirn.

So kommen auch unzählige Studien und Befragungen zu dem Ergebnis, dass der erstgenannte Grund für einen Firmenwechsel nicht die finanziellen Anreize einer neuen Stelle sind, sondern die Möglichkeiten der persönlichen Weiterentwicklung. Da erscheint es verwunderlich, dass es Unternehmen gibt, die Mitarbeiterbindungsprogramme entwickeln, bei denen hauptsächlich über Freizeitaktivitäten nachgedacht wird, die auf dem Firmengelände angeboten werden können. Die Unternehmen geben sogar vielfach an, dass sie Alternativen zu Freizeitaktivitäten außerhalb des Unternehmens anbieten müssen, damit die Mitarbeiter in der Firma bleiben.

Offensichtlich hat sich in diesen Unternehmen die Erkenntnis noch nicht durchgesetzt, dass der Kompetenzaufbau eines Mitarbeiters zu großen Teilen außerhalb des Unternehmens vonstattengeht und das Unternehmen, wenn es diesen Kompetenzaufbau richtig für sich einsetzt, die Früchte davon kostenfrei ernten kann. Neueste Überlegungen in Unternehmen gipfeln mittlerweile sogar darin, Schwangerschaften von Mitarbeiterinnen dadurch zu verzögern, dass die Kosten für das Einfrieren von Eizellen übernommen werden. Die einzige Erklärung für die Motivation, den Mitarbeiterinnen ein solches Angebot zu machen, ist doch, dass die Unternehmen dem Lernort Familie keinen Wert zubilligen; ja mehr noch, dass sie der Meinung sind, dass eine Mitarbeiterin vor einer Schwanger- und Mutterschaft mehr Wert ist. Die gesellschaftlichen Konsequenzen und Risiken verzögerter Elternschaft werden dabei sowieso nicht bedacht.

Der ideale Anforderungsbereich für das Lernen liegt also zwischen der Überforderung und der Unterforderung. Dieser Anforderungsbereich ist natürlich auch von den Fähigkeiten der jeweiligen Person abhängig. Sind die Fähigkeiten der Person in einem Leistungsbereich bereits stark ausgeprägt, lässt sich hier auch in einem höheren Anforderungsbereich dazulernen.

Um beim Skifahren zu bleiben: Kann ein Mensch bereits sehr gut auf der Piste und in steilem Gelände Ski fahren, so wird er sich mit den Herausforderungen auf einer mäßigen Buckelpiste anfreunden und beim Buckelpistenfahren dazulernen. Auch ein Tiefschneehang wird ihm eine Herausforderung bieten, bei der er seine Fähigkeiten verbessern kann, weil er lernen kann, mit den Gegebenheiten erfolgreich umzugehen. Auf einer blauen Skipiste mit einem Schlepplift wird er jedoch vermutlich keine Freude haben, weil er sein skifahrerisches Geschick nicht weiter ausbauen kann. Die Unterforderung gibt keine Gelegenheit zum Ausbau seiner Fähigkeiten. Eine sehr steile Buckelpiste wiederum kann den Skifahrer so stark überfordern, dass er sich in einem Anforderungsbereich befindet, in dem er nicht einmal seine Fähigkeiten, die er auf seinem bewährten Gelände zeigen kann, zur Anwendung bringt. Lernen ist in diesem Fall kaum möglich. Das Gehirn ist eher mit der Angst- oder Frustbewältigung beschäftigt und kann nicht mit positiven Emotionen dazulernen.

All diese Erkenntnisse aus der modernen Hirnforschung bestätigen, dass die Familie ein hervorragender Lernort für den Kompetenzaufbau eines Menschen ist. Die Familie ist ein Ort, in dem die Rahmenbedingungen für gutes Lernen, die wir bislang betrachtet haben, in bester Weise erfüllt sind. Die Angst ist genommen, die Beziehungen stimmen, die Herausforderungen werden von Unterforderung und Überforderungen abgegrenzt, die Begeisterung, die das Gehirn neuroplastisch hält, ist gegeben und die Ausschüttung lernunterstützender Hormone findet regelmäßig statt.

Jetzt müssen nur noch die Unternehmen dieses vielleicht unersetzliche Lernfeld zum Kompetenzaufbau ihrer Mitarbeiter wahrnehmen und schätzen lernen. Dann hätten sie in vieler Hinsicht einen Hort für zukünftige Fach- und Führungskräfte.

Literatur

1. Collins, J. (2011). *Der Weg zu den Besten* (S. 79–81). Frankfurt a. M.: Campus.
2. Köhler, H. (2006). Berliner Rede 2006 „Bildung für Alle". http://www.bundespraesident.de/SharedDocs/Reden/DE/Horst-Koehler/Reden/2006/09/20060921_Rede.html. Zugegriffen: 25. Okt. 2016.

3. Landmesser, M. (2010). Die Zukunft der Bildung. Vier Thesen, wie wir künftig lernen, lehren und arbeiten. Duale Hochschule Baden-Württemberg, S. 24. http://gerald-lembke.de/wp-content/uploads/2014/07/2010-11_Bildungsstudie_E-Book_final.pdf. Zugegriffen: 25. Okt. 2016.
4. Erpenbeck, J., & Rosenstiel, L. v. (2007). Einführung. In J. Erpenbeck & L. v. Rosenstiel (Hrsg.), *Handbuch Kompetenzmessung*. Stuttgart: Schäffer-Poeschl.
5. Kirkpatrick, D. L. (1998). *Evaluating training programs: The four levels*. San Francisco: Berrett-Koehler.
6. Kellner, Herbert. (2006). *Value of Investment. Neue Evaluierungsmethoden für Personalentwicklung und BC*. Offenbach: Gabal.
7. Mathias, A., Klaus, Hurrelmann, Gudrun, Q., & TNS Infratest Sozialforschung. (2015). *17. Shell-Jugendstudie Jugend 2015*. Frankfurt: Fischer Taschenbuch.
8. Statistisches Bundesamt. Pressemitteilung vom 7. November 2013 – 371/13. https://www.destatis.de/DE/PresseService/Presse/Pressekonferenzen/2013/Geburten_2012/pm_Geburten_PDF.pdf?__blob=publicationFile. Zugegriffen: 25. Okt. 2016.
9. Greenhaus, J. H., & Powell, G. N. (2006). When work and family are allies: A theory of work-family enrichment. *The Academy of Management Review, 31*(1), 72–92.
10. Collins, J. (2011). *Der Weg zu den Besten. Die sieben Management-Prinzipien für dauerhaften Unternehmenserfolg*. Frankfurt: Campus.
11. Rosenstiel, L. von. (2007). *Grundlagen der Organisationspsychologie* (6. Aufl.). Stuttgart: Schäffer-Poeschel.
12. Nerdinger, F. W., Blickle, G., & Schaper, N. (2011). *Arbeits- und Organisationspsychologie*. Heidelberg: Springer.
13. Erler, W., & Nußhart, C. (2000). Familienkompetenzen als Potenzial einer innovativen Personalentwicklung – Trends in Deutschland und Europa. https://www.bmfsfj.de/blob/94782/e9cb4949341b1fbfbb335560a6bbcb62/prm-23846-broschure-familienkompetenzen-data.pdf. Zugegriffen: 25. Okt. 2016.
14. Livingstone, D. (1999). Informelles Lernen in der Wissensgesellschaft. Erste kanadische Erhebung über informelles Lernverhalten. In ABWF (Hrsg.), *QUEM-Report Heft 60: Kompetenz für Europa. Wandel durch Lernen – Lernen durch Wandel. Referate auf dem internationalen Fachkongress 21.–23. April 1999* (S. 65–91). Berlin: ABWF.
15. Staudt, E., & Kriegesmann, B. (1999). Die Differenz zwischen Qualifikation und Kompetenz. In Institut für angewandte Innovationsforschung (Hrsg.), *Jahresbericht 1999* (Kap. 3, S. 3). Bochum: IAI. www.iai-bochum.de.
16. Handreichung für die Erarbeitung von Rahmenlehrplänen der Kultusministerkonferenz für den berufsbezogenen Unterricht in der Berufsschule und ihre Abstimmung mit Ausbildungsordnungen des Bundes für anerkannte Ausbildungsberufe. 23. September 2011, S. 15. http://www.kmk.org/fileadmin/Dateien/veroeffentlichungen_beschluesse/2011/2011_09_23_GEP-Handreichung.pdf. Zugegriffen: 25. Okt. 2016.

17. Lask, J. (2004). *Zusammenhänge zwischen Belastungen in der Familie und im Beruf. DekaPEP-Pilotstudie.* Ober-Ramstadt: WorkFamily-Institut.
18. Lask, J. (2005). *Elternkompetenzen als Nutzen für den beruflichen Alltag. WFI-Pilotstudie-2005.* Ober-Ramstadt: WorkFamily-Institut.
19. Lask, J. (2009). *Evaluationsstudie zum Elterntraining PEP4Kids@ – Abschlussbericht.* Ober-Ramstadt: WorkFamily-Institut.
20. Drucker, P. F. (1974). *Management: Tasks, responsibilities, practices.* New York: Harper & Row.
21. Die Allgemeine Erklärung der Menschenrechte. (1948). #Artikel 16 – Resolution 217 A (III) vom 10.12.1948. http://www.ohchr.org/EN/UDHR/Pages/Language.aspx?LangID=ger. Zugegriffen: 25. Okt. 2016.
22. Chesnais, J.-C. (2001). Comment: A march toward population recession population and development review. In R. A. Bulatao & J. B. Casterline (Hrsg.), *Global fertility transition* (Bd. 27, S. 255–259). New York: The Population Council.
23. Edlinger, H., & Hascher, T. (2008). Von der Stimmung- zur Unterrichtsforschung: Überlegungen zur Wirkung von Emotionen auf schulisches Lernen und Leisten. *Unterrichtswissenschaft, 36,* 55–70.
24. Hüther, G. (2016). *Mit Freude lernen – ein Leben lang.* Göttingen: Vandenhoeck & Ruprecht.
25. Hüther, G. (2013). *Was wir sind und was wir sein könnten: Ein neurobiologischer Mutmacher.* Frankfurt a. M.: Fischer Taschenbuch.
26. Spitzer, M. (2007). *Lernen – Gehirnforschung und die Schule des Lernens.* München: Spektrum Akademischer Verlag.

2

Das Kompetenzcenter Familie

Familie ist das Kompetenzcenter, in dem wir Eltern unsere Kinder auf ein gelingendes Leben vorbereiten wollen. Das Biotop, in dem Kinder die ersten und auch die letzten Schritte vor der Selbstständigkeit machen, heißt Familie. Neu ist, dass nicht nur Hänschen in der Familie etwas lernt, sondern auch Hans. Auch wenn es zutrifft, dass das Lernen in den jungen Jahren besonders gut gelingt, so hat Hans mit der Eltern- und Familienaufgabe vielleicht zum letzten Mal die Chance, in dieser tief greifenden Weise neue Fähigkeiten und Kompetenzen zu lernen. Früher hieß es: „Was Hänschen nicht lernt, lernt Hans nimmermehr!" Das klingt resignativ, vor allem, wenn uns heute eine Lebenserwartung von mehr als 80 Jahren in Aussicht gestellt wird.

In diesem Kapitel lesen Sie, weshalb Eltern die Chance haben, Neues dazuzulernen, vorhandene Fähigkeiten weiter auszubauen und diese als berufsrelevante Handlungskompetenzen dem Arbeitsmarkt als Mehrwert anzubieten.

2.1 Der Spill-over-Effekt – Elternkompetenzen am Arbeitsplatz

Joachim E. Lask

> „Zweifellos hat meine Familie mich verändert. Das Korrektiv aus der Familie ist für mich ein hohes Gut. Das Lernen in der Familie hat meine Fähigkeiten verbessert, auch in meinem beruflichen Umfeld erfolgreich zu sein. Das hatte schon, als wir von der Uni auf den Hof zurückgekehrt sind, eine gute

Ausstrahlung auf meine Betriebsleiterfunktion gehabt. Wenn ich sah, dass mein Mitarbeiter etwas umständlicher und langsamer arbeitete, als ich es gewohnt war, dachte ich: „So ein Ärger, das mache ich in der halben Zeit!" Doch ich bin nur 30 min da, und die restlichen siebeneinhalb Stunden muss der Mitarbeiter alleine sein Tageswerk fertigbringen. Also, was bringt es dann, wenn ich ihn frustriere? Das muss ich eben aushalten." (Dr. Hans-Jörg Gebhard, Vater von zwei Kindern, Aufsichtsratsvorsitzender der Südzucker AG)

Wer sich den Aufgaben der Elternschaft stellt, lernt viel! Hier einige Beispiele:

- *Stressmanagement*, wenn das Kind oder der Teenager schreit, bockt, zickt oder – aus welchen Gründen auch immer – uns Eltern nicht in Ruhe das tun lässt, was wir gerade tun möchten.
- *Changemanagement*, wenn Kinder größer werden, wir als Eltern uns immer wieder neu auf Veränderungen einstellen (inklusive der eigenen Veränderungen jenseits des 45. Lebensjahrs).
- *Beziehungsorientierung*, wenn wir trotz Streit und schlechtem Familienklima wissen, dass wir unsere Kinder dennoch lieben und sie schon wenige Stunden später gerne herzlich in die Arme schließen.
- *Zielorientierung*, wenn wir es nicht mehr gestatten, dass gehauen oder geboxt wird, um ein Spielzeug zu erhalten, mit Essen gespielt oder rücksichtslos Unordnung hinterlassen wird, und daraufhin Ziele für die Familie entwickeln und auf deren Einhaltung achten.

Die Aufzählung von Elternkompetenzen könnten wir noch lange fortsetzen nach der Formel: Kompetenz → Situation der Herausforderung → elterliches Handeln. Die eben aufgeführten Handlungskompetenzen bescheren Eltern bereits Vorteile am Arbeitsplatz, sofern sie diese dort einsetzen. Die einzige Voraussetzung für die Eltern ist deren Bereitschaft, sich in ihrer Eltern- und Familienarbeit zu verbessern, sich niemals mit dem Vorhandenen zufriedenzugeben, sondern zu wissen: Auf die nächste Herausforderung will ich mich gut vorbereiten. Oder in Fußballersprache: Nach dem Spiel ist vor dem Spiel. Das zeichnet sie aus, die „guten Eltern", von denen wir behaupten, dass sie dann auch die „besseren Mitarbeiter" sind – sofern sie bereit sind, ihre Elternkompetenzen am Arbeitsplatz einzusetzen.

Doch wie geht es Ihnen, wenn Sie den Satz „Gute Eltern sind bessere Mitarbeiter!" lesen? Denken Sie möglicherweise: „Halt! Halt! Halt! Wer sind denn die guten Eltern? Wer kann das festlegen?" Und weiter entgegnen Sie möglicherweise: „Privatleben und Beruf, das sind getrennte Lebenswelten! Familie und Arbeit darf man nicht zusammenwerfen!" Häufig erhielten

2.1 Der Spill-over-Effekt – Elternkompetenzen am Arbeitsplatz

wir solche und ähnliche Reaktionen, wenn wir von unserem Buchprojekt sprachen. Vielleicht erging es Ihnen gleich als Sie den Buchtitel zum ersten Mal hörten oder lasen? Oder waren Sie gleich begeistert von unserem Enrichment-Ansatz: Was ein Mensch im Lebensbereich A lernt, kann er in einem Lebensbereich B ebenfalls sinnvoll einsetzen. Das ist doch eigentlich simpel – oder?

Denn, wenn ein Vater aus der Streitspirale mit seinem Sohn aussteigen kann, um das Gespräch später mit mehr Ruhe weiterzuführen, dann kann er dies wahrscheinlich auch, wenn er sich mit seinem Kollegen streitet. Dies gelingt ihm, auch wenn die Rollenstruktur Vater–Sohn und Kollege–Kollege eine völlig andere ist. Gelernt haben der Vater und der Kollege: Wenn es in einem Gespräch hitzig wird, wenn die Emotionen in Gefahr sind, außer Kontrolle zu geraten, dann unterbreche das Gespräch und führe es später unter ruhigeren Bedingungen fort.

Dieses Übertragen von Fähigkeiten, die in der Familie gelernt und nun am Arbeitsplatz angewendet werden, nennen wir Spill-over-Effekt. Da wir als Personen in den verschiedenen Lebenssituationen dieselben sind, haben wir auch stets dieselben Fähigkeiten, egal ob wir Eltern, Mitarbeiter, Vereinsmitglied oder Fußballfan sind. Ob wir den Spill-over-Effekt auch für uns nutzen, also ob wir erkennen, dass uns bestimmte Kompetenzen auch in einer neuen Situation zur Verfügung stehen und diese auch dort anwenden wollen, ist etwa davon abhängig, ob diese Kompetenz in dem anderen Kontext gewünscht und wertgeschätzt wird.

Ausschnitt aus dem Interview mit Dr. Hans-Jörg Gebhard, Vater von zwei Kindern, Aufsichtsratsvorsitzender der Südzucker AG

JL: Wenn Sie heute auf Ihre Familie zurückschauen, welche Fähigkeiten haben Sie durch Ihr Vatersein gelernt oder weiterentwickelt? Wie können Sie diese in Ihrem Beruf oder am Arbeitsplatz nutzen?

HG: Ich bin ein Mensch, dem es wichtig ist, persönliche Beziehungen zu pflegen. Das gilt insbesondere im familiären Umfeld. Menschen, die mich nur von außen betrachten, erleben mich eher als distanzierten, unnahbaren oder sogar autoritären Menschen.
In Wahrheit besitze ich wohl eine Art väterliches Beschützergen, das meine gesamte Vita durchzieht. Von Kindesbeinen an habe ich versucht, mich für Schwächere einzusetzen. Wenn Menschen ungerecht behandelt wurden oder sich nicht wehren konnten, habe ich mich breitgemacht. Diese Eigenschaft hat sich in der Familie und dann auch im Geschäftsleben weiterentwickelt. Wenn ich merke, dass ein Mitarbeiter ein persönliches Problem hat, versuche ich das mir Mögliche zu tun, um seine Situation zu verbessern.
Die Großfamilie hat auf mich eingewirkt, geduldiger zu werden. Unsere zwei Jungs – sobald sie krabbeln konnten – waren stark auf mich fixiert.

Ich habe mich nach der Arbeit sehr auf die Kinder eingelassen. Der Lohn meiner Geduld war ein immer besserer Zugang zu ihnen und ein sich festigendes Band in der Beziehung, das bis heute gehalten hat. Natürlich traten mit dem Älterwerden der Söhne auch unvermeidliche Konflikte auf. In dieser Phase wurden auch meine Defizite sichtbarer. Damit hatte ich mich dann auseinanderzusetzen. Ich musste mir Begriffe an den Kopf werfen lassen, die man ungern wiederholt und ich habe mich gefragt, wie ich das verdient habe, nach all den Jahren der Zuwendung und des unermüdlichen Einsatzes? Da ich nicht zu stark reagieren wollte, habe ich mich zeitenweise zurückgezogen und natürlich auch über eigene Fehler nachgedacht und daran gearbeitet, diese auch einzugestehen. Das hat mir schließlich geholfen, die zunächst entstandene Frustration zu überwinden und keine bleibende Verbitterung aufkommen zu lassen.

JL: Das war in der Pubertät, als die Kinder erkannten „Mein Papa ist nicht der liebe Gott!"?

HG: Ja, diese Phase war nicht so prickelnd, weil ich meine Kinder zu jeder Zeit wirklich geliebt habe und ihr Bestes wollte und ich konnte nicht verstehen, dass sie mir beispielsweise Machtmissbrauch vorgeworfen haben.
Beispiel: Wir waren mit der Familie in Urlaub. Alles war prima und hat gut funktioniert. Dann gab es folgende Situation: Flughafen Wien. Wir mussten wegen eines Anschlussflugs umsteigen. Ich war ziemlich angespannt, weil wir wenig Zeit hatten, um mit einem Bus zum anderen Gate zu gelangen. Der Bus hatte hinten drei Sitze, die u. a. von mir und dem zahlreichen Handgepäck belegt waren. Da sagte mein Großer: Da ist noch ein Sitz frei. Ich sagte: „Nein! Da passt keiner mehr hin, und ich möchte hier nicht wie ein Hering sitzen." Zum Schluss saß ich dann auch im Flieger alleine und die anderen saßen zu dritt zusammen.

JL: Sie üben sich weiter in Konfliktfähigkeit und Emotionsregulation. Wo sehen Sie hier ein Übertragen in das Geschäftsleben und in Ihren Beruf?

HG: Für diese Frage bin ich vielleicht nicht der richtige Interviewpartner, da ich auch von meiner Familie immer wieder gesagt bekomme, dass ich ja keinen Vorgesetzten hätte, der mir mal die Meinung sagt. „Wer hält denn in deinem geschäftlichen Umfeld auch mal dagegen?", „Es gibt über dir keinen, außer Gott" – so in etwa. Nebenbei bemerkt: Ich empfinde das überhaupt nicht so.
Die Situation zu Hause ist natürlich etwas anders, dort gibt es meine Frau. Die lässt da nicht locker. Das ist anders als im beruflichen Umfeld. Meine Frau hat kein Problem, mich mit meinen Fehlern oder mit meinen Defiziten zu konfrontieren. Im beruflichen Umfeld und insbesondere für Mitarbeiter oder auch Kollegen ist das wohl ein bisschen schwieriger.
Zu Ihrer Frage: Mein Führungsstil hat sich über die Jahre hin zur Teamorientierung gewandelt, einfach auch aus den Erfahrungen in und mit meiner Familie. Ich habe gelernt, dass die Erreichung eines Zieles besser gelingt, wenn ich es schaffe, die anderen mitzunehmen. Das läuft im Beruf und Unternehmen wie in der Familie: Wenn ich die Mitarbeiter oder Kinder motivieren kann, dann habe ich es leichter, die gesteckten Ziele zu erreichen
Die entscheidende Erkenntnis ist: Ich muss akzeptieren, dass meine Kinder mein Handeln sehen. Ich kann nicht von meinen Kindern erwarten, dass sie mit Fernsehen und Medien vernünftig umgehen, wenn ich selber nach Hause komme und mich vor die Glotze setze, ein Bier neben

> mich stelle und zur Frau sage: „Bring mal das Essen her, ich bin völlig ausgehungert." Diese Vorbildfunktion halte ich für außerordentlich wichtig. Ich kann nur das von meinen Mitarbeitern verlangen, was ich selber bereit bin zu bringen. Und in der Familie ist es genauso. Ich kann nicht sagen „Räumt den Tisch ab", und ich bleibe sitzen und mache keinen Handschlag.
> (Das gesamte Interview mit Dr. Hans-Jörg Gebhard finden Sie im Anhang.)

Unser Buchtitel *Gute Eltern sind bessere Mitarbeiter* wirft Fragen auf: Wie werden Eltern „gute Eltern"? Wie erlernen Eltern Kompetenzen, die sie für die Führung einer Familie benötigen? Die Antwort ist denkbar einfach: Eltern lernen durch Anforderungen und Herausforderungen bei der Erziehung ihrer Kinder und der Führung der Familie. Gewöhnlich lernen Eltern nicht vor der Geburt ihres Nachwuchses, wie Kindererziehung gelingt. In der Regel beginnen Eltern bei Null, dann wenn sie Mama oder Papa ihres ersten Kindes geworden sind. Zwar dienen die eigenen Eltern – ob man will oder nicht – als Vorbild für das eigene Handeln, doch das reicht meistens nicht, um das Richtige zu tun.

Vor ca. 15 Jahren hatte ich die Aufgabe, Module für ein Partnerschaftsseminar zu entwickeln. Paare, die bereits einige Jahre zusammen waren, stellten sich vor dem Hintergrund der hohen Scheidungszahlen die Frage, was sie für ihre Partnerschaft tun können, „Damit die Liebe bleibt!" (so nannten wir damals auch das Programm). Diese Paare waren als Zielgruppe ziemlich divers. Da gab es junge und ältere Paare, Paare mit und ohne Kinder, Paare mit jungen und mit älteren Kindern. Und so ging ich in sämtlichen Elternkursen der Frage nach: Welches sind die Kernkompetenzen für gelingende Elternschaft? Dabei fand ich Elternratgeber, die wissenschaftlich gut fundiert waren und exzellente wissenschaftliche Basics in die elterliche Praxis überführten (z. B. *THOP* [1], *Starke Kinder brauchen starke Eltern* [2], *Triple P* [3]).

Das Ergebnis umfasste Fähigkeiten wie Beziehungsgestaltung, Konsequentsein, alltägliche Fürsorge, Schutz vor Überforderung, Werte/Glauben und die Selbstverpflichtung der Eltern. Diese Themen habe ich dann in *PEP4Kids – Das Positive Erziehungsprogramm für Eltern mit Kindern zwischen 2 und 12* beschrieben (2015) [4]. Hiervon profitieren Sie jetzt in diesem Buch.

2.2 Sieben Herausforderungen – das Entwicklungspotenzial für Eltern und Unternehmen

Joachim E. Lask

Zunächst müssen wir Sie vorwarnen: Gleich taucht zweimal die Zahl 7 auf. Dahinter steckt weder eine Strategie noch ein geheimnisvolles Muster. Zugegeben: Die Zahl 7 gefällt uns.

- Zum einen sprechen wir von den sieben Herausforderungen für Eltern.
- Zum anderen weist der Lernort Familie sieben ideale Merkmale auf.

Zunächst beschreiben wir sieben Herausforderungen für Eltern, aus denen sich Schlüsselkompetenzen guter Elternschaft entwickeln können (Abb. 2.1). Denn Kinder fordern Eltern heraus, wie der Erziehungsratgeber von Rudolf Dreikurs und Viki Stolz [5] eindrücklich dargestellt. Kinder bringen Eltern an die Grenze dessen, was sie schon können, sodass sie

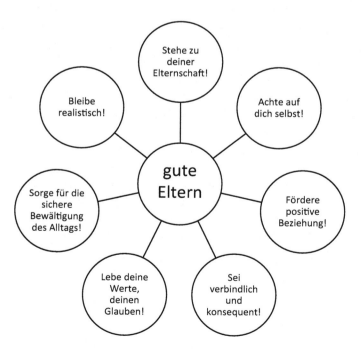

Abb. 2.1 Sieben Herausforderungen für gute Eltern

neue Kompetenzen erlernen müssen. Nur durch diese Herausforderung wird Kompetenzgewinn in der Familie möglich.

Gibt es diese Herausforderungen auch in Unternehmen und Organisationen? Wir meinen uneingeschränkt „ja"! Mehrmals haben wir in Seminaren und Vorträgen erfahren, dass die sieben Herausforderungen auf Organisationen und Unternehmen angewendet wurden. Also: Prüfen Sie selbst, ob die sieben Herausforderungen für Eltern einen Kompetenzgewinn mit sich bringen, mit dem Eltern auch am Arbeitsplatz erfolgreich sein können:

1. **Stehe zu deiner Elternschaft!**
   - Hier geht es um eine Grundentscheidung: Wir lieben unser Kind! Unser Kind gehört zu uns. Diese Zusage gilt auch dann, wenn Kindererziehung an die Nerven geht und die Kräfte schwer belastet. Und vielleicht noch wichtiger: Diese Zusage gilt auch dann, wenn Eltern kein Paar (mehr) sind. „Ich stehe zu meiner Elternschaft" heißt immer auch „zum Wohl des Kindes!"
   - Kinder erleben die bedingungslose Liebe und Loyalität ihrer Eltern. So kann in Kindern ein tiefes Selbstvertrauen wachsen, das sie brauchen, um sich in diese Welt hineinzuwagen.
   - Übertragen auf das Unternehmen bedeutet das für den Mitarbeiter etwa: „Ich kenne das Mission Statement meines Unternehmens und stehe dazu! Ich bin loyal zu meiner Arbeit, zu meiner Rolle, und zu meinem Unternehmen. Mein Kollege oder Vorgesetzter kann sich auf mich verlassen. Meine Loyalität ist nicht abhängig von meiner Tagesform oder meiner emotionalen Verfassung." Als Vorgesetzter vermittle ich meinen Mitarbeitern: „Du bist mir als Mensch wichtig! Ich stehe zu dir, auch in schwierigen Situationen." Doch im Unterschied zu den Eltern kann der Mitarbeiter kündigen.

2. **Achte auf dich selbst!**
   - Bei aller Elternschaft achten Eltern auch auf sich selbst, etwa auf die eigenen Bedürfnisse nach Zeit, Erholung, Rückzug, Geselligkeit und Kontakt zu Freunden. Zwar fordern die beruflichen und familiären Aufgaben Eltern bis an die Grenzen der Leistungsfähigkeit, doch hat die Familie oder das Unternehmen nichts mehr von den Eltern, wenn diese dauerhaft über ihre Kräfte leben und im Familienburnout enden. Ist der Stundenplan auch von der Berufstätigkeit geprägt, wird es noch schwieriger, auf sich selbst zu achten, besonders wenn beide Elternteile für die Existenzsicherung der Familie arbeiten gehen müssen.
   - Kinder erleben, dass Eltern als Ehepaar und Einzelpersonen private Zeit haben, und lernen, diese zu respektieren.

- Dem Mitarbeiter gelingt eine gute Selbstachtung, Emotionsregulation und Burnoutvorsorge.

3. **Fördere positive Beziehungen in der Familie!**
   - Eltern gelingt es, in der Familie eine Willkommenskultur zu entwickeln. Sie sorgen dafür, dass das Beziehungskonto zu den Kindern, aber auch unter allen Familienmitgliedern stets im Plus steht, indem sie für häufige positive Begegnungen in der Familie mit den Kindern sorgen.
   - Kinder erleben auch nach Stress- und Konfliktsituationen die Tragfähigkeit positiver Beziehungen.
   - Mitarbeiter geben und erleben Respekt! Sie sind gut vernetzt und geben Impulse für gute Kontakte. Auch nach Konflikten bleibt der Respekt bestehen und gelingt das Wieder-aufeinander-Zugehen. Mitarbeiter erhalten von ihren Kollegen und Führungskräften Wertschätzung.

4. **Sei verbindlich und konsequent!**
   - Eltern vereinbaren in der Familie klare Ziele, Regeln des Umgangs oder des Verhaltens. Sie sind konsequent, sowohl bei Erfolg als auch bei Misserfolg, damit Entwicklungsziele oder Familienziele nachhaltig erreicht werden.
   - Kinder erhalten zeitnah Rückmeldung für ihr Verhalten. Sie lernen, die Folgen ihres Verhaltens ein- und abzuschätzen, und damit, die Verantwortung für ihr eigenes Verhalten zu tragen. Kinder erleben Konsequenz als Unterstützung, Ziele zu erreichen.
   - Der Mitarbeiter sorgt für klare Vereinbarungen und Regelungen. Das Feedback zum Arbeitsverhalten und der Zielerreichung vermittelt Sicherheit und Motivation. Mitarbeitergespräche zur Zielentwicklung, Zielförderung und Zielerreichung werden zur persönlichen Entwicklung genutzt.

5. **Lebe deinen Glauben und deine Wertvorstellungen!**
   - Da sich Kinder in jedem Fall mit den Werten und der Lebensphilosophie der Eltern auseinandersetzen, sind Eltern – vielleicht zum ersten Mal – herausgefordert, sich die eigenen Werte bzw. den persönlichen Glauben bewusst zu machen. Werte, Glaubens- und Grundüberzeugungen vermitteln Eltern, indem sie den Kindern durch ihr Reden und Handeln zeigen, was ihnen wichtig ist und was sie für richtig halten. Damit setzen sie sich jedoch auch den kritischen Fragen der Kinder aus.
   - Kinder finden Orientierung in Wert- und Lebensfragen und lernen zu einer eigenen Werte-/Glaubensüberzeugung zu stehen.

2.2 Sieben Herausforderungen – das Entwicklungspotenzial ...

- Für den Mitarbeiter kann dies bedeuten, dass er sich seiner Werte bewusst wird, die ihm auch bei schwierigen Entscheidungen Orientierung geben. Dies bedeutet auch, dass der Mitarbeiter immer wieder neu sein eigenes Mission Statement definiert und schärft.

6. **Sorge für die sichere Bewältigung des Alltags!**
   - Eltern schaffen für ihre Kinder eine gute Lernumgebung, die sie nicht überfordert, etwa indem sie Wohnung, Garten oder Haus zu einem Ort machen, an dem das Kind die Möglichkeiten hat, auf Entdeckungsreise zu gehen, ohne ständig von den Eltern zu hören „Pass auf", „Lass das" oder „Das ist zu gefährlich".
   - Kinder erleben die Fürsorge der Eltern in äußeren Bedingungen des Alltags.
   - Für die Sicherheit am Arbeitsplatz zu sorgen ist eine gesetzliche Bedingung. Dabei geht es auch um den Gesundheitsschutz.

7. **Bleibe realistisch!**
   - Die perfekten Eltern gibt es nicht! Eltern müssen fähig sein, einerseits Visionen für mehrere Jahrzehnte zu entwickeln, und andererseits lernen, für die Erziehung erreichbare Ziele zu setzen (sowohl für das eigene elterliche Verhalten als auch für die Kinder). Dies ist das Prinzip der kleinen Schritte zum Erfolg.
   - Kinder erleben, wie Wünsche in Erfüllung gehen können, wenn sie erkennen, wie Eltern z. B. für einen Urlaub sparen oder das gewünschte Spiel für Weihnachten in Aussicht stellen. Manche Wünsche müssen aber abgelehnt werden, weil sie unrealistisch sind.
   - Der Mitarbeiter setzt sich immer wieder kleine Ziele, die ihm Erfolge am Arbeitsplatz erbringen. Hier liegt der Grundstein für einen gelungenen kontinuierlichen Verbesserungsprozess.

Wer nun meint, dass ein raffiniertes Benchmarking bezüglich der sieben elterlichen Herausforderungen „gute Eltern" herausfiltert, irrt. Unsere Definition, was „gute Eltern" sind, ist verbunden mit den Herausforderungen. Die Schlüsselfrage ist: Nehmen Eltern und in Zukunft auch Unternehmen diese Herausforderungen an? Überdenken, überprüfen, reflektieren Eltern ihr eigenes Verhalten in Erziehung und Familienführung immer wieder aufgrund dieser sieben Herausforderungen? Wer meint, diesen Prozess für sich abgeschlossen zu haben, der hat bereits aufgehört, „gute Eltern" zu sein. Also: Alle Eltern sind – ob sie wollen oder nicht – in diesen sieben Aufgaben herausgefordert. Diese sieben Herausforderungen werden in Kap. 3 ausführlich erörtert.

Eine Anmerkung ist uns hier wichtig: Unabhängig von diesen sieben Herausforderungen kann es sein, dass mit den Kindern erhebliche Probleme auftreten, dass Erziehung sogar misslingt, auch wenn „gute Eltern" ihr Bestes geben. Erziehung und Familie gelingt nicht einfach, weil die richtigen Zutaten optimal gemischt werden. So erleben Eltern den Einfluss der Umwelt, wie z. B. der Kindertagesstätte, nicht nur als positiv, wenn etwa neue Kraftausdrücke zu Hause verwendet werden, die bisher nicht im Wortschatz vorhanden waren. Erzieherinnen und Erzieher, Lehrerinnen und Lehrer greifen elementar in die Entwicklung unserer Kinder ein. Die Peergroup hat einen erheblichen Einfluss auf die Entwicklung der Kinder, und auch die Medien spielen eine nicht zu unterschätzende Rolle bei der Handlungssteuerung unserer Kinder.

Eltern können sich aber immer wieder den (neuen) Herausforderungen einer Familie stellen und so stets die eigenen Kompetenzen weiterentwickeln. Und genau daran erkennen wir die „guten Eltern".

2.3 Sieben Vorteile des Lernorts Familie

Joachim E. Lask

> „Worte und Handeln können in der Familie different sein. Und das kann auch bei Führungskräften oder Mitarbeitern der Fall sein. Worte und Handeln passen nicht zusammen. Das Handeln ist jedoch die klare Sprache. Mein Sohn und meine Tochter sagten mir: „Papa, du hast uns zwar immer wieder gelobt, doch du warst selbst unzufrieden mit dir selbst." Ich habe meine Kinder immer gelobt. Dann sagen mir meine Kinder: „Papa mach es mit dir selbst! Sei doch mit dir selbst zufrieden!" Oder: Ich sage meinem Sohn: „Ich helfe dir gerne!" … sagt mein Sohn zu mir: „Papa, du hast mich noch nie gefragt, ob ich dir helfen kann!" Ich mache das immer mit mir selbst aus. Damit will ich sagen: Das Loben hat bei meinem Sohn wohl wenig genützt! Mein Reden war nicht durch mein Handeln autorisiert. Und das ist das, was ich im Unternehmen erlebe: Die Worte, die ich sage, sind weniger wert wie das, was ich tue. Ich sage meinem Mitarbeiter: „Ich möchte heute bei den engen Produktionszeiten der Einlagen eine Sonderaktion machen, damit die Auslieferung morgen erfolgen kann." Wenn Lothar aber keine Sonderaktionen mitmacht, macht auch kein Mitarbeiter eine Sonderaktion engagiert mit. Das habe ich gelernt. Möchte ich etwas, was mein Mitarbeiter macht, muss ich da rein. Das habe ich von meiner Familie gelernt." (Lothar Jahrling, Vater von zwei Kindern, Handwerksmeister, Erfinder der sensomotorischen Einlage, Geschäftsführender Gesellschafter und Gründer der Firma Footpower Gießen GmbH)

2.3 Sieben Vorteile des Lernorts Familie

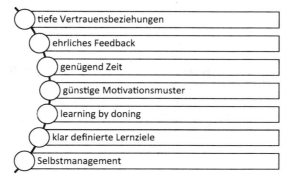

Abb. 2.2 Sieben Vorteile des Lernorts Familie

Es sind nicht nur die sieben Herausforderungen, die die Familie zu einem Kompetenzcenter für beruflich relevante Fertigkeiten und Fähigkeiten machen. Hinzu kommt – und das ist vielleicht noch viel wesentlicher – die ideale Lernsituation, die die Familie den Eltern zur Verfügung stellt. Im Gegensatz zur Schule, Lehre, Universität oder zu Weiterbildungsseminaren bietet der Lernort Familie den Eltern sieben entscheidende Vorteile (Abb. 2.2).

Tiefe Vertrauensbeziehungen

Familie bietet die einzigartige Chance für tiefe Vertrauensbeziehungen. Diese ermöglichen dem Lernenden, immer wieder über die Grenze seines bisherigen Könnens hinauszugehen, damit er neue Erfahrungen machen kann. Denn nur durch neue Erfahrungen wird etwas gelernt. Mit anderen Worten: Die tiefen Vertrauensbeziehungen machen mir Mut, das Risiko des Scheiterns einzugehen, da das „Ja zu mir" im Falle des Misserfolgs gesichert ist. Interessant ist, dass es dabei zweitrangig ist, wie erzogen wird oder welche Themen jetzt in den Familienrat gehören. Viel wichtiger ist die Beziehung – die kommt vor der Sache!

Diese Vertrauensbeziehungen benötigen wir zum Lernen lebenslang. Sie entwickeln sich zum Kind, aber natürlich auch zum anderen Elternteil, da Eltern einander oftmals lieben und sich am Du zum Ich entwickeln [6], wobei sie sich auf das gemeinsame Kind beziehen.

Was bedeutet das mit Blick auf Unternehmen? Jim Collins nennt genau diese Qualität des Vertrauens als eines der sieben Managementprinzipien für Spitzenunternehmen: „Erst Wer, dann Was" [7]. Er fand heraus, dass Manager von Spitzenunternehmen zunächst die „richtigen" Leute in das Unternehmen holten und bereit waren, hierfür viel zu investieren. Es kommt also darauf an, die guten Mitarbeiter überhaupt im Team zu haben, erst dann muss man über die Inhalte sprechen. Erst die Beziehung, dann die Sache!

Ob Sie eine Familie führen oder ein Unternehmen: Sie brauchen den Mut, Entscheidungen zu treffen, um zu gewinnen. Und wenn die Entscheidung falsch war, brauchen Sie loyale, vertrauenswürdige Partner, mit denen Sie nach den Fehlern suchen können, um möglichst schnell zu lernen, wie Sie es das nächste Mal besser machen können.

Learning by Doing

Eltern fragen sich ständig, ob ihr erzieherisches oder familiäres Handeln zum Erfolg führt oder nicht. Daher möchten sie die vorgegebenen Erziehungssituationen möglichst bald bewältigen. Dieser Lernprozess lässt sich am besten mit „Learning by Doing" beschreiben, ein Konzept, das sich auf Aristoteles (300 v. Chr.) zurückführen lässt [8]. Er geht davon aus, dass Lernen weniger durch Belehrung sondern vielmehr durch praktisches Anwenden, Üben und Nachmachen erfolgt. „Denn was wir tun müssen, nachdem wir es gelernt haben, das lernen wir, indem wir es tun: So wird man durch Bauen ein Baumeister und durch Zitherspielen ein Zitherspieler." Kolb (1984) [9] beschreibt dieses „Learning by Doing" in vier Teilprozessen. Am Anfang steht die 1) konkrete Erfahrung in der realen Situation, in der der Lernende sich und das Ergebnis seines Tuns 2) beobachtet und reflektiert. Mit der Beschreibung der gemachten Erfahrung erfolgt eine gewisse 3) Abstraktion des Erlebten, und Einsichten können gewonnen werden. 4) Schließlich kann der Lernende mit diesem neu erworbenen Wissen in der Realität handelnd experimentieren.

Hierbei handelt es sich also um ein selbst motiviertes und selbst organisiertes Lernen. Es gehört neben dem Lernen am Modell zu der häufigsten Lernform im lebenslangen Lernprozess.

Beispiel: Die Familie verändert sich vor allem in den ersten Jahren immer wieder durch das Heranwachsen der Kinder. Eltern müssen sich ständig anpassen oder neue Lösungen suchen. Somit können sie zu Veränderungsexperten werden.

Ehrliches Feedback

„Kinder Mund tut Wahrheit kund!", so sagt es das Sprichwort, und viele unserer Interviewpartner haben uns genau dies bestätigt: Meine Kinder und mein Partner, sie waren mein Halt, weil ich von ihnen ehrliche Rückmeldungen erhalten habe, auch wenn diese knallhart und brutal sein können. Das ehrliche Feedback zwingt mich in die Realität. Es fordert mich heraus, nüchtern hinzuschauen. Auch das verzögerte Feedback in der Erziehung ist ehrlich.

Ehrliche Feedbacks haben den Vorteil, dass die Karten schnell auf dem Tisch liegen und Eltern eine gute Grundlage haben, um ihr Verhalten zu optimieren.

> **Ausschnitt aus dem Interview mit Dr. Peter Schwibinger, Vater von drei Kindern, CEO und Gesellschafter von carcoutics GmbH**
>
> **PS:** Im Unternehmen geht es ja u. a. darum, Entscheidungen herbeizuführen. Das Thema, unterschiedliche Interesse in die Entscheidungsfindung einzubringen, auch die unterschiedlichen emotionalen Befindlichkeiten zu berücksichtigen und dann eine Entscheidung zu fällen, die weitgehend mitgetragen wird, das ist vom Ablauf her in Familie und Firma schon sehr ähnlich.
>
> **RK:** Haben Sie ein konkretes Beispiel dafür, was Sie in der Familie erlebt haben und später im Beruf wirklich genutzt haben?
>
> **PS:** Ja, zum Beispiel: wenn man am Familientisch jemanden unterbricht. Dann können die Kinder trotzig reagieren und sagen auch, was sie darüber denken. Das hat geholfen, auch in der Firma besser zuzuhören und die Kollegen und Mitarbeiter ausreden zu lassen. Von den anderen hierarchischen Positionen bekommt man nicht die entsprechende Reaktion und man erfährt nicht, was in der anderen Person vorgeht. Da ist es sehr wertvoll, in der Familie sofortiges und ehrliches Feedback zu bekommen. Das ist vielleicht ein kleines Beispiel, aber es ist ein konkretes Beispiel, wo ich aus dem Familienkontext etwas eins zu eins in die Firma übertragen habe.
> Es ist eher so, dass Möglichkeiten, Gelerntes übertragen zu können, auf der Verhaltens- und Beziehungsebene liegen.
> (Das gesamte Interview mit Dr. Peter Schwibinger finden Sie im Anhang.)

Jim Collins konnte bei Unternehmen mit dauerhaften Spitzenerfolg auch den Aspekt „Der Realität ins Auge blicken" [10] nachweisen. Er stellte fest, dass alle von ihm untersuchten Unternehmen, die den Weg zur Spitzengruppe fanden, die Fähigkeit kultivierten, sich den harten Fakten ihrer aktuellen Situation zu stellen. Dies gelang ihnen durch die Anstrengung, die ungeschönten Fakten über die momentane Situation herauszufinden, da sich nur auf dieser Grundlage richtige Entscheidungen treffen lassen. Dabei ist eine Unternehmenskultur entscheidend, die davon geprägt ist, dem Mitarbeiter zuzuhören, vor allem dann, wenn er mit kritischen Wahrheiten um Gehör bittet. Diese Aufrichtigkeit hat folgende Rahmenbedingungen:

- Frage Mitarbeiter, statt ihnen zu sagen, wie es richtig ist.
- Fördere den Dialog und Streitgespräche, statt blinden Gehorsam zu fordern.
- Unterscheide Fehler und Schuld! Suche den Fehler und belohne den, der ihn findet.

Spitzenunternehmen mussten mit genauso vielen Schwierigkeiten zurechtkommen wie die Vergleichsunternehmen, aber sie reagierten anders darauf. Sie nahmen die Probleme unverzüglich in Angriff und gingen gestärkt aus ihren Krisen hervor. Das Gleiche gilt für Eltern, wenn sie ihren Kindern zuhören.

Und noch etwas stellte Collins [10, S. 56] bei den Topmanagern der Spitzenunternehmen fest und beschreibt es in einem Bild,

> Level-5-Führungskräfte[1] sehen aus dem Fenster, wenn sie nach Gründen für ihren Erfolg suchen. Läuft etwas nicht so gut sind, sehen sie in den Spiegel und üben Selbstkritik. Bei den Chefs von Vergleichsunternehmen ist es meist umgekehrt - bei Erfolgen posierten sie vor dem Spiegel, bei Misserfolgen suchten sie draußen nach einem Sündenbock.

Genügend Zeit

Familie bietet lang andauernde Lernprozesse. In den Jahren bis zum Auszug der Kinder aus dem Elternhaus gibt es wiederkehrende, häufig auch tägliche Lernmöglichkeiten. Erlernen Eltern etwa den Beziehungsaufbau zum Kind, dann erwerben sie nicht nur entsprechende Beziehungskompetenzen wie z. B. Perspektivenübernahme, Zuhören, Sich-abgrenzen-Können, Respekt oder Achtsamkeit. Durch die ständige Wiederholung oder Anwendung in verschiedensten Varianten werden diese Kompetenzen Tag für Tag, Woche für Woche und Jahr für Jahr eingeübt und tief verankert. Dies hat den bedeutenden Vorteil, dass diese Kompetenzen auch unter Stressbedingungen gelingen, da sie routiniert und zum Teil spontan zur Anwendung kommen. Denn in Drucksituationen greifen wir eher auf das, was wir gewohnt sind, zurück, statt auf das, was wir an sich für richtig halten.

---

[1] Collins (2011) leitet aus seinen Untersuchungen fünf Level von Führungskräften ab: Level 1 begabtes Individuum, Level 2 Teammitglied, Level 3 kompetenter Manager, Level 4 effektiver Manager und Level 5 Unternehmensführer. Letzterer sorge – so Collins – durch eine paradoxe Mischung aus persönlicher Bescheidenheit und professioneller Durchsetzungskraft für nachhaltige Spitzenleistung.

Daher sind Weitbildungsprogramme, die hauptsächlich auf Wissensvermittlung ausgelegt sind, für einen Kompetenzerwerb kaum geeignet. Hierzu sind langfristige Weiterbildungserfahrungen nötig, wie sie etwa das Format des Coachings bietet.

Beispiel: Wer jahrelang übt, Konflikte zwischen den Geschwistern, zu den Großeltern oder auch zwischen Eltern und Kind(ern) von beiden Konfliktparteien aus zu betrachten, wird dies nach einiger Zeit auch in Stresssituationen sicher können, so ähnlich wie der Fußballspieler den Elfmeter nicht im Finale übt, sondern in möglichst realistischen Trainingssituationen.

Günstige Motivationsmuster

Eltern sind von sich aus (intrinsisch) motiviert, neue Kompetenzen zu erlernen. Sie lernen, weil sie es selbst wollen, und nicht, weil jemand anderes (Vorgesetzter, Schule, Universität) das will. So sind Eltern in der Lage, über lange Zeit hinweg Kinder zu erziehen – vielleicht, ohne einmal ein „Dankeschön" zu erhalten. Und dann, nach 18 oder 21 Jahren, bekommen sie zu hören: „Danke Papa! Danke Mama! Ihr hattet es mit mir bestimmt nicht leicht, doch ich kann sagen: Ich komme jetzt alleine zurecht, und das verdanke ich euch!" Das genügt an Return-on-Investment! Der Einsatz hat sich gelohnt. Das ist das beste Zeugnis für Eltern. Und selbst, wenn es nicht so ideal ausgeht, bleibt der Erwerb von unzähligen Handlungskompetenzen, die im Vorbeigehen und in täglichen Herausforderungen erworben wurden. Auch das will gewürdigt und wahrgenommen werden.

Warum ist das so? Wie kommt es zu diesem Vorteil? Eine Antwort ist: Familie bietet Eltern ständige sinnhafte Herausforderungen. Das „Wozu" ist stets geklärt – nämlich „für die Kinder"! Eine zweite Antwort ist: Nichts ist motivierender als der Erfolg. Auch hier punktet die Familie, denn Lernergebnisse wirken sich meist sofort aus (s. „Learning by Doing"). Die Eltern und Kinder profitieren unmittelbar. Auch daher ist die Motivation zum Lernen hoch.

Noch ein Beispiel: Der Vater schreit sein Kind an, es solle endlich leise sein. Er bemerkt die Widersinnigkeit seiner Aufforderung, da das Kind ggf. jetzt beginnt, noch lauter zu weinen, da es von der Lautstärke des Vaters erschrocken ist. Oder das Kind ist schon etwas älter und kontert mit den Worten: „Okay, ich nehme mir ein Beispiel an dir!"

Der Vater ist (hoffentlich) motiviert, seine Emotionsregulation gegenüber seines brüllenden Kindes – wie auch immer – zu verbessern. Er will sich auf den Aufschaukelungsprozess einer Streitspirale künftig nicht mehr einlassen, indem er lernt, seine Emotionen in Konfliktsituationen in einem angemessenen Maße zu kontrollieren.

Wieder sehen wir Gemeinsamkeiten zu den Ergebnissen, die Jim Collins in der Studie zu Spitzenunternehmen festhielt. Bei Topmanagern der Spitzenunternehmen fand er u. a. folgende Persönlichkeitsmerkmale:

- Sie sind ehrgeizig und stellen ihre Energie jedoch ganz in den Dienst des Firmenwohls.
- Sie sind bescheiden, zurückhaltend und neigen generell zum Understatement. Zwei Drittel der Vergleichsunternehmen hatten dagegen Führungskräfte mit überzogenem Ego, was in der Regel zum Niedergang oder zu anhaltenden Mittelmäßigkeit des Unternehmens beitrug.

Klar definierte Lernziele

Die Phasen des Familienzyklus stellen einen Lehrplan für Eltern auf. Das Erlernen neuer Kompetenzen erleichtert den Eltern die Erfüllung der Familienaufgaben.

Beispiel: Haben Eltern gelernt, dass etwa Stresssituationen wie der Besuch bei den Eltern oder Schwiegereltern durch das Erstellen eines Risikoplans einfacher zu bewältigen sind, dann wird diese Kompetenz auch bei künftigen Familienaufgaben eine Hilfe sein können.

Hinzu kommt, dass die meisten Lernziele sich wiederholen, jedoch angepasst an den Entwicklungsstand des Kindes. Gleiche Lernziele in veränderten Anforderungssituationen fördern die Transferfähigkeit der Eltern. Der Beziehungsaufbau zum Kleinkind erfordert z. B. mehr Körperkontakt als der zum Teenager. Jedoch bleiben beispielsweise die Prinzipien: „Positive gemeinsame Zeit fördert die Beziehung" oder „Lieber häufig kurze Beziehungszeiten als seltene lange Beziehungszeiten".

Noch ein Beispiel: Kinder benötigen viel häufiger die elterliche Fürsorge als Jugendliche. Je älter das Kind ist, desto selbstständiger soll es eigene Entscheidungen treffen. Gleichwohl ändert das nichts an der Fürsorgepflicht bis zum 18. Lebensjahr der Kinder. Nur die Art und Weise der Umsetzung ändert sich.

Der ständige Wandel in der Familie fordert Eltern heraus, ihre Kompetenzen immer wieder neu zu überprüfen: „Geht das noch so?" oder „Funktioniert das weiterhin?". Sie optimieren ihr Elternverhalten oder müssen sogar ganz neue Facetten einer Kompetenz lernen.

Selbstmanagement

Eine wachsende Zahl von Erwerbstätigen – darunter die überwiegende Mehrheit der Wissensarbeiter – wird sich in Zukunft selbst managen müssen [11].

Dieser siebte Lernvorteil des Kompetenzcenters Familie, wie Peter Drucker ihn im obigen Zitat beschreibt, fordert Eltern in der Tiefe heraus, denn Eltern managen sich selbst. Familie fordert Wissensarbeit! Eltern allein entscheiden, wann und wie sie sich selbst weiterentwickeln – ob sie dies wollen oder nicht. Gute Eltern managen sich, sei es aus Notwendigkeit oder aufgrund eines klugen Vorausblicks.

Dazu folgende Beispiele: Wenn Kinder krank werden oder keine Lust zum Sonntagsspaziergang haben, so sind wir gefordert, Lösungen zu finden, die für die gesamte Familie passen. Durch den Umgang mit dem Internet erlernen wir neue Fähigkeiten, um mit Kindern gemeinsam neue Erlebnisbereiche kennen und einschätzen zu lernen.

Übernehmen wir Eltern hierin keine Verantwortung und bilden uns mit gutem Vorausblick weiter, kommen wir möglicherweise zu spät ... Genau dieses Management des Elternseins ist gemeint. Es liegt allein in der Hand der Eltern.

Eltern entwickeln ihre Ressourcen weiter

Zum Wesen des Managements schreibt Peter Drucker [12], der Managementvordenker:

> Der Daseinsgrund des Managements sind die Ergebnisse der Einrichtung. Das Management hat von den angestrebten Ergebnissen auszugehen und die Ressourcen der Einrichtung so zu organisieren, dass die angestrebten Ergebnisse erzielt werden können.

Es geht also um das Ergebnis der Familie, für das – zumindest in den ersten Jahren bis zur Mündigkeit der Kinder – die Eltern verantwortlich sind. Die Ressourcen der Familie sind zunächst die Eltern selbst. Diese Ressourcen sitzen, wie Peter Drucker sagen würden, zwischen den zwei Ohren jedes Elternteils – und wir wollen gerne ergänzen „... und der emotionalen Intelligenz" und meinen damit das Dreieck zwischen den zwei Ohren und dem Bauchnabel der Eltern.

Eltern managen sich selbst, ob sie dies wollen oder nicht! Eltern bestimmen, wie sie in der Erziehung tätig werden. Hierfür sind die Grenzen vom

Gesetzgeber sehr weit gesteckt z. B. durch Schulpflicht und das Verbot von körperlicher Züchtigung. Doch Eltern dürfen ganz alleine die Werte, Erziehungsziele und den Erziehungsstil bestimmen.

Eltern sind Wissensarbeiter

Betrachten wir diese Situation der Eltern weiter aus der Perspektive Peter Druckers, so sind Eltern „Wissensarbeiter", die ihre Produktionsfaktoren zur „Elternleistung" stets in sich tragen. Daher sind sie ganz allein dafür verantwortlich, wie sie sich managen. Ihre Aufgabe ist es, zum Humanvermögen ihres „Familienunternehmens" beizutragen, etwa durch gute Erziehung ihrer Kinder und durch gute Familienführung. Dabei entscheiden sie über die Art und Weise ihrer Weiterbildung, die Reduktion von Verschwendung, die Optimierung der Stärken oder darüber, welche Aufgaben delegiert werden.

Genau dies macht den Wissensarbeiter aus. Er lernt kontinuierlich. Er ist bedacht, seine Produktionsfaktoren, also sein Wissen und seine Erfahrungen, immer weiter zu entwickeln. So werden Eltern sich mit anderen Eltern immer wieder über ihre Erziehungserfahrungen austauschen und von anderen Erfahrungen gerne lernen. Auch Mutter und Vater tauschen sich aus. Es ist eine grandiose Einrichtung, dass Kinder zwei Elternteile haben. Die Diversität von Mutter und Vater bezüglich der Erziehung des Kindes fördert das Selbstmanagement jedes Elternteils. Die Frage, die sich Eltern dabei ständig stellen, ist nicht „Was wollen wir?", sondern „Was brauchen wir, damit wir unserer Aufgabe als Eltern gerecht werden?". Hierin liegt die Triebfeder zum Selbstmanagement!

Eltern sind Unternehmer

Peter Drucker schreibt:

> Jeder Wissensarbeiter in einer modernen Organisation ist eine „Führungskraft", sofern er aufgrund seiner Position oder seines Wissens einen Beitrag zu leisten hat, der sich auf die Leistungsfähigkeit und die Ergebnisse der Organisation auswirkt [13].

Für Eltern gibt es keine vorgeordnete Stelle, die ihnen vorschreibt, wie sie ihre Kinder erziehen sollen. Wie Lehrer haben Eltern Lehrmittelfreiheit. Es gibt keine Pflicht zur Fort- und Weiterbildung. Zielentwicklungsgespräche oder gar Zielförder- und Zielerreichungsgespräch werden nicht eingefordert.

Keine Berufskammer schreibt Eltern vor, wann sie welche Fortbildung zu absolvieren haben, um ihren Status „Eltern" zu behalten. Es gibt also keine Bedingungen, wie man Eltern bleibt.

> **Zusammenfassung: Sieben Vorteile des Lernorts Familie**
>
> Eltern erfahren diese sieben Vorteile des Lernens mit ihren Familien ständig. Kein Weiterbildungsseminar und keine Schulung können auch nur annäherungsweise gleiche Lernmöglichkeiten und -umgebungen und damit entsprechende Lernergebnisse hervorbringen. Überlegen Sie: Was müsste ein Weiterbildungsangebot leisten, damit es die gleichen Lernmöglichkeiten bietet, die Eltern erhalten, wenn sie sich in einer zwei- oder mehrmonatigen Elternzeit den Herausforderungen der Familie voll und ganz stellen? Kein noch so hartgesottenes Selbsterfahrungsseminar, keine videobasierte Feedback-Session, kein noch so ausgeklügeltes Lernsystem kann die gleichen tief greifenden Lerneffekte hervorbringen wie der Lernort Familie. In vielen Begegnungen mit Führungskräften wird uns immer wieder bestätigt: „Nach der Elternzeit ist Herr Meier/Frau Schmidt irgendwie anders ... Ich meine, er/sie ist sicherer, selbstbewusster und überlegter geworden!"

2.4 Phasen der Familienentwicklung – der Lehrplan für Eltern

Joachim E. Lask

„Ich habe mir kein Kind gewünscht, um es nachher wegzugeben. Da sind zwei Seelen in meiner Brust, weil ich meinen Job liebe, ich arbeite sehr gerne, und ich mag meine Kollegen, und trotzdem denke ich: „Ach, könnte ich doch jetzt etwas mit meiner Tochter machen. Könnte ich sie heute früher abholen?" Das zehrte an mir, diese Herausforderung musste ich selbst klar bekommen. Die Zerrissenheit zu leben, dass man nie genug Zeit für das eine oder für das andere hat. Und ich stelle fest, dass das sowohl die Tochter als auch die Firma gut hinkriegen. Ich musste lernen, nicht mehr so perfektionistisch zu sein. Ich war früher echter Perfektionist. Alles, was nicht 150 % war, ging nicht über meinen Schreibtisch. Mein Chef sagte mir damals: „Du bist viel zu genau, so kannst du kein guter Chef sein, weil du viel zu viel mitbetrachten und mitgestalten möchtest." Ich glaube, dass mir da meine Tochter und die Zerrissenheit geholfen haben, schneller zu erkennen: „Ich muss mich damit arrangieren, dass Sachen nicht perfekt sind." Und damit habe ich gelernt loszulassen, mehr Verantwortung zu übertragen in der Firma, aber auch an meine Tochter." (Uschi Schulte-Sasse, Mutter von einer Tochter und zwei Stiefkindern, Diplom-Kauffrau, Senior Vice President Aviation Division/INFORM GmbH)

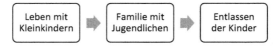

Abb. 2.3 Drei Familienphasen

Die Familienentwicklung beschreiben wir in Phasen, also Zeiten, in denen die Familienmitglieder sich mit einem Zustand, einer Neuerung oder einer Veränderung mehr oder weniger arrangiert haben. Dabei sind vor allem am Phasenübergang erhebliche Anpassungsleistungen zu erbringen. Der fixe Phasenverlauf der Familienentwicklung legt somit für das Kompetenzcenter einen fixen Lehrplan vor.

Betrachten wir die unterschiedlichen Anforderungen, die Familie über die Zeit an Eltern stellt. Blicken wir auf eine Familie von der Familiengründung bis zu deren Auflösung durch Tod der Eltern, dann erkennen wir sofort verschiedene Phasen, in denen sich eine Familie immer wieder weiterentwickelt. Jede dieser Phasen stellt an die Eltern neue Herausforderungen, in denen neue Fähigkeiten erlernt werden und Kompetenzbildung erfolgen kann [14]. Für die Darstellung in diesem Buch haben wir den Familienzyklus erheblich vereinfacht und einige zentrale Aufgaben bzw. Problemstellungen ausgewählt (Abb. 2.3).

Leben mit Kleinkindern

Der Übergang von der Partnerschaft zur Elternschaft ist markant. Eine völlig neue Aufgabe und Verantwortung kommt zur Partnerschaft hinzu: die Elternschaft. Sie ist grundsätzlich von der Partnerschaft zu unterscheiden. Dies wird schon daran deutlich, dass Partnerschaft zeitlich begrenzt ist – also endlich ist. Eltern, das bleiben wir bis über den Tod hinaus, ob wir wollen oder nicht. Diese Elternschaft kommt nicht nur zur Partnerschaft hinzu, sondern verändert sie im hohen Maß.

Ein Kind kommt, das Glück geht! So könnte man die Forschungsergebnisse zur Paarzufriedenheit nach der Geburt eines Kindes zusammenfassen [15, 16]. Die Qualität der Beziehung zwischen den Partnern lässt nach der Geburt des ersten Kindes nach. Dies ändert sich erst wieder, wenn das letzte Kind aus dem Haus ist (… und hoffentlich nicht so schnell wieder einzieht!). Die gute Nachricht für Eltern dieser Untersuchungen ist: Die Lebenszufriedenheit von Eltern ist deutlich höher als die von Paaren ohne Kinder. Dass auch alternative Verläufe der Paarzufriedenheit möglich sind, zeigen die Arbeiten von Stegmann und Schmitt [17].

Das Leben mit Kleinkindern stellt Eltern immer wieder vor große Herausforderungen, da Kinder keine kleinen Erwachsene sind. Babys schreien, weinen, lächeln, essen und schlafen. Völlig neue Problemlösungen müssen gefunden werden. Zu spüren, was das Kind jetzt braucht, ist wichtig. Wie gelingt eine gute Bindung zum Kind und wie bleibe ich selbst dabei gesund? Sicherlich merken Sie es bereits schon: Die sieben Basics für gute Eltern, sie müssen jetzt aus dem Stand heraus geübt und trainiert werden, im Zusammenleben mit Kleinkindern.

Weitere Aufgaben sind die Koordinierung der Erziehungsarbeit, ein neuer Umgang mit Geld und Haushaltsführung sowie die Neugestaltung der Beziehungen zu Verwandten.

Familie mit Jugendlichen

Meine Eltern sind in einem schwierigen Alter [18] heißt ein Buchtitel, der die Herausforderung dieser Familienphase pointiert beschreibt. Zum einen sind es die Veränderungen der Eltern-Kind-Beziehung, denn Jugendliche brauchen immer weniger die Fürsorge ihrer Eltern. Dies kann durchaus zu erheblichen Konflikten führen, etwa wenn sich Jugendliche in ihrer Selbstbestimmung und Selbstverantwortung überschätzen oder Eltern ihre Kinder überbehüten und ihnen angemessene Eigenständigkeit nicht zumuten. Folgende Äußerung ist an ein Zitat von Sokrates angelehnt:

„Die Jugend liebt heute den Luxus. Sie hat schlechte Manieren, verachtet die Autorität, hat keinen Respekt mehr vor älteren Leuten und diskutiert, wo sie arbeiten sollte. Die Jugend steht nicht mehr auf, wenn Ältere das Zimmer betreten. Sie widerspricht den Eltern und tyrannisiert die Lehrer."[2]

Wir persönlich finden, diese Sätze haben etwas Tröstliches, da sie doch die Erfahrung der meisten Elterngenerationen trefflich beschreiben.

Zum anderen sind es die Neuorientierung auf die Partnerschaft und berufliche Themen, die Eltern zu bewältigen haben. Ähnlich wie die Jugendlichen durchlaufen die Eltern eine Umstrukturierung, die einer zweiten Pubertät gleichkommt und die wir üblicherweise als „Midlife-Crisis" wenig wertschätzend beschreiben. Beruflich erlebt das Elternteil, das bisher mehr

---

[2] Tatsächlich hat Sokrates in seiner Schrift *Der Staat* sich über die Beziehung von Jung und Alt folgendermaßen geäußert: „Der Lehrer fürchtet und hätschelt seine Schüler, die Schüler fahren den Lehrern über die Nase und so auch ihren Erziehern. Und überhaupt spielen die jungen Leute die Rolle der alten und wetteifern mit ihnen in Wort und Tat, während Männer mit grauen Köpfen sich in die Gesellschaft der jungen Burschen herbeilassen, darin von Possen und Späßen überfließen, ähnlich den Jungen, damit sie nur ja nicht als ernste Murrköpfe, nicht als strenge Gebieter erscheinen."

Erziehungsverantwortung übernommen hat, einen Aufstieg. Hingegen ist der Haupternährer bzw. die Haupternährerin meist am Zenit der beruflichen Karriere angekommen und beginnt den existenzsichernden „kontrollierten Sinkflug" hin bis zur Berentung. Auch biologische Veränderungen – als „Wechseljahre" bezeichnet – machen sich bemerkbar. Also: Kinder und Eltern sind in einem schwierigen Alter. Die Chancen für eine hohe Lebenszufriedenheit sind dennoch hoch, sofern Eltern und Kinder ihre „Pubertätshausaufgaben" bewältigen.

Weitere Aufgaben in dieser Familienphase bestehen ggf. darin, für die ältere Generation zu sorgen. Mit dieser Herausforderung haben wir bisher noch wenig Erfahrung, da die gestiegene Lebenserwartung uns heute mit der Situation konfrontiert, sich eventuell sogar um zwei ältere Generationen kümmern zu müssen. Wer das 60. Lebensjahr erreicht, hatte 2012 als Frau noch eine Lebenserwartung von 25 Jahren (1986/21,4 Jahre) und als Mann noch von 21,3 Jahren (1988/17,2 Jahre). Verteilen sich dann diese Aufgaben auf nur ein oder zwei Kinder, führt dies in der Regel zur Überforderung.

Entlassen der Kinder

Als Eltern ist es eine Herausforderung, unseren Kindern die gleiche Selbstverantwortung zuzustehen, die wir selbst im gleichen Alter für uns in Anspruch genommen haben. Wenn es uns tatsächlich gelungen ist, dass wir unsere Kinder dahin erzogen und begleitet haben, dass sie ihre Eltern verlassen können, ist es unsere Aufgabe, dies zuzulassen – so wie es auf den ersten Seiten der Bibel, im Schöpfungsbericht, der jungen Generation als gesunde Beziehungsordnung zwischen den Generationen aufgetragen wird. In meinen Beratungen mit Ehepaaren habe ich häufiger die Beobachtung machen können, wie Eltern an ihren Kindern festhalten, da sie die Herausforderung des Neuaushandelns der Zweierbeziehung fürchten. Sicher, dies geschieht meistens nicht bewusst, denn es gibt so viele gute Gründe, Kinder bei sich im Elternnest zu behalten. So können Ausbildung, Studium oder Auflösung bisheriger Partnerschaften dazu führen, dass Kinder bis zu ihrem 30. Lebensjahr das Elternhaus nicht verlassen haben, wobei das „Verlassen" nicht mit der Anzahl der Kilometer vom Elternhaus zusammenhängt.

Neben dem Loslassen der Kinder ist der partnerschaftliche Beziehungsaufbau zu den Kindern eine große Herausforderung für Eltern. Natürlich wissen wir, dass die „Kleinen" nun „groß" geworden sind, doch spiegelt sich das häufig nicht in der Beziehung wider. Wie bei einem Ehepaar sind die Themen 1) „Bestimmen – sich Einlassen", 2) „Geben – Nehmen" und 3) „Nähe – Distanz" in eine neue Balance zu bringen. Waren es die Eltern, die zumindest vor dem 18. Lebensjahr der Kinder eher das höhere Gewicht bei „Bestimmen", „Geben" und „Nähe" hatten, zum Teil auch mit einem gesetzlichen Auftrag, werden nun diese Karten neu gemischt. Und das ist notwendig, auch mit Blick auf die Zeit, wenn sich dieser Prozess wiederholt, nämlich dann, wenn wir selbst hilfsbedürftig werden und auf die Fürsorge anderer, ggf. unserer Kinder, angewiesen sind.

Und noch eine Beziehungsaufgabe steht den Eltern bevor: die Integration der Schwiegersöhne bzw. Schwiegertöchter und der Enkel. Sie bietet Eltern und Kindern nochmals eine Chance der Anpassung an die neuen Verhältnisse.

Die Entwicklungsaufgaben, denen sich Eltern stellen, definieren den Lehrplan des Kompetenzcenters Familie. Hier sind die einzelnen Lehraufgaben beschrieben, die Eltern zu bewältigen haben, und dabei fast nebenbei Handlungskompetenzen erwerben. Auch jedes Unternehmen folgt einer Abfolge von Phasen, die dem Familienzyklus ähnlich ist: Gründung, Betriebsphase, Auflösung. Selbst die Teamentwicklung folgt solchen Phasen. Hierzu verweise ich auf Abschn. 4.3 mit dem Titel „Teamarbeit im Unternehmen und in der Familie" [19].

Beispiel: Changemanagement – Eltern zwischen Veränderung und Optimierung

Eltern leben in einem ständigen Wechsel zwischen Veränderung und Optimierung [20]. Durch die ständige Weiterentwicklung der Familienmitglieder wird diese Herausforderung an Eltern gestellt. So werden die Übergänge von einer Phase des Familienzyklus in die nächste oft krisenhaft erlebt. Kaum hat sich das Leben mit Kind und als Familie etwas normalisiert – man ist „aus dem Gröbsten heraus", und ein stabiles Fließgleichgewicht zwischen Eltern und Kind hat sich eingestellt –, schon beginnt für viele Familien eine folgenreiche Veränderung: Der erste Tag in der Kindestagesstätte steht bevor. Das gesamte Familiensystem gerät in Bewegung.

Hier handelt es sich um Sollbruchstellen, da sie die Funktion haben, dass sich neue Prozessmuster zur erfolgreichen Bewältigung der neuen Aufgaben in der Familie entwickeln. Sowohl die Geburt des ersten Kindes als auch der Auszug des Kindes sind wohl die am intensivsten erlebten Veränderungen innerhalb des Familienzyklus. Die Familie gerät aus dem Gleichgewicht, da große Veränderungen notwendig werden. Beispielsweise müssen Regeln neu formuliert werden, die Arbeitsteilung und Zeiteinteilung ändert sich, neue Rollen und Aufgaben müssen übernommen werden, erstmalig auftretende

Bedürfnisse müssen befriedigt werden. Jede dieser Phasen führt die Eltern in zwei Prozesse hinein, die es zu bewältigen gilt:

Optimierung, Entlastung

Ist es den Eltern gelungen, sich auf die neuen Verhältnisse einzustellen, versuchen sie durch Gewohnheitsbildung und Rituale, das neu Gelernte zu etablieren. Etwa „Tabea kann jetzt laufen" erfordert von Eltern neue Sicherungsmaßnahmen für Türen, Treppen, Herd, Pflanzen etc. Sind die neuen Verhaltensweisen eingeführt, beginnen Eltern, diese zu etablieren, und gewöhnen sich daran. Auftretende Störungen (Tabea kann inzwischen die Absperrung zum Keller selbst öffnen) werden durch das Prinzip „ein Mehr des Gleichen" bewältigt (ein neuer Verschluss, an den Tabea nicht herankommt). Verschmiert das Kind die Schuhcreme freudig auf den Tapeten, dann braucht nur die bisher gefundene Lösung (Schuhcreme wird in einem Korb aufbewahrt) erneut und gründlicher angewendet werden. In der Kybernetik bezeichnen wir dies als Lösung erster Ordnung. Ein System wird durch die Anwendung einer Regel wieder in seinen alten stabilen Ausgangszustand zurückgeführt. Also: Die Schuhcreme wird in 1,5 Metern Höhe aufbewahrt (was ggf. nicht zum erwünschten Ergebnis führt, da ein Geschwisterkind die Schuhcreme vielleicht nicht an diesen Ort zurücklegt).

Veränderung, Aufwand, Anstrengung, Belastung

Bleiben wir bei der Schuhcreme! Die erneute kostenintensive Reinigung der Polstergarnitur des Sofas (es war ein Erbstück der noch lebenden Großeltern!) veranlasst die Eltern, das Wagnis einzugehen, der vierjährigen Tochter beizubringen, wie man Schuhcreme auf die Schuhe aufbringt und diese darauf sinnvoll verteilt, bevor die Schuhe dann poliert werden.

Prozessmuster, die bisher zur Bewältigung der Lebensanforderungen geführt haben, reichen nicht mehr aus. Das Familiensystem funktioniert nicht mehr wie bisher. Das Gewohnte wird infrage gestellt, Unsicherheiten entstehen und neue Fähigkeiten, Vereinbarungen und Abläufe werden notwendig (Lösung zweiter Ordnung). Es ist eine Zeit der Neuorientierung.

Eltern befinden sich in der Situation, weitreichende Veränderungen im System Familie einzuleiten, durchzuführen und zu etablieren. Dies soll gelingen, damit Familie in der jeweiligen Phase in einer besseren Weise gelingt.

Die Einschulung steht bevor – ein vom Kind herbeigesehnter Tag. Endlich darf es die Schultüte tragen. Dies ist auch der große Showdown für die Eltern. Die haben da aber auch ein mulmiges Gefühl, weil sie an eigene Schulerfahrungen erinnert werden und diesen Tag meistens mit „und jetzt beginnt der Ernst des Lebens" assoziieren.

Nun: Mit der Einschulung wird ein erheblicher Veränderungsprozess in der Familie in Gang gesetzt. Organisation des Schulweges, Zeitverbindlichkeit des täglichen Schulbeginns und -endes oder Hausaufgabenbetreuung sind nur einige konkrete Veränderungen, die rund um den Schulalltag erfolgen. Weitere Veränderung sind z. B. erneuter Berufseinstieg der Mutter oder des Vaters, höherer Abstimmungsbedarf bezüglich Betreuung des Kindes sowie gemeinsamer und allein verbrachter Freizeit und Ferienorganisation.

Eltern werden sich mit diesen Veränderungen auseinandersetzen müssen, ob sie es wollen oder nicht. Die gewohnten Prozesse aus der Zeit der Kindertagesstätte gelten nicht mehr. Neue Lösungen müssen gefunden werden. Alles muss sich neu einspielen und kostet daher zunächst mehr Kraft. Eltern haben die Wahl, diesen Vorgang proaktiv zu gestalten oder sich von ihm bestimmen zu lassen. Sie haben dadurch die Chance, Veränderungsmanagement zu lernen, also den Übergang von einem stabilen Ordnungsmuster in ein neues stabiles Ordnungsmuster zu leiten. Alle Familienmitglieder müssen bereit sein, eine krisenhafte Störung zu ertragen, um zu einer neuen, stabilen Ordnung zu gelangen. Gäbe es die konsequente Weiterentwicklung innerhalb des Familienzyklus nicht, so würden Familien auf früheren Entwicklungsstufen hängen bleiben, weil der Mut zum Übergang aufgrund des damit verbundenen Risikos nicht aufgebracht wird. Denn klar ist doch jeder Mutter und jedem Vater: In der Schule kann man scheitern. Der Wiedereinstieg in den Beruf kann zu erheblichen Frustrationen führen. Die neue Rollenverteilung in der Familie kostet viel Mühe.

Und noch etwas lernen und trainieren Eltern im Changeprozess: mit der Unsicherheit, mit den Sorgen, Ängsten und Widerständen umzugehen. Denn nur der sorgfältige Umgang mit Ängsten und Widerständen wird zum Erfolgsfaktor.

Genauso wie in Organisationen achten Eltern bei Veränderungsprozessen besonders darauf, wie Ängste von den Familienmitgliedern bearbeitet werden. Entwickeln sich Widerstände oder entstehen gar Proteste, handelt es sich zuerst einmal um gesunde Angstverarbeitungsmechanismen. Statt zu flüchten, wird gekämpft, finden Auseinandersetzungen statt, werden Konflikte thematisiert. Eltern nehmen diesen Widerstand als ein wichtiges, ernst zu nehmendes Signal wahr.

Eltern werden versuchen, mit den Angehörigen über sachliche Argumente und Inhalte ins Gespräch zu kommen. Dies wird aber nur durch Zuhören und Annehmen der sozialen und emotionalen Reaktionen der Betroffenen möglich sein. Denn Angst vor Veränderungen kann nicht weggeredet werden. Im Change existiert keine absolute Sicherheit.

Also: Eltern lernen im Changeprozess den Umgang mit Widerstand wie Vorwürfen, Drohungen, Polemik, Schweigen, Blödeln, Lächerlichmachen oder auch mit subtileren Formen wie Unruhe, Aus-dem-Weg-Gehen oder Krankheit.

Eltern entwickeln zur guten Bewältigung von Veränderungsprozessen direktive Strategien wie „Befehl und Gehorsam" und partizipative Strategien wie „Familienentwicklung". Mit „Familienentwicklung" meinen wir die offene Einbeziehung der Angehörigen in die Veränderung, indem transparent über die Veränderungen und die möglichen Folgen, aber auch über die Ziele und die erhofften Erfolge gesprochen wird. Alle Beteiligten haben ein Mitsprache- und Mitentwicklungsrecht. Schon allein aufgrund des unterschiedlichen Alters der Familienmitglieder wenden Eltern unterschiedliche Formen der Beteiligungsprozesse an. Eltern wissen: Beteiligungsprozesse brauchen Realisierungszeit.

Gerkhardt und Frey [21, S. 50] beschreiben zwölf Erfolgsfaktoren für Veränderungsprozesse, die Eltern im Kompetenzcenter Familie trainieren:

- umfassende Symptombeschreibung und Diagnose,
- Vision/Ziele definieren,
- gemeinsames Problembewusstsein schaffen,
- klare Haltung der Führung,
- Kommunikation,
- Zeitmanagement,
- Projektorganisation und Verantwortlichkeit,
- Hilfe zur Selbsthilfe, Qualifikation der Beteiligten,
- schnelle erste Erfolge,
- Flexibilität im Veränderungsprozess,
- Controlling des Prozesses,
- sorgfältige Verankerung der Ergebnisse der Veränderung.

Im Kompetenzcenter Familie lernen Eltern, was die Begriffe Funktionsoptimierung und Prozessmusterwechsel, direktives Veränderungsmanagement und partizipatives Veränderungsmanagement bedeuten, ohne sie einmal in den Mund genommen zu haben. Sie verstehen oder erspüren, dass eine Veränderung ansteht. Auch wenn eingespielte Abläufe optimal abgestimmt

2.4 Phasen der Familienentwicklung – der Lehrplan für Eltern

waren: Jetzt steht der Prozessmusterwechsel an. Eltern sind bereit, die Verunsicherung zu bewältigen, die damit einhergeht, weil sie wissen, dass Familie mit einem Schulkind jetzt die nächste Etappe zum höheren Ziel ist, nämlich Kinder für das selbstständige Leben vorzubereiten.

Das Changemanagement für den Unternehmer im Unternehmen gestaltet sich exakt genauso: Er investiert Geld, Energie und Realisierungszeit in Veränderungen, deren Erfolg er noch nicht kennt. Das ist sein unternehmerisches Risiko. Daher muss der Unternehmer den Markt genau beobachten, bevor er Veränderungsprozesse in seinem Unternehmen anstößt. Denn: Mit dem neuen Prozessmuster will er morgen sein Geld verdienen.

Eltern haben genau die gleiche Aufgabe. Sie wissen, dass es richtig ist, der Schulpflicht nachzukommen. Vielleicht sind sie nicht ganz sicher, ob es jetzt wirklich schon an der Zeit ist, ihr Kind einzuschulen. Doch die Eltern wagen die Einschulung und sind bereit, das Risiko und die Veränderungen auf sich zu nehmen.

Durch die ständige Weiterentwicklung der Familie haben Eltern die Chance, Veränderungsprozesse zu gestalten, und können zu Experten im Changemanagement werden.

Zusammenfassung: Das Kompetenzcenter Familie

Das Kompetenzcenter Familie hält zu jeder Zeit sieben Herausforderungen bereit, die Eltern Erfolg oder Misserfolg bescheren können. Diese Herausforderungen sind:

1. Stehe zu deiner Elternschaft!
2. Achte auf dich selbst!
3. Fördere positive Beziehungen in der Familie!
4. Sei verbindlich und konsequent!
5. Lebe deinen Glauben und deine Wertvorstellungen!
6. Sorge für die sichere Bewältigung des Alltags!
7. Bleibe realistisch!

Das Kompetenzcenter Familie weist außerdem sieben ideale Lernbedingungen auf, die eine solide Kompetenzentwicklung möglich machen. Diese besonderen Lernbedingungen sind:

1. tiefe Vertrauensbeziehungen,
2. ehrliches Feedback,
3. Learning by Doing,
4. genügend Zeit,
5. günstige Motivationsmuster,
6. klar definierte Lernziele,
7. Selbstmanagement.

> Die Abfolge der Familienphasen bietet Eltern einen ausgeklügelten Lehrplan für praxisrelevante Handlungskompetenzen.
> Das Kompetenzcenter Familie zeigt viele Ähnlichkeiten mit Anforderungssituationen von Spitzenunternehmen. Eltern können ihre erworbenen Fähigkeiten auch in anderen Lebensbereichen wie etwa im Beruf gezielt einsetzen, sofern sie hierzu motiviert und vom Arbeitgeber legitimiert sind.

Literatur

1. Döpfner, M., Schürmann, S., & Frölich, J. (2013). *Therapieprogramm für Kinder mit hyperkinetischem und oppositionellem Problemverhatlen THOP* (5. Aufl.). Weinheim: Beltz.
2. Honkanen-Schoberth, P. (2012). *Starke Kinder brauchen starke Eltern* (2. Aufl.). Freiburg: Herder.
3. Markie-Dadds, C., Matthew, Sanders R., & Karen, Turner M. T. (2015). *Triple P* (3. Aufl.). Münster: Triple P.
4. Lask, J. (2015). *PEP4Kids – Das positive Erziehungsprogramm für Eltern mit Kindern zwischen 2 und 12 Jahren*. Giessen: Brunnen.
5. Dreikus, R., & Stolz, V. (1914). *Kinder fordern uns heraus!* (19. Aufl.). Stuttgart: Klett Kotta.
6. Buber, M. (2008). *Ich und Du*. Stuttgart: Reclam.
7. Collins, J. (2011).*Der Weg zu den Besten – Die sieben Management Prinzipien für dauerhaften Unternehmenserfolg* (S. 82). Frankfurt a. M.: Campus.
8. Knoll, M. (o. J). Von Aristoteles zu Dewey. Zum Ursprung der Maxime "learning by doing". Neuere Forschungsergebnisse. http://www.mi-knoll.de/128401.html. Zugegriffen: 25. Okt. 2016.
9. Kolb, D. A. (1984). *Experiential learning*. Englewood Cliffs: Prentice Hall.
10. Collins, J. (2011). Der Realität ins Auge blicken. In J. Collins (Hrsg.), *Der Weg zu den Besten - Die sieben Management Prinzipien für dauerhaften Unternehmenserfolg* (S. 85–110). Frankfurt a. M.: Campus.
11. Drucker, P. (2002a). *Was ist Management? Das Beste aus 50 Jahren* (S. 257). Berlin: Econ.
12. Drucker, P. (2002b). *Was ist Management? Das Beste aus 50 Jahren* (S. 120). Berlin: Econ.
13. Drucker, P. (2002c). *Was ist Management? Das Beste aus 50 Jahren* (S. 132). Berlin: Econ.
14. Textor, M. Der Familienzyklus. http://www.kindergartenpaedagogik.de/39.html. Zugegriffen: 25. Okt. 2016.
15. Bodenmann, G., Meuwly, N., Germann, J., Nussbeck, F., Heinrichs, M. & Bradbury, T. N. (2015). Effects of stress on the social support provided by men and women in intimate relationships. *Psychological science, 26*(10), 1584–1594. as doi:10.1177/0956797615594616.

16. Fthenakis, W. E., Bernhard, K., & Peitz, G. (2002). *Paare werden Eltern*. Wiesbaden: VS Verlag.
17. Stegmann, A. K., & Schmitt, M. (2006). Veränderungen in langjährigen Partnerschaften des mittleren Erwachsenenalters. *Zeitschrift für Familienforschung, 2006*(18), 46–65.
18. Backhaus, A. (2015). *Hilfe, meine Eltern sind in einem schwierigen Alter*. Moers: Brendow.
19. https://de.wikipedia.org/wiki/Unternehmensphasen. Zugegriffen: 25. Okt. 2016.
20. Kruse, P. (2003). Prof. Peter Kruse über Changemanagement. https://www.youtube.com/watch?v=FLFyoT7SJFs. Zugegriffen: 25. Okt. 2016.
21. Gerkhardt, M., & Frey, D. (2006). Erfolgsfaktoren und psychologische Hintergründe in Veränderungsprozessen. Entwicklung eines integrativen psychologischen Modells. *Zeitschrift für OrganisationsEntwicklung, 2006*(4), 48–59.

3
Wirtschaft trifft Familie

Sollte die Überschrift dieses Kapitels nicht besser „Familie trifft Wirtschaft" heißen? So starten wir unsere Beobachtungen ausgehend von der Familie und konfrontieren diese erst anschließend mit den Realitäten in Unternehmen. Wir waren jedoch der Meinung, dass „Familie trifft Wirtschaft" zu sehr nach Sonntagsspaziergang klingt. „Wirtschaft trifft Familie" bringt unseres Erachtens die Arbeitsatmosphäre und Spannung zwischen den beiden Lebensbereichen gut auf den Punkt.

Dieses Kapitel geht ausführlich auf die in Abschn. 2.2 dargestellten sieben Herausforderungen ein. Lassen Sie sich in den sieben Teilkapiteln überraschen, was Familie alles leisten kann. Hier ein Auszug aus dem aktuellen Ausbildungsprogramm des Kompetenzcenters Familie: Entwickeln eines Mission Statement, Mitarbeiterorientierung, Delegation, Handlungsorientierung, Steuerung des kontinuierlichen Verbesserungsprozesses, Kundenorientierung, Arbeitsschutz- und Gesundheitsmanagement, Emotionsregulierung.

Wir sind gespannt, wie Sie unsere Betrachtungen aufnehmen, und haben drei Möglichkeiten formuliert, wie Sie wohl auf dieses Kapitel reagieren könnten:

1. Überraschung: Ja, genau! Das erlebe ich in der Familie auch, nur habe ich das bisher so nicht formuliert.
2. Neugier: Das ist interessant. So habe ich das aus der Elternperspektive noch nicht gesehen.

3. Skepsis: Das ist übertrieben. Das werde ich in nächster Zeit genauer beobachten.

3.1 Stehe zu deiner Elternschaft!

Joachim E. Lask

„Mit unserem Riesenwunsch, einen Sohn aus Indien zu adoptieren, haben wir zunächst uns einen Herzenswunsch erfüllt und nicht primär dem Kind einen Gefallen getan. Umgekehrt konnten wir natürlich das Angenehme auch mit etwas Schönem verbinden, von dem wir nie erwartet haben, dass uns jemand auf die Schultern schlägt und sagt: Das habt ihr gut gemacht. Doch haben wir erlebt, dass das gewisse Leute ganz anders sehen. Da lernt man sich auch zu behaupten, entwickelt Zivilcourage und schlagfertig zu sein. Das verlangt auch Mut, sich nicht alles bieten zu lassen." (Ursula Haller, Mutter von zwei Kindern, Schweizer BDP-Politikerin und Nationalrätin bis 2014)

Circa zwei Drittel der Jugendlichen zwischen 12 und 25 Jahren äußern einen Kinderwunsch. Die Shell-Jugendstudie 2015 zeigt, dass sich die Zahlen in den letzten 13 Jahren relativ stabil zwischen 63 und 69 % bewegten (2015 lag der Kinderwunsch Jugendlicher bei 64 %) [1]. Hingegen geben 86 bis 88 % der jungen Erwachsenen zwischen 18 und 35 Jahren an, einen Kinderwunsch zu haben [2]. Obwohl der Wunsch nach der eigenen Familie groß ist, steht er doch der individuellen Lebensplanung gegenüber. Somit wird die Familienplanung, also der richtige Zeitpunkt zur Familiengründung und Familienweiterentwicklung, zum Dilemma. Hierzu einige Zahlen des Statistischen Bundesamts [3]:

- Zwar liegt die Zahl der Kinder pro Mutter ab den 1940er-Jahrgängen stabil bei durchschnittlich zwei Kindern, jedoch sinkt die Zahl der Mütter kontinuierlich.
- Die Kinderlosenquote lag 2012 bei 22 %.
- Drei von zehn westdeutschen Akademikerinnen im Alter zwischen 45 und 49 Jahren haben kein Kind geboren.
- Bei den Frauen ohne einen akademischen Bildungsabschluss, die rund 80 % eines Jahrgangs stellen, ist mit einem weiteren Anstieg der Kinderlosenquote zu rechnen.
- Das durchschnittliche Alter der Frauen bei der ersten Geburt nimmt beständig zu. Im Jahr 2014 lag es bei 29,5 Jahren[4].

Die Bejahung der Elternschaft beginnt mit dem selbstbezogenen Wunsch – oder noch markanter, dem egoistischen Wunsch –, Eltern zu werden. Natürlich geht es um die Erziehung eines Kindes und doch geht es auch um die Erfüllung der eigenen Bestimmung. Daher ist es so wichtig, dass Eltern dazu stehen, dass sie es selbst sind, die ein Kind wollten.

„Ich bejahe meine Elternschaft" hat auch das Kind im Fokus. „Ja, ich habe ‚ja' zu dir gesagt" – darin liegt die zweite Zusage! „Du darfst dir sicher sein, ich bin da! Für dich! Ich will zu dir loyal sein – im Gelingen deines Lebens und auch im Scheitern deines Lebens und in allen anderen Situationen, die dazwischenliegen."

Von der Endgültigkeit der Elternschaft – oder: Das Mission Statement

Die eigene Elternschaft zu bejahen ist für den einen das Selbstverständlichste und für den anderen das Herausforderndste. Die Endgültigkeit der Elternschaft kann als Befreiung, aber auch als Zwang empfunden werden.

Nie wieder muss ich mir Gedanken machen, ob ich Mutter oder Vater bin oder diese Verantwortung wieder abgebe. Diese Entscheidung ist gefallen. Sowenig wir uns Gedanken machen, ob wir in der nächsten Woche auf dem Planeten Saturn oder in einer anderen Galaxie Urlaub machen wollen, sowenig müssen wir uns Gedanken machen, ob wir noch Vater und Mutter sein wollen. Diese Unumstößlichkeit gibt Gewissheit.

Gleichwohl denken manche Eltern darüber nach, ob die Entscheidung für ein Kind – wenn es denn eine war – wirklich die richtige war. Es ist dann ein Hadern mit dem Schicksal, mit der eigenen Lebensführung bis zum Hier und Jetzt. Das Gefühl von Freiheit und Selbstbestimmung schwindet. Eltern kommen sich demzufolge vor wie in einem Hamsterrad. Unter diesen Bedingungen kann schnell ein Burnoutsyndrom entstehen. In Abschn. 3.2 gehen wir darauf ausführlich ein.

Doch Eltern, die ihre Entscheidung in ihrer Endgültigkeit als Befreiung empfinden, sollten sich sagen: „Dann packe ich es an!", „Dann stelle ich mich der Herausforderung!", „Dann mache ich das Beste daraus!". Sie sollten ein leichtes Lächeln aufsetzen und betonen: „Ich bin Vater!", „Ich bin Mutter!", „Ich darf dieses Kind zur Mündigkeit begleiten" und „Elternschaft gibt mir Sinn und Halt im Leben!". Mit diesen Aussagen wird eine positive Botschaft vermittelt.

Mit diesen Überlegungen sind wir mittendrin im strategischen Management und erarbeiten den normativen Rahmen des Unternehmens Familie. Denn wir machen uns darüber Gedanken, wofür es uns Eltern gibt und welchen Zweck wir erfüllen und geben damit erste wichtige Informationen für das Mission Statement.

Das Mission Statement bringt zum Ausdruck, was der wesentliche Zweck und Auftrag eines Unternehmens ist. Wir finden es interessant, dass diese Frage aus einem Dialog entsteht und ein Gegenüber benötigt. Die Mission soll nicht etwa die Mitarbeiter des Unternehmens erreichen, sondern den, der einen Nutzen von diesem Unternehmen hat.

Peter Drucker weist in seiner Managementlehre auf die fundamentale Bedeutung des Mission Statements hin [5]. Ist die Botschaft klar und prägnant formuliert, dann beschreibt sie das Beständige und Überdauernde eines Unternehmens. Es ist das, worüber man auch in vielen Jahren noch sprechen wird. Das Mission Statement bringt das „Heiligste" eines Unternehmens, sozusagen den Bestimmungsgrund, zum Ausdruck. Es beschreibt damit auch das Gefüge, das ein Unternehmen sogar in schwierigen Zeiten zusammenhält. Das Mission Statement gibt Orientierung für wesentliche Entscheidungen und die Motivation, Ziele zu erreichen.

Bezogen auf das Unternehmen Familie richtet sich die Sinnfrage auf die Kinder. Diese sollen wissen, wofür das Unternehmen Familie steht und was die Familie für die Kinder sein will. Ein gutes Mission Statement drückt Folgendes aus: „Wie will ich von meinem Kind gesehen werden? Warum soll mein Kind uns vertrauen?" Die Antwort hierauf ist schlicht und einfach: „Ich bin dein Papa! Ich bin deine Mama!" Und dahinter steht die Zusage: „Ich liebe dich, weil du mein Kind bist. Das gilt jetzt und zu jeder Zeit!"

Das ist in der Elternschaft an sich angelegt. Da gibt es keine Einschränkung, egal wie schwer die Elternschaft zurzeit ist. Peter Drucker sagt: „The effective mission statement is short and sharply focused. It should fit on a T-shirt." [6] Unser Vorschlag: „Papa!" bzw. „Mama!" mit dem Untertitel: „Mit Herz, Hirn und Begeisterung."

Das Mission Statement richtet sich immer an die Adressaten, für die das Unternehmen existiert. Ein Krankenhaus ist für die Kranken da, das Finanzamt für die Steuerzahler, ein Schwimmbad für die Schwimmer, ein Kindergarten für Kinder und deren Eltern. Und diese Adressaten fragen wir nach dem tatsächlichen Nutzen und erhalten mit deren Antworten gute Aussagen für das Mission Statement.

3.1 Stehe zu deiner Elternschaft!

Kompetenzcenter Familie – Entwickeln des Mission Statements

Den Zweck des Unternehmens formulieren als Nutzenversprechen für den, den es betreffen soll:

- Nutzenversprechen formulieren,
- strategisch, visionär, intuitiv, synthetisch denken („das Heiligste eines Unternehmens"),
- strategisch, systematisch, analytisch, zukunftsgerichtet planen,
- Mission Statement entwickeln und anpassen,
- Kernaufgaben und Seitenaufgaben unterscheiden,
- wesentliche Ziele erkennen, formulieren und auf deren Einhaltung achten.

Eltern sind also Experten darin, sich mit dem Mission Statement „Mama!" oder „Papa!" immer wieder auseinanderzusetzen. Das ist einfacher gesagt als getan.

Dass die Auseinandersetzung mit dem Mission Statement eine besondere Fähigkeit ist, sehen wir gegenwärtig bei Unternehmen, die zwar wohlklingende Mission Statements in ihrer Firmenphilosophie stehen haben, diese jedoch nicht anwenden.

Als Beispiel können wir das Krankenhaus nehmen. Heute wissen wir sehr genau, wie Körper und Psyche beim Gesundwerden oder Gesundbleiben ineinandergreifen. Ein Krankenhaus mag dies auch in seinem Mission Statement zum Ausdruck bringen, etwa mit „Ganzheitlich gesund werden!", doch der Kranke erlebt vom Betreten des Krankenhauses bis zur Entlassung, dass er als Nummer geführt wird, dass er mit seiner Diagnose für das Krankenhaus einen bestimmten Wert hat. Unerträglich an dieser Situation ist vor allem, dass Mitarbeiter dieses Unternehmens unbeirrt routiniert und teilnahmslos ein Mehr des Gleichen produzieren.

Ein ähnliches Erlebnis hatte ich bei meinem Autohändler, der mir – wieso auch immer – im Januar zum Geburtstag gratulierte. Eigentlich eine nette Geste. Tatsächlich habe ich jedoch im Juli Geburtstag. Also rufe ich mein Autohaus an, lasse mich mit der Verwaltung verbinden und trage mein Anliegen vor, dass ich gerne die Geburtstagskarte im Juli erhalten möchte. „Ja, da können wir nichts dran machen! Das System gibt das so vor! Sie sind in diesem Fall bei uns nur eine Nummer, an die ich jetzt nicht herankomme!" Damit war ich bedient, und die Glaubwürdigkeit dieses Autohauses mit dem schönen Mission Statement „Ihre Zufriedenheit ist unser Auftrag!" ist deutlich gesunken.

Wenn wir Eltern uns immer wieder zu unserer Elternschaft bekennen, dann sichern wir die Beständigkeit und Nachhaltigkeit der Familie und gleichzeitig fördern wir damit sinnvolle Entwicklungen und Anpassungen.

Wie kann es sein, dass das Mission Statement für Beständigkeit steht und doch gleichzeitig Impulse für Dynamik setzt? Was passiert da genau? Mir gefällt das Bild vom Kreis. Er hat einen Mittelpunkt, von dem aus jeder Punkt des Kreises gleich weit entfernt ist. Ohne diesen Mittelpunkt gäbe es diesen Kreis nicht. Mit einem Zirkel kann man genau in diesen Mittelpunkt einstechen, und der andere Arm des Zirkels kann sich vom Mittelpunkt beliebig weit entfernen.

Mit dem Mission Statement formulieren Eltern das, was sich nicht oder nur wenig verändert: ihre Elternschaft. Sie lieben ihr Kind! Auf der anderen Seite regt das Mission Statement zum Fortschritt an, denn Familie ist dynamisch, Kinder wachsen auf, die Eltern werden älter, die eigenen Eltern sterben usw. Eltern schätzen immer wieder neu ein, ob sie zu ihrem Mission Statement trotz neuer Entwicklungen stehen können. Sie geben Impulse, suchen Mittel und Wege, um Situationen zu verändern, zu verbessern und neu zu gestalten. Doch das Mission Statement bleibt bestehen, während Handlungsabläufe, Prozesse, Strukturen oder Methoden als Antwort auf sich verändernde Realitäten kontinuierlich erneuert werden.

Tatsächlich besteht das große Paradox der Veränderung bei Unternehmen darin, dass die Organisationen, die sich am besten an die sich wandelnde Welt anpassen, zuerst und vor allem wissen, was sich nicht verändern sollte. Sie haben fest verankerte Leitlinien. Alles andere – wenn es denn der Mission nutzt – kann verändert werden. Diese Organisationen kennen den Unterschied zwischen dem, was wirklich heilig ist, und dem, was immer offen für Veränderung sein sollte, zwischen „wofür wir stehen" und „wie wir die Dinge tun".

Eltern kennen den Unterschied zwischen „wofür wir stehen" und „wie wir die Familie führen" am besten. Da gibt es in der Tat oft eine große Spannung, die manchmal kaum zum Aushalten ist. In dieser Spannung entwickeln Eltern eine ausgereifte Ambiguitätstoleranz.

Kompetenzcenter Familie – Ambiguitätstoleranz [7]

Die Fähigkeit, mehrdeutige Situationen und widersprüchliche Handlungsweisen zu ertragen:

- kulturell bedingte, ggf. inakzeptabel erscheinende Unterschiede anerkennen,
- mehrdeutige Informationen, die schwer verständlich sind, wahrnehmen,
- Widersprüchlichkeiten vorbehaltlos begegnen.

Hier einige Beispiele:

- Ihr Kind zerschneidet mit der Schere die teure Bettwäsche, strahlt Sie begeistert an und sagt: „Schau mal, Papa, wie gut die schneidet!"
- Ihr jugendliches Kind wählt sich Freundschaften aus, bei denen Sie ein schlechtes Bauchgefühl haben.
- Bei Ihnen zu Hause wird dem Gast beim Mittagessen zuerst vom Essen gegeben. So ist Ihre Regel. Nun sind Sie zu Besuch bei Ihren eigenen Eltern. Beim Verteilen des Essens ruft Ihr Kind „Zuerst ich!" – und keiner am Tisch findet das lustig.
- Sie stehen zu eigenen Missgeschicken oder persönlichem Scheitern, etwa bei einer Unehrlichkeit, Arbeitslosigkeit oder einer Scheidung, obwohl Sie Ihrem Kind ein Vorbild sein wollten, ehrlich zu sein, gute Arbeit zu leisten und gelingende Beziehungen zu leben.

Hinter den Beispielen steht das Mission Statement: „Ich bin dein Papa, der dich liebt! Ich bin deine Mama, die dich liebt! Daran ändert sich gar nichts!" Das Tröstliche an dem Wort „lieben" ist, dass es ein Verb, ein Tuwort ist. Ich kann mich dazu entschließen, es wollen und dann auch tun. Und lasse ich darin nach, dann kann ich mich entschließen, damit erneut zu beginnen. Genau daran erkennen wir „gute Eltern".

Für den Mitarbeiter ist es einfacher: Er kann kündigen. Das können Eltern nicht! Und doch trifft dieses „Stehe zu deiner Elternschaft" auch jeden Mitarbeiter, jede Führungskraft, jeden Unternehmer. Das heißt: Überlege dir, ob du zum Mission Statement der Organisation oder des Unternehmens stehen kannst. Beobachte, ob das Mission Statement von oben nach unten gelebt wird. Und dann sag „ja" zu deiner Rolle, zu deiner Position, zu deinem Beruf, zu deiner Aufgabe und Verantwortung.

Unternehmen brauchen Führungskräfte und Mitarbeiter, die einen wirklichen Sinn in ihrer Unternehmensmission sehen und dafür einstehen. Das setzt voraus, dass das Mission Statement top down gelebt wird. Das bedeutet in der Konsequenz, dass Mitarbeiter und Führungskräfte keine Passagiere sind. Vielmehr werden Mitarbeiter gebraucht, die selbstverantwortlich im Sinne der Ziele und Aufgaben mitdenken und handeln.

Vor wenigen Jahren gab es dieses reichhaltige Angebot an Arbeitsplätzen noch nicht. Da war man froh, nicht zum Heer der Arbeitslosen zu gehören und bei einem Arbeitgeber unterzukommen. Damals sprach man auch vor dem Hintergrund des demografischen Faktors bereits vom Fachkräftemangel. Heute erleben wir ihn aus der Perspektive der Arbeitgeber in vielen Unternehmen schmerzhaft. Eine nachwachsende Generation schaut genau hin, ob die Unternehmen ihr Mission Statement auch verwirklichen. Für die Generation Y ist Glaubwürdigkeit ein wesentlicher Wert [8]. Wer beschummelt wird, der kündigt. Wer jedoch das Mission Statement im Unternehmen als gelebte Realität erfährt, für den werden Position, Geld und Selbstverwirklichung zweitrangig. Denn dann geht es diesen Mitarbeitern darum, eine Mission zu erfüllen. Sie sind ehrgeizig in der persönlichen Entwicklung und bleiben dabei bescheiden, da sie ihre Energie ganz in den Dienst des Firmenwohls stellen [9]. Diese Fähigkeit trainieren Eltern ziemlich intensiv mit ihrer Familie.

Zwei weitere Kompetenzen wollen wir in diesem Zusammenhang nennen, die eng mit der Umsetzung des Mission Statement zusammenhängen:

1. *Durchhaltevermögen – Ausdauer:* Wer Durchhaltevermögen nur als ein Aushalten von Widrigkeiten definiert, wird bald und sogar sehr bald aufgeben. Das können wir gut im Sport beobachten. Durchhaltevermögen oder aus sportlicher Sicht Ausdauer ist ein Zusammenspiel aus Widerstandsfähigkeit gegen Ermüdung und schneller Regenerationsfähigkeit nach einer Belastung. Diese Ausdauerleistung kann durch ein sinnhaftes – häufig werteorientiertes – Ziel bis zu Spitzenleistungen deutlich erhöht werden [10]. Eltern müssen sowohl die Widerstandsfähigkeit als auch die Regenerationsfähigkeit trainieren. Doch dazu haben sie viele Jahre Zeit.
2. *Visionäres strategisches Handeln:* Als Eltern sind Sie dazu bereit, Entscheidungen zu treffen, die zum gegenwärtigen Zeitpunkt unattraktiv für die restlichen Familienmitglieder sind. Zum Beispiel sparen Sie für einen Hausanbau und können dafür für einige Zeit nicht in den Urlaub fahren. Oder: Sie überlegen sich, ob Sie umziehen möchten, um beste Voraussetzungen für Kindertagesstätten und weiterführende Schulen zu haben.

Ausschnitt aus dem Interview mit Ursula Haller, Mutter von zwei Kindern, Schweizer Politikerin (BDP) und Nationalrätin

JL: Was haben Sie im Kompetenzcenter Familie gelernt?

UH: Prioritäten zu setzen. Zu wissen, was ist jetzt wichtiger: den Kindern die Windeln zu wechseln – wir hatten zwei Windelkinder –, oder ist es jetzt dran, ein Protokoll zu schreiben. Das habe ich als Mutter und haben wir als Eltern gelernt.

Wir bekamen gesagt, dass wir keine eigenen Kinder bekommen können. Aber wir wollten Kinder, und das bedeutete Adoption, und sahen uns plötzlich mit der Situation konfrontiert, dass es Menschen gibt, die das gar nicht so sehen konnten und nicht akzeptieren wollten.

Ich war 30 Jahre, als meine leibliche Tochter – entgegen der Aussage von drei Ärzten – geboren wurde. In diesem Sinne war ich keine junge Mutter. Da ist ein blondes Mädchen mit blauen Augen, und im Kinderwagen

3.1 Stehe zu deiner Elternschaft! 65

liegt ein dunkler Junge mit schwarzen Augen, unser Adoptivsohn. Da kommen plötzlich so komische Fragen: Wie kommt das? Was ist da los? Da habe ich Selbstbewusstsein gelernt. Ich musste mir Folgendes anhören: Ist das jetzt ein Statussymbol, Frau Haller, dass man noch ein armes Kind aus der Dritten Welt hat? Diese Reaktion war sehr speziell auf meine Situation als Politikerin bezogen. Ich habe gelernt, mich zu behaupten.

Meine Tochter ist Jahrgang 1978, mein Sohn Jahrgang 1979. Ich wurde 1985 in den Stadtrat gewählt. Die Kinder waren also 7 resp. 8 Jahre alt. Da war ich schon einige Jahre Vorstandsmitglied und Sekretärin der Partei – man zieht sich ja da so schön hoch –, irgendwann Fraktionspräsidentin, dann Parteipräsidentin. Dazu kommt, dass ich bei meinem Mann – der ein Architekturbüro hatte – das ganze Büro geführt habe: das ganze Sekretariat, die ganze Buchhaltung etc. Also auch zwischen Beruf und Politik und Kindern und Haushalt einfach die richtigen Prioritäten zu setzen hatte ... und immer zu wissen: In letzter Konsequenz machst du fast alles freiwillig.

JL: **Trotz der hohen Belastung behielten Sie Ihre Freude, da Sie sich für diese Aufgaben selbst entschieden haben?**

UH: Es ist für Sie möglicherweise eine absolute Binsenweisheit, aber ich glaube schon, wenn man etwas gerne macht und sich engagiert und Freude an der Arbeit hat, dann fällt alles halb so schwer, als wenn man an einem Morgen aufsteht und quälend daran denkt, jetzt muss ich dies und das machen. Das gebe ich ganz offen zu: Ich glaube schon, dass ich da ziemlich gut bin.

Wenn man Kinder hat bei all diesen Herausforderungen, dann wird eine Mutter automatisch zur Generalistin. Das trägt einen, und das kommt einem im späteren Leben – sei es im Beruf, sei es in der Politik – sehr, sehr entgegen.

JL: **Eine Generalistin kann richtige Prioritäten setzen?**

UH: Ja! Sie können ein extrem guter Experte sein, sind auf einem bestimmten Gebiet unschlagbar. Aber bei vielen anderen Themenbereichen haben sie schlichtweg wenig Ahnung. Nicht weil sie hierzu keine Intelligenz haben, sondern weil sie sich auf ihren Hauptberuf fokussieren. Bei der Frau gilt, dass sie sich hauptsächlich mit den Kindern, mit der Schule, mit den Krankheiten, bis hin zu den anderen täglichen Herausforderungen herumschlägt. Da muss man sich automatisch breiter aufstellen als ein Facharbeiter oder Ingenieur – ich will aber keineswegs verallgemeinern! Ich behaupte, im vernetzten Denken bin ich „sackstark"!

[...]

JL: **Ihre Priorität „Ja zur Elternschaft" hat Sie herausgefordert!**

UH: Ein kleines Beispiel: Der Sohn war vielleicht 3 Jahre, die Tochter 4 Jahre. Wir standen am See und warteten auf das Schiff. Da stand eine Frau mit einem langen Rock mit einer Hochsteckfrisur, eine evangelikal geprägte Frau mit sechs Kindern. Plötzlich hat sie unseren dunkelhäutigen Sohn entdeckt und sagte ihren Kindern – umgeben von ganz vielen anderen Leuten – so laut, dass ich es hören musste: „Wisst ihr, der liebe Gott verbietet das, dass man Kinder aus anderen Kulturen hernimmt. Das ist so nicht vorgesehen." Das habe ich natürlich gehört, und Sie können dreimal raten: Ich habe mich natürlich umgedreht und gesagt: Ich habe gehört, dass Sie glauben, dass das, was wir gemacht haben, der liebe Gott offenbar verbieten möchte. Ich gebe Ihnen jetzt eine Antwort: „Haben Sie überhaupt eine Ahnung, wie viele Schweizer Kinder

> allenfalls zur Adoption frei werden? Wenn Sie vorhin gesagt haben, es gebe genug solche Kinder, dann sind Sie auf dem Irrweg. Denn dies sind ja meist nur Pflegekinder. Wenn sich die Mutter sozial erholt hat, bekommt sie das Kind zurück. Es gibt viel zu wenig Schweizer Kinder zur Adoption." Das habe ich sehr markant und deutlich laut gesprochen. Dann habe ich mich umgedreht und habe gesehen, wie die Leute rundherum genickt haben, weil sie auch das Gefühl hatten: Richtig, wehren Sie sich nur! Alles muss man sich nicht bieten lassen. Ich hatte sie noch gefragt, wenn sie jetzt schon den lieben Gott anrufen würde, ob sie denn nicht das Gefühl habe, es sei wenig von einem christlichen Glauben geprägt. Man könnte ja sagen, dass wir, wenn wir uns schon einen Herzenswunsch erfüllen, diesem Knaben die Möglichkeit geben, ein schönes Leben zu haben. Es hätte ja sein können, dass sein Leben nicht so positiv verlaufen wäre. Es kam ja noch dazu, dass mein Sohn, als er bei uns ankam, eine schwere Krankheit hatte, er hatte Hautwürmer. Und viele dieser betroffenen Kinder sterben wegen mangelnder Hygiene daran. Aber wir haben uns bemüht, ihm ein schönes Leben zu ermöglichen. Natürlich lief nicht alles rund. Wer kann das schon von seinen Kindern behaupten? Eine Frau, die ein behindertes Kind hat, die lernt das auch. Sie muss sich nicht für das Kind rechtfertigen. Aber sie muss Mut haben, sich zu wehren, wenn sie das Gefühl hat: Es ist des Guten zu viel.
> (Das gesamte Interview mit Ursula Haller lesen Sie im Anhang.)

Elternschaft macht nicht immer glücklich

Elternschaft hat viele Höhen und Tiefen. Einmal kann man sein Elternglück kaum in Worte fassen, dann wiederum sind wir als Eltern im Familientrott, wissen eigentlich gar nicht so recht, wie es uns ergeht, und wir folgen einfach unseren Aufgaben. In meinen ersten Berufsjahren als Psychologe sagte ich einem Kollegen – ich war wohl noch vollgepumpt mit den Endorphinen eines jungen Vaters – in etwa Folgendes: „Als Eltern sind wir doch Kapitalisten. Wir investieren wirklich viel in unsere Kinder und der Return on Investment ist reichlich." Dieser Kollege – seine drei Kinder waren in der Pubertät – schaute mich leicht gequält an und sagte: „Ich bin froh, wenn ich zurzeit eine schwarze Null schreibe. Das Miteinander in der Familie fällt mir schwer."

Dann kann es auch Zeiten geben, in denen wir es sogar bereuen, Eltern geworden zu sein. Insbesondere dann, wenn Erziehung nicht gelingt, Kinder nur noch Stress verursachen und die Beziehungen durch Konflikt und Streit bestimmt werden.

Die Familien- und Paarforschung hat das Thema Zufriedenheit und Wohlbefinden gut untersucht. Sie fragt beispielsweise:

- Wie verläuft die Lebenszufriedenheit der Eltern?
- Welchen Einfluss haben die Kinder?

3.1 Stehe zu deiner Elternschaft!

- Wie unterscheidet sich die Zufriedenheit mit der Partnerschaft und der Elternschaft?

Die gute Nachricht zuerst: Insgesamt zeigen die vergleichenden Untersuchungen von Eltern und kinderlosen Paaren, dass Eltern mit ihrem Leben allgemein zufriedener sind. Vergleicht man jedoch die Paar- zur Elternzufriedenheit, dann wird schnell deutlich, dass Familie die Partnerschaft belastet. Das wird besonders deutlich an den zeitintensiven Bereichen Freizeit und soziale Kontakte, die durch die Geburt eines Kindes erheblich eingeschränkt werden.

Aus eigener Erfahrung kann ich vor allem den letzten Punkt bestätigen. Als das fünfte Kind mit neun Jahren Abstand zum nächsten Geschwisterkind geboren wurde, waren die Bereiche Freizeit und soziale Kontakte erneut deutlich zeitlich eingeschränkt. Dies führte bei Freunden – deren jüngste Kinder etwa 10 Jahre alt waren – zu deutlichem Unverständnis bis hin zu ärgerlichen Reaktionen. Man konnte sich nicht erklären, warum zuvor mit vier Kindern Freizeitkontakte kein Problem waren und man sich nun mit „vier plus eins" plötzlich nicht mehr treffen konnte.

Ein gut untersuchter Erklärungsansatz in der Zufriedenheitsforschung ist die Set-Point-Theorie [11], die besagt, dass die Lebenszufriedenheit eines Menschen zeitlich stabil ist. Dies führt man auf die Persönlichkeitsmerkmale Neurotizismus und Extraversion zurück, die wiederum zu ca. 50 % genetisch festgelegt sind [12]. Weiter wird angenommen, dass bedeutsame Lebensereignisse, wie Heirat, Umzug oder Jobwechsel, das Wohlbefinden einer Person positiv verändern, sie jedoch nach einiger Zeit über die hedonistische Anpassung [13] wieder das ursprüngliche Zufriedenheitsniveau erreicht.

Matthias Pollmann-Schult [14] konnte seine empirischen Ergebnisse zur Lebenszufriedenheit von Eltern mit der Set-Point-Theorie erklären. Die Familiengründung belastet zwar die Partnerschaft aufgrund von Konflikten, Spannungen und der stark eingeschränkten Freizeitgestaltung. Gleichzeitig scheint Elternschaft die allgemeine Zufriedenheit mit dem Leben positiv zu beeinflussen. Weiterhin stellte er gemäß der Set-Point-Theorie nach der Geburt des jüngsten Kindes ein deutlich erhöhtes Zufriedenheitsniveau fest, das lediglich bis zum 4. Lebensjahr zu beobachten ist. Ab dem 7. Lebensjahr ist der Unterschied in der Lebenszufriedenheit zwischen Eltern und kinderlosen Personen nicht mehr bedeutsam.

Zusammenfassung: Stehe zu deiner Elternschaft!
- Der Wunsch nach Familie und einem Kind ist bei Jugendlichen und jungen Erwachsenen hoch.

- Ist Elternschaft eingetreten, besteht Endgültigkeit. Das befreit einerseits und fordert andererseits dazu heraus, Komfortzonen zu verlassen und sich auf neue Prozesse einzulassen.
- Eltern schärfen immer wieder ihr Mission Statement, indem sie sich fragen, was ihr Kind von seinen Eltern benötigt.
- Das klare Mission Statement schafft in der Familie und im Unternehmen eine Balance zwischen Stabilität und Dynamik.
- Kompetenzen, die aus dem informellen Lernen der Eltern resultieren, sind u.a. strategisches Management, Ambiguitätstoleranz und Durchhaltevermögen.

3.2 Achte auf dich selbst!

Joachim E. Lask

„Wenn ich mich als Führungskraft körperlich ausbeute, dann ist das vergleichbar mit Eltern, die nicht für sich sorgen. Ich habe als Eltern dafür zu sorgen, dass es mir gut geht, ich leistungsfähig und gut gelaunt bleibe. Dann habe ich schon einen wichtigen Part erfüllt. Das Gleiche, so finde ich, gilt für mich als Chefin oder für eine Führungsperson. Es ist meine Verantwortung, den anderen vorzuleben, dass man arbeiten kann, und es einem gleichzeitig körperlich gut geht. Nur, wenn ich für mich sorge, ich ausgeglichen bin, dann gebe ich meinen Mitarbeitern, die ja meine Arbeit machen, viel mehr, als wenn ich mich verausgabe und noch erwarte, dass jeder mich auch noch bemitleidet." (Dr. Karin Uphoff, Mutter von sechs Kindern, Initiatorin „heartleaders", Inhaberin „connectuu GmbH", Lehrbeauftragte, EU-Unternehmensbotschafterin)

Die Anforderungen des modernen Arbeitsplatzes weist den Mitarbeiter immer mehr Selbstverantwortung zu. Hieß es noch vor wenigen Jahren, dass der Mitarbeiter sich innerhalb der Organisation wie sein eigener Unternehmer verstehen soll, befindet er heute immer häufiger in der Situation, dies ohne das Unternehmen zu tun. Damals hieß es noch interne Kunden-Lieferanten-Beziehung. Heute braucht es das Wort „intern" nicht mehr. Mit den Entwicklungen zur Industrie 4.0 ist der Arbeitsplatz immer weniger an den Ort eines Unternehmens gebunden. Damit rückt der Wissensarbeiter, der seine Produktionsfaktoren – also sein Wissen – stets bei sich trägt, immer mehr in eine Selbstverantwortung. Denn Expertenwissen kann durch das Internet der Dinge von jedem Winkel der Welt aus der Cloud angeboten werden.

Diesem Autonomieversprechen steht eine Forderung nach hoher Selbstkompetenz des Cloudworkers gegenüber. Bisher waren Mitarbeiter durch Arbeitszeiten, Arbeitsgruppe, Führungskraft, Urlaubsregelung, Wochenarbeitszeit, Kündigungsschutz, Tarifvertrag oder Arbeitsvertrag eingebettet in soziale, rechtliche, zeitliche und gesellschaftliche Strukturen. Der Cloudworker ist von allen diesen Strukturen frei. Für seine Rechte und Pflichten muss er nun selbst sorgen: Wann am Tag arbeite ich, an welchen Tagen in der Woche? Wie viele Stunden sind genug? Wann habe ich Urlaub und bin ich wenigstens in dieser Zeit unerreichbar, um mich zu regenerieren? Welche rechtlichen Vereinbarungen gelten für mich, wenn meine Auftraggeber aus Jakarta, Taiwan oder Uganda kommen?

Der Mitarbeiter gibt sein „Mit" auf und wird zum Arbeiter oder etwas schicker: zum Freelancer. Das bleibt jedoch nur so lange schick, solange der Marktplatz für Freelancer überschaubar leer ist.

Auf den Punkt gebracht: Selbstkompetenz, achte auf dich selbst, ist eine Schlüsselkompetenz geworden, die der moderne Arbeitsplatz vom Cloudworker abverlangt, will er überleben und gesund bleiben.

Eltern kann dies nicht erschrecken. Sie trainieren genau diese Fähigkeit täglich: Achte auf dich selbst! Es gibt keine Zeitvorgaben außer „ein Leben lang". Keine Gewerkschaft kämpft um die Elternrechte. Eher ist es umgekehrt: Kita und Schule achten darauf, dass Eltern ihren Pflichten nachkommen. Kündigungsschutz gibt es keinen, für die betriebliche Gesundheitsvorsorge sind Eltern selbst verantwortlich. Dies gilt auch für Fort- und Weiterbildung. Wie Eltern diese Selbstkompetenz im Kompetenzcenter Familie aufbauen, wird dieses Kapitel aufzeigen.

Geht es mir gut, kann es auch euch gut gehen

Bei aller Verantwortung für Familie, Erziehung oder Partnerschaft geht es doch auch darum, für sich selbst zu sorgen, ganz nach dem Motto: „Wenn es mir gut geht, kann es auch euch gut gehen." „Achte auf dich selbst!" ist vielleicht eine der größten Herausforderungen in der Familienarbeit. Zwar bringen die beruflichen und familiären Aufgaben Eltern bis an die Grenzen ihrer Leistungsfähigkeit, doch hat sowohl die Familie als auch das Unternehmen nichts mehr von den Eltern, wenn diese dauerhaft über ihre Kräfte leben.

Elternschaft – im Flow sich selbst übersehen

Eltern wollen das Beste für den Nachwuchs. Wir sind gleichzeitig begeistert und herausgefordert von unseren Kindern. Wir erleben mit der Erziehung eine hohe Selbstwirksamkeit. Beispielsweise lächelt uns ein Kleinkind an, wenn wir uns ihm wiederholt liebevoll zuwenden. Und für diesen kleinen Moment sind wir zu allerhand bereit. Man betrachte nur einmal,

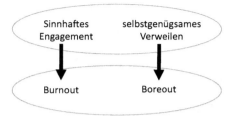

Abb. 3.1 Zwischen sinnhaftem Engagement und selbstgenügsamen Verweilen

welche Laute, Grimassen und Bewegungen nicht nur Eltern vor einem Baby machen, allein damit es einmal lächelt. Oder: Was tun wir als Eltern nicht alles, damit unsere Kinder schlafen können? Das grenzt schon manchmal an Aberglaube und hat mit Ursache und Wirkung wirklich nichts mehr zu tun.

Zwischen Begeisterung und Burnout

Eltern befinden sich zwischen den zwei Polen „sinnhaftes Engagement" und „selbstgenügsames Verweilen". Genau diese Bedingung ist optimal, um ein gesundes „Achte auf dich selbst!" zu entwickeln. Eine aufopfernde Selbstlosigkeit mit Dauerüberlastung führt zum Burnout. Dies soll genauso verhindert werden wie ein Nichtstun, das zu sehr ähnlichen Symptomen führt: das Boreout (Abb. 3.1).

Es ist genau das Erreichen dieser Balance, was Eltern im Kompetenzcenter Familie auf die Schulbank schickt für den Erwerb von Stressmanagement, Emotionsmanagement, Belastbarkeit, Zielorientierung, Selbstmanagement, Eigenverantwortung, Selbstachtung und gesundem Selbstbewusstsein, wenn die Herausforderung „Achte auf dich selbst!" an der Tafel steht.

Geraten wir in den Abwärtsstrudel des Burnout, haben wir schnell keine Power mehr für Tätigkeiten und Aufgaben, die uns am Herzen liegen. Hier ist es völlig gleich, ob es die Familie oder den Job betrifft: Wir gestehen uns und den anderen unsere Lust- und Kraftlosigkeit nicht ein und drehen eine weitere Runde im Burnoutkarussell.

Hohe psychische Beanspruchung

Es sind die alltäglichen Situationen, die uns Schritt für Schritt immer näher an unsere Grenzen bringen, und weniger die großen kraftraubenden Projekte:

- Multitasking ist gefordert, weil wir uns neben unseren Aufgaben immer wieder den Kindern zuwenden müssen, da sie schreien, eine Frage stellen, gerade jetzt in die Hose machen, plötzlich Fieber bekommen usw.
- Unsere Kinder unterbrechen uns, z. B. bei einer Haushaltstätigkeit oder beim Telefonieren. Solche Unterbrechungen kosten Kraft, da man erst wieder in die ursprüngliche Tätigkeit oder in den Gedankengang hineinkommen muss.
- Kinder können Sorgen in uns auslösen, etwa wenn sie krank sind, sich in der Kindertagesstätte nicht wohlfühlen oder in der Schule Leistungsprobleme auftreten.
- Kindern fair zu begegnen erfordert auch, unsere eigenen Emotionen so zu managen, dass sie zur aktuellen Situation passen. Das kann bedeuten, sich mit dem Kind über etwas freuen, obwohl uns zurzeit nicht nach Freude zumute ist, die Enttäuschung über ein Versagen nicht in den Vordergrund stellen und stattdessen das Kind ermutigen und bei alledem noch authentisch bleiben. Das ist intensive Emotionsarbeit! Dahinter stecken die psychologischen Leistungen der Emotionswahrnehmung, der Empathie, der Emotionsregulation und des Emotionsmanagements.
- Mit Kindern zu spielen, ihnen etwas vorzulesen oder Zeit mit ihnen in der Natur zu verbringen, ist schön, kann aber auch kräftezehrend und erschöpfend sein.
- Dazu kommen die eigenen Ansprüche, der Termindruck und was „man" von uns Eltern erwartet.

Bestimmt können Sie als Eltern viele weitere Situationen nennen, die Ihre physischen und psychischen Kräfte in der Familienarbeit verbrauchen. Das ist völlig normal, und gerade in solchen Situationen erwerben Sie neue Kompetenzen.

Doch leider erfahren Eltern für ihre Familienarbeit nur geringe gesellschaftliche Wertschätzung – und dies kostet ebenfalls emotionale Kraft. Denn nicht allen Eltern gelingt es, sich immer wieder neu motivierend zuzusprechen: „Ich mache hier einen bärenstarken Job! Für mich, für die Kinder, für die Gesellschaft!"

Am Arbeitsplatz finden wir exakt die gleichen Stressfaktoren vor: Die gleichzeitige Betreuung mehrerer Aufgaben wird mit 58 % als die häufigste psychische Beanspruchung genannt, gefolgt von Leistungs- und Termindruck (52 %), monotone Arbeitsvorgänge (50 %) und ständige Unterbrechungen bei der Arbeit (44 %), so der Stressreport Deutschland 2012 [15].

Der einzige Unterschied ist, dass im Beruf abends irgendwann Feierabend ist. Für Eltern gibt es hingegen keine Zeiterfassung, mit der die Familienarbeit begrenzt wird. Dies kann jedoch fatale Folgen auf das Erleben der Selbstwirksamkeit haben. Hat man keine Möglichkeit, in einer schwierigen Situation selbstständig sinnvoll zu handeln, so verliert man seine Selbstwirksamkeit.

Selbstwirksamkeit oder Resignation

Kann ich mit meinen eigenen Fähigkeiten die Schwierigkeiten im täglichen Leben bewältigen? Diese Einschätzung, ob er selbst etwas bewirken kann, bestimmt, wie ein Mensch in einer Situation fühlt, denkt und handelt.

Hierzu ein eigenes Beispiel aus dem Sport: Ich spiele leidenschaftlich gerne Volleyball. In einem Pokalspiel hatte ich das Vergnügen, gegen den größten Mann zu spielen, dem ich in meinem bisherigen Leben begegnet bin. Er war 224 cm groß … und noch viel größer, wenn er seine Arme und Hände hochhielt! In den Spielsituationen am Netz, wenn er z. B. zu einem Schmetterball ansetzte, versuchte ich mit meinen 176 cm einen Block zu stellen. Es war für mich sehr eindrücklich, wie meine Muskeln und die gesamte Bewegungskoordination eine sinnvolle Bewegung verhinderten. Es gelang mir nicht hochzuspringen. Von außen sah das sicherlich lustig aus. Innerlich war das für mich damals ein riesiges Problem.

Wenn Eltern nicht mehr daran glauben, dass sie gezielt Einfluss auf das Kind oder die Familiensituation nehmen können, dann besteht die Gefahr, dass sie Hilflosigkeit erlernen im Sinne von: Egal, was ich hier tue, es bewirkt nichts.

Was bin ich mir wert?

„Achte auf dich selbst!" ist nicht lediglich eine Aufforderung, für Ruhepausen zu sorgen. Es geht nicht nur darum, Burnout zu vermeiden, sondern um eine Haltung mir selbst gegenüber. So sollte ich mich stets fragen: Bin ich mir wert, …

- die eigene Gesundheit zu fördern, auch wenn die Familie mich jetzt braucht?
- einen ganzen Tag für mich alleine zu organisieren, auch wenn der Partner oder die Kinder das gar nicht gut finden?

- mir öfters am Tag eine Fünf-Minuten-Pause zu gönnen, auch wenn das Telefon klingelt oder ein Kind nach mir ruft?
- mich weiterzubilden, auch wenn die Kinder selbst dringend Nachhilfe und Hausaufgabenbetreuung benötigen?
- regelmäßig Sport zu treiben, auch wenn ich eigentlich den Haushalt machen müsste?

Bedarf es erst einer Krankheit oder gar eines stationären Aufenthaltes in einer Klinik, um die innere Berechtigung zu erhalten, für sich selbst zu sorgen?

Mit Begeisterung in Familie und Beruf

Wir brauchen Begeisterung, damit wir die Herausforderung „Achte auf dich selbst!" bewältigen. Denn es ist ja nicht so einfach, wenn wir zu unseren Kindern, die nach uns verlangen, sagen: „Jetzt bin ich an der Reihe!", „Ich sorge heute für mich!", „Ich engagiere einen Babysitter, damit ich heute Abend ins Thermalbad gehen kann!" Da braucht es schon eine gute Portion Begeisterung für uns selbst und nicht nur für unsere Kinder! Diese positive Emotion, die mit der Begeisterung verbunden ist, ist für das Erlernen von Selbstkompetenzen oder emotionaler Intelligenz notwendig.

Manfred Spitzer erklärt anschaulich, welche nicht zu überschätzende Bedeutung Emotionen beim Lernen haben. Denn Lernerfahrung ist mit Emotionen verknüpft. Lernen unter Langeweile ist so, als ob ich bei Windstille das Segel auf dem Segelboot spanne. Doch dann passiert natürlich nichts! Jeder von uns kennt Situationen, in denen uns etwas interessiert. Wir werden neugierig. Plötzlich ist das Hirn hellwach, und wir sind begierig, neue Informationen zu erhalten. Und dann gibt es auch – zumindest aus meiner Erfahrung – die Unterrichtsfächer, die mit Angst besetzt waren: „Hoffentlich muss ich nicht an die Tafel oder werde aufgerufen." Das waren bei mir Englisch, Latein und Chemie. Und in der Tat – viel gelernt habe ich in diesen Fächern nicht.

Das Interessante ist nun, dass der emotionale Zustand einen wesentlichen Einfluss darauf hat, in welchem Bereich des Gehirns die Lerninhalte gespeichert werden [16]. Lerninhalte mit positiven Emotionen werden im Hippocampus gespeichert. Hingegen werden Lerninhalte mit unangenehmen Emotionen, wie etwa Angst oder Wut, im Mandelkern gespeichert. Doch warum ist das für uns wichtig?

Es sind zwei Sachverhalte, die uns hier beim Lernen im Kompetenzcenter Familie besonders interessieren:

Zum einen lernen wir unter Angst-, Wut- und Schmerzbedingungen, eine Vermeidungsreaktion, damit wir genau diese Emotionen beenden. Die Hand auf der heißen Herdplatte wird schnell weggezogen; wenn das Kind zum hundertsten Mal nicht tut, was ich ihm sage, dann beginne ich, das Kind anzuschreien, usw. Leider wird in diesem Zusammenhang nicht gelernt, wie das Zielverhalten ist. Also, was muss ich tun, damit meine Hand nicht auf die heiße Herdplatte gerät? Was kann ich tun, damit mein Kind tatsächlich meiner Anweisung folgt, wenn ich es in normaler Zimmerlautstärke anspreche? Lernerfahrungen, die von angenehmen Emotionen wie Vertrauen und Freude begleitet werden, fördern mein Interesse daran, wie etwas aufgebaut ist oder funktioniert. Statt Vermeidungswissen wird proaktives Wissen zur Bewältigung von Herausforderungen entwickelt.

Zum anderen werden mit positiven Emotionen behaftete Lerninhalte im Hippocampus lediglich zwischengespeichert und während wir schlafen erneut aufgerufen, um sie innerhalb von Wochen und Monaten in die Gehirnrinde zu transferieren. Dort werden die Lernbestandteile vernetzt gespeichert. Das heißt, diese Lerninhalte können in unterschiedlichen Anforderungsbedingungen bedarfsgerecht abgerufen und genutzt werden. Hingegen werden die Inhalte aus dem Mandelkern assoziativ abgerufen, um den Körper und die Psyche auf eine Kampf- oder Fluchtreaktion vorzubereiten. Denn in Gefahrensituationen müssen wir schnell handeln. Das Rot der Ampel lässt mich sofort bremsen! Wer hier nicht sofort reagiert und zunächst seine biopsychosoziale Person in der Tiefe wahrnehmen und ins Gleichgewicht bringen muss, lebt nicht lange. Leider wird das Anschreien des Kindes in der oben beschriebenen Situation ebenfalls im Mandelkern gespeichert.

Was bedeutet das für unser Thema „Achte auf dich selbst!" im Kompetenzcenter Familie? Wenn Sie ihre Elternschaft begeistert leben, dann gelingt Ihnen der Kompetenzerwerb besonders gut. Das gilt übrigens ebenso am Arbeitsplatz und für Lernsituationen mit Ihrem Kind. Sobald Sie sich in der Lernsituation komfortabel, sicher und vertraut fühlen, ist lernen sehr einfach möglich. So hatten wir bereits in Abschn. 2.3 einen wesentlichen Lernvorteil des Kompetenzcenters Familie benannt: „tiefe Vertrauensbeziehungen." Also: Achten Sie auf sich selbst und lernen Sie mit positiven Emotionen!

Abb. 3.2 Burnout. Die arbeitsbedingte Überforderung. (Nach Freudenberg und North [19] und Edelwich und Brodsky [20])

Burnout

Über Burnout wird viel geredet, und fast gehört es zum guten Ton, vom eigenen „Burnout" zu sprechen, im Sinne von:

- „Ich arbeite hart und viel!"
- „Ich bin wichtig!"
- „Ich werde gebraucht!"
- „Ich verdiene viel Geld!"

Doch wer tatsächlich schon ausgebrannt ist, sodass ihm einfachste Tätigkeiten nicht mehr gelingen wollen, der benutzt den Begriff „Burnout" nicht mehr leichtfertig.

Der Grat zwischen Begeisterung und Burnout ist sehr schmal. Welche Führungskraft wünscht sich nicht begeisterte, engagierte, sozial kompetente Mitarbeiter, die über ihren eigenen Tellerrand blicken können. Die bittere Realität aber ist: Diese Mitarbeiter brennen aus und werden krank! Der menschliche und betriebswirtschaftliche Schaden ist dann groß. „Das habe ich völlig unterschätzt! Jetzt sind wir klüger!", hören wir in Beratungen den Betroffenen und die Führungskraft sagen.

Burnout steht inzwischen auf Platz 2 der Arbeitsunfähigkeitsbescheinigungen. Laut WHO werden uns in Zukunft stärker die psychischen als die physischen Belastungen beschäftigen. Sind also das hohe Engagement und die emotionale Bindung an das Unternehmen eher schädlich und „Dienst nach Vorschrift" eine gesunde Reaktion der Mitarbeiter?

Ebenso trifft es Eltern, die in ihren „Familienunternehmen" oft alles geben – auch bis zum Burnout. Nur: Hier gibt es keine Arbeitsunfähigkeitsbescheinigung!

Es ist fast überraschend, dass der Burnoutkreislauf – wie er in Abb. 3.2 dargestellt ist – mit Begeisterung und Enthusiasmus beginnt. Wenn ein Mensch sich für eine Sache, für etwas, was ihm Sinn gibt, engagiert, dann steht in der Tat am Anfang die Begeisterung, das „Brennen" für eine Idee.

Diese Idee, dieses Ziel setzt in ihm ungeahnte Kräfte frei. Und das ist durchaus gesund!

Herbert Freudenberg und Gail North [17] haben in einem Stufenmodell 12 Burnoutsymptome beschrieben, die in Abb. 3.2 dargestellt sind. Diese sind den 4 Phasen des Bournouts von Jerry Edelwich und Archie Brodsky [18] zugeordnet. Anhand dieser Abbildung kann man eine erste Einschätzung seines Belastungszustandes vornehmen. Betrachten Sie die Abbildung und fragen Sie sich dabei, in welcher Phase Sie sich selbst gerade befinden. Wir vermuten, dass die meisten Leser die Phase „Stagnation", also das Stadium 3 oder 4, wählen werden. Es ist jene Stufe, in der wir bereit sind, eigene Bedürfnisse zu vernachlässigen, etwa nach Schlaf, Bewegung, sozialen Kontakten oder gesunder Ernährung. Oder es treten schon Konflikte auf, weil wir gereizter reagieren und aus der Haut fahren oder erste Krankheitssymptome sich melden. Das Gute daran ist: Wir bemerken es! Wir entscheiden selbst, ob wir aus der Stagnation heraustreten möchten oder im Burnoutkarussell bleiben.

Als Erklärungsmodell für das Burnoutsyndrom nutzen wir das Job-Demand-Control-Modell von Karasek und Theorell. Es legt den Fokus auch auf die Arbeits- bzw. Familiensituation, die ggf. auslösend ist für die Symptome „Niedergeschlagenheit", „Kraftlosigkeit", „Freudlosigkeit". Dies erscheint uns insofern wichtig, da heute Burnout und depressive Episode häufig für dieselbe Erkrankung gehalten werden und damit die Ursache in der Person verortet wird. Burnout ist unserer Meinung nach aber ein Syndrom, dass eher von den Situationsmerkmalen zu verstehen ist, also von der Beschaffenheit des Arbeitsplatzes in Beruf und Familie. Wir werden diesem Thema in Abschn. 3.6 nochmals begegnen.

Die Bedeutsamkeit dieser Sichtweise wird durch die Änderung des Arbeitsschutzgesetzes dokumentiert, in dem jeder Arbeitgeber verpflichtet wird, eine physische und nun auch eine psychische Gefährdungsbeurteilung durchzuführen. Damit ist an einem Burnout nicht per se der Betroffene „schuld", sondern auch der Arbeitgeber steht in der Verantwortung, den Mitarbeiter vor psychischen Gefahren zu schützen.

Der Ausschnitt aus unserem Interview mit Frau Dr. Karin Uphoff gibt ein Beispiel, wie trotz intensiver familiärer und beruflicher Herausforderung die psychische Gesundheit erhalten werden kann. Danach gehen wir auf einige Handlungskompetenzen ein, die aufgrund der Herausforderung „Achte auf dich selbst!" entwickelt werden können.

Ausschnitt aus dem Interview mit Dr. Karin Uphoff, Mutter von sechs Kindern, Initiatorin „heartleaders", Inhaberin „connectuu GmbH", Lehrbeauftragte, EU-Unternehmensbotschafterin

JL: Sie sind Mutter von sechs Kindern. Was haben Sie im Kompetenzcenter Familie gelernt?

KU: Da gibt es natürlich sehr viele Felder. Was und wie ich heute bin, ist ganz entscheidend von der Leitung meiner Familie und meiner Erziehungsarbeit geprägt. Geduld, Gelassenheit und Lernen habe ich gelernt. Ich war ja 26 Jahre, als das erste Kind kam. Da war die Sturm-und-Drang-Zeit vorbei, doch die innere Ruhe hatte ich noch nicht gefunden. Auch wenn man sagt, „die sechs Kinder sind ja gleich aufgewachsen", so ist dies überhaupt nicht der Fall.

JL: Sie haben durch Ihre Familienarbeit Geduld von der Pike auf gelernt?

KU: Unsere Kinder waren von der Entwicklung her langsam. Während alle anderen schon liefen, saßen unsere noch wie Michelin-Männchen auf dem Boden und machten Spuckebläschen. An dieser Stelle habe ich angefangen, Gelassenheit zu entwickeln und zu sagen „Das wird schon werden", und musste lernen, von den eigenen Vorstellungen des Ehrgeizes „Meine Kinder müssen das und das können" loszulassen und darauf zu vertrauen, dass das so schon gut sein wird. Das habe ich für mich erkannt: „Oh, die Kinder sind nicht dafür da, irgendwas für dich zu erfüllen, an Erfolgserlebnissen, an Vorstellungen, die ich vom Leben habe." Da musste ich wirklich zurückzuschalten und mir sagen: „Okay, das hat jetzt einen ganz anderen Rhythmus, die Kinder dürfen sich so entwickeln, wie sie sich entwickeln wollen. Ob ich da jetzt den Schnellen haben will, das spielt überhaupt keine Rolle." An das Gefühl kann ich mich heute noch sehr gut erinnern, an diese sehr prägende Erfahrung, und das hat mir hinterher für alle weiteren Prozesse mit den Kindern sehr geholfen. Es war für mich ein langer Lernprozess.

Da kommen wir schon zum nächsten Punkt: Ich habe gelernt, eigene Bedürfnisse zurückzunehmen und mich nicht im Mittelpunkt zu sehen. Ich musste mich darauf einzustellen, selbst wenn ich jetzt Durst habe und die Kinder schreien, dann sind die Kinder jetzt wichtiger. Es war eine Phase im Leben, in der ich mich auf die Kinder eingestellt habe. Ich habe dann gelernt, dies nicht als Begrenzung, sondern als Lernerfahrung zu sehen. Es ist ja immer eine Einstellungssache. Von den Grundbedürfnissen klar, jedoch gibt es ja keinen guten oder schlechten Tag, sondern immer nur das, was ich innerlich daraus mache. Ich kann sagen „Oh, jetzt muss ich schon wieder Kinder wickeln" oder ich sage „super" und erfreue mich einfach daran, wie ich das Ganze organisiere.

JL: Aus der „Not" eine Tugend machen?

KU: Ja! Mein Glück und meine Zufriedenheit hängen nicht davon ab, was passiert, sondern einzig und allein von meiner Wahrnehmung. Das kann ich ja selbst steuern. Das war am Anfang natürlich ein Lernprozess. Meine Grundeinstellung ist, dass ich mir das Leben schön machen will. Ich hatte eine etwas schwierige Jugend und hab mir irgendwann gesagt: „ich bin für mein eigenes Leben verantwortlich und schaue, dass es mir gut geht."

Diese bewusste Entscheidung hierfür hat dazu geführt, dass ich es mit den Kindern und meiner Arbeit so gesehen und immer wieder so trainiert habe. Ist mir natürlich nicht immer gelungen, ich war auch mal gestresst. Doch insgesamt kann ich sagen, dass es mir mit den Kindern und meiner Arbeit, parallel dazu meine Promotion und die Hausrenovierung, gut gegangen ist. Dadurch, dass ich es geschafft habe, die Herausforderung positiv zu sehen, hat mir das viel Spaß gemacht und ganz viel Befriedigung gebracht. Wir hatten mit den Kindern eine große Freude, die manch innerliche Hängephase dann auch gut überbrücken lässt.

JL: Die sechs Kinder waren keine Last, sondern ganz im Gegenteil haben diese Ihnen eine Riesenfreude gemacht?

UK: Natürlich war es auch anstrengend, aber vor allem eine große Freude. Viele Kinder zu haben bedeutet für mich die Fülle des Lebens. Vor dem ersten Kind habe ich mir keine Gedanken gemacht, wie viele Kinder ich haben möchte. Als ich meinen Mann kennen lernte, da entstand das Gefühl „Ja, mit dem kann ich mir vorstellen, Kinder zu haben". Dann war das erste Kind da, das nach 6 Wochen durchgeschlafen hat, 14 h am Tag. Da habe ich mir gedacht: „Dafür ein ganzes Leben umstellen?" Ich habe immer schon viel Sport gemacht, war Leistungssportlerin, habe immer schon gerne gefüllte Tage gehabt, und da war ein Kind viel zu wenig. Deshalb kam dann auch sehr schnell das zweite, und das hat dann so viel Spaß gemacht, dass mein Mann und ich sagten: „Ja da passt auch noch ein drittes und ein viertes ..."

JL: Wie haben Sie das gemacht?

KU: Und dies ist für mich ein wichtiger Punkt: Egal ob wir ein Kind, vier oder dann sechs Kinder haben, die haben ihre Bedürfnisse und Rechte an meiner Zeit. Gleichzeitig müssen die Kinder lernen, dass ich auch ein eigenständiger Mensch und nicht nur Mama bin. Es geht in unserer Familie nicht nur um die Kinder, sondern genauso und zum gleichen Anteil um meinen Mann und um mich. Wir haben immer unsere Sachen gemacht, ob jetzt Promotion, Sport zu treiben oder Motorrad zu fahren: Wir haben diese Teile nicht ad acta gelegt, selbst wenn die Kinder etwas wollten, bekamen sie zu hören: „Jetzt nicht!" Wenn sie ganz klein sind, klar, dann geht das noch nicht. Jedoch, je älter sie wurden, hörte sie von uns: „Wir haben die gleichen Rechte wie ihr." Die Ruhe zu finden, war so für mich der Punkt, damit ich mich noch wie ich selbst fühle. Es gibt ja den schönen Spruch, wenn man wenig Zeit hat, soll man langsam machen. Was konnte schlimmstenfalls passieren? Die Kinder konnten vielleicht mal 5 Stunden mit der vollen Windel rumlaufen, dann war der Po wund, okay. Prioritäten zu setzen, was ist jetzt wichtig und was ist dringend, das hat geholfen.

JL: Sie haben Prioritäten gesetzt

KU: Genau. Unsere Wohnung sah teilweise super chaotisch aus. Bei uns konnte man vom Boden essen, man hat immer etwas gefunden. Wir haben eben die Kinder auch zu allem mitgenommen z. B. zum Feiern. So haben sie sich an andere Umgebungen gewöhnt und konnten schlafen, wo immer sie waren. So in der Beobachtung zu anderen haben wir relativ wenig „Gedöns" um das Schlafen gemacht. Es wurde also z. B. kein spezielles Schlafritual eingeführt. Ich glaube, die Kinder haben gemerkt, dass ich da auch kein Pardon kenne. Sie schlafen und Punkt. Dadurch haben die Kinder relativ klar empfunden, was sie machen dürfen oder wie weit sie gehen können. Wenn man jetzt ein Schreikind hat, dann ist das etwas anderes. Manche Kinder schlafen wahrscheinlich auch schlechter. Nur die Wahrscheinlichkeit, dass bei sechs Kindern, ein Kind biologisch gesehen schlecht schlafen kann, wäre ja auch gegeben. Aber das war bei uns nicht der Fall. Sie haben in den ersten Jahren zusammen in einem Zimmer geschlafen. Wenn wir tagsüber das Saugen nicht geschafft haben, dann haben wir abends das Licht in ihrem Zimmer angemacht und haben abends das Kinderzimmer gesaugt. Die haben davon nichts mitbekommen, da sie einfach daran gewöhnt waren, dass es laut ist.

JL: **Diese klare Grenze zwischen Familienzeit und Selbstzeit – das hört sich sehr tragfähig an**

KU: Ich konnte diese verschiedenen Bereiche machen, weil ich die Kinder habe. Statt: Ich promoviere, obwohl ich die Kinder habe. Wenn ich mich mit meinen Sachen beschäftigt habe, dann hatte ich daran Freude gehabt und war froh, mal nichts mit den Kindern zu tun zu haben. Wenn ich das erledigt hatte, dann habe ich mich wieder auf die Kinder gefreut und konnte meine beruflichen Sachen wieder nach hinten stellen. So konnte ich mich den ganzen Tag freuen auf das, was als Nächstes kommt. Netzwerkbildung will ich auch als wichtigen Punkt nennen. Wenn man sich ein Netzwerk spinnt, dann bin ich gut auf Belastungen vorbereitet. Meine Eltern oder Schwiegereltern wohnten zwar weiter weg, doch zur Not konnten sie uns helfen, genauso wie Freunde und Institutionen. Waren wir unterwegs, hatten wir eine Erzieherin, die unsere Kinder mittags mit zu sich nach Hause genommen hat. Das finde ich einen ganz wichtigen Punkt für Familien. Das hat mir sicherlich auch für das unternehmerische Denken sehr geholfen. Immer Plan B und C schon zu haben. Das ist mir durch das Training in der Familie in Fleisch und Blut übergegangen, z. B. die Diversifizierung bei Aufträgen. Ich sorge dafür, dass ich nicht von einem Auftrag oder von einem Event oder einem Mitarbeiter abhängig bin.

JL: **Wie nutzen Ihnen diese Kompetenzen heute im Beruf?**

KU: Ich kann gut organisieren und habe das mit meiner großen Familie gut hinbekommen. Auf der anderen Seite ist das Führen eines Unternehmens, wie ich es jetzt habe, nichts anderes. Natürlich sind meine Mitarbeiter nicht meine Kinder. Die haben noch einmal eine andere Verantwortung für sich. Letztendlich aber begeben sie sich auch in meine Obhut und vertrauen darauf, dass ich die Leitung für alle bestmöglich mache. Ich sehe da unterschiedliche Typen von Menschen, die sind so, wie sie sind. Ich fördere ihre Stärken letztendlich genauso wie ich meine Kinder unterstütze, ermuntere oder ermutige. Ich freue mich über ihre Entwicklungsschritte und vertraue darauf, dass sie weiterkommen. Das ist genau das Gleiche bei den Mitarbeitern: Ich sehe, welches Potenzial sie haben, ich unterstütze es, fördere es, habe Geduld mit ihnen. Dabei darf ich die eigenen Positionen, Sichtweisen oder Vorgehensweisen infrage stellen und lerne dazu. Gleichzeitig muss ich als Chefin realisieren, das ist genau das Gleiche wie als Mutter: Man wird als Mutter nie die Freundin der Kinder sein, man ist immer die Führungsperson, egal wie alt Kinder sind. Gleiches geschieht mit den Mitarbeitern, wenn man Chefin ist. Man kann nicht mit Mitarbeitern befreundet sein, und es gilt immer darauf zu achten, Chefin zu bleiben und nicht einen zu bevorzugen.

Ein anderer wichtiger Punkt ist „bei sich zu bleiben", wenn man Kinder und Familie hat.

JL: **Was meinen Sie mit „bei sich bleiben"?**

KU: Kein anderer traut sich so deutlich Feedback zu geben wie die Kinder, die ja darauf vertrauen, geliebt zu werden, und aus diesem grundsätzlichen

> Vertrauen heraus auch Dinge sagen, die andere dann vielleicht so nicht sagen würden. Kinder spiegeln einem ja unmittelbar wider, was man gut oder schlecht macht, wie man sich verhält. Sie bringen einen auch immer wieder auf den Boden der Tatsachen bzw. sie erden einen sehr.
> Das ist wichtig in der Führungsarbeit. Wenn Mitarbeiter einem etwas spiegeln, nehme ich dies nicht als Angriff. Es kommt dann darauf an, welche Schlüsse ich daraus für mich ziehe: Nehme ich das an und ändere mich, oder sage ich: „Okay, es sind auch bestimmte Dinge, mit denen muss ich leben."
>
> **JL:** Es geht um die Bereitschaft zum Anhören?
> **KU:** … ja und sie als subjektive Äußerung des anderen stehen lassen, ohne sich angegriffen zu fühlen. Die Pubertät bringt einen als Eltern noch einmal ganz intensiv ins Spiel. Es ist eine Eins-zu-eins-Situation. Da muss man selber in den Ring steigen. Das hat auch mit Vertrauen zu tun. Als mein erstes Kind in die Pubertät kam, da hatte ich das Vertrauen noch nicht so. Öfters habe ich Angst gehabt, wie sich etwas entwickelt, oder ob er mir entgleitet. Klar, mit jedem Mal, wo wir gesehen haben, sie überleben das irgendwie, wuchs auch unser Vertrauen.
> **JL:** … und das Pendant für die Arbeit ist die Personalentwicklung?
> **KU:** Auf jeden Fall. Letztendlich Dinge abzugeben und dem Mitarbeiter a) zu vertrauen und b) ihm auch den Spielraum zu lassen, sich so viel Unterstützung von mir zu holen, wie er braucht. Das finde ich ähnlich wie bei Kindern. Hier dem Mitarbeiter zu sagen: „Ich glaube, dass du das schaffst, und alles, was du an Unterstützung brauchst, holst du dir aktiv von mir." Das ist auch ein Teil des Delegierens und des Vertrauens. Damit gebe ich dem Mitarbeiter auch die Verantwortung. Wir fangen bereits mit unseren Praktikanten an. Im Erstgespräch ist es mir besonders wichtig, ihnen zu sagen: „Ihr könnt hier alles lernen. Ihr könnt alles machen. Ihr könnt den ganzen Tag fragen. Wir geben euch natürlich auch Projekte. Wir gehen aktiv auf euch zu, aber wir erwarten von euch eine Holschuld. Euer Praktikum wird nur so erfolgreich sein, wie ihr uns fragt und immer wieder nachbohrt und sagt: „Ich will das noch lernen, ich brauche da Unterstützung usw." Dass ganz klar ist, bei aller Unterstützung, die gegeben werden kann, liegt die Verantwortung für das, was der Einzelne aus dem jeweiligen Beruf, aus seinem Job, aus seinem Auftrag macht, bei ihm selbst. Dies ist eins zu eins vergleichbar mit den Kindern. (Das gesamte Interview mit Dr. Karin Uphoff lesen Sie im Anhang.)

„Liebe deinen Nächsten wie dich selbst!"

Sicherlich kennen Sie dieses Gebot aus der Bibel: „Liebe deinen Nächsten wie dich selbst!" Es fordert dazu auf, sich zu lieben. Dieses „sich selbst lieben" ist hier die Voraussetzung, das „wie" ist der Bezugspunkt. Also so, wie ich den anderen anerkenne, wertschätze und für ihn sorge, soll ich auch mich selbst lieben. In der Tat, dieses Gebot trifft genau den Kern unseres Themas. Liebe dich selbst!

Die geniale Spannung in diesem Gebot ist: Sich selbst zu lieben gelingt alleine nicht, sondern braucht die Beziehung zum Nächsten. Und damit steht schon fest, sich selbst zu lieben hat nichts mit Rücksichtslosigkeit und narzisstischer Bauchnabelschau zu tun, sondern behält die Würde des Nächsten im Blick. So, wie ich mich selbst lieben kann, so kann ich auch den anderen lieben. Was das konkret bedeuten kann, das wollen wir im Weiteren erörtern.

Drei grundsätzliche Fragen an mich

Alle Eltern befürworten diese Forderung nach „Achte auf dich selbst". Eltern haben hier kein Erkenntnisproblem, sondern stehen in den alltäglichen Anforderungen ihrer Familien vor einem Umsetzungsproblem. Wie mache ich das? Wie soll das in meiner familiären Situation funktionieren? Wie entwickle ich die Willenskraft, beispielsweise tatsächlich die Fünf-Minuten-Pause jeden Tag dreimal in meinen Alltag einzubauen? Und damit nicht genug. Vielleicht habe ich damit sogar begonnen, ein Pausenmanagement in meinem Alltag einzurichten ... Doch dann lasse ich darin wieder nach. Aber wie gelingt es, dass man dranbleibt?

Was Eltern im Kompetenzcenter Familie lernen, ist Eigenverantwortung oder Selbstkompetenz. Dies bedeutet, sein Schicksal in die eigene Hand zu nehmen. Dazu gehört die Einstellung, für sein künftiges Wohl selbst verantwortlich zu sein, und die Bereitschaft, aktiv dafür zu sorgen. Es ist eine nüchterne Erkenntnis: Das eigene Wohlbefinden ist nicht mehr abhängig vom Verhalten der anderen. Die Familie bietet hier mit seiner grandiosen Spannung von „Ich – Du" ein hervorragendes Lernfeld. Howard Gardner [21] stellt drei schlichte Fragen, die uns helfen, zu einer effektiven Selbststeuerung zu gelangen:

1. Wer bin ich? Die Frage nach meiner Identität und meinem Selbstwert.
2. Was will ich? Die Frage nach meinen Zielen.
3. Wie erreiche ich effizient meine Ziele? Die Frage, welche Mittel und Wege mir zur Zielerreichung zur Verfügung stehen und ob ich bereit bin, diese zu nutzen.

Diese Fragen sind Bestandteile für Eigenverantwortung oder ein gutes Selbstmanagement.

Frage 1: Wer bin ich?

Hier geht es um die Kenntnis der eigenen Identität und des Selbstwertgefühls. Es geht darum, durch den Wechsel von Selbst- und Fremdwahrnehmung die eigenen Stärken zunächst zu benennen, um sie dann wiederum bewusster einzusetzen.

„Wer bin ich?" ist wahrlich eine tiefgründige Frage. Zum einen interessiert sie uns und zugleich hat sie auch ein Furchtpotenzial. In der Beratungsarbeit im Einzelcoaching stelle ich mich zunächst vor, um dann zu fragen: „Und wer sind Sie?" Es fällt uns nicht leicht, diese Frage zu beantworten, obwohl wir selbst über uns die meisten und besten Informationen haben. Eine Schwierigkeit besteht z. B. darin, dass immer ein Unterschied besteht, wie ich mich selbst wahrnehme und wie dies andere tun. So führe ich mein eigenes Verhalten eher auf die Situation zurück, während mein Gegenüber mein Verhalten eher auf meine Person zurückführt. In der Tat sehe ich auch weniger mich selbst als mein Gegenüber. Und genau dieses Wechselspiel brauchen wir immer wieder, um herauszufinden, wer wir sind.

Angenommen, wir haben es herausgefunden, wer wir so sind, dann stehen wir bereits vor der nächsten Herausforderung: Wie bewerten wir das Ergebnis? Grundsätzlich haben wir diese Fragen in unserer Pubertät bearbeitet. Und wer sich noch erinnern kann: Das war nicht immer einfach. Sich mit dem anzufreunden, wer man so ist, das ist eine große Aufgabe.

Wer jetzt erschrickt „Huch – der Zug ist bei mir leider abgefahren", den können wir insofern beruhigen: Die Pubertät kommt ein zweites [22], und wer Glück hat, auch ein drittes Mal wieder. Wer jedoch nicht von der Midlife-Crisis oder der Zeit nach der Berentung abhängig sein will, der nehme sein Schicksal selbst in die Hand! Das Kompetenzcenter Familie bietet einen ständigen Selbsterfahrungskurs. Kinder sind ehrlich! Insofern bleiben Eltern jung oder etwas pikanter formuliert: Eltern bleiben immer etwas pubertär.

Eine weitere Antwort auf die Frage „Wer bin ich?" gibt uns unsere Veränderungs- und Anpassungsfähigkeit. Da sind wir wieder an der Grenze und spüren uns. Hierfür bietet Familie sehr viele Gelegenheiten. Denn mit strategischen Änderungen haben Eltern stets die Chance, ihre Kompetenzen neu unter Beweis zu stellen, und schärfen damit ihre Identität. Wenn etwa ein Kind geboren wird, ein Umzug ansteht, Kinder in den Kindergarten oder die Schule kommen oder die eigenen Eltern von uns gepflegt werden müssen, dann sind das herausragende Situationen, die uns auch an die Grenze unserer Fähigkeiten bringen. Und genau an diesen Grenzen haben Eltern zwei besondere Chancen zur Identitätsbildung: Zum einen spüren sie an dieser Grenze, was sie können, und damit, wer sie sind. Zum anderen können sie sich den neuen Anforderungen stellen und dazulernen. Eltern leben also in einer ständigen Selbstaktualisierung.

Zu einer Selbstaktualisierung von Mitarbeitern kommt es in Organisationen hingegen oft nicht. Es wird gar nicht daran gedacht, dass sich Mitarbeiter weiterentwickeln sollen. Im Gegenteil, wichtig ist, dass der Mitarbeiter das tut, was ihm aufgetragen wurde. „Sie sollen einfach nur pünktlich ins Büro kommen und ihre Arbeit machen!", sagte uns ein Geschäftsführer eines Ingenieurbüros mit 20 Mitarbeitern, als wir ihn auf den kontinuierlichen Verbesserungsprozess im Unternehmen ansprachen. So beklagen sich Mitarbeiter, dass ihnen Veränderungen im Unternehmen nicht rechtzeitig mitgeteilt werden oder sie diese nicht nachvollziehen können. Wie sollen sie sich dann auf die neuen Anforderungen professionell vorbereiten und sich ggf. daran anpassen?

Gift für die Identität der Mitarbeiter sind die eingefahrenen Gleise, auf denen man sich schon seit Jahren bewegt. „Man weiß, wie der Hase läuft" – routiniertes Arbeiten führt schließlich zu Monotonie, Betriebsblindheit befällt Mitarbeiter und Führungskräfte. Im Jahr 2013 wurde das Fließband 100 Jahre alt und ist bis heute prägend für die Massenproduktion und den Massenkonsum, besonders im Automobilbau. Die Gefahren der monotonen Arbeit für die Gesundheit der Mitarbeiter bekamen in den 1970er-Jahren einige US-Automobilfirmen zu spüren, die damals Krankheitsquoten von bis zu einem Drittel der Belegschaft aufwiesen. Der Deal „Du machst, was ich dir sage, auch wenn es monotone Arbeit ist, dafür wirst du gut entlohnt und kannst dir immer mehr leisten" funktionierte nicht mehr.

Wer nicht ständig gefordert wird, steht in der Gefahr, abzustumpfen, und das trotz – oder gerade wegen – hoher Arbeitsbelastung.

> **Das Kompetenzcenter Familie – Eigenverantwortung und Selbstkompetenz [23]**
> Eine Haltung und Einstellung, für das eigene Wohl künftig selbst verantwortlich zu sein, und die Bereitschaft, aktiv dafür zu sorgen:
> - das eigene Wohlbefinden nicht mehr vom Verhalten der anderen abhängig machen,
> - durchdachte Werte entwickeln und sich selbstbestimmt an diese binden,
> - mitentscheiden, in welche Richtung sich Projekte oder Aufgaben entwickeln,
> - in protektive und präventive Maßnahmen investieren, beispielsweise in Sport oder Vorsorge,
> - aus eigenen Misserfolgen lernen,
> - Lebenspläne fassen und fortentwickeln.

Frage 2: Was will ich?

Wenn Du ein Schiff bauen willst, dann trommle nicht Männer zusammen, um Holz zu beschaffen, Aufgaben zu vergeben und die Arbeit zu verteilen, sondern lehre sie die Sehnsucht nach dem weiten, endlosen Meer. (Antoine de Saint Exupéry)

Wer die Frage „Wer bin ich?" zumindest versucht zu beantworten, kann wesentlich einfacher formulieren, wohin er möchte, und kann dies sogar begründen. Damit sind wir bei den Zielen. Sie geben den Anstrengungen von Eltern und Kindern Richtung und Sinn. Daher ist es für Familien unverzichtbar, Ziele zu haben.

Das Gleiche gilt für jede Organisation. Aufgrund der hohen Spezialisierung des Fachwissens und des Produktionsablaufs ist es eine Aufgabe der Führungskraft, den Sinnzusammenhang der einzelnen Tätigkeit aufzuzeigen. Fehlt dieser Zusammenhang, kann eine Tätigkeit als monoton und sinnfrei erlebt werden, was wiederum ein wesentlicher Faktor für psychische Störungen ist. Dass das „Wozu" von Tätigkeiten im Arbeitsbereich nicht genügend beachtet wird, zeigt das Arbeitsschutzgesetz auf, in dem die ungenügende Vollständigkeit einer Arbeitsaufgabe als psychische Gefährdung, die der Arbeitgeber zu verantworten hat, genannt wird.

Mit der ständigen Veränderung des Familiensystems sind Eltern herausgefordert, immer wieder neue Ziele zu setzen. Und das sind eine ganze Menge, für sich als Eltern, für die Kinder und für die Familie, beispielsweise:

- Mit der Geburt des nächsten Kindes wird die Wohnung zu klein, und eine größere Wohnung zu finden, ist das Ziel.
- Eltern stellen fest, dass der Umgangston in der Familie rau und unfreundlich ist. Sie setzen sich zum Ziel, in der Familie eine wertschätzende Kultur zu fördern, und fangen bei sich persönlich damit an.
- Der 10-Jährige Sohn kann selbstständig keine Hausaufgaben machen. Die Eltern besprechen mit ihm das Ziel „selbstständiges Organisieren und Durchführen von Hausaufgaben".

Häufig wird darüber diskutiert, ob Ziele vorgegeben oder ob sie vereinbart oder sogar verhandelt werden. An diesem Punkt wird es nun spannend, denn die Art und Weise der Zielentwicklung drückt etwas darüber aus, wie man den anderen Menschen sieht. Im Grunde geht es darum, ob man dem, der ja das Ziel erreichen soll, auf Augenhöhe begegnet.

Je jünger die Kinder sind, desto eher werden die Eltern Ziele vorgeben, da eine Beteiligung an der Zielentwicklung oder gar an der Vereinbarung noch nicht möglich ist. Eine Beteiligung der Kinder am Aushandlungsprozess ist nicht an sich gut, sondern nur dann, wenn dadurch die Verantwortung zum Bestandteil der Aufgabe wird. Je älter die Kinder werden, desto mehr wird dieser Aushandlungsprozess gelingen. Entscheiden wir über die Köpfe von Kindern hinweg „Du machst das jetzt, weil ich dir das sage!", dann führt das zur inneren Kündigung und zu einem Mangel an Verantwortung. Zu viel Beteiligung führt häufig zu wenig Engagement.

Doch meistens muss man eher dafür sorgen, dass überhaupt Ziele gesetzt werden, die planvolles Handeln möglich machen. Und das gilt auch für Sie selbst im Hinblick auf Ihre Herausforderung „Achte auf dich selbst!". Das einzige Tröstliche ist: Sie sind wirklich nicht alleine. In der Unternehmensberatung sind wir immer wieder erschrocken, dass Geschäftsführer oder Bereichsleiter uns keine konkrete Antwort geben können auf die Frage: „Was ist Ihr Unternehmensziel?" Oder positiv formuliert: Wenn wir Eltern, Mitarbeiter oder Führungskräfte anleiten, sich für die nächsten acht Wochen, Ziele zu setzen, hat schon alleine die Zielformulierung eine enorme Motivationskraft, oder wir berühren unbeantwortete existenzielle Sinnfragen.

Dabei haben Ziele vielfältige nützliche Funktionen für uns, beispielsweise:

- *Orientierung:* Ziele zeigen den richtigen Weg auf (In welche Richtung geht es?).
- *Selektion:* Ziele geben Klarheit und schaffen Prioritäten (Welche Aktivitäten sind geeignet und notwendig?).
- *Koordination und Integration:* Ziele geben Struktur (Was und wer gehört zusammen?).
- *Kontrolle und Ergebnisüberprüfung:* Ziele machen Erfolg messbar und dienen der Prozesssteuerung (Sind wir erfolgreich?).
- *Motivation:* Ziele geben Kraft zum Anfangen, lösen Vorfreude aus, erleichtern das Durchhalten (Was spornt uns an?).

Das Führen durch Zielvereinbarung ist seit Peter Druckers Buch *The Practice of Management* [24] allgemein anerkannt und eine der zentralen Aufgaben des Managements. Fredmund Malik [25] fragt, warum das von Peter Drucker beschriebene Management by Objectives (MbO) in der Praxis eher schlecht als recht funktioniert, und gibt zwei Antworten, die Eltern nicht besser hätten geben können:

Zum einen wird Führen durch Zielvereinbarung nicht als Aufgabe der einzelnen Führungskraft angesehen, sondern eher als Strategie zur Führung des Unternehmens oder einer Institution als Ganzes. Zum anderen – und das hat wahrscheinlich mit dem ersten Grund zu tun – artet das Führen durch Zielvereinbarung in Arbeit aus, sofern man es ernst nimmt. Mit anderen Worten: Die wenigsten Führungskräfte und Geschäftsführer haben erkannt, dass Führen durch Zielvereinbarung intensive Beziehungsarbeit ist und damit Zeit, Mühe und Geld kostet. Möglicherweise haben sie gehofft, dass Management by Objectives ein cooler, zeitökonomischer Trick ist, der Mitarbeiter williger und leistungsfähiger macht. Wer so denkt, hat Peter Drucker mit seiner Verantwortungsethik nicht verstanden.

Das Kompetenzcenter Familie fördert und fordert Eltern bei der Zielsetzung. Am Beispiel von Familienregeln lassen sich einige Regeln der Zielsetzung darstellen:

Wer Kinder erzieht, hat stets viele Anliegen, wohin sich die Lieben entwickeln sollen oder was sie lernen müssen. Hinzukommen die Anliegen, die die Kinder an die Eltern haben. Und dann kommen die eigenen Ziele, die notwendig sind, damit es mir selbst gut geht und ich hier langfristig meine Aufgabe als Mama und Papa bestmöglich bewältige. Und ganz zum Schluss kommen meine ganz eigenen Ziele, die mit Elternschaft nichts zu tun haben. Die Zauberformel, die Eltern hier lernen, heißt *„Wenig ist mehr"*. Wenige Ziele sind besser als viele Ziele. Beispielsweise können Eltern die vier wichtigsten Familienregeln vereinbaren.

In Familien gibt es viele Regeln, die sich aus der alltäglichen Erfahrung entwickelt haben und unausgesprochen funktionieren, wie beispielsweise Tischregeln, Hygieneregeln, Respekt vor dem persönlichen Raum und Eigentum des anderen etc. Beim offiziellen Einführen von Familienregeln werden Ziele in Form von Regeln auf die wichtigsten begrenzt. Es erfolgt also eine *Priorisierung*. Der Vorteil einer offiziellen Einführung liegt darin, dass sich die Familienmitglieder von diesem Zeitpunkt an auf die Familienregeln berufen können. Daher ist das *Aufschreiben* der Familienregeln oder bei kleinen Kindern die Dokumentation mit Bildern wichtig. Kinder brauchen Regeln und Grenzen, damit sie mit Sicherheit wissen, was von ihnen erwartet wird und welche Folgen es hat, diesen Vereinbarungen nicht nachzukommen. Damit lernen die Kinder, dass sie für ihr eigenes Verhalten verantwortlich sind. Angewendet auf unser Thema „Achte auf dich selbst!" könnte eine Familienregel lauten: Wir haben von 14:00 bis 14:30 Uhr Mittagsruhe. In dieser Zeit beschäftigt sich jeder ruhig auf seinem Zimmer.

Damit das Erreichen von Zielen eine Verantwortungsdimension erhält, sind zwei Aspekte in der Zielentwicklung wichtig. Zum einen müssen Eltern Kindern erklären, wozu Ziele und Regeln da sind. Zum anderen ist man auch für die Konsequenzen verantwortlich, wenn die Ziele nicht erreicht bzw. die Regeln gebrochen werden. Hierauf gehen wir in Abschn. 3.4 ein.

> **Kompetenzcenter Familie – Zielsetzung und Zielentwicklung**
> Die Fähigkeit, aus den Zielen für die Familie konkrete, realistische Ziele für die einzelnen Familienmitglieder abzuleiten und diese klar zu formulieren:
>
> - Ziele individuell an die Person anpassen, also personalisieren,
> - Ziele priorisieren (weniger ist mehr!),
> - Ziele erklären können,
> - Ziele präzisieren und überprüfen,
> - erklären, was passiert, wenn die Ziele nicht erreicht werden,
> - einschätzen, ob die Ziele realisierbar sind,
> - Ziele aufschreiben,
> - Dauer bis zur Zielerreichung festlegen.

Frage 3: Wie erreiche ich effizient meine Ziele?

Wer die Fragen „Wer bin ich?" und „Was will ich?" in etwa beantworten kann, braucht jetzt Strategien, um seine Ziele möglichst effizient zu erreichen. Das ökonomische Prinzip bezieht sich hier auf den sparsamen Umgang mit den zeitlichen und mentalen Ressourcen.

Sparsamer Umgang mit zeitlichen Ressourcen

Wie in jeder Organisation fallen auch in der Familie viele Aufgaben an, deren Wichtigkeit und Dringlichkeit stets hoch sind. Eltern sind dann gefordert zu priorisieren, was jetzt und ggf. später zu erledigen ist. Das fällt deswegen nicht leicht, da sie entscheiden müssen, was zurzeit überhaupt durchführbar und realistisch ist.

Eine bewährte Strategie, die auch als Eisenhower-Prinzip bekannt ist, beschreibt Stephen Covey [26] in seinem Buch *Die 7 Wege zur Effektivität* und nennt sie den „dritten Weg". Sein Rat: „Das Wichtige zuerst tun!"

Wie kann das gelingen? Covey benutzt vier Kategorien, die nach „wichtig" und „dringend" organisiert sind. Eine Aufgabe kann wichtig sein oder nicht wichtig. Ebenso kann sie dringend sein oder nicht dringend. Das war es fast schon! Wir müssen jetzt nur noch überlegen, wie wir die Aufgaben den vier Feldern zuordnen (Tab. 3.1).

Überlegen Sie sich doch einmal, welche Sache Sie tun könnten, die bei regelmäßiger Ausübung einen sehr großen positiven Unterschied in Ihrem persönlichen oder beruflichen Leben ausmachen würde. Sehr wahrscheinlich haben Sie eine Aufgabe aus dem Feld II. genommen. Das bedeutet, dass wir als Eltern Experten darin werden, „dringend" von „nicht dringend" zu unterscheiden.

Tab. 3.1 Die Strategie „der dritte Weg" von Stephen Covey [26]: „Das Wichtige zuerst tun!"

	Dringend	Nicht dringend
Nicht Wichtig	III. An kompetente Personen delegieren	IV. Papierkorb Nicht erledigen
Wichtig	I. Sofort selbst erledigen	II. Terminieren, planen Selbst erledigen

Schauen wir uns einige Beispiele an:

- Wiederholt hat Ihr Kind im Fach Mathematik eine so schlechte Note geschrieben, dass die Versetzung gefährdet ist. Wichtig und dringend (I.) ist, das Kind jetzt zu trösten. Zudem überlegen Sie, wie Sie Ihr Kind unterstützen können, im Fach Mathematik besser zu werden. Sie engagieren eine andere Person (III.), z. B. ein Geschwisterkind oder einen Studenten, um Ihrem Kind Nachhilfe zu geben.
- Sie wollen etwas zum Mittagessen kochen, schauen in Ihren Kühlschrank, doch der ist leer. Statt sofort zum Einkauf zu fahren und Ihre bisherigen Tätigkeiten zu unterbrechen, können Sie ggf. (III.) Ihren Nachbarn nach Zutaten für ein einfaches Mittagessen fragen und eine Einkaufsliste für den nächsten Einkauf schreiben (II.).
- Ihre Eltern rufen an und möchten gerne hören, wie es Ihnen geht. Sie wollen sich gerade eben zurückziehen, um eine Pause zu machen (I.). Sie vereinbaren deshalb mit Ihren Eltern einen Telefontermin, an dem Sie in Ruhe mit ihnen sprechen können.
- Ihr Kind spielt in der Mannschaft Fußball und hat zum ersten Mal ein Tor geschossen und will Ihnen das berichten. Sie haben sich gerade eben in die Steuererklärung vertieft und freuen sich, dass Sie einige Zusammenhänge verstanden haben (I.). Sie unterbrechen sofort Ihre Arbeit an der Steuererklärung und feiern mit Ihrem Kind seinen Erfolg. Ggf. übergeben Sie Ihre Steuererklärung einem Experten (III.).

Es scheint simpel zu sein, mit den vier Feldern umzugehen. Unsere Erfahrung sowohl als Eltern als auch in der Unternehmensberatung zeigt uns aber: Effektives Delegieren benötigt Zeit, Geduld und Training.

Kompetenzcenter Familie – Realisierungsorientierung

Die Fähigkeit, sich am Machbaren zu orientieren und das in Angriff zu nehmen, was unter den gegebenen Bedingungen erreichbar und zweckmäßig ist:

- zielrelevante Information filtern,

- Wünsche und Ideale an realistischen Gegebenheiten orientieren (Balance von Realitäts- und Realisierungsorientierung),
- das Wichtigste zuerst tun,
- Durchführbarkeit von Vorschlägen und Plänen überprüfen,
- nach realisierungsrelevanten Informationen z. B. günstigen Gelegenheiten suchen,
- sich mit suboptimalen, pragmatischen Lösungen abfinden.

Sparsamer Umgang mit mentalen Ressourcen

Die emotionalen und kognitiven Fähigkeiten sollen im Sinne „Achte auf dich selbst!" helfen, belastende Situationen möglichst schnell und effektiv zu überwinden. Immer dann, wenn ein Ereignis für uns eine Bedeutung hat, ist dies mit einer Emotion verbunden:

- Wir freuen uns, wenn wir gemeinsam am Esstisch sitzen und über den Tag sprechen.
- Wir ärgern uns über das Fahrrad, das vor der Haustür steht statt in der Garage.
- Das Märchen, das wir vorlesen, ist gruselig.
- Der Mitarbeiter hat sich mit dem Messer in den Finger geschnitten.
- Wir sind neidisch auf den Kollegen, der ein cooles Projekt führen darf.
- Wir hoffen, dass unser Kind sein Wissen in der Biologie-Klausur abrufen kann.
- Der Besuch bei Verwandten ist meistens entspannt.
- Wir sind stolz auf das gute Feedback vom Chef im Mitarbeitergespräch.
- Wir sind gespannt auf die Urlaubsreise und wie wir uns vertragen werden.

Ohne Emotionen wären alle diese Erfahrungen bedeutungslos, und wir würden uns auch nur schwer daran erinnern können. Diese sowohl angenehmen als auch unangenehmen Reize werden Stressoren genannt. Sie lösen eine sogenannte Stressreaktion aus, was wir gewöhnlich als Stress bezeichnen. Dabei ist Stress keineswegs nur negativ. Ganz im Gegenteil: Stress kann, wie wir in den Beispielen gesehen habe, unser Anspannungsniveau stark anheben.

Wenn wir mit den Kindern eine knifflige Aufgabe lösen oder ein aufregendes Spiel spielen, führt dies zu Stress. Auch wenn wir den Eustress mit positiven Emotionen als belebend und als Ansporn erleben, beansprucht er uns und ermüdet uns auf die Dauer. Disstress, also Stress mit unangenehmen Emotionen, erleben wir sofort als belastend und sind dadurch sehr bald erschöpft.

Uns ist es wichtig, hier aufzuzeigen, dass wir als Eltern permanent Emotionen verarbeiten müssen, eine Belastung, mit der wir umzugehen lernen. Generell befinden sich Eltern mit ihren Familien in einem Trainingslager zur Emotionsregulation. Vergleichbaren Trainings für Führungskräfte fehlen die rechtlichen Voraussetzungen. Womöglich würden sich auch keine Teilnehmer finden, da die Stressbelastung einfach zu hoch wäre. Denn Familie hört ja nicht nach drei Tagen auf.

Eltern, die in ihrer Familie gezielt lernen, Stress zu bewältigen, können diesen Vorteil eins zu eins in ihre Organisation mitnehmen, mit folgendem Unterschied: Am Arbeitsplatz wird das Stressmanagement in der zweiten Bundesliga gespielt, und wer sich als Mutter oder Vater dem Kompetenzcenter Familie in Sachen Stressbewältigung stellt, der spielt in der Champions League.

Familienähnliche Arbeitssituationen entstehen dort, wo wir permanent mit anderen Menschen zu tun haben, beispielsweise in der Pflege und im Gesundheitswesen, an der Kasse im Supermarkt, am Telefon im Callcenter oder in der Kita. Wir sind dann ständig herausgefordert, situationsangemessen emotional zu reagieren, auch wenn unsere eigene emotionale Befindlichkeit dazu nicht passt. Wenn Sie am Trouble Desk einer Fachtagung die Anliegen der Teilnehmer aufnehmen, wird man von Ihnen Freundlichkeit und Hilfsbereitschaft erwarten dürfen, obwohl die Teilnehmer, mit denen Sie zu tun haben, sich ggf. erheblich ärgern.

So trainieren Eltern fast täglich, auf dem schmalen Grat zwischen Verständnis bzw. Mitfühlen und Mitleiden zu differenzieren. Wenn Eltern das Kind verstehen und auch seine emotionale Situation mittragen, schließt dies nicht aus, dass sie dennoch eine konsequente Haltung behalten, die konträr zum Handlungskonzept des Kindes steht. Psychologisch formuliert: Eltern erfassen kognitiv die Emotion des Kindes, aber machen diese nicht zu der eigenen. Eltern sind herausgefordert, genau hinzusehen, hinzuhören und mitzufühlen, um die Erlebniswelt des Kindes auch zwischen den Zeilen zu erfassen und die Emotionen aufzuspüren. Gleichzeitig müssen sie die Interessen, Bedürfnisse und Ziele des Kindes von denen der Verantwortung als Vater oder Mutter unterscheiden und ggf. den eigenen Standpunkt hinterfragen. Dies zu leisten und auszuhalten erfordert viel Training [27].

Dass Empathie allein noch keine emotionale Intelligenz darstellt, macht auch folgende Untersuchung an über 2000 Führungskräften im Top-Management deutlich. James Lewis [28] zeigte in seiner Untersuchung, dass bei besonders erfolgreichen Top-Managern die Empathiewerte besonders hoch ausgeprägt waren. Überraschend war jedoch, dass dieses Merkmal sie nicht von weniger erfolgreichen Managern unterschied. Zusätzlich wiesen die erfolgreichen Top-Manager hohe Werte auf in den Merkmalen „situative Selbstwahrnehmung", „psychische Stabilität", „Sozialisierungsfähigkeit" und „Anschlussfähigkeit". Jene Top-Manager mit nur hohem Einfühlungsvermögen hatten hingegen ein hohes Risiko, emotional zu entgleisen und engagierten sich als Führungskräfte weniger. Sich um Mitarbeiter zu kümmern und deren Emotionen zu erfassen, ist nicht dasselbe wie Regulierung von Emotionen oder soziale Kompetenz.

Wie bewältigen Eltern familiären Stress? Wie können sie sich auf Risikosituationen vorbereiten? Wer anstrengende Familienzeiten bewältigen will, braucht aktive Strategien, die er gezielt nach Stresssituationen anwenden kann. Schlafen ist z. B. solch eine aktive Strategie, die wir (fast) jede Nacht zur Regeneration anwenden. Leider ist sie tagsüber nur bedingt praxistauglich. Wir möchte Ihnen drei weitere Strategien vorstellen, die viele Eltern in Elternkursen, die wir in Unternehmen durchgeführt haben, sowohl zu Hause als auch im Beruf erfolgreich eingesetzt haben: das dyadische Coping, die Atementspannung und das Vorbereiten von Risikosituationen.

Dyadisches Coping. Beim dyadischen Coping machen wir uns zunächst klar, dass Stresssituationen häufig entstehen, wenn Eltern mit ihrem Kind allein sind – in diesem Sinne alleinerziehend. Daher ist es so wichtig, dass Eltern zunächst ihren eigenen Stress bewältigen können, besonders dann, wenn sie sich in einer bereits emotional aufgeheizten Situation befinden.

Andererseits wissen wir aus der Stressforschung [29], dass das Stressmanagement besonders dann effektiv ist, wenn Menschen sich unterstützt wissen, also eine andere Person an ihrer Seite steht. Obwohl es häufig nur ein Gespräch ist, vielleicht nur ein Telefonat im Sinne von „Ich drehe hier noch durch! Ich muss dir mal etwas erzählen!", bewirkt dies, dass wir wissen, dass wir nicht allein sind. Und das ist sehr wichtig!

Gegenseitige Unterstützung beginnt damit, dass Eltern miteinander darüber reden, wann sie gegenseitige Unterstützung brauchen, und auch, wann sie dies nicht wünschen. Das ist individuell sehr unterschiedlich. Noch diverser ist das Verhalten, wie Menschen auf Stress reagieren. Der eine wird unter Stressbedingungen sehr leise bis stumm, wendet sich ab, der andere wird fahrig und laut, sucht vermehrt Nähe usw. Daher informieren sich Eltern beim dyadischen Coping, wie sie sich unter Stressbedingungen gegenseitig wahrnehmen bzw. wie sie sich selbst wahrnehmen. Schließlich bringen sie in Erfahrung, wie sie sich proaktiv helfen können.

Angenommen, Ihr Kind streitet sich mit Ihnen, z. B. ist es müde, schreit und weint. Alles, was Sie tun, führt dazu, dass Ihr Kind lauter und anhaltender schreit. Ihr Partner erkennt diese Situation und weiß auch, dass Sie dann Hilfe gebrauchen können. Möglicherweise kommt er und will Sie ablösen, damit Sie jetzt zur Ruhe kommen können. Vielleicht gefällt Ihnen das, und Sie können die Hilfe dankbar annehmen. Es kann aber auch sein, dass Sie das überhaupt nicht mögen. Viel besser wäre vielleicht, dass Ihr Partner Sie durch seine Anwesenheit oder ermutigende Worte unterstützt.

Also: Auch dieses Erleben, welche angebotene Hilfe tatsächlich als Hilfe empfunden wird, ist für jeden von uns sehr unterschiedlich. Daher sollten Eltern auch über das Thema „Womit du mir helfen kannst" sprechen.

Atementspannung. Eine zweite Strategie, die Atementspannung, habe ich als Sportpsychologe im Leistungssport kennengelernt. Eine sportliche Spitzenleistung ist niemals möglich, wenn der Sportler verkrampft ist. Vielmehr gelingen Bestleistungen immer bei biopsychischer Entspannung und anschließender Mobilisierung und der mentalen Konzentration. Eine psychologische Herausforderung ist es, wenn in einem Stadion tausende von Menschen den Sportler sehen, z. B. der letzte Versuch im Hochsprung ansteht, über den Stadionlautsprecher soeben mitgeteilt wurde, dass der Konkurrent die nächste Höhe bewältigt hat usw. Dann soll Entspannung auf Knopfdruck gelingen. Und tatsächlich, Entspannung lässt sich trainieren und in solchen speziellen Stressmomenten anwenden.

Wenn diese Sportler mit der Atementspannung gute Erfahrungen machen, dann sollte dies auch Eltern, Mitarbeitern oder Führungskräften gelingen.

Diese Atemübung, deren Anleitung heute fast jede Krankenkasse als Download zur Verfügung stellt, wird zunächst in einer ruhigen Situation geübt und dann trainiert. Sobald die Atementspannung beherrscht wird, können die äußeren Stressoren intensiver dargeboten werden. Beispielsweise wird die Atementspannung mit normalen Alltagsgeräuschen durchgeführt und später dann mit möglichst realistischen, intensiven Stressoren.

Vorbereiten von Risikosituationen. Eine weitere Strategie ist das Vorbereiten von Risikosituationen: Es gibt Situationen, in denen immer Stress entsteht. Das Warten auf einer Behörde oder bei einem Arzt kann solch eine Situation sein. Ihrem Kind wird langweilig, und Sie selbst empfinden es auch schon als Zumutung, so lange zu warten. Oder denken Sie an eine lange Autofahrt, ggf. sogar mit mehreren Kindern, auf engem Raum, wo man sich nicht aus dem Weg gehen kann, jeder Rücksicht auf den anderen zu nehmen hat usw. Die Wahrscheinlichkeit, dass in solchen Situationen Konflikte entstehen, ist recht hoch. Das liegt nicht an Ihnen, sondern an der Situation an sich.

Eltern können sich auf genau solche Situationen mit folgenden Schritten vorbereiten:

- Sich die bevorstehende Risikosituation ausmalen.
- Verhaltensregeln für diese Risikosituationen vereinbaren.
- Konsequenzen vereinbaren, falls diese Regeln nicht eingehalten werden.
- Für interessante Beschäftigungen sorgen.
- Kinder und Eltern loben, wenn die Risikosituation gemeistert wurde.
- Nachbesprechung zusammen mit den Kindern durchführen: Was ist gelungen, was sollte das nächste Mal besser gelingen?[1]

> **Kompetenzcenter Familie – Belastbarkeit und Emotionsregulation**
> Die Fähigkeit, belastende Situationen zu bewältigen und ökonomisch mit den eigenen Ressourcen umzugehen:
>
> - aktive Stressbewältigungsstrategien kennen und anwenden,
> - Risikosituationen erkennen und sich darauf vorbereiten,
> - auf stressende Situationen äußerlich gelassen reagieren,
> - empathisch und verständnisvoll sein und dennoch die elterliche Handlungsfähigkeit behalten,
> - auch unter Belastung, z. B. Zeitdruck, gleichbleibend ruhig und zielorientiert arbeiten.

> **Zusammenfassung: Achte auf dich selbst!**
> „Achte auf dich selbst!" – für viele Eltern eine dauernde Gratwanderung zwischen sinnstiftender Aufgabe und Selbstliebe. Dies ist gleichzeitig die wichtigste Aufgabe für die persönliche Entwicklung. Identität und Selbstwertgefühl werden gestärkt. In der aktiven Auseinandersetzung mit dieser Herausforderung werden viele beruflich relevante Handlungskompetenzen entwickelt, wie Zielentwicklung, Selbstmanagement, Eigenverantwortung oder Belastbarkeit.

---

[1] Dieses Vorgehen erinnert schon sehr an den PDCA-Zyklus von W. Deming (s. Abschn. 3.4).

3.3 Fördere positive Beziehungen in der Familie!

Joachim E. Lask

> „Wenn man die Kinder stark machen will, erfordert das seitens der Eltern einen ständigen Perspektivenwechsel. Jedes Kind will anders angesprochen, anders gefördert werden. In schwierigen Situationen muss man beherzt, aber auch behutsam eingreifen. Rückblickend kann ich sagen, dass Eltern ein guter Coach sein müssen – ein Begriff, den ich damals noch nicht kannte. Heute sehe ich, dass ich diese Kompetenz über meine Kinder erworben habe. Damit habe ich mich auch beruflich weiterentwickelt. Denn oft kann man Erfahrungen aus dem familiären Bereich auf berufliche Teams übertragen und vice versa." (Elke Benning-Rohnke, Mutter von zwei Kindern, vier Jahre Vorstand bei der Wella AG in Darmstadt, heute in eigener Unternehmensberatung in Ismaning bei München tätig und sitzt im Aufsichtsgremium der Daiichi Sankyo Europe GmbH.)

Der technische Fortschritt (z. B. Industrie 4.0), die Globalisierung und die Individualisierung führen zu immer mobileren und flexibleren Arbeitsprozessen. Soziale und emotionale Kompetenzen entscheiden, ob Führung die Fachkompetenzen der Mitarbeiter koordinieren kann. Starre Befehlshierarchien weichen flexiblen Strukturen in der Unternehmensentwicklung. In der aktuellen Literatur zur Organisationspsychologie finden sich hierzu u. a. folgende Begriffe:

- *Transformationale Führung:* Vorbildfunktion, Vertrauen und Respekt benötigen emotionale Intelligenz.
- *Laterale Führung:* Keine direkte Weisungsbefugnis, keine Hierarchiebeziehung, sondern Vertrauen und Verständigung sollen durch gemeinsame Elemente wie etwa Denkrahmen oder Projektziel ermöglicht werden.
- *Co-Leadership:* Keine Fokussierung auf nur eine Person als Führungskraft, sondern die Führungsaufgabe soll als Teamprozess bewältigt werden.

Das Gemeinsame dieser Begriffe ist eine (positive) Beziehungsfähigkeit („High-Quality Connections" [30]). Dahinter steht die Annahme, dass der Mensch auf Beziehung angelegt ist. Das meint: Der Mensch hat ein intrinsisches Bedürfnis nach Beziehungen, die Sicherheit, Vertrauen und persönliche Entwicklung bieten, und dadurch ist er herausgefordert, auch solche Beziehungen zu fördern. In positiven Beziehungen muss kein unmittelbarer persönlicher positiver Nutzen entstehen. Im Gegenteil, positive Beziehungen sind tragfähig, indem sie Belastungen aushalten. Veränderungen und Vielfältigkeit werden als positiv erlebt. Eine positive Beziehung belebt und gibt gegenseitige Wertschätzung. Die Merkmale der positiven Beziehung werden uns besonders deutlich, wenn wir an Begegnungen denken, die unsere gesamte Energie rauben und uns emotional herunterziehen, sodass wir diese in Zukunft eher meiden werden.

Wir sind der Meinung, dass diese Beziehungsfähigkeit nur langfristig in herausfordernden Situationen gelernt werden kann, und zwar im Kompetenzcenter Familie.

Die Eltern-Kind-Beziehung gehört zu den bedeutsamsten Einflussfaktoren für kindliches Verhalten. Denn eine gelingende Erziehung setzt eine vertrauensvolle und tragfähige Beziehung voraus. Kinder benötigen das Vertrauen ihrer Eltern, damit sie zu selbstbewussten und kompetenten Persönlichkeiten heranwachsen können. Sie benötigen dieses Vertrauen, weil es die Grundlage dafür ist, mutig in diese Welt hineinzuwachsen, mit den Erfolgen, aber auch mit den Misserfolgen. Denn Lernen bedeutet immer, zu wagen, einen Schritt über die Grenze des bisher gelernten Verhaltens und Erlebens hinauszugehen. Und dieser Schritt ist immer mit dem Risiko des Scheiterns verbunden. Wenn Kinder in der Gewissheit leben „Meine Eltern lieben und bejahen mich!", dann sind neue Lernerfahrungen möglich.

Eltern benötigen dieses Vertrauen zu ihren Kindern ebenfalls, damit sie die Herausforderungen der Erziehungsaufgaben mutig angehen können und bereit sind, auch aus Misserfolgen und Niederlagen zu lernen. Und genau dieses Vertrauen brauchen Mitarbeiter, Führungskräfte, Geschäftsführer oder Unternehmensgründer. Es ist derselbe Mechanismus: Vertrauen ist der Schlüssel zur Lernerfahrung. Vertrauen entsteht durch eine positive Beziehung, die stets gefördert werden muss.

Stimmt die Beziehung, dann ist das Miteinander kein Problem. Probleme lassen sich dann einfacher lösen. Bei Lehrern, die wir mögen, lernen wir schnell. Ein gutes Teamklima ist eine Voraussetzung für gute Arbeit. Doch fühlen wir uns ausgenutzt, gering geschätzt oder ausgegrenzt, dann wird das Miteinander kompliziert. Kooperation, Lernen und Problemlösungen sind unter diesen Umständen plötzlich sehr kompliziert. Verweigerung, Misstrauen, Dienst nach Vorschrift oder Rückzug sind dann an der Tagesordnung.

High-Quality Connections sind nicht der „Kuschelfaktor" in der Beziehung, der sich einerseits nicht konkret beschreiben lässt und andererseits sowieso nichts zur Produktivität und Qualität beiträgt. Ganz im Gegenteil: Stärkung der Vertrauensbildung und des Respekts, höhere Kooperation, Zufriedenheit, Lernbereitschaft, Lern- und Leistungsfähigkeit sowie bessere

Gesundheit und Produktivität sind nur einige Wirkungen der positiven Beziehung (vgl. Dutton und Spreitzer [31]).

Doch wie können wir eine positive Beziehung fördern? Hierzu zeigen wir zunächst zwei Faktoren auf, die für uns dabei fundamental sind: einerseits, sich auf Augenhöhe zu begegnen, was nicht selbstverständlich ist, und andererseits, die Beziehung zweiseitig zu gestalten, da sie ohne das Du nicht auskommt. Danach benennen wir fünf Handlungsfelder, auf denen positive Beziehungen gefördert werden, illustrieren diese zunächst an der Gallup-Studie und dann im Einzelnen.

Begegnung auf Augenhöhe tut gut

Was ist gemeint, wenn wir sagen: Beziehung ist das Nervensystem des Miteinanders? Wann sprechen wir von positiver Beziehung? Wie können wir eine Beziehung positiv gestalten?

In einer positiven Beziehung findet eine Begegnung auf Augenhöhe statt. Hier dazu drei Beziehungssituationen:

1. „Du kannst das noch nicht mit dem Auftragen der Schuhcreme auf die Schuhe", sagen die Eltern zum vierjährigen Sohn.
2. Ein Verkäufer erklärt mir ungefragt, warum ich Wasserspender in meinem Büro brauche.
3. Der Vorgesetzte lässt mir mitteilen, dass er am nächsten Tag mit mir sprechen will.

In diesen drei Beispielen sind die Betroffenen womöglich nicht auf Augenhöhe. Wir müssten sie hierzu befragen und würden möglicherweise zwei sehr unterschiedliche Antworten bekommen. Es deutet sich an: Ob es sich wirklich um eine positive Beziehung handelt, ist nicht immer klar, wenn zumindest einer der Beteiligten der Überzeugung ist, er wisse, wie die Welt funktioniert, und wolle das seinem Gegenüber einfach nur mitteilen. Der andere hingegen fühlt sich möglicherweise von oben herab behandelt und hört nicht mehr zu.

Mit anderen Worten: Gibt es ein Bemühen, dem anderen auf Augenhöhe zu begegnen, dann kann das Miteinander wesentlich einfacher werden, auch in den drei oben beschriebenen Situationen. Findet eine Begegnung auf Augenhöhe statt, erleben wir das als: „Hier hört mir jemand zu!", „Ich darf so sein, wie ich bin!", „Hier fühle ich mich wohl!" Und das wirkt irgendwie wertschätzend, anregend oder sogar ermutigend. Sind wir miteinander auf

Augenhöhe, hat jeder das gleiche Recht, etwas zu sagen, und der andere hört uns zu.

Es ist simpel und doch grandios. Die Erfahrung, dass jemand unsere Wirklichkeit teilt, erleben wir als Wertschätzung, Achtung oder sogar als Respekt. Diese Mischung aus Wertschätzung, Mut zu uns selbst und Anregung nutzen wir dann oft, um noch authentischer zu sein, oder sogar, um etwas Neues zu wagen. Damit gelingen Lernerfahrungen im eigentlichen Sinne, die der persönlichen Weiterentwicklung dienen.

Sie können diese Aussagen anhand Ihrer persönlichen Erfahrungen sofort auf Richtigkeit überprüfen. Denken Sie an Ihren Vorgesetzten, Kunden oder an Ihren Partner. Stellen Sie sich vor, wie dieser Ihnen zwar Anweisungen gibt, aber kein Gehör schenkt. Stellen Sie sich nun eine positive Situation mit der gleichen Person vor, wie diese die gleiche Aussage macht doch nun noch sagt: „Und wie sehen Sie (siehst du) das? Erzähle(n Sie) bitte! Mich interessiert es!"

Auf Augenhöhe zu sein ist eine gute Basis für eine positive Beziehung. Dies ist die Grundlage für faire Aushandlungsprozesse, die für unser Zusammenleben wichtig sind. Drei zentrale Themen hierbei sind: Geben vs. Nehmen, Bestimmen vs. sich Einlassen und Nähe vs. Distanz. Gelingt uns dieser faire Aushandlungsprozess oder erfahren wir zumindest, dass beide Partner dies zum Ziel haben, entsteht Vertrauen. Dann können wir uns noch tiefer in die Augen schauen, auf gleicher Höhe – sofern wir das wollen.

Diese Erfahrungen, angefangen von der Begegnung auf Augenhöhe bis hin zum Vertrauen, können auf allen erdenklichen Ebenen stattfinden: zwischen Eltern und Kindern jeder Altersklasse, Ehepartnern, Geschäftspartnern, Anbieter und Kunde, Mitarbeiter und Führungskraft, Staaten und in Staatengemeinschaften usw.

Mit anderen Worten: Die positive Beziehung setzt an einem Menschenbild an, das den anderen grundsätzlich würdigt, achtet und wertschätzt. Das hat unmittelbare praktische Folgen:

- Den vierjährigen Sohn frage ich, wie seiner Ansicht nach die Schuhcreme auf die Schuhe kommt, und helfe ihm dann, wenn etwas (noch) nicht gelingt.
- Ich rufe jemanden an und frage zu Beginn, ob er jetzt für mich Zeit hat.
- Dem Mitarbeiter teile ich den Grund mit, warum ich morgen mit ihm sprechen will und gebe ihm die Gelegenheit, sich hierauf vorzubereiten.

Ohne dich geht es nicht!

Der Gesetzgeber hat zur Privatsphäre eine grundsätzliche Meinung: Sie muss geschützt werden, damit Persönlichkeit sich frei entfalten kann. Das gilt interessanterweise für den partnerschaftlichen und familiären Bereich ebenso wie für den weiteren öffentlichen Bereich wie etwa den Arbeitsplatz.

Geschützt wird die Privatsphäre durch das allgemeine Persönlichkeitsrecht, welches dem Schutz eines abgeschirmten Bereichs persönlicher Entfaltung dient. So heißt es im Grundgesetz [32] in Art. 2 Abs. 1 GG:

> Jeder hat das Recht auf die freie Entfaltung seiner Persönlichkeit, soweit er nicht die Rechte anderer verletzt und nicht gegen die verfassungsmäßige Ordnung oder das Sittengesetz verstößt.

Dieser Artikel ist in Verbindung mit Art. 1 Abs. 1 GG zu sehen:

> Die Würde des Menschen ist unantastbar. Sie zu achten und zu schützen ist Verpflichtung aller staatlichen Gewalt.

Und andererseits wissen wir, dass wir einander zum Überleben brauchen – als Kind, als (alte) Eltern, als Unternehmen oder als Gesellschaft. Somit besteht ein Paradox: Das „Achte auf dich selbst!" benötigt einerseits den Schutz der Privatsphäre, und gleichzeitig braucht es die produktive Anpassung an die öffentliche Gemeinschaft.

Vom jüdisch-christlichen Denken wird dieser Umstand bereits im biblischen Schöpfungsbericht angesprochen. „Gott schuf den Menschen sich zum Gegenüber! [33]" Hier wird das Verhältnis zwischen Gott und Mensch als zweiseitiges dargestellt. Zum einen wird der Mensch mit seiner ureigenen Verantwortung für sich selbst beauftragt, zum anderen ist in dieser „Verantwortung" schon die zweiseitige Beziehung formuliert, die Verantwortung gegenüber Gott.

Martin Buber [34] beschreibt genau diese Spannung 1923 sinngemäß „Ich werde am Du zum Ich!". Der Mensch kann seine Identität ohne seine Umgebung nicht finden. Erst in der Begegnung mit anderen Menschen, gelingt uns, genauer zu sagen, wer „ich" bin. Das Gleiche bringt Paul Watzlawick 1969 [35] in seiner ersten Vorannahme über die menschliche Kommunikation zum Ausdruck: „Man kann nicht nicht kommunizieren." Die zweite Vorannahme heißt: „Jede Kommunikation hat einen Inhalts- und einen Beziehungsaspekt, derart, dass Letzterer den Ersteren bestimmt …"

Wir glauben, dass die Art des Menschenbildes und die daraus gestaltete Beziehung in der Familie und am Arbeitsplatz ein zentraler Bestandteil von Erfolg ist. Dabei ist uns bewusst, dass es nicht das eine richtige Menschenbild gibt. Doch sollten wir darin nicht nachlassen, nach dem realistischsten Bild vom Menschen zu suchen. Wer in seinem Managementansatz stets zum realistischsten Menschenbild strebt, kann mit diesen Menschen zusammen auch die besten Ergebnisse erzielen. Das volle Potenzial steht dann zur Verfügung.

In eine positive Beziehung zu geraten, kann einfach sein. Zum Beispiel geschieht dies, wenn wir in einen Menschen verliebt sind oder wenn wir etwa von einem Mission Statement einer Gruppe oder Organisation begeistert sind. In einer positiven Beziehung zu bleiben ist Arbeit – Beziehungsarbeit. Das erleben verliebte Paare spätestens nach zwei Jahren, begeisterte Eltern irgendwann nach der Geburt des Kindes und Gründer von Projekten, Vereinen, Parteien oder Unternehmen oft erst nach Jahren.

Fünf Handlungsfelder der positiven Beziehung

Wie kann man positive Beziehungen in der Familie fördern? Es gibt fünf Handlungsfelder, auf denen sich positive Beziehungen entwickeln können:

1. Vertrautheit durch Sicherheit: Schon Verlässlichkeit durch Routinen, eine gemeinsame Sprache oder eine Zugehörigkeit kann Vertrauen schaffen. Durch größere Sicherheit müssen nicht alle Eventualitäten mitbedacht werden, die Unbekanntes so komplex und kompliziert machen können. Mit einem Satz: Vertrauen reduziert die Komplexität der Situation [36].
2. Positive Begegnungen: Jede Begegnung, die länger als 20 bis 30 s dauert und mit einer angenehmen Emotion begleitet ist, wirkt positiv auf die Beziehungsqualität. Das Prinzip für die Beziehungsgestaltung lautet demnach: Lieber häufig kurz, als manchmal lang!
3. Wertschätzung und Anerkennung: Unbedingte Wertschätzung bietet Raum, um authentisch zu sein. Häufig genügen die kleinen Gesten wie „Danke!" oder „Daumen hoch" als Anerkennung für Geleistetes.
4. Persönliche Entwicklung: Der Erwerb von Wissen und Fähigkeiten zum Erleben von Selbstwirksamkeit bietet die Chance zur Unabhängigkeit und Selbstbestimmung. Hieraus folgt eine doppelte Wirkung auf die „positive Beziehung". Die erste Wirkung: Menschen, die die eigene

persönliche Entwicklung förderlich begleiten, werden als unterstützend oder vertrauensvoll erlebt. Die zweite Wirkung: Selbstbestimmte Menschen können vertrauensvollere Beziehungen gestalten als abhängige Menschen.
5. Werte leben: Wir bewerten ständig: gut – schlecht, nützlich – schädlich, brauche ich – lasse ich usw. So entstehen Werte, Lebensgrundsätze, Leitbilder oder Mission Statements. Diese übernehmen wir ggf. in umfassendere Ideologien oder auch in Glaubensgrundsätze. Darum geben Werte oder Glaubensüberzeugungen meiner Tätigkeit einen tieferen Sinn. Können diese Werte, Mission Statements oder Glaubensüberzeugungen mit anderen Menschen geteilt werden, entsteht in diesen Beziehungen ein starker Halt, auch in Krisenzeiten.

Mehr als Wohlfühlen

Mit diesen fünf Handlungsfeldern wird deutlich, dass „positive Beziehung" sich nicht auf ein Wohlfühlklima reduzieren lässt. Etwa kann „persönliche Entwicklung" oder „Werte (er)leben" durchaus zunächst unangenehme Befindlichkeiten erzeugen, wenn es heißt, etwas durchzuhalten, um ein langfristiges Ziel zu erreichen. Nur weil das Kind Spaß mit den Medien hat, Eis und Chips isst, entsteht noch keine positive Beziehung. Auch wenn ich meinem Partner seine Wünsche von den Lippen ablese und erfülle, spricht dies zwar für eine gelingende Perspektivenübernahme, doch eine positive Beziehung ist das noch lange nicht.

Auch in den Unternehmen gibt es immer wieder eine gewagte Annahme, die da heißt: „Wer sich bei der Arbeit wohlfühlt, ist leistungsbereiter!" Das Konzept, das in der Arbeits- und Organisationspsychologie schon tausendmal beforscht wurde, ist die „Arbeitszufriedenheit". So kann das sich Wohlfühlen oder die Zufriedenheit bei der Arbeit mit vielen Bedingungen zusammenhängen, etwa mit der Aufgabe, den Arbeitsbedingungen, dem Arbeitsklima oder der Bezahlung. Beispielsweise kann man mit seinem Beruf als Kita-Mitarbeiter zufrieden sein, jedoch nicht mit dem Arbeitsplatz oder der Bezahlung. Schon 1935 resümierte Robert Hoppock [37], dass Arbeitszufriedenheit nicht von anderen Aspekten des Lebens wie der Familie, dem sozialen Status oder etwa der Gesundheit zu trennen sei. Neuberger kam bereits 1985 [38] zu zwei nüchternen Ergebnissen, die auch heute noch zutreffen [39]:

1. Je differenzierter Arbeitszufriedenheit verstanden wird, desto unschärfer und bedeutungsloser wird das Konzept.
2. Ein bedeutsamer unternehmensrelevanter Zusammenhang von Arbeitszufriedenheit und Arbeitsleistung konnte nicht nachgewiesen werden.

Besonders uneinig ist man sich über die Wirkungsrichtung: Führt eine höhere Arbeitszufriedenheit zu mehr Arbeitsleistung oder wirkt sich eine gute Arbeitsleistung positiv auf die Arbeitszufriedenheit aus? [40]

Löst man den Leistungsaspekt von der Arbeitszufriedenheit und fragt nach deren psychischen Bedingungen, hat sich das Job-Characteristics-Modell von Hackman und Oldham [41] bewährt. Es beschreibt drei Bedingungen für Arbeitszufriedenheit:

1. Die Tätigkeit muss als bedeutsam erlebt werden.
2. Die Mitarbeiter müssen sich für die Ergebnisse ihrer Tätigkeit verantwortlich fühlen.
3. Sie müssen die aktuellen Resultate ihrer Tätigkeit, besonders die Qualität der Ergebnisse, kennen.

Zu einem ähnlichen Ergebnis kamen 2002 Jim Collins und Jerry Porras in ihrem Bericht *Built to last – Successful Habits of visionary Companies* [42]. Sie untersuchten strategische Erfolgsfaktoren amerikanischer Spitzenunternehmen. Eines ihrer Hauptergebnisse war: Wohlfühlen ist kein Erfolgsfaktor erfolgreicher Unternehmen. Jedoch fanden sie heraus, dass Mitarbeiter das Arbeitsklima anregend und stimulierend erleben, wenn das Unternehmen sie für das Mission Statement gewinnen konnte bzw. sich die Mitarbeiter mit den Werten des Unternehmens identifizierten.

Uns ist wichtig, dies an dieser Stelle zu sagen: Eine positive Beziehung, eine emotionale Verbundenheit, das Engagement von Menschen entstehen nicht aufgrund von Annehmlichkeiten, die wir uns für mehr oder weniger Geld kaufen können. Nicht nur Kinder freuen sich, wenn sie Schokolade, Chips und Softgetränke zu sich nehmen, doch damit entsteht allerhöchstens eine emotionale Verbundenheit mit den Verkaufsstellen, nicht mit dem Finanzier. Ein höheres Gehalt, ein Dienstauto, neue Schuhe und Handtaschen wirken sich vielleicht kurzfristig motivierend aus. Mit der hedonistischen Anpassung gewöhnen wir uns jedoch erstaunlich schnell an diesen komfortablen Zustand, und es bleibt lediglich ein Nice-to-Have. Das ist es nicht, was uns zum Leben oder zur Arbeit antreibt.

Die dargestellten Aspekte der Arbeitszufriedenheit als Teil der positiven Beziehung greift eine Gallup-Studie zur emotionalen Mitarbeiterbindung auf und erweitert diese.

Der Engagement Index

„Emotionale Bindung" wurde von John Bowlby [43] als ein Konzept für die Elternbeziehung entwickelt. Er beschreibt, wie Kinder in der Interaktion mit Eltern die Gefühle von Zufriedenheit, Sicherheit und Selbstvertrauen entwickeln. Je nachdem, wie die ersten Wochen, Monate oder Jahre der Eltern-Kind-Beziehung verlaufen, bilden sich verschiedene Bindungstypen beim Kind aus. So kann eine sichere Bindung oder etwa eine unsichervermeidende Bindung entstehen. In der weiteren Beziehungsforschung hinsichtlich enger (Liebes-)Beziehungen im Erwachsenenalter wurde eine Reihe Gemeinsamkeiten gefunden, beispielsweise das Verlangen nach Nähe zum anderen, das Gefühl von Sicherheit und Zufriedenheit, das Teilen von Erfahrungen.

Die Gallup-Studie zum Engagement Index nutzt den Begriff der „emotionalen Bindung" auch für die Beziehung zwischen Mitarbeiter und Arbeitgeber. „Emotionale Bindung" wird hier als Maß der Erfüllung emotionaler Bedürfnisse am Arbeitsplatz definiert. Theoretisch wird sie eher auf die Bedürfnispyramide von Abraham Maslow zurückgeführt als auf die Bindungstheorie von John Bowlby. Zur Abgrenzung verwenden wir den Begriff „emotionale Mitarbeiterbindung", auch wenn wir inhaltliche Zusammenhänge zur Bindungstheorie sehen.

Die Frage, die hinter der Gallup-Studie steht, ist: Welchen Einfluss hat die emotionale Mitarbeiterbindung auf das Engagement der Mitarbeiter eines Unternehmens? Das Markt- und Meinungsforschungsinstitut Gallup Organisation führt seit 2001 jährlich eine Befragung zur Stärke der emotionalen Mitarbeiterbindung deutscher Arbeitnehmer und Arbeitnehmerinnen ab dem 18. Lebensjahr durch, den Engagement Index [44]. Gallup kann mit dieser jährlich aktualisierten Studie aufzeigen, dass die Produktivität von Unternehmen nachweislich im direkten Zusammenhang mit der emotionalen Mitarbeiterbindung, also der positiven Beziehung zum Unternehmen, steht. Wie wird emotionale Mitarbeiterbindung in dieser Studie definiert? Was wird im Gallup-Engagement-Index unter „emotionaler Mitarbeiterbindung an den Arbeitsplatz" genau verstanden? Welche Facetten des Engagement Index können beschrieben werden? Was hat das mit dem „Fördern positiver Beziehung in der Familie" zu tun?

Die genaueste Definition der „emotionalen Mitarbeiterbindung" nach Gallup ist durch die zwölf Aussagen [45] gegeben, die Mitarbeiter als Fragebogen beantworten. Auf einer fünfstufigen Skala zwischen „trifft überhaupt nicht zu" und „trifft voll und ganz zu" sollen Mitarbeiter die $Q^{12®}$-Aussagen einschätzen. Hiermit wird die emotionale Mitarbeiterbindung an das Unternehmen erfasst und daraus ein entsprechender Engagement Index errechnet. Die Testgütekriterien des $Q^{12®}$ sind zufriedenstellend [46].

Für das Durchlesen der folgenden 12 Aussagen haben wir einen Vorschlag: Wenn Sie wollen, dann schätzen Sie die Aussagen für sich selbst auf einer Skala von 1 („stimme überhaupt nicht zu") bis 5 („stimme vollständig zu") ein. Dabei können Sie wählen, ob Sie Ihre Antwort aus der Perspektive Erwerbsarbeit oder Familienarbeit geben.

Q1 – Ich weiß, was bei der Arbeit von mir erwartet wird.
Q2 – Ich habe die Materialien und die Arbeitsmittel, um meine Arbeit richtig zu machen.
Q3 – Ich habe bei der Arbeit jeden Tag die Gelegenheit, das zu tun, was ich am besten kann.
Q4 – Ich habe in den letzten sieben Tagen für gute Arbeit Anerkennung oder Lob bekommen.
Q5 – Mein Vorgesetzter/meine Vorgesetzte oder eine andere Person bei der Arbeit interessiert sich für mich als Mensch.
Q6 – Bei der Arbeit gibt es jemanden, der mich in meiner Entwicklung fördert.
Q7 – Bei der Arbeit scheinen meine Meinungen zu zählen.
Q8 – Die Ziele und die Unternehmensphilosophie meiner Firma geben mir das Gefühl, dass meine Arbeit wichtig ist.
Q9 – Meine Kollegen/Kolleginnen haben einen inneren Antrieb, Arbeit von hoher Qualität zu leisten.
Q10 – Ich habe einen sehr guten Freund/eine sehr gute Freundin innerhalb der Firma.
Q11 – In den letzten sechs Monaten hat jemand in der Firma mit mir über meine Fortschritte gesprochen.
Q12 – Während des letzten Jahres hatte ich bei der Arbeit die Gelegenheit, Neues zu lernen und mich weiterzuentwickeln.

Vielleicht erging es Ihnen wie uns: Wir konnten zu jeder der 12 Aussagen sofort den Bezug zur Familie herstellen. Es gelang uns ebenso, die Aussagen aus der (gewählten) Perspektive der Kinder zu beantworten. Stets war im

Ergebnis nachvollziehbar, ob wir Eltern oder die Kinder ein hohes, moderates oder niedriges Engagement aufwiesen.

Anhand des Antwortverhaltens (Punktzahlbereich von 12 bis 60 Punkten) bildet Gallup drei Gruppen [47]: Arbeitnehmer(innen)

- mit hoher emotionaler Mitarbeiterbindung zum Arbeitsplatz
sind ihrem Arbeitgeber emotional verpflichtet;
u. a. loyal, produktiv, geringe Fehltage, geringe Fluktuation, niedriger Schwund.
- mit geringer emotionaler Mitarbeiterbindung zum Arbeitsplatz
leisten „Dienst nach Vorschrift"; sind zwar produktiv, aber dem Unternehmen nur eingeschränkt emotional verpflichtet;
u. a. mehr Fehltage, höhere Fluktuation.
- ohne emotionale Mitarbeiterbindung zum Arbeitsplatz
arbeiten aktiv gegen die Interessen des Unternehmens, haben vielleicht auch schon die „innere Kündigung" vollzogen;
physisch präsent – psychisch jedoch nicht; sind mit ihrer Arbeitssituation unglücklich und lassen die Kollegen/Kolleginnen dies wissen.

Das Ergebnis ist Jahr für Jahr ernüchternd. Im Jahr 2015[48] geben mehr als 8 von 10 Mitarbeitern an, keine emotionale Mitarbeiterbindung an den Arbeitsplatz zu haben. Nur 16 % der Mitarbeiter beschreiben sich als hoch engagiert (mit geringer Bindung 68 %, ohne Bindung 16 %). Dieses Ergebnismuster ist – wie Abb. 3.3 zeigt – über die Jahre 2001 bis 2015 stabil. Im internationalen Vergleich beschreiben sich doppelt so viel US-Mitarbeiter als emotional an ihr Unternehmen gebunden (32 %) und in Italien lediglich 3 %.

Beeindruckend ist auch das Ergebnis, das in Abb. 3.4 dargestellt ist. Betrachtet man nur die hohe emotionale Mitarbeiterbindung, scheinen die Bedürfnisse „klare Erwartung", „als Mensch gesehen werden", „Arbeitsmittel" und „Weiterentwicklung" eine besonders hohe Bedeutung für ein hohes Engagement zu haben. Jedes Jahr, wenn wir diese Zahlen sehen, fragen wir uns erneut: Ist das denn so schwierig? Sind dies nicht selbstverständliche und ganz einfache Verhaltensweisen und Werthaltungen von Führungskräften? Und gleichzeitig fragen wir uns dann: Was machen wir in unseren eigenen Familien? Ist das wirklich so einfach, zu sagen, was genau wir erwarten, sich für den Menschen zu interessieren, statt nur von sich zu berichten, usw. Gemeinsam stellen wir dann fest: Ja, es ist einfach, und doch kostet es Kraft. Es ist Beziehungsarbeit, die emotionale Bedürfnisse der Familienmitglieder respektiert. Will man der Gallup-Studie Glauben schenken, dann ist die

3.3 Fördere positive Beziehungen in der Familie! 105

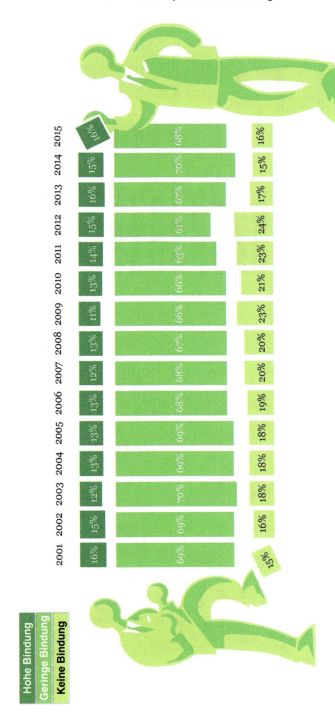

Abb. 3.3 Engagement Index 2001 bis 2015; Basis Arbeitnehmer(innen) ab 18 Jahren in der Bundesrepublik Deutschland. (Copyright © 2016 Gallup, Inc. All rights reserved.)

106   3   Wirtschaft trifft Familie

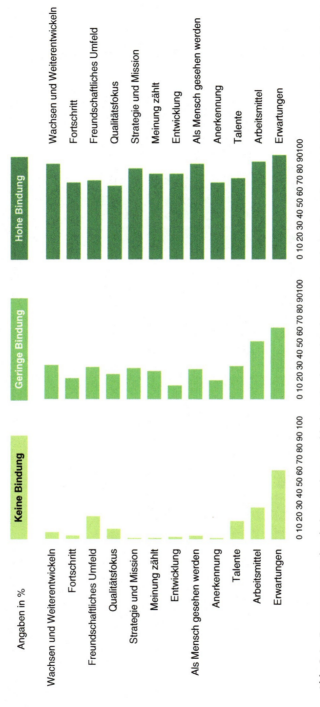

Abb. 3.4 Engagement Index: keine, geringe und hohe Mitarbeiterbindung; Basis: Arbeitnehmer(innen) ab 18 Jahren in der Bundesrepublik Deutschland. (Copyright © 2016 Gallup, Inc. All rights reserved.)

emotionale Mitarbeiterbindung ein wesentlicher Faktor für die Produktivität des Unternehmens. Es scheint so, als ob wir uns nur bücken müssen und das Engagement der Eltern aufgreifen. Wir haben hier also kein Erkenntnisproblem, sondern ein Umsetzungsproblem.

Wie wirkt sich die Mitarbeiterbindung im und außerhalb des Unternehmens aus?

- *Weniger Fehlzeiten:* Mitarbeiter mit hoher Bindung fehlten durchschnittlich 5,8 Tage, Mitarbeiter mit geringer Bindung 8,1 Tage und Mitarbeiter ohne Bindung 9,7 Tage. Der Mittelwert insgesamt betrug 7,9 Fehltage. Langzeitkranke mit 90 und mehr Krankheitstage pro Jahr wurden nicht berücksichtig.
- *Größere Treue:* Auf die Aussage „Ich würde die Produkte und Dienstleistungen meiner Firma meinen Freunden und Familienangehörigen empfehlen" antworteten die Mitarbeiter mit „stimme vollständig zu" (auf einer Fünf-Punkte-Skala): hohe Bindung 79 %, geringe Bindung 46 %, keine Bindung 16 %.
- *Aktivere Weiterempfehlung:* Auf die Aussage „Ich würde meine Firma als einen hervorragenden Arbeitsplatz meinen Freunden und Familienangehörigen empfehlen" antworteten die Mitarbeiter mit „stimme vollständig zu" (auf einer Fünf-Punkte-Skala): hohe Bindung 75 %, geringe Bindung 27 %, keine Bindung 3 %.

Was bedeutet das in finanzieller Hinsicht für das Unternehmen? Arbeitsgruppen mit hoher emotionaler Bindung (die oberen 25 %) weisen zu Arbeitsgruppen mit niedriger emotionaler Bindung (die unteren 25 %) durchschnittlich folgende Unterschiede auf:

- Abwesenheit: − 37 % (Unternehmen mit hoher Fluktuation − 25 %; Unternehmen mit niedriger Fluktuation: − 67 %),
- Arbeitsunfälle: − 48 %,
- Qualitätsmängel: − 41 %,
- Produktivität: + 21 %,
- Rentabilität: + 22 %.

Die volkswirtschaftlichen Kosten aufgrund von innerer Kündigung belaufen sich auf eine Summe zwischen 75,6 und 99,2 Mrd. EUR jährlich.

In einem Clusterprozess konnten wir alle $Q^{12®}$-Aussagen den fünf Handlungsfeldern positiver Beziehung in der Familie zuordnen, wie Tab. 3.2 illustriert.

> **Kompetenzcenter Familie – Gestalten positiver Beziehungen**
> Die Fähigkeit, eine vertrauensbasierte Beziehung zu entwickeln:
>
> - Echtheit und Weiterentwicklung fördern,
> - Sicherheit verleihen,
> - kurze und häufige bzw. regelmäßige positive Begegnungen gestalten,
> - dem anderen Wertschätzung und Anerkennung geben,
> - die persönliche Entwicklung fördern,
> - zu den eigenen Werten stehen und bereit sein, diese zu teilen.

Sicherheit durch Vertrautheit

Vertrauen bietet Sicherheit an. Diese entsteht zwischen dem Vertrauensgeber und dem Vertrauensnehmer. Die guten Gründe, die wir brauchen, um einen Menschen zu vertrauen, beruhen auf positiven wechselseitigen Erfahrungen. Und es wäre naiv und fahrlässig, in Beziehungen von einem „blinden Vertrauen" auszugehen.

Wenn die Beziehungspartner befürchten müssen, vom anderen über den Tisch gezogen oder über das Ohr gehauen zu werden, entsteht kein Vertrauen. Will man dennoch miteinander auskommen, muss mit extrem kostspieligem Vertragsaufwand Sicherheit hergestellt werden. Insofern ist Vertrauen ein Vermögenswert [49], in den man investieren sollte.

Auf den folgenden Seiten sollen solche Investitionen genauer beschrieben werden. Obwohl Vertrauen auch eine emotionale Angelegenheit ist, scheinen die Investitionen sich zu lohnen. Wir beschreiben, wie Klarheit in den Erwartungen und in der Argumentation zu Sicherheit und Vertrauen führen kann.

Was genau wird von mir erwartet?

Die Beantwortung dieser Frage ist in der Gallup-Studie eine der aussagekräftigsten Merkmale für das Engagement von Mitarbeitern. Das ist auf den ersten Blick erstaunlich, da es sehr einfach klingt. Doch auf dem zweiten Blick wird deutlich: Erwartungen klar und eindeutig zu formulieren ist Arbeit.

Ein Beispiel: Wird ein Mitarbeiter neu eingestellt bzw. in seinen Arbeitsbereich eingeführt, bedienen wir uns häufig der Redewendung: „Kommen Sie einfach mit. Sie können jederzeit fragen! Sie schaffen das!" Wenn der Mitarbeiter bereits Experte ist und eine ähnliche Umgebung kennt, weil er

3.3 Fördere positive Beziehungen in der Familie!

Tab. 3.2 Zuordnung der fünf Handlungsfelder positiver Beziehungen zu $Q^{12®}$-Aussagen

Vertrautheit durch Sicherheit	Q1 Ich weiß, was bei der Arbeit von mir erwartet wird
	Q2 Ich habe die Materialien und die Arbeitsmittel, um meine Arbeit richtig zu machen
Positive Begegnung	Q10 Ich habe einen sehr guten Freund/eine sehr gute Freundin innerhalb der Firma
	Q5 Mein Vorgesetzter/meine Vorgesetzte oder eine andere Person bei der Arbeit interessiert sich für mich als Mensch
Wertschätzung und Anerkennung	Q4 Ich habe in den letzten sieben Tagen für gute Arbeit Anerkennung oder Lob bekommen
	Q3 Ich habe bei der Arbeit jeden Tag die Gelegenheit, das zu tun, was ich am besten kann
	Q7 Bei der Arbeit scheinen meine Meinungen zu zählen
Persönliche Entwicklung	Q6 Bei der Arbeit gibt es jemanden, der mich in meiner Entwicklung fördert
	Q11 In den letzten sechs Monaten hat jemand in der Firma mit mir über meine Fortschritte gesprochen
	Q12 Während des letzten Jahres hatte ich bei der Arbeit die Gelegenheit, Neues zu lernen und mich weiterzuentwickeln
Werte leben	Q8 Die Ziele und die Unternehmensphilosophie meiner Firma geben mir das Gefühl, dass meine Arbeit wichtig ist
	Q9 Meine Kollegen/Kolleginnen haben einen inneren Antrieb, Arbeit von hoher Qualität zu leisten

beispielsweise schon einmal in dieser Abteilung gearbeitet hat, mag das gut gehen. Gleichwohl ist das keine professionelle Einarbeitung eines neuen Mitarbeiters und zudem geringschätzend. Warum? Dem neuen Mitarbeiter wird nicht genau gesagt, was von ihm erwartet wird bzw. was genau er zu tun hat. Das führt nicht nur zu Verunsicherung und demotiviert, sondern kostet auch noch viel Geld. Dieser neue Mitarbeiter hat beispielsweise überhaupt keinen Anhaltspunkt, ob seine Einarbeitung gut oder schlecht verläuft. Die Grundlage, Fragen zu stellen, vermittelt dem Mitarbeiter: Du bist wirklich noch ganz unten und bist noch inkompetent. Stattdessen kann durch einen gut strukturierten Erste-hundert-Tage-Plan eine Einarbeitung gelingen. So kommt der Mitarbeiter viel schneller zu seinem umfänglichen Einsatz. Außerdem kann er in den ersten Tagen und Wochen noch mit seinem externen Blick kritisches Feedback geben, bevor er selbst Teil vom Unternehmenssystem geworden ist.

Das Gleiche gilt für Anweisungen im Alltag: „Bitte kommen Sie am Donnerstag in mein Büro." „Bitte machen Sie noch alles fertig!" sind Aussagen, die verunsichern. Wozu soll ich in das Büro kommen? Was soll ich alles fertigmachen? Noch mehr Unsicherheit kommt durch Aussagen wie: „Achten Sie bitte diesmal darauf, dass keiner stört!", „Lassen Sie sich auf keinen Fall verunsichern!" Solche Aussagen sind so paradox wie: „Lesen Sie nicht diesen Satz!"

Kindern gegenüber sprechen wir Eltern genauso: „Mach dich jetzt fertig!", „Klecker nicht wieder alles voll!", „Wie häufig muss ich es dir noch sagen …?", „Trödel nicht!", „Hör auf zu schreien!", „Hör auf mit dem Blödsinn!" usw.

Geben wir uns nicht die Mühe, konkrete Anweisungen zu geben, damit sowohl Mitarbeiter als auch Familienmitglieder wissen, was wir von ihnen erwarten, dann erzeugen wir mit vagen Anweisungen, Aussagen oder rhetorischen Fragen Verunsicherung. Wir verringern nicht die Komplexität der sozialen Situation, sondern wir erhöhen sie.

> **Kompetenzcenter Familie – Anweisungen**
> Die Fähigkeit, in aufgabenbezogenen Situationen dem anderen für die Aufgabenstellung relevante Informationen zu geben, damit dieser die Aufgabe möglichst selbstständig erfüllen kann bzw. einschätzen kann, wann er Hilfe benötigt:
>
> - die Aufmerksamkeit des anderen erringen,
> - denjenigen mit Namen ansprechen,
> - verhaltensnahe Beschreibung als Anweisung formulieren,
> - ggf. fragen, ob alles verstanden wurde.

Klarheit in der Argumentation

In vielen Gesprächen zu unserem Ansatz „Kompetenzcenter Familie" wurden wir auf zwei Punkte angesprochen:

1. Privates und Öffentliches müsse man strikt trennen.
2. Mitarbeiter sind keine Kinder und Führungskräfte keine Eltern.

Diese wichtigen Hinweise haben wir gerne aufgegriffen und stellen unseren Standpunkt dar. Denn je klarer wir kommunizieren können, desto sicherer finden wir Verständnis und Lösungen. Denn die verschiedenen Grundbedingungen für die Beziehung in Familie und Arbeit führen zu jeweils eigenen Argumentationslinien für das Erleben und Handeln der Personen.

„Beim Arbeiten, Spielen und Essen lernen wir uns am besten kennen!", heißt es in einem Sprichwort. Es weist darauf hin, wie unausweichlich jeder Privates von sich hergibt, wenn wir mit anderen zusammenarbeiten, spielen oder essen. Da kommt der wahre personale Kern von uns zum Vorschein, und zwar in der Art und Weise, wie wir uns verhalten, denken und fühlen.

Kaum einem Menschen gelingt es tatsächlich durchgängig, eine Rolle zu spielen oder aber derjenige wird sich irgendwann selbst fremd. Insbesondere am Arbeitsplatz und in der Familie geraten wir in Stresssituationen, in denen wir „uns" zeigen. Da kann man sich nicht mehr von der „Schokoladenseite" zeigen, da treten wir aus unseren Rollen heraus und zeigen unser wahres Gesicht. Dies geschieht, wenn der Mensch Routineprogramme aktiviert, etwa wenn er unter Druck steht. Dann wird abgespult, was schon x-mal geübt wurde. Der Elfmeterschütze oder der Golfspieler setzt auf solche Routinen, damit im entscheidenden Moment des Schusses oder Schlages die richtige Bewegungshandlung ausgeführt wird. So kommen in Stresssituationen bei uns selbst typische und gewohnte, oft automatisierte Verhaltens- und Erlebensmuster in Gang, statt solche, die wir rational für richtig oder situativ für angemessen halten.

In der Familie akzeptieren wir dieses ungeschminkte „Sosein" eher. Familie ist der Ort, wo wir sein dürfen, wie wir sind, obwohl auch hier Toleranz, Selbstbestimmung und Respekt Rahmenbedingungen sind. Da sind wir eben unter uns! Und: Wir bleiben die, die wir sind – ein Kind, der Vater, die Mutter etc. In jedem Fall bleiben wir eine Familie. Am Arbeitsplatz gelten ganz andere Gesetze. Die Arbeitsbeziehung wird per Vertrag definiert und die Art und Weise der Auflösung genau beschrieben.

Nähe und Distanz im Kontext Wirtschaft und Familie

Im Kontext Wirtschaft und Familie treffen wir vor diesem Hintergrund auf wahrlich spannende Verhältnisse. Einerseits fordern wir selbstverständlich, Privates vom Beruflichen zu trennen. Die Konzepte zur Work-Life-Balance setzten diese Trennmöglichkeit grundsätzlich voraus! In Einzelberatungen hören wir häufig: „Bei der Arbeit verhalte ich mich völlig anders als in meinem privaten Umfeld!" Und auch der (Familien-)Unternehmer ist überzeugt, Privates und Arbeit zumindest in seinen wirtschaftlichen Entscheidungen stets klar trennen zu können. Doch wie soll das gelingen, wenn

- die sichere Segmentierung zwischen Familie und Arbeit im Sinne „Ich fahre jetzt zur Arbeit!" nicht mehr gilt?
- im Homeoffice (nicht nur) die Kinder „Jetzt arbeite ich!" nicht übersetzen können in „Ich warte bis du fertig bist!"?
- in Familienunternehmen ein Verwandter Führungskraft bzw. Mitarbeiter ist und Entlohnung, Arbeitsplatzbeschreibung oder Arbeitsvertrag unterschwellig aus der Familienlogik abgeleitet werden?
- wenn sich Familienunternehmen in der zweiten oder dritten Generation dem Unternehmensgründer noch so verpflichtet fühlen, dass Entwicklungen erschwert bis blockiert werden?
- die Führungskraft sich vorbildlich für ihren Mitarbeiter auch als Mensch interessiert, doch diese Nähe für die Personalentwicklung nicht nutzen darf?

Aus unserer Sicht bestehen erhebliche Zweifel an der Vorgabe, Privates und Arbeit so zu trennen, dass Nähe eher der Familie und Distanz eher der Arbeit zuzuordnen ist. So kann im Leben genau das Gegenteil zutreffen: An der Arbeit haben wir vertraute, sichere Beziehungen zu Kolleginnen, Kollegen oder Führungskräften und können unser „Ich" entfalten. Zu Hause leben wir Distanzbeziehungen mit stagnierender Entwicklung.

Und dennoch: Die Familie ist der Ort des engsten gemeinschaftlichen Lebensvollzuges. Einerseits können Liebe und Glück ungeahnte Kräfte und persönliche Investitionen freisetzen. Andererseits kann Untreue, enttäuschte Liebe, Zurückweisung oder Verrat zu Verwerfungen, Wut und Hass führen. Im Unternehmen liegt der Fokus auf der Funktion, die ein Mensch ausfüllt, und Kündigung bzw. Neueinstellung ist ein normaler Vorgang.

Um die Chancen und Herausforderungen von Nähe und Distanz im Kontext Familie und Unternehmen zu verstehen, weist Arist von Schlippe [50] darauf hin, die beteiligten Systeme systemisch zu verstehen. Vor dem Hintergrund von „Wirtschaft trifft Familie" sind dies die Systeme Familie, Unternehmen und Eigentümer. Die Denk-, Gefühls- und Verhaltensmuster in den jeweiligen Systemen unterscheiden sich deutlich. Die Logik, nach der diese Systeme kommunizieren, ist sehr verschieden und kann zunächst unterteilt werden in Familienlogik und Unternehmenslogik.

Familienlogik versus Unternehmenslogik

In der Familie steht jeweils die Beziehung und Bindung zur einzelnen Person im Fokus, und zwar mit ihren Kompetenzen und Schwächen. Ihre

3.3 Fördere positive Beziehungen in der Familie! 113

Mitgliedschaft in der Familie ist selbstverständlich. Die Eltern-Kind-Beziehung kann nicht gekündigt werden, selbst wenn sie geleugnet wird. Eltern und Kind bleibt man ein Leben lang! Zwar ändern sich die Funktionen, wenn z. B. die Eltern zu Anfang fürsorgliche Aufgaben für die Kinder haben, dann mit den erwachsenen Kindern ein partnerschaftliches Verhältnis aufbauen und schließlich ggf. im Alter von den Kindern versorgt werden und in der hilfsbedürftigen Position sind. Das aber ändert nichts am Elternsein und Kindsein!

Geben und Nehmen

Wie wird in der Familie Ausgleich für erbrachte Leistungen geschaffen? Dies erfolgt meistens langfristig und eher nichtmateriell: Ein „Danke", das aus vollem Herzen kommt, kann jahrelange Investition ausgleichen, etwa wenn die Eltern ihrer Tochter mit viel Mühe eine Ausbildung ermöglichen. Die „Währung" zum Handel in Familien besteht eher in Emotionen und nicht in Geld. Loyalität wird mit gegenseitiger Anerkennung und Wertschätzung belohnt. Die gegenseitige Zugehörigkeit und Verbundenheit ist sicher, oder man streitet darum.

In der Familie wird unter Gerechtigkeit das „Gleichheitsprinzip" gesehen: Jeder sollte „das Gleiche" bekommen und gleich behandelt werden, unabhängig etwa von seiner erbrachten Leistung oder seiner sozialen Anerkennung.

Die Kommunikation in der Familie ist beziehungsorientiert und hat zum Ziel, die Bindung in der Familie in der jeweiligen Phase des Familienzyklus aufrechtzuerhalten.

Im Unternehmen hingegen besteht eine völlig andere und zum Teil konträre Logik. So bringen Menschen ihre Arbeitskraft ein und erwarten hierfür kurzfristigen Ausgleich mit der „Währung" Geld. Sicherlich wird auch im Unternehmen Wertschätzung und Anerkennung gesucht, und Mitarbeiter sind bereit, sich über die offizielle Bezahlung für das Unternehmen zu engagieren, sofern sie sich mit dem Unternehmensziel identifizieren können. Gleichwohl würde kein Mitarbeiter auf sein Gehalt verzichten, nur um später einen Dank zu bekommen. So gesehen, steht im Fokus des Unternehmens nicht der „Mensch an sich", sondern eher der Mensch mit seinen persönlichen Fähigkeiten und seiner Funktion für das Unternehmensziel. Der Mitarbeiter ist prinzipiell austauschbar und kündbar. Dies ist im Arbeitsvertrag geregelt. Für die Mitgliedschaft in einer Familie gibt es keinen Vertrag außer zwischen den Ehepartnern. Gerechtigkeit wird im

Unternehmen durch Ungleichheit hergestellt: Wer am meisten leistet und am besten qualifiziert ist, bekommt das höchste Gehalt.

Die Kommunikation in Unternehmen hat die Funktion, das Unternehmensziel zu erreichen, und braucht daher eine stärkere Sach- und Entscheidungsorientierung.

Beispiele für die Verbindung zwischen Privatem und Beruflichem

Homeoffice und Dienstreise. Eine Mutter von drei Kindern, 4, 6 und 9 Jahre alt, vollzeitlich berufstätig, hat zwei Tage in der Woche die Möglichkeit, die Arbeit vom Homeoffice zu verrichten. Sie ist sich der Schwierigkeit der Abgrenzung zwischen Arbeit und Familie bewusst und spricht mit ihren Kindern hierüber. Als Hilfe zur besseren Abgrenzung hängt sie ein Plakat an die Tür ihres Arbeitszimmers: „Mama ist auf der Arbeit!"

Der sechsjährigen Tochter ist langweilig und sie sucht den Kontakt zur Mutter. Vor der Türe stehenbleibend (!) ruft sie nach ihrer Mutter: „Mama, mir ist langweilig! Was soll ich tun?" Bindungslogik „Ich bin immer für dich da!" und Sachlogik „Ich telefoniere jetzt mit einem wichtigen Kunden, der uns einen großen Auftrag erteilt!" treffen aufeinander.

Eine Woche später, die sechsjährige Tochter liegt mit Fieber im Bett: Die Mutter hat seit einem halben Jahr einen Workshop auf einer Messe zugesagt und muss für drei Tage verreisen. Erneut prallen Beziehungslogik und Funktionslogik aufeinander.

Führungskraft – fair zum Menschen. Ein Teamleiter von sechs Mitarbeitern hat sich in seiner Personalverantwortung zum Ziel gesetzt, sich für seine Mitarbeiter als Menschen zu interessieren. Denn er weiß, dass dies Vertrauen schafft und sich auch positiv auf Lernprozesse auswirkt. Täglich – wenn auch nur kurz – trifft er seine Mitarbeiter. So ist er ansprechbar, zeigt Interesse und hat dennoch genügend Zeit für die Produktion und den möglichst optimalen Ablauf der Arbeitsprozesse. Einerseits erlebt die Führungskraft ihre Mitarbeiter sehr nah und damit auch persönlich. So vertraut ein Mitarbeiter seinem Vorgesetzten z. B. persönliche Themen an wie „Wir machen uns Sorgen um unserer Tochter wegen der Schule" oder „Die Pflege meiner Eltern ist dazugekommen". Vielleicht ist der Vorgesetzte sogar die Person, die diesen Menschen am besten kennt. Andererseits gebietet es die Wahrung der Privatsphäre und des Persönlichkeitsrechts, genau diese privaten Themen im Personalentwicklungsgespräch nicht anzusprechen. Gleichwohl könnte es aber von großem Nutzen für das Unternehmen sein, wenn dieser Mitarbeiter die Balance zwischen Einsatz und Regeneration im Verhältnis zu seinen Eltern lernt oder das „Loslassen" der Kinder übt, indem er nicht mehr ihre Hausaufgaben macht. Denn „sich abgrenzen können" und „Nein sagen" könnten wichtige Entwicklungsschritte dieses Mitarbeiters sein, der sich auch im Unternehmen häufig durch zu viele Aufgaben verzettelt.

> **Best Practice – kurze Beziehungszeiten, dafür jedoch häufig**
> Ein Geschäftsführer eines Unternehmens mit ca. 20 Mitarbeitern nimmt sich jeden Morgen 40 min Zeit, um jeden seiner Mitarbeiter zu begrüßen, nach seinem Befinden zu fragen und danach, was für ihn heute auf der To-do-Liste steht. Hat der Mitarbeiter ein größeres Thema, dann schreibt sich der Geschäftsführer dieses Anliegen auf und vereinbart mit ihm noch für denselben Tag einen gesonderten Termin.
> Seit der Geschäftsführer diese Beziehungszeit eingeführt hat, sind festere Beziehungen zu seinen Mitarbeitern entstanden. Er ist viel dichter an aktuellen Themen im Unternehmen dran. Überraschend ist: Er hat jetzt mehr Zeit für inhaltliche Aufgaben als früher. Sobald er damals das Unternehmen betrat, musste er damit rechnen, dass er wegen „ganz wichtigen Themen" stets angesprochen bzw. in seiner Arbeit unterbrochen wurde. Das ging so weit, dass der Geschäftsführer überlegte, ob er für seine Arbeit überhaupt in das Unternehmen kommen soll – wie absurd.

Übergabe des Unternehmens. Das Gründerehepaar eines Familienunternehmens bietet dem Sohn und der Schwiegertochter an, dass sie nun den Betrieb weiterführen können. Nach reiflicher Überlegung sagt das junge Paar der Übernahme zu, macht sich verantwortlich an die Arbeit und erstellt einen Businessplan für Übergabe, Einarbeitung und Umbaumaßnahmen. Es dauert nicht lange, bis sich die Eltern von dem jungen Paar an den Rand gedrängt fühlen und heftige Konflikte auftreten. Das junge Unternehmerpaar ist sich keiner Schuld bewusst. Erst nachdem beide Paare erkennen, dass sie die Situation von völlig unterschiedlichen Blickwinkeln erfasst haben, entspannt sich die Situation.

Die Eltern haben zwar das klare Zugeständnis ausgesprochen, dass die Kinder ihr Leben und das Unternehmen völlig frei und selbst gestalten können. Im tiefsten Herzen jedoch wünschten sie sich, dass ihr Lebenswerk fortgeführt wird. Dies sprachen sie nicht an, um eben keinen Druck auszuüben.

Das junge Paar als Unternehmer war eifrig dabei, zu untersuchen, wie die Prozesse im Produktionsablauf und der Personalentwicklung optimiert werden können, und freute sich auf die Maßnahmen zur Umgestaltung.

Weitere Beispiele. Auch Sie werden weitere Beispiele kennen, etwa wenn

- am Sonntagmorgen beim Frühstück über Internes des Familienunternehmens gesprochen wird.
- die Anwesenheit des Vaters bei der Geburt wegen einer Dienstreise nicht möglich war.
- ein Kundentermin den Hochzeitstag zum Platzen bringt.

Ein Unternehmen, das seine Mitarbeiter ausschließlich unter funktionalen Gesichtspunkten führt, kann keine nachhaltigen Gewinne erzielen. Als Beispiel hierfür soll die schon erwähnte Entdeckung der Fließbandarbeit und der Funktionalismus der Arbeit unter Henry Ford dienen. Trotz anfänglicher durchaus sehr hoher Gewinne konnte die Produktivität letztlich nicht durch ein „Nochmehr an Funktionalismus und Sachlichkeit" gesteigert werden. Im Gegenteil: Mitarbeiter wurden krank, die Leistungszahlen brachen ein und die Produktivität sank!

Das Bedürfnis der Mitarbeiter nach Beziehung – auch am Arbeitsplatz – greift das Toyota-Produktions-System (TPS) auf, indem es eine „Beziehungs-Sach-/Funktionslogik" zugrunde legt. Mit „Respekt zum Mitarbeiter und hart zum Prozess!" lässt sich das TPS stark vereinfacht, jedoch im Kern treffend auf einen Satz reduzieren [51]. Und auch die Eigentümerperspektive kann in das Unternehmenssystem eingebracht werden, dann wenn Mitarbeiter z. B. Anteilseigner des eigenen Unternehmens werden können.

Wir stellen fest: Ein wesentlicher Aspekt der positiven Beziehung ist das Verstehen und Verstandenwerden. Im Kontext „Wirtschaft trifft Familie" verstehen wir vieles besser, wenn wir die Systemlogik der Familie und der Organisation kennen. Gleichwohl bleibt eine Spannung zwischen Privat und Öffentlichkeit, Familie und Organisation, die nicht gelöst ist. Was bedeutet das praktisch für Eltern im Kompetenzcenter Familie? Die Herausforderung für Eltern ist: Bleibe klar! Denn für diffuse und verstrickte Verhältnisse zwischen den Systemen Familie, Unternehmen und Eigentümer brauchen wir nicht sorgen, die entstehen von ganz allein. Die Folge ist: Wir hüpfen in der Argumentationslinie zwischen Familienlogik und Unternehmenslogik hin und her.

Die weiteren vier Handlungskompetenzen lernen Eltern, wenn sie sich in beiden Systemen bewegen: Familie und Unternehmen – Klarheit der Systemzugehörigkeit, Klarheit in der Kommunikation, Ambiguitätstoleranz.

Kompetenzcenter Familie – Systemklarheit

Die Fähigkeit, die jeweilige Systemlogik zu erkennen und diese im Gespräch zu kennzeichnen:

- Familien- und Unternehmenslogik kennen,
- bewussten Perspektivenwechsel vornehmen,
- eindeutig aus der Perspektive Familie oder Unternehmen formulieren.

Kompetenzcenter Familie – Kommunikationsklarheit

Die Fähigkeit, eindeutig von sich zu sprechen und aufmerksam zuzuhören, auch bei kritischen Äußerungen:

- Ich-Botschaften verwenden,
- Sache und Situation konkretisieren (statt zu verallgemeinern),
- beim Thema bleiben, insbesondere dann, wenn verschiedene Systemebenen dazu verleiten, von einem in das andere System zu wechseln,
- sich dem anderen zuwenden,
- zur Vergewisserung zusammenfassen (Stimmt das, was ich verstanden habe?),
- Interesse an der Meinung des Gegenübers zeigen.

Kompetenzcenter Familie – Ambiguitätstoleranz (vgl. Abschn. 3.1)

Die Fähigkeit, mehrdeutige Situationen und widersprüchliche Handlungsweisen zu ertragen:

- kulturell bedingte, ggf. inakzeptabel erscheinende Unterschiede anerkennen,
- mehrdeutige Informationen, die schwer verständlich sind, wahrnehmen,
- Widersprüchlichkeiten vorbehaltlos begegnen.

Positive Begegnungen

„Mein Vorgesetzter oder eine andere Person bei der Arbeit interessiert sich für mich als Mensch" und „Ich habe einen sehr guten Freund bzw. eine sehr gute Freundin innerhalb der Firma" sind zwei Aussagen zur Erfassung der emotionalen Mitarbeiterbindung der Gallup-Studie. Es ist in der Tat nicht die Sach- und Funktionslogik, sondern – so könnte man meinen – die Familienlogik, die auch für die Mitarbeiter in den Organisationen wichtig ist. Eltern erleben und trainieren diesen Zusammenhang in ihren Familien.

Es sind die Zuwendungen mit Herz, die dem Kind signalisieren: „So wie du bist, bist du okay. Dich habe ich lieb!" Nichts ist wichtiger als die andauernde Bestätigung der Beziehung zueinander durch angemessene Aufmerksamkeit, gegenseitige Hilfe und Humor. Das gilt für sämtliche andere Beziehungen, die auf Augenhöhe angelegt sind. Wenn eine Führungskraft nicht nur sagt „Ich stehe hinter Ihnen!", sondern dies auch wahr macht, wenn die Situation brenzlig wird, dann sind das positive Begegnungen. Und hierzu braucht es nicht viele Stunden der Begegnung, sondern es genügt häufig eine kurze Zeit, in der die Führungskraft vermittelt: „Ich bin bei Ihnen!" So einfach kann positive Begegnung sein.

Bei der Beziehung verhält es sich etwa so wie bei einem Bankkonto: Die Abhebungen folgen fast automatisch, die Einzahlungen sind hingegen immer mit Aufwand verbunden! Mit den positiven Begegnungen erhält das Beziehungskonto Einzahlungen, und das Guthaben auf dem Konto wächst. Dies ist gerade auch dann nötig, wenn Eltern und Kinder den Eindruck haben, dass der jeweils andere nur noch Abhebungen von diesem Beziehungskonto macht. Eltern haben hin und wieder das Gefühl, dass sie ihr Kind fast nur noch ermahnen, begrenzen und bestrafen müssen, und es entwickelt sich eine negative Erwartungshaltung. Die Kinder erleben dies meistens ähnlich belastend. Sie haben das Gefühl, dass die Eltern eigentlich nur noch unzufrieden sind und mit ihnen schimpfen. Die „Negativaufmerksamkeitsfalle" für unangebrachtes Verhalten schnappt dann zu, und die Beziehung verschlechtert sich.

Positive Beziehungszeit gelingt nicht nebenbei und lässt sich auch nicht locker aus dem Ärmel schütteln. Positive Beziehungszeit ist immer wieder ein Sichentschließen, Situationen zu schaffen, um mit dem Kind positive gemeinsame Zeit zu haben. Das beginnt, noch bevor das Kind in der Nähe der Eltern ist. So entsteht die positive Begegnung im Kopf. Eltern können lernen, das Kind von der positiven Seite zu sehen, d. h., sie können lernen, trotz allem Stress im Familienalltag, die Aufmerksamkeit auf die guten Erfahrungen mit dem Kind zu lenken. Also: „Was ist meinem Kind heute oder gestern gelungen? Und wie habe ich darauf reagiert?" Schreiben Eltern diese positiven Erfahrungen auf, werden sie ihnen viel stärker bewusst. Dies wirkt so ähnlich wie ein Dankesbrief, in dem ich mir nochmals vor Augen führe, was das Geschenk in mir ausgelöst hat. Und Eltern werden allein dadurch ihrem Kind viel häufiger mitteilen, was gelungen ist und worüber sich Eltern freuen.

Dieser einfache Zusammenhang ist seit Langem auch wissenschaftlich bekannt: Es ist die Anzahl der Begegnungen, die die Grundlage einer tragfähigen Beziehung legt, und nicht die Dauer. George Caspar Homans, Soziologe, arbeitete an theoretischen Konzepten zum Sozialverhalten. In dem nach ihm benannten Homans-Gesetz heißt es: „Wenn sich die Häufigkeit der Interaktion zwischen zwei oder mehreren Personen erhöht, so wird auch das Ausmaß ihrer Neigung füreinander zunehmen, und vice versa" [52, S. 126].

Hören Eltern in unseren Kursen von „positive Beziehungszeiten" reagieren viele mit einer abwehrenden Geste im Sinne „ein Mehr des Gleichen bis zur Erschöpfung" und sagen: „Kinder brauchen soooo viel Zeit", „Für Kinder ist immer Primetime", „Je mehr, desto besser!". Doch es überrascht viele Eltern, dass häufige, relativ kurze Zeiten effektiver für die positive Beziehung sind als ausgedehnte Beziehungszeiten, die jedoch nur einmal in der Woche oder noch seltener vorkommen. Bereits Kontakte von ein bis zwei Minuten fördern eine positive Beziehung. Das Prinzip für die positive Beziehung lautet: „Lieber häufig kurz, als manchmal lang!"

Bei der Beziehungszeit unterbrechen Eltern ihre Tätigkeit und wenden sich ihrem Kind voll und ganz zu. Sie lassen ihr Kind spüren, dass sie jetzt Zeit für es haben. Eltern haben dann auch das Recht, die Beziehungszeit klar zu begrenzen, indem sie sagen: „Ich möchte jetzt die Zeitung weiterlesen. Spiele mit deinen Bauklötzen jetzt alleine weiter."

In Elterntrainings, vor allem mit berufstätigen Vätern, haben wir häufig erlebt, wie diese Väter sich nicht mehr in einer Beziehung zu ihren Kindern sahen. Trotz des Wunsches, gemeinsam etwas zu unternehmen oder etwas über die Welt der Kinder im Alltag zu erfahren, spürten sie, dass die Aufmerksamkeit viel mehr auf die Mutter ausgerichtet war. Es ist gut nachvollziehbar, wie solche Erfahrungen dazu führen, sich langsam und unmerklich mit der Situation abzufinden – und plötzlich fühlt man sich nicht mehr als vollständiges Mitglied der Familie. Was hier gemeint ist, konnten diese Väter gut am Urlaubseffekt beschreiben: „Im Urlaub habe ich wieder guten Kontakt zu meinen Kindern bekommen."

Nun, Sie als Leser können sich vorstellen, dass in Elterntrainings bei berufstätigen Vätern unser Hauptaugenmerk darin bestand, zur positiven Beziehungszeit zu motivieren. Häufig konnten wir zum Teil sehr rührende Erfahrungen machen, wie das bewusste Herbeiführen der positiven Beziehungszeit sich rasant in der Familie auswirkte: Innerhalb weniger Tage hat sich das Familienklima von „Mama, wer ist dieser Mann dort?" zu „Hey Papa, können wir heute Fußball spielen?" gewandelt.

> **Kompetenzcenter Familie – Nutzen kurzer Beziehungszeiten**
> Die Fähigkeit, kurze Zeit für die Begegnung zu nutzen und sich auf den anderen so einzustellen, dass er sich wohlfühlt:
>
> - den Zusammenhang zwischen Häufigkeit von Begegnungen und möglicher Qualität der Beziehung kennen,
> - Kontakte von 30 s bis 2 min einleiten und so beenden, dass der andere Respekt erlebt,
> - Perspektivenübernahme gelingt,
> - sich ggf. freundlich abgrenzen, um dann zu einem anderen Zeitpunkt mehr Zeit für die Begegnung zu haben.

Miteinander Reden

Damit sind wir bei einer weiteren Kompetenz von Eltern, das Miteinanderreden. Es scheint zunächst trivial. Es ist doch einfach, miteinander zu sprechen – sollte man meinen. Doch viele Eltern erzählen Begebenheiten wie diese: „Wenn ich mein Kind von der Kita abhole, dann will es einfach nicht mit mir reden. Ich frage: ‚Wie war es heute in der Spielgruppe?' Mein Kind sagt: ‚Gut!' ‚Was war gut?', frage ich. Das Kind antwortet: ‚Alles!' Und dann ist das Gespräch schon beendet." In der Tat, diese Gespräch verlaufen meistens so.

Wenn Sie es einmal genau reflektieren: Die Gespräche verlaufen mit dem Partner oder der Kollegin sehr ähnlich. Der Kollege fragt: „Wie war der Betriebsausflug?" Antwort: „Klasse!" Und das Gespräch ist beendet. Der Partner fragt: „Schatz, wie war dein Tag heute?" Antwort: „Ach … soweit ganz in Ordnung!" Also: Das Miteinanderreden hat etwas mit den Small-Talk-Regeln zu tun. Und die können Eltern jeden Tag lernen und anwenden. Eine dieser Small-Talk-Regeln, die wir den Eltern im Seminar beibringen, heißt: „Interessiere dich für das Detail im Alltag und merke es dir für den nächsten Gesprächsbeginn."

Das bedeutet für den Vater von vier Kindern, dass er sich Notizen zu jedem seiner Kinder macht. Wer ist der Lieblingslehrer? Wann wird welche Arbeit in der Schule geschrieben? Welcher Schauspieler wird zurzeit verehrt etc. Sprechen Eltern diese konkreten Details aus dem Leben der Kinder an, wird sich sofort ein lebendiges Gespräch entwickeln. Das Gleiche gilt auch für Kollegen oder Partner. „Schatz, wie war deine Präsentation? Wie haben die Teilnehmer auf die Powerpoint-Präsentation reagiert?" Auf diese Frage wird sehr wahrscheinlich mehr als eine einsilbige Antwort wie „gut" oder „prima!" entgegnet.

> **Kompetenzcenter Familie – Zuhören**
>
> Die Fähigkeit, sich für die Lebenswirklichkeit des Gegenübers zu interessieren und Details hieraus mit Interesse anzusprechen:
>
> - aktiv zuhören können,
> - Interessensfragen und eher offene Fragen stellen,
> - sich persönliche Themen merken, um diese ggf. später erneut anzusprechen.

Förderung – ich verhelfe dir zur Selbstständigkeit

Für die Entwicklung von Beziehungen haben wir bisher mehr die Begegnung und Kommunikation im Blickpunkt gehabt. Also: Wann haben wir füreinander Zeit und wie reden wir miteinander? Eine weitere beziehungsstiftende Erfahrung kennt jeder von uns: Menschen, die mich positiv unterstützen, erlebe ich als angenehm. In der Gallup-Studie führten folgende Aussagen zur emotionalen Mitarbeiterbindung: „Bei der Arbeit gibt es jemanden, der mich in meiner Entwicklung fördert", „In den letzten sechs Monaten hat jemand in der Firma mit mir über meine Fortschritte gesprochen", „Während des letzten Jahres hatte ich bei der Arbeit die Gelegenheit, Neues zu lernen und mich weiterzuentwickeln". Ganz im Sinne der Qualitätsentwicklung und der Fachkompetenzentwicklung muss jede Führungskraft daran interessiert sein, dass ihre Mitarbeiter sich weiterqualifizieren.

Eltern, die ihre Kinder zur Selbstständigkeit erziehen, sorgen dafür, dass diese ihre Eltern für ihre Lebensbewältigung nicht mehr benötigen. Das alles klingt einfach – ist es aber nicht! Wir wissen sehr genau, wie heikel es ist, Kindern gut gemeinte Ratschläge zu geben, etwa wenn sie ...

- die Schuhe binden wollen und es mit der Schlaufe einfach nicht funktionieren will.
- Zähneputzen lernen sollen und das Ganze immer noch eher eckig und grobmotorisch aussieht.
- das Schwimmen beherrschen wollen und wir als Eltern zu große Lernziele setzen.
- den Dreh mit dem Gleichgewicht beim Radfahren einfach nicht herausbekommen und resigniert aufgeben wollen.

Eltern brauchen hierzu viel Geduld und Motivationsintelligenz. Damit meinen wir: Eltern nehmen gut wahr, welchen Impuls die Kinder jetzt brauchen, um an einer Herausforderung dranzubleiben, nicht aufzugeben, es noch einmal zu probieren, um dann zum Erfolg zu kommen. Eltern können gut einschätzen, welcher Teilschritt für das Kind bewältigbar ist, und was gerade jetzt eine Überforderung ist. Sie kennen Motivierungsstrategien, die dem Kind viel Eigenständigkeit überlassen, selbst die Aufgabe zu lösen. Denn Kinder sind geborene Entdecker! Sie wollen hinzulernen. Sie sind begeistert von dieser Welt und wollen sich diese schon früh erobern, nach dem Prinzip „Versuch und Irrtum" oder „Lernen am Erfolg". Je häufiger sie die Erfahrung machen, die Situation zu bewältigen, desto mehr wächst ihr Selbstvertrauen.

Die Beziehung zwischen Eltern und Kinder wird also immer vertrauensvoller, wenn Kinder ihre Eltern als Unterstützer sehen, um neue Fähigkeiten und Fertigkeiten zu erlernen, statt sie als Besserwisser und Bevormunder zu erleben. Dies gilt besonders, wenn Kinder anfängliche Misserfolge überwinden müssen. Es sind Sternstunden der Beziehung, wenn Kinder in Ihrer Gegenwart lernen, sich mehr zu trauen. Diese Art von Anleitung, Unterstützung, Coaching oder Begleitung zur Selbstverantwortung lernen Eltern täglich.

Wir möchten Ihnen hier eine Strategie vorstellen, die Eltern in unseren Kursen immer wieder als besonders wertvoll erachten und häufig direkt in den beruflichen Kontext übertragen. Das Prinzip heißt: Fragen! Sagen! Tun! Es ist simpel: Zunächst stellen wir diese Strategie im Kontext Familie vor und im Anschluss geben wir Ihnen ein Best-Practice-Beispiel.

Sie gehen immer in drei Schritten vor, wenn Sie einem Menschen eine neue Fertigkeit beibringen wollen. Fragen – erster Schritt. Sie unterstellen dem Kind, dass es eigentlich die Aufgabe schon kann. Sie fragen also Ihr Kind, das dabei ist, selbstständig Zähne zu putzen: „Wie machst du das denn mit dem Zähneputzen? Mit was fängst du denn an?" Nehmen wir an, das Kind sagt „Weiß ich nicht!", dann nehmen Sie das ernst und gehen bereits zum zweiten Schritt – Sagen. Sie geben dem Kind Informationen, die es für die Bewältigung der Aufgabe benötigt, z. B. „Zuerst bringst du die Zahnpasta auf die Zahnbürste. Zeig mir mal, wie du das machst!" Wieder hat das Kind die Chance, Ihnen das zu zeigen, was es bereits kann, oder aber es scheitert auch an diesem zweiten Schritt. Also bleibt Ihnen der dritte Schritt – Tun. Mit dem Kind führen Sie diese Aufgabe jetzt gemeinsam durch, indem Sie die Zahnpasta auf die Zahnbürste aufbringen.

Sie können sich gut vorstellen, dass in einer nächsten Situation das Kind bereits im ersten Schritt „Fragen" bereits diese Teilaufgabe beherrscht. Und in dieser Weise gehen Sie mit dem Kind weiter durch die Aufgabe

"Zähneputzen": "Jetzt haben wir die Zahnpasta auf der Zahnbürste ... Wie geht es jetzt weiter?"

Sie sehen also: Fragen-Sagen-Tun ist äußerst ressourcenorientiert, denn Sie setzen gewiss an dem vorhandenen Wissen und den bereits vorhandenen Fähigkeiten des Kindes an. Mit dieser Strategie kommen sie häufig auch in kurzer Zeit mit dem Kind zum Lernerfolg, und Sie fördern das Selbstwirksamkeitserleben des Kindes und damit natürlich auch sein Selbstvertrauen.

> **Best Practice – Fragen-Sagen-Tun im Beruf**
>
> Schauen wir uns jetzt eine Situation aus dem Arbeitsbereich an, die Sie bestimmt auch schon leidvoll erlebt haben. Ihr Computer funktioniert nicht! Ein Softwarefehler, eine Unkenntnis Ihrerseits oder sogar ein tatsächlicher Defekt führt dazu, dass Sie nicht weiterarbeiten können. Alle, aber auch alle Selbstheilungsversuche sind gescheitert, und Sie sind zu der Überzeugung gekommen: Hier muss ich mir Hilfe holen – es muss der IT-Support her.
>
> Selbst habe ich häufig Folgendes erlebt: In relativ kurzer Zeit hat der IT-Supporter das Problem behoben bzw. meinen Anwendungsfehler erkannt. Folglich will er mir zeigen, wie ich in Zukunft den Fehler vermeiden kann. Ich schaue ihm über die Schulter und sehe, wir er zielsicher die Maus auf dem Bildschirm bewegt und in einer irren Geschwindigkeit die richtigen Klicks setzt und das Problem bewältigt hat. Ich sage: „Stopp! Das ging mir zu schnell! Bitte machen Sie das jetzt noch mal gaaaanz langsam!" Leicht genervt, aber dennoch mit professionell-freundlichem Ton zeigt Ihnen der IT-Supporter die Lösung. Beim Zuschauen denken Sie: „Okay, in der Tat, das kann ich jetzt auch. So schwer ist das tatsächlich nicht." Kaum hat der IT-Supporter den Raum verlassen, und Sie versuchen, selbst die Lösung anzuwenden, stellen Sie leidvoll fest: Es klappt nicht. Ich kann es nicht. Und Sie haben nicht den Mut, den IT-Supporter anzurufen und ihn um Hilfe zu bitten.
>
> Die Sozialfachwirtin und Leiterin der Betriebskindertagesstätte ist Mitglied des Führungsteams eines 1200 Mitarbeiter starken Unternehmens. In einer Führungsteamsitzung berichtet Sie vom Elternkompetenzseminar und von gelungenen Beispielen, wie Eltern mit Fragen-Sagen-Tun die Selbstständigkeit ihrer Kinder aktiv fördern. Daraufhin meldet sich die Führungskraft des IT-Support-Teams mit der Bitte um Weiterbildung aller ihrer Mitarbeiter in Fragen-Sagen-Tun.
>
> Die spätere Fortbildung des IT-Support-Teams dauert 45 min. Der Aufbau und Ablauf mit Präsentation und Übung ist identisch wie im Seminar für die Eltern. Nur die Beispiele sind an den Arbeitsalltag angepasst.

Wie Kinder stets an den Grenzen des Könnens stehen, sind auch Mitarbeiter, Führungskräfte oder Unternehmer immer herausgefordert, mit den eigenen Aufgaben zu wachsen. Erfahren wir Hilfe zur Selbsthilfe, Unterstützung zur Bewältigung, dann sind das sehr positive Erfahrungen für beide: für den, der die Aufgabe jetzt bewältigen kann, und für den Anleiter, Helfer oder Supporter.

Zugegeben: Fragen-Sagen-Tun erfordert von Eltern und von Mitarbeitern ein hohes Maß an Geschick, etwa in der Zurückhaltung, die Aufgabe personengerecht in Teilaufgaben zu zerlegen, oder sich geduldig durch Fragen-Sagen-Tun zu arbeiten. Mitarbeiter können hierzu Weiterbildungsseminare besuchen. Eltern stehen seit der Geburt des Kindes im Kompetenzcenter Familie und können sich täglich fordern in „prozessorientierter Kompetenzentwicklung", „ressourcenorientiertem Microteaching" oder „entwicklungsförderndem Feedback".

> **Kompetenzcenter Familie – Anleiten oder Coaching**
> Die Fähigkeit, Herausforderungen und Entwicklungshemmnisse wahrzunehmen, vorhandene Ressourcen zu erkennen, um mit diesen Hilfemaßnahmen die Selbstwirksamkeit des Gegenübers bestmöglich zu fördern:
> - das Gegenüber als besten Wissensträger hinsichtlich der Herausforderung akzeptieren,
> - Herausforderungen in mehrere Teilaufgaben zergliedern,
> - Strategien zur ressourcenorientierten Anleitung, z. B. Fragen-Sagen-Tun, kennen,
> - stets auf die Förderung der Selbstwirksamkeit achten,
> - Teilerfolge zur Motivation nutzen, um leistungsförderndes Feedback zu geben.

> **Ausschnitt aus dem Interview mit Elke Benning-Rohnke, Mutter von zwei Kindern, nach zwölf Jahren in internationalen Konzernen wurde sie Vorstand bei der Wella AG in Darmstadt. Heute: In eigener Unternehmensberatung in Ismaning bei München tätig und sitzt im Aufsichtsgremium der Daiichi Sankyo Europe GmbH.**
>
> **JL:** An welchem Leitbild für die Erziehung haben Sie sich orientiert?
> **BR:** Mein Mann und ich waren uns zunächst einmal einig, dass die Kinder physisch und psychisch gesund heranwachsen und in der modernen Gesellschaft bestehen sollten. Natürlich wollten wir ihre Talente fördern und sie formen. Durch meine zahlreichen Geschwister (drei Brüder!) wusste ich aber, dass jedes Kind ganz Unterschiedliches mitbringt und eine Veränderung dieser Anlagen nur eingeschränkt möglich ist.
> **JL:** Welchen Erziehungsauftrag haben Sie daraus abgeleitet?
> **BR:** Wenn man die Kinder stark machen will, erfordert das seitens der Eltern einen ständigen Perspektivenwechsel. Jedes Kind will anders angesprochen, anders gefördert werden. In schwierigen Situationen muss man beherzt, aber auch behutsam eingreifen. Rückblickend kann ich sagen, dass Eltern ein guter Coach sein müssen – ein Begriff, den ich damals noch nicht kannte. Heute sehe ich, dass ich diese Kompetenz über meine

3.3 Fördere positive Beziehungen in der Familie! 125

Kinder erworben habe. Damit habe ich mich auch beruflich weiterentwickelt. Denn oft kann man Erfahrungen aus dem familiären Bereich auf berufliche Teams übertragen und vice versa.

JL: Was sind das konkret für Fähigkeiten, die Sie sich erworben haben?

BR: Ich erwähnte schon den ständigen Perspektivenwechsel. Damit ist immer auch Rollenflexibilität verbunden, ebenso die Fähigkeit, Konflikte deeskalieren zu können und für Win-win-Situationen zu sorgen. Die größte Herausforderung dabei ist, dass sich ja die Kinder über die Jahre verändern. Ich muss also immer wieder neu verstehen: Wohin will der andere in diesem Moment? Wo stehe ich selbst gerade? Mit welchen Ressourcen können wir jetzt arbeiten? Wo können wir etwas stärken? Wie gelingt der Interessenausgleich? – Das sind Kompetenzen, die ich heute bei mir als ausgeprägt bezeichne.

JL: Können Sie uns hierzu ein Beispiel geben?

BR: Ich erinnere mich, wie unser ältester Sohn einmal aus dem Kindergarten heimkehrte. Sonst eher ein sonniger Typ, war er an dem Tag fix und fertig. Man kam erst gar nicht an ihn heran. Dann platzte es aus ihm heraus: „Mama, ich bin ja jetzt König und für alles verantwortlich. Ich schaffe das nicht". Es stellte sich heraus, dass man ihm diesen Titel verliehen hatte, weil er jetzt der Älteste war. Ich hätte natürlich sagen können: „Vergiss das einmal. Die Chefs sind doch die Kindergärtnerinnen. Mach dir mal keinen Kopf". Ich habe es anders gemacht. Ich habe mich mit meinem Sohn gemeinsam in die Rolle des Königs im Kindergarten hineinversetzt und herausgefunden, was diese Position verlangt, was er bereit ist zu geben und wie er das den anderen Kindern vermitteln kann. Wir waren auf Augenhöhe.

JL: Lief das in der Pubertät auch noch so gut?

BR: Die Situation, die mich am meisten herausgefordert hat, war für mich, als mein jüngerer Sohn, damals 14, zu mir sagte, er wünsche sich, dass ich als seine Mutter mich nicht mehr in sein Leben einmische. Ich wollte schon ansetzen und ihm die rechtlichen Grenzen dieses Ansinnens erklären. Doch dann erinnerte ich mich daran, wie unglaublich erwachsen ich selbst mich in diesem Alter gefühlt hatte und zu welch massiven Konflikten das damals mit meinen Eltern führte. Ich hab dann schnell beschlossen, nicht in Konfrontation zu gehen.

JL: Und was haben Sie stattdessen getan?

BR: Ich habe sein Ansinnen der Selbstbestimmung angenommen und die Möglichkeiten ausgelotet, wie ich für ihn ein akzeptabler Ratgeber sein kann. Ab sofort war ich sein Coach. Das hat dann auch sehr gut funktioniert. Wichtig war für mich, diese Rolle konsequent einzuhalten. Ich habe dann auch mit richtigen Coaching-Tools gearbeitet, die für Eltern eher untypisch sind. Bei einer schwierigen Situation mit dem Mathelehrer haben wir uns einen Abend durch das Konflikthaus gearbeitet *(lacht)*. Das war eine ernste Sache.

JL: Sie haben das also konsequent durchgehalten, auch im Rahmen des Jugendschutzgesetzes?

BR: In der Tat hatten wir auch das ausführlich besprochen. Er wusste, dass er uns mit seinem selbstbestimmten Verhalten nicht in Gefahr bringen darf. Er scheint damit verantwortlich umgegangen zu sein. Wenn wir Wünsche ablehnen mussten, dann haben wir das anhand der rechtlichen Regeln oder unserer Wertvorstellungen für ihn nachvollziehbar gemacht.

JL: Welche Kompetenzen haben Sie noch als Coach mit ihren Kindern zusammen entwickelt?
BR: Vorausschauendes und strategisches Denken. Das muss ich aus meiner Situation heraus erklären. Erstens komme ich aus einer Familie, die mit dem Schulsystem eher gehadert hat und zweitens wusste ich, dass ich als voll berufstätige Mutter, gar als Vorstand, im System Schule keine hohe soziale Akzeptanz genießen würde. Ich musste also von vornherein sicherstellen, dass meine Kinder da möglichst problemlos durchlaufen.
Ich habe mich mit den Jungs dann schon in der Grundschule geeinigt, dass man eine Sportart betreibt, ein Musikinstrument lernt und keine Vier nach Hause bringt. Wer die zweite Vier schreibt, bekommt Nachhilfe und muss die Hälfte der Nachhilfe vom Taschengeld selbst bezahlen. Dazu ist es dann niemals gekommen. Meine Seite des Deals war: Ich habe mich in die Schule nicht einzumischen. Meine Söhne haben so früh ihre Selbstverantwortung gestärkt und ich das Vertrauen gegeben.
JL: Trotzdem muss ja jemand die Betreuung übernommen haben…
BR: Ja, und da sind wir gleich bei einer weiteren Kompetenz: spontanes Organisieren. Wir waren nach Köln gezogen und hatten ein Au-Pair-Mädchen, der ich natürlich nicht die ganze Verantwortung für das Schulleben meines Sohnes aufbürden konnte. Am ersten Schultag trafen wir uns auf dem Schulhof spontan mit fünf anderen Eltern. Obwohl wir uns alle nicht kannten, trafen wir eine Vereinbarung: Die fünf Kinder sind nach der Schule an jedem Tag bei einer anderen Familie. Die Folge: Diese fünf Kinder wurden zu einer total starken Gruppe. Sie haben stets zusammen Hausaufgaben gemacht und sich den Stoff gegenseitig erklärt. Die Eltern hatten vier Tage am Nachmittag ein gutes Gefühl und die Kinder total viel Spaß. Sie haben zudem ganz verschiedene Haushalte kennengelernt, denn die Eltern kamen aus völlig unterschiedlichen Berufsgruppen. – Für solche Lösungen muss man nicht nur spontan, aufgeschlossen und flexibel sein, man braucht auch die Fähigkeit zu vertrauen und loszulassen: Immerhin war unser Sohn vier Nachmittage außerhalb der Familienkontrolle.
(Das gesamte Interview mit Elke Benning-Rohnke lesen Sie im Anhang.)

Wertschätzung und Anerkennung

Soziale Anerkennung macht uns so glücklich, dass wir fast alles dafür tun. Soziale Anerkennung ist ein Grundbedürfnis des Menschen, ohne das kein Mensch überleben kann. Wenn angebrachte Anerkennung ausbleibt, werden Menschen unsichtbar und/oder haben ein hohes Risiko, einen Burnout zu erleiden. Werden Menschen sozial ausgegrenzt oder gedemütigt, führt das nahezu zu der gleichen neuronalen Aktivität wie bei aktuellem Schmerz [53]. Das Motivationssystem wird vor allem durch positive Anerkennung aktiviert. Schon ein freundlicher Blick kann die Botenstoffe Dopamin, Endorphin und Oxytocin ausschütten, die Glück und Wohlbefinden auslösen können. Eine positive Beziehung, die nicht an Bedingungen geknüpft ist, bietet die Grundlage für einen sich stabil entwickelnden positiven

Selbstwert. Und die meisten wissen, dass Anerkennung wichtig ist. Wir wagen zu behaupten: Wenn jemand einige positive Details über sich und sein Verhalten hört, dann tut das ihm sehr gut!

Was aber hält Menschen davon ab, bedingungslose Wertschätzung und konkrete Anerkennung zu geben? Weshalb gehört fehlende Anerkennung zu den häufigsten Führungsfehlern? Ehepartner, Kinder, Schüler, Lehrer usw. klagen über mangelnde Anerkennung. Was machen wir falsch? Man möchte fast mit erhobenem Zeigefinger fragen: Leute – ist das denn so schwer? Ja, das ist schwer, ist unsere Antwort. Ja, einen anderen Menschen bedingungslos wertzuschätzen kostet Kraft, Geduld und manchmal auch Überwindung. Ja, Anerkennung muss präzise und zeitnah gegeben werden, sonst wird sie vom Empfänger nicht ernst genommen. Und wenn in Handbüchern für Führungskräfte Hinweise für das Feedbackgeben als „soziale Technik" für „biologische Einheiten" stehen, ist für uns klar: Das Kompetenzcenter Familie bietet hier die gründlichste Ausbildung im konkreten Loben und Anerkennung geben sowie auch im Einüben der bedingungslosen Wertschätzung als Haltung.

Prüfen Sie sich, inwieweit Sie selbst Wertschätzung und Anerkennung geben. Schätzen Sie Ihr anerkennendes Verhalten auf einer Skala von 1 (trifft überhaupt nicht zu) bis 5 (trifft voll und ganz zu) ein.

1. Ich habe in den letzten 24 h jedem Familienmitglied bzw. in den letzten 7 Tagen meinen Kollegen oder Mitarbeitern für gute Leistung, Anerkennung oder Lob gegeben.
2. Ich sorge dafür, dass meine Familienmitglieder bzw. mein Mitarbeiter jeden Tag die Gelegenheit haben, das zu tun, was sie am besten können.
3. In der Familie und am Arbeitsplatz höre ich mir gerne die Meinung anderer an, auch wenn sie nicht meiner eigenen entspricht.

Diese drei leicht abgewandelten Aussagen aus der Gallup-Studie treffen das Thema Anerkennung und Wertschätzung gut. Die erste Aussage betrifft die Anerkennung und das Lob, während die zweite und dritte Aussage bedingungslose Wertschätzung beinhaltet. Wie lässt sich Anerkennung von Wertschätzung unterscheiden? Was bewirken sie? Wie gelingt Anerkennung und wie kann ich bedingungslose Wertschätzung als Haltung einüben?

Bedingungslose Wertschätzung – Respekt

Carl Rogers, Mitentwickler der Humanistischen Psychologie, war der Überzeugung:

Das Individuum verfügt potenziell über unerhörte Möglichkeiten, um sich selbst zu begreifen und seine Selbstkonzepte, seine Grundeinstellung und sein selbst gesteuertes Verhalten zu verändern; dieses Potenzial kann erschlossen werden, wenn es gelingt, ein klar definiertes Klima förderlicher psychologischer Einstellungen herzustellen [54].

Weiterhin geht er davon aus, dass Menschen mehr oder weniger bereit sind, sich authentisch dem anderen mitzuteilen. Gelingt es jedoch, dass der Mensch eine unbedingte positive Einstellung ihm gegenüber durch einen anderen Menschen erlebt, kann er mehr denn je zu sich selbst stehen und z. B. hierüber sprechen. Die Wertschätzung bezieht sich also auf den generellen Respekt vor dem Menschen und bindet sie an keine Bedingungen. Wenn die Führungskraft zum Mitarbeiter sagt: „Ich schätze Sie!" oder Eltern ihrem Kind nach einem verlorenen Sportwettkampf vermitteln: „Wir stehen zu dir! Wir haben dich sowieso lieb!", dann meint dies diese bedingungslose Wertschätzung. Letztlich befreit dieser Respekt davon, sich vor anderen und sich selbst rechtfertigen zu müssen. Die gesamte Kraft kann jetzt für die persönliche Entwicklung genutzt werden. Das bedeutet: Dieser Respekt zwischen dem Mitarbeiter und dem Vorgesetzten bleibt auch dann bestehen, wenn Konflikte ausgetragen werden, sich Wege trennen oder sogar Kündigungen ausgesprochen werden. Diese bedingungslose Wertschätzung bleibt auch erhalten, wenn das Kind einen völlig anderen Lebensweg einschlägt, als ihn die Eltern sich gewünscht haben.

Anerkennung

Anerkennung und Kritik hingegen zielen auf das Verhalten eines Menschen, das positiv (Anerkennung) oder negativ (Kritik) bewertet wird. Lutz von Rostenstiel [55] benennt hierzu vier Aspekte, die wir in diesem Kapitel nur auf die Anerkennung beziehen:

1. *Informationsaspekt:* Die Anerkennung informiert über „richtig", „angemessen", „passend" oder einen Teilfortschritt usw. Dadurch ist bessere Orientierung möglich.
2. *Lernaspekt:* Lob und Anerkennung für ein neues Verhalten erhöhen die Wahrscheinlichkeit, dieses Verhalten erneut zu zeigen.
3. *Motivationsaspekt:* Ernst gemeintes Lob führt zu einer höheren Anstrengungsbereitschaft.

4. *Auswirkung auf das Selbstbild:* Anerkennung für tatsächliche Leistungen formen, bestätigen oder korrigieren das Selbstbild von Menschen.

Leider wird in der organisationspsychologischen Literatur der fünfte Aspekt von Anerkennung noch nicht beachtet: der Beziehungsaspekt. Konkrete und angemessene Anerkennung (und auch Kritik) fördert das Vertrauen zwischen Menschen.

Anwendung am Arbeitsplatz und in der Familie

Der Führungsstil, der am deutlichsten eine hohe Arbeitsleistung vorhersagt, ist durch eine gute Beziehung zwischen Führungskraft und Mitarbeiter gekennzeichnet. Diese Beziehung ist durch Vertrauen und Wertschätzung geprägt [56]. Dabei ist Lob und Anerkennung nicht an sich wirksam, sondern nur unter ganz bestimmten Bedingungen. Lob muss angemessen sein. Es muss von der richtigen Person kommen. Werden diese Aspekte nicht beachtet, kann Lob sehr lächerlich wirken. Wer den Mitarbeiter dafür lobt, dass er die Briefmarke so sauber auf das Kuvert klebt, wird sicherlich nicht ernst genommen. Jedoch könnte eine kleine Geste wie „Daumen hoch" eine Anerkennung ausdrücken, wie „klasse, dass auch die Routinearbeiten hier so gut gelingen". Ein anderes Beispiel: Ein Mitarbeiter hat sich in seiner freien Zeit in ein neues Präsentationsprogramm eingearbeitet, es getestet und dem Team vorgestellt. Hier ist ein konkretes Lob sehr angemessen und nur ein „Daumen hoch" möglicherweise eher abwertend. Eine Anerkennung für einen komplizierten, aber gelungenen Vertragsabschluss verliert seine Wirkung, wenn sie nicht zeitnah, am besten sofort, erfolgt. Denn: „Lob ist wie Champagner. Beides muss serviert werden, solange es noch perlt" (Autor unbekannt). Eine Anerkennung, die zwar konkret richtig und situationsangemessen ist, über die sich aber die Führungskraft selbst nicht freut, wirkt aufgesetzt und sollte besser jemand anderes aussprechen.

Eltern lernen dies aus der Situation heraus. Ein dreijähriges Kind, das den Löffel mit Quark erfolgreich in den Mund führt, löst möglicherweise Begeisterung bei den Eltern aus. „Prima, wie du den Löffel in den Mund führst. Das machst du richtig klasse!", sagen die Eltern sicherlich nicht dem Zehnjährigen. Der würde seine Eltern sicherlich verwirrt anschauen. Oft passiert es, dass Eltern, wie auch Mitarbeiter oder Führungskräfte, selbst in das konkrete Lob das „Negative" einbauen. In unserem Beispiel hört sich das so an: „Klasse, dass du dich nicht wieder verkleckert hast!"

Eltern sollten ihr Lob für neues erwünschtes Verhalten konkret formulieren. Beispielsweise: „Du hast heute ganz alleine deine Hausaufgaben gemacht. Du hast dein Heft und das Buch aus der Schultasche geholt. Du hast dich an den Schreibtisch gesetzt und alleine angefangen. Prima. Ich bin stolz auf dich!" Und in der Tat hat das Kind zum ersten Mal selbstständig die Bearbeitung seiner Hausaufgaben begonnen. Dieses Lob führt dazu, dass das Kind nun weiß, welches Verhalten richtig war, und es wird dieses wahrscheinlich nun eher wiederholen können. An diesem Beispiel wird deutlich: Anerkennung ist nicht etwas, was man eben einmal sagt, was nicht so sorgfältig begründet werden muss. Nein, Lob ist Beziehungsarbeit. Es macht Mühe, die sich lohnt, sowohl für Eltern als auch für Kinder. Das stärkt die Beziehung. Kinder werden selbstständiger durch die Hilfe ihrer Eltern.

Kompetenzcenter Familie – konkretes Loben

Die Fähigkeit, das Verhalten von Menschen bei neu erlerntem Verhalten oder besonderen Leistungen genau zu beschreiben und sich lobend dazu zu äußern:

- das angemessene Verhalten benennen (Was wurde getan?),
- Lob zeitnah aussprechen,
- den Menschen anschauen,
- nur ernst gemeinte Anerkennung aussprechen (mit Freude und Begeisterung).

Kompetenzcenter Familie – bedingungslose Wertschätzung

Die Fähigkeit, den Menschen unabhängig von seinem Verhalten zu würdigen:

- Verhalten und Person unterscheiden können,
- Respekt vor dem Leben des anderen äußern, unabhängig von Sympathie oder Leistungsmerkmalen,
- die bedingungslose Wertschätzung so formulieren, dass der andere sie verstehen und erleben kann.

Orientierung an Werten, Leitbildern und Glauben

Es gibt gute Gründe, warum wir wieder in Werten, Leitbildern und im Glauben Orientierung suchen, u. a.:

- Die Verortung unserer Person ist mit der Individualisierung diffus geworden. Wo ist unser Zuhause und wo unsere emotionale Heimat?

- Die Glaubwürdigkeit in „Made in Germany" und starke Unternehmen ist erschüttert. Wem können wir in Finanz- und Wirtschaftskrisen noch trauen?
- Es irritiert (noch), wenn mich die Information findet und nicht ich nach ihr suche. Wir haben noch kein Gefühl für die Transparenz, die informelle Selbstbestimmung und die neuen Formen der gesellschaftlichen Kontrolle.
- Die Sicherheit der Grenzen scheint nicht mehr gegeben. Wir fragen, ob wir sie wieder schließen sollen, um uns vor anderen zu schützen.
- Die Freiheit der Aufklärung sucht vergeblich nach Verantwortung.
- Die Gemeinschaft der Gläubigen gibt es kaum noch. Kirchen sind zu Servicepoints geistlicher Bedürfnisse geworden.

Als Eltern haben wir den Auftrag, mit Kindern über unsere persönlichen Werte, den Glauben und die Welt sowie Lebenszusammenhänge zu sprechen. Mit Glauben meinen wir das, woran ich persönlich in meinem Leben mein Herz hänge. Es geht also um den Dialog mit den Kindern über die eigenen Grundwahrheiten. Wie beantwortet jeder von uns „Woher komme ich?", „Was tue ich?" und „Wohin gehe ich?"? Diese Antworten drücken etwas Existenzielles über Eltern aus. Und wenn es passiert, dass wir als Eltern mit den Kindern, unserem Partner, unseren Freunden oder Kollegen usw. hierüber ins Gespräch kommen, sprechen wir über etwas „Heiliges", etwas, was uns in der Tiefe berührt. Gespräche über diese Themen fördern die positive Beziehung.

Das Bedürfnis nach Orientierung und Nachhaltigkeit durch Integrität (Glaub-Würdigkeit) wächst auch in den Unternehmen. Führung durch Werte, Authentizität oder Integrität finden Einzug in Lehrbücher der Arbeits- und Organisationspsychologie [57]. Wir werden in Kap. 4 noch genau auf diesen Punkt zurückkommen.

> **Kompetenzcenter Familie – Werte leben**
>
> Die Fähigkeit, die eigenen Werte und die eigene Weltanschauung mitzuteilen und diese glaubwürdig umzusetzen:
>
> - eigene Werte und Glaubensvorstellungen benennen,
> - den Dialog mit anderen zu zentralen Fragen wie „Woher komme ich?", „Was tue ich?", „Wohin gehe ich?" suchen,
> - das eigene Verhalten an Überzeugungen und Werten ausrichten,
> - zu eigenen Fehlern stehen und daraus lernen,
> - anderen das „Wozu" des Handelns vermitteln,
> - durch Glaubwürdigkeit und Ehrlichkeit ein hohes Maß an Vertrauen wecken.

> **Zusammenfassung: Fördere positive Beziehungen in der Familie!**
> Die positive Beziehungsgestaltung in der Familie und am Arbeitsplatz erweist sich als Schlüsselkompetenz für das Gelingen von Aufgaben in Organisationen. Zentral dabei ist der Aufbau von Vertrauensbeziehungen. Hierarchische Organisations- und Beziehungsstrukturen in Familie und Arbeit haben an Bedeutung verloren. Zunehmende Vernetzung und Mobilität fordern gelingende Aushandlungsprozesse zu den Themen Nähe – Distanz, Bestimmen – sich Einlassen und Geben – Nehmen. Dieser Trend wird vor dem Hintergrund der fortschreitenden Flexibilisierung in Familie und Arbeit weiter zunehmen. Somit sind informelle Bildungsorte mit langfristigen Lernzeiten in Aus- und Weiterbildungskonzepte zu integrieren, zur Entwicklung von Führungskompetenzen wie „positive Beziehungsgestaltung", „konkrete Anweisungen/Anleitung geben", „Systemklarheit", „kommunizieren und miteinander reden", „Ambiguitätstoleranz", „kurze Beziehungszeiten nutzen", „konkretes Loben", „bedingungslose Wertschätzung" und „Werte leben".

3.4 Sei verbindlich und konsequent!

Joachim E. Lask

„Viele Kompetenzen konnte ich in meiner Familie weiterentwickeln. Beispielsweise: Aufgabenverteilung innerhalb der Familie. Da gibt es Kinder, die sich dieser Aufgabenverteilung vehement widersetzen. Ich finde es herausfordernd, dann als Eltern nicht locker zu lassen, trotz aller Tricks und Argumenten der Kinder konsequent zu bleiben, und zwar nicht mit dem Vorschlaghammer zu argumentieren, sondern klar zu bleiben und dabei Konsequenzen aufzuzeigen. Dazu kommt dann, die Konsequenzen auch durchzuhalten. Da habe ich dazugelernt. In dieser Gänze und auch Hartnäckigkeit habe ich das so vorher nicht erlebt … stellenweise bei der Bundeswehr, Berufsausbildung oder im Studium. Das ist auch in der Firma ein wichtiger Punkt: nach der Aufgabenverteilung die Ausführung oder das Ergebnis auch zu kontrollieren. Ich schaue, dass die Arbeit rechtzeitig gemacht wird und lass nicht alles laufen. Danach habe ich aber auch Lob und Kritik parat. Diese Mitarbeiter-Feedback-Gespräche versuche ich zeitnah zu erledigen – also nicht ein paar Wochen später … Genauso, wie ich bei den Kindern zeitnah reagiere, sonst ist das Lob oder auch die Kritik hinten runtergefallen. Die Kinder wissen dann gar nicht mehr ‚Warum regt sich der Papa jetzt darüber auf?'" (Fred Jung, Vater von sechs Kindern, Gründungsgesellschafter, Mitglied des Aufsichtsrats und bis 1.7.2016 Vorstandsvorsitzender der juwi AG)

Zuckerbrot und Peitsche als Führungs- bzw. Erziehungskonzept sind schon lange nicht mehr gern gesehen. Wer nur mit Kontrolle, Kritik und Sanktionen ergebnis- und zahlenorientiert führt, verliert den Menschen aus dem Blick.

Mit der Hinwendung zu Führungsinstrumenten und Erziehungsstrategien wie Vertrauen, Partizipation Wertschätzung oder Kooperation ist die Grundhaltung in das andere Extrem umgeschlagen. Sehr mitarbeiterorientierte Chefs lassen sich von ihren Angestellten oft auf der Nase herumtanzen. Eltern mit einem äußerst liberalen Erziehungsstil werden von ihren Kindern bald nicht mehr ernst genommen.

Doch wenn die Ergebnisse im Betrieb oder Haushalt nicht mehr stimmen, ist dann irgendwann Schluss mit lustig. „Das wird Konsequenzen haben!", „Wer nicht hören will, muss fühlen!" etc. sind dann die Reaktionen mit dem Potenzial, erneut in das andere Extrem zu wechseln.

Konsequentes Führungsverhalten ist zwar unbeliebt, jedoch gehört es zweifellos zu den Instrumenten erfolgreicher Führung, und zwar am Arbeitsplatz und in der Familie. Ohne Konsequenz geht es nicht! Ob wir wollen oder nicht, die Folgen unseres Handelns bestimmen stets in hohem Maße, wie wir uns jetzt und künftig verhalten.

Die Konsequenz wird dann zum Bindeglied zwischen Respekt vor dem Menschen und Härte zum Prozess, wenn sie auf der Grundlage guter Kommunikation und somit tragfähiger, positiver Beziehung erfolgt.

Das Unbequeme an der Konsequenz

Aber warum tun wir uns mit der Konsequenz so schwer? Hierfür sehen wir drei wesentliche Gründe:

1. Konsequenz wird mit „Strafe" gleichgesetzt und „bestrafen" ist nicht mehr zeitgemäß. Wer „Strafe" bei seinen Kindern oder seinen Mitarbeitern einsetzt, handelt antiquiert. „Das sind Methoden, die in der Dressur angewendet werden, aber doch nicht mehr beim Menschen." Häufig wird dann Strafe mit körperlicher Strafe in Verbindung gebracht oder mit Eltern, die ihr Kind zur Strafe auf die dunkle Kellertreppe setzen und tagelang nicht mehr mit ihm sprechen. Im Hintergrund stehen Forschungsergebnisse, die zeigen, dass Kinder Erfahrungen der Bestrafung in ihr eigenes Verhaltensrepertoire aufnehmen und insgesamt aggressiver sind [58]. Selbst Kinder, die im Elternhaus eine relativ milde körperliche Bestrafung in Form eines „Klapses" erhalten, steigern ihr aggressives

Verhalten um 50 % [59]. Folgende Ergebnisse werden bei dieser Argumentation jedoch häufig verschwiegen: Bestrafung kann effektiv sein, wenn sie nach festen Regeln erfolgt, angemessen ist, stets erklärt wird und möglichst unmittelbar nach dem Problemverhalten erfolgt. So konnte etwa die US-amerikanische Entwicklungspsychologin Diana Baumrind zeigen, dass Kinder mit angemessenem Sozialverhalten aus Familien kommen, in denen Regeln, die bei Nichteinhaltung Konsequenzen zur Folge haben, detailliert erklärt werden [60].
2. Bestrafung und Sanktionen haben eine geringere Effektstärke als Lob und Belohnung. In der Tat kann dies in Untersuchungen nachgewiesen werden. Vergleicht man Kinder, die für eine richtige Handlung belohnt werden, mit jenen, die für eine falsche Handlung bestraft werden, dann arbeiten die bestraften Kinder härter, jedoch nur so lange der Versuchsleiter anwesend ist. In einer Untersuchung zum Lehrer-/Schülerverhalten konnte gezeigt werden, dass Bestrafung ohne Erklärung wie etwa nur Schreien oder auch körperliche Bestrafung zu 4 %, Bestrafung zu 54 %, Bestrafung mit einer Erklärung zu 78 % und Lob, Anerkennung, Wertschätzung zu 94 % Wirkung zeigten. In einem anderen Experiment von Wendy Josephson [61] sahen Grundschüler 14 min einen Krimi (Gruppe 1) oder ein Fahrradrennen (Gruppe 2) an. Gruppe 1 zeigte im anschließenden Hockeyspiel um 50 % mehr aggressives Verhalten.
3. Ein dritter Grund für die Furcht vor der Konsequenz sind die unangenehmen Nebenwirkungen für Eltern und Führungskräfte selbst. Konfliktsituationen werden umgangen, indem keine Konsequenz erfolgt. Denn es liegt nahe: Sobald Kinder oder Mitarbeiter mit einem Problemverhalten konfrontiert werden und eine unangenehme Konsequenz (Strafe) folgt, entsteht meistens ein Konflikt. Dieser wird von Eltern und Führungskräften ausgesessen, bis die negativen Konsequenzen eine Intensität erreichen, die in der Tat häufig nicht angemessen sind („Jetzt reicht es aber!"). Aus Furcht, der Mitarbeiter könnte verärgert mit „Dienst nach Vorschrift" oder gar mit Kündigung reagieren, lassen Führungskräfte Fehlverhalten lange durchgehen, bis das Maß dann irgendwann doch voll ist. Die vielen konkreten Möglichkeiten der fairen Auseinandersetzung sind dann vertan. Es kommt zum großen Konflikt.

Konsequenz gehört zur erfolgreichen Führung

Vorausgesetzt, Sie stehen in einer positiven Beziehung zu Ihrem Gegenüber, dann wird die Konsequenz zum fairen Bestandteil des Miteinanders, dann gehört sie in der Tat zu jeder erfolgreichen Führung. Was das bedeuten kann, wollen wir im Weiteren ausführen, indem wir Beispiele aus verschiedenen Lebensbereichen geben.

Wer wünscht sich das nicht: Bei einer Arbeitsbesprechung verteilen Sie die Aufgaben. Darunter sind schöne Arbeiten, aber auch jene, die jeder – wenn möglich – gerne umgeht. Sie wundern sich, dass zum Ende der Arbeitsbesprechung alle Aufgaben reibungslos verteilt sind. Ihre Mitarbeiter oder Teammitglieder übernehmen auch alle die Verantwortung für ihre Aufgabe. Gegebenenfalls benötigen sie noch bestimmte Informationen, holen sich Hilfe oder delegieren Teile der Aufgabe. Doch im Endeffekt ist die Arbeit gemacht!

Sie bitten Ihren vierjährigen Sohn, der soeben vom Spielplatz kommend seine Jacke im Esszimmer auszieht, dass er diese an der Garderobe aufhängen soll. Ihre dreizehnjährige Tochter fordern Sie auf, das Zimmer aufzuräumen und die Haushaltsaufgaben zu erledigen. Sie trauen Ihren Augen nicht, als Sie sehen, dass sowohl Ihr Sohn als auch Ihre Tochter tatsächlich Ihren Anweisungen folgen, und wundern sich, wie das möglich ist. Waren Sie doch bisher nicht nur der Meinung, sondern der festen Überzeugung: Kinder tun nur das, wozu sie Lust haben, und dazu gehört auf keinen Fall, die Anweisungen der Eltern zu befolgen. Sich an Anweisungen zu halten wird als fremd bestimmt erlebt und grundsätzlich abgelehnt.

„Was muss ich tun, das mein Mitarbeiter oder mein Kind tut, was ich ihm sage?" Sowohl in der Führungskräfte- als auch in der Erziehungsberatung wird häufig genau diese Frage gestellt. Der Unterton der Frage lässt erahnen: „Ich habe es mit Wertschätzung, Drohungen oder Laissez-faire versucht, es hilft alles nichts!" In der Regel erwarten die Fragesteller von uns den nächsten genialen Psychotrick, mit dem Mitarbeiter und Kinder gefügig gemacht werden können. Doch tatsächlich können Eltern wie Führungskräfte selbst sehr viel dazu beitragen, dass die eigene Aufforderung gehört und umgesetzt wird. Die einzige Voraussetzung ist, zur Kommunikation bereit zu sein.

Stellen Sie sich als Leser doch selbst die Frage, warum Sie dieser oder jener Aufforderung nicht folgen. Denn es kommt auf die Perspektive an. Wir haben oft gute Gründe, weshalb wir Aufforderungen nicht folgen. Machen Sie hier eine Lesepause. Denken Sie an zwei oder drei Situationen, in denen Sie der Aufforderung Ihres Partners, Ihrer Führungskraft oder Ihrer Eltern nicht nachgekommen sind. Dann schreiben Sie die Gründe hierfür auf.

Möglicherweise schreiben Sie, weil ...

- Sie die Aufforderung für sinnlos halten.
- die Aufforderung zu einem unpassenden Zeitpunkt ausgesprochen wird.
- Sie sich nicht von oben herab sagen lassen wollen, was Sie zu tun haben.
- Sie die Aufforderung nicht verstanden haben.
- es egal ist, ob Sie der Aufforderung folgen oder nicht.

Nehmen Sie nun jede Ihrer Aussagen ernst und formulieren Sie diese so um, dass sie eine Voraussetzung für eine wirksame Aufforderung darstellt. Wenn diese Bedingungen einer Aufforderung erfüllt sind, werden Sie ihr sogar sehr gerne folgen.

Was hier nun deutlich wird: Es ist kein Psychotrick, der uns ganz geschickt manipuliert, sondern es ist schlichtweg Kommunikationsarbeit oder allgemeiner gesagt Beziehungsarbeit, die dazu führt, dass Menschen das tun, was man ihnen sagt.

Betrachten wir diese Kommunikationsarbeit genauer, dann sind es immer folgende Faktoren, die Führungskräfte und Eltern beachten müssen, wenn sie Verbindlichkeit erreichen wollen:

- Ziele formulieren,
- wirksame Aufforderungen formulieren,
- konsequent sein bei Problemverhalten.

Ziele formulieren

Sprechen wir von Zielen, dann ist das aus psychologischer Sicht ein Motivationsthema, und zwar in zweierlei Weise: Einerseits kann ein Ziel einen definierten Endzustand bezeichnen, den ein Mensch anstrebt. Andererseits kann schon allein die subjektive Vorstellung eines solchen Zustandes als Ziel im Sinne einer Absicht bezeichnet werden. Dies bedeutet für Organisationen, dass Mitarbeiter nicht nur Ziele erreichen wollen, die ihnen vorgegeben werden, sondern dass sie auch Ziele erreichen möchten, die sie sich selbst gesetzt haben [62].

Es ist nur fair, wenn Sie Ziele mit einem Menschen vereinbaren, und es hat den Vorteil, dass dieser das vereinbarte Ziel auch zu seinem macht.

Beispiele für Ziele:

- Mitglieder eines Teams in der Fertigung sollen sich gegenseitig vertreten können.
- Sabine, 16 Jahre, soll im nächsten Latein-Vokabeltest mindestens 12 Punkte erreichen.
- Thomas, 5 Jahre, soll lernen, am Essenstisch sitzen zu bleiben.

- Das Ehepaar B. will täglich durch folgende zwei Fragen miteinander ins Gespräch kommen: „Was war heute das Schönste für dich?", „Was war heute das Schwierigste für dich?"
- Herr B. will in 10 Wochen eine Stunde lang Joggen können.

Greifen wir zunächst das vermeintlich einfachste Beispiel auf: Herr B.! Er muss nur mit sich selbst das Ziel vereinbaren, und deshalb ist es wahrscheinlich sogar das schwierigste. Denn er muss mit sich selbst kommunizieren, und die Zielvereinbarung auch noch mit sich selbst abschließen. Viel einfacher wäre es für Herrn B., wenn er zusammen mit einem Freund oder Partner die Vereinbarung treffen würde. Also: Herr B. will nun tatsächlich mit dem Joggen beginnen. Er hat sich schon die Laufschuhe und entsprechende Kleidung gekauft. Heute, als er damit anfangen möchte, hat er aber keine Lust zum Joggen. Der innere Schweinehund sagt ihm, dass er ja auch morgen beginnen könnte. Herr B. hätte sein Ziel mit sich selbst besser besprechen müssen.

Versuchen Sie es selbst! Formulieren Sie hier eines Ihrer Ziele. Schreiben Sie es auf. „Leichter gesagt als geschrieben", werden Sie sagen und haben damit recht. Selbst wenn wir ein eigenes Ziel formulieren, ist es ein erheblicher Aufwand, das Ziel so zu formulieren, dass es auch erreicht werden kann. Statt nur zu sagen „Ich muss Sport machen!", „Der Arzt sagt, ich soll …", sollte ein gut formuliertes Ziel so genau und konkret beschrieben werden, dass es überprüfbar ist. Weiterhin gehört zu einem guten Ziel, dass wir es selbst für erstrebenswert halten, es für uns realistisch und in einem bestimmten zeitlichen Rahmen erreichbar ist. Im Gespräch – auch im lauten Selbstgespräch – gelingt diese Aufgabe viel einfacher.

Interessant wird die Zielfindung und Formulierung im Kontext Familie oder Unternehmen, also im Gruppenkontext. Die häufigsten Aufträge sowohl in meiner Unternehmens- als auch in meiner Elternberatung lauten: „Was kann ich tun, damit mein Mitarbeiter bzw. mein Kind das tut, was ich ihm sage?"

Hören Sie doch einmal genau zu, wenn Aufforderungen gegeben werden: „Sei ordentlicher!", „Klecker nicht!", „Hör auf mit dem Blödsinn!", „Machen Sie nicht so viele Fehler!", „Ich muss mich auf Sie verlassen können!", „Der Antrag muss morgen fertig sein!", „Seien Sie nicht so konzeptionslos!" usw.

Führungskräfte oder Eltern folgen dabei dieser Argumentationsstruktur: „Ich will, dass dies jetzt gemacht wird!" und denken sich dazu „… weil ich es sage!". Ob der Mitarbeiter oder der Sohn den Anweisungen nachkommt, sobald er aus dem Blickfeld verschwindet, steht auf einem anderen Blatt.

Häufig werden Ziele auch nicht angegangen, weil nicht klar ist, wozu sie gut sind: „Wir befolgen die Anordnung, weil es so im Amtsblatt steht" mag aus der Struktur einer Amtsstube verständlich sein, doch bleibt bei vielen solchen Anordnungen der Sinn häufig verborgen.

Also: Besprechen Sie Ihre Ziele. Legen Sie Kriterien fest, mit denen jeder erkennen kann, ob die Ziele erreicht sind. Klären Sie gemeinsam, ob die Ziele erreichbar sind und – wenn möglich – auch von allen wertgeschätzt werden. Und sie merken schon: Es genügt nicht nur, über Ziele zu sprechen, sondern Ziele müssen einen Sinn ergeben, auch für den, der sie erreichen soll.

Greifen wir weitere Beispiele von oben auf: Die Teammitglieder der Fertigung sollen sich gegenseitig in ihren Aufgaben vertreten können. Jeder kann die Arbeitsvorgänge des anderen selbst bewältigen. Dieses Ziel bespricht die Führungskraft mit dem Team und muss erklären, worin hierbei der Sinn besteht. Etwa: „… damit Krankheitstage von Teammitgliedern kompensiert werden können", „… damit wir flexibler und kurzfristiger Kundenwünsche erfüllen können. Dies bedeutet einen Wettbewerbsvorteil", „… damit mehr Abwechslung in der Arbeit gegeben ist und man somit nicht so leicht ermüdet. Dies ist im Sinne des Gesundheitsschutzes." Auch wenn das Ziel vom Team als sinnvoll angesehen wird, heißt das noch lange nicht, dass es auch realistisch ist, da die Aufgaben ggf. zu komplex und spezialisiert sein können.

Sabine, 16 Jahre, soll im nächsten Latein-Vokabeltest mindestens 12 Punkte erreichen. Wir fragen uns: Wer hat dieses Ziel – die Eltern, der Lehrer oder Sabine? Auch hier ist das gemeinsame Gespräch über das Ziel und dessen Sinn notwendig. Möglicherweise hat Sabine an der Sprache Latein keine Freude und der nächste Vokabeltest ist die letzte Prüfung des Sprachunterrichts. In wie viel Tagen findet der Vokabeltest statt? Wie auch immer – die Eltern müssen mit Sabine über das Ziel sprechen.

Auf den Punkt gebracht: Konsequentes Verhalten setzt die Kommunikation bezüglich der Ziele voraus. Die Ziele sollen bekannt, klar formuliert, sinnvoll und in einem definierten Zeitraum erreichbar sein.

Außerdem müssen wir uns bereits bei der Zielformulierung überlegen, was passiert, wenn das Ziel nicht erreicht wird. Es hat etwas mit Fairness und Verantwortung zu tun, wenn uns schon mit der Zielformulierung bekannt ist, was die Konsequenz sein wird, sollten wir an dem gesteckten Ziel scheitern. Diesen Zusammenhang wollen wir am Beispiel einer Familienregel aufzeigen.

In allen Familien gibt es Familienregeln. Ohne Regeln ist ein positives Zusammenleben von Menschen nicht möglich. Häufig haben sich diese

Familienregeln aus der alltäglichen Erfahrung entwickelt, aber keiner hat sie klar ausgesprochen, dabei handelt es sich beispielsweise um Tischregeln, Hygieneregeln oder Respekt vor dem Eigentum des anderen. Diese Alltagsregeln sind kleine Zielvereinbarungen.

Manchmal ist es hilfreich, diese Regeln einfach nur (erneut) auszusprechen. Denn sind die Familienregeln offiziell aktualisiert oder ggf. neu besprochen, dann sind diese wieder bewusst. Auch kann sich jedes Familienmitglied somit auf diese Familienregeln berufen.

Eine Familienregel erhält erst dann seine zielführende Funktion, wenn die Konsequenzen bestimmt werden, die erfolgen, wenn die Regeln eingehalten werden. Ebenso müssen die Konsequenzen für einen Regelverstoß festgelegt werden. Erst wenn Kindern die Konsequenzen im Positiven wie im Negativen bekannt sind, können sie die Folgen ihres Verhaltens abschätzen. So lernen Kinder, ihr eigenes Verhalten zu verantworten. Vereinbarungen von Zielen oder Regeln ohne die Festlegung von Konsequenzen sind wertlos. Denken Sie nur daran, als die Anschnallpflicht oder das Smartphoneverbot im Auto eingeführt wurden – zunächst als freiwillige Selbstverpflichtung.

Hier ein Beispiel: Wer am Essenstisch aufsteht, ist fertig! Für den Fall, dass der Vater aufsteht, weil sein Smartphone klingelt, so darf er nicht zurück an den Essenstisch kommen, weil er noch etwas von der leckeren Nachspeise haben möchte, sondern er hat sein Essen beendet. Das gilt auch für alle anderen Familienmitglieder. Oder: Wer seine Straßenschuhe nicht auszieht und in die Schuhbox stellt, der saugt sofort einmal den Flur, sobald er auf die Regelverletzung hingewiesen wurde.

Sowohl bei der Erziehung von Kindern als auch bei der Führung von Mitarbeitern ist es Eltern und Führungskräften häufig nicht bewusst, dass schon allein die Zielformulierung intensive Beziehungsarbeit ist und faire Kommunikation erfordert.

In einem Satz: Konsequentes Verhalten setzt die Kommunikation bezüglich der Ziele voraus und die Festlegung der Folgen bei Erfolg oder Misserfolg.

Kompetenzcenter Familie – Zielformulierung
Die Fähigkeit, Ziele mit Personen so zu besprechen, dass diese klar formuliert, sinnvoll und in einem definierten Zeitraum erreichbar sind:

- Aushandlungsprozesse anleiten, aufrechterhalten und abschließen,
- Ist-Analyse durchführen,
- Ziele „smart" formulieren (spezifisch, messbar, aktiv/attraktiv, realistisch, terminiert),

- das „Wozu" des Ziels herausarbeiten (Sensemaking),
- prognostizieren, ob die Ziele erreichbar sind,
- verhaltensnahe Konsequenzen für Erfolg und Misserfolg erarbeiten.

Die wirksame Aufforderung

Das Zusammenleben in einer Familie oder das gemeinsame Arbeiten in einem Unternehmen bedarf gewisser Absprachen, was, wer, wann, wo und wie macht. Entsprechend gibt es Pläne, (Zu-)Ordnungen, um ein Ziel zu erreichen oder einen Auftrag zu erfüllen. Wie kann nun eine Aufforderung gegeben werden, damit sie möglichst wirksam wird? Sie hatten ja bereits die kleine Übung gemacht, in der Sie formulierten, wie eine Aufforderung bei Ihnen unwirksam bleibt. Wir müssten also zumindest diese Punkte für eine wirksame Aufforderung entsprechend berücksichtigen.

Im Weiteren stellen wir dar, dass es ziemlich egal ist, ob Sie einem Mitarbeiter, einem Kind, Ihren Eltern, einer Führungskraft oder sich selbst eine Aufforderung geben. Die Vorgehensweise ist stets gleich!

Ich zitiere direkt aus meinem Erziehungsratgeber *PEP4Kids – Das positive Erziehungsprogramm für Eltern mit Kindern von 2 bis 12 Jahren* [63] und schlage Ihnen hierzu wieder ein kleines Experiment vor: Während Sie lesen, versuchen Sie doch die Anweisungen aus der Arbeitsperspektive zu sehen und fragen Sie sich, wie diese Hinweise auch in der Arbeitswelt ihre Bedeutung haben können.

Kinder beachten Aufforderungen eher und halten Grenzen häufiger ein, wenn sich Eltern beim Aussprechen von Aufforderungen und von Verboten an folgende Regeln halten:

Durchsetzbarkeit: Geben Sie nur dann eine Aufforderung, wenn Sie bereit sind, sie auch durchzusetzen! Etwa: „Klaus, bleib am Tisch sitzen." Bevor Sie die Aufforderung aussprechen, überlegen Sie sich eine positive („Schön, dass wir gemeinsam weiteressen können") und eine negative Konsequenz (Abräumen des Esstischs).

Zeitpunkt: Wählen Sie einen günstigen Zeitpunkt für die Aufforderung!

Aufmerksamkeit: Sorgen Sie dafür, dass Ihr Kind aufmerksam ist, wenn Sie die Aufforderung geben!

Eindeutigkeit: Äußern Sie eine Aufforderung und nicht eine Bitte und schon gar nicht eine Frage! Statt: „Kannst du sitzen bleiben?" formulieren Sie besser: „Bleib am Tisch sitzen!"

Nicht zu viel: Geben Sie immer nur eine Aufforderung!

Verstehen sichern: Gegebenenfalls weisen Sie Ihr Kind an, Ihre Aufforderung zu wiederholen!

Reaktion beobachten: Bleiben Sie in unmittelbarer Nähe Ihres Kindes, um sicherzugehen, dass Ihr Kind der Aufforderung nachkommt!

Wiederholung: Wenn Sie Ihr Kind auffordern, ein bestimmtes Verhalten zu beginnen, z. B. zum Abendessen zu kommen, und es folgt Ihrer Aufforderung nicht, dann wiederholen Sie die Aufforderung nach 5 s. Folgt es dann auch nicht, setzen Sie eine Logische Konsequenz.

Konsequenz: Handelt es sich jedoch um ein Problemverhalten und weigert sich Ihr Kind, Ihrer Aufforderung nachzukommen, setzen Sie bereits nach 5 s eine Logische Konsequenz. Vermeiden Sie es, die Logische Konsequenz anzudrohen, sofern dem Kind die Konsequenz bereits bekannt ist.

Das Positive sehen: Beachten Sie die kleinen Fortschritte.

Probieren Sie es aus! Es gelingt in den allermeisten Fällen. Schon allein Ihre innere Haltung „Ich werde die Aufforderung durchsetzen" und die direkte Ansprache mit Blickkontakt und Namensnennung haben eine intensive Wirkung in unserer zwischenmenschlichen Kommunikation.

Eine Aufforderung geben besteht nicht einfach darin, einen Befehl in den Raum zu rufen und ggf. dabei schon den Raum zu verlassen: „Herr Rupp: Die Folien müssen fertig werden! Ich brauche sie dringend!" oder „Es sind noch drei dringende Aufträge zu erledigen!".

Häufig tappen wir als Mitarbeiter, Führungskräfte oder Eltern in die Falle „Wenn ich es gesagt habe, dann ist es doch klar!". Wieder bewahrheitet sich, dass konsequentes Handeln das Bindeglied zwischen Beziehung und der Sache (dem Ziel, der Regel) ist. Es kostet mich nur ca. 10 s, wenn ich zum Mitarbeiter gehe, ihn mit seinem Namen anspreche, warte, bis er mich anschaut, und ich ihm dann die konkrete Anweisung, das Ziel, den Auftrag nenne. In allen unseren Coachings und Elterntrainings haben wir die Effektivität dieser Form von Aufforderung erlebt. Führungskräfte, Kollegen und Mitarbeiter sind immer wieder erstaunt, wie einfach und effizient es ist, die Aufforderung wie oben beschrieben anzuwenden.

> **Kompetenzcenter Familie – wirksame Aufforderung**
> Die Fähigkeit, eine Aufforderung so auszusprechen, dass der Angesprochene mit hoher Wahrscheinlichkeit der Aufforderung nachkommt.
>
> - Durchsetzungsbereitschaft und -möglichkeit prüfen,
> - direkter Kontakt: mit Namen ansprechen, in die Augen schauen,
> - mit klarer, deutlicher Stimme sprechen,
> - ggf. Verstehen sichern.

Konsequenzen sind Hilfen zur Zielerreichung

Was meinen wir damit, wenn wir sagen „dieser Mensch ist konsequent!"? Nun Herr B. – Sie erinnern sich, der wollte Sport machen – hat zwei Möglichkeiten: Er überwindet den inneren Schweinehund und beginnt tatsächlich das Joggen mit der Konsequenz, dass er anfängt zu schwitzen, sich anstrengen muss, mühevoll einige Minuten läuft, um dann wieder eine Gehpause zu machen. Dabei wird er möglicherweise feststellen, dass er eine geringe Kondition hat und noch meilenweit vom Ziel „eine Stunde lang joggen" entfernt ist. Alle Effekte, die er erlebt, sind unangenehme Konsequenzen, die Herrn B. eigentlich dazu bringen sollten, sofort mit dem Joggen aufzuhören. Allein die Tatsache, dass er sich sagen kann „Jawohl, ich habe einen Anfang gemacht!" oder „Der erste Schritt ist geschafft!" lässt ihn seine Selbstwirksamkeit erfahren. Und diese Vorstellung „Ich kann es schaffen!" führt dazu, dass Herr B. auch am nächsten Tag das Joggen fortsetzt. Sowohl Herr B. als auch wir Betrachter von außen, sagen jetzt, dass Herr B. konsequent handelt.

Folgt Herr B. der zweiten Möglichkeit und verschiebt den Beginn des Trainingsstarts auf den nächsten Tag, dann hat das auch Konsequenzen: Nach dem Entschluss, „morgen" mit dem Training zu beginnen, tritt spontan angenehme Erleichterung ein, „jetzt nicht joggen!". Etwas später könnte dann eine zweite Konsequenz auftreten, etwa in einem Zweifelgedanken von Herrn B.: „Wäre ich heute doch nur gestartet, dann hätte ich jetzt schon meinen ersten Erfolg." Als Betrachter werden wir Herrn B. sagen, dass er sich bezogen auf das Ziel inkonsequent verhalten hat. Wenn Herr B. wiederholt seinen Trainingsstart verschiebt, wird er sich ebenfalls als inkonsequent bezeichnen.

Stopp! Ist das wirklich gerechtfertigt, Herrn B. als inkonsequent abzustempeln? Immerhin hat er im Gegensatz zu vielen anderen, den konkreten Vorsatz gefasst „Ich mache Sport!". Herr B. braucht jetzt einen Freund, einen Coach, oder ein intensives Selbstgespräch. Es ist doch unsere tägliche Erfahrung, dass wir an Regeln, Zielen oder Aufforderungen scheitern. Wir schaffen es einfach nicht! Und das hat Gründe. Inkonsequent sein würde unseres Erachtens bedeuten, sich mit dem Scheitern abzufinden: „Ich kann nicht!", „Ich will nicht!" oder „Ich lass mich gehen!". Stattdessen bedeutet für Herrn B. „konsequent sein", jetzt genau herauszufinden, woran er gescheitert ist. Damit würde Herr B. an seinem Ziel „60 Minuten joggen" weiterhin festhalten.

Vor Kurzem hat uns eine Führungskraft gesagt: „In meiner Abteilung darf jeder Mitarbeiter Fehler machen ..." und erweiterte dann diese Aussage mit, „... damit wir diesen Fehler nie wieder machen müssen!". Niemandem, der einen ernsthaften Versuch gestartet hat, ist ein Vorwurf zu machen, wenn er scheitert. Wer sich nicht wagt, etwas Neues anzufangen, wer mit Zweckpessimismus sagt „Das bringt sowieso nichts!", der hat noch nicht einmal die Chance des Scheiterns. Insbesondere im Scheitern und Versagen liegen viele gute Informationen darüber, wie die Wirklichkeit tatsächlich aussieht. Fehler sind wertvolle Informationsschätze für das Gelingen. Und genau hier setzt die Arbeit einer Führungskraft oder von Eltern an. Sie führen und erziehen mit Konsequenz zum Ziel. Nicht anders können wir die Menschheitsgeschichte vom Rauswurf Adams und Evas aus dem Paradies bis hin zum Sterben und zur Auferstehung Jesu verstehen. Gott ist stets beim Gescheiterten, um ihn zu seinem Lebensziel zu führen.

Auch wenn Mitarbeiter, Chefs, Kinder oder Eltern scheitern, dann soll die Konsequenz ihnen helfen dennoch das Ziel zu erreichen oder aber das Ziel neu zu definieren. Führungskräfte und Eltern sind hier herausgefordert, diese Arbeit zu leisten. Leider steigen hier viele aus und missbrauchen Konsequenzen als Schlusspunkt und als Machtdemonstration: „Jetzt reicht es!", „Aus und vorbei!" oder „So geht das nicht weiter!". Stattdessen braucht der Mitarbeiter oder das Kind genau in diesem Moment die Führungskraft oder die Eltern als Förderer und als Forderer.

Best Practice – den Fehler finden und dauerhaft beheben

Firma A verkaufte seit vielen Jahren Dienstleistungen an einen guten Kunden C. Bei der Ausformulierung eines umfangreichen Angebotes waren erstmalig erhebliche Fehler aufgetreten. Der potenzielle Kunde hatte nicht nur inhaltlich ein falsches, sondern noch dazu ein völlig übertreuertes Angebot erhalten. Das fachliche, aber auch das zwischenmenschliche Vertrauen stand auf dem Spiel. Als Konsequenz drohte Firma A, den Kunden zu verlieren.

Der Geschäftsführer, den wir damals im Coaching begleiteten, übernahm sofort den Fall und wollte nun selbst in Tag- und Nachtarbeit ein in Form und Inhalt richtiges und zudem finanziell attraktives Angebot erarbeiten und abgeben. Wir hatten ihn damals daran hindern können, mit der Frage: „Was lernt dabei der Mitarbeiter?" Schnell war ihm klar, der Mitarbeiter lernt: „Wenn hier etwas schiefläuft, kann ich mich zurücklehnen und den Chef die Arbeit machen lassen – und alles wird gut!" Und für die nächsten Angebote hat sowohl der Mitarbeiter als auch der Geschäftsführer gelernt: „Die schwierige Arbeit macht hier der Chef!" Zum Glück konnten wir einen anderen Weg einschlagen.

Zunächst fragten wir „Wo ist der Fehler?" und „Wie ist der Fehler entstanden?". Das führte gleich zur ersten massiven zwischenmenschlichen Herausforderung: Keiner der Mitarbeiter wollte der Schuldige sein und hatte eine Idee, wie die Fehler entstanden sein könnten. Auch der Geschäftsführer nicht. Das Schwierige war: Die Fehlersuche war mit der Schuldfrage emotional gekoppelt. Da keiner der Schuldige sein wollte, war die Suche nach dem Fehler zunächst nicht möglich. Mit mehreren positiven Praxisbeispielen gelang es, dass sowohl der Unternehmer als auch seine Mitarbeiter zwischen dem Fehler und dem Schuldigen unterscheiden konnten.

Machen wir uns klar: Derjenige, der den Fehler in der Tiefe entdeckte und gut beschreiben konnte, musste gefeiert werden. Denn es genügte in diesem Fall nicht, den Fehler zu beheben, indem z. B. ein Korrekturleser vorgeschaltet wird. Das Ziel musste doch sein, dass dieser Fehler niemals erneut auftritt. So war Firma A herausgefordert, den Fehler in der Tiefe zu verstehen: Wie konnte es zu diesem Fehler kommen? Hierzu gibt es eine einfache und effektive Strategie: Frage fünf Mal „Warum?".

Hier ein Auszug aus dem Gesprächsprotokoll:

Mitarbeiter (MA):	„Die Zahlen wurden mir so geliefert, also habe ich diese so in das Angebot übernommen."
Führungskraft (FK):	**„Warum?"**
MA:	„Wie ‚Warum?'? Ich war es nicht!"
FK:	„Ich frage ‚Warum', weil wir verstehen müssen, wie es zu dem Fehler gekommen ist. Mich interessiert nicht, wer hier einen Fehler macht. Meistens gibt es doch eine ganze Kette von Ursachen ... Also: Warum und wie hast du die gelieferten Zahlen so in das Angebot übernommen?"
MA:	„Ich habe für die Angebotserstellung ein Formular, in dem die Leistungen schon beschrieben sind und die Zahlen nur noch eingetragen werden müssen."
FK:	„Wie kann es sein, dass dennoch falsche Leistungen ausgeschrieben sind und falsche Berechnungen erfolgen?"
MA:	„Das Formular ist erst vor Kurzem aktualisiert worden."
FK:	„Wie wird das Formular eingesetzt?"
MA:	„Der Mitarbeiter zeigt, wie er die Texte mit Copy-and-paste von dem Formular in ein eigenes Formular überträgt."
FK:	„Warum nimmst du nicht das Originalformular?"
MA:	„Formatierungsschwierigkeiten!" usw.

Die Fehlersuche konnte jetzt gelingen. Es geht also darum, den Mitarbeiter zu finden, der den Fehler im Kern beschreiben kann, und nicht den Schuldigen. In diesem Beispiel gab es letztlich vier Fehler: 1) Die eingegebenen Zahlenformate waren hinter dem Komma nicht mehr 100 % kompatibel. Dies konnte bei hohen

3.4 Sei verbindlich und konsequent!

> Summen zu erheblich falschen Berechnungen führen. 2) Zuordnungsfehler beim Copy-and-paste-Vorgang. Zeilen wurden vertauscht. Inhalte nicht vollständig kopiert. 3) Veralteter Kenntnisstand zum Leistungsverzeichnis. Dies führte dazu, dass inhaltlich die Angebote nicht verstanden wurden. 4) Zeitdruck! Die Angebote wurden in Firma A auf den „letzten Drücker" fertiggestellt.
> Die ersten beiden Fehler konnten schnell durch eine verbesserte IT-Lösung behoben werden. Viel wichtiger waren jedoch die Weiterbildung bezüglich des Leistungsverzeichnisses und der Umgang mit Zeitdruck. Letzteres war für den Mitarbeiter eine besondere Herausforderung in der internen Kundenbeziehung. Zum einen wurde nun von ihm verlangt, sich besser abzugrenzen, zum anderen, die Zulieferung der Daten mit Nachdruck einzufordern.
> Die Aufgabe der Führungskraft bestand nun darin, Möglichkeiten und Ressourcen zur Förderung und Weiterbildung bereitzustellen. In einem Mitarbeitergespräch wurden diese Punkte vereinbart.

Ein nächster folgenschwerer Führungsfehler entsteht genau in dieser Situation: Die meisten Führungskräfte sind der Überzeugung, dass sie mit der Erarbeitung der neuen Zielformulierung ihre Führungsaufgabe erfolgreich beendet haben im Sinne von: „Jetzt weiß der Mitarbeiter konkret, was ich von ihm erwarte!", „Ich habe es ihm jetzt klipp und klar gesagt!". Sie steigen aus ihrer Führungsverantwortung aus und reagieren erst, wenn der nächste Fehler auftritt. Es ist ein Jammer, denn hier wird so viel Motivation der Mitarbeiter und Geld vernichtet!

Doch gerade jetzt heißt es: „Dicht am Mitarbeiter dranbleiben!" Jetzt braucht der Mitarbeiter meine Unterstützung, meine Wertschätzung und Korrektur, mein Anleiten und Zutrauen. Entscheidend ist jetzt: Was passiert bei der nächsten Angebotserstellung? Wie erfolgt diese? Dabei ist es wieder ganz simpel: Die Führungskraft muss lediglich bei den nächsten Angebotserstellungen präsent sein, damit sie erkennen kann, ob die neuen Lösungen tatsächlich eingesetzt werden und ob ggf. Anpassungen nötig sind. Oder aber der Mitarbeiter ist inhaltlich oder persönlich überfordert, sodass aus den Zusammenhängen nun auch für ihn deutlich wird, dass er an einem anderen Arbeitsplatz besser eingesetzt ist. Bestenfalls fühlt sich der Mitarbeiter herausgefordert und muss sich anstrengen, um die Zielvorgaben zu erreichen. Und gelingt ihm dies, dann tritt häufig das Gefühl von Selbstwirksamkeit auf, ein Gefühl, das Voraussetzung für ein positives Engagement ist.

Sicherlich merken Sie als Leser: Das ist echte Arbeit. Das macht Mühe. Das kostet Schweiß. – Ja, das stimmt! Diese Führungsarbeit kostet Zeit und Geld, doch sie lohnt sich – für den Mitarbeiter, für die Führungskraft und für das Unternehmen. Und Sie sehen, dass „konsequent sein" in der Mitarbeiterführung pure Kommunikationsarbeit ist, damit der Mitarbeiter sein Ziel erreicht.

> **Kompetenzcenter Familie – konsequent sein**
>
> Die Fähigkeit, einen Menschen auf dem Weg zum Ziel zu begleiten und ggf. Hilfestellungen zu geben:
>
> - klare, erreichbare Ziele formulieren und entwickeln,
> - die logische Konsequenz erarbeiten, die erfolgt, wenn dieses Ziel nicht erreicht wird,
> - wirksame Aufforderung geben: die Aufmerksamkeit des anderen wecken (Namen rufen, Blickkontakt) und sagen, was nach der Vereinbarung jetzt zu tun ist,
> - sofort konsequent sein,
> - logische Konsequenzen müssen durchführbar sein,
> - logische Konsequenz ruhig durchführen,
> - in unmittelbarer Nähe bleiben, auch kleine Fortschritte loben.

Die Konsequenzmatrix

In diesem Kapitel über Verbindlichkeit und Konsequenz haben wir noch kein einziges Wort darüber gesagt, dass es vielfältige Formen von Konsequenzen gibt. Das soll sich jetzt ändern, und wir machen dazu einen kleinen Ausflug in die Lernpsychologie [64].

Konsequenzen beeinflussen unser Verhalten, ob wir wollen oder nicht:

1. *Belohnungen* führen dazu, das mit dieser Belohnung im Zusammenhang stehende Verhalten zu wiederholen. Dieses Verhalten wird also durch die Belohnung verstärkt. Ein Mitarbeiter erhält seine Gehaltserhöhung nicht wegen seiner Leistung, sondern nur deshalb, weil er einfach einmal selbstbewusst eine Gehaltserhöhung gefordert hat. Er wird künftig noch selbstbewusster Gehaltserhöhungen fordern.
2. *Bestrafungen* führen dazu, dass wir unser zuvor gezeigtes Verhalten beenden oder zumindest verringern. Wir wollen die Bestrafung verhindern. So werden die aufwendigen und unbequemen Sicherheitsregeln auf der Baustelle dann eingehalten, wenn der SiGeKo (Sicherheits- und Gesundheitsschutzkoordinator) kommt. Sobald er nicht mehr auf der Baustelle ist, werden die Sicherheitsregeln weniger genau beachtet.

Eine Belohnung oder Bestrafung kann nun dadurch entstehen, dass eine Annehmlichkeit (positive Erfahrung), die mit dem Verhalten verbunden ist, gegeben oder genommen wird. Werden beispielsweise auf der Baustelle die Sicherheitsregeln nicht eingehalten, könnten Privilegien – z. B. der Hotelstandard bei Übernachtungen – gekürzt werden.

Tab. 3.3 Konsequenzmatrix

	Positive Erfahrung	Negative Erfahrung
Geben	Angenehm	Unangenehm
Nehmen	Unangenehm	Angenehm

Ebenso kann eine unangenehme Konsequenz (negative Erfahrung), die auf das Verhalten folgt, gegeben oder genommen werden. Wenn ich vergesse, die Wäsche aus der Waschmaschine zu nehmen, dann bleibt sie nass und ich kann das Hemd heute nicht anziehen. Vermutlich werde ich zumindest versuchen, mich das nächste Mal rechtzeitig daran zu erinnern, meine nasse Wäsche aufzuhängen.

Die Konsequenzmatrix mit vier Konsequenzfeldern (Tab. 3.3) ergibt sich nun, wenn wir beide Aspekte der Konsequenz zueinander ins Verhältnis setzen:

1. Positive und negative Erfahrungen können nach einer Handlung (einem Verhalten) auftreten.
2. Erfahrungen können mir gegeben werden, z. B. ich bekomme Anerkennung, oder sie können mir genommen werden.

Angenehme Konsequenzen bezeichnen wir als Belohnungen und unangenehme als Bestrafungen. Die Gehaltserhöhung ist zweifellos eine angenehme Konsequenz. Interessant ist, dass wir uns insbesondere an diese Belohnung sehr schnell gewöhnen, sodass sie schon nach der zweiten Gehaltsüberweisung ihren Belohnungscharakter allmählich verliert. Der Mitarbeiter wird versuchen, diese Belohnung erneut zu erhalten, indem er das wiederholt, was zu dieser Belohnung geführt hat. Das kann die Art und Weise sein, wie er die Verhandlung zur Gehaltserhöhung geführt hat, z. B. mit der Strategie „Fragen kostet nichts!". Wenn er für sich erkennt, dass die Gehaltserhöhung mit seiner gezeigten Leistung im Zusammenhang steht, wird er auch versuchen, diese entsprechend zu steigern.

Welche Konsequenz wirkt besser? – Belohnung oder Bestrafung [64]:

- *Belohnung > Bestrafung:* In vielen Untersuchungen konnte gezeigt werden, dass wir Menschen viel schneller unser Verhalten ändern (lernen), wenn angenehme Konsequenzen (Belohnung) darauf folgen. Zwar wirken unangenehme Folgen (Bestrafungen) kurzfristig auch, jedoch nicht mit der Effektstärke wie angenehme Konsequenzen. Zudem besteht bei Bestrafungen die Gefahr, dass wir nur lernen, diese zu umgehen (z. B. vor Radarfallen abbremsen, danach wieder schneller weiterfahren).

- *sofort > später:* Ein zweiter wichtiger Hinweis aus der Lernpsychologie ist: Kurzfristige (sofortige) Konsequenzen wirken wesentlich intensiver als spätere Konsequenzen.

Natürlich ist es aufwendiger und vielleicht auch manchmal unangenehmer, sofort konsequent zu sein. Die Wertschätzung für eine gelungene Leistung eines Mitarbeiters – z. B. eine perfekte Angebotsabgabe – verliert seine Wirkung, wenn sie erst Tage später erfolgt. Den Mitarbeiter, das Kind auf einen Fehler anzusprechen kann unangenehm sein, weil daraus eine emotional herausfordernde Konfliktsituation entsteht.

> **Ausschnitt aus dem Interview mit Fred Jung, Vater von sechs Kindern, Gründungsgesellschafter, Mitglied des Aufsichtsrats und bis 1.7.2016 Vorstandsvorsitzender der juwi AG, ca. 1000 Mitarbeiter.**
>
> EG: Ihre Mitarbeiter bekommen das Projekt mit der positiven und negativen Konsequenz dargestellt?
>
> FJ: Wir arbeiten bei den Mitarbeitern mit dem Balance-Scorecard-System, in dem Ziele für ein Jahr erarbeitet und festgehalten werden, aber eben auch Konsequenzen deutlich werden. Hier werden unter anderem die finanziellen Ziele aufgelistet. Da gibt es ein 100-Prozent-Ziel, und wenn der Mitarbeiter darunter bleibt, dann hat er weniger Bonus, und wenn er mehr erreicht, dann hat er mehr Bonus. Das ist dann eine Konsequenz, die der Mitarbeiter auf das Jahresende erlebt.
> Neben den finanziellen gibt es auch Marktziele, Prozessziele und Mitarbeiterziele. Hier wird auch Lob und Kritik über Ergebniserreichung durch finanzielle Mittel geäußert. Im direkten Gespräch tagtäglich konstruktiv kritisch miteinander zu sprechen ist uns sehr wichtig.
> Mit den Kindern kann ich direkter umgehen als mit Mitarbeitern. Die Mitarbeiter können kündigen, wenn sie keine Lust mehr haben, mit mir zusammenzuarbeiten. Die Kinder nicht. Und auch die Eltern nicht. Aber grundsätzlich schätzen Mitarbeiter ein offenes ehrlich gemeintes Feedback.
>
> EG: Das schnelle Reagieren mit Lob und Kritik ... das ist etwas, was Sie in der Familie gelernt haben und im Unternehmen auch anwenden?
>
> FJ: Ja, die Kinder fordern mich zum konsequenten Handeln heraus, und das nutzt mir auch im Unternehmen. Umgekehrt ist es allerdings auch so. Ich bin relativ früh Führungskraft geworden. Als unser erster Sohn geboren wurde, hatten wir schon ca. 30 Mitarbeiter. D. h., ich kann auch davon berichten, dass ich viele Führungserfahrungen im Unternehmen gemacht habe, die der Familie zugutekamen und kommen.
> Eine weitere wichtige Kompetenz, die ich in der Familie übe, ist Stresssituationen aushalten. Die Familie erlebe ich hier als gutes Lernfeld, wegen den tausenden von unterschiedlichen Aufgaben und Ansprüchen, die gleichzeitig auf mich zukommen. Diese dann in einem gesunden Maß zu balancieren, Prioritäten zu setzen, „nein" und „ja" zu sagen, abzuarbeiten, zu verschieben und dabei ruhig zu bleiben oder nicht in die Luft zu

3.4 Sei verbindlich und konsequent! 149

	gehen und zu explodieren ... da ist Familie ein sehr gutes Kompetenzcenter für den Beruf, wo das oft ähnlich zugeht.
JL:	Geben Sie uns bitte ein Beispiel
FJ:	Das sind tägliche Situationen: Da kommt ein Anruf von einem unzufriedenen Kunden, den ich sofort zurückrufen soll; ein Bankvorstand, der sofort eine Reaktion von mir will; drei Mitarbeiter sitzen in einer Besprechung und brauchen mich; ein Geschäftsführer sagt: „Ich muss schnell mal vorbeikommen, weil da ganz dringend eine Unterschrift notwendig ist." Also Situationen, in denen mehrere Themen gleichzeitig kommen: Dann muss ich gut priorisieren und organisieren. Den einen nehme ich sofort den anderen rufe ich in einer Stunde zurück; dann frage ich mich: Was ist das Wichtigste und Dringendste? Was bestimmt meine Prioritätenauswahl? Wer braucht meine Aufmerksamkeit sofort? Dem widme ich mich. Dann delegiere ich, was ich in der Firma eher tue als in der Familie. So lasse ich dem Kunden über meine Sekretärin ausrichten, dass ich mich am Abend nochmals persönlich melde; dann entscheide ich, welche Erwartungen ich befriedigen will und welche nicht ... also „nein" sage. Bei den Kindern lerne ich das genauso. Da muss ich schauen, wer hat auch das dringende Bedürfnis, mit mir jetzt umgehend zu sprechen, zu kämpfen oder zu lernen. Auch muss ich ein Gerechtigkeitsgefühl entwickeln: Mit wem habe ich in den letzten drei Wochen eher viel gemacht? Wer hat mit der Mama wie viel gemacht? Wen übervorteile ich jetzt? Wer spricht mich jetzt an, nur um vielleicht die Aufmerksamkeit zu bekommen ohne direkte Notwendigkeit. Dies alles abzuschätzen ist ja auch im Beruf ständig so. Die Kinder sind zwar alle aus einem Stall, aber haben doch alle unterschiedliche Charaktere, sehr unterschiedliche Arten, Dinge auszusprechen oder auch nicht auszudrücken. Beim Mitarbeiter ist das natürlich identisch: Der eine ist introvertiert, und der andere ist extrovertiert ... usw. Dies fordert von mir unterschiedlich intensive Pflege, Führung und Begleitungen. Das lerne ich natürlich auch zu Hause in der Familie
JL:	Was haben Sie durch die Veränderung in der Familie gelernt?
FJ:	Ich habe mehr Gelassenheit gelernt! Ich kann jetzt auch mal Dinge laufen lassen, ohne zu kontrollieren. Beim ersten Kind war ich noch sensibel für alle Dinge, die sich mit dem ersten Kind zutragen. Bei dem zweiten, dritten, vierten, fünften und sechsten Kind nimmt das einfach ab. Ich kann Dinge einfach laufen lassen und dennoch entwickelt sich das Kind super, und man wundert sich: Warum hab ich mir früher solchen Stress gemacht? Jetzt kann ich mit viel mehr Gelassenheit an die Dinge herangehen. Heute kann ich mehr unter einen Hut bringen. Als wir noch ein Kind hatten, dachte ich: Das bekomme ich mit zwei oder drei – geschweige denn mit fünf oder sechs – Kindern nie hin. Dann stelle ich fest: Ich wachse mit meinen Aufgaben. Inzwischen kann ich mir ganz bewusst Hilfe von außen holen. Etwa von den Großeltern, mit einer Haushaltshilfe, durch das soziale Netzwerk, die einen unterstützen und helfen. Ich habe gelernt: Ich muss nicht alles Selbst machen, sondern ich kann jetzt abgeben und loslassen und den Kindern – je größer sie werden – auch mehr zutrauen und Verantwortung abgeben (Das gesamte Interview mit Fred Jung lesen Sie im Anhang.)

Der kontinuierliche Verbesserungsprozess – ein Beispiel für Konsequenz

Ein attraktives Anwendungsbeispiel für das Thema Konsequenz ist der kontinuierliche Verbesserungsprozess (KVP) am Arbeitsplatz sowie in der Familie.

Der KVP beschreibt die stetigen Verbesserungen in kleinen Schritten. Diese Verbesserungen sind 1) Optimierungen bzw. Anpassungen oder 2) Innovationen bzw. Prozessmusterwechsel. Der KVP dient dazu, das Ziel des Unternehmens oder der Familie besser zu erreichen.

Der KVP wurde von in den 1950er-Jahren von W. E. Deming [65] in Japan vor dem Hintergrund knapper Ressourcen entwickelt für eine bestmögliche Produktivität von Organisationen. KVP ist mit dem japanischen Kaizen vergleichbar und wird in der Regel synonym verwendet.

Vor allem Toyota lebte den KVP sehr erfolgreich vor und sah im Menschen die höchste Ressource, da er seinen Arbeitsprozess stets optimieren kann. Umso erstaunlicher war es, dass erst in den 1990er-Jahren die deutsche Automobilindustrie nach einer langen Krisenzeit mit Porsche und VW begonnen hat, den KVP in der Fertigung und Montage zu integrieren, jedoch mit dem Ziel, möglichst schnell Rationalisierungspotenziale zu entdecken und diese auszunutzen.

KVP-Beispiel – Eltern, Kleinkinder und Blumentöpfe

Nähern wir uns dem KVP mit einer alltäglichen Familiensituation. Damit krabbelnde Kleinkinder die Blumenerde in den Blumentöpfen belassen, genügte es, die Blumentöpfe für Kinderhände unerreichbar weit oben hinzustellen – eine wahre Innovation! Nun, die Kinder werden kräftiger und können sich mit ihrem Körper aufrichten, sich immer größer machen und erreichen bald die kritische Höhe, um die Erde aus den Töpfen zu holen und sie dann auf dem Teppichboden zu verteilen. Der KVP erfolgt in der schrittweisen Anhebung der Stellhöhe von Blumentöpfen (Optimierung/Anpassung). Das Prinzip „Stellhöhe der Blumentöpfe ist höher als Reichhöhe der Kinderarme" erreicht irgendwann seine räumlichen, aber auch ästhetischen Grenzen. Ein Prozessmusterwechsel ist angesagt: Das nun schon laufende Kind lernt statt mit der Erde aus Blumentöpfen etwa mit Teddys, Bauklötzen oder Sand im Sandkasten zu spielen. Sowohl dem Kind als auch den Eltern werden völlig neue Verhaltensweisen abverlangt, die alle zunächst lernen müssen. Das Kind lernt, den Blumentopf anzuschauen und die inneren Lustimpulse „hineingreifen" und „darin herumwühlen" zu kontrollieren und stattdessen mit anderen Gegenständen zu spielen.

Betrachten wir diesen Vorgang vor dem Hintergrund der Konsequenzmatrix, dann erkennen wir die in Tab. 3.4 dargestellten Zusammenhänge.

Auswertung
1. Die Konsequenzen wirken wechselseitig. Die Freude des einen ist die Not des anderen.
2. Optimierungen und Anpassungen haben häufig kurzfristige positive Effekte. Diese können jedoch nicht beliebig oft zur Problembewältigung wiederholt werden im Sinne „Ein Mehr des Gleichen!" oder „Wer einen Hammer hat, dem wird jedes Problem zum Nagel!".
3. Die positiven Effekte von Innovationen und Prozessmusterwechsel erfolgen eher später. Eine gewisse Frustrationstoleranz wird vorausgesetzt.

Aus systemischer Sicht sind Familien wie Unternehmen immer bestrebt, in einer gewissen Art und Weise stabil zu bleiben, und sind daher strukturkonservativ. Einmal gefundene Lösungen für Veränderungen werden beibehalten. Die Forderung nach Verbesserung geht im Management, also der Optimierung und Anpassung, auf. Tief greifendere Veränderungen verlangen von allen Beteiligten Flexibilität, Risikobereitschaft und Investitionsbereitschaft.

Wer hätte das gedacht, dass Eltern mit diesem Blumenerde-Beispiel ein Trainingselement in Qualitätsmanagement nach ISO 9001 vollzogen haben.

Versuchen Sie, das Blumenerde-Beispiel auf eine Situation am Arbeitsplatz anzuwenden, z. B. zum Thema „Raucherregelung" oder „Termintreue".

Auf den Punkt gebracht: Die Konsequenz als Hilfe zur Zielerreichung führt zu Anpassungsprozessen oder Innovationsprozessen, die als stetiger Verbesserungsprozess aufgefasst werden kann.

Kompetenzcenter Familie – Anwendung des kontinuierlichen Verbesserungsprozesses

Die Fähigkeit, Mitarbeiter an Veränderungsprozessen aktiv zu beteiligen, indem sie ihren eigenen Arbeitsbereich analysieren und konkrete Verbesserungsvorschläge erarbeiten. Dafür werden sie

- Ist-Zustand und Soll-Zustand anhand von Kennzahlen beschreiben,
- Probleme beschreiben und bewerten → Problemanalyse,
- Lösungsideen sammeln → bewerten → entscheiden,
- Maßnahmen ableiten, Aufwand und Ertrag bewerten,
- Ergebnisse vor dem Entscheidungsgremium präsentieren,
- Maßnahmen umsetzen,
- den Erfolg prüfen.

Tab. 3.4 Kontinuierlicher Verbesserungsprozess am Beispiel Eltern, Kleinkinder und Blumentöpfe

Verhalten Kind	Konsequenz Kind	Verhalten Eltern	Konsequenz Eltern
Greifen in Blumenerde, Teppich verschmutzt	Spaß! ☺, erhalten einer positiven Erfahrung; sofort	Schimpfen Säubern, wischen, saugen, reinigen	☹, Erhalten einer negativen Erfahrung; sofort ☹, Erhalten einer negativen Erfahrung; sofort
KVP: Blumentopf hochstellen			
Blumentopf ist unerreichbar hoch	Aus den Augen, aus dem Sinn: ☹; sofort	Teppich bleibt sauber, Zeit für andere Tätigkeiten	☺, Wegfall einer negativen Erfahrung; sofort
KVP: Kind lernt, Blumentopferde im Blumentopf zu belassen und stattdessen mit anderen Spielsachen zu spielen			
Blumentopf ist interessant; darf nicht! Besser mit Sand spielen!	☺, Wegfall von Schimpfe der Eltern; sofort ☺, Erhalten von Lob der Eltern (hoffentlich) sofort	Zulassen, dass das Kind den Blumentopf ansteuert; Ggf. bei Misserfolg erneut Teppich säubern, reinigen. Kind wirksam auffordern Alternativ mit Kind im Sand spielen	☹-Sorge, klappt das gut?; sofort ☹-Ärger; sofort ☺, Aufwand; sofort ☺, Aufwand; sofort
Blumentopf ist interessant – lasse ihn stehen – spiele gerne im Sand	☺ Spaß; sofort ☺ Lob von Eltern; hin und wieder	Loben des Kindes, dass es den Blumentopf unberührt lässt und stattdessen im Sand spielt	☺ Freude; sofort

Wo sind die Bescheidwisser?

Im KVP besteht der Anspruch, dass jede Produktqualität, Prozessqualität oder Servicequalität verbessert werden kann. Immer und zu jeder Zeit! Dies ist ein hoher Anspruch. Zu hoch? Unrealistisch? Die Antwort ist „nein"! Schon allein die Tatsache, dass jede Veränderung bzw. Verbesserung auch die Ausgangssituation verändert, eröffnet neue Möglichkeiten der Optimierung. „Man kann nicht zweimal in denselben Fluss steigen!", soll der griechische Philosoph Heraklit gesagt haben und hat damit gleich zwei Veränderungen angesprochen: Der Fluss verändert sich ständig, da neues Wasser nachfließt, und der Mensch ebenso, da er älter wird. Also: Alles unterliegt einem ständigen Wandel.

Dieser Anspruch nach ständiger Veränderung zum Guten lässt den größten Besserwisser an seine Grenzen kommen. Daher werden für einen gelingenden KVP die besten Bescheidwisser benötigt. Es sind jene Personen, die am Ort des Geschehens sind, die wissen, wie der Hase läuft, die ihre Pappenheimer kennen, die das Alltagswissen und Erfahrungswissen haben usw. Entgegen der verbreiteten Meinung, dass die Güte des Expertenwissens mit der Hierarchiehöhe in enger Korrelation steht, ist eine zentrale Bedingung für einen gelingenden KVP: Geh hin und sieh!

Der KVP geht grundsätzlich davon aus, dass der Arbeiter am Fließband, der Mitarbeiter an vorderster Front der beste Bescheidwisser ist. Er weiß am besten, wie der Produktionsprozess abläuft. Er hat Erfahrungswissen und kann tatsächlich praxisrelevante und damit effektive Änderungen vorschlagen. Das hat zur Konsequenz, dass das operative Management sich auf den Weg zum Arbeiter macht und mit ihm spricht, ihn nach seiner Meinung fragt, sich von ihm in den praktischen Dingen weiterbilden lässt. Dort, wo der KVP in Unternehmen gelebt wird, sind die Wege von den Büros der Führungskräfte zu den Fertigungs- oder Produktionshallen kurz.

Sie bemerken sicherlich, wie sich mit dem KVP ein bestimmtes Bild vom Mitarbeiter verbindet. Denn es ist ein Unterschied, ob ich dir zu sagen habe, wie etwas richtig funktioniert – dann bin ich der Besserwisser, und die Kommunikation erfolgt von oben nach unten. Oder ob ich dich als Erstes ehrlich nach deiner Meinung, Sichtweise oder Erfahrung zu einer Angelegenheit befrage – dann kannst du der Bescheidwisser sein bzw. wir können es gemeinsam werden.

Ein Beispiel: In einem produzierenden mittelständischen Unternehmen mit ca. 200 Mitarbeitern entwickelt das Management im Rahmen des KVPs die Idee für ein neues Beladungssystem der Lkws. Da die Produktion und Montage zum Teil an verschiedenen Standorten erfolgt, wurde die entsprechende Logistik optimiert. Die Idee bestand einfach darin, durch eine Neuordnung der Montage sperriges Frachtgut zu vermeiden und dafür mit einer höheren Anzahl und besser stapelbaren Gütern den Laderaum im LKW optimaler ausnutzen zu können. Die gesamte neue Lösung der Lkw-Beladung erschien logisch und praktikabel. Leider wurde versäumt, die Mitarbeiter vor Ort zu befragen, worin sie eine Verbesserung des Beladungssystems sehen oder zumindest, wie sie das neue – vom Management ausgeklügelte Beladungssystem – bewerten.

Sicherlich spüren Sie spätestens jetzt, dass sich das Menschenbild vom Mitarbeiter im Vorgesetzten meldet: Wird der Mitarbeiter überhaupt kooperativ mitdenken? Ist er nur faul und sucht kurzfristig seinen bequemen Vorteil? Kann er überhaupt in unternehmerischen Zusammenhängen denken? Oder aber geht die Führungskraft davon aus, dass der Mitarbeiter gerne nach seiner Meinung gefragt wird, Freude an Verbesserungen des Arbeitsablaufes hat und er den Unternehmenserfolg auch zu seinem Erfolg macht?

Wie auch immer – in dem eben beschriebenen Unternehmen stand man in den Anfängen, den KVP einzuführen, und berücksichtigte die wertvollen Erfahrungen der Mitarbeiter vor Ort nicht. So erzielte man zwar zunächst – wie prognostiziert – eine viel bessere Ausnutzung des Lkw-Laderaums. Man durfte also eine deutliche Einsparung von Lkw-Fahrten erhoffen. Was dann geschah, wussten die Mitarbeiter vor Ort schon bei der Ausführung. Nicht berücksichtigt wurde das unterschiedliche Beladungsgewicht der Lkws, das wegen des neuen Beladungssystems entstand. Folglich gab es Lkws mit einer sehr hohen und welche mit einer relativ leichten Beladung. Das alles wäre kein Problem gewesen, wenn das Unternehmen nicht in Oberbayern angesiedelt wäre und die Lkws nicht erhebliche Steigungen auf ihren Wegstrecken zu bewältigen hätten. Die Folge war: Einige Lkws kamen den Irschenberg nicht hoch. Nun, der Schaden für das Unternehmen hielt sich in Grenzen und für den nächsten Verbesserungsversuch wurden die Mitarbeiter vor Ort einbezogen. Das Lehrgeld hierfür war gut angelegt.

Wenden wir diesen Vorgang auf eine einfache Familiensituation an. Die 13-jährige Tochter schreibt im Französisch-Vokabeltest wiederholt eine Fünf! Sie als Eltern haben unserem Lkw-Beispiel folgend zwei Varianten zur Auswahl: Ich sage der Tochter, wie sie ihren Lernprozess verbessern soll, oder ich frage sie, wie sie sich auf den nächsten Französisch-Vokabeltest vorbereiten will. Wahrscheinlich stoßen Sie – ebenso wie ich – auf das Bild, das wir von 13-Jährigen französische Vokabeln lernenden Töchtern haben. Sie haben keine Lust, Vokabeln zu lernen. Ausreden wie „Schuld war die Lehrerin, die völlig andere Vokabeln drangenommen hat, als vereinbart!" werden unerschöpflich neu erfunden usw. Schüler sind faul und wollen nicht lernen.

Der KVP setzt an einem eher positiven proaktiven Menschbild an. Das machen sich viele Unternehmen nicht bewusst. Sie möchten die grandiosen Erfolge von Toyota durch das Kopieren des KVPs oder Kaizen einkaufen, übersehen aber dabei, dass die Haltung zum Menschen hier die entscheidende Stellgröße ist. Erst wenn der Mitarbeiter den Respekt des Unternehmens ihm gegenüber spürt, wird er bereit sein, sein Verbesserungswissen mitzuteilen.

Eltern stehen vor der Aufgabe, bei ihren heranwachsenden Kindern immer wieder neu abzuwägen, wie viel Selbstständigkeit sie ihnen zutrauen und was sie ihnen fürsorglich vorgeben müssen. Ein 6-Jähriger braucht ggf. mehr elterliche Unterstützung, um einen Lernstoff zu erarbeiten, als eine 13-Jährige.

Der KVP fordert von den Entscheidern, Führungskräften oder hier von den Eltern: „Geh hin und sieh!" (Genchi Genbutsu [66]). Fälle keine Entscheidung vom grünen Tisch! Geh hin zu deiner Tochter und frage sie: „Wie machst du das – Vokabeln lernen? Mich interessiert das."

Schon allein das „Hingehen" – anstatt das Herzitieren – wird oft als Wertschätzung erlebt. Das gilt in diesem Fall insbesondere für die Tochter. Wie hat sie sich bisher auf Vokabeltest vorbereitet? Womit hatte sie Erfolg? Entscheidend ist die Frage: Wird sich die Tochter mit ihrer bisherigen Art und Weise der Vorbereitung für Vokabeltests respektiert fühlen? Hier geht es nicht um ein falsches unrealistisches Lob! Es geht um einfachen, aber soliden Respekt.

Vater: „Ah, du liest dir die Vokabeln dreimal durch! Und wenn du nicht mehr weiterlernen willst, dann nimmst du dir vor, am nächsten Tag erneut, die Vokabeln durchzulesen. Das ist eine gute Strategie!"

Tochter: „Ja, aber ich vergesse es dann meistens oder habe gar keine Zeit mehr!"

V: „Das ändert nichts daran, dass deine Strategie gut ist: Lerne, wenn es Spaß macht!"

T: „Aber ich habe schon wieder eine Fünf geschrieben! Das bringt doch nichts!"

V: „Okay, ich schlage vor, wir überlegen uns, was du anders machen kannst, aber behalte das, was du schon gut machst – eben ‚Lerne, wenn es Spaß macht!' – bist du bereit?"
T: [zögerliches hmm hmm]
V: „Also ich sehe das so: In Biologie hast du zuletzt eine Drei geschrieben und in Deutsch sogar eine Zwei. Es gelingt dir, dich zu konzentrieren und dich auf eine Arbeit vorzubereiten. Okay, in Mathe und jetzt in den Vokabeltest klappt irgendetwas nicht. Wenn du willst, dann überlegen wir gemeinsam eine Strategie, wie es vielleicht besser funktioniert. Ob es dann gelingt, das weiß ich auch nicht. Aber wir können es probieren, … wenn du es willst."
T: „Okay! Ein Versuch ist es ja Wert!"

Erst jetzt kann der KVP erarbeitet werden. Der Vater sitzt sozusagen schon an der Quelle der Informationen für richtige Entscheidungen. Er ist bei der Tochter angekommen und kann sich zusammen mit ihr am Lernort betrachten, wo Verbesserungspotenziale möglich sind. Eine sorgfältige Überprüfung der Fakten zum Verständnis des zugrunde liegenden Problems ist erst jetzt möglich.

Geht der Vater so auf seine pubertierende Tochter zu, geht er auch das Risiko des Scheiterns ein. Doch ohne dieses Risiko wird sich in der Tat nichts ändern. Und ohne diesen Mut, also mit Selbstvertrauen, Respekt sich selbst gegenüber und Kreativität Verantwortung zu übernehmen, gibt es keinen KVP. Die Alternative liegt in alten, verbrauchten Ansätzen, allerhöchstens Kompromisse, die jedoch nur halbherzige Lösungen darstellen und keine wirkliche Entwicklung.

Die Aussagen „Ich werde als Mensch gesehen!" oder „Ich werde nach meiner Meinung gefragt" sind Elemente der positiven Beziehung am Arbeitsplatz und wesentliche Rahmenbedingungen für ein hohes Engagement der Mitarbeiter im Unternehmen (s. Gallup-Engagement-Index, Abschn. 3.3). Die gleiche Erfahrung machen wir im Training oder Coaching mit Mitarbeitern und Eltern: Erst wenn unser Gegenüber von uns als Berater Respekt erfährt, erst dann ist es frei mitzuarbeiten, statt sich zu verteidigen, rechtfertigen oder gar zu verstecken. Jeder von uns wird das bestätigen können. Ist dieser Respekt nicht vorhanden, wird ein KVP u. a. deswegen nicht gelingen, da die Fehleranalyse nicht möglich ist. Die Tochter wird stets das Gefühl haben, dass sie schuldig gesprochen oder als Dummerchen hingestellt wird. Eine gute effektive Verbesserung benötigt zunächst eine gründliche Fehleranalyse. Diese ist nur auf einer Beziehungsgewissheit auf Augenhöhe möglich.

Vater und Tochter könnten etwa vereinbaren, dass die Tochter sich für den nächsten Vokabeltest genauso wie bisher vorbereitet, nur mit dem Unterschied, dass sie jetzt genau beobachtet, wie sie das Lernen vorbereitet und durchführt, wann und wodurch die Unlust auftritt und wie der Plan für das Weiterlernen entworfen wird. Vielleicht gelingt es beiden auch schon allein durch das Gespräch, zu den benötigten Informationen zu gelangen. Wichtig ist nur, dass sie dem wahren Problem auf den Grund gehen.

Nehmen wir an, die Tochter stellt fest, dass sie das unliebsame Vokabellernen stets aufgeschoben hat und an den Schluss ihrer Lernzeit gestellt hat. Hinzu kommt, dass sie erst eineinhalb Tage vor dem Vokabeltest mit dem Lernen hierfür beginnt. Weiter stellen Tochter und Vater fest, dass es sich pro Woche um 30 Vokabeln handelt – eine überschaubare Menge, wie beide meinen. Beide vereinbaren eine Probelösung, die die Tochter in der nächsten Woche ausprobiert: Die Lernzeit beginnt jeweils mit 5 min Vokabellernen von mindestens zehn Vokabeln oder mehr. Der Erfolg wird daran gemessen, ob tatsächlich jeden Tag 5 min Vokabeln gelernt wurden, die Unlust nach 5 min noch nicht eingesetzt hat (Einschätzung auf einer Skala: ☺☺☹) und die Note im Vokabeltest sich verbessert hat. Wird das anvisierte Ziel erreicht, so wird dies auf eine vereinbarte Art gefeiert oder wertgeschätzt. Kommt es zum Misserfolg, beginnt der KVP erneut mit der Fehlersuche etc. Erst wenn sich die provisorische Lösung als optimal herausstellt, wird sie offiziell eingeführt und ggf. auch bei ähnliche Herausforderungen angewendet, etwa beim Lernen in Mathematik. Andernfalls wird eine andere Lösung notwendig.

Auf den Punkt gebracht: Beim KVP setzt man an der vorhandenen Qualität an, die stets optimiert wird, sucht sich die Bescheidwisser für die besten Lösungen vor Ort, verhandelt Lösungen auf Augenhöhe und überlegt sich die Konsequenz bei Erfolg bzw. Misserfolg.

In Familien entstehen immer wieder Situationen, in denen Lösungen optimiert werden. Über Blumentopfpferde und Fünfer in Vokabeltests haben wir bereits gesprochen. Es sind zum Teil wesentlich einfachere Herausforderungen wie

- die Jacken, die nicht an der Garderobe hängen, sondern stets davor liegen,
- die Türen, die im Winter nicht geschlossen werden,

- die Chipstüten, die geleert auf dem Wohnzimmertisch liegen bleiben,
- Regeln für die wöchentliche Hausarbeit, die nicht eingehalten werden.

In all diesen Angelegenheiten können Eltern den KVP in Gang setzen, indem sie in einer Familienkonferenz diese Themen ansprechen (s. Abschn. 3.7). Wir vermuten, dass Eltern nicht den Deming-Kreis kennen oder den KVP in ihrer Familie explizit benennen. Jedoch haben sie die Chance, dauerhaft genau dieses Know-how zu lernen.

Der Deming-Kreis ist ein Instrument in der Qualitätssicherung. Er ist nach William Edwards Deming [67] (1900–1993) benannt, der diese Methode im Zusammenhang mit dem KVP in Japan entwickelt hat. Der Deming-Kreis beschreibt einen vierphasigen Problemlöseprozess: Plan – Do – Check – Act, den sogenannte PDCA-Zyklus.

> **Kompetenzcenter Familie – Anwendung des PDCA-Zyklus**
> Die Fähigkeit, Verbesserungsprozesse zu begleiten, unter Beteiligung der Mitarbeiter in der Planung, Testung, Überprüfung und Implementierung:
>
> - P: Plan. Erkennen von Verbesserungspotenzialen, Analyse des aktuellen Zustands, Entwicklung eines neuen Konzeptes. Dies alles geschieht nur dann, wenn der Mitarbeiter vor Ort intensiv mit eingebunden wird (Gehe hin und sieh!).
> - D: Do. Ausprobieren und Testen mit schnell realisierbaren einfachen Mitteln wie provisorischen Vorrichtungen. Dies geschieht ebenfalls unter intensiver Einbindung des Mitarbeiters vor Ort.
> - C: Check. Der Prozessablauf und die Ergebnisse werden analysiert und bei Erfolg für eine standardisierte Einführung freigegeben.
> - A: Act. Der neue Standard wird auf breiter Front eingeführt und seine Einhaltung regelmäßig überprüft.

> **Zusammenfassung: Sei verbindlich und konsequent!**
> Konsequentsein ist zielorientiertes Handeln. Für Eltern und Führungskräfte ist dies das Bindeglied zwischen den sachlichen Forderungen und der tragfähigen Beziehung. So ist von allen Beteiligten Kommunikations- und Beziehungsarbeit bei der konkreten Zielvereinbarung, bei der wirksamen Aufforderung und bei der Konsequenz gefordert.

3.5 Lebe deinen Glauben und deine Wertvorstellungen!

Joachim E. Lask

„Das Unternehmen wird von zwei Geschäftsführern geleitet. Wir sind total unterschiedlich. Wir diskutieren sehr radikal die Dinge. Wir gehen bis an die Grenze. Wir ergänzen uns hervorragend – auch wenn die Prozesse manchmal langwierig und schwierig sind. Mit den Zertifizierungen habe ich die Firma ein Stück weit umgebaut. Wir brauchten neue Entscheidungsprozesse, in denen die Kompetenzen nach unten weitergereicht werden. Wir in der Geschäftsleitung müssen für strategische Aufgaben frei sein. Ich habe mir dann sechs Wochen Auszeit genommen, weil ich nicht wusste, ob ich im Unternehmen noch am richtigen Platz bin. Ich habe mir Hilfe in einem Psychologen und einem Anwalt gesucht. Das war ein offenes Rennen. Wäre ich meinem Herzen gefolgt, wäre ich gerne Pfarrer geworden, wäre gerne weggezogen, in eine andere Stadt und mit einer anderen Familie. Das waren die beiden Alternativen. Für alles gab es Optionen. Das habe ich auch mit meiner Frau und der Firma kommuniziert und mit Gott." (Peter Ullinger, Vater von zwei Kindern, Geschäftsführer von Dannewitz GmbH & Co)

Werte, das sind für uns Überzeugungen, das, was wir für „moralisch gut" befinden. Werte beschreiben Normen, die wir als nützlich oder notwendig erachten, um das Leben gut meistern zu können. Wenn wir meinen, dass Ehrlichkeit ein wichtiger Wert ist, dann wissen wir zwar, dass es auch Nachteile mit sich bringen kann, ehrlich zu sein, doch sind wir der Überzeugung, dass dies für ein gelingendes Miteinander letztendlich besser ist. Die Wertevorstellungen insgesamt bilden eine Werteordnung oder ein Wertesystem. Das Wertesystem von Eltern war vor fünfzig Jahren mit konservativeren Werten ausgestattet als heute. Das heißt, Werte und Wertsysteme unterliegen einem Wandel. Sobald eine Werteordnung einen Anspruch auf Wahrheit hat, nennen wir diese auch Ideologie bzw. Weltanschauung. Diese kann beispielsweise naturwissenschaftlich oder religiös sein – was sich unserer Meinung nach gar nicht gegenseitig ausschließen muss.

In diesem Kapitel ist uns jedoch eines wichtig: Eltern klären für sich selbst immer wieder neu, welche Werte oder welchen Glauben sie ihren Kindern als mögliches Rüstzeug für das Leben vorleben wollen. Der Ort des Glaubens bleibt also nicht leer. Entscheidend ist hierbei: Trägt dieser Glaube bzw. tragen diese Werte mich auch in Krisenzeiten? Mit Glauben meinen wir nicht etwas, was wir für wahr halten im Sinne von „Ich glaube dem Wetterbericht" oder „Ich glaube an die Naturwissenschaft". Sondern wir meinen einen Glauben, der über das Fürwahrhalten hinausgeht und Vertrauen zum Ausdruck bringt, wie „Ich (ver-)traue der Demokratie" oder „Ich vertraue Jesus".

Daher ist es uns wichtig, in diesem Kapitel darüber nachzudenken, welches Bild vom Menschen wir als Eltern, Führungskräfte und Personalentwickler [68] haben, denn dieses Bild beeinflusst maßgeblich unsere Ziele und Strategien für das Miteinander. Zudem wollen wir den Respekt vor dem Menschen als einen besonderen Wert herausstellen. Dabei werden wir feststellen, wie dieser Wert zum Erfolgsfaktor des Unternehmens werden kann. Schließlich beschäftigen wir uns in diesem Kapitel mit der Führung durch Vorbild als praktischen Beitrag zu gelebten Werten und gelebtem Glauben.

Welches Bild vom Menschen habe ich?

Wenn wir Führungskräften und Unternehmern zuhören, kann man den Eindruck gewinnen, Mitarbeiter seien faul und hätten eine Abneigung gegen Kooperation und gegen Arbeit generell. Wenn keine strengen Vorgaben gemacht und Kontrollen durchgeführt werden, werde dies ausgenutzt. Dies müsse dann bestraft werden. Ehrgeiz und Verantwortung seien für solche Mitarbeiter Fremdwörter.

Vielleicht sehen Sie das genauso. Doch dabei ist etwas Verblüffendes festzustellen: Wir beziehen derartig negative Einschätzungen fast ausschließlich auf den anderen und selten auf uns selbst. Dann heißt es: „Ja, ich erlebe Angestellte häufig so, dass man hinter ihnen her sein muss, damit sie arbeiten. Man kann ihnen einfach nicht trauen, mit einer Ausnahme ... mir selbst." Wenn sie über sich selbst nachdenken, dann kommen die meisten Arbeitnehmer und Unternehmer zu dem Schluss, dass sie eigentlich gerne arbeiten, wenn die Arbeitsbedingungen stimmen.

Und bei uns Eltern ist diese Logik nicht weniger ausgeprägt: „Ja, meine Kinder sind manchmal echt anstrengend. Denen muss ich tausendmal sagen, Tu das, oder lass jenes', und es wirkt, als ob du einem Ochsen ins Horn petzt! Das war in meiner Jugend ganz anders ... Ich habe immer gemacht, was mir meine Eltern gesagt haben. Ja, die Jugend von heute!"

XY-Theorie

Douglas McGregor hat diesen Zwiespalt schon früh mit seiner XY-Theorie [69] beschrieben. Er entwickelte eine einfache Persönlichkeitstheorie für die Arbeitswelt, die auch noch in heutigen Managementtheorien bzw. Führungsphilosophien aufgegriffen wird. McGregor erläuterte die XY-Theorie erstmals 1960 während seiner Professur am MIT in seinem Buch *The Human Side of Enterprise*. Er sah in ihr eine implizite Grundlage für die traditionelle hierarchische Betriebsführung. Mit der XY-Theorie legte er offen, aufgrund welchen Menschenbildes – meist unreflektiert – über Mitarbeiter entschieden wurde. Die Industrialisierung hatte durch die Fließbandarbeit und Entwicklungen von Frederick Taylor und Henry Ford einen intensiven Wachstumsimpuls (zweite industrielle Revolution) erfahren. Damit entstand ein Bild vom Mitarbeiter, dem man sehr genau sagen muss, was er zu tun hat und was er auf keinen Fall tun darf. Das selbstständige Denken war gefährlich, denn es hätte den Prozessablauf erheblich stören können. Die Vorstellung von einem selbstbestimmten und kreativen Mitarbeiter stellte für die damaligen Manager somit eine wahre Katastrophe dar.

So geht die Theorie X von der Annahme aus, dass der arbeitende Mensch von außen motiviert ist. Das heißt, er sei durch extrinsisch ausgerichtete Maßnahmen zu belohnen beziehungsweise zu bestrafen. Er habe wenig Ehrgeiz, ziehe Routineaufgaben vor und scheue Verantwortung. Daher habe der Mensch von Natur aus eine Abneigung gegen Arbeit und versuche, dieser aus dem Weg zu gehen. Folglich brauche er energische Anleitung sowie strenge Kontrollen.

Im Gegensatz dazu geht die Theorie Y davon aus, dass der Mensch durchaus eigeninitiativ und ehrgeizig ist. Zum Erreichen sinnvoller Zielsetzungen sei er bereit, sich strenge Selbstdisziplin und Selbstkontrolle aufzuerlegen. Er sehe Arbeit als Quelle der Zufriedenheit und habe Freude an seiner Leistung. Er fühle sich den Zielen seiner Unternehmung verpflichtet. Auch sei der Mensch von Verantwortungsbewusstsein und Kreativität geprägt.

Das Menschbild im Sinne der X-Theorie erhielt vom damaligen religiösen Mainstream des Calvinismus ein solides Fundament. Trotz der Glaubensentscheidung zu Jesus Christus konnte sich dieser nicht gewiss sein, ob er nach dem Tod im Himmel sein werde. So sei das tugendhafte fleißige Leben, das sich etwa der Nachlässigkeit, Faulheit und dem Genussstreben widersetzt, und der damit verbundene individuelle und wirtschaftliche Erfolg ein mögliches Zeichen der tatsächlichen Erlösung. Max Weber setzt sich in seiner Schrift *Die protestantische Ethik und der Geist des Kapitalismus* mit den Zusammenhängen zwischen der protestantischen Ethik und dem Beginn der Industrialisierung bzw. des Kapitalismus in Westeuropa auseinander [70].

Auch hier gehen wir wieder davon aus, dass Sie als Leser eine klare Zweiteilung vornehmen: Sie und wenige andere Ihnen vertraute Personen werden durch die Y-Theorie am besten beschrieben. Ansonsten trifft die X-Theorie ziemlich gut zu – auf die anderen.

Der kontinuierliche Verbesserungsprozess hatte vor dem Hintergrund des Taylorismus kaum eine Chance. Denn der KVP setzt voraus, dass Mitarbeiter eigeninitiativ über Verbesserungen nachdenken und diese anderen zur Verfügung stellen und daran interessiert sind, ihren Arbeitsprozess zu optimieren. Die Freude am Gelingen der Arbeit und am Erfolg des Unternehmens sind ihnen wichtig. Es gibt jedoch eine doppelte Voraussetzung hierzu: Die Führungskraft (1) ist hierbei ein gutes Vorbild und (2) sie lässt den Mitarbeiter spüren, dass sie ein „Y-Menschenbild" hat.

Zwischen autoritärer und permissiver Erziehung

Ein „Bild vom Kind" hat sich schon sehr früh in Lehren über die Erziehung niedergeschlagen. Wenn wir Erziehungsstile betrachten, können wir erkennen, welches Bild vorherrscht. Maccoby und Martin [71] unterscheiden vier Erziehungsstile: den autoritären, autoritativen, permissiven und vernachlässigenden Erziehungsstil. Den autoritären und den permissiven Erziehungsstil stellen wir kurz vor:

- *Autoritärer Erziehungsstil:* Die Erziehenden sind hierbei dem Kind gegenüber sehr zurückweisend und stark kontrollierend. Es werden strenge Regeln aufgestellt, und die Autorität des Erziehenden darf nicht hinterfragt werden. Bei unerwünschtem Verhalten wird harte Bestrafung angewendet, die auch physisch sein kann.
- *Permissiver Erziehungsstil:* Die Erziehenden zeichnen sich durch hohe Toleranz und Akzeptanz des kindlichen Verhaltens aus. Es wird selten Kontrolle oder Bestrafung ausgeübt. Der permissive Erziehungsstil ist eine gemäßigte Form des Laissez-faire-Erziehungsstils. Der Erziehende hält sich bei der Erziehung eher zurück, ein Setzen von Grenzen findet selten statt.

Rousseau und Reformpädagogen wie Berthold Otto, Maria Montessori und Gustav Eyneken gingen davon aus, dass der Mensch grundsätzlich gut sei und dass sich das Kind entsprechend seiner Natur selbst entfalten müsse, ohne dass man es dabei beeinflussen solle. Erziehung wird eher als unzulässige Manipulation bezeichnet. Kritisiert wurde dieser Ansatz unter anderem darin, dass die angestrebte Aufhebung der Herrschaftsverhältnisse nicht gelungen sei, sondern lediglich umgekehrt wurde, indem sich nun die Erzieher und Eltern dem Willen des Kindes unterordnen.

Das Kompetenzcenter Familie hat die Chance, das gesellschaftlich akzeptierte Menschenbild zu prüfen und Unterschiede der Menschenbilder produktiv aufzulösen. Wir wollen damit sagen: Das Kompetenzcenter Familie als Zelle der Gesellschaft enthält ein korrektives Potenzial. Nicht zufällig wurde die Vorstellung, wie eine „richtige" Erziehung bzw. Sozialisation der Kinder zu erfolgen hat, in der Auseinandersetzung mit der Familie entwickelt, wobei das Bild vom Menschen eine zentrale Rolle spielt.

Unser Menschenbild wandelt sich

Jeder von uns hat ein Menschenbild. Es sind bewusste oder unbewusste Überzeugungen oder Vorstellungen über Menschen und deren Verhaltens- und Erlebensweisen. Diese Menschenbilder sind Orientierungs- und Bezugsgrößen, die unsere „Wahr-Nehmung" strukturieren und unser Verhalten vorgeben. Wir leiten daraus ab, was als „menschlich" zu gelten habe, also was zum Wesen des Menschen gehört, was „normal" und „anormal" ist. Damit wird unser Menschenbild zur Vorlage unserer Bewertung und Urteile über das menschliche Verhalten und Erleben.

Mit anderen Worten: Unser Menschenbild bildet die Basis und den Bezugsrahmen für unsere Entscheidungen, Handlungen oder Bewertungen und wirkt unmittelbar in die Familien und Organisationen ein. Daher sind wir der Überzeugung, dass insbesondere Eltern, Führungskräfte und Unternehmer ihr Menschenbild immer wieder reflektieren und kritisch diskutieren sollen. Das meinen wir mit „Lebe deinen Glauben und deine Wertvorstellungen".

Denn, wer bei diesem Prozess meint, es handele sich um eine Art Suchspiel „Wer findet das wahre Menschenbild?", ist auf dem Holzweg. Es geht vielmehr darum, das beste, das passendste, das realistischste Menschenbild zu beschreiben, denn Menschenbilder entwickeln sich weiter. Das ist unbequeme Arbeit. Das ist Change, und der kostet Zeit, Anstrengung und Überwindung.

So war im letzten Jahrhundert die Vorstellung vom Menschen als eine Maschine, die bei der Arbeit funktionieren soll, damit effizient produziert werden kann, weit verbreitet. Heute stellt man vor dem Hintergrund der Globalisierung und Flexibilisierung des Arbeitsmarktes die Erwartung an den Arbeitnehmer, dass er sein eigener Unternehmer im Unternehmen sein soll. Das hat zur Folge, dass zurzeit in den Unternehmen und Organisationen zwischen den Generationen aufgrund der unterschiedlich angelegten Menschenbilder erhebliche Konflikte entstanden sind. So beißen sich die Babyboomer mit ihrem Führungsverhalten an der Generation Y und Z die Zähne aus.

Ebenso haben sich die Werte geändert, nach denen Eltern ihre Kinder erziehen. So zeigt sich ein Bedeutungsverlust bei Pflicht- und Akzeptanzwerten, bei traditionellen Werten wie Ehrlichkeit, Sauberkeit und Ordnung sowie bei Gehorsam und Unterordnung. Eine Bedeutungszunahme ist bei den Selbstentfaltungswerten wie Selbstständigkeit und eigene Urteilsfähigkeit zu verzeichnen.

Wollen Eltern diese Werte in erzieherisches Handeln umsetzen, erfordert dies eine stärkere Einbeziehung der Kinder in den Erziehungsprozess. So ermöglichen Eltern ihren Kindern heute größere Handlungsspielräume und mehr Entscheidungsmacht über ihre Lebensverhältnisse. Folglich diskutieren Eltern mit Kindern ihre Entscheidungen.

Angestellte werden Wissensarbeiter

In dem Verhältnis des Vorgesetzten zu seinem Mitarbeiter hat sich etwas verändert. Früher galt Folgendes: Der Unternehmer als Inhaber von Produktionsmitteln bietet dem Mitarbeiter als Inhaber von Arbeitskraft ein Verhältnis an. Stark vereinfacht: „Wenn ich dir sagen darf, was du zu tun hast, und du dich daran entsprechend hältst, dann bezahle ich dir dafür einen Lohn. Wichtig ist, du musst dann auch tun, was ich dir sage." Der Arbeiter oder der Angestellte hat seinem Unternehmen zu dienen. Er bekommt Anordnungen und Arbeitsplatzbeschreibungen, die er zu erfüllen hat. Der Angestellte und Arbeiter wird zum Ausführenden der Anordnungen, die ihm die Führungskraft gibt. Dafür bekommt er seinen verdienten Lohn.

Dies hatte zur Voraussetzung, dass der Unternehmer oder die Führungskraft über das Wissen verfügt, wie z. B. Maschinen funktionieren und Ressourcen in möglichst optimaler Weise bearbeitet werden. So konnte dem Arbeiter oder später dem Angestellten genau gezeigt werden, wie er sich am Arbeitsplatz zu verhalten hat, damit ein Gewinn erwirtschaftet wird. Das gelang dann besonders gut, wenn die Führungskraft nahezu in allen Belangen der „Bescheidwisser" war.

Dieses Phänomen finden wir heute trotz hoch technisierter Arbeitsabläufen noch in vielen Familienbetrieben, auch in zweiter und dritter Generation. Da geht der Chef auch am Sonntag durch die Fabrikhalle und macht das Licht aus. Er kennt jedes Schräubchen. Ohne ihn läuft in der Tat nichts. Die Funktionen sind auf ihn vereinigt, sodass sein Ausfallen tatsächlich zur Katastrophe führt.

Offensichtlich hat sich dieses Beziehungsmuster „Ich bin der Bescheidwisser – du bist der Ausführende!" bei uns sehr stark eingeprägt. Ich muss als Führungskraft möglichst alles am besten wissen und damit auch beherrschen. Oder: Fachexperten müssen häufig Führungskräfte werden, aufgrund der Vorstellung: „Der weiß ja, wie es zu funktionieren hat! Darum ist er der Beste als neuer Teamleiter!"

Mit der zunehmenden Spezialisierung beruflicher Fertigkeiten und der fortwährenden Explosion des Wissenszuwachses ist es unmöglich geworden, betriebliche Prozesse mit einem Experten zu bewältigen. Jeder Unternehmer muss sich Expertenwissen dazukaufen etwa für den Transport, die An- und Auslieferung oder die Weiterbildung.

Eine Folge ist die Zergliederung in einzelne Fachteams und damit eine Verinselung von Experten. Immer notwendiger ist das vernetzte Zusammenarbeiten von Experten, um Leistungen zu schaffen wie die Leitung einer Behörde, das Landen eines Roboters auf einem entfernten Kometen oder das Gewinnen einer Fußballweltmeisterschaft. Der Leiter der Behörde, des gesamten Projektes oder der Mannschaft ist nur dann erfolgreich, wenn er das Expertenwissen anderer akzeptiert und nutzt. Der entscheidende Faktor, der über den Erfolg bestimmt, ist die Fähigkeit, wie ein Dirigent ein Orchester zu leiten, ohne den Anspruch zu haben, zu wissen, wie die Pauke oder der Kontrabass gespielt wird.

Was wollen wir damit sagen? Das Verhältnis von Führungskraft und Mitarbeiter hat sich geändert! Wohl dem, der bereit ist, sein Bild von Mitarbeitern und Führung zu hinterfragen. Damit erhält er entscheidende Produktionsvorteile.

Der Wissensarbeiter trägt seine Produktionsmittel in sich: sein Wissen. Der Wissensarbeiter ist nicht mehr Untergebener, sondern ist jetzt Partner. Gerade während des Fachkräftemangels tritt dieser Umstand vehement in unsere Wirklichkeit. Daher kommt Peter Drucker zu dem Schluss, dass die Vollerwerbstätigen als freie Wissensarbeiter geführt werden müssen. Mitarbeit in einer Partnerschaft kann man nicht befehlen, sondern man muss den Partner überzeugen. Das Management von Mitarbeitern wird daher zunehmend zu einem Marketingjob. Das Marketing geht nicht von der

Frage aus „Was wollen wir?", sondern von der Frage „Was will der andere, was sind seine Werte und Ziele, wie definiert er die Resultate?".

Der Mitarbeiter, der Wissensarbeiter, der Arbeitspartner wird nicht gemanagt. Die Aufgabe besteht darin, ihn zu führen. Ziel ist, die spezifischen Fähigkeiten und Kenntnisse jeden Arbeitspartners produktiv einzusetzen.

Fragen Sie sich doch selbst, unter welchen Bedingungen Sie eine Partnerschaft eingehen:

Vermutlich nur dann, wenn ...

- Sie die Mission der Organisation kennen und daran glauben (sonst geht Ihnen schon nach kurzer Zeit die Puste aus).
- Sie Ihre Produktionsmittel – Ihr Wissen – weiterentwickeln können (sonst sind sie morgen bankrott).
- Sie die Ergebnisse Ihres Einsatzes sehen können (sonst verlieren Sie Ihre Selbstwirksamkeit).

Dieses Seminar zum Menschenbild erhalten Eltern komplett und frei Haus. Wir Eltern sind stets herausgefordert, das Bild, das wir von unseren Kindern haben, immer wieder zu korrigieren oder anzupassen. Das Gleiche gilt in Bezug auf unsere eigenen Eltern. Es gilt auch – und das ist sicherlich das Schwerste – in Bezug auf unser Selbstbild. Dies gelingt uns besser, wenn wir Respekt vor dem anderen haben, wenn wir uns auf Augenhöhe begegnen!

> **Kompetenzcenter Familie – Weiterentwicklung des eigenen Menschenbildes**
>
> Die Fähigkeit, eigene Grundannahmen zum gelebten Menschenbild kritisch zu hinterfragen und weiterzuentwickeln:
>
> - immer wieder den Wertedialog aufnehmen z. B. bei Geburt, Einschulung und Pubertät der Kinder, Älterwerden der Eltern, Tod,
> - die Fragen klären: Woher komme ich? Was tue hier? Wohin gehe ich?,
> - im Dialog klären: Welche Werte in der Erziehung und Familie sind uns wichtig? Mit welchen Werten können unsere Kinder künftig die Herausforderungen des Lebens bewältigen? Was bedeutet das für unser elterliches Handeln?

Respekt vor dem Menschen

Vermutlich stimmen Sie uns zu, dass es ein anzustrebender Wert oder gar ein Gebot ist, Respekt vor dem Menschen zu haben. Mit Respekt meinen wir die Achtung, Aufmerksamkeit und Ehrerbietung gegenüber einem anderen Menschen. Haben wir Respekt, erleben wir eine Begegnung auf Augenhöhe, also eine Würdigung, die unabhängig von Geschlecht, Hautfarbe, Status, Hierarchie oder einem anderen Merkmal ist. Respekt geht über eine Wert(ein)schätzung hinaus, denn er meint die Würde im Sinne eines nicht hinterfragbaren Wertes des Menschen. Und diese Begegnung auf Augenhöhe ist ein Grundbedürfnis jedes Menschen, das von der Geburt bis hin zum Sterben besteht. Da wundert es nicht, dass Respekt am Arbeitsplatz den meisten Mitarbeitern sogar mehr bedeutet als Geld. Mitarbeiter wollen nicht auf ihre Arbeitskraft reduziert, sondern als Menschen wahrgenommen werden. Dies fanden Quaquebeke et al. [72] in einer vergleichenden Untersuchung heraus. Die Forscher bestätigten, dass Respekt sowohl die Arbeitszufriedenheit als auch das Engagement steigert, bei Schülern sowie bei Mitarbeitern und vermutlich auch bei Eltern, Partnern und Kindern. Stellt sich nur die Frage: Warum fällt es uns oft so schwer, anderen mit Respekt zu begegnen, obwohl wir dies von anderen uns gegenüber erwarten?

Diesen Respekt erwarten wir übrigens auch von Zeitschriftenvertreibern, Verkäufern von Wasserspendern und Telefongesellschaften. Leider werde ich als Kunde häufig nach dem Motto bedient: „Du Kunde bist dumm! Ich sage dir jetzt, welches Produkt bzw. welche Dienstleistung du jetzt brauchst (… weil ich Lieferant es zurzeit zur Verfügung habe)". Es wird noch nicht einmal gefragt, ob ich Zeit habe für ein Telefonat oder ein Verkaufsgespräch. Respektlos wird einfach auf mich eingeredet, ob ich es will oder nicht. Ich werde genötigt, mich radikal abzugrenzen.

Ein Beispiel für „Du Kunde bist für uns nur eine Nummer" möchte ich ich hier wiedergeben: Ärgerlich war eine Nachzahlung meiner Stromrechnung bei meinem Stromanbieter. Durch einen Ablesefehler entstand innerhalb von 24 Monaten ein Nachzahlungsbetrag von immerhin ca. 3500 EUR. Ich rief an und fragte: „Warum werde ich nicht kundenorientiert und rechtzeitig gewarnt, dass sich hier ein erheblicher Unterschiedsbetrag ansammelt?" Mir wurde nüchtern mitgeteilt, dass der Algorithmus im Rechenzentrum der Abrechnungsabteilung erst ab einem Betrag von 4000 EUR Alarm schlage. Erst dann würde man mich kontaktieren.

Respekt vor dem Menschen bezieht uns selbst ein. Das vergessen wir so häufig: Zwischen der Sehnsucht, von anderen respektiert zu werden, und dem Auftrag, dem anderen auf Augenhöhe zu begegnen, stehen wir selbst. Uns Menschen zeichnet es aus, dass wir uns unserer selbst bewusst sind und über uns selbst nachdenken und uns selbst (be)werten können. Sich selbst zu respektieren ist ein kontinuierlicher Verbesserungsprozess: sich selbst zu erkennen, ehrlich zu sich zu sein, sich selbst zu lieben und die inneren

Einstellungen und die Persönlichkeit mit dem Handeln in Übereinstimmung zu bringen. Das bedeutet jedoch, dass in Begegnungen und Beziehungen etwas Wesentliches von mir deutlich wird und andere mich so kennenlernen, wie ich bin.

Das meinen wir mit: „Lebe deinen Glauben und deine Wertvorstellungen!" Wenn man einen Glauben oder Werte *hat,* ist es so ähnlich wie mit dem Gewissen. Man kann es gebrauchen oder auch nicht. Glauben und Werte zu *leben* führt zu Authentizität, und das tut uns allen gut. Authentizität ist ein Gewinn für unsere Begegnungen in der Familie, der Schule oder der Organisationen. Denn wir werden damit glaubwürdig gegenüber uns selbst und anderen. Wir behaupten nicht, dass dies einfach sei – im Gegenteil. Gute Eltern lassen darin nicht nach, ein gutes Vorbild für ihre Kinder sein zu wollen. Das gilt unseres Erachtens auch für alle, die Verantwortung gegenüber Menschen tragen.

Respekt vor dem Kunden

Der Qualitätsbegriff in der Wirtschaft hat stets die Zufriedenheit des Kunden zum Ziel. Die weltweit verbreitete Qualitätsnorm ISO 9000 stellt den Kunden bei der Definition von Qualität an die erste Stelle:

> **Qualität** sei das „Vermögen einer Gesamtheit inhärenter Merkmale eines Produkts, eines Systems oder eines Prozesses zur Erfüllung von Forderungen von Kunden und anderen interessierten Parteien".

Diese Definition – so holprig sie auch formuliert ist – stellt eines klar: Der Kunde bestimmt, was Qualität ist! Diesen Zusammenhang erlebte ich eindrücklich in acht Jahren Radioarbeit beim Hessischen Rundfunk: „Der Hörer entscheidet, was gesagt wurde." Völlig egal, wie ich meinen Beitrag bewertete, als fachlich oder oberflächlich, zu lang oder zu kurz, spritzig oder ermüdend: Letztendlich entscheidet der Hörer!

Es geht also nicht um ein Merkmal des Produktes oder einer Dienstleistung an sich, sondern um das, was der Kunde als Qualität erlebt. Entsprechend definierte Joseph Juran, rumänisch-amerikanischer Wirtschaftsingenieur, Qualität als „fitness for use" [73]. Nach Juran ist unter Qualität die Gebrauchstauglichkeit einer erstellten Leistung in den Augen der Kunden zu verstehen. Daher ist die Beurteilung von Qualität immer individuell! Sie leitet sich aus den individuellen Bedürfnissen der Kunden ab. Daher ist der Lieferant gut beraten, wenn er den Kunden nach seinen Bedürfnissen fragt. In einem Satz: Qualität ist immer dialogisch und entsteht zwischen Lieferanten und Kunden.

So wie also Qualität ein Ausdruck der Beziehung zwischen Kunde und Lieferanten ist, so ist das auch mit der Erziehung. Erziehung ist nicht nur ein elterliches Handeln. Erziehung ist dialogisch, braucht immer mindestens zwei: Eltern und Kind. Erziehung wird nicht einfach durchgeführt, etwa nach der Anleitung aus Erziehungsratgebern.

Die Qualität in der Erziehung entsteht vom Kinde her. Geht es doch für uns Eltern in der Erziehung darum, unsere Kinder zu lieben, und ihre Begabungen, Talente und Kompetenzen so zu entwickeln, dass diese später – spätestens mit 18 Jahren – ihr Leben selbst verantworten können. Das ist das Ziel der Erziehung. Da das Kind in jungen Jahren noch nicht sagen kann, ob die Erziehungsleistung der Eltern zu dem eben beschriebenen Ziel führt, hat es Unterstützer, die den Eltern helfen, die Qualität ihrer Erziehungsarbeit einzuschätzen. Diese Unterstützer sind Institutionen wie Kita, Schule oder das Jugendamt. Sie geben Eltern aktiv oder passiv Rückmeldung zu der Qualität der Erziehung. Schließlich erhalten wir Eltern das Feedback zu unserer Erziehung, wenn Kinder tatsächlich das Elternhaus verlassen können und ihr Leben selbst in die Hand nehmen. Das ist die größte Wertschätzung für Eltern!

Die Qualität definiert also der Kunde. Betrachten wir uns jedoch den Prozess zwischen Kundenauftrag und dessen Erfüllung, dann sehen wir, dass im Unternehmen an jeder Schnittstelle ein Lieferant-Kunden-Verhältnis entsteht.

Zum Beispiel gibt der Vertrieb der Entwicklungsabteilung die Wünsche des Kunden weiter. Somit ist der Vertrieb Lieferant, und der Mitarbeiter der Entwicklungsabteilung ist der interne Kunde. Diese Schnittstellen können gelingen, oder es treten Probleme bzw. Konflikte auf. Je nachdem, inwieweit die Probleme über den KVP ausgeschaltet oder Prozessabläufe optimiert werden können, erfolgt ein Qualitätsgewinn oder Qualitätsverlust.

Machen wir uns klar: Qualitätsverlust erfolgt häufig vor dem Hintergrund mangelnder Beziehungsqualität und nicht aufgrund technischer Problemstellungen. Oder anders formuliert: Häufig versuchen wir durch Technik, Beziehungsprobleme aufzulösen, und wundern uns, warum die Qualität weiterhin niedrig ist.

Hier einige Beispiele:

- Der Vertriebsleiter kann einen Mitarbeiter mit seiner zurückgezogenen Art schlecht einschätzen. Man redet nur das Wichtigste miteinander. Es kommt immer wieder zu Missverständnissen.
- In der Produktion werden Verbesserungsvorschläge nicht geäußert, da sie von der Führungskraft sowieso nicht angehört werden.
- Konflikte zwischen den Abteilungen Produktion und Lager führen dazu, dass gute Arbeit aus Konkurrenzgründen verhindert wird.
- Informationen zur Weiterbearbeitung durch Dritte werden vergessen oder aus Gründen der Machterhaltung nicht weitergegeben.

Hätten Produkte eine Blackbox, in der sämtliche Prozesse und Kommunikationen aufgezeichnet werden, die das Produkt erfahren hat, so würden wir unglaubliche Geschichten hören, die die Qualität drastisch reduzieren, allein deshalb, weil die Beziehung zwischen Kunde und Lieferant, also den Arbeitnehmern, den Mitarbeitern und Führungskräften, gestört ist.

Damit wird deutlich, dass die Beziehung an den Zweigstellen zu einem entscheidenden Qualitätsfaktor wird. Wer hätte das gedacht?

Folglich stehen auch in den Grundsätzen des Qualitätsmanagements der ISO 9001 Forderungen, die den Respekt betreffen, wie etwa:

- Verantwortlichkeit der Führung,
- Einbeziehung der beteiligten Personen,
- prozessorientierter Ansatz,
- kontinuierliche Verbesserung,
- Lieferantenbeziehungen zum gegenseitigen Nutzen.

Und sicherlich sehen Sie die Nähe zur Erziehung: Erziehung gelingt nur, wenn Eltern sich ihre Verantwortung immer wieder neu bewusst machen, ihr Handeln als ein Miteinander verstehen, das sozusagen gemeinsam Stufe für Stufe entsteht, durch stetige Rückmeldung vonseiten des Kindes oder auch anderer an der Erziehung Beteiligten.

Wenn wir tatsächlich die Qualität in der Beziehung zwischen Kunde und Lieferant als Faktor der Produktqualität betrachten wollen, dann sind wir herausgefordert, die interne Kunden-Lieferant-Beziehung zu analysieren. Am besten gehen wir dabei „naiv" vor, indem wir uns einfach fragen: Welche erfolgreichen Produktionssysteme gibt es und worin unterscheiden sich die besten von den guten?

Bezüglich der Qualität beobachten wir weltweit immer gleichartigere Produkte. Produktqualität hat sich auf dem Markt in den letzten Jahrzehnten immer mehr angeglichen. Früher galt die Kategorie „Made in Germany" als Qualitätssiegel. Doch es hat sich etwas geändert. Andere Nationen haben längst aufgeholt. Dies ging langsam und kontinuierlich vonstatten, wie ein klassischer stetiger Veränderungsprozess.

Der Qualitätsvorsprung von „Made in Germany" scheint aufgebraucht. Noch vor wenigen Jahren gab es deutliche Vorteile und zeitliche Vorsprünge, einfach dadurch, dass bessere Maschinen und besseres Material zur Verfügung standen. Heute sehen wir uns herausgefordert, mehr denn je den Menschen im Zusammenwirken mit Maschine und Material in ein optimales Verhältnis zu setzen. So werden die Arbeitsbedingungen, die mit dem Bild vom Menschen in Zusammenhang stehen, zum entscheidenden Wettbewerbsfaktor.

Der Wettbewerb heißt also: Wer hat das realistischste Bild vom Menschen und kann deshalb in seinem Produktionssystem nützliche Arbeitsbedingungen schaffen? Es geht um die Optimierung von soziotechnischen Systemen. Überraschend ist: Es geht nicht mehr darum, möglichst schnell der Größte und Billigste mit bester Rendite am Markt zu sein. Schon die ISO 9001 verlangt: „Lieferantenbeziehungen zum gegenseitigen Nutzen!" Wer seinen Lieferanten ausnutzt und unangemessenen Druck erzeugt, wird keine dauerhafte gute Qualität zugeliefert bekommen.

Der Kunde ist König – wer ist der Kunde?

An einem Samstag hatte ich außerhalb meiner Arbeitszeit ein Kundengespräch und meine jüngste Tochter war mit im Institut. Ich sagte ihr, dass ich jetzt gleich ein Gespräch hätte, das ungefähr zwei Stunden dauert, und bat sie darum, mit ihrer Freundin ruhig zu spielen. Zur Vorbereitung saß ich bereits im Gesprächszimmer als meine Tochter anklopfte und mich leise fragte: „Papa, wann kommt der Kunde?" Ich sagte „um 10 Uhr" – und verstand nicht so recht, was sie mit der Frage eigentlich bezweckte. Nach drei weiteren Minuten kam sie erneut und fragte: „Papa, woher kommt der König?" „Bitte was?", fragte ich zurück. „Papa, woher kommt der König?" Ich fragte: „Wieso König?" Meine Tochter sagte enttäuscht: „Aber du hast gesagt:,Der Kunde ist König'!" Mein Lachen hat meine Tochter dann gar nicht lustig gefunden.

Nun: „Wer ist unser Kunde?" Diese Frage gehört nach Peter Drucker [74, S. 53] zu den zentralen Fragen des Managements. Wir antworten reflexartig richtig mit der Zielgruppenbestimmung von Haupt- und Nebenkunden etc. Doch die Frage von Peter Drucker geht tiefer: Wer ist der Kunde für dich? In welcher Beziehung stehst du Lieferant zum Kunden?

Wenn wir als Eltern diese Frage „Wer ist dein Kunde?" hören, werden wir sicherlich nicht an unsere Kinder denken. Als Eltern finden wir einen besseren Zugang zu dieser Frage, wenn wir Peter Druckers zweite Kundenfrage kennen: „Worauf legt der Kunde wert, was befriedigt seine Bedürfnisse und Wünsche?" So richtig erreicht uns diese Fragestellung auch nicht, denn die „Bedürfnisse und Wünsche" unserer Kinder haben etwas Unersättliches an sich.

Bei folgender Erläuterung zu „Wer ist dein Kunde?" hat es dann bei mir als Vater „Klick" gemacht. Peter Drucker wollte als Hochschullehrer wissen: „Was muss ich tun, damit mein Unterricht besser wird?" Hierzu rief er jedes Jahr 50 bis 60 seiner Studenten an, die vor zehn Jahren bei ihm im Unterricht waren. Diese fragte er: „Wenn Sie zurückblicken: Welchen Beitrag haben wir in dieser Schule geleistet? Was sollten wir besser machen? Womit sollten wir aufhören?" Diese Art von Fragen können wir als Eltern unseren Kindern so nicht stellen, oder ggf. zehn Jahre nach deren Auszug. Dennoch helfen uns diese Fragen, unser eigenes Handeln zu reflektieren.

Wer sich entschlossen hat, dem Menschen grundsätzlich mit Respekt zu begegnen, der wird den Kunden selbst fragen, worauf er Wert legt.

Ausschnitt aus dem Interview mit Peter Ullinger, Vater von zwei Kindern, Geschäftsführer von Dannewitz GmbH & Co.

JL: Was hat Sie als Vater besonders herausgefordert?

PU: Das Schwierige ist, dass es gegen meine Natur ist, weil ich ja eher der Bestimmer bin, der sagen will „So wird es gemacht". Für mich ist das einfach Anstrengung. Es gibt für mich keinen schwierigeren Kunden oder Lieferanten als meine eigene Töchter. Alles, was ich gelernt habe, wie ich mit schwierigen Partnern umgehe, habe ich durch meine Töchter gelernt. Die haben es mir beigebracht.

JL: Können Sie das bitte konkretisieren?

PU: Konkret, indem sie sich z. B. bestimmten Dingen verweigern. Ich möchte ihnen gerne was verkaufen, und sie fahren gar nicht drauf ab. Ich möchte z. B., dass sie auf einer Jugendfreizeit mitfährt, und sie will da absolut nicht hin, weil sie in der Zeit auch was anderes machen könnte. Wie fängt da der Verkäufer an? Er sagt: „Okay, ich muss das Angebot irgendwie anders verpacken." Formal sage ich „Das bekommen wir schon hin", aber inhaltlich sage ich mir „arbeite an ihren Freundinnen". Wenn da irgendeine von der Peergroup zieht, ziehen alle.
Beim Kunden versuche ich über einen Partner ein Angebot aufzubauen und entwickle Strategien. Zuerst versuche ich es vielleicht mit Druck und merke dann, dass es kontraproduktiv ist. Der Kunde ist frei in seiner Entscheidung, wo er einkauft. Auch wenn er sich für den Mitbewerber entschieden hat, begegne ich ihm weiterhin mit Respekt. Irgendwann kommt der Zeitpunkt, wo abgefragt wird, „Ist das nur funktional, wie der reagiert oder ist das echt?" Wenn dann der Kunde wahrnimmt, dass meine Reaktion und mein Verhalten echt und authentisch ist, dann kann der auch ohne jegliche Scham zu mir wechseln.

3.5 Lebe deinen Glauben und deine Wertvorstellungen!

Dann stellen sich im Vertrieb auch die nachhaltigen Erfolge ein. Und das wächst kontinuierlich. Wir wollen keinen One-Night-Stand, wir wollen langfristige Beziehungen entwickeln. Das ist aber in einer so kurzlebigen Zeit äußert schwierig. Denn die bekommen ja Druck von ihren Partnern, ihren Lieferanten, von den Herstellern, die alle kurzlebige Ziele haben. Wie kann man da langfristig was machen? Der einzige Schlüssel ist der Mensch.

JL: **Die Arbeit an der Beziehung führt zu Vertrauen, und das beginnt sich auszuzahlen, zum Kind und zum Kunden. Wie haben Sie das gelernt? Wie halten Sie es aus, geduldig zu sein?**

PU: Mein Vater und ich waren zunächst Rivalen, waren beide Kämpfer und am Ende des Lebens haben wir uns gut verstanden. Da habe ich gelernt, Geduld zu haben. Mein Vater war leidenschaftlicher Angler. Ich bin dann ab und an mit ihm zum Angeln gegangen. Da haben wir dann gemeinsam gesessen und auf das Wasser geschaut „bewegt sich was?", „bewegt sich nichts?". Da entwickelt man Geduld. Man hat es nicht in der Hand, wann der Fisch anspringt. Im Moment, wo der Fisch dann anbeißt, müssen Sie Gewehr bei Fuß sein und sofort reagieren. Diesen langen Atem zu haben, das hat mir mein Vater vermittelt. Im Sinne von: „Hab Geduld, du kommst schon an dein Ziel." Das habe ich verinnerlicht. Aber auch dann diesen Ehrgeiz zu haben, nicht aufzugeben, auch wenn Dinge gegen einen stehen. Das ist etwas Wichtiges, was man im Vertrieb können muss und viele Verkäufer einfach nicht können. Ich sage: Wenn es schwierig wird, dann muss man fragen „Warum"? Das ist der Beginn für eine langfristige Strategie.

JL: Wenn es schwierig wird, lernen wir uns besser kennen?

PU: Ich habe ja Theologie studiert. Als ich das meinem Vater gesagt habe, war erst mal Funkstille. Er sagte: „Die Kirche hat mir meinen Sohn genommen." Das war für ihn ein tiefer Verlust. Während meines Studiums habe ich für eine amerikanische Firma gearbeitet. In dieser Firma habe ich viel über Menschen gelernt. Ich habe die dort gemachten Eindrücke aufgesaugt wie ein Schwamm und habe das ausgelebt, was mir ein Theologie-Professor gesagt hat: „Jede Frage der menschlichen Existenz kann eine theologische Frage werden." Das habe ich beherzigt. Ich habe diese Fragen immer mitgenommen, theologisch durchgearbeitet und reflektiert. Das war eine sehr spannende Sache.

Dann bin ich wieder an die Uni zurück und habe nach 15 Jahren wieder meinen alten Professor, Herrn Bayer, getroffen. Der dann zu mir sagte: „Herr Ullinger, ich erinnere mich doch sehr gut an Sie. Sie waren doch in der Tillich-Vorlesung." „Ja", sagte ich, „da haben Sie mir die Impulse gegeben". Er fragte: „Wie kann es sein, dass ein angehender Theologe, Pfarrer eigentlich Manager wird?" Ich sagte: „Sie haben damals gesagt, jede Frage der menschlichen Existenz kann eine theologische Frage sein", das habe ich ausprobiert und ausgelebt, und das war gut. Im Grunde meines Herzens bin ich Theologe, und so gehe ich auch an den Kunden ran. „Der Mensch hat eine Seele oder besser ist Seele. Er hat Bedürfnisse, und man muss den Mensch als Persönlichkeit respektieren.

JL: **Freiheit in der Verantwortung als Vater, Manager, Führungskraft, Theologe, Verkäufer**

PU: Mein Freiheitsbegriff hat viel mit der deutschen Geschichte zu tun. Zuletzt 1987 als Reagan in Berlin vor dem Brandenburger Tor stand, war ich auch in Ost-Berlin. Als er sagte „Open the gate" habe ich gedacht, dass er keine Ahnung und Vorstellung davon hatte, wie es in Ost-Berlin

> mit der Freiheit steht. Doch 1989 war die Mauer gefallen. Es kam ein Brief von einer jungen Frau, die Mitbegründerin des Neuen Forums. Sie schrieb mir, wie das abgelaufen war. Ich hatte nichts Besseres zu tun, als auch nach „drüben" zu fahren und den Dialog, den ich damals begonnen hatte, fortzuführen. Wir hatten uns verliebt. Ich habe die ersten freien Wahlen in der DDR mitbekommen. Ich habe 1989 gemerkt, wie sich plötzlich mein Leben ändern kann durch den Mauerfall. Da wusste ich, was Freiheit ist. Ich habe auch gesehen, dass Freiheit ohne Verantwortung ins Chaos führt. Das war für mich ein Schlüsselerlebnis.
> Die Eindrücke und Emotionen kann ich meinen Kindern nur schwer vermitteln. Man konnte sich plötzlich nicht mehr hinter dem Zaun verstecken. Man hatte hier eine Firma, man musste Entscheidungen treffen. Was früher geordnet und geregelt war in der DDR, war plötzlich anders. Da bist du voll verantwortlich für deine Freiheit. Da habe ich Kompetenzen gelernt. Ich habe gelernt, zu Menschen zu stehen. Es gab viel Widerstand, als ich meine jetzige Frau aus der ehemaligen DDR heiraten wollte. Das ist mit Kindern auch so. Zu deinen Kindern zu stehen, egal was sie ausgefressen haben.
> (Das gesamte Interview mit Peter Ullinger lesen Sie im Anhang.)

Führung durch Vorbild

Eltern sind die Experten schlechthin – ob sie wollen oder nicht. Zumindest erleben Eltern die Wirkung ihrer Vorbildfunktion Tag für Tag – und zwar als mächtiges Feedback. So müssen wir Eltern erleben, wenn Kinder uns nachahmen, wenn sie uns beobachten und von uns lernen. Im Vorbildsein steckt dramatisch viel Verantwortung drin. Die Dramatik dieser Situation lässt sich in einem Satz von Karl Valentin zusammenfassen: „Wir brauchen unsere Kinder nicht erziehen, sie machen uns sowieso alles nach."

Die hohe Effektivität des Vorbildes erklärt Albert Bandura in seiner sozialen Lerntheorie [75]. Demnach übernehmen Menschen das Verhalten des Vorbildes, insbesondere, wenn

- es attraktive Ähnlichkeiten zum Vorbild gibt,
- eine emotionale Beziehung gegeben ist (je intensiver, desto höher die Wahrscheinlichkeit der Verhaltensnachahmung),
- der soziale Status des Vorbildes höher ist,
- das Vorbild eine höhere soziale Macht (kann Kontrolle ausüben) hat.

Dieses Merkmal „Führung durch Vorbild" gefällt uns, da es der beste Garant ist, dass es sich hier nicht um eine Führungstechnik handelt, sondern tatsächlich um gelebte Werthaltungen.

Gemäß dem Leitspruch „Before we build cars, we build people" [76] findet Führung durch Vorbild bei Toyota auf allen Ebenen des Unternehmens

3.5 Lebe deinen Glauben und deine Wertvorstellungen!

statt. Dabei sind die Anforderungen an die Führungskräfte mit höherer Hierarchiestufe zunehmend schärfer und nicht lockerer. Die Hauptaufgabe einer Führungskraft besteht im Training und in der Entwicklung eines Mitarbeiters, nicht in der bloßen Anweisung und Kontrolle der Arbeitsergebnisse. Die Art der Mitarbeiterführung lässt sich am ehesten mit Coaching und Mentoring beschreiben [77]. So zeichnet sich eine erfolgreiche Toyota-Führungskraft aus durch:

- langfristige Orientierung im strategischen Denken zugunsten des Unternehmens, unabhängig von eigenen Lebensplänen und individuellen Wünschen,
- engen Kontakt und Nähe zur Produktion, den Mitarbeiter und zu den Kunden,
- Wahrnehmung von Problemen als Chance in der Aus- und Weiterbildung der Mitarbeiter.

Wie schon gesagt: Eltern leben dauernd in der Vorbildfunktion. Wir sind der Meinung, dass die Toyota-Vorgaben für das Führen durch Vorbild gut zu uns Eltern passen: Langzeitorientierung zugunsten der Familie, Vertrauensbeziehung zu den Kindern und Verwandten, aber auch zu den Institutionen wie Kita und Schule, Familie als Kompetenzcenter für Eltern und Kinder verstehen und nutzen.

> **Kompetenzcenter Familie – Vorbildfunktion**
>
> Die Fähigkeit, eigene Werthaltungen anzuerkennen, sie mitzuteilen und danach zu handeln:
>
> - vorbildliches Verhalten praktizieren,
> - authentisch, glaubwürdig und berechenbar sein,
> - gerecht und fair handeln,
> - Zusagen und Vereinbarungen einhalten,
> - eigene Teamfähigkeit unter Beweis stellen,
> - Ansprüche an andere auch gegen sich selbst fordern,
> - Regeln und Normen der Organisationskultur einhalten und beachten.

> **Zusammenfassung: Lebe deinen Glauben und deine Wertvorstellungen**
>
> Ohne Werte sind wir orientierungslos. Wir brauchen Werte für Entscheidungen für oder gegen etwas. So bleibt der Platz des Glaubens und der Werte niemals leer. Entscheidend ist jedoch, ob uns dieser Glaube und diese Werte

> in schwierigen Situationen und Stunden Orientierung, Halt und Kraft geben. Eltern vermitteln ihren Kindern Werte oder Glauben durch ihr Handeln und weniger durch das, was sie sagen. Der Dynamik des Menschenbildes, den Lebensfragen und Lebenswerten stellen sich Eltern immer wieder. Dazu hilft der Lernort Familie, an dem authentisches Leben mit Respekt gegenüber anderen permanent geübt werden kann.

3.6 Sorge für die sichere Bewältigung des Alltags!

Joachim E. Lask

Die Bewältigung unserer täglichen Aufgaben setzt voraus, dass wir gesund sind und in einem möglichst sicheren Rahmen leben, der uns vor Schaden bewahrt. So machen wir Eltern die Umwelt unserer Kinder zu einem Ort, an dem sie die Möglichkeiten haben, auf Entdeckungsreise zu gehen, ohne ständig von uns hören zu müssen: „Pass auf!", „Lass das!", „Das ist zu gefährlich!" Durch klare und eindeutige Regeln, Anweisungen und situative Maßnahmen begrenzen wir einerseits den Handlungsspielraum, schaffen aber andererseits gleichzeitig einen Freiraum für sicheres Handeln. Damit sorgen wir zudem auch für uns selbst – denn wir schalten eine Quelle der Beunruhigung für uns aus. Mit einigen Vorsichtsmaßnahmen können wir die meisten Kinderunfälle verhüten. Und durch einige Regeln und Routinen können wir ihre Gesundheit nicht nur schützen, sondern auch fördern. Der Auftrag „Sorge für eine sichere Bewältigung des Alltags!" stellt uns auch die Aufgabe, Kindern Strategien zu vermitteln, tägliche Risiken selbst zu erkennen und mit Gefahren angemessen umzugehen.

Im öffentlichen Bereich sind diese Aufgaben durch das Arbeitsschutzgesetz [78] geregelt, genauer: durch das Gesetz über die Durchführung von Maßnahmen des Arbeitsschutzes zur Verbesserung der Sicherheit und des Gesundheitsschutzes der Beschäftigten bei der Arbeit. Der Begriff des „Beschäftigten" ist hier bewusst sehr weit gefasst. Darunter fallen z. B. Angestellte, Beamte, Auszubildende, Schüler, Studenten oder Helfer im Rahmen eines Freiwilligen Jahres oder ehrenamtliche Mitarbeiter von z. B. Hilfsorganisationen. Ziel des Gesetzes ist, die Gesundheit aller Beschäftigten durch die Maßnahmen des Arbeitsschutzes zu sichern und zu verbessern.

In diesem Kapitel geht es also um die Abwendung von Gefahr für Leib und Seele und gleichzeitig um die Gesundheit – und das aus gutem Grund. Denn zwei von drei Unfällen, die Verletzungen verursachen, passieren im Haushalt oder in der Freizeit. Und noch viel dramatischer ist es, dass vier von fünf Unfällen mit Todesfolge sich im Haushalt oder in der Freizeit zutragen.

Und wir wissen: In diesem Kapitel sprechen wir ein unbequemes Thema an. Denn es verpflichtet uns, das Notwendige zu tun. Wenn wir eine Gefahrenquelle erkannt haben, sind wir auch moralisch verpflichtet, sofort zu handeln: beispielsweise die steile Kellertreppe für Kleinkinder abzusperren oder mit dem Erstklässler den Schulweg zu trainieren, damit er ihn alleine bewältigen kann. Und noch etwas ist unbequem: Um unseren Alltag sicher zu bewältigen, müssen wir in unsere persönlichen Handlungsmuster eingreifen, wie in unser Ess-, Bewegungs- und Schlafverhalten oder unseren Medienkonsum – und nicht nur dann, wenn wir in diesen Bereichen unseren Kindern ein gutes Vorbild sein wollen.

Dass die sichere Bewältigung des Alltags offensichtlich auch für Führungskräfte lästig ist, zeigen Handbücher zur Angewandten Psychologie für Führungskräfte, da dieses Thema in ihnen schlichtweg ausgelassen oder nur sehr spärlich abgehandelt wird [79], wenn es etwa lediglich um die Gesundheitsförderung der Führungskraft selbst geht.

Auf den folgenden Seiten stellen wir dar, wie die Verantwortlichen in Familie und Organisationen durch das Thema Sicherheit und Gesundheit gefordert sind, und das in zweierlei Hinsicht: einerseits durch die Entwicklung und Aufrechterhaltung eines Sicherheits- und Gesundheitsbewusstseins, andererseits durch die Entwicklung und Durchführung angemessener Präventionsmaßnahmen.

Familie und Mitarbeiter vor Schaden bewahren

Wo ist Ihr Kind und was macht es? – Neugier kann ein Kind in gefährliche Situationen bringen. Doch Eltern können ihr Kind nicht immer im Blick behalten. Statt das Kind dauerhaft zu beobachten und Gefahren abzuwenden, ist es wichtig, dass Eltern für eine sichere Umgebung ihrer Kinder sorgen. Kleine Kinder brauchen diese Sicherheit beim Spielen in der häuslichen Umgebung. Sobald Kinder größer werden, erweitert sich auch der Gefahrenbereich etwa in der Kita, in der Schule, auf dem Schulweg oder Sportplatz. Der Umgang mit Technik, Gefahrenstoffen und Risikosituationen muss gelernt werden ebenso wie das Benutzen öffentlicher Verkehrsmittel.

Gewiss, auf den ersten Blick sind es Binsenweisheiten und Selbstverständlichkeiten, etwa einen Schutzstecker in die Steckdosen zu stecken oder ein Gitter vor der gefährlichen Kellertreppe anzubringen. Aber die Schutzmaßnahmen müssen auch ausgeführt werden. Eltern tun gut daran, einen Gang durch die Wohnung, den Garten oder das Haus zu machen und sich zu notieren, was zum Schutz des Kindes unternommen werden soll und wann dies ausgeführt wird.

Ebenso gehört das Internet zum Alltag von Kindern und bietet vielfältige Chancen. Damit verbinden sich aber auch Gefahren, etwa, wenn die Kinder auf Inhalte oder Personen stoßen, die sie ängstigen oder ihnen schaden. Für die informelle Selbstbestimmung haben Kinder und Jugendlich oft noch kein Empfinden. Damit Ihr Kind sich mit den Medien, wie Internet, TV, Büchern, PC, Chat, MP3, zurechtfindet, braucht es von Ihnen als Eltern gute Anleitung und Orientierung! Das heißt: Werden Sie zum Experten in Sachen soziale Plattformen, Vernetzung der Spielkonsolen, Programmierung von MP3-Playern und Industrie 4.0. Überlassen Sie Ihr Kind nicht sich selbst!

Zur sicheren Bewältigung des Alltags gehören auch klare Absprachen und Regeln, wie sich das Kind verhalten soll, wenn es z. B. die Wohnung verlässt, damit Eltern wissen, wo sich das Kind aufhält, und damit Kinder wissen, worauf sie zu achten haben. So muss etwa mit dem Kind der Weg eingeübt werden, wenn das Kind einen in der Nähe wohnenden Freund besucht.

Was Sie als Eltern hier meistens intuitiv machen, nennt man aus organisationspsychologischer Sicht „Psychologie der Arbeitssicherheit" [80]. Eltern beschäftigen sich mit den Gefahren in der Welt ihrer Kinder und suchen Strategien, um diese abwenden oder bewältigen zu können. Dabei achten sie darauf, dass Unfälle verhindert werden, indem sie Vorsichtsmaßnahmen ergreifen und ihr Kind auf kritische Situationen aufmerksam machen. Dabei haben sie die individuellen Einflussfaktoren sicherheitskritischer Verhaltensweisen, wie das Alter des Kindes sowie seine Impuls- und Aggressionskontrolle, im Auge. Sie erkennen gefährliche Situationen, die sich nicht aus dem Leben von Kindern ausschließen lassen. Sie überlegen, ob das Kind bestimmten Risiken noch nicht ausgesetzt werden kann, weil Fertigkeiten noch nicht vorhanden sind, Regeln nicht beachtet werden oder einfach Wissen um die Gefahren fehlen. Wenn sie ihr Kind z. B. in ein Ferienlager gehen lassen wollen, schätzen sie vorher ab, ob die Verantwortlichen einen sicheren Rahmen bieten.

Bei diesen Überlegungen entscheiden sie stets, ob sie auf die situativen Verhältnisse Einfluss nehmen und dadurch Unfälle verhindern können. Beispielsweise bringen sie ein Stahlgitter über dem Gartenteich an oder achten darauf, dass ihr Kind nicht barfuß über den Rasen läuft, da blühender Klee als Nektarquelle bei Bienen, Wespen und Hummeln beliebt sind. Das heißt, die Eltern werden zu Experten in Verhältnisprävention und

Verhaltensprävention bezüglich der Sicherheit im Alltag der Familie. Durch die Verhältnisprävention nehmen sie Einfluss auf die potenzielle Gefahrensituation, indem sie diese verhindern oder abschirmen. Mit der Verhaltensprävention wirken sie auf ihre Familienmitglieder ein, damit sie beispielsweise nur bei „Grün" an der Fußgängerampel die Straßenseite wechseln.

Auch müssen Arbeitgeber für die Sicherheit der Mitarbeiter sorgen. Der Verhältnisprävention wird dabei im Arbeitsschutzgesetz eine höhere Bedeutung beigemessen als der Verhaltensprävention. Der Arbeitgeber hat die Pflicht, die Gefahren an ihrer Quelle – also dem Arbeitsplatz selbst – zu bekämpfen. Dabei geht es keinesfalls „nur" um die technische Sicherheit, sondern „Die Arbeit ist so zu gestalten, dass eine Gefährdung für das Leben sowie die physische und die psychische Gesundheit möglichst vermieden und die verbleibende Gefährdung möglichst gering gehalten wird" [81]. Folglich ist seit 2013 im Gesetz festgeschrieben, bei der Gefährdungsbeurteilung auch die psychischen Belastungen zu berücksichtigen.

Unfallhäufigkeit im Jahr 2013

Eltern brauchen keine gesetzlichen Bestimmungen, um für die Sicherheit der Kinder zu sorgen. Sie entwickeln aus Liebe und Verantwortung gegenüber den Kindern ein besonderes Sicherheits- und Gesundheitsbewusstsein, um dann die angemessenen Präventionsmaßnahmen auszuwählen und umzusetzen. Denn die Unfallstatistik 2013 [82] zeigt deutlich den Handlungsbedarf, nicht nur für die Kinder, sondern für die für ganze Familie.

Insgesamt gab es 2013 ca. 22.000 Unfalltodesopfer. Davon waren

- 9215 Todesopfer durch Unfälle vornehmlich in der Freizeit und 8675 Todesopfer durch Unfälle im Hausbereich.
- 3542 Todesopfer durch Verkehrsunfälle, 932 Todesopfer durch Arbeitsunfälle und 43 Todesopfer durch Schulunfälle.

Für Unfallverletzte liegen keine sicheren Gesamtzahlen vor, da nicht alle Unfälle polizeilich erfasst werden. Für das Jahr 2013 wurden insgesamt 8,58 Mio. Unfälle geschätzt. Das heißt, mehr als jeder Zehnte erlitt 2013 in Deutschland einen Unfall:

- 3,11 Mio. Unfälle in der Freizeit und 2,80 Mio. Unfälle im Haus,
- 1,32 Mio. Schulunfälle und 1,14 Mio. Arbeitsunfälle.

Diese Zahlen verpflichten zum Handeln. Ein erster Ansatz im privaten Bereich sind gute Vorgaben und Systeme, die uns zu solcher Prävention anhalten, beispielsweise Brandschutz durch Feuermelder oder Feuerlöscher, Gesundheitsschutz durch die Kindervorsorgeuntersuchung oder Vorsorgeuntersuchungen für Frauen und Männer.

Das Antizipieren, Ermitteln und Analysieren von Gefahren ist gleichwohl eine permanente Aufgabe von Eltern. Das bedeutet: Eltern müssen sich möglicher Gefahren permanent bewusst sein.

Was hält gesund?

Die Sorge für die sichere Bewältigung des Alltags betrifft nicht nur die Prävention von Unfällen, sondern auch die Frage, wie Familienmitglieder gesund bleiben. Prävention geht der Frage nach „Was macht krank?" und will die Risiken vermeiden bzw. reduzieren. Die Salutogenese hingegen geht der Frage nach „Was hält gesund?" und richtet ihre Strategien auf Schutzfaktoren, Kompetenzen und Ressourcen, um eine gute Bewältigung der Herausforderungen im Alltag zu ermöglichen und Gesundheitskompetenz bei den Kindern zu entwickeln.

Übrigens ist die Frage „Was hält gesund?" erst mit den Arbeiten von Aron Antonovsky [83] wieder neu in das Gesundheitsmanagement aufgenommen worden. Allzu lange hatte man sich fast ausschließlich mit der Frage „Was macht krank?" befasst und entsprechende Expertise bezüglich der „Reparatur des Körpers" aufgebaut. Die Begriffe „Krankenkasse" und „Krankenhaus" dokumentieren dies. Als ich neulich selbst beim Hausarzt zum Gesundheitscheck war und mir das Ergebnis der Blutuntersuchung erklärt wurde, musste ich auf dem Ergebnisbogen sehen, dass ich dort als „Patient" bezeichnet werde, obwohl mir der Hausarzt aufgrund der Untersuchung bescheinigte, dass ich „kerngesund" sei.

Antonovsky konnte drei Faktoren aufzeigen, die den Menschen somatisch und psychisch gesund erhalten. Dies ist der Fall, wenn der Mensch das Gefühl hat, die Dinge in seinem Leben 1) zu verstehen, 2) zu bewältigen und 3) deren Sinn zu erkennen. Wohlgemerkt: Es genügt, hierfür ein Gefühl zu haben. Bedenkt man, dass inzwischen psychische Störungen mit Abstand zu den meisten Krankheitstagen im Arbeitsleben führen, ahnt man die immense Bedeutung des salutogenetischen Ansatzes von Aron Antonovsky.

Betrachtet man die Zehn Gebote der Bibel unter dem Gesichtspunkt Lebensschutz und Gesundheitsförderung, findet man eine Mischung von

Schutzfaktoren vor Gefahren, etwa andere nicht zu töten oder fremdes Eigentum zu respektieren, und Gesundheitsmaßnahmen, wie den Sabbat zu heiligen, eine eindeutige Lebensausrichtung zu haben oder die Eltern zu ehren.

Für Eltern ist also nicht nur die Verhütung von Krankheiten und Unfällen von Bedeutung, sondern auch die Förderung der Gesundheit. Damit ergeben sich für unser Thema „Sorge für eine sichere Bewältigung des Alltags!" viele weitere Aktionsfelder, die von Eltern beachtet werden sollten. Beispielsweise: gesunde Ernährung, ausreichend Bewegung, Schlafverhalten, Förderung der Sprache und sozialen Kompetenz oder der Umgang mit Medien.

Der Fehlzeiten-Report 2015 [84] des Wissenschaftlichen Instituts der AOK mit dem Themenschwerpunkt zielgruppenspezifisches Gesundheitsmanagement untersuchte u. a. die Gruppe der Auszubildenden und resümiert:

- Jeder dritte Auszubildende berichtet häufig über auftretende somatische wie psychische Beschwerden.
- Mehr als jeder fünfte Auszubildende zeigt gesundheitsgefährdendes Verhalten wie wenig Bewegung, schlechte Ernährung, wenig Schlaf, Suchtmittelkonsum und übermäßige Nutzung der digitalen Medien.

In einer Studie zum Hirndoping geben ca. 4 % der 1035 Schüler und 512 Studenten der Untersuchung von Franke und Lieb [85] an, bislang mindestens einmal den Versuch unternommen zu haben, ihre Konzentration, Aufmerksamkeit oder Wachheit mithilfe legaler oder illegaler Substanzen zu steigern. Die Studienergebnisse dokumentieren auch, dass mehr als 80 % der befragten Schüler und Studierenden einer leistungssteigernden und frei verfügbaren Pille ohne Nebenwirkungen positiv gegenüberstünden, insofern sie existieren würde. Nur 11 % der Befragten lehnten solche Substanzen grundsätzlich ab.

Medien – Ernährung – Körpergewicht – Schlafdauer

Eine exzessive Nutzung elektronischer Medien führt ggf. zu Defiziten in der motorischen, kognitiven und sprachlichen Entwicklung, zu aggressivem Verhalten infolge des Spielens interaktiver Gewaltspiele oder reduzierten Schlaf- und Erholungszeiten sowie Bewegungsmangel.

Mehr als jeder dritte 11- bis 17-Jährige Jugendliche nutzt elektronische Medien mehr als zwei Stunden pro Tag [86]. Dies bedeutet, dass Kinder und

Jugendliche in Medienkompetenz gefördert werden müssen im Sinne eines altersgerechten, eigenständigen, kreativen, aber auch kritischen Umgangs.

Die IDEFICS-Studie (Identification and prevention of Dietary- and lifestyle-induced health Effects In Children and infants) ist die größte europäische Studie zur Erforschung von Übergewicht bei Kindern im Alter von 2 bis 10 Jahren. Ergebnisse zeigen u. a. einen deutlichen Zusammenhang zwischen Übergewichtigkeit oder Fettleibigkeit mit mangelnder Bewegung und zu wenig Schlaf:

- Kinder, die sich mehr bewegen und weniger als 14 h pro Woche vor dem Bildschirm (TV, DVD, Computer) verbringen, haben mit geringerer Wahrscheinlichkeit Übergewicht.
- Kinder im Vorschulalter, die weniger als 9 h pro Nacht schliefen, wiesen ein signifikant höheres Risiko für Übergewicht auf.
- Bei Schulkindern, die weniger als 11 h schliefen, war das Risiko für Übergewicht um 40 % erhöht, und bei Kindern mit weniger als 9 h Schlaf pro Nacht sogar um 300 %.
- Die potenzielle Schlafzeit wurde in der Regel mit Fernsehen oder Videospielen verbracht.

Für Deutschland liegen Zahlen zum Gewicht von Kindern und Jugendlichen durch den Kinder- und Jugendgesundheitssurvey (KiGGS) vor [87]. Demnach ist mehr als jedes fünfte Kind untergewichtig oder übergewichtig. Interessant dabei ist, dass Eltern normalgewichtiger Kinder deren Gewicht überwiegend richtig einschätzen (83,2 %). Hingegen schätzen Eltern übergewichtiger oder untergewichtiger Kinder deren Gewicht häufig falsch ein [88].

Kinder und Jugendliche konsumieren zu wenig pflanzliche Lebensmittel wie Gemüse, Obst, Brot oder Kartoffeln. Zwar trinken Kinder und Jugendlich ausreichend, jedoch zu einem relativ großen Anteil zuckerhaltiger Limonade. Es werden zu wenig Milchprodukte und zu viel Fleischwaren verzehrt. Dies geschieht hauptsächlich vor dem Hintergrund des elterlichen Gesundheitsverhaltens im Bereich Ernährung.

Diese Fakten zeigen uns die Notwendigkeit auf, für die sichere Bewältigung des Alltags unserer Kinder, aber auch der restlichen Familienmitglieder zu sorgen. Der Gesundheitsbericht des Robert Koch-Instituts zur Gesundheit in Deutschland 2015 [89] sieht diese Notwendigkeit auch für Erwachsene. Dies ist insofern herausfordernd, da es uns sofortiges Handeln abverlangt, dessen Erfolg wir aber nur mittelbar erleben. Wir wissen nicht, ob wir mit unseren Maßnahmen tatsächlich einen Unfall verhüten. Zum anderen wirkt sich Prävention im Sinne des Return on Investment zeitlich spät, meistens erst nach Jahren oder Jahrzehnten aus.

Hier ist uns wichtig zu betonen, dass diese Sicherheitsorientierung und -koordination heute geboten ist und nichts mit einem Sicherheitsfetischismus zu tun hat oder einer Überhitzung in der Eltern-Kind-Beziehung, die ein gesundes Loslassen des Kindes in seine Selbstständigkeit ver- oder behindert.

Psychische Belastungen

Ein weiterer wesentlicher Bereich, für die sichere Bewältigung des Alltags Sorge zu tragen, ist der Umgang mit psychischen Herausforderungen, z. B. wenn Kinder Angst haben, in der Schule zu versagen oder sich minderwertig fühlen. Der Anteil der Kinder, die nicht mit beiden Eltern zusammenleben hat kontinuierlich zugenommen. Trennung und Scheidung der Eltern ist für Kinder und Jugendliche meistens ein kritisches Lebensereignis, das bei ihnen zu psychosozialen Belastungen führen kann. Das Eingehen neuer Partnerschaften der Eltern fordert von den Kindern eine neuerliche Anpassungsleistung und kann zu Konflikten führen. So sind emotionale und Verhaltensprobleme häufiger bei Kindern aus Einelternfamilien und Stieffamilien als bei Heranwachsenden aus Kernfamilien festzustellen [90].

Ein gesundes soziales Umfeld ist ein eindeutiger Gesundheitsfaktor. Das heißt, eine stabil gute Beziehung zu den Eltern oder auch eine größere Zahl guter Freunde hat einen positiven Einfluss auf die Gesundheit von Kindern und Jugendlichen.

Insgesamt wurde in den letzten Jahren eine Verschiebung von somatischen Erkrankungen und Beschwerden zu den psychischen Auffälligkeiten und Störungen beobachtet [91]. Das Bedrohliche hieran ist, dass neben den weitreichenden Beeinträchtigungen im familiären, schulischen und erweiterten sozialen Umfeld hinzukommt, dass diese psychischen Auffälligkeiten und Störungen häufig bis ins Erwachsenenalter fortbestehen.

Die Studie zur Gesundheit von Kindern und Jugendlichen in Deutschland KiGGS [92, 93] zeigt auf, dass ein Fünftel der Kinder und Jugendlichen im Alter von 3 bis 17 Jahren psychische Auffälligkeiten aufweisen. Diese Entwicklung ist nicht nur bei Kindern und Jugendlichen zu beobachten, sondern auch bei Arbeitsunfähigkeitsschreibungen. Noch vor 50 Jahren lag der Fokus gesundheitsbezogener Überlegungen am Arbeitsplatz auf der Verhinderung von Unfällen. In den letzten 20 Jahren zeigte sich ein Wandel hin zur Betonung von arbeitsbedingten psychischen Belastungen und Störungen. So geht zwar seit den 1970er-Jahren der Krankenstand in Deutschland stetig zurück, der Anteil an psychischen Störungen als Ursache für Arbeitsunfähigkeit steigt seitdem aber stetig an. Der BKK-Gesundheitsreport 2013 benennt dies: An zweiter Stelle in der Gesamtübersicht der Krankschreibungen stehen 2012 erstmals die psychischen und Verhaltensstörungen, die Spitzenreiter im Hinblick auf die Anzahl der Arbeitsunfähigkeitstage pro Fall sind (im Durchschnitt 39,4 Tage) [94].

Arbeitsschutzstrategie – eine tägliche Übung im Kompetenzcenter Familie

Die Arbeitsschutzstrategie der Nationalen Arbeitsschutzkonferenz [95] stellt sich der oben beschriebenen Faktenlage und beschreibt u. a. drei Aufgaben:

1. Überwachung der psychischen Belastung am Arbeitsplatz,
2. darauf aufbauend die Entwicklung und Durchführung von Maßnahmen, welche die Sicherheit und Gesundheit der Beschäftigten im betrieblichen Kontext verbessern und fördern,
3. eine Sicherstellung der Prozessqualität der Gefährdungsbeurteilung und Maßnahmenumsetzung.

Wesentliche Faktoren für psychische Belastungen werden in diese Leitlinie mit folgenden Merkmalsbereichen beschrieben:

- *Arbeitsinhalt und Arbeitsaufgabe:* Vollständigkeit der Aufgabe; Handlungsspielraum; Variabilität (Abwechslungsreichtum); Information, Informationsangebot; Verantwortung; Qualifikation; emotionale Inanspruchnahme.
- *Arbeitsorganisation:* Arbeitszeit; Arbeitsablauf; Kommunikation, Kooperation.
- *Soziale Beziehungen:* Kollegen; Vorgesetzte.
- *Arbeitsumgebung:* physikalische und chemische Faktoren; psychische Faktoren; Arbeitsplatz- und Informationsgestaltung; Arbeitsmittel.
- *Neue Arbeitsformen*

Diese Merkmalsbereiche psychischer Belastungen am Arbeitsplatz decken sich weitestgehend mit dem Kontext, den wir in der Familienarbeit vorfinden. Daher sind Sicherheits- und Gesundheitsbewusstsein in beiden Lebensbereichen zu erlernen und daraus die passenden Maßnahmen abzuleiten.

Einige Beispiele der Merkmalsbereiche der Gefährdungsbeurteilung aus der Perspektive Familie sollen kurz dargestellt werden.

Arbeitsinhalt und Arbeitsaufgabe

- *Handlungsspielraum:* Die Eltern haben insbesondere in der ersten Zeit nach der Geburt eines Kindes einen sehr eingeschränkten Handlungsspielraum. Der Einfluss der Eltern auf den Arbeitsinhalt, das Arbeitspensum und das methodische Vorgehen werden hauptsächlich durch das Kind bestimmt. Ernährung, Schlaf, Pflege, Entwicklungsförderung sind Themen, die tagtäglich und ggf. auch in der Nacht von Eltern verlangt werden.
- *Verantwortung:* Für die Kindererziehung in der physischen, psychischen und sozialen Entwicklung haben die Eltern die letzte Verantwortung. So klar hier die Kompetenzzuweisung ist, umso schwieriger ist es für Eltern, diese Kompetenz ohne Qualifikation einzusetzen.
- *Qualifikation:* Eltern werden mit der Schwangerschaft oder spätestens der Geburt geboren. In der Regel sind Eltern zunächst überfordert, da die Qualifikationen fehlen und erst mühsam durch Learning by Doing erworben werden. Eine Einweisung oder Einarbeitung ist beschränkt möglich.
- *Emotionale Inanspruchnahme:* Begegnung mit Kindern führt zu Emotionsarbeit. Eltern empfinden Erlebnisse der Kinder stark emotional mit, so verspüren sie dabei etwa Überraschung, Freude, Angst oder Traurigkeit. Diese Zuwendung kostet Kraft, auch deswegen, weil sie die Emotionen des Kindes – unabhängig von ihren eigenen zurzeit vorherrschenden Gefühlen – aufnehmen und dem Kind zeigen, damit dieses erkennt, dass sie es verstehen. Zudem sind die vielen Lernsituationen der Kinder und das ständige Eingehen auf deren Bedürfnisse anstrengend.

Arbeitsorganisation

- *Arbeitszeiten:* Eltern haben lange Arbeitszeiten! Sie sind sozusagen immer in Rufbereitschaft. Nachtarbeit und umfangreiche Überstunden gehören selbstverständlich zur Elternarbeit. Es gibt keine Pausenverordnung!
- *Arbeitsablauf:* Häufige Unterbrechungen und das ständig Neubeginnen sind ein Stressor.
- *Kommunikation/Kooperation:* Der Abstimmungs- und Regelungsbedarf von Eltern ist hoch. Dies gilt besonders für alleinerziehende Eltern und berufstätige Eltern. Es gibt wenig organisierte Unterstützung durch

andere. Hilfe muss aktiv gesucht werden, etwa bei anderen Familien in der Umgebung.

Soziale Beziehungen

- *Kollegen:* In der Familie steht vor allem der andere Elternteil wie ein „Kollege" zur Seite. Ebenso sind es Großeltern, andere Verwandte, ältere Geschwisterkinder, Kita-Angestellte, Nachbarn oder Freunde, die zeitweise Betreuungs- oder Erziehungsaufgaben – auch ungefragt – übernehmen. Diese Beziehungen sind hilfreich, solange sie gelingen. Doch können hieraus Streitigkeiten und Konflikte entstehen.
- *Vorgesetzte:* Es gibt keine Führungskräfte, die für eine qualifizierte Weiterbildung oder Personalentwicklung sorgen. Eltern werden nicht geführt! Es gibt keine Rückendeckung oder strukturelle Absicherung im Organigramm. Eltern sind wie Unternehmer allein verantwortlich.

Arbeitsumgebung

- *Physikalische und chemische Faktoren:* Das Gefahrenpotenzial in diesem Bereich ist vielfältig. Gegenstände können etwa herunterfallen, spitz und scharf sein. Verbrennungen lauern vor allem in der Küche. Giftige Inhalte von Tuben, Flüssigkeiten, Pflanzen etc. begegnen Eltern täglich.
- *Physische Faktoren:* Elternarbeit kann zu einer schweren körperlichen Anstrengung werden, wenn Kinder häufig getragen werden müssen. Insbesondere geht die physische Belastung an die Grenze, wenn die eigenen Eltern Pflege im gleichen Haushalt benötigen.

Die hier dargestellte Familienperspektive ist willkürlich und kann sicherlich von Ihnen als Leser ergänzt oder geändert werden, etwa zum Merkmalsbereich „neue Arbeitsformen". Da setzen uns unsere Kinder unter Druck, mit den Möglichkeiten der digitalen Vernetzung oder dem Internet der Dinge 4.0 neue Arbeitsformen kennenzulernen, um überhaupt ein Gefühl für die positiven Möglichkeiten und das Gefahrenpotenzial zu entwickeln. Wir sind jedoch der Meinung, dass Eltern, die sich der Aufgabe „Sorge für die sichere Bewältigung des Alltags!" stellen, in der Familie zu Experten der Gefährdungsbeurteilung werden, ohne dass sie dies bisher so formuliert hätten.

Und noch etwas: Die psychische Belastung von Elternarbeit wird unterschätzt! Sicherlich ist die Arbeit als Mutter oder Vater sinnstiftend, und wenn sie gelingt, erfüllt sie das Leben mit Freude. Doch es ist nicht zu unterschätzen, wie häufig Eltern in ein Elternburnout geraten, ohne dass ihr Leid gesehen wird. Für die Kinder raffen sich erschöpfte Eltern erneut auf – „Die Kinder sollen ja unter meiner Befindlichkeit nicht leiden!" –, doch das ist nur eine nächste Runde im Burnoutkarussell. In Abschn. 3.2 sind wir auf das Thema Burnout ausführlicher eingegangen.

> **Kompetenzcenter Familie – Sicherheits- und Gesundheitsbewusstsein**
> Die Fähigkeit, mögliche Gefahren, Risiken und Maßnahmen für gesundes Leben zu erkennen:
>
> - Gefahrenanalyse erarbeiten,
> - sich über Gefahren im Alltag informieren,
> - nach Informationen über gesundes Leben suchen, z. B. bezüglich Ernährung, Bewegung, Schlaf,
> - psychosoziale Belastungen (frühzeitig) erkennen.

Strategien zur sicheren Bewältigung des Alltags

Bisher haben wir uns in diesem Kapitel angeschaut, wo Gefahren im Familienalltag lauern und welche Themen gesundheitsrelevant sind. Damit fördern wir bei uns Eltern eine wache Aufmerksamkeit *(awareness)* für diese Themen. Auf den folgenden Seiten geht es nun um Strategien, wie Gefahren möglichst verhindert und Rahmenbedingungen für gesundes Leben geschaffen werden können.

Bisher haben wir unterschieden:

- Was macht krank? = Pathogenese → Schutz vor Gefahren
- Was macht/hält gesund? = Salutogenese → Förderung der Gesundheit

Wollen wir Maßnahmen zur Prävention entwickeln, können ebenso zwei allgemeine Bereiche unterschieden werden:

- personenbezogene Maßnahmen wie genetische Bedingungen, Denk- oder Verhaltensmuster,
- umwelt- und situationsbezogene Maßnahmen wie Gefahrenbeseitigung oder Gefahrenabschirmung.

In der betrieblichen Gesundheitsförderung werden für die letzten beiden Bereiche die Begriffe „Verhaltensprävention" und „Verhältnisprävention" verwendet, die wir im Weiteren auch so nutzen.

Damit erhalten wir ein einfaches Vierfelderschema, um angemessene Maßnahmen für die sichere Bewältigung des Alltags zu entwickeln (Tab. 3.5).

Verhältnisprävention

Es gibt konkrete Strategien, um Gefahren abzuwenden bzw. Sicherheit zu entwickeln. Wir möchten Ihnen verschiedene praktikable Konzepte vorstellen, die in beiden Lebensbereichen – Familie und Beruf – wertvolles Erfahrungswissen generieren:

- 5S-Strategie,
- Umgang mit Gefahren,
- Vorbildfunktion,
- Förderung einer Sicherheitskultur.

5S-Strategie

Eine allgemeine Strategie, um Gefahren zu verhindern, ist die 5S-Strategie. Sie zielt darauf ab, Rahmenbedingungen, in denen Gefahren entstehen können, von vornherein zu unterbinden. Es ist simpel: In einem sicheren, sauberen und übersichtlichen Arbeitsumfeld sinkt das Risiko für Arbeitsunfälle. Zudem werden die Arbeitsprozesse störungsfreier ablaufen. 5S hat dies zum Ziel und kann als Strategie in jeder Organisation angewendet werden, und zwar in allen Bereichen. Das kann den Schreibtisch betreffen, das Werkzeuglager, die Produktion, die Verwaltung oder die Garage. 5S ist hilfreich

Tab. 3.5 Vierfelderschema für die sichere Alltagsbewältigung

	Situation: (Verhältnisprävention)	Person: Verhalten, Erleben (Verhaltensprävention)
Schutz vor Gefahren	z. B. Schutzstecker in der Steckdose, Absperrung vor der steilen Treppe, Ordnung, Sauberkeit, Sicherheitsklima	Impfung, Aufklärung, Sicherheitsschulung, Stressbewältigung Sicherheitsbewusstsein
Förderung der Gesundheit	Gesundes Essen bereitstellen, Tagesstrukturierung, bewegungsfreundliches Umfeld,	Ausreichend Schlaf, regelmäßige Mahlzeiten, Sport, Kompetenzerleben, emotionale/soziale Intelligenz

bei den Hausaufgaben, in der Freizeit (z. B. beim Sport), im Haushalt oder bei der Geschäftsführung. Jeder Mitarbeiter, jede Führungskraft und jedes Familienmitglied kann miteinbezogen werden.

Für was steht nun das 5S? 5S steht für fünf Einzelstrategien, die im Japanischen mit S beginnen:

1. *Seiri:* Sortiere aus. Alles, was für die Arbeit an diesem Platz nicht benötigt wird, aussortieren bzw. wegwerfen.
2. *Seiton:* Stelle ordentlich hin mit festem Standort. Dann kann es schnell wieder benutzt werden.
3. *Seiso:* Säubere. Den Arbeitsplatz reinigen.
4. *Seiketsu:* Standardisiere Sauberkeit und Ordnung.
5. *Shitsuke:* Selbstdisziplin. 5S täglich anwenden.

Im Hintergrund von 5S steht der Qualitätsgedanke. Wie kann der Werkprozess so gestaltet werden, dass er störungsfreier verlaufen kann. Dies entspricht dem fünften Punkt von Edwards Demings 14-Punkte-Managementprogramm [96]:

> Suche ständig nach Ursachen von Problemen, um alle Systeme in Produktion und Dienstleistung sowie alle anderen Aktivitäten im Unternehmen beständig und immer wieder zu verbessern (ständige Verbesserung).

Die 5S-Strategie hat sich zunächst in japanischen Industriebetrieben entwickelt und wird heute in Unternehmen weltweit, häufig zusammen mit dem PDCA-Zyklus, angewendet.

Alle Personen am Arbeitsplatz profitieren, wenn sie die 5S-Strategien einzusetzen. Es ist die Aufgabe von Vorgesetzten, zunächst selbst 5S anzuwenden und dann auch Mitarbeiter hierzu anzuleiten. Gegebenenfalls kann eine feststehende Kamera für eine Stunde den Arbeitsablauf aufnehmen, und ein Mitarbeiter wertet diese Aufnahme selbst nach den 5S aus. Die Familie ist ein hervorragendes Kompetenzcenter für die Einführung von 5S. Beispielsweise kann die Anweisung gegeben werden, die täglichen Routinen im Haushalt zu beobachten, um dann in einer Familienkonferenz alle Beobachtungen zusammenzutragen, zu bewerten und entsprechend zu verändern. Das Selbstwirksamkeitserleben aller Familienmitglieder wird hierdurch sicherlich gestärkt.

> **Best Practice – die 5S-Strategie und der Wohnungsschlüssel**
>
> Immer wieder kommt es vor, dass der Schlüssel zur Wohnungstür gesucht wird, und dadurch Zeitdruck entsteht, der im Weiteren ggf. zu riskanten Verhaltensweisen im Straßenverkehr führen kann. Es kommt auch vor, dass man beim Verlassen der Wohnung vergisst, den Schlüssel mitzunehmen. Dann schießen die Gedanken durch den Kopf: „Ist der Backofen noch an?", „Ist der Herd ausgestellt?", „Brennt eine Kerze?", „Ist das Bügeleisen aus?" Zwar wurde bereits aufgrund zeitaufwendiger Suchen ein Ort vereinbart, an dem der Wohnungsschlüssel regelmäßig abgelegt wird. Dennoch kommt es leider ab und zu vor, dass der Schlüssel beim Verlassen der Wohnung gesucht werden muss oder versehentlich nicht mitgenommen wird. Grund genug für eine Verbesserung im Sinne der Verhältnisprävention – Schutz vor Gefahren.
>
> Bei der Anwendung der 5S-Strategie wird deutlich, dass sowohl die Strategien Seiton und Seiketsu eine Verbesserung erzielen können. Der Schlüssel wurde aus der Kiste entfernt, in der er bisher (möglichst) immer abgelegt wurde, und an eine Vorrichtung direkt neben der Wohnungstür gehängt. Wenn der Schlüssel sich nicht an dieser Stelle befindet, ist ein rotes Symbol eines Schlüssels zu sehen. Dieses wird abgedeckt, sofern der Schlüssel an diesem Platz hängt. Somit ist die Standardisierung gewährleistet, dass der Schlüssel immer an diesem Platz deponiert ist und sofort sichtbar wird, sollte er nicht dort sein. Jedes Familienmitglied kann ab sofort hierauf hinweisen und in diesem Sinn für eine bessere Sicherheit sorgen.

Umgang mit Gefahren

Sind Gefahrensituationen bekannt, muss sofort gehandelt werden. Das gilt für alle Verantwortlichen in Organisationen. Das ist leider nicht so selbstverständlich, wie man denken könnte. „Bisher ist nichts passiert, warum sollte jetzt in den nächsten Tagen etwas Schlimmes geschehen?", „Wir machen das zu einem Projekt und bestimmen eine Projektgruppe, die der Sache einmal auf den Grund geht!" So richtig diese Gedanken sind, sie verändern definitiv nichts an den Gefahren. Leider erleben wir Folgendes in unserer Beratungsarbeit: Erst wenn der Schaden – zum Teil mit Todesfolge – da ist, sollen bereits erprobte und validierte Lösungen sofort zur Anwendung kommen. Und damit ist bereits die nächste Schleife des abwartenden Nichtstuns eingeläutet.

Es gibt drei konkrete Maßnahmen für den Umgang mit Gefahren, die für den Lebensbereich Familie und Arbeitsplatz gleichermaßen gelten:

1. *Beseitigung von Gefahren:* Einen rostigen Nagel oder eine Scherbe sofort entfernen; gefährliche Kante abtragen oder entfernen usw.

2. *Abschirmung oder Verringerung der Gefährdung:* Regenfass im Garten abschließen; Rauchmelder anbringen; Möbel kippsicher montieren usw. Damit bleibt die Gefährdung zwar bestehen, eine Verletzungsmöglichkeit wird jedoch deutlich reduziert.
3. *Anpassung an die Gefährdung:* Beispielsweise für Kleinkinder einen festen Spielbereich in der Küche einrichten als Schutz vor spritzendem Fett oder Wasser. Ein Jugendlicher soll eine Bohrmaschine oder einen Rasenmäher bedienen; dies muss gelernt und trainiert werden. Ziel ist, sicherheitsbewusst und angemessen mit Risikosituationen umzugehen.

Eltern und verantwortliche Mitarbeiter oder Führungskräfte handeln sofort. Sie zögern nicht mit der Umsetzung von Entschlüssen. Sie arbeiten so lange an der Umsetzung, bis sie bestmöglich erreicht ist. Auch wenn dabei ggf. Unangenehmes auftritt, etwa wenn die Gefahrenbeseitigung künftig einen Mehraufwand bedeutet, weil beispielsweise der Rasenmäher weggeschlossen wird und nicht mehr bei den Sandkastenspielsachen steht, werden die Entschlüsse umgesetzt.

Die Abschirmung von Gefährdungen kann in ihrer Wirksamkeit abnehmen, wenn sie auch auf die Kooperation aller Beteiligten angewiesen ist. Zwar ist der Schutzhelm nach Gesetz, Euronorm oder Berufsgenossenschaftsregel schon lange Pflicht, doch hapert es häufig an der Disziplin. Die Frage, die sich hier stellt: Wessen Disziplin? Weicht ggf. die Geschäftsführung vom uneingeschränkten „Ja" zum Arbeitsschutz hin und wieder ab? Leidet der Vorgesetzte auch unter enormen Termindruck und drückt bei seinen Mitarbeitern ggf. sogar beide Augen zu, nur damit das Projekt einigermaßen im Zeitplan bleibt? Wie soll ein Mitarbeiter alle Sicherheitsvorschriften einhalten, wenn ihm hierzu nicht genügend Zeit eingeräumt wird oder solches Sicherheitsverhalten vom Team nicht mitgetragen wird?

Hieran sehen wir, dass Verhältnisprävention, sofern sie von der Kooperation der Beteiligten abhängig ist, einerseits auch die Verhaltensprävention betrifft: die Schulung der Mitarbeiter. Andererseits bekommt die Vorbildfunktion der Führungskräfte und des Managements sowie die gelebte Sicherheitskultur der Organisation eine entscheidende verhältnispräventive Bedeutung.

Menschliches Versagen?

Ereignen sich große Unfälle, dann ist häufig in den Nachrichten zu hören, dass auch „menschliches Versagen" eine Ursache war. Dass das nicht so einfach und eindeutig zu bestimmen und die Mensch-Maschine-Schnittstelle genau zu untersuchen ist, wird im Weiteren deutlich.

Wollen Eltern für eine sichere Bewältigung des Alltags in ihrer Familie sorgen, achten sie auf sicherheitskritisches Verhalten der Familienmitglieder, denn ca. 50 bis 80 % [97] aller Unfälle im Arbeitsleben sind auf menschliche Faktoren zurückzuführen. Dies spricht für Maßnahmen, die sich auf Verhaltens- oder Denkmuster der Person beziehen. Untersucht man diese Unfälle genauer, zeigt sich allerdings auch, dass der größte Teil personenbedingter Unfälle auf mangel- bzw. fehlerhaft gestaltete Umweltbedingungen zurückzuführen ist, was dann eher in den Bereich Verhältnisprävention fällt.

Hier einige Beispiele:

- Ein Kind stürzt mit dem Fahrrad, da es zu schnell den Berg heruntergefahren ist. Jedoch wurde es von den Eltern auch nicht angehalten, einen Helm aufzusetzen.
- Das Kind verursacht einen Brand in der Küche durch das versehentliche Anschalten der Herdplatte. Die Eltern hatten keine Schutzvorrichtung am Herd angebracht.
- Die Pinnwand hängt voller Infozettel, Postkarten, Quittungen etc. Eine wichtige Information wird für das Kind dort angebracht. Das Kind übersieht diese Information und verpasst die Rückfahrgelegenheit. Jetzt steht es alleine in der Stadt.

Beim Atomunfall im Kernkraftwerk Three Mile Island im Jahr 1979 kam es zu einer Verkettung technischen und menschlichen Versagens. Dass dabei scheinbar banale Zusammenhänge menschlicher Gewohnheiten und Verhaltensweisen zu berücksichtigen sind, beschreibt Senders [98]:

> Einen besonders krassen Fall habe ich selbst erlebt. [...] Im Kontrollraum gab es einen Temperaturschreiber mit zwei Stiften. Einer zeichnete die Temperatur des kalten Wassers auf – in Rot – der andere die Temperatur des heißen Dampfes – in Blau. Da jedoch die meisten Menschen rot mit heiß und blau mit kalt assoziieren, brachte das Bedienungspersonal ein Schild mit der Aufschrift an: „Nicht vergessen – Rot ist Kalt." Die Designer hatten bei der Planung die Menschen vergessen, die diese Schaltpulte bedienen müssen.

An dem Beispiel von Sanders wird deutlich, dass menschliches Versagen hier nicht fahrlässig war. In einem weiteren Beispiel schildert er, wie Mitarbeiter in einem Störfall mit so vielen Informationen versorgt wurden, dass diese nicht mehr adäquat verarbeitet werden konnten:

Im Bericht der Kommission zur Untersuchung des Unfalles auf Three Mile Island wird der Kontrollraum der Anlage als sehr verwirrend beschrieben: Da reiht sich Schaltpult an Schaltpult, mit roten, grünen, gelben und weißen Lämpchen und Warneinrichtungen, die pfeifen und aufleuchten – und das zigmal in der Stunde. Das erste Alarmzeichen des Störfalls blieb nicht das einzige. Ihm folgten etwa 100 weitere Alarmsignale innerhalb von wenigen Minuten. „Am liebsten hätte ich die ganze Schaltafel zerschlagen", sagte einer der beim Unfall anwesenden Kontrolleure. „Sie gab uns keinerlei brauchbare Informationen."

Eltern schätzen bei ihren Kindern ein, ob sie sich absichtlich, riskant oder sicherheitswidrig in Gefahr bringen oder dies nicht bewusst erfolgt.

Vorbildfunktion von Eltern und Führungskräften

Das Sicherheits- bzw. Gesundheitsverhalten, das wir bis hier beschrieben haben, ist von Eltern abzuarbeiten und durchzuhalten. Wir kommen nicht auf die Idee, die Stricknadel in die Steckdose zu stecken oder den Backofen einzuschalten, um den Teddy dort hineinzulegen, da ihm so kalt ist. Daher fordern uns die Maßnahmen für Sicherheit und Gesundheit in unserer Handlungsorientierung, diese Aufgaben für Sicherheit und Gesundheit im Familienalltag zielstrebig und umgehend anzugehen.

Bei den nun folgenden Überlegungen sind Eltern selbst herausgefordert, das Sicherheits- und Gesundheitsverhalten in das Verhaltensmuster aufzunehmen, wenn es beispielsweise um gesunden Schlaf oder Ernährung geht, damit sie den Kindern ein gutes Vorbild sein können. Denn wie sollen wir unseren Kindern glaubhaft vermitteln, dass Bewegung oder Sport wichtig ist, wenn wir uns selbst nicht daran halten. Mit anderen Worten: Wenn die Gesundheits- und Sicherheitsmaßnahmen nicht top down gelebt werden, haben Aufforderungen nur Appellcharakter und verlieren ihre Wirkung, sobald die Eltern außer Reichweite sind. Auf den Punkt gebracht: Das Vorbildverhalten der Eltern ist eine Verhältnisprävention.

Exakt zu diesen Ergebnissen kommen Untersuchungen zu organisationalen und personalen Bedingungen der Unfallrate. Eine Studie aus Unternehmen der Region Valencia in Spanien zeigt den Zusammenhang folgender Faktoren auf die Unfallrate auf:

- organisatorische Beteiligung, wie etwa Sicherheitskultur, Unterstützung sicherheitsrelevanten Verhaltens durch den Vorgesetzten,
- physische Arbeitsbedingungen, wie Sicherheitsvorkehrungen in der Arbeitsumgebung,

- Sicherheitsverhalten der Mitarbeiter,
- Gesundheitsempfinden.

Oliver et al. [99] konnte mit dieser Studie den bedeutenden Einfluss des Vorgesetztenverhaltens und der gesamten Sicherheitskultur eines Unternehmens auf die Unfallrate aufzeigen. Besonders bemerkenswert ist, dass das Engagement der Unternehmensführung einen hohen Einfluss auf das Sicherheitsverhalten der Mitarbeiter hat. Dass die Sicherheitsvorkehrungen in der Arbeitsumgebung keinen Einfluss auf das Sicherheitsverhalten der Mitarbeiter hat, mag zunächst verwundern.

Übertragen auf die Familie bedeutet das: Dem Kind einen Fahrradhelm zur Verfügung zu stellen, bewirkt noch nicht, dass es diesen auch auf den Kopf setzt. Benutzen jedoch die Eltern selbst einen Fahrradhelm, werden Kinder diesen ggf. sogar selbst suchen und aufsetzen.

Der Begriff der „Sicherheitskultur" ist vor den Katastrophen Tschernobyl 1986, der 25. Space-Shuttle-Mission Challenger 1986, der Explosion der Ölplattform Piper Alpha 1988 oder dem ICE-Unfall von Enschede 1998 entstanden. Der Erkenntnisprozess hin zu einer „evlution of safety thinking" setzt an einem dynamischen Verständnis von Sicherheit und dem Zusammenwirken von technischen, menschlichen und organisatorischen Faktoren an [100].

Alle Eltern sind Sicherheitsexperten und sorgen in ihrer Familie für eine bestmögliche Sicherheitskultur. Neben ihren eigenen sicherheitsrelevanten Beobachtungen sind sie auf die Berichte der Kinder angewiesen. Denn es sind die Kinder, die Erfahrungen mit (manchmal minimalen) Abweichungen, Fehlern, Beinah-Unfälle oder tatsächlichen Verletzungen und Unfällen machen und nun die Träger dieser so relevanten Informationen sind. Der Aufbau einer Berichtsbereitschaft aller Familienmitglieder ist primär eine Führungsaufgabe.

Ohne ein bestehendes Vertrauensklima werden Kinder nicht bereit sein, über ihre sensiblen Sicherheitsinformationen zu sprechen. Wem fällt es leicht, sich und anderen von einem eigenen Fehler oder selbst verursachten Schaden zu berichten? Und wenn Kinder ahnen, dass Eltern diese Situation (aus)nutzen, um sagen zu können „Das hätte ich dir gleich sagen können!" oder „Hab ich dir es nicht gesagt: Du sollst aufpassen!" und Ähnliches, dann werden Kinder Fehler, Unfälle und Verletzungen – wenn es irgendwie möglich ist – verbergen. Warum soll ein Kind von merkwürdigen Erfahrungen im Internet berichten – ein Fremder sprach das Kind in einem Chat an –, wenn Eltern daraufhin kategorisch gegen die weitere Nutzung der Internets entscheiden? Ein Teenager fragt seine Eltern, ob er auf eine Veranstaltung gehen darf. Warum sollte er seinen Eltern mitteilen, dass dort alkoholische Getränke verkauft werden und die Rückfahrt nicht geklärt ist, wenn er schon jetzt weiß, dass diese zwei Kriterien mit Sicherheit für ein „Nein!" der Eltern sorgen? Damit fehlen den Eltern die wichtigen Informationen, um für die Sicherheit im Alltag der Familie zu sorgen. Es ist Aufgabe der Eltern, den Familienmitgliedern zu erklären, dass Gefahren- und Fehlerinformationen wichtig sind, um daraus zu lernen, und dass es nicht darum geht, den Schuldigen zu suchen.

An dieser Stelle wird gut deutlich, wie Sicherheit ein gemeinsames Produkt von Eltern und Kindern ist, und dass Eltern davon ausgehen, dass ihre Kinder Sicherheitspartner sind. Die Kinder tragen potenzielles Sicherheitswissen. Sie haben die relevanten Informationen. Die Glaubwürdigkeit des Familienmanagements im Umgang mit berichteten Ereignissen zeigt sich dann im Umgang mit solchen Informationen. Beispielsweise werden nach berichteten Gefahren- oder Fehlerhandlungen keine Bestrafungen oder Sanktionierungen ausgesprochen. Die Informationen werden sachlich aufgenommen und fair bezüglich Sicherheit geprüft, statt sie zur Grundlage für unreflektierte Schnellentscheidungen zu machen. Zusicherung von Vertraulichkeit ist hier wichtig.

Zum Aufbau einer Sicherheitskultur ist Gerechtigkeit notwendig. Denn nicht jedes sicherheitskritische Verhalten in der Familie kann ohne Konsequenzen hingenommen werden. Wenn sich z. B. die Eltern mit Alkohol vergiften oder Geschwister sich mit Messern bedrohen, muss dies Konsequenzen haben, und zwar sofort, sonst verliert die Führungskraft an Glaubwürdigkeit. Welche sicherheitskritischen Verhaltensweisen werden sanktioniert und welche nicht? Hier ist es die Aufgabe der Führungskraft, gerechte und transparente Regeln zu setzen. Beispielsweise könnten Eltern festlegen: Wer sich oder andere absichtlich bedroht oder verletzt, muss sofort das hergeben, mit dem er bedroht oder verletzt. Zudem muss er dies in der Familienkonferenz ansprechen, in der eine Wiedergutmachung festgelegt wird.

So richtig es ist, dass Eltern diese Sicherheitskultur verantworten und damit Regeln und Routinen für Sicherheits- und Gesundheitsverhalten festlegen, so bedeutet dies jedoch nicht, dass sie selbst immer die Entscheider in Gefahrensituationen sind. Denn, was das adäquate Sicherheitsverhalten ist, muss häufig in der aktuellen Situation flexibel entschieden werden.

Damit sicheres Verhalten in der Gefahrensituation möglich wird, muss die Verantwortung für die Entscheidung, was nun das richtige Sicherheitsverhalten ist, an die Kinder delegiert werden, also an den Experten vor Ort.

So wird die Familie zu einem lernenden Organismus. Eltern sorgen dafür, dass eine Bereitschaft und Fähigkeit entwickelt wird, aus den Erfahrungen mit Gefährdung und Gesundheit die richtigen Schlüsse zu ziehen. Entscheidend dabei ist, dass alle Familienmitglieder diese selbstkritische Reflexion üben und die neuen Erkenntnisse auf allen Ebenen der Familie einsetzen und unterstützen. Wenn dies nur die Aufgabe für Kinder ist, werden diese nicht mehr bereit sein, sicherheitskritische Informationen weiterzugeben.

Beispiel: Betriebsunfälle durch Elternkompetenzen reduzieren

Mit meiner Rückkehr nach Europa übernahm ich, Ralph Kriechbaum, als Geschäftsführer ein Unternehmen, das sich auch einen unrühmlichen Namen gemacht hatte, und zwar mit einer Vielzahl von Betriebsunfällen. Es verging über Jahrzehnte kein Jahr, in dem sich nicht Betriebsunfälle mit Verletzungen und Arbeitsausfällen ereigneten. Das Ganze gipfelte in zwei schweren Unfällen: Zuerst kam ein Mitarbeiter zu Tode und wenig später wurde einem Mitarbeiter ein Finger abgetrennt. Unfälle mit Schäden, die irreversibel sind, wie das Abtrennen eines Fingers, gelten nach den meisten europäischen Arbeitsrechten als schwere Unfälle.

Die Staatsanwaltschaft ermittelte natürlich in diesen Fällen gegen die Geschäftsführungen. Es kam zu keinen Verhaftungen. Die Zahl der weiteren Unfälle im Unternehmen, auch der leichteren, nahm jedoch nicht merklich ab.

Der damals verantwortliche Vorsitzende des Vorstandes besuchte den Standort und machte der Führung vor Ort klar, dass eine solche anhaltende Unfallhäufigkeit die Konsequenz einer Schließung haben könnte.

Über die letzten Jahre hatte man zwei Sicherheitsbeauftragte im Unternehmen eingestellt. Zuvor war ein externer Sicherheitsbeauftragter, wie oftmals üblich, mit der Einhaltung der gesetzlichen Forderungen betraut. Selbst die Verdopplung der Ressourcen und das Insourcing der Verantwortung hatten zu keiner erkennbaren Weiterentwicklung des Unternehmens und zu keiner erkennbaren Reduzierung der Unfallzahlen geführt.

Sicherheit ist keine Unternehmenskultur

Nach vielen Gesprächen mit den beiden Sicherheitsbeauftragten und den Mitarbeitern, die in den jeweiligen Abteilungen als Verantwortliche für Sicherheit benannt wurden, war zu hören, dass Mitarbeiter am Standort gar nicht nachvollziehen konnten, warum die Sicherheit immer als so wichtig erachtet wurde. Es gab sogar recht viele Mitarbeiter, die stolz auf ihre Narben waren. Sie zeigten die Verletzungen her, um deutlich zu machen, wie sie sich für das Unternehmen einsetzten. Ausfalltage durch Krankschreibungen waren zu Trophäen geworden. Sicherheit hatte keinen Wert.

Andere Mitarbeiter und auch der Betriebsrat waren der Meinung, dass die beiden Sicherheitsbeauftragten des Unternehmens und die Sicherheitsverantwortlichen in den Abteilungen ihren Job nicht richtig machten und die Firma die Verantwortung hätte, mehr Geld auszugeben, um mehr Verantwortliche einzustellen, und den Mitarbeitern mehr Geld geben sollte, damit sie nicht so viele Teile in so wenig Zeit produzieren müssten, um ihren Lebensunterhalt zu verdienen. Durch diese Meinungen waren Krankschreibungen zu „gelben Urlaubsscheinen" verkommen, deren „Erwerb" einen Ausgleich für harte Arbeit bedeutete.

Selbst die tägliche Abstimmung der Vorgehensweisen der Sicherheitsbeauftragten am Schreibtisch der Geschäftsführung mit den Bereichsleitern im Betrieb führte zu keiner Verbesserung der Unfallkennzahlen. Beinahe-Unfälle und Unfälle waren immer noch an der Tagesordnung. Die gegenseitigen Vorwürfe der Beteiligten waren nach wie vor Usus.

Vierzig Jahre Taylorismus, in dem die Verantwortung für die Planung der Tätigkeiten, in diesem Fall der sicherheitsrelevanten Verbesserungen der Tätigkeiten, von den Mitarbeitern auf andere übertragen wurden, führten zu keinerlei Verbesserungen der Prozesse, in denen die Unfälle passierten.

Nach zwei Jahren jedoch waren die Unfallzahlen plötzlich auf null gefallen, der Standort wurde vom Konzern, der europaweit mehr als 35 Standorte hatte, dafür ausgezeichnet. Zudem hatte der Standort, bei der Verbesserung der Arbeitssicherheit dadurch den ersten Platz eingenommen! – Was war geschehen?

Die Einführung des Sicherheitskumpels

Es wurde immer deutlicher, dass die Delegation der Verantwortung nach oben oder zu anderen Fachabteilungen, wie Frederick Taylor und Henry Ford es für die beste Möglichkeit hielten, einen Betrieb zu organisieren, nicht zur Lösung führen würde. Es musste etwas anderes her. Selbst das tägliche Monitoring der Sicherheitskennzahlen und der ausgegebenen Gelder für Sicherheit brachte keine klaren Hinweise, was zu tun war. Im Benchmark mit anderen Standorten war keine Abweichung in Investitionen und Ausgaben zu erkennen, die Hinweise gegeben hätten, was man besser machen könnte. Vermutlich wäre auch im besten Fall nur gelernt worden, wie man deren Sicherheitsniveaus erreichen kann, nicht jedoch, wie man das Thema Sicherheit wirklich an diesem Standort nachhaltig löst.

In der nächsten Betriebsversammlung wurde die Situation des Standortes bezogen auf die Unfallzahlen eingehend visualisiert und besprochen. Die Betriebsversammlung, als regelmäßige, vierteljährliche Veranstaltung, von der Geschäftsführung anberaumt, fand mit dem gesamten Führungsteam statt. Der Betriebsrat war sehr argwöhnisch und war der Meinung, dass Betriebsversammlungen ausschließlich ein Instrument des Betriebsrates sind. Glücklich war er zunächst nicht.

Auf der Betriebsversammlung also wurde folgende Vorgehensweise vorgestellt: In jeder Abteilung wird für eine Woche ein Mitarbeiter ein paar Stunden zum Sicherheitskumpel und besucht die Arbeitsplätze seiner Kollegen, um die Arbeitssicherheitssituation zu beurteilen, im Gespräch mit den anwesenden Mitarbeitern zu bewerten und danach gemeinsam Lösungsmaßnahmen festzulegen, die die erkannten Gefahren reduzieren. Schulungen zur Beurteilung und Standards für die Bewertung der Gefahren gemäß den gesetzlichen Bestimmungen wurden durch die Sicherheitsbeauftragten in Workshops mit den Mitarbeitern erarbeitet. Die Sicherheitsbeauftragten wurden also von Verantwortlichen für die Sicherheit zu Verantwortlichen für das Lernen und Wissen.

Die Geschäftsleitung und das Führungsteam, bestehend aus den Bereichsleitern, waren auf allen Ebenen der Aktivitäten vertreten und haben den Mitarbeitern die Entscheidungsverantwortung für die jeweilige Maßnahme überlassen. Die oberen Führungskräfte waren ausschließlich dafür verantwortlich, dass alle Gesetze zur Festlegung der Standards, Regeln und Maßnahmen eingehalten wurden.

Die Mitarbeiter hatten also die Umsetzungsverantwortung, die Vorgesetzten hatten die Prozessverantwortung. Wir sprachen sehr oft darüber, was die Mitarbeiter daheim taten, um in ihren Familien ein sicheres Umfeld zu schaffen: Was tun Eltern, um den Kindern ein unfallfreies Zuhause einzurichten? Wodurch kommen Gefahren zustande? Wie können potenzielle Gefahren präventiv vermieden werden? Was führt eigentlich zu Gefahren? Wo kommen gefährliche Gegenstände hin? Wer darf sie benutzen? Wer spricht unsichere Situationen an? Wie wird damit umgegangen?

Es war beeindruckend zu hören, zu sehen und zu erleben, wie sehr alle Lösungen bereits in den Fähigkeiten der Mitarbeiter vorhanden waren! Sie brauchten nur Gelegenheit, sie einzubringen und umzusetzen. Und wenn sie nicht schon vorhanden waren, so war beeindruckend zu erkennen, wie schnell die Mitarbeiter gelernt haben, für die noch nicht gelösten Sicherheitsprobleme Lösungen zu entwickeln.

Das Ergebnis war, dass innerhalb von eineinhalb Jahren der Standort von einem der schlechtesten Plätze im Sicherheitsranking der europäischen Standorte auf einen der ersten gesprungen ist. Die Investition bestand lediglich darin, dass es den Mitarbeitern ermöglicht wurde, ihre Kompetenzen, die sie alle an informellen Lernorten entwickelt hatten, in das Unternehmen einzubringen.

Sie können sich vermutlich bildlich vorstellen, welchen Gesichtsausdruck die Mitarbeiter am Tag der offenen Tür hatten. Sie zeigten ihren Familien stolz, welche Sicherheitsmaßnahmen sie selbst an ihrem Arbeitsplatz umgesetzt hatten. So wurde in nur eineinhalb Jahren durch die Abkehr vom Taylorismus und Fordismus nach 40 Jahren mithilfe der Elternkompetenzen eine erhebliche Sicherheitssteigerung und somit die Standortsicherung erreicht.

Kompetenzcenter Familie – Entwicklung der Sicherheitskultur
Die Fähigkeit, Rahmenbedingungen für eine Sicherheitskultur in Organisationen zu entwickeln:

- Vertrauen bilden durch Wertschätzung (Du bist wichtig), Beteiligung (Sicherheit und Gesundheit betrifft jeden), Fairness und Sachlichkeit,
- ein funktionierendes Berichtssystem entwickeln,
- gerechte Standards für Sanktionen bei sicherheitskritischem Verhalten setzen,
- alle Organisationsmitglieder befähigen, in Gefahrensituationen soweit möglich selbstverantwortlich Entscheidungen zu treffen,
- zu selbstkritischer Reflexion auf allen Hierarchieebenen anleiten.

Gesundheit fördern

Die Verhältnisprävention zielt auf eine Verbesserung der Lebensbedingungen der Menschen ab sowie auf eine Stärkung ihrer gesundheitlichen Entwicklungsmöglichkeiten. So hat die IDEFICS-Studie [101] aufzeigen können, dass ein bewegungsfreundliches Umfeld (z. B. leichter Zugang zu Sportanlagen, Vorhandensein von Grünflächen) bei Kindern zu täglich 15 min längerem Aufenthalt im Freien führt als bei Kindern in Gegenden mit geringer Bewegungsfreundlichkeit.

Verhältnisprävention bezüglich Ernährung, insbesondere Förderung des täglichen Verzehrs von Obst und Gemüse, körperlicher Aktivität,

Stressbewältigung und angemessene Schlafzeiten, fordert Eltern auf, für Angebote und entsprechende Strukturen zu sorgen. Beispielsweise können Eltern auf Fertigprodukte beim Kochen verzichten und täglich Gemüse für die Zubereitung der Mahlzeiten verwenden. Ebenso können Schlafzeiten oder zumindest Ruhezeiten für den Abend und die Nacht vereinbart werden.

Hier sind wir möglicherweise an der schwierigsten Stelle unseres Unterkapitels „Sorge für die sichere Bewältigung des Alltags!" angekommen. Die alles entscheidende Frage ist: Sind wir Eltern unseren Kindern in der gesunden Lebensführung ein Vorbild? Dabei geht es unserer Meinung darum, für sich selbst eine lebensfrohe und lebensgesunde Überzeugung einzunehmen und diese den Kindern vorzuleben – Scheitern inbegriffen. Dann erleben uns die Kinder authentisch, auch wenn in uns der innere Schweinehund gesiegt hat.

Eltern, die ihre Kinder zu Routineaufgaben etwa im Haushalt auffordern, haben profundes Erfahrungswissen, wie wichtig es ist, auf eine gute Arbeitsgestaltung zu achten. Dabei wenden sie viele Bedingungen für die Gesundheitsförderung bei der Arbeitsplatzgestaltung intuitiv an.

Beispiel: Der Keller soll entrümpelt werden, da der Raum für Fahrräder, Sportgeräte, Skier etc. benötigt wird. Jeder in der Familie hilft mit. Die Eltern als Projektverantwortliche haben dabei drei Aspekte stets im Blick:

1. Arbeitsgestaltung,
2. Organisation,
3. Führungsverhalten und Betriebsklima.

Bei der Arbeitsgestaltung werden sie darauf achten, dass die Aufgabe für das jeweilige Familienmitglied anspruchsvoll und abwechslungsreich ist und ein eigener Verantwortungsbereich definiert wird, der Raum für eigene Handlungs- und Entscheidungsspielräume lässt. Die Eltern achten auch darauf, dass sie genügend Informationen geben, damit der Arbeitsablauf nicht durch ständiges Nachfragen unterbrochen werden muss.

Beispielsweise könnte der 16-Jährige Sohn dafür verantwortlich sein, schwere und sperrige Gegenstände aus dem Keller vor die Haustüre zu tragen. Hierzu hängt eine Liste an der Kellertreppe, auf die jedes Familienmitglied Gegenstände, die aus dem Keller transportiert werde sollen, eintragen kann. Dem neunjährigen Sohn wird die Aufgabe übertragen, mit einem Eimer durch die Kellerräume zu gehen, um den anfallenden Abfall einzusammeln und nach Papier, Plastik und Sonstiges zu sortieren. Die Eltern arbeiten getrennt in den Kellerräumen und beginnen eine halbe Stunde, bevor die Kinder mit ihrer Arbeit beginnen.

Bei der Organisation solch eines Projektes achten die Eltern darauf, dass die Kommunikationswege kurz bleiben, die Arbeitszeit angemessen ist, die Pause früh genug einsetzt werden und ein Wir-Gefühl entsteht. Konkret für unser Beispiel bedeutet dies: Start des Projektes ist um 9:00 Uhr, erste Pause um 10:30 Uhr, Ende des Projekts ist gegen 12:00 Uhr mit einem Mittagessen in der Pizzeria im Nachbarort.

In ihrem Führungsverhalten achten die Eltern darauf, ihre Kinder in der Arbeitsgestaltung zu beteiligen, indem sie auf Ideen und Vorschläge der Kinder eingehen. Dabei ist ihnen auch eine gerechte Aufgabenverteilung wichtig. Die Eltern werden ihren Kindern angemessene Rückmeldung zu ihrer Arbeit geben und sie damit motivieren oder auch korrigieren. Somit stehen die Chancen für das Familienteam ziemlich gut, dass das Projekt „Kellerentrümpelung" ein Erfolgserlebnis wird.

Wir nehmen an, dass kaum Eltern, die dieses Beispiel lesen, sich zuvor diese Gedanken machen und solche Aktionen eher nach dem Prinzip „Planung nach Projektfortschritt" angehen würden. Was wir jedoch mit diesem Beispiel deutlich machen wollen, ist, dass diese Familiensituation viel Lernpotenzial bietet. Sie können natürlich auch – wenn Sie wollen – ein kostenpflichtiges Führungskräftetraining buchen und sich mit den Grundsätzen der Gesundheitsförderung und Verhältnisprävention vertraut machen. Gegebenenfalls können sie dort im geschützten Rahmen gesundheitsspezifisches Führungsverhalten im Rollenspiel ausprobieren und trainieren oder gar ein individuelles Coaching nutzen, um Ihren Führungsstil zu optimieren.

Zur Güte schlagen wir vor:

- Eltern lernen – gerne auch in einem Seminar – die Bestandteile einer gesundheitsförderlichen Führung.
- Eltern reflektieren ihre bisherigen Erfahrungen in der Familie und werten diese aus, im Sinne von: „Kann ich schon!", „Bauche ich noch!"
- Eltern setzen sich Lernziele und wählen sich zwei bis drei künftige Familiensituationen heraus, in denen sie den gesundheitsförderlichen Führungsansatz trainieren.
- Eltern bewältigen die definierten Familiensituationen bestmöglich.
- Eltern werten das Training aus und setzen sich erneut Lernziele.

Die Verhältnisprävention im Gesundheitsmanagement muss bei den Führungskräften ansetzen, denn ihnen kommt eine wichtige Schlüsselrolle zu, ähnlich wie im zuvor beschriebenen Sicherheitskulturansatz. Sie sind zuständig für die Arbeitsorganisation, begleiten individuelle Weiterentwicklung, prägen das Teamklima, sind Ansprechpartner für Mitarbeiter und sind Vorbilder.

Verhaltensprävention – oder was jeder selbst tun kann

Die Verhaltensprävention geht vom einzelnen Menschen aus und zielt darauf, dass er sich vor Gefahren schützt oder diese minimiert und seine Gesundheit fördert. Mit Gefahren sind sowohl gesundheitsriskante Verhaltensweisen als auch psychische Belastungen gemeint. Mit dem Begriff Verhalten ist sowohl das sichtbare Verhalten als auch das Erleben, also Rationalität und Emotion des Menschen, gemeint.

Die bekanntesten präventiven Verhaltensweisen sind sicherlich der Verzicht auf Zigaretten oder Alkohol, mehr Bewegung, eine ausgewogene Ernährung und der Schutz vor HIV-Infektion. Natürlich gibt es weitere Themen, die die Verhaltensprävention aufgreift wie etwa Stressbewältigung, soziale Kompetenz oder Selbstkompetenzen. Meistens werden diese Themen in den Formaten „Informationsveranstaltung" oder „Seminare" angeboten.

Da Stress als ein bedeutsamer (mit-)verursachender Faktor für viele somatische und/oder psychische Störungen gesehen wird, setzt Verhaltensprävention besonders an der Bewältigung von Stress an. So ist Stressmanagement eine der grundsätzlichen Maßnahmen, für die Sicherheit im Alltag zu sorgen, und ein Thema für die Verhaltensprävention.

Das, was wir im Allgemeinen unter Stress verstehen, ist die Stressreaktion, wie Unsicherheit, Kopfschmerzen, Verkrampfung, die durch einen Stressor, wie Lärm, Überforderung oder Monotonie, ausgelöst wird. Das Stressmanagement kann sich dann sowohl auf die Verhinderung, Vermeidung oder Abschirmung von Stressoren richten oder aber auf eine Bewältigung der Stressreaktionen.

Eine allgemeine Klassifikation von McGrath [102] unterscheidet drei Bereiche von Stressoren in Organisationen:

1. *Personale Faktoren:* z. B. Ängstlichkeit vor Aufgaben, Misserfolg, Tadel und Sanktionen, fehlende Fähigkeiten, geringes Selbstvertrauen.
2. *Das soziale Umfeld:* Schwieriges Betriebs-/Familienklima, Veränderungen in der Familie/am Arbeitsplatz, Wechsel der Bezugspersonen, Konflikte etwa innerhalb der Familie/am Arbeitsplatz, Informationsmangel.
3. *Situative Faktoren:* z. B. Lärm, ständige Unterbrechungen oder Zeitdruck, zu hohe qualitative oder quantitative Anforderungen, unvollständige

Aufgaben, Informationsüberlastung, unklare Aufgabenübertragung und widersprüchliche Anweisungen, fehlende Unterstützung, Konkurrenzverhalten, Mobbing, Enttäuschung, fehlende Anerkennung.

Nehmen wir an, ein Schulkind hat Angst vor der Mathematik-Klassenarbeit. Eltern sind jetzt herausgefordert zu analysieren, welche die genauen Stressoren sind, denn die Angst vor einer Mathematik-Klassenarbeit kann vielfältig sein. Im Gespräch wird deutlich, dass das Kind nicht vor einer schlechten Mathematiknote Angst hat, sondern vor der Bloßstellung vor einem Konkurrenten in der Klasse. Die Eltern ergründen weiter, warum es denn der Überzeugung ist, keine gute Note schreiben zu können, es sei doch in Mathematik sehr gut. Das Kind meint, es habe vergessen zu lernen, die Klassenarbeit sei schon morgen. Die Eltern erkennen, dass ihr Kind die zur Verfügung stehende Zeit, um für die Klassenarbeit zu lernen, als zu kurz bewertet. Zusammen mit dem Kind überlegen sie, welche Unterstützung möglich ist, damit das Kind jetzt noch gut für die Klassenarbeit lernen kann. Verschiedene Varianten wurden erörtert:

1. Die Bedeutungszuschreibung, dass der Konkurrent wahrscheinlich eine bessere Note schreiben wird, wird reduziert: „Wir sind stolz auf dich, egal ob du jetzt eine bessere Mathematik-Klassenarbeit schreibst als X oder nicht."
2. Wir Eltern sorgen dafür, dass die verbleibende Lernzeit ungestört und vollumfänglich genutzt werden kann. Die Eltern übernehmen die an diesem Tag vereinbarten Haushaltsaufgaben (Abwaschen und Müll herausbringen). Anrufe für das Kind werden von den Eltern angenommen und nicht durchgestellt. Smartphone und Internet dürfen nicht genutzt werden.
3. Ein Elternteil bietet seine Unterstützung beim Lernen an und setzt sich zum lernenden Kind dazu, damit dieses ggf. Fragen sofort stellen kann. Smartphone und Internet dürfen nicht genutzt werden.

Das Kind wählt Variante 2., kann sich beruhigen und die restliche Zeit für die Klassenarbeit lernen. Was die Eltern nicht wissen, dass sie das für die Stressforschung einflussreichste Stressmodell von Lazarus und Folkman [103] angewendet haben, und das zum wiederholten Mal mit gutem Erfolg. Dieses Stressmodell besagt, dass die Stressreaktion einer Person – hier die Angst der Bloßstellung vor dem Konkurrenten wegen einer schlechteren Note in der Klassenarbeit – von ihren vorausgehenden Bewertungsprozessen abhängt.

Lazarus unterscheidet drei Bewertungsprozesse, die von der Person in Stresssituationen vorgenommen werden:

1. Die Situation wird danach bewertet, ob eine Bedrohung für die Person vorliegt (*primary appraisal*)
   → Ansehensverlust beim Konkurrenten.
2. Dann erfolgt eine zweite Bewertung danach, ob die zur Verfügung stehenden Ressourcen ausreichend sind, um die Herausforderung zu bewältigen (secondary appraisal).
   → Ich bin gut in Mathematik. Ich habe begrenzte Zeit zum Lernen.
3. In der dritten Bewertung wird geprüft, ob die Herausforderung mit diesen Ressourcen bewältigt werden kann oder ob die Bedrohung weiterhin besteht (*re-appraisal*).
   → Die verbleibende Lernzeit ist zu knapp. Die Bedrohung bleibt aufrechterhalten.

Was gelingt den Eltern in diesem Beispiel? Sie hören ihrem Kind zunächst zu und versuchen, seine Situation zu verstehen, und zwar sowohl die äußere als auch die innere. Das ist schon eine Kunst, die wir uns grundsätzlich von Führungskräften wünschen, wenn ein Problem auftritt oder ein Prozess nicht rechtzeitig abgeschlossen wird. Denn die Eltern könnten hier auch ganz anders reagieren etwa mit: „Das hast du davon! Wer so spät anfängt zu lernen, braucht sich nicht zu wundern, wenn die Noten entsprechend sind!", „Mach dir nichts daraus! Ich war in Mathe auch nicht gut. Und schau: Aus mir ist auch etwas geworden!"

Bei beiden Aussagen geben sich Eltern keine Mühe, die innere Situation des Kindes zu verstehen. Das Stressmodell von Lazarus gibt hierzu eine einfache und doch sehr effektive Anleitung:

- Verstehe die Bedrohung.
- Finde mögliche Ressourcen für die Bewältigung der Bedrohung.
- Höre weiterhin zu und versuche, die innere Situation des Kindes zu verstehen.

Natürlich wenden Eltern diese Fähigkeit auch auf sich selbst an und können psychische Stressoren im Kontext der Familienarbeit identifizieren und angemessene Bewältigungsstrategien entwerfen.

Systematisiert man die Stressmanagementstrategien, die jeder von uns selbst lernen kann oder bereits anwendet, lassen sich drei Ebenen zuordnen [104]:

1. *Instrumentelle Ebene:* z. B. Pausenmanagement, Arbeitsorganisation, Arbeit delegieren, eigene Ziele definieren, persönliche Zeiteinteilung, sich Abgrenzen können, nach Unterstützung suchen, soziales Netzwerk aufbauen.
2. *Kognitive Ebene:* z. B. eigenen Leistungsanspruch kritisch prüfen, Schwierigkeiten als Herausforderung sehen, Dankbarkeit empfinden, sich für das Wesentliche entscheiden, Achtsamkeit, unangenehme Gefühle loslassen können,
3. *Regenerative Ebene:* Entspannungsverfahren, Sport, Schlaf, sich etwas Gutes tun, entlastende Gespräche führen.

Eltern haben den Vorteil, jede einzelne der hier genannten Strategien selbst anzuwenden oder auch einem Kind zu lehren und mit ihm zu trainieren. Und jede dieser Stressmanagementstrategien sollte unserer Meinung nach eine Führungskraft im Methodenkoffer haben – für sich selbst und ggf. für ihre Mitarbeiter, die sich vertrauensvoll an sie wenden. Denn wo kommen wir uns noch so nah, lernen wir uns so gut kennen wie bei der Arbeit? Bevor Sie antworten, bedenken Sie, wie viel Zeit Sie bewusst mit Ihrem Partner, Ihren Kindern bzw. Ihren Kollegen verbringen.

> **Zusammenfassung: Sorge für die sichere Bewältigung des Alltags!**
> Für die sichere Bewältigung des Alltags in der Familie oder in der Organisation zu sorgen fordert Disziplin, das Erkannte auch in die Handlung umzusetzen. Dabei reicht das Spektrum von „das zu verhindern, was krank macht" bis hin zu „das zu fördern, was gesund erhält". Die Strategien der Verhältnisprävention und Verhaltensprävention reichen vom Aufbau von Gefährdungsbewusstsein bis hin zur Förderung einer Sicherheitskultur. Familie bietet einen Erfahrungsraum, in dem Eltern Gesundheitsförderung und den Schutz vor Gefahren andauernd verantworten und verbessern.

3.7 Bleibe realistisch!

Joachim E. Lask

„Auch Kritikfähigkeit kann zu Hause in der Familie erlernt werden. Meine Frau und meine Kinder sind Korrektive bezüglich meines Verhaltens. Wenn in der Firma Korrektive kamen, dann waren sie von Chefs, Kollegen und Mitarbeitern eher dezent. Der eigentliche Spiegel kam abends – nicht in der Firma. Da waren die Kinder direkter, wenn sie sagten: „Wie bist du denn heute drauf? Wie hast du dich da verhalten?" Da hatte ich mein Training in Konfliktannahme auf Dauer! Die offene Kritik von den Kindern kann richtig hart, aber auch hilfreich sein." (Prof. Dr. Matthias Landmesser, Vater von drei erwachsenen Kindern, Vorstand der Dualen Hochschule Baden-Württemberg – DHBW, zuvor für die Personal- und Führungskräfteentwicklung der IBM in Nord-, Mittel- und Osteuropa verantwortlich)

„Mit kleinen Schritten zum Erfolg!", „Step by Step!" „Mühsam ernährt sich das Eichhörnchen!" – Mit diesen und ähnlichen Durchhalteparolen mögen sich Eltern selbst gut zureden, jedoch nicht, weil sie in der Gefahr stehen, unrealistisch abzuheben. Man braucht doch nur realistisch zu sein, dann gelingt der nächste Schritt! Ja, es klingt simpel, und doch ist es herausfordernd. Denn sowohl Kinder als auch Eltern stoßen auch bei den kleinen Zielen doch sehr schnell an die eigenen Grenzen.

Als Eltern befinden wir uns mit der Aufgabe „realistisch bleiben!" in einem andauernden Selbsterfahrungskurs. Egal, wie wir uns verhalten: Wir erhalten Rückmeldungen, Ratschläge, Tipps, Hinweise, Kritik, und zwar von unseren Kindern, unserem Partner, Verwandten, Freunden, Kita-Personal, Lehrern usw., ohne dass wir diese darum gebeten haben. Damit bleibt man als Mutter oder Vater sicherlich auf dem Boden der Tatsachen.

Die Rückmeldungen werden umso aussagekräftiger, je klarer wir die Ziele in der Erziehung setzen. Das kann das Schuhebinden betreffen, das selbstständige Anziehen der Kleidung oder etwa das eigenständige Hausaufgabenmachen. Entwickeln wir mit unseren Kindern weitergehende Ziele, z. B. einen Schulabschluss, dann sprechen wir eher von Visionen. Ebenso setzen wir uns als Eltern Ziele, wenn wir uns vornehmen, mehr Zeit mit unseren Kindern zu verbringen, konsequenter zu sein oder die Emotionsregulation besser in den Griff zu bekommen. Und auch hier nennen wir weitergehende Ziele Visionen: ein Umzug in eine größere Wohnung, ein größerer Urlaub, der langfristig geplant werden muss, oder die Nutzung der freien Zeit, wenn das jüngste Kind in die Kita kommt.

Realistisch bleiben bedeutet hier, sich anhand realer Daten in Bezug auf die gesetzten Zielen selbst einzuschätzen. Das fällt dann schwer, wenn uns die Ergebnisse der Einschätzung nicht gefallen oder sogar frustrieren. Wenn unsere Kinder etwas über uns Eltern aussagen, dann handelt es sich mit Sicherheit um Tatsachen, wie dies im obigen Interviewausschnitt von Prof. Dr. Landmesser eindrucksvoll dargestellt wird. Ob wir dann zu neuer Selbsterkenntnis finden, liegt alleine an uns. Zumindest haben wir durch unsere Kinder die Chance dazu.

Peter Drucker sieht hierin eine der wesentlichen Grundfähigkeiten eines Managers: Die Selbsteinschätzung! Der Manager wird sich verirren und den Kunden verlieren, wenn er sich nicht den realen Daten aus der Rückmeldung stellt und diese im Hinblick auf seine gesetzten Ziele bewertet. Mit fünf einfachen Fragen hilft Drucker dem Unternehmer oder der Führungskraft, sich selbst zu hinterfragen. Dabei geht es Drucker zunächst nicht wirklich um die Antworten. Viel wichtiger ist ihm die Fähigkeit der Selbsteinschätzung.

Lassen Sie die folgenden fünf Fragen auf sich wirken und überlegen Sie, was das für Ihre Familienorganisation bedeutet:

1. Was ist unsere Mission?
2. Wer ist unser Kunde?
3. Worauf legt der Kunde Wert?
4. Was sind unsere Ergebnisse?
5. Was ist unser Plan?

Wer mit dem Begriff „Kunde" im Kontext Familie nichts anfangen kann, kann sich alternativ die Frage stellen: Wer muss zufriedengestellt werden, wenn wir Eltern erfolgreich sein wollen?

Auf den nächsten Seiten erwartet Sie Folgendes:

- Zunächst greifen wir die Abhängigkeit von Vision und Handeln auf.
- Dann zeigen wir, wie wir Pseudorealitäten aufbauen, als ob wir uns vor der Realität schützen müssten.
- Dann erörtern wir Strategien, wie man realistisch bleiben kann.

Visionen sind Strategien zum Handeln

Eltern haben Visionen und Träume für ihre Kinder. Wir wünschen ihnen das Beste für das Leben und verbinden damit bestimmte Werte oder sogar konkrete Vorstellungen. Ähnlich wie ein Architekt sehen wir schon das Gebäude, das bisher nur auf dem Papier besteht und real noch nicht vorhanden ist. Wir wünschen uns etwa, dass unser Kind ein selbstbewusster und selbstbestimmter Mensch wird, der gut ausgebildet ist, eine gute berufliche Position erreicht, ggf. eine Familie gründen kann und vor allem glücklich wird.

Diese Visionen für unsere Kinder sind wichtig und notwendig, da sie uns Orientierung geben, motivieren, unser Handeln koordinieren, aber auch aufzeigen, was noch nicht getan ist auf dem Weg zum Ziel. Außerdem vermitteln uns die Visionen Sinn und legitimieren unser elterliches Handeln, auch gegenüber anderen.

Dabei erfahren Eltern sehr schnell welcher Visionstyp sie sind. Durch die vielfältigen Ziele, die Eltern ständig für sich und die Kinder aufstellen, entwickeln sie ein Muster, Ziele zu formulieren:

- Der vorsichtige Zweckpessimist: „Lieber vorher schlau als nachher klüger!"
- Der mutige Visionär: „Wer nichts versucht, kann auch nicht scheitern!"

Wer dabei sein Kind im Blick behält, statt nur sich selbst, der fragt sich: Was ist hier und jetzt das Beste für das Kind? Dann findet er die passende Herausforderung für sich. Der mutige Visionär wird lernen, sich geduldig mit den Realitäten auseinanderzusetzen. Der vorsichtige Zweckpessimist ist aufgefordert, auch einmal ein Wagnis einzugehen, etwa wenn ein Kita- oder Schulwechsel ansteht oder das Kind früher selbstständig wird, als uns das lieb ist.

„Visionen sind nichts anderes als Strategien des Handelns. Das ist es, was sie von Utopien unterscheidet [105]", sagte Roman Herzog 1997 in seiner Berliner Rede und trifft genau unser Thema: mit Visionen realistisch bleiben. Die zwei Begriffe „Vision" und „Handeln" bringen die Spannung auf den Punkt: Die Vision, die sich vielleicht erst in 20 oder 30 Jahren erfüllt, aber nur, wenn wir dafür im Hier und Jetzt etwas tun. Die Vision lädt zum Träumen ein, das Handeln führt uns in die nüchterne Realität. Noch eben können wir uns vorstellen, wie unser Kind dann einmal in den Kindergarten bzw. zur Schule geht oder einen Beruf erlernt, und im nächsten Moment werden wir aus dem Schlaf gerissen, da das Kind schreit, weil es Zähne bekommt oder krank ist.

Vision und Handeln hängen voneinander ab. Das unterscheidet sie von Utopien. Eine Vision ohne konkrete Handlungsschritte ist wertlos. In der Vision steckt immer die Triebfeder zur Umsetzung. Eine Handlung ohne Ziel kann für eine kurze Zeit verrichtet werden, doch da unserem Tun dann der Sinn fehlt, ermüden wir schnell oder werden orientierungslos.

Stellen Sie sich nun vor, Sie nehmen einen Sack mit Sand, der genauso schwer ist wie Ihr dreijähriges Kind. Dann tragen oder halten Sie diesen für 10 min, 20 min oder eine Stunde. Schon auf muskulärer Ebene werden Sie nach kurzer Zeit Ausdauerprobleme erleben. Da haben Eltern ganz andere Ausdauererfahrungen, etwa auf Wanderungen oder wenn Kinder krank sind und die Geborgenheit im Köperkontakt suchen.

Zum Zitat von Roman Herzog stellen wir das Sprichwort von Wilhelm Busch: „Erstens kommt es anders, und zweitens als man denkt." Realistisch bleiben ist auch eine permanente Übung, uns am Schnittpunkt Zielsetzung/Realität selbst zu hinterfragen, um jetzt oder gleich das zu tun, was uns besser zum Ziel bringt.

Ein erfolgreicher Sportler muss sich jederzeit fragen können: Was muss ich jetzt tun, damit ich mein Ziel bestmöglich erreiche? Auch wenn der Athlet im 10.000 Meterlauf soeben gestürzt ist, der Weitspringer bei den ersten beiden Versuchen übertreten hat oder eine Fußballmannschaft das 0:1 oder 0:2 kassiert hat. Es bleibt die gleiche Frage. Auch wir Eltern stehen vor dieser Herausforderung, und die heißt: Selbst-Erkenntnis statt Du-Erkenntnis.

Und damit sind wir wieder mittendrin im Qualitätsmanagement (vgl. 3.5 Respekt vor dem Kunden). Qualität entwickelt sich. Qualitätsentwicklung beginnt mit Selbsterkenntnis und dem Willen, ein gestecktes Ziel zu erreichen. „Was man nicht versteht, lässt sich auch nicht verbessern!", sagte William Edwards Deming [106], Pionier im Bereich Qualitätsmanagement. In seinem bekanntesten Buch *Out of the Crisis* beschreibt er 1982, dass ein Unternehmen den Weg zur Qualität nicht kaufen kann, sondern dass das Management das Unternehmen zur Qualität führen muss. Dies kann nur durch viele kleine Schritte gelingen, indem sich der Manager den Realitäten stellt, diese gründlich untersucht und analysiert, um dann eine vermeintliche Lösung zunächst einmal zu erproben. Dass diese Art von „realistisch bleiben" nicht nur erfolgreich ist, sondern auch Spaß macht, zeigten japanische Firmen wie etwa Panasonic oder Toyota, die Demings Lehre des kontinuierlichen Verbesserungsprozesses folgten.

Pseudorealitäten

Sich mit der Realität zu konfrontieren kann hart sein. Daher ist es allzu verständlich, dass es auch einen Realismus gibt, der vorsichtshalber in der Komfortzone bleibt. Es ist ein Realismus, der Entwicklung eher bremst oder sogar verhindert. Im Hintergrund kann etwa die Sorge stehen: „Ich will meinem Kind nicht schaden!" Häufig ist es aber auch Bequemlichkeit, sich nicht wirklich mit der Realität auseinandersetzen zu wollen. So muss man sich unangenehmen Fragen nicht stellen.

Hier einige Argumentationsmuster zum Verbleiben in der Komfortzone, die wir „Pseudorealitäten" nennen:

- Der Weg ist das Ziel – oder: Ohne Ziel ist jeder Weg der richtige.
- Wir meinen es wirklich gut – oder: Vorsätze werden belohnt.

- Ich möchte nur dein Bestes! – oder: jemanden für eigene Ziele instrumentalisieren.
- Neurotische Arrangements – eine Sackgasse

Der Weg ist das Ziel – oder: Ohne Ziel ist jeder Weg der richtige

Ohne Ziel ist jeder Weg der richtige! Es gibt keine Entscheidungsgrundlage, ob der Weg, auf dem man sich befindet, gut ist oder korrigiert werden sollte. Egal, ob Eltern, Mitarbeiter oder Führungskräfte: Wer sich lediglich dem Alltagstrott hingibt, der ermüdet nicht nur, sondern der geht fahrlässig mit seiner Lebendigkeit und den ihm anvertrauten Menschen um.

Mitarbeiter, die zwar ihre Tätigkeit genau beschreiben – hierfür gibt es inzwischen die sogenannten Arbeitsplatzbeschreibungen –, jedoch den Sinn ihrer Arbeit für das Unternehmen nicht schlüssig erklären können, sind auf solch einem Weg ohne Ziel. Die Führungskraft, die die Zielvorgaben an die Mitarbeiter mit den Worten „Das haben die da oben so gefordert!" weitergibt, ist ebenso auf diesem ziellosen Weg. Und wenn ein Manager meint, dass das Ziel des Unternehmens darin besteht, Geld zu verdienen, befindet er sich ebenfalls auf diesem Weg.

Ein Maschinenbauingenieur kam vor einiger Zeit zu einer für uns bedeutenden Schlussfolgerung: „Wenn es automatisch geht, geht es bergab!" Übertragen auf unser Thema „realistisch bleiben" heißt das: Du brauchst Ziele. Wenn du keine Ziele hast, dann „funktioniert" Familie, ein Team, ein Unternehmen vielleicht noch für eine gewisse Zeit fast automatisch. Ohne Erneuerungen im Sinne von Anpassungsleistungen oder Veränderungen zerfällt jedoch jede Organisation. Hinter diesen Gedanken steht der zweite Hauptsatz der Thermodynamik: die Entropie. Dies ist die Tendenz in der unbelebten Welt zu immer größerer Unordnung. Die Übertragung dieser Gedanken auf den psychosozialen Bereich lohnt sich. In diesem Sinn ist „Never change a running system!" die arbeitsplatzbezogene Übersetzung von „Der Weg ist das Ziel". Natürlich kann es unbequem werden, sich einem Ziel gegenüber zu verantworten. Realistisch werden heißt dann in der Tat: „Change the system now!"

Doch es gibt auch gute Gründe für die Zweckpessimisten. In einer Studie mit dem Titel „… sadder but wiser?" [107] untersuchten Alloy und Abramson (1979) Sportler mit mehr oder weniger depressiven Eigenschaften. Diese sollten ihren Erfolg und ihre Leistungsentwicklung einschätzen. Man wollte wissen, welche Sportler sich realistisch oder positiver bzw. negativer wahrnehmen, als es der Realität entspricht. Die Forschungsergebnisse zu der sogenannten Realismushypothese sagen vorher, dass eher depressive Sportler sich realistischer einschätzen im Sinne von „trauriger, aber klüger" als nicht-depressive Sportler, die ihre Leistung oder Umgebung positiv verzerrt wahrnehmen im Sinne eines „illusorischen Scheins", um unangenehmen Realitäten abzuwehren.

Der „depressive Realismus" könnte jedoch auch folgendermaßen erklärt werden: Wer keinen Versuch unternimmt, weil er das Scheitern verhindern möchte, schätzt sich in seiner Erfolgsprognose realistischer ein im Sinne einer sich selbst erfüllenden Prophezeiung: Die negative Vorhersage „Ich schaffe das nicht!" trifft ein.

Vielleicht gehört es zur gesunden menschlichen Psyche, dass wir, getrieben von Neugier und Entwicklungslust, die Fähigkeit besitzen, uns stets etwas zu überschätzen. In der Tat würden wir damit häufiger scheitern als der depressive Sportler, vielleicht würden wir jedoch insgesamt mehr erreichen und uns selbst besser weiterentwickeln.

Wir meinen es wirklich gut – oder: Vorsätze werden belohnt

Eine weitere Anleitung zum Unrealistischsein besteht in zu hohen oder diffusen Erwartungen. Der große Vorteil ist: Es ist schon bei der Ausrufung der Ziele entschieden: Das können wir gar nicht erreichen, das Scheitern ist vorprogrammiert. Beispielsweise legen die Eltern fest:

- Wir reden jetzt häufiger miteinander.
- Wir räumen immer auf.
- In unserer Familie hauen und schreien wir nicht.

Das sind alles gut gemeinte Ziele und die Absicht, diese Ziele tatsächlich anzustreben, wollen wir gar nicht hinterfragen. Der psychologische Trick dieser Ziele ist jedoch, dass wir uns schon gut fühlen, sobald wir die Ziele ausgesprochen haben. Das hat mit unserer Vorstellungskraft zu tun: Allein sich vorzunehmen „Ab jetzt räumen wir immer auf!" wirkt belohnend. Wir sehen uns schon im Geiste, wie wir mit hoher Nachhaltigkeit Ordnung schaffen. Die Effektivität dieser Strategie ist enorm und wurde als psychotherapeutisches Verfahren „Verdeckte Verstärkung" erstmals 1967 von Cautela und Kastenbaum [108] beschrieben. Einem mental vorgestellten Zielverhalten folgt eine Imagination (Vorstellung) mit positiver Erlebnisqualität. Dies erhöht die Auftretenswahrscheinlichkeit des mental vorgestellten Verhaltens. Beispielsweise stellt sich der übergewichtige Patient vor, einer

Versuchungssituation „Öffnen des Kühlschranks" zu widerstehen. Gelingt ihm dies, dann stellt er sich vor, wie er in ein Reisebüro geht und einen schönen Urlaub bucht.

Die verdeckte positive Verstärkung wirkt ebenso bei freiwilligen Selbstverpflichtungen, die wir so häufig in Politik und Wirtschaft erleben und deren Wirkung meistens gegen Null geht. Ich erinnere mich an Vorsätze zur Reduzierung der CO2-Emissionen, Erhöhung des Frauenanteils in DAX-Vorständen usw.

Wertschätzung sollte also nur dem realen, zielgerichteten Handeln und niemals dem guten Vorsatz zukommen.

Ich möchte nur dein Bestes! – oder: jemanden für eigene Ziele instrumentalisieren

Manche Eltern machen sich selbst etwas vor, wenn sie sagen: „Ich möchte nur dein Bestes!" So richtig der Satz von Eltern gegenüber ihren Kindern ist, haben sie doch Vorsicht walten zu lassen, dass sie nicht nur ihre eigenen ehrgeizigen Ziele mit ihren Kindern erfüllen möchten, etwa Ziele, die sie selbst hätten erreichen wollen. Dann instrumentalisieren sie das Kind für ihr persönliches Glück. Das Kind erfüllt sozusagen für Mutter oder Vater einen Auftrag. Solche Ziele klingen zunächst recht positiv wie:
Du sollst …

- es einmal besser haben als wir.
- eine gute Ausbildung haben.
- eine gute Position im Unternehmen erreichen.
- eine gesicherte Existenz haben mit genügend Vermögen.

Kinder und die Familie müssen dann für die Erfüllung des eigenen Lebensglücks herhalten. Letztlich ist es eine arrogante Haltung von Eltern, stets besser zu wissen, was für den anderen gut ist, statt ihn nach seiner Meinung, seinen Bedürfnissen und Wünschen zu fragen. Eltern brauchen sich dann nicht wundern, wenn Kinder plötzlich rebellisch ausbrechen und ihren eigenen Weg gehen – häufig als Opposition zum Elternhaus. Oder aber sie passen sich den Bedürfnissen der Eltern an und verstehen nicht, warum das Leben so langweilig wird. Beide Varianten bremsen die Persönlichkeitsentwicklung der Kinder, aber auch der Eltern. Solche Zusammenhänge zu erkennen und zu akzeptieren fällt schwer, und man braucht dabei häufig gute Begleitung durch einen externen Berater.

Als Sportpsychologe im Leistungssport begleite ich hin und wieder Eltern von jungen, erfolgreichen Sportlern, die das Potenzial haben, an den nächsten oder übernächsten Olympischen Spielen teilzunehmen. Einerseits sind diese Eltern herausgefordert, die Kinder und Jugendlichen zu fördern und durch Krisen zu begleiten. Und andererseits müssen Eltern sich so weit von den gesteckten Zielen distanzieren können, dass sie ihren eigenen Selbstwert nicht davon abhängig machen. Das ist nicht ganz so einfach, wenn etwa der Jugendliche häufig im Sportteil der Lokalpresse namentlich genannt und abgebildet wird. Eltern werden dann auf den Erfolg ihres Kindes angesprochen, beispielsweise „Dein Sohn hat wieder gesiegt! Respekt und Gratulation!". Es ist dann herausfordernd, wenn der Erfolg sich nicht mehr einstellt, weil der Jugendliche andere Interessen entwickelt und daher weniger Zeit zum Training vorhanden ist.

Das Gleiche können wir Eltern auch erleben, wenn unser Kind ein Instrument lernt. Die Lehrerin bescheinigt ein gewisses Talent – doch dann hat das Kind keine Lust mehr zu üben. Eltern befinden sich dann im Zwiespalt: Motiviere ich das Kind dennoch dranzubleiben und durchzuhalten, oder ist die Zeit für einen Plan B oder sogar den Ausstieg aus dem Sport oder Musikunterricht gekommen?

Was die Eltern und die jungen Sportler angeht, ist es immer sehr erleichternd gewesen, diesen Plan B bzw. auch den Ausstieg als Lebensentwicklung in Betracht zu ziehen. Das gilt auch für Eltern, deren erwachsene Kinder mit dem Studium aufhören, und einer anderen Tätigkeit nachgehen. Eltern haben in solchen Situationen immer zwei Aufgaben. Einerseits die Zusage: „Wir stehen zu dir, auch wenn wir deinen Weg nicht verstehen, du bist bei uns herzlich willkommen!" Zweitens das offene Wort mit klarer Meinung und ggf. Kontroverse.

Neurotische Arrangements – eine Sackgasse

Es sind schon eine Menge Grenzsituationen, die Eltern mit ihren Familien erleben und ertragen müssen. Und stets müssen sie sich die Fragen stellen: „Wie ist es dazu gekommen?", „Was muss sich ändern?". Das ist nicht immer so einfach, sich selbstkritisch zu hinterfragen und ggf. Korrekturen im elterlichen Handeln einzuleiten. Solche Situationen können z. B. folgende sein:

- Die Erzieherin der Kita bittet mich um ein Elterngespräch und weist auf Problemsituationen im Kita-Alltag mit meinem Kind hin.

- Die Empfehlung für die weiterführende Schule wird von den Lehrern nicht gegeben.
- Die Noten im Zeugnis des Kindes pendeln sich bei „4" ein und unsere eigene Argumentationslinie von damals, „ausreichend ist doch noch ausreichend" gefällt uns gar nicht mehr.
- Auch die fünfte Aufforderung an den Sohn, das Zimmer jetzt aufzuräumen, fruchtet nicht.
- Die vereinbarte Hausarbeit am Wochenende wird wiederholt nicht ausgeführt. Jeder hat nachvollziehbar dringende Gründe, ausnahmenweise heute die Hausarbeit nicht erledigen zu können.

Solche Erfahrungen laden dazu ein, realistisch zu werden. Was ist denn hier los? Was ist mein Beitrag daran, dass mir dies wiederfährt? Was müsste ich an meinem Verhalten ändern, damit sich in dieser Familie etwas ändert? Wie sehen die Entwicklungsziele aus? Dies sind herausfordernde Fragen, die mit einem stabilen Selbstwertgefühl gut beantwortet werden können. Doch können solche Erfahrungen gerade dazu führen, dass eher ein Minderwertigkeitsgefühl entsteht: „Ich schaffe das nicht!", „Alle anderen schaffen das! Nur ich nicht!" usw.

Um sich vor solchen Eingeständnissen zu schützen, entwickeln Menschen nach Alfred Alder [109] „Arrangements" als selbstwertdienliche Strategie, mit dem Minderwertigkeitsgefühl umzugehen. Demnach suchen wir den Fehler oder die Ursachen überall, nur nicht bei uns selbst und machen andere oder situative Bedingungen für die Probleme verantwortlich. Mögliche Aussagen in diesem Sinne zu den oben genannten Situationen könnten sein:

- „Eigentlich ist unser Kind völlig normal entwickelt. Nur in dieser Kita, bei diesem Personal entwickelt es Verhaltensauffälligkeiten!"
- „Warum gibt es keine Eignungstests für Lehrer? Unglaublich, wie sie Begabungen von Kindern übersehen! Wahrscheinlich haben sie selbst Minderwertigkeitskomplexe!"
- „Wir können uns die Nachhilfestunden für das Kind nicht leisten!"
- „Die Kinder von heute! Früher hätte ich mir so etwas nicht erlauben können!"
- „Die Woche war so anstrengend! Was soll ich am Wochenende den Kindern und mir Ärger machen. Ich lasse ihnen ihren Spaß!"

Solche Erklärungen schützen Eltern elegant vor der persönlichen Auseinandersetzung. „Die anderen sind schuld! Die Situation war halt so, das ging nicht anders! Eigentlich würde ich ja gerne, doch … !"

Das weitreichendere Problem aus solchen neurotischen Arrangements besteht allerdings darin, dass die Probleme mit dem Kind weiter bestehen und eher noch schwieriger werden können. Um den Selbstwertschutz der Eltern weiter aufrechterhalten zu können, werden die Argumentationslinien mit der Zeit markanter, aber auch unrealistischer und enden schließlich in der Sackgasse.

Berufliche Beispiele hierzu finden sich überall: Wir brauchen nur daran denken, wie Kollegen, Mitarbeiter oder Führungskräfte mit Schwierigkeiten oder Misserfolgen umgehen und auf Selbsterkenntnis verzichten.

Realistisch werden und bleiben

Wie gelingt es nun, realistisch zu werden und – noch viel wichtiger – realistisch zu bleiben. Denn das Realistischsein ist ein ständig sich weiterentwickelnder Prozess. Fassen wir zunächst zusammen:

> **Kompetenzcenter Familie – Realistischsein**
>
> Die Fähigkeit, visionär und zugleich handlungsorientiert zu sein und an die Teilergebnisse die Handlungsstrategie anzupassen:
>
> - optimistische Ziele entwickeln,
> - Handlungen statt Vorsätze belohnen,
> - bereit sein, sich selbst kennenzulernen,
> - Mut zum Scheitern haben,
> - aus Fehlern die richtigen Schlüsse ziehen (Lernbereitschaft),
> - zwischen deinen und meinen Zielen unterscheiden,
> - einen Plan B haben bzw. den Ausstieg zu akzeptieren,
> - Pseudorealitäten erkennen.

Im Weiteren wollen wir überlegen, wie das alles zusammengehen kann, denn es gibt einige gute Tipps und praxiserprobte Konzepte:

- erst visionär sein, dann realisieren,
- Rückmeldungen verstehen,
- kontinuierlich verbessern – der Erfolg in kleinen Schritten,
- handeln auf der Basis der Beziehung, des Entwicklungsstands und der Situation.

Erst visionär sein, dann realisieren

Richten wir uns als Eltern von Anfang an nur realistisch aus, dann gleichen wir dem oben beschriebenen depressiven Sportler, der seinen Misserfolg in die Vision integriert. Dann beweist er sich und anderen seine beschränkte Leistungsfähigkeit. Das heißt: Wir klammern vieles aus, was bei genauerem Hinsehen durchaus möglich gewesen wäre.

Für uns sind die Begriffe „Realist"/„Sicherheit" die Kehrseite der gleichen Münze, auf der „Visionär"/„Mut" steht. Erst beides zusammen ergibt den Wert. Beide Begriffspaare begrenzen und ergänzen sich. Der Visionär wird ohne den Realisten zum Spinner und bringt sich und andere unverantwortlich in Gefahr. Und der Realist wird ohne den Visionär zum Sachfetischisten, der zwar nichts falsch macht, doch letztlich in der Starre enden wird.

„Der einzig wahre Realist ist der Visionär", sagte der Filmemacher Federico Fellini. Da wir Verantwortung für den Menschen übernehmen, brauchen wir Mut für ambitionierte Ziele. Nur durch diesen Mut kann Entwicklung gelingen. Ein Gleichnis aus der Bibel beschreibt diesen Zusammenhang. Es ging um die anvertrauten Talente. Der, der sie vergraben hatte, um sie zu bewahren, wurde bestraft. Derjenige, der es wagte, die Talente einzusetzen, wurde belohnt.

Daher ist bei der Zielentwicklung wichtig, dass Sie träumen und durchaus Wünschen Raum geben, die Ihnen zunächst nicht machbar erscheinen. Tun Sie einfach einmal so, als hätten Sie im Leben die freie Auswahl. Und dann schreiben Sie dieses Ziel auf.

Warum aufschreiben? In mehreren Untersuchungen konnte nachgewiesen werden, dass aufgeschriebene Ziele häufiger erreicht werden. So beispielsweise in der Studie von Gail Matthews [110] von der Dominican University in Kalifornien mit dem Forschungsschwerpunkt Berufswahl und Karriereentwicklung. Matthews teilte in ihrer Studie 267 Menschen zwischen 23 und 72 Jahren in fünf zufällige Gruppen auf, in denen Folgendes zu tun war: 1) Ziele nicht aufschreiben, 2) Ziele aufschreiben, 3) Ziele aufschreiben und Verhaltensvereinbarung, 4) Ziele aufschreiben und Verhaltensvereinbarung und Mitteilung an einen Freund und 5) Ziele aufschreiben und Verhaltensvereinbarung und Mitteilung an einen Freund und Verpflichtung zum Fortschrittsbericht an den Freund.

Das Ergebnis: Studienteilnehmer der Gruppe 5 erreichten signifikant häufiger ihre Ziele als alle anderen Gruppen. Die Gruppen 4 und 2 waren in der Zielerreichung den Gruppen 3 und 1 überlegen. Also schreiben Sie

Ihre Ziele nicht nur auf, sondern unterhalten Sie sich regelmäßig mit einem Freund über ihre Fortschritte.

Rückmeldung verstehen

Um realistisch zu bleiben, brauchen wir Daten aus der Wirklichkeit, die uns Auskunft über unsere Situation oder unser Verhalten geben. Nur der eigenen Wahrnehmung trauen – das funktioniert nur eine kurze Zeit. Denn wir brauchen den ständigen Abgleich, ob das, was wir meinen zu sehen, auch tatsächlich da draußen in der Realität so vorhanden ist.

Wir sind gut beraten, diese Rückmeldung, die wir erfahren, gut zu verstehen. Die englische Sprache bringt dies mit *understanding* besser zum Ausdruck. *Understanding* im wörtlichen Sinn bedeutet „sich unter die Rückmeldung stellen". Und diese sollte man verständnisvoll, einsichtig und einfühlsam verstehen wollen. Also: Die Perspektive des anderen übernehmen. Eltern, die diese Fähigkeit im Kompetenzcenter Familie erwerben, bleiben realistisch und können hieraus gute Ansätze entwickeln, um ihre Kinder ins Leben zu begleiten.

Diese existenzielle Bedeutung der Rückmeldung möchten wir nun etwas näher beleuchten.

Ohne Rückmeldung fehlt die Korrektur

Erfolgt diese Realitätsüberprüfung für eine gewisse Zeit nicht mehr, entstehen auf neuronaler sowie auf Verhaltensebene Abnormitäten wie z. B. Halluzinationen oder verwirrtes Denken. Der Mediziner John C. Lilly wollte wissen, was passiert, wenn dem Menschen alle Sinneseindrücke genommen werden. Hierzu baute er einen Deprivationstank [111], einen großen lichtundurchlässigen, schallisolierten Behälter, der mit köperwarmer Flüssigkeit gefüllt war, um einen nahezu schwerelosen Zustand zu erreichen. Studienteilnehmer verloren in diesem Tank nach kurzer Zeit völlig die Orientierung, halluzinierten Bilder, Szenen sowie akustische Eindrücke und wussten schließlich nicht mehr, wo der eigene Körper endet und die Umwelt begann. Es entstand eine irreale Welt im Kopf der Studienteilnehmer, in der sie lebendige Szenen aus der Zukunft als auch aus der Vergangenheit halluzinieren konnten. Das heißt: Wir können, wenn wir keine äußeren Reize empfangen, gespeicherte Muster z. B. aus dem visuellen Gedächtnis abrufen. Das ist uns nicht neu, denn vielen gelingt es, sich mittels Vorstellungskraft z. B. eine Zitrone vorzustellen, sodass uns sogar das Wasser im Mund zusammenläuft.

Für unser Thema „realistisch bleiben" bedeuten diese Forschungsergebnisse: Unser Gehirn braucht ständige Daten von außen zum Abgleich, ob das erzeugte Wirklichkeitsbild im Kopf in etwa mit der Realität übereinstimmt. Erfolgt dieser Abgleich nicht, dann beginnt das Gehirn offenbar, sich mit sich selbst zu beschäftigen, sodass es irreale Sinneseindrücke erzeugt.

Ähnliche Phänomene können auftreten, wenn Menschen freiwillig oder gegen ihren Willen sozial isoliert werden und als Person oder als Gruppe keinen Kontakt zur Außenwelt haben. Ein drastisches Beispiel ist der Massensuizid von über 900 Menschen, die Mitglieder der Sekte Peoples Temple [112] waren, am 18. November 1978 in Jonestown. Der Sektenführer, Jim Jones, hatte sich mit 1100 Mitgliedern in Jonestown hermetisch von der Außenwelt isoliert.

Selbst- und Fremdwahrnehmung

Warum tun wir uns mit der Selbst- und Fremdwahrnehmung schwer? Was passiert da genau, wenn uns jemand seine ehrliche Meinung über uns sagt? Warum begegnen wir diesen Informationen mit Respekt, und sind aber gleichzeitig interessiert bis neugierig, etwas über uns zu erfahren?

Schauen wir uns die psychologische Situation an, wenn wir eine Rückmeldung erhalten. Wir betrachten nur eine Kategorie: Bekanntheit. Daraus ergeben sich vier Möglichkeiten, die sich durch das von den Sozialpsychologen Joseph Luft und Harrington Ingham [113] entwickelten Johari-Fenster verdeutlichen lassen: Es gibt Eigenschaften oder Informationen über mich, die mir bekannt sind oder von denen ich (noch) nichts weiß. In der exakt gleichen Lage ist mein Gegenüber auch. Er weiß etwas über mich und einiges über mich weiß er (noch) nicht (Tab. 3.6).

Die vier möglichen Situationen sind:

1. Das, was mir bekannt ist, ist auch dem anderen bekannt: Das nennen wir die öffentliche Person. Rückmeldungen hierzu mögen uns bestätigen oder auch stören, je nachdem, wie wir uns selbst mit diesen Eigenschaften mögen.

Tab. 3.6 Das Johari-Fenster. (vgl. Luft und Ingham [113])

Du/Ich	Mir bekannt	Mir unbekannt
Anderen bekannt	Öffentlich (1)	Blinder Fleck (3)
Anderen unbekannt	Geheimnis (2)	Unbekanntes (4)

2. Das, was mir bekannt ist, ist dem anderen nicht bekannt: Es ist mein privates Wissen über mich oder sogar mein Geheimnis, das keiner kennen soll. Ich kann dieses Wissen anderen preisgeben, dann gehört es ab sofort zur öffentlichen Person.
3. Das, was mir unbekannt ist, jedoch dem anderen bekannt ist: Das sind Merkmale, die mir nicht bewusst sind, vielleicht sogar einen blinden Fleck darstellen oder andere an mir wahrnehmen, ohne dass sie zu mir gehören.
4. Das, was mir nicht bekannt ist und auch dem anderen nicht bekannt ist, bleibt (zunächst) unbekannt.

Das spannende Moment entwickelt sich nun in der Differenz der Informationen, die ich habe und die der andere hat. Für unser Thema „realistisch bleiben" bedeutet dies: Wir brauchen eine Kommunikationskultur, in der wir mit Respekt über das Wesentliche sprechen können. Dann bleiben wir realistisch, dann erfahren wir Wichtiges über uns. Oder wir erleben, wie jemand uns erlebt, denn das ist seine Wirklichkeit. Beide Informationen brauchen wir, wenn wir gute Lösungen für das Miteinander suchen, sowohl in der Familie als auch am Arbeitsplatz.

Oben haben wir beschrieben, dass insbesondere das eigene Handeln, das ja im Hier und Jetzt erfolgt, die Quelle für exzellente valide Daten ist. Nun ist es so: Jemanden um eine Rückmeldung zu bitten ist einfacher, als unvorbereitet eine Rückmeldung zu erhalten. Im ersten Fall können wir uns darauf vorbereiten, ggf. auch unangenehme Aussagen zunächst einmal anzuhören. Außerdem können wir die Rückmeldung lenken, indem wir bestimmen, welche Frage wir stellen und welche nicht.

Als Eltern haben wir den großen Vorteil, dass Rückmeldungen auf der Basis der Vertrauenszusage erfolgen: „Ich bleibe bei dir, auch wenn die Rückmeldung unangenehm ist." Das gilt für beide Seiten, für den, der die Rückmeldung erfährt, und für den, der sie gibt. Diese Sicherheit gilt für Mitarbeiter und Führungskräfte nicht. Darum haben Eltern hier einen entscheidenden Vorteil, auch kritische Informationen über sich oder die Organisation Familie ernst zu nehmen.

Ausschnitt aus dem Interview mit Prof. Dr. Matthias Landmesser, Vater von drei erwachsenen Kindern, Vorstand der Dualen Hochschule Baden-Württemberg – DHBW, zuvor für die Personal- und Führungskräfteentwicklung der IBM in Nord-, Mittel- und Osteuropa verantwortlich

JL: Welche Herausforderung haben Sie selbst erlebt und welche Kompetenzen haben Sie selbst entwickelt?

ML: Von der beruflichen Seite war ich in den letzten Jahren schwerpunktmäßig in der Personal- und Führungskräfteentwicklung tätig. Das situative Anwenden der erlernten Führungsstile in der Familie – erfolgreich oder nicht erfolgreich, das lassen wir mal dahingestellt – ist herausfordernder als im Unternehmen. Als Vater wird mir die gesamte Palette der Führungsstile abverlangt, angefangen von klaren Anweisungen über den Coachingansatz bis hin zum affiliativen Führungsstil, in dem Einfühlsamkeit gefragt ist. Als Eltern ist man in der gesamten Breite gefordert. Hätte ich damals das Wissen von heute gehabt ... und nicht nur das Wissen, sondern noch viel wichtiger die Erfahrung ..., und man könnte heute nochmals beginnen ... das wäre sehr spannend.

JL: Wenn Sie nochmals starten dürften, was wäre der Unterschied?

ML: Als meine Kinder klein waren, hatte ich die althergebrachten Erziehungsziele wie Disziplin, Gehorsam und Unterordnung. Heute sind Erziehungsziele wie Selbstständigkeit, freier Wille oder Gestaltung wichtig. Wenn ich diese beiden Zielmuster vergleiche, dann ist das frühere weniger aufwendig. Wesentlich aufwendiger ist die Förderung von Selbstständigkeit, freier Wille und Gestaltung. Ich sehe mich im Rückblick nicht als vorbildlichen Vater. Ich hatte damals weder das Know-how noch habe ich mir genügend Zeit für die Familie genommen. Das Rad lässt sich leider nicht mehr zurückdrehen.

JL: Angenommen, Sie hätten mehr Zeit gehabt

ML: Dann hätte ich mir – rückblickend – mehr Zeit für meine Kinder und meine Familie genommen, mehr mit ihnen unternommen und mich mehr mit ihnen und ihren Fragen auseinandergesetzt. Dem Bildungsort Familie mehr Energie und Zeit zu geben lohnt sich.

JL: Was bedeutet das mit Blick auf das Unternehmen?

ML: Wenn sich die Erkenntnis durchsetzt, dass Familie ein Bildungsort ist und somit auch ein Gewinn für das Unternehmen sein kann, dann muss das in der Konsequenz heißen, dass auch die Flexibilität auf Unternehmensseite für Familie unterstützt wird. Wenn es stimmt, dass Familie ein Trainingsort ist, der wichtige Kompetenzen entwickelt, die mich im Unternehmen erfolgreicher machen – also das Individuum und damit auch das Unternehmen –, dann müssen in der Konsequenz auf Unternehmensseite entsprechende Modelle gefördert und umgesetzt werden. (Das gesamte Interview mit Prof. Dr. Matthias Landmesser lesen Sie im Anhang.)

Kindermund tut Wahrheit kund

„Kindermund tut Wahrheit kund!", so sagt es das Sprichwort, und viele unserer Interviewpartner haben uns genau dieses bestätigt: „Meine Kinder und mein Partner, sie waren mein Halt, weil ich von ihnen die ehrliche Rückmeldung erhalten habe, auch wenn diese knallhart und brutal sein kann. Das ehrliche Feedback zwingt mich in die Realität. Es fordert mich heraus, nüchtern hinzuschauen."

Rückmeldung ist wichtig für die eigene Identität. Wir brauchen Informationen, wie wir auf andere wirken, ob unser Denken, Fühlen und Handeln angemessen ist. Ehrliche Rückmeldung gibt offenbar Sicherheit, auch wenn sie im ersten Augenblick unangenehm oder schmerzlich sein kann.

Beispiel: Ich beschwere mich bei meiner Tochter, die mich aus dem Nachbarzimmer heraus etwas fragt, weil ich sie kaum verstehe. Ich sage „Komm her! Schau mich an, wenn du mit mir redest!" und bekomme dann vorgehalten, dass ich Gleiches mit allen Familienmitglieder tue, wenn ich Rede und gleichzeitig auf dem Smartphone etwas lese oder schreibe. Dieses ehrliche Feedback hat den Vorteil, dass die Karten schnell auf dem Tisch liegen und Eltern eine gute Grundlage haben, ihr Verhalten zu optimieren.

Die Realität holt uns – ob wir wollen oder nicht – insbesondere in der Auseinandersetzung mit unseren Kindern ein. Sie halten uns erwachsenen Eltern unerschrocken den Spiegel vor, mit dem, was sie sagen und auch was sie tun. Wie es im Sprichwort heißt „Kindermund tut Wahrheit kund!". Denn Kinder reagieren weniger darauf, was wir sagen oder tun, sondern viel mehr darauf, wie wir reden und handeln. Sie spüren sehr gut, was authentisch ist oder was wir als Eltern so dahinsagen.

Die Realität schlägt uns entgegen, wenn wir als Eltern unsere Kinder interviewen „Wie geht es, wie war dein Tag?" und die passende Antwort erhalten, entweder mit einem ebenso gelangweilten Schweigen oder einem die Kommunikation erschöpfendem „gut!" – was so viel heißen soll wie „Spar dir bitte deine nächste Frage, du bist anstrengend!". Wir erfahren ziemlich viel über unsere Wirkung, wenn wir genau zuhören und hinschauen, wie sich Kinder uns gegenüber äußern.

Eltern, Pädagogen in Kitas oder Lehrer erhalten stets das härteste und unmittelbarste Feedback. An der Börse mag das ähnlich sein, doch geht es da nur um Geld. Das schonungslose Feedback der Kinder trifft mich als Person. Ist der Unterricht langweilig, dann sitzen dort gelangweilte Kinder. Vergesse ich meine Haushaltsarbeit zu verrichten, wird mir das sofort gesagt. Mein Kind vermittelt mir, dass ich während der Geburtstagsparty besser nicht in der Wohnung sein soll, da ich da altersmäßig nicht hinpasse.

Der Apfel fällt nicht weit vom Stamm

Eine andere Art schonungslosen Feedbacks liegt in Verhaltensmerkmalen von Kindern, die auf uns persönlich hinweisen. „Der Apfel fällt nicht weit vom Stamm!", sagt der Volksmund. Sie ahmen uns nach, wie wir handeln, denken und fühlen. Dies hat zum einen genetische Gründe. Beispielsweise sind unsere Persönlichkeitsmerkmale wie emotionale Stabilität, Extraversion, Offenheit für Erfahrung, Verträglichkeit oder Gewissenhaftigkeit (Big Five [114]) bis zu 50 % genetisch veranlagt [12]. Zum anderen sind die sozialen Faktoren wie Familie und Erziehung der zweite große Einflussfaktor auf die Psyche der Kinder. Eltern sehen also im Verhalten ihrer Kinder häufig das Ergebnis ihrer genetischen Weitergabe und ihres eigenen erzieherischen Handelns.

Geh hin und sieh selbst – Gemba: der reale Ort

Wie schon in Abschn. 2.3 beschrieben, fand Jim Collins die Fähigkeit „Der Realität ins Auge blicken" [115] bei Unternehmen mit dauerhaften Spitzenerfolg. Er konnte nachweisen, dass alle von ihm untersuchten Unternehmen, die nachhaltig Spitzenergebnisse erzielten, sich schonungslos den harten Fakten ihrer aktuellen Situation stellten. Dies gelingt ihnen mit der ernsthaften Anstrengung, die realen Daten über die momentane Situation herauszufinden, da richtige Entscheidungen dadurch eher wahrscheinlich und dazu leichter zu finden sind. Dies wird durch eine Unternehmenskultur ermöglicht, die geprägt davon ist, dem Mitarbeiter zuzuhören, vor allem dann, wenn er mit kritischen Wahrheiten um Gehör bittet. Diese Aufrichtigkeit hat Rahmenbedingungen: 1) Mitarbeiter werden gefragt, statt ihnen zu sagen, wie es richtig ist. 2) Dialog und Streitgespräche werden gefördert, statt blinden Gehorsam zu fordern. 3) Fehler und Schuld müssen unterschieden werden! Derjenige, der den Fehler findet, muss belohnt werden.

Spitzenunternehmen mussten mit genauso vielen Schwierigkeiten zurechtkommen wie die Vergleichsunternehmen, aber sie reagierten anders darauf. Sie nahmen die Probleme unverzüglich in Angriff und gingen gestärkt aus ihren Krisen hervor. Das Gleiche gilt für Eltern, wenn sie ihren Kindern zuhören.

Das Zitat von Edwards Deming „Was man nicht versteht, kann man auch nicht verbessern!" fordert von uns Eltern, Problemen tatsächlich auf den Grund zu gehen. Wir müssen verstehen lernen, was hinter einem Fehler oder einem Problem steht. Und hierzu müssen wir zunächst eine

Entscheidung treffen: Wir schauen nicht auf das Ergebnis, sondern auf den Prozess. Es ist viel wichtiger zu verstehen, was dazu führt, dass das Kind sich nicht die Zähne putzt als ggf. das Kind dafür zu bestrafen, dass es seine Zähne nicht geputzt hat.

Eine einfache Methode hierfür, die im Qualitätsmanagement genutzt wird, ist fünfmal „Warum" zu fragen (5-Way-Methode, 5W), um die Bedingungen dafür zu verstehen, dass sie Zähne nicht geputzt wurden (vgl. Abschn. 3.6).

- Warum hat Klara ihre Zähne nicht geputzt?
    - Sie hat es vergessen!
- Warum hat sie es vergessen?
    - Nach dem Spiel mit dem Bruder war keine Zeit mehr, und sie sollte schnell ins Bett gehen.
- Warum war keine Zeit für das Zähneputzen nach dem Spiel?
    - Der Bruder dachte, Klara hätte nach dem Abendessen sich schon die Zähne geputzt.
- Warum dachte das der Bruder?
    - Wenn Mama Klara ins Bett bringt, dann muss sie nach dem Abendessen die Zähne putzen.
- Warum ...

Diese Analyse kommt zu dem Ergebnis, dass es für Klara keine eindeutige Routine für das Zähneputzen gibt. Das soll jetzt für zwei Wochen ausprobiert werden. Klara putzt direkt nach dem Abendessen die Zähne, egal wer sie ins Bett bringt.

Joseph M. Juran, einer der Wegbereiter des Qualitätsmanagements, und Edwards Deming schätzen, dass lediglich 6 bis 15 % der Fehler im Unternehmen mit dem Fehlverhalten von Personen im Zusammenhang stehen und 85 bis 94 % auf Fehler im Prozess zurückzuführen sind, also wie die Arbeit gemacht wird. Daher helfe es nicht, das Ergebnis zu kontrollieren, sondern vielmehr müsse der Prozess kontrolliert werden. Damit dies möglich ist, muss sich der Manager zum Fehler, zum Problem begeben, also zum Arbeiter hingehen, statt umgekehrt. Vor Ort liegen die wertvollen Informationen, die helfen in Zukunft eine bessere Qualität zu erzielen (Abschn. 3.4). Die guten, wertvollen Informationen erhalten Manager und auch Eltern nur dann, wenn die Beziehung zu Mitarbeitern oder Kindern von Vertrauen geprägt ist. Nur dann gelingt es, dass Fehler nicht zu Schuldvorwürfen führen, sondern die Lösungssuche Spaß und der Erfolg Stolz macht.

Dieses Verständnis von Realität hat sich im Lean Manufacturing als „Gemba" etabliert [116]. Gemba ist ein japanischer Begriff und bedeutet „der reale Ort". Er fordert Mitarbeiter und Führungskräfte aus zwei Gründen auf, an den Ort des Geschehens zu gehen: Zum einen ist das Problem vor Ort am besten zu erkennen, und zum anderen lassen sich dort auch die besten Einfälle für Verbesserungen entwickeln. Gemba geht davon aus, dass alle Probleme letzten Endes direkt wahrnehmbar sind. Das Gleiche gilt für die Kundenorientierung. Dann bedeutet Gemba: Der Kunde muss direkt befragt werden, damit seine Bedürfnisse erfasst werden können. Letztlich basiert Gemba auf einer partnerschaftlichen Beziehung, indem gemeinsam nach einer optimalen Lösung oder einem Produkt gesucht wird.

> **Kompetenzcenter Familie – Selbsteinschätzung**
> Die Fähigkeit, sich Fragen zu stellen bzw. sich infrage stellen zu lassen, um reale und zielrelevante Prozessdaten zu erfahren:
> - kritische Prozessfragen stellen: Was ist das Ziel? Wer soll zufriedengestellt werden? Was machen wir überhaupt? Welche Rückmeldungen gibt es? Was ist ab jetzt zu tun?,
> - Unterschiede in der Selbst- und Fremdwahrnehmung als mögliche Quelle wichtiger Realdaten erkennen,
> - unerwartete oder unbequeme Realdaten verstehen wollen (understanding), fünfmal „Warum" fragen,
> - direkt vor Ort Prozesse beobachten (Gemba), statt Berichte für wahr halten,
> - Pseudorealitäten erkennen und diese auflösen.

Kontinuierlich verbessern – der Erfolg in kleinen Schritten

Bereits in Abschn. 3.4 hatten wir den kontinuierlichen Verbesserungsprozess ausführlich mit Beispielen vorgestellt. Daher soll hier nur kurz auf den KVP eingegangen werden.

Gelingt es Eltern, ihre Erwartungen an den Möglichkeiten des Kindes und dessen Entwicklungsstand auszurichten, dann bleiben sie realistischer. Es ist eine Kunst, mit unseren Kindern stets den nächsten kleinsten Schritt zu gehen, der bereits schon ein Erfolg ist. Damit bleiben wir zum einen flexibel, korrekturfähig und zum anderen fördern wir damit das Erleben von Selbstwirksamkeit bei Kindern und uns selbst. So kommen wir der Forderung „bleibe realistisch" am einfachsten, sichersten und auch noch mit vielen Erfolgserlebnissen nach.

Wenn Sie in Ihrer Familie Familienkonferenz durchführen, entweder spontan an der Situation orientiert oder in einer Regelmäßigkeit, dann können z. B. Familienregeln entwickelt werden, damit Problemverhalten oder -situationen bewältigt werden. Wichtig für den KVP ist, dass an der Verbesserung möglichst alle Familienmitglieder beteiligt sind. Durch die verschiedenen Perspektiven jedes Einzelnen kann eine realitätsnahe Problembeschreibung erfolgen, und die gefundene Lösung kann dann auch gemeinsam getragen werden. Die Realitätsgarantie des KVP besteht in der Durchführung eines Prototypen, also eines Testlaufes. Erst wenn dieser erfolgreich durchlaufen ist bzw. verbessert wurde, wird die Lösung vereinbart.

Beispielsweise lagen im Wohnzimmer- und Küchenbereich stets leere Flaschen. Und nun wurden Lösungen gesucht, wie diese an den richtigen Ort gelangen. In der Familienkonferenz war jedem das Problem bewusst, nachdem deutlich wurde, dass die Eltern nicht nur einen Schuldigen suchten. Es wurde festgestellt, dass die geleerten Flaschen einfach gedankenlos liegen gelassen werden. Als Lösung wurde vorgeschlagen, eine freiwillige Selbstverpflichtung einzugehen, und ab sofort Flaschen unmittelbar zu entsorgen. In der Dreitagestestphase über das Wochenende wurde schnell klar, dass diese Lösung nicht gelingt. Eine neue Lösung wurde erarbeitet: Flaschen sollen gar nicht mehr ins Wohnzimmer getragen werden, sondern in der Küche bleiben. Wenn eine Flasche leer ist, kann sie sofort entsorgt werden. Zusätzlich wurde in die Vereinbarung aufgenommen, dass derjenige, der weiterhin leere Flaschen liegen lässt, diese sofort entsorgt und zusätzlich den Mülleimer ausleert, egal wie viel Müll er enthält. Diese Lösung war ziemlich erfolgreich.

Kompetenzcenter Familie – kontinuierlicher Verbesserungsprozess

Die Fähigkeit, den PDCA-Zyklus unter Einbezug aller relevanten Personen durchzuführen.

- Verbesserung als Prozess verstehen,
- Beteiligung aller relevanten Personen (Partizipation),
- Probelösung testen und deren Ergebnisse analysieren.

Handeln auf der Basis der Beziehung, des Entwicklungsstands und der Situation

Realistisch in den Zielen für Eltern und Kinder zu bleiben kann auch bedeuten, inhaltlich die passenden Themen und Handlungsentwürfe zu finden, die das Kind und uns nicht über- oder unterfordern. Um diese zu finden orientieren sich Eltern – mehr oder weniger bewusst – an drei Faktoren: der Beziehungsqualität, dem Schwierigkeitsgrad der Situation bzw. Aufgabe und dem Entwicklungsstand des Kindes.

1. *Die Beziehungsqualität:* Wie ist im Moment das Beziehungsklima zwischen uns? Verstehen wir uns gut? Halten wir Frustration gemeinsam aus? Gibt es im Moment Konflikte? Wollen wir uns lieber aus dem Weg gehen? Wie tragfähig ist zurzeit unsere Beziehung? Hält sie Konflikte aus? Haben wir Vertrauen zueinander?
2. *Die Situation/Aufgabe:* Welche Fähigkeiten des Kindes fordert die Situation heraus? Welche Kompetenzen braucht das Kind, um die Aufgabe zu lösen? Wird genügend Unterstützung bereitgestellt? Wie viel Zeit steht zur Verfügung?
3. *Der Entwicklungsstand des Kindes:* Was kann das Kind? Welche sind seine bisherigen Kompetenzen? An welcher Grenze steht es und welche Unterstützung braucht es, damit es die Aufgabe lösen kann? Ist das Kind bereit, Neues zu lernen, zu trainieren oder Routinen durchzuführen?

„Ziemlich simpel", „Das ist doch klar!" oder „Das ist nichts Neues" mögen Sie denken und ahnen sicherlich schon, dass wir uns trotzdem diese drei Faktoren häufig nicht bewusst machen. Und das ist auch gut so. Denn die meisten unserer Entscheidungen als Mutter oder Vater treffen wir halb bewusst, unbewusst oder „aus dem Bauch heraus". Niemals werden Eltern von ihrem dreijährigen Kind erwarten, dass es sein Zimmer alleine aufräumt, den Teppich saugt und ggf. die Fenster putzt, sondern wir erwarten, dass es die Klötzchen in die Kiste zurücklegt, aus der es sie zum Spielen herausgenommen hat. Hatten Eltern mit dem Kind einen 20-minütigen Konflikt, begleitet von Schreien, Spucken, Kratzen und Tränen, dann werden sie (hoffentlich) die Aufforderung, nun die Klötzchen aufzuräumen, später geben, wenn die Beziehungsqualität wieder belastbarer ist.

Was lernen die Eltern? – Du musst die Beziehung, die Situation und den Entwicklungsstand des Kindes realistisch einschätzen, dann sind Ziele für Kinder und Eltern realistisch erreichbar und Erziehung kann erfolgreich sein.

Diese Beobachtung gilt nicht nur für die aktuelle Situation, sondern auch für den langfristigen Erziehungsverlauf. Gegenüber einem Kleinkind haben Eltern viel mehr praktische Verantwortung bezüglich der Tagesbewältigung wie etwa gegenüber einem Teenager. Einem 15-Jährigen mute ich viel mehr Selbstverantwortung zu, etwa wenn ich ihn auffordere, die Haushaltsaufgaben zu erledigen. Andererseits verlangt der Teenager auch viel mehr Rechte zur Selbstbestimmung.

Aus dieser simplen Beobachtung – also den drei Bestimmungsfaktoren für elterliches Verhalten – wurde ein eigener Ansatz für Führungskräfte formuliert. Das Führungsstilkonzept von Hersey und Blanchard [117] bezieht den aufgabenbezogenen und personenbezogenen Führungsstil aufeinander, die beide wissenschaftlich fundiert sind und zu guten Erfolgen führen. Zusätzliches Merkmal im Ansatz von Hersey und Blancard ist der Reifegrad des geführten Mitarbeiters. Ein neuer Mitarbeiter braucht eine andere Führung als der Experte. Der eine wird in die Aufgaben eingeführt, der andere kann selbstständig Aufgaben übernehmen. Je nach Entwicklungsstand des Mitarbeiters wird von der Führungskraft ein spezifisches Führungsverhalten erwartet. Das sogenannte „situative Führen" bezieht sich schlicht auf die uns bereits bekannten Faktoren:

- *Beziehungsorientierung:* Zum einen betrifft dies die Beziehungssicherheit: Besteht eine positive und vertrauensvolle Beziehung zwischen Mitarbeiter und Führungskraft? Kann sich der Mitarbeiter auf seine Führungskraft verlassen? Ist der Mitarbeiter gegenüber der Führungskraft loyal? Und umgekehrt: Erlebt der Mitarbeiter die Loyalität und Fairness des Vorgesetzten? Wie wird gegenseitig Wertschätzung geäußert? Zum anderen meint die Beziehungsorientierung, in welchem Ausmaß die Führungskraft dem Mitarbeiter Selbstverantwortung und Eigeninitiative zutraut.
- *Aufgabenorientierung:* Wie schwierig ist die Aufgabe? Wie viel zusätzliche Informationen bzw. Angaben braucht der Mitarbeiter? Wie viel Vorbereitungsarbeiten sind nötig?
- *Reifegrad des Mitarbeiters* (Entwicklungsstand): Entwickelt sich der Mitarbeiter in seinen Fähigkeiten und dem Fachwissen selbstständig? Wie motiviert und engagiert ist der Mitarbeiter?

Hersey und Blanchard leiten aus diesen Überlegungen vier Verhaltensweisen für die optimale Führungskraft ab:

1. *Telling* (Unterweisung, Anweisung): Mitarbeiter werden angeleitet. Ihnen wird genau gesagt, was sie tun sollen und warum. Insofern besteht eine hohe Aufgabenorientierung.
2. *Selling* (Überzeugen): Hat der Mitarbeiter eine geringe bis mäßige Reife, dann wird der Führungskraft ein eher mitarbeiterbezogener und aufgabenbezogener Führungsstil empfohlen.
3. *Participating* (Beteiligung): Mitarbeiter mit mäßiger bis hoher Reife sollte die Führungskraft an der Zielsetzung und an den Entscheidungen beteiligen, der Führungsstil sollte also stark mitarbeiterbezogen und gleichzeitig weniger aufgabenbezogen sein.
4. *Delegating* (Verantwortung delegieren): Reife Mitarbeiter benötigen zwar eine hohe Beziehungsqualität, jedoch weniger die Mitarbeiter- und Aufgabenbezogenheit.

Kompetenzcenter Familie – situatives Führen

Die Fähigkeit, das Führungsverhalten vor dem Hintergrund der Beziehungsqualität, des Entwicklungsstands und der Aufgabensituation entwerfen:

- Vertrauensbeziehung zum Mitarbeiter entwickeln,
- Entwicklungsstand (Reife) einschätzen,
- erkennen, welche Teilfähigkeiten die Aufgabensituation erfordert,
- beziehungsorientiert führen können,
- aufgabenorientiert führen können.

Zusammenfassung: Bleibe realistisch!

Wir stellen fest, dass gute Eltern im Kompetenzcenter Familie mit der Aufgabe „realistisch bleiben" auch eine ganze Reihe wichtiger Fähigkeiten für den Beruf erlernen:

- Selbsteinschätzung, Selbstreflexion,
- visionär Ziele entwickeln,
- Qualitätsmanagement – die kontinuierliche Verbesserung,
- Rückmeldung verstehen – Selbst- und Fremdeinschätzung nutzen,
- situatives Führen.

Literatur

1. Mathias, A., Klaus, H., Gudrun, Q., & TNS Infratest Sozialforschung. (2015). *Jugend 2015: 17. Shell-Jugendstudie.* Frankfurt a. M.: Fischer.
2. Eltern. (2016). Eltern – Die Zukunft der Familie. Gruner & Jahr. http://www.eltern.de/public/mediabrowserplus_root_folder/PDFs/zukunft-der-familie-studie.pdf.
3. Statistisches Bundesamt. (2013). Geburtentrends und Familiensituation in Deutschland 2012. https://www.destatis.de/DE/Publikationen/Thematisch/Bevoelkerung/HaushalteMikrozensus/Geburtentrends5122203129004.pdf?__blob=publicationFile. Zugegriffen: 25. Okt. 2016.
4. Statistisches Bundesamt: Alter der Mutter – Durchschnittliches Alter der Mutter bei der Geburt des Kindes 2015 (biologische Geburtenfolge). https://www.destatis.de/DE/ZahlenFakten/GesellschaftStaat/Bevoelkerung/Geburten/Tabellen/GeburtenMutterBiologischesAlter.html. Zugegriffen: 25. Okt. 2016.
5. Drucker, P., & Ferber, M. (2009). *Die fünf entscheidenden Fragen des Managements.* Hong Kong: Regal Printing.
6. Drucker, P. (2008). *The five most important questions you will ever ask your organization* (S. 14). San Francisco: Jossey-Bass.
7. Wikipedia: Ambiguitätstolleranz. https://de.wikipedia.org/wiki/Ambiguit%C3%A4tstoleranz. Zugegriffen: 25. Okt. 2016.
8. Wagner, R., Wittmann, M., & Ries, S. (2012). Vorsicht vor Stereotypen – Was die Generation Y motiviert. *Wirtschaftspsychologie aktuell, 2012*(3), 32–38.
9. Collins, J.(2011). *Der Weg zu den Besten* (S. 55). Frankfurt a. M.: Campus.
10. Seminar in der Weiterbildung zum „Sport-Psychologen im Leistungssport" 2009 in der Fakultät für Sport- und Gesundheitswissenschaft an der Technischen Universität München.
11. Headey, B., & Wearing, A. (1989). Personality, life events, and subjective well-being: Toward a dynamic equilibrium model. *Journal of Personality and Social Psychology, 57*(4), 731–739. doi:10.1037//0022-3514.57.4.731.
12. Bouchard, T. J., & McGue, M. (2003). Genetic and environmental influences on human psychological differences. *Journal of Neurobiology, 54,* 4–45.
13. Frederick, S., & Loewenstein, G. (1999). Hedonic adaption. In D. Kahnemann, E. Diener, & N. Schwarz (Hrsg.), *Wellbeing, the foundations of hedonic psychologie* (S. 302–329). New York: Russel Sage.
14. Pollmann-Schult, M. (2013). Elternschaft und Lebenszufriedenheit in Deutschland. *Comparative Population Studies – Zeitschrift für Bevölkerungswissenschaft, 38*(1), 59–84.
15. Lohmann-Haislah, A. (2012). Stressreport Deutschland 2012 – Psychische Anforderungen, Ressourcen und Befinden. Bundesanstalt für Arbeitsschutz und Arbeitsmedizin. www.baua.de/dok/3430796. Zugegriffen: 25. Okt. 2016.

16. Spitzer, M. (2003). *Lernen – Gehirnforschung und die Schule des Lebens*. Heidelberg: Spektrum Akademischer.
17. Freudenberg, H., & North, G. (1992). *Burn-Out bei Frauen – Über das Gefühl des Ausgebranntseins*. Frankfurt: Fischer Taschenbuch.
18. Edelwich, J., & Brodsky, A. (1984). *Ausgebrannt. Das Burnout Syndrom in den Sozialberufen*. Salzburg: AMV-Verlag.
19. Freudenberger, H., & North, G. (1992). *Burnout bei Frauen. Über das Gefühl des Ausgebranntseins*. Krüger: Frankfurt a. M.
20. Edelwich, J., & Brodsky, A. (1980). *Burn-Out. Stages of disillusionment in the helping professions*. New York: Human Science Press.
21. Gardner, H. (1995). *Leading minds, an anatomy of leadership*. New York: Basic Books.
22. Schönbohm-Wilke, W. (2011). Die Zweite Pubertät. *Psychologie Heute, 38*(4), 46.
23. Sekretariat der Kultusministerkonferenz. (2011). Handreichung für die Erarbeitung von Rahmenlehrplänen der Kultusministerkonferenz für den berufsbezogenen Unterricht in der Berufsschule und ihre Abstimmung mit Ausbildungsordnungen des Bundes für anerkannte Ausbildungsberufe. 23. September 2011. S. 1. http://www.kmk.org/fileadmin/Dateien/veroeffentlichungen_beschluesse/2011/2011_09_23_GEP-Handreichung.pdf. Zugegriffen: 25. Okt. 2016.
24. Drucker, P. (1955). *The practice of management*. New York: Harper Business.
25. Malik, F. (2000). *Führen Leisten Leben: Wirksames Management*. Frankfurt a. M.: Campus.
26. Covey, S. R. (2005). *Die 7 Wege zur Effektivität*. Offenbach: Gabal.
27. Goleman, D. (1996). *Emotional intellegence*. London: Bentam.
28. Lewis, J. (2015). The limits of empathy for executives. Los Angeles: Korn Fery Institut. http://static.kornferry.com/media/sidebar_downloads/The-limits-of-empathy-for-executives.pdf. Zugegriffen: 25. Okt. 2016.
29. Bodenmann, G. (2015). The couples coping enhancement training (CCET). In J. J. Ponzetti Jr. (Hrsg.), *Evidence-based approaches to relationship and marriage education*. New York: Routledge.
30. Dutton, J. E., & Heaphy, E. (2003). The power of high-quality connections. In K. S. Cameron, J. E. Dutton, & R. E. Quinn (Hrsg.), *Positive organiszational scholarship: Foundations of a new discipline* (S. 263–278). San Francisco: Berrett-Koehler.
31. Dutton, J. E., & Spreitzer, G. M. (2014). *How tob e an positive leader: Small akctions, big impact*. San Francisco: Berrett-Koehler.
32. Grundgesetz Für Die Bundesrepublik Deutschland als pdf-Dokument. (2014). http://www.gesetze-im-internet.de/bundesrecht/gg/gesamt.pdf. Zugegriffen: 24. Feb. 2017.
33. Die Bibel. 1. Mose 1,27.

34. Buber, M. (2006). *Das dialogische Prinzip: Ich und Du. Zwiesprache. Die Frage an den Einzelnen. Elemente des Zwischenmenschlichen. Zur Geschichte des dialogischen Prinzips* (10. Aufl.). Gütersloh: Gütersloher Verlagshaus.
35. Watzlawick, P., Beavin, J., & Jackson, D. (1969). *Menschliche Kommunikation Formen, Störungen Paradoxien*. Freiburg: Huber.
36. Luhmann, N. (2000). *Vertrauen. Ein Mechanismus der Reduktion sozialer Komplexität* (4. Aufl.). Stuttgart: UTB.
37. Hoppock, R. (1935). *Job satisfaction*. Oxford: Harper.
38. Neuberger, O. (1985). Arbeitszufriedenheit: Kraft durch Freude oder Euphorie im Unglück? Eine Sammelrezension. *DBW – Die Betriebswirtschaft, 45*(2), 184–206.
39. Brenke, K. (2015). die große Mehrzahl der Beschäftigten in Deutschland ist mit ihrer Arbeit zufrieden. In *DIW Wochenbericht, 82*(32–33), 716–718. https://www.diw.de/documents/publikationen/73/diw_01.c.512428.de/15-32-1.pdf. Zugegriffen: 25. Okt. 2016.
40. Fischer, L., & Fischer, O. (2005). Arbeitszufriedenheit: Neue Stärken und alte Risiken eines zentralen Konzepts der Organisationspsychologie. *Wirtschaftspsychologie, 7*(1), 5–20.
41. Hackman, J. R., & Oldham, G. R. (1980). *Work redesign*. Reading: Addison-Wesley.
42. Collins, J., & Porras, J. (1994). *Built to last – Successful habits of visionary companies*. New York: HarperBusiness Essentials.
43. Bowlby, J. (1969). *Bindung: eine Analyse der Mutter-Kind Beziehung*. München: Kindler.
44. Harter, J., Schmidt, F., Killham, E., & Aplund, J. (2006). $Q^{12©}$ Meta-Analysis. Gallup, Inc. https://strengths.gallup.com/private/resources/q12meta-analysis_flyer_gen_08%2008_bp.pdf. Zugegriffen: 25. Okt. 2016.
45. Nink, M. (2016). Engagement Index Deutschland 2015 – Pressegespräch, 16. März 2016. Foliensatz S. 10. Gallup. http://www.gallup.de/file/190028/Praesentation%20zum%20Gallup%20Engagement%20Index%202015.pdf. Zugegriffen: 25. Okt. 2016.
46. Harter, J. K., & Agrawal, S. (2011). Cross-cultural analysis of Gallup's Q12® employee engagement instrument. Gallup®. http://employeeengagement.com/wp-content/uploads/2013/04/2012-Q12-Meta-Analysis-Research-Paper.pdf. Zugegriffen: 25. Okt. 2016.
47. Nink, M. (2012). Engagement index Deutschland 2011 – Pressegespräch am 20. März 2012 Foliensatz S. 9. Gallup. http://www.gallup.de/file/190028/Praesentation%20zum%20Gallup%20Engagement%20Index%202015.pdf. Zugegriffen: 25. Okt. 2016.
48. Nink, M. (2016). Engagement index Deutschland 2015 – Pressegespräch 16.März 2016. Foliensatz S. 12. Gallup. http://www.gallup.de/file/190028/Praesentation%20zum%20Gallup%20Engagement%20Index%202015.pdf. Zugegriffen: 25. Okt. 2016.

49. Suchanek, A. (2014). In Vertrauen investieren: Welches Spiel spielen wir? *Wirtschaftspsychologie aktuell – Zeitschrift für Personal und Management, 2014*(4), 25–28.
50. Schlippe, A. von. (2008). Zwischen Ökonomie und Psychologie: Konflikte in Familienunternehmen. http://www.mediationswerkstatt-muenster.de/fileadmin/daten/mediationswerkstatt/literatur/Konflikte_in_Familienunternehmen.pdf. Zugegriffen: 25. Okt. 2016.
51. Sackmann, S. (2005). *Toyota Motor Corporation: Eine Fallstudie aus unternehmenskultureller Perspektive; Kaizen*. Gütersloh: Bertelsmann Stiftung.
52. Homans, G. C. (1965). *Theorie der sozialen Gruppe* (2. Aufl.). Köln: Westdeutscher Verlag.
53. Eisenberger, N. I., Liebermann, M. D., & Williams, K. D. (2003). Does rejection hurt? An fMRI-study of social exklusion. *Science, 302,* 290–292.
54. Stadelmann, J. (1998). *Führung unter Belastung*. Frauenfeld: Huber.
55. Rosenstiel, L. von. (1975). *Die motivationalen Grundlagen des Verhaltens in Organisationen.: Leistung und Zufriedenheit*. Berlin: Duncker & Humblot.
56. Rowold, J. et al. (2008). Context & Leadership-Styles (CoLeS). Poster auf dem Tag der Forschungsförderung der Westfälischen Wilhelms-Universität Münster.
57. Nerdinger, F. W., Blickle, G., & Schaper, N. (2012). Transformationales Führungsverhalten. In *Arbeits- und Organisationspsycholgie* (S. 87, 286). Berlin: Springer.
58. Eron, L. D., Walder, L. O., Toigo, R., & Lefkowits, M. M. (1963). Social class, parental pumshment for aggression and child aggression. *Child Dev, 34,* 849–867.
59. Strassberg, Z., Dodge, K. A., Pettit, G. S., & Bates, J. E. (1994). Spanking in the home and children's subsequent aggression toward kindergarten peers. *Development and Psychopathology, 6,* 445–461.
60. Baumrind, D. (1991). The influence of parenting style on adolescent competence and substance use. *Journal of early adolescence, 11*(1), 56–95.
61. Josephson, L. W. (1987). Television violence and children's aggression: Testing the priming, social script, and disinhibition predictions. *Journal of Personality and Social Psychology, 53*(5), 882–890.
62. Rosenstiel, L. von. (2011). *Grundlagen der Organisationspsychologie* (7. Aufl. S. 16). Stuttgart: Schäffer-Pöschel.
63. Lask, J. (2015). *Positives Erziehungsprogramm für Eltern mit Kindern zwischen 2 und 12 Jahren* (S. 96–97). Giessen: Brunnen.
64. Lefrançois, G. R. (2006). *Psychologie des Lernens*. Berlin: Springer.
65. Deming, W. E. (2012). *The essential Deming: Leadership principles from the father of total quality management*. Columbus: Mcgraw-Hill Education.
66. Liker, J. K., & Meier, D. (2005). *The Toyota way fieldbook*. New Delhi: McGraw Hill.

67. Deming, W. E. (1982). *Out of the crisis.* Cambridge: Massachusetts Institute of Technology.
68. Hug Brigitta (2013): Menschenbilder. In: Steiger Thomas, Lippmann Eric: Handbuch Angewandte Psychologie für Führungskräfte – Führungskompetenz und Führungswissen, S. 4–14. Heidelberg: Springer.
69. McGregor, D. (1960). *The human side of enterprise.* New York: McGraw-Hill.
70. Weber, M. (1934). *Die protestantische Ethik und der Geist des Kapitalismus.* Tübingen: Mohr Siebeck.
71. Maccoby, E., & Martin, J. A. (1983). Socialization in the context of the family: Parent-child interaction. In E. M. Hetherington (Hrsg.), *Handbook of child psychology: Socialization, personality, and social development* (4. Aufl., S. 1–10). New York: Wiley.
72. Van Quaquebeke, N., Zenker, S., & Eckloff, T. (2009). Find out how much it means to me! The importance of interpersonal respect in work values compared to perceived organizational practices. *Journal of Business Ethics, 89,* 423–431.
73. Juran, J. M. (1991). *Handbuch der Qualitätsplanung.* Landsberg am Lech: Moderne Industrie.
74. Drucker, P. F. (2002). *Was ist Management: Das Beste aus 50 Jahren* (S. 53). Weinheim: Wiley-VCH.
75. Bandura, A. (1977). *Social learning theory. Englewood cliffs.* N.J.: Prentice Hall. (Prentice-Hall series in social learning theory).
76. Becker, H. (2006). *Phänomen Toyota – Erfolgsfaktor Ethik* (S. 216–217). Berlin: Springer.
77. Sackmann, S. (2004). *Erfolgsfaktor Unternehmenskultur* (S. 28 f.). Wiesbaden: Gabler.
78. Gesetz über die Durchführung von Maßnahmen des Arbeitsschutzes zur Verbesserung der Sicherheit und des Gesundheitsschutzes der Beschäftigten bei der Arbeit. http://www.gesetze-im-internet.de/arbschg/ Zugegriffen: 19. Mai 2016.
79. Steiger, T., & Lippmann, E. (2013). *Handbuch Angewandte Psychologie für Führungskräfte* (4. Aufl.). Heidelberg: Springer.
80. Schaper, N. (2011). Psychologie der Arbeitssicherheit. In F. Nerdinger, G. Blickle, & N. Schaper (Hrsg.), *Arbeits- und Organisationspsychologie* (2. Aufl., S. 452–472). Heidelberg: Springer.
81. Deutsches Arbeitsschutzgesetz (ArbSchG), Gesetz über die Durchführung von Maßnahmen des Arbeitsschutzes zur Verbesserung der Sicherheit und des Gesundheitsschutzes der Beschäftigten bei der Arbeit. http://www.gesetze-im-internet.de/arbschg/. Zugegriffen: 25. Okt. 2016.
82. Bundesanstalt für Arbeitsschutz und Arbeitsmedizin BAuA. (2015). Unfalltote und Unfallverletzte 2013 in Deutschland. http://www.baua.de/de/Informationen-fuer-die-Praxis/Statistiken/Unfaelle/Gesamtunfallgeschehen/pdf/

Unfallstatistik-2013.pdf;jsessionid=C373990FF075AD42C01041741702 E5C9.1_cid333?__blob=publicationFile&v=2. Zugegriffen: 18. Mai 2016.
83. Antonovsky, A. (1979). *Salutogenese. Zur Entmystifizierung der Gesundheit* (Erweiterte deutsche Ausgabe von A. Franke). Tübingen: dgvt-Verlag.
84. Badura, B., Ducki, A., Schröder, H., Klose, J., & Meyer, M. (Hrsg.). (2015). *Fehlzeiten-Report 2015.* Heidelberg: Springer.
85. Franke, A. G., & Lieb, K. (2009). Mit Hirndoping zu intellektuellen Spitzenleistungen? Missbrauch von Psychopharmaka zum „Cognitive Enhancement". *Info Neurologie und Psychiatrie, 11*(7–8), 42–50.
86. Manz, K., Schlack, R., Poethko-Müller, C., et al. (2014). Körperlich-sportliche Aktivität und Nutzung elektronischer Medien im Kindes- und Jugendalter. Ergebnisse der KiGGS-Studie – Erste Folgebefragung (KiGGS Welle1). *Bundgesundheitsblatt – Gesundheitsforschung – Gesundheitsschutz, 57*(7), 840–848.
87. Kurth, B.-M., Schaffrath, A., & Schaffrath, A. R. (2007). Die Verbreitung von Übergewicht und Adipositas bei Kindern und Jugendlichen in Deutschland. Ergebnisse des bundesweiten Kinder- und Jugendgesundheitssurveys (KiGGS). *Bundesgesundheitsblatt – Gesundheitsforschung – Gesundheitsschutz, 50*(5–6), 736–743.
88. Lührmann, P., Schwerter, A., Dohnke, B., & Bruxmeier, L. (2012). Kindliches Körpergewicht in der elterlichen Wahrnehmung. Eine empirische Studie. *Ernährung im Fokus, 3,* 78–81.
89. Robert Koch Institut. (2015). Gesundheit in Deutschland. Berlin. https://www.rki.de/DE/Content/Gesundheitsmonitoring/Gesundheitsberichterstattung/GesInDtld/gesundheit_in_deutschland_2015.pdf?__blob=publicationFile. Zugegriffen: 25. Okt. 2016.
90. Rattay, P., von der Lippe, E., & Lampert, T. (2014). Gesundheit von Kindern und Jugendlichen in Eineltern-, Stief- und Kernfamilien. Ergebnisse der KiGGS-Studie – Erste Folgebefragung (KiGGS Welle 1). *Bundesgesundheitsblatt – Gesundheitsforschung – Gesundheitsschutz, 57*(7), 860–868.
91. Schlack, H. G. (2004). Neue Morbidität im Kindesalter – Aufgaben für die Sozialpädiatrie. *Kinderärztliche Praxis, 75*(5), 292–299.
92. Hölling, H., Schlack, R., Petermann, F., Ravens-Sieberer, U., Mauz, E., & KiGGS Study Group. (2014). Psychische Auffälligkeiten und psychosoziale Beeinträchtigungen bei Kindern und Jugendlichen im Alter von 3 bis 17 Jahren in Deutschland – Prävalenz und zeitliche Trends zu 2 Erhebungszeitpunkten (2003–2006 und 2009–2012) Ergebnisse der KiGGS-Studie – Erste Folgebefragung (KiGGS Welle 1). *Bundesgesundheitsblatt – Gesundheitsforschung – Gesundheitsschutz, 57*(7), 807–809.
93. Lange, M., Butschalowsky, H., Jentsch, F., Kuhnert, R., Schaffrath Rosario, A., Schlaud, M., et al. (2014). Die erste KiGGS-Folgebefragung (KiGGS Welle 1). *Bundesgesundheitsblatt – Gesundheitsforschung – Gesundheitsschutz, 57*(7), 747–761.

94. BKK Dachverband e. V. (2013). *BKK-Gesundheitsreport 2013*. Berlin: Königsdruck.
95. Bundesanstalt für Arbeitsschutz und Arbeitsmedizin. (2015). Leitlinie Beratung und Überwachung bei psychischer Belastung am Arbeitsplatz (Stand 19.November 2015). Berlin. http://www.gda-portal.de/de/pdf/Leitlinie-Psych-Belastung.pdf?__blob=publicationFile. Zugegriffen: 25. Okt. 2016.
96. Deming, E.: 14 Punkte des Managementprogramms. https://de.wikipedia.org/wiki/William_Edwards_Deming#14_Punkte_des_Managementprogramms. Zugegriffen: 25. Okt. 2016.
97. Zimolong, B. (1990). Fehler und Zuverlässigkeit. In B. Zimolong & C. Graf Hoyos (Hrsg.), *Ingenieurpsychologie. Enzyklopädie der Psychologie* (Bd. D/III/2, S. 311–345). Göttingen: Hogrefe.
98. Senders, J. W. (1980). Wer ist wirklich schuld am menschlichen Versagen. *Psychologie Heute, 8,* 72–79.
99. Oliver, A., Cheyne, A., Tomás, J. M., & Cox, S. (2002). The effects of organizational and individual factors on occupational accidents. *Journal of Occupational and Organizational Psychology, 75,* 473–488.
100. Reason, J. (1997). *Managing the risks of organizational accidents*. Burlington: Ashgate.
101. Food Today EU-Projekte – Sonderausgabe Nr. 1. (2011). Wie man Fettleibigkeit bei Kindern vermeiden kann – Neues von der IDEFICS-Studie. http://www.eufic.org/article/de/artid/Fettleibigkeit-bei-Kindern-vermeiden-Neues-IDEFICS-Studie. Zugegriffen: 25. Okt. 2016.
102. McGrath, J. E. (1981). Stress und Verhalten in Organisationen. In J. R. Nitsch (Hrsg.), *Stress, Theorien, Untersuchungen, Maßnahmen* (S. 441–499). Bern: Huber.
103. Lazarus, R. S., & Folkman, S. (1984). *Stress, appraisal and coping*. New York: Springer.
104. Kaluza, G. (2004). *Stressbewältigung*. Heidelberg: Springer.
105. Herzog, R. (1997). Aufbruch ins 21.Jahrhundert. Berliner Rede 1997 von Bundespräsident Roman Herzog am 26. April 1997. http://www.bundespraesident.de/SharedDocs/Reden/DE/Roman-Herzog/Reden/1997/04/19970426_Rede.html. Zugegriffen: 25. Okt. 2016.
106. Deming, W. E. (1982). *Out of the chrisis*. Cambridge: MIT Press.
107. Alloy, L. B., & Abramson, L. Y. (1979). Judgment of contingency in depressed and nondepressed students: sadder but wiser? *Journal of Experimental Psychology: General, 108*(4), 441–485.
108. Cautela, J. R., & Kastenbaum, R. A. (1967). Reinforcement survey schedure for use in therapy, training and research. *Psychological Reports, 20,* 1115–1130.
109. Alder, A. (1912). Über den nervösen Charakter: Grundzüge einer vergleichenden Individualpsychologie und Psychotherapie. Wiesbaden: Bergmann. https://de.wikisource.org/wiki/%C3%9Cber_den_nerv%C3%B6sen_Charakter. Zugegriffen: 25. Okt. 2016.

110. Matthews, G.: „Studiy backs up strategies for achieving goals" Dominican University. http://www.dominican.edu/academics/ahss/undergraduate-programs/psych/faculty/assets-gail-matthews/researchsummary2.pdf. Zugegriffen: 25. Okt. 2016.
111. Lilly, J. (2004). *Programming and metaprogramming in the human biocomputer: Theory and experiments.* Berkeley: Ronin.
112. Siehe: https://de.wikipedia.org/wiki/Jonestown oder https://www.youtube.com/watch?v=hJtlRVbpNJw. Zugegriffen: 25. Okt. 2016.
113. Luft, J., & Ingham, H. (1955). *The Johari window, a graphic model of interpersonal awareness.* Proceedings of the western training laboratory in group development. Los Angeles: University of California.
114. Borkenau, P., & Ostendorf, F. (1993). NEO-Fünf-Faktoren-Inventar (NEO-FFI) nach Costa und McCrae (S. 5–10, 27–28). Göttingen: Hogrefe.
115. Collins, J. (2011). Der Realität ins Auge blicken. In *Der Weg zu den Besten – Die sieben Management Prinzipien für dauerhaften Unternehmenserfolg* (S. 85–110). Frankfurt a. M.: Campus.
116. Imai, M. (1997). *Gemba kaizen: A commonsense low-cost approach to management.* New York: McGraw-Hill Professional.
117. Hersey, P., & Blanchard, K. (2007). *Management of organizational behavior.* Upper Saddle River: Prentice Hall.

4

Betriebswirtschaftliche Perspektive

Begegnen sich Wirtschaft und Familie, entstehen viele Themen, von denen wir nur einige in diesem vierten Kapitel aufgreifen. Zum einen wollen wir darstellen, dass soziale Kompetenz für die betriebliche Weiterentwicklung wesentlich ist, und geben hierzu ein Beispiel, wie Elternkompetenzen im Unternehmen zu Hochleistung führt. Zum Thema „Teamarbeit" stellen wir Fragen wie „Welchen Vorteil hat Teamarbeit?", „Was sind die Merkmale eines Teams?" oder „Wie kann Führung gelingen?". In diesem Zusammenhang thematisieren wir auch den Unterschied zwischen Familien- und Arbeitsteams. Unter der Überschrift „Eltern in Führung" gehen wir der Frage nach, warum Männer Vollzeitkarriere machen und Frauen in Teilzeitpositionen verharren und wie sich dies ändern kann. Ein weiteres Thema ist der Umgang mit dem Älterwerden, was jeden zu jeder Zeit betrifft. Auch hier sind Eltern die Lebensexperten in beiden Bereichen: Familie und Organisationen. Zum Schluss beschreiben wir in zwei Handlungsanweisungen, was Sie konkret tun können. Zum einen vermitteln wir Führungskräften unser Erfahrungswissen, wie informelles Lernen strategisch in der Personalentwicklung genutzt werden kann. Zum anderen erhalten Eltern eine Anleitung, wie sie ihre Erträge aus dem Kompetenzcenter Familie arbeitsplatzrelevant in Worte fassen können.

4.1 Soziale Kompetenzen und betriebliche Weiterentwicklung

Ralph Kriechbaum

Welche Relevanz hat nun das Erlangen sozialer Kompetenzen im Kontext der betrieblichen Weiterentwicklung unserer Gesellschaft? Muss das die Firmen interessieren? Hat das ganze Thema für die Unternehmen und ihre Führungskräfte Bedeutung?

Betrachtet man die Herausforderungen und Themen, mit denen sich die Firmen und Unternehmer schon in den letzten Jahren intensiv auseinandersetzen mussten, dann wird ein Zusammenhang in zweierlei Richtung deutlich. Zum einen kämpfen die Firmen um die qualifizierte Besetzung offener Fach- und Führungspositionen, in denen eben genau diese sozialen Kompetenzen eine ausschlaggebende Rolle für den Erfolg ausmachen. Zum anderen kann ein verändertes Familienbild, mit der berechtigten Zuweisung der Familie als einmaligen, sogar kostenfreien Lernort sozialer Kompetenzen, Raum und Motivation schaffen, den Nachwuchs zu haben und großzuziehen, den die Unternehmen und damit die Gesellschaft in den nächsten Generationen benötigen wird.

Betrachten wir als Erstes die oben lapidar formulierte Aussage, dass die sozialen Kompetenzen die entscheidende Rolle für den Erfolg ausmachen. Haben Sie sich schon einmal überlegt, was einen guten Vorgesetzten ausmacht? Welchen Chef Sie sich wünschen, mit welchen Qualifikationen Ihr Chef ausgestattet sein muss? Nehmen Sie sich ein paar Papierkarten und schreiben Sie die Eigenschaften darauf, die Sie sich bei einem Chef wünschen, oder die Eigenschaften, die Sie bei einem guten Chef erlebt haben.

Vermutlich werden Sie danach unter anderem Folgendes auf die Karten geschrieben haben: zuhören können, verständnisvoll, vertrauenswürdig, Vertrauen aufbringen, Freiheiten lassen, aufmuntern, Ziele formulieren, Positives verstärken können, loben, Verbesserungspotenziale aufzeigen, Feedback und Richtung geben.

Eher selten werden Sie Dinge aufgeschrieben haben wie: Fachkenntnis, gut rechnen können, detailorientiert, wissenschaftlich, fleißig, mehr Wissen als die Mitarbeiter, besser mit Kunden umgehen können, besser die Tagesarbeit erledigen.

Wenn Sie nun auf den Tisch alle Karten in zwei großen Kreisen getrennt nach Fachkompetenz und Sozialkompetenz legen, dann werden Sie vermutlich erstaunt feststellen, dass Ihr Wunschchef nahezu ausschließlich Eigenschaften haben sollte, die Sie der Sozialkompetenz zuordnen.

4.1 Soziale Kompetenzen und betriebliche Weiterentwicklung 239

Das heißt in anderen Worten, sowohl die Unternehmer als auch die Mitarbeiter suchen für die Vorgesetztenrolle Menschen mit ausgeprägten Kompetenzen im Bereich des sozialen Verhaltens. Und das ergibt ja auch Sinn! Denn Tagesarbeit, Rechnen, Wissen zusammentragen und mit dem Kunden sprechen können die Mitarbeiter der Abteilungen ja schon selbst, oder sogar viel besser. Dem Vorgesetzten aber kommt die Rolle zu, die Mitarbeiter auf ein gemeinsames Ziel einzuschwören und zur effizienten Erledigung notwendiger Arbeiten zu bewegen sowie eine erfolgreiche Zusammenarbeit aller Abteilungen zu organisieren oder – wie der Neurowissenschaftler, Unternehmensberater und Organisationsentwickler Peter Kruse es ausdrückt – die übersummative Intelligenz der Gruppe im Netzwerk zu moderieren. Das heißt, bei einer immer stärkeren Vernetzung unserer Arbeit mit der Arbeit anderer sind die Steuerungs- und Moderationsfähigkeiten von Führungskräften immer wichtiger.

In vielen Führungsseminaren haben wir dieses kleine Experiment mit den Karten mit Führungsteams oder zukünftigen Führungskräften durchgeführt. Und anschließend werden immer wieder die Fragen gestellt: „Warum habe ich dann in meinem Studium nie etwas über Sozialkompetenz gelernt?", „Wer bringt mir das bei, wenn ich doch schon morgen vier oder fünf Mitarbeiter zu führen habe?"

Auf diese Fragen gibt es keine schnelle Antwort, jedoch haben wir in den vorangegangenen Kapiteln gesehen, dass wir einen informellen Lernort sozialer Kompetenz ständig betreten. Jeden Tag lernen wir im Umgang der Familienmitglieder miteinander unweigerlich genau die Dinge, die wir als Führungskräfte in den Unternehmen für die Herausforderungen der Zukunft brauchen! Für die meisten von uns ist dazu noch Transferkompetenz nötig, um diese Kompetenzen auf unseren Job zu übertragen. So haben wir in den Interviews immer wieder festgestellt, dass es den Eltern sehr schwergefallen ist, Kompetenzen zu beschreiben, die sie im familiären Kontext erlernt haben und im beruflichen Umfeld anwenden. Erst nachdem wir Beispiele anderer Eltern und Beschäftigter in Unternehmen aufgezeigt haben, ist es den Interviewpartnern leichter gelungen, selbst Beispiele zu nennen. Dies liegt unter anderem daran, dass das Lernen im informellen Umfeld beiläufig geschieht. Erst wenn die Eltern sich des Lernprozesses bewusst sind, d. h., wenn sie erkennen, was sie jetzt können und vor ihrer Elternschaft noch nicht konnten, sind sie in der Lage, diese Fähigkeit auch bewusst einsetzen. Zudem liegt es daran, dass informelle Lernorte, wie Familie und Verein, noch nicht gesellschaftlich als Orte wirklichen Lernens etabliert sind. In unserer Gesellschaft assoziiert man mit Lernorten noch ausschließlich Schulen und Hochschulen. Dass dies nicht der Fall ist, sondern im Gegenteil, die Orte informellen Lernens genau die Faktoren erfolgreichen Lernens bieten, haben wir bereits in Abschn. 1.6, in dem die Lernorganisation in unserem Gehirn erläutert wurde, gesehen.

Zurück zu der besonderen Bedeutung sozialer Kompetenzen in Führungsrollen. In Krisenzeiten haben Vorgesetzte die herausfordernde Aufgabe, ihre Mitarbeiter beim Überwinden der Phase der Instabilität zu begleiten und wieder in stabile Zustände zu führen. Für diese Aufgabe greifen sie auf Strategien zurück, die sie aus ihren erlernten Kompetenzen ableiten. Und gerade über diese Kompetenzen verfügen auch Eltern, da sie sie bei den Wandlungen der Familie durch den Familienzyklus erlernt und angewendet haben. So haben die Eltern z. B. Durchhaltevermögen erlernt, wenn ein neugeborenes Kind nach Hause kommt und die eingespielten Beziehungsabläufe komplett über den Haufen wirft. Dabei erkennt ein junger Vater oft, dass er, wenigstens über einen gewissen Zeitraum, trotz kurzer Regenerationsphase leistungsfähig bleibt. Diese Kompetenz kann er dann wieder als Vorgesetzter mit großem Selbstvertrauen anwenden, wenn seine Mitarbeiter in einer Krisensituation auch noch nach Dienstschluss seine Zeit in Anspruch nehmen, um die Herausforderungen der nächsten Tage mit ihm zu besprechen.

Jetzt wird sich vielleicht der eine oder andere Leser fragen, was das Ganze denn für eine Relevanz hat, wenn man in einem Unternehmen keine Führungsaufgabe bekleidet. Was kann man denn schon in der Familie oder an einem anderen informellen Lernort lernen, wenn man keine sozialen Kompetenzen zur Führung von Mitarbeitern braucht?

Denken Sie einfach an den Mitarbeiter, der täglich mit Kunden zu tun hat. Und davon haben deutsche Unternehmen zum Glück sehr viele! Vor allem wird es deutlich, wenn der Mitarbeiter mit schwierigen Kunden zu tun hat. Haben Sie Ihrem Kind schon einen Teller mit Reis angeboten, wenn es Nudeln haben wollte? Oder besser noch, waren Sie schon mit einer befreundeten Familie in einem Restaurant und zwei der drei Kinder wollten gerne Schnitzel mit Pommes Frites essen, aber das Restaurant hatte nur Kartoffelsalat als Beilage anzubieten? Die Fähigkeit guter Eltern, souverän, beruhigend und gegebenenfalls besänftigend in der Situation eine Lösung zu finden, ist genau das, was Unternehmen sich von Mitarbeitern erhoffen, die den Umgang mit schwierigen Kunden meistern sollen.

Oder nehmen wir den Mitarbeiter, der mit seinen Kollegen ein enges Budget zu meistern hat und trotzdem die monatlichen Ziele erreichen soll, während andere Abteilungen genau dieses Budget für dringende Ausgaben verwenden sollen. Viele Eltern haben durch die Herausforderung, ihre Kinder, also junge Menschen mit vielen Wünschen, durch Jahre mit schmaler Familienkasse zu bringen, immer wieder gelernt, mit klaren Regeln

4.1 Soziale Kompetenzen und betriebliche Weiterentwicklung 241

und übersichtlichen Listen ein Budgetmanagement zu betreiben, das manche Controllingabteilungen zu Freudensprüngen veranlassen würde. Gute Eltern, die diese Erfahrungen und Erfolgskonzepte auf die betrieblichen Herausforderungen der Unternehmen transferieren, sind ohne Zweifel die besseren Mitarbeiter zur Verwaltung knapper Budgets und schmaler Kassen. Denn sie lassen trotz der Notwendigkeit des bewussten Kostenmanagements das langfristige Ziel, in die Organisationsentwicklung zu investieren, niemals aus dem Auge. Ob intuitiv oder sehr bewusst, Eltern haben in der Familie die Gelegenheit gehabt, das Investitionsverhalten auf die Nachhaltigkeit zu prüfen.

Es gibt auch Beispiele, in denen eine am informellen Lernort Familie geschulte Kompetenz einem Unternehmen bei der Bewältigung einer dringenden Neuorganisation sehr geholfen hätte. Leider stand dem Unternehmen in einem erlebten Fall kein Mitarbeiter zur Verfügung, der die notwendige Sozialkompetenz erlernt hatte.

Ein Entwicklungsleiter hat seine Kinder ausschließlich nach dem Prinzip hierarchischer Vorgaben und Macht erzogen und diese Vorgehensweise im Unternehmen einzusetzen versucht. Konkret ging es darum, ein Unternehmen in eine Matrixorganisation zu überführen, d. h., Verantwortungen im Unternehmen zu etablieren, die nicht ausschließlich funktional strukturiert waren, sondern zusätzliche Verantwortungen einzuführen, die die Organisation der Wertschöpfungsprozesse durch das Unternehmen hin zum Kunden übernehmen sollten. Es ging also darum, neben den hierarchischen Strukturen mit verschiedenen Fachabteilungen (z. B. Einkauf, Entwicklung, Produktion, Logistik und Vertrieb) auch Produktteams zu etablieren, die für jeden Kunden sicherstellen sollten, dass die Herstellungsprozesse im Unternehmen im Sinne des Kunden schnell, kostengünstig und mit hoher Qualität ablaufen.

Diese Organisationsform nennen die Unternehmen Matrixorganisation, weil darin Mitarbeiter wie in einer Matrix für zwei Chefs arbeiten. Da hat zum Beispiel ein Entwickler einen Verantwortlichen für die Entwicklungsabteilung und gleichzeitig einen Verantwortlichen für die Produktgruppe, in der er seine neuen Entwicklungen einbringt. Unternehmen führen diese Organisationsform immer gerne dann ein, wenn Kunden sehr unterschiedliche Anforderungen an die Wertschöpfungsprozesse in einem Unternehmen haben, z. B. Messgeräte und einfache Stecker hergestellt werden. So ist sichergestellt, dass in der Firma nur genau die Aktivitäten stattfinden, die der jeweilige Kunden braucht, und es jeweils ein Team gibt, das diese Aktivitäten definiert, überwacht und gegebenenfalls verbessert.

Nun war also der Entwicklungsleiter vor die Herausforderung gestellt, dass er mit der Einführung einer Matrixorganisation seine Führung des Mitarbeiters mit der Führungsperson des Produktteams abstimmen musste! Was für eine Vorgabe sollte denn das sein? Es geht doch nicht, dass er Verantwortung für die Arbeit des Mitarbeiters übernehmen sollte, ohne klar ansagen zu können, was der Mitarbeiter zu tun und zu lassen hat. Es folgten zahllose Besprechungen, Überzeugungsversuche und Meetings mit dem Entwicklungsleiter und seinen Managementteamkollegen, in denen die Vorzüge für die Kunden und die Gesamtorganisation diskutiert und dargestellt wurden. Jedoch war der Entwicklungsleiter nicht von seiner Haltung abzubringen, die ausschließliche Weisungsbefugnis für die Mitarbeiter der Entwicklung zu haben.

Schade! Da hat der Entwicklungsleiter doch tatsächlich die Chance verpasst, während seiner Elternschaft zu lernen, dass Abstimmungsprozesse zwischen den Elternteilen (Mutter und Vater) eine sehr hilfreiche Möglichkeit sind, das Kind als mündigen Bürger auf das Leben vorzubereiten. Diese leider ungenutzte Lernchance wäre auch dem Unternehmen bei der Einführung der Matrixstruktur im Sinne der erfolgreichen Kundenorientierung sehr zu Gute gekommen. Die Führung des Unternehmens hat sich dazu entschieden, den Forderungen des Entwicklungsleiters nach Beibehaltung der alten Organisationsstrukturen nachzukommen und hat die Matrixorganisation nicht eingeführt.

Übrigens hat der Sohn des Entwicklungsleiters, eine vom Vater vorgeschlagene Studienrichtung nach erfolglosen Prüfungsleistungen abgebrochen und als junger Erwachsener größte Schwierigkeiten entwickelt, eigene Entscheidungen zu fällen. Und das Unternehmen hat mit der Zeit mehr und mehr Aufträge an Wettbewerber verloren, die mit einer Produktmanagementstruktur in der Matrix eine beispiellose Kundenorientierung in ihrem Unternehmen realisieren konnten.

Viele gute Eltern lernen sehr schnell, dass durch die Abstimmung der Erziehungsziele mit dem Partner viele Probleme gelöst und Konfliktherde vermieden werden können und dass die Kinder mit zunehmenden Alter selbst am Benennen ihrer Ziele teilhaben wollen und können. Genauso übrigens, wie der Mitarbeiter mit den zwei Vorgesetzten in der Matrixorganisation auch gerne zu Wort gekommen wäre, da er tolle eigene Ideen hatte, wie man die unterschiedlichen Verantwortungen wunderbar in Einklang miteinander bringen könnte.

Spätestens nach Betrachtung dieses Beispiels können Sie nachvollziehen, warum wir uns als Autoren dazu entschieden haben, für das Buch den Titel *Gute Eltern sind bessere Mitarbeiter* zu wählen. Die sozialen Kompetenzen,

4.1 Soziale Kompetenzen und betriebliche Weiterentwicklung 243

die sich Vater und Mutter in der Familie oder an anderen informellen Lernorten zum Teil unbewusst aneignen, haben das ungeheure Potenzial, auch bessere Mitarbeiter aus den Eltern zu machen.

Wir möchten mit einem Beispiel fortfahren, das uns bei einem unserer vielen Interviews mit guten Eltern eine Antwort geliefert hat, nach der wir schon seit einiger Zeit gesucht haben.

In unseren Erfahrungen als Führungskräfte und Geschäftsführern ist uns immer wieder aufgefallen, dass es einige Mitarbeiter gibt, die sich sehr schwer damit tun, regelmäßige Abteilungs- oder Teamgespräche zu führen. Auch die Aufforderung der Vorgesetzten, jede Führungskraft solle einmal die Woche, oder besser sogar noch öfters, mit ihren Teams und Abteilungen Gespräche führen, in denen Erfolge, Herausforderungen, Projekte und Kundenthemen gemeinsam betrachtet und auch diskutiert werden, haben sie nicht dazu veranlassen können, dies auch wirklich zu tun. Selbst nach Teilnahme der nächsthöheren Hierarchieeben zur Initialisierung solcher Gespräche, war die weitere Umsetzung dieser Gespräche nicht von Dauer. Andere Mitarbeiter jedoch haben, nachdem sie nur davon gehört haben, oder auch aus eigener Motivation heraus, regelmäßige Abteilungsgespräche mit ihren Mitarbeitern geführt und sogar selbst initiiert. Sie fanden es wichtig, mit den Mitarbeitern gemeinsam die Ziele zu betrachten, deren Erreichungsgrad zu bewerten und die Lösungskompetenz der Mitarbeiter bei den Herausforderungen zu nutzen.

Warum also sucht der eine Mitarbeiter die offene Kommunikation und der andere erkennt den Wert darin nicht? Die Antwort haben wir im Laufe unserer Interviewaktivitäten von unseren Interviewpartnern bekommen.

Viele, ja fast alle Interviewpartner, die wir als gute Eltern und Mitarbeiter erlebt haben, haben uns davon erzählt, dass sie mit den Familienmitgliedern in regelmäßigen Gesprächen offene Fragen, Definitionen von Regeln und gemeinsame Ziele erfolgreich klären und danach weitaus weniger Konflikte, Streitereien und Diskussionen haben. Es schien ihnen ein wertvolles Element des Zusammenlebens zu sein, die offene Kommunikation zu nutzen, um die gemeinsamen Themen zu erörtern. Sie bezeichneten die Gespräche, die meist beim gemeinsamen Essen ein bis zweimal am Tag stattfanden, als wertvolle Gelegenheit, Unklarheiten auszuräumen, sich gegenseitig wertzuschätzen und die anderen Familienmitglieder zu verstehen. Das heißt, sie haben die Gelegenheit beim gemeinsamen Essen genutzt, um die unterschiedlichen Wahrnehmungen bestimmter Situationen durch einen Dialog abzugleichen.

In den meisten Familien ist das gemeinsame Frühstück, Mittagessen oder Abendessen ein Ritual, das alle Familienmitglieder als wertvoll betrachten, wenn es denn eingeführt ist. Viele Interviewpartner haben auch aus ihrer Kindheit erzählt, in der dieses Ritual des gemeinsamen Essens und Kommunizierens zur Klärung gemeinsamer Werte und Ziele bereits positiv in ihrer Wahrnehmung verankert war.

Diesen Wert in die Unternehmensabläufe und Arbeitsprozesse zu übertragen fällt guten Eltern gar nicht schwer, im Gegenteil, sie haben diesen so verinnerlicht, dass es ihnen ein Bedürfnis ist, die Wertschätzung, die offene Kommunikation und die gemeinsame Fokussierung auf Zielerreichung und Problemlösung in einem Ritual der Team- oder Abteilungsgespräche zu implementieren.

Uns hat dieses Beispiel die Frage beantwortet, warum manche Mitarbeiter gerne gemeinsame Gespräche im Team oder in der Abteilung führen – weil sie deren Wert schon an einem informellen Lernort erlernt haben und auf die positiven Auswirkungen auf alle Mitglieder nicht verzichten wollen. Die Unternehmen danken es ihnen!

Aber wenden wir uns auch dem anderen Aspekt der informellen Lernorte im Kontext betrieblicher Weiterentwicklung zu. Hier war die Frage, weshalb sich die Unternehmen dafür interessieren sollten, ob Familien als Ort des informellen Lernens für die zukünftige Besetzung offener Fach- und Führungspositionen von Relevanz sind.

Wir möchten dazu ein Erlebnis aus der Vergangenheit etwas genauer betrachten. Vor zwei Jahren war einer von uns auf einem Vortrag vor Unternehmerinnen und Unternehmern zu dem Thema der alternden Gesellschaft von morgen und den damit entstehenden Herausforderungen und Chancen für die Betriebe Europas. Darin wurde unter anderem beschrieben, wie sich das Durchschnittsalter in Europa in den Jahren seit 1950 entwickelt hat und bis 2050 entwickeln wird. So lag das europäische Durchschnittsalter im Jahr 1950 noch bei ungefähr 30 Jahren, stieg über die letzten Jahre aber auf ein derzeitiges Durchschnittsalter von mindestens 40 Jahren an. Im Jahre 2050 wird das Durchschnittsalter in Europa auf über 47 Jahre angestiegen sein, so die Prognosen.

Das ist an sich ja noch nicht problematisch für die Unternehmen in Europa, sondern erst die Betrachtung der Ursachen zeichnet ein negatives Bild der Zukunft. Es ist zum einen die steigende Lebenserwartung der Bürger Europas, die den Altersdurchschnitt ansteigen lassen, und es sind zum anderen die stark sinkenden Geburtenzahlen, die sich dabei indirekt als reduzierte Einflussgröße auswirken (vgl. Abschn. 1.5).

Für uns in den deutschsprachigen Ländern ist relevant, dass die Lebenserwartungen in Deutschland und Österreich bei Jungen, die im Jahr 2004 geboren wurden, auf über 76 Jahre und bei Mädchen auf über 82 Jahre

4.1 Soziale Kompetenzen und betriebliche Weiterentwicklung 245

angestiegen sind, in der Schweiz sogar auf über 77,5 und 83 Jahre. In den skandinavischen Ländern liegen diese ebenso hoch wie in der Schweiz, im Vergleich dazu liegen die Lebenserwartungen in den an uns östlich angrenzenden Ländern bei 71,5 für Männer und 79,5 Jahren für Frauen. Für die Unternehmen im deutschsprachigen Europa bedeutet das zuerst eigentlich nur, dass sie Wege finden müssen, steigende Lohnnebenkosten zu kompensieren. Und das wird ihnen über Preissteigerungen oder indirekt über die Weiterbeschäftigung der Mitarbeiter über das heutige Rentenalter hinaus gelingen. So können wir zum Beispiel heute alle davon ausgehen, dass in 15 bis 20 Jahren das Rentenalter aus Gründen der Finanzierbarkeit noch weiter ansteigen muss.

Richtig spannend jedoch und derzeit ohne umfassende Lösungskonzepte ist die Frage der Kompensation des Rückganges der Mitarbeiterpotenziale im Mitarbeitermarkt zukünftiger Fach- und Führungskräfte. Woher werden die Menschen kommen, die wir in unseren Unternehmen beschäftigen können, um die Umsatzpotenziale zu decken, die uns unsere Kunden auf dem Weltmarkt abnehmen wollen? Schon heute klagen die deutschen Unternehmen, dass ihnen Umsätze im zweistelligen Milliardenbereich verloren gegangen sind, weil sie keine geeigneten Mitarbeiter gefunden haben.

In den anschließenden Gesprächs- und Diskussionsrunden nach dem Vortrag war für alle anwesenden Unternehmerinnen und Unternehmer die einzige Frage, wieso es dazu gekommen ist, dass die Familie gesellschaftlich nicht mehr den Stellenwert hat, den sie haben sollte, um ein weiteres Absinken der Geburtenrate in den deutschsprachigen Ländern zu verhindern. Vielleicht liegt es auch daran, dass wir uns der wichtigen Rolle des informellen Lernortes, die die Familie in unserer Gesellschaft und für unsere Betriebe einnimmt, nicht mehr bewusst sind und über die letzten Jahrzehnte gemeint haben, wir könnten die Familie als wesentliche Ausbildungsstätte für unsere Betriebe vernachlässigen?

Wir möchten mit diesem Buch das Denken der Leser auch dahin lenken, dass die Familie durch ihr Potenzial als informeller Lernort erfolgreicher Sozialkompetenzen und Erfolgsstrategien auch eine wirtschaftliche Relevanz für die Betriebe und die Gesellschaft hat. Und das ist neben anderen Aspekten ein weiterer wichtiger Grund, den Eltern und Familien in der Gesellschaft und in den Betrieben einen neuen Stellenwert einzuräumen. In Beratungsprojekten beschäftigen wir uns zusammen mit Unternehmen mittlerweile mit der Familie als Ort gesellschaftlicher und wirtschaftlicher Wertschöpfung, da die Unternehmen zunehmend die Familie nicht mehr als Wettbewerber um die Arbeitskraft des Mitarbeiters sehen, sondern als Kompetenzcenter für gute Mitarbeiter!

4.2 Beispiel: Wie Elternkompetenz im Unternehmen zu Hochleistung führt (Toyota)

Ralph Kriechbaum

Bereits vor vielen Generationen hat ein Unternehmen aus der Not heraus intensive Erfahrungen damit gemacht, Eltern als Mitarbeiter einzusetzen. Nach dem Zweiten Weltkrieg ging es in Japan darum, die Produktivität der Unternehmen um das Achtfache zu steigern (das sind 800 %!), um im internationalen Wettbewerb bestehen zu können. Und dies in einem Arbeitskräfteumfeld, in dem die männliche Bevölkerung zwischen 20 und 40 Jahren durch den Krieg stark dezimiert war. Es ging also darum, mit ungelernten und scheinbar unerfahrenen Mitarbeitern Hochleistungen zu vollbringen. Wie sollte das gehen?

In der heutigen Zeit hört man immer wieder das Jammern über den Fachkräftemangel. Es gäbe nicht genug Mitarbeiter, die die notwendige Berufserfahrung mitbringen, um im internationalen Wettbewerb konkurrieren zu können.

Nach einigen Jahren Erfahrung mit Müttern und Arbeitskräften mit landwirtschaftlichem Erfahrungshintergrund hat das Unternehmen die Aussage gemacht, dass es sogar lieber mit Bauern und Frauen, die meisten davon Mütter und Väter, Produkte produziert als mit Fachkräften, die aus langjähriger Berufserfahrung wissen müssten, wie man Dinge baut.

Das Unternehmen, von dem hier gesprochen wird, ist Toyota, ein Unternehmen, das es geschafft hat, im Vergleich mit seinen stärksten Marktteilnehmern, in der Hälfte der Zeit zum größten Automobilunternehmen der Welt aufzusteigen und mittlerweile sogar zum Innovationsführer geworden ist, nicht nur in Bezug auf alternative und umweltfreundliche Antriebe.

Schaut man also tiefer in die Führungsphilosophie des Unternehmens, erkennt man, dass nicht strategische Entscheidungen und geniale Ingenieurskunst das Unternehmen zu Hochleistungen gebracht haben, sondern, dass das Nutzen der Erfahrungen und Kompetenzen der einzelnen Mitarbeiter den Erfolg ermöglicht hat. Viele dieser Kompetenzen waren und sind die Fähigkeiten, die die Mitarbeiter in ihren Familien erlangt haben und erlangen können.

Die entscheidendsten Kompetenzen für den Erfolg der Unternehmensentwicklung sind die Fähigkeiten der Mitarbeiter, Probleme zu lösen. Und dies sind nicht die Probleme, die am CAD-System und mit Hochleistungsrechnern gelöst werden. Es sind die vielen Herausforderungen, die jeder

Mitarbeiter in seiner täglichen Arbeit erlebt und die gute Eltern im Rahmen ihrer Familie auch täglich erfolgreich zu meistern verstehen.

Angefangen hat Toyota damit, seinen Mitarbeitern das entscheidende Vertrauen entgegenzubringen, die Verantwortung für die Entwicklung des Unternehmens in die Hände aller Mitarbeiter zu legen.

Nun werden viele Führungskräfte sicherlich der Meinung sein, das sei ja unmöglich und eine törichte Nachlässigkeit der Führung von Toyota gewesen, die Zukunft des Unternehmens in die Hände von einfachen Mitarbeitern mit Familie zu legen. Schließlich hätten sie doch viel Zeit damit verbracht, Kinder großzuziehen und nicht täglich acht Stunden in einem Unternehmen gearbeitet. Wie kann denn das Erledigen der Hausarbeit mit Wäsche waschen, Boden putzen, Tisch abräumen zu Höchstleistungen führen? Wie kann Hausaufgabenbetreuung, Streit schlichten und Klausurvorbereitung einem Unternehmen im harten Konkurrenzkampf um Kunden einen strategischen Vorteil bringen? Es muss doch ein Fehler sein, die Wettbewerbsfähigkeit eines Unternehmens in die Hände von offensichtlichen Laien zu geben, anstatt die Berufserfahrung der Karrieristen anderer Unternehmen und der studierten Führungskräfte in Anspruch zu nehmen.

Ganz im Gegenteil, für das Unternehmen war es der Segen der Entwicklungsmöglichkeiten. Und wenn man das Wissen um die Kompetenzen der Mütter und Väter, die bei Toyota gearbeitet haben, konsequent zu Ende denkt, dann ist es überhaupt nicht verwunderlich, dass ein Unternehmen, das die Fähigkeiten, die in den Kompetenzfeldern Familie und informelle Lernorte erworben werden, zum Marktführer aufsteigen muss.

Im Übrigen sind auch die intrinsischen Motivatoren der Menschen, wie Mitglied einer größeren Gemeinschaft zu sein und die eigene Selbstwirksamkeit zu entwickeln, entscheidende Kernvoraussetzungen, die Toyota von Anbeginn seiner Aufbauphase in der Nachkriegszeit ins Zentrum seiner Führungsphilosophie gestellt hat. Erkenntnisse, denen sich gute Eltern nicht entziehen können, wenn sie ihre Kinder auf dem Weg ins Erwachsenendasein begleiten und führen.

Betrachten wir also ein paar der Vorgehensweisen in der Unternehmensführung, die Toyota selbst als seine Erfolgskriterien bezeichnet.

Prinzipien der Zusammenarbeit mit den Mitarbeitern

Da ist zum einen die grundlegende Erkenntnis, dass Mitarbeiter grundsätzlich im Team zusammenarbeiten und jeder seine individuellen Stärken und Fähigkeiten zum Gelingen der Teamerfolgs einbringt. Wie in einer Familie hat jeder die Aufgabe, seine Fähigkeiten nach seinen besten Möglichkeiten einzubringen. Ein Konkurrenzkampf, der eine gegen den anderen, wird weitgehend ausgeschlossen, weil alle Anreizsysteme, wie es auch in einer Familie der Fall ist, auf den Teamerfolg, ausgerichtet sind. Alle Verbesserungsmaßnahmen, alle Unternehmensentwicklungsschritte, alle Veränderungen und alle Belohnungssysteme werden immer unter Einbeziehung der Meinungen aller Teammitglieder ausgearbeitet und gemeinsam umgesetzt. Es erfolgt immer eine offene und, wenn notwendig, bis in die letzte Fragestellung hinein ausgiebige Kommunikation, um sicherzustellen, dass alle Teammitglieder hinter der Veränderung stehen – so wie erfolgreiche Eltern ihren Kindern gegenüber respektvoll auftreten und deren Meinung und Befürchtungen ernst nehmen und in die familiäre Entscheidungsfindung mit aufnehmen. Das heißt nicht, dass immer grunddemokratisch entschieden wird, aber es wird sichergestellt, dass jedes Teammitglied den Vorteil der Entscheidung nachvollziehen und zukünftig unterstützen kann, auch wenn es ursprünglich nicht der Meinung des Einzelnen entsprochen hat.

Auch dies mag für die eine oder andere Führungskraft ineffizient und langwierig wirken, und tatsächlich, der Entscheidungsprozess mag dadurch länger dauern, aber die Leistungsfähigkeit einer Gruppe von Menschen, die einen solchen Entscheidungsfindungsprozess durchlaufen haben, ist um etwa 30 bis 50 % höher als die einer Personengruppe, deren Entwicklungsentscheidung durch Vorgesetzte getroffen wurde. Bereits 1948 wurde dies durch eine in einer Textilfabrik in Marion, Virginia durchgeführte Studie von Coch and French „Overcoming Resistance to Change" belegt. Wir fragen uns, warum diesen Erkenntnissen in den heutigen Unternehmen so selten entsprochen wird.

Auch in seinen Untersuchungen US-amerikanischer Unternehmen hat Peter Drucker in den frühen 1940er-Jahren bereits erkennen können, dass Unternehmen signifikant erfolgreicher sind, wenn die Entscheidungen von den Menschen gefällt werden dürfen, die den Wertschöpfungsprozessen näher sind. Seine Ergebnisse hat Drucker 1946 in seinem Buch *Concept of the Corporation* zusammengefasst.

Und was liegt also näher, als dass die Kompetenzen, die Eltern in ihrer Familie erlangen und Menschen an informellen Lernorten erfahren können, genau die sind, die ein Unternehmen die täglichen Herausforderungen meistern lässt. Warum sollte man diese Aufgaben dann einer Elite an Karrieristen überlassen?

Die Geschäftsführer, Gründer und Eigentümer von Unternehmen haben allen Grund dazu, die Familie als Entwicklungshort ihrer Mitarbeiter zu schätzen. Er gibt ihren Mitarbeitern den Kompetenzzuwachs, den das Unternehmen braucht, um die Entwicklung der Organisation für jede zukünftige Herausforderung vorzubereiten.

Die Entwicklung des Toyota-Produktionssystems liegt in den täglichen Mitarbeitergesprächsrunden zu den täglichen Herausforderungen und Verbesserungsmöglichkeiten. So stehen die etwa sieben bis acht Mitarbeiter eines jeden Teams täglich in jeder Schicht zusammen und besprechen die täglich erreichten Ziele, die Abweichungen von dem erwarteten Standard und die Notwendigkeiten für Verbesserungen, die das Team von dem Erreichen weiterer Entwicklungsschritte abhält. Nichts anderes machen gute Eltern respektvoll mit ihren Kindern, sei es beim gemeinsamen Abendessen, in der Familienzeit vor dem Zubettgehen oder beim gemeinsamen Frühstück vor dem neuen Tag.

Auch wird das Aufteilen von Aufgaben zur Erreichung neuer Entwicklungsschritte der Familie, sei es eine neue Wohnung, der Wechsel einer Schule oder der Umzug in eine andere Stadt, aufgrund der beruflichen Veränderung eines Elternteils gemeinsam besprochen, und notwendige Veränderungsschritte für die einzelnen Teammitglieder werden festgelegt. Es ist manchmal schwierig nachzuvollziehen, wie von gut funktionierenden, respektvollen Familienabläufen, bei denen jedem Mitglied seine Daseinsberechtigung wie selbstverständlich zugestanden wird, in Unternehmen immer wieder auf stark hierarchische Grundmuster nach dem taylorschen Führungsprinzip umgeschaltet wird. Nach den Erkenntnissen von Coch und French dürfte der Satz, der das taylorsche Weltbild und Führungsverständnis so trefflich beschreibt, „Ich denke, du arbeitest" in keinem Unternehmen mehr zur Anwendung kommen. Trotzdem wird in weit mehr als 75 % der Unternehmen den Mitarbeitern nicht die Möglichkeit gegeben, ihre Kompetenzen in die Unternehmensentwicklungsprozesse einzubringen. Diese werden in Fachabteilungen mit hochdekorierten Mitarbeitern ausgedacht und den Mitarbeitern zur Ausführung vorgegeben, anstatt den Mitarbeitern und deren in informellen Lernorten erworbenen Kompetenzen Raum zu geben, das Unternehmen weiterzuentwickeln. Und zwar genau an den Stellen, an denen es für die Kunden entscheidend ist, nämlich in all den Wertschöpfungsprozessen und den dabei unterstützenden Serviceprozessen.

Ein weiterer Gedanke zur Erfolgssicherung einer Unternehmung drängt sich hier auf. Stellen Sie sich einmal ein Unternehmen vor, in dem ein Menschenbild herrscht, bei dem die Mitarbeiter in den Hierarchien, die näher am Wertschöpfungsprozess sind, die Entscheidungen fällen, die Probleme erkennbar machen und Lösungen ermöglichen. Dies ist der Organisationsvorschlag für Arbeit und Mitarbeiter, die Peter Drucker bereits 1946 in seinem Buch *Concept of the Corporation* als erfolgversprechender vorschlägt.

Dabei hat er in den Kriegsanstrengungen des amerikanischen Volkes in den Jahren 1942 bis 1945 beobachtet, welche Unternehmen schneller und in besserer Qualität Dinge produzieren konnten: Es waren die Unternehmen erfolgreicher, deren Problemtdeckung, entsprechende Entscheidungsbefugnis zur Problemlösung und Erlaubnis der Umsetzung in den Hierarchien näher am Wertschöpfungsprozess lagen. Vor allem hat er beschrieben, dass dies in einem Umfeld geschah, in dem häufig keine ausgebildeten männlichen Führungskräfte zur Verfügung standen, sondern Hausfrauen und Mütter tätig waren.

In seinem weiteren Buch *The Practice of Management* geht Peter Drucker 1954 insbesondere darauf ein, welche Schwierigkeiten das Managementprinzip nach Taylor und Ford, das damals weitestgehend als „Scientific Management" bezeichnet wurde und dessen Grundelemente heute noch als das am weitesten verbreitete Führungsprinzip in Unternehmen der westlichen Welt vorherrscht, mit sich bringt. So trennt das „Scientific Management" von Frederick Taylor 1899 die Aufgaben der Planung und der Ausführungen von Arbeit strikt. Mit anderen Worten, die Trennung von der Arbeitsanweisung und der Arbeitsdurchführung wird im Scientific Management dadurch manifestiert, dass der Mitarbeiter nicht selbst seine Arbeitsanweisungen festlegt und plant, sondern eine durch eine andere Person (hier kann der Leser ohne Zweifel an den Vorgesetzten denken) vorgegebene Arbeit durchführt.

Außerdem wird im Scientific Management zwar die Analyse der Arbeitsvorgänge des Mitarbeiters intensiv in das Zentrum der Aufmerksamkeit gerückt und ein tieferes Verständnis der einzelnen Elemente der Arbeitsvorgänge erzielt, jedoch wird die Synthese, hin zu einem durchgehenden Arbeitsablauf und zu einem für den Kunden relevanten Wertschöpfungsprozess, ohne den Mitarbeiter vollzogen. Das ist, um es mit Peter Druckers Worten kurz zu beschreiben, als würde man beim Sprechen Buchstaben ohne die phonetischen Eigenarten verschiedener Sprachen in den jeweiligen Worten einfach hintereinander aufsagen. Versuchen Sie das einmal! Ein Wort wie „Schule" würde sich dann vermutlich so anhören: Es – Tse – Ha – Uh – El - E. Unterhalten Sie sich einmal mit Ihren Kindern oder Mitarbeitern so, nur weil Sie ihnen nicht zutrauen, dass sie die Synthese eines Wortes selbstständig hinbekommen. Oder noch besser, lassen Sie Ihr Kind alles, was es den ganzen Tag spricht, aufzeichnen und kontrollieren Sie abends die Aufzeichnungen. Überprüfen Sie, ganz im Sinne von „Vertrauen ist gut, Kontrolle ist besser", jeden Tag, ob Ihr Kind die Analyse und die Synthese der vielen gesprochenen Worte eines Tages gut hinbekommen hat. Dann ungefähr sind Sie da, wo die 62 % Chief Finance Officer in Deutschland sind, die auf Anfrage, warum sie SAP eingeführt haben, die Antwort gewählt haben: „Damit wir die Abläufe und Ergebnisse in unserem Unternehmen täglich sofort einsehen und überprüfen können!".

Als ich dies vor wenigen Monaten mit einem Vorstand eines weltweit wirkenden deutschen Konzerns mit Weltmarktführerschaft diskutiert haben, sagte er uns daraufhin lapidar: „… und das sind nur die, die es zugeben – vermutlich sind es über 90 %!"

Wenn also, nach dem Grundgedanken von Peter Drucker, eine Organisation so aufgebaut ist, dass die Mitarbeiter die Entscheidungskompetenz bekommen, Probleme zu benennen und die Ziele, die daraus entstehen, auch noch selbstwirksam erreichen dürfen, dann erzielt die Organisation Höchstleistungen bzw. werden Fehlleistungen massiver Art stark reduziert oder gar ganz vermieden.

Betrachten wir also den Fall, in dem eine Organisation nicht am Ort des Geschehens, also am Arbeitsplatz der Mitarbeiter und damit am Wertschöpfungsprozess, sondern in vom Wertschöpfungsprozess maximal entfernten Hierarchieebenen die Entscheidung fällt, wie viele Produkte, z. B. Autos, in einem recht anspruchsvollen Markt verkauft werden können. Und, die Organisation entscheidet in diesen Hierarchieebenen nicht nur die Stückzahlen, sondern sogar auch noch, in welcher Variante, z. B. Motorenausstattung, diese Produkte verkauft werden.

In einem solchen Fall also sind die Mitarbeiter, die für die Umsetzung der Entscheidungen verantwortlich gemacht werden, nun mit Zielen konfrontiert, die möglicherweise nach ihrem Wissen und all ihrer Erfahrung nicht so einfach umsetzbar sind. Sie ahnen schon, was das bedeuten könnte. Es wird vermutlich ein Gespräch geben, bei dem die Mitarbeiter darauf hinweisen, dass dieses Ziel kaum zu erreichen sein wird. Vielleicht wird sogar nach reichlicher Überlegung und bei entsprechender Verzweiflung, nach vielen Erkenntnisse, dass die gesetzlichen Rahmenbedingungen die Kostenziele unerreichbar machen, die Aussage der Mitarbeiter kommen, dass es einfach nicht geht.

Da jedoch die Hierarchieebene, die in einer taylorschen Organisationsstruktur gewohnt ist, dass der Chef – der für seine Entscheidungen und Zielvorgaben so fürstlich entlohnt wird – die richtigen Anweisungen gibt, wird den Mitarbeitern versichert, dass es schon einen Weg gibt und man sich nur entsprechend anstrengen muss, um diesen Weg zu finden. Schließlich gäbe es nur deshalb einen Fortschritt, weil es Menschen gäbe, die sich anstrengen, neue Möglichkeiten zu finden. Außerdem sei der Chef ja nicht in seinem Job, weil er keine Ahnung hat, sondern weil er schon viele gute Entscheidungen getroffen hat.

Und jetzt ahnen Sie schon, zu welchen Situationen es in einer solchen Organisation, aufgebaut nach dem Prinzip des „Scientific Management" kommen kann. Das Entscheidende ist jedoch, dass wenn ein Unternehmen vorsätzlich gegen Vorgaben verstößt, zuerst immer nach mehr Kontrolle, mehr Überprüfung, mehr engmaschige Vorgaben gerufen wird. Der Reflex, dass die gelebte Organisationsform, das Vertrauen in die Entscheidungskompetenz der Mitarbeiter, ja die Kompetenzeinbringung der Mitarbeiter die Lösung sein könnte oder sein muss, dieser Reflex ist seit der Etablierung des Taylorismus leider komplett verloren.

Natürlich ist ein anderes Menschenbild als im Scientific Management Voraussetzung für ein solches Denken. Frederick Taylor ging davon aus, dass jeder Mitarbeiter seine Motivation zur Arbeit aus der Maximierung seines Profits bezieht. So wie auch der Unternehmer aus Sicht von Frederick Taylor und vieler Betriebswirte heute das vorwiegende Ziel eines Unternehmens in der Maximierung des Unternehmensprofits sieht. Somit hat Taylor die Menschen in einem Unternehmen in zwei Kategorien eingeteilt: in die Mitarbeiter, die denken, Ziele festlegen, Entscheidungen fällen, planen und Vorgaben machen (sie trugen zur Zeit Taylors weiße Hemdkragen), und in die Mitarbeiter, welche die Entscheidungen und Pläne umzusetzen hatten (sie trugen damals blaue Hemdkragen).

Taylor beschrieb dazu seine Erfahrungen mit seinem jungen Golf-Caddie, was alleine schon einen Rückschluss darauf zulässt, aus welcher Perspektive er sein Menschen- und Unternehmensbild gefasst hat. Zu seiner Zeit vor der Jahrhundertwende 1890 bis 1900, war Golf spielen, selbst unter Führungskräften, nicht die übliche Freizeitbeschäftigung, um sich Führungsprinzipien auszudenken. Trotzdem ist der Taylorismus auch heute noch die am weitesten verbreitete und häufigste Vorgehensweise bei der Organisation von Arbeit und Mitarbeitern. Selbst die Zeitvorgaben in Arbeitsanweisungen, in REFA-Analysen und -vorgaben, ja selbst SAP-Kosten- und Zeitbedarfsberechnungen liegen ausschließlich diese Prinzipien zugrunde. Eine Anmerkung vielleicht noch: Henry Ford, der dieses Menschenbild teilte, ließ seine Mitarbeiter sogar verprügeln, wenn sie sich durch Streik für mehr Mitbestimmung einsetzten.

In modernen Organisationen im Sinne Peter Druckers herrscht jedoch ein Menschenbild vor, durch das dem Mitarbeiter Vertrauen entgegengebracht wird. Somit wird die Entscheidungskompetenz auf die Mitarbeiter übertragen, da die Organisation davon ausgeht, dass der Mitarbeiter aufgrund seiner Kompetenz gute Entscheidungen fällt.

Wussten Sie eigentlich, dass die Mitarbeiter einiger Firmen in den USA regelmäßig entscheiden, dass sie keine gewerkschaftliche Organisation brauchen, da sie täglich das Gefühl haben, dass sie ihre Kompetenzen hinlänglich im Unternehmen einbringen können? Sie ahnen schon, es sind die Firmen, die sich nach den Ideen von Drucker organisieren. Dabei handelt es sich um Unternehmen, die in den USA als „Transplants" japanischer Firmen bezeichnet werden.

In einer solchen Organisation werden Entscheidungen an den Orten der Wertschöpfung auf Basis der Kompetenz der dort tätigen Mitarbeiter gefällt, Entscheidungen beruhen also darauf, welche Möglichkeiten die Mitarbeiter sehen, Ziele zu erreichen. Weil dem Mitarbeiter aufgrund seiner Handlungskompetenz in seinem Wertschöpfungsprozess Vertrauen entgegengebracht wird, kann er auch seinen Vorgesetzten Vertrauen entgegenbringen. Um es mit den Worten von Kiichiro Toyota, dem Gründer der Toyota Motor Company, zu sagen: „Der Schlüssel ist Vertrauen."

In einem solchen Unternehmen wird den Mitarbeitern ein Orientierungssystem zur Verfügung gestellt, welches ein Zielsystem ermöglicht, mit dem dezentral und auf allen Ebenen gute Entscheidungen gefällt werden können.

Die „Sieben Verschwendungsarten" von Toyota sind ein solches Orientierungssystem, mit dem die Mitarbeiter Probleme und Abweichungen vom Unternehmensziel leicht erkennen und direkt daraus Handlungen entwickeln können, um diese Abweichungen vom Unternehmensziel zu überwinden. Der Schlüssel zum Erfolg liegt jedoch eindeutig in der Übergabe von Verantwortung an die Mitarbeiter. Entdecken die Mitarbeiter im Wertschöpfungsprozess Verschwendungen, Aktivitäten, die also nicht dem Kundennutzen dienen, werden sie offen angesprochen und in gemeinsamen, teamorientierten Verbesserungsaktivitäten abgestellt. Die Mitarbeiter bekommen regelmäßig Arbeitszeit zur Verfügung gestellt, um genau solche Organisationsentwicklungstätigkeiten durchzuführen – ein klares Indiz dafür, dass nicht Taylors Führungsprinzip vorherrscht, sondern die Führungsprinzipien nach Peter Drucker zur Anwendung kommen.

Ein weiteres Unternehmen, das seinen Mitarbeitern ein solches Orientierungssystem zur Verfügung stellt und damit den Mitarbeitern die Selbstverantwortung für Organisationsentwicklung mit überlässt, ist Southwest Airlines – im Übrigen die einzige nordamerikanische Fluggesellschaft, die immer profitabel war, und die im Branchenvergleich Jahr für Jahr die höchste Profitabilität erreicht. In diesem Fall hat das Unternehmen zwei Ziele definiert, nach denen die Mitarbeiter jederzeit eine Entscheidung fällen können. Diese lauten: „Hintern im Sitz" und „Zeit in der Luft". Bei allen Aktivitäten, die die Mitarbeiter zur Wertschöpfung durchführen, sind diese Ziele im Fokus. Wie klar, einfach und wertschöpfungsorientiert diese Ziele sind, illustriert ein kleines Beispiel.

Stellen Sie sich vor, ein Pilot macht sich auf den Weg zum Gate, an dem sich die Passagiere ebenfalls gleich ins Flugzeug begeben werden. Nun kommt der Pilot auf seinem Weg in die Gangway zum Flieger direkt an einer Passagierin vorbei, die wartend in einem Rollstuhl sitzt. Aufgrund der Ziele, die den Mitarbeitern gegenwärtig sind, wird der Pilot sofort handeln, die Passagierin mit über die Gangway ins Flugzeug bringen und die Stewards und Stewardessen dort bitten, der Dame in den Flugzeugsitz zu helfen. Damit hat er das Ziel „Hintern im Sitz" erfüllt und gleichzeitig das Unternehmen dem Ziel nähergebracht, „Zeit in der Luft" zu verbringen. Nicht umsonst ist Southwest Airlines seit ihrer Gründung die Airline mit den kürzesten Zeiten am Boden, da Standzeiten am Boden der Wertschöpfung im Sinne des Kundennutzens nicht dienlich ist.

Das magische Dreieck der Wertschöpfung

Aber schauen wir nochmals auf Toyota und die grundlegendsten Prinzipien, die das Unternehmen gemeinsam mit seinen Mitarbeitern ins Zentrum der Zusammenarbeit stellt, damit die Kompetenzen der Mitarbeiter zu jedem Zeitpunkt voll im Sinne des gemeinsamen Erfolgs einsetzt werden können.

An erster Stelle steht vermutlich das Dreieck aus Zeit, Kosten und Qualität. In jeder betriebswirtschaftlichen Vorlesung wird gerne darüber sinniert. Jedoch wird dieses Dreieck nur selten in der Konsequenz, wie es Toyota mit seinen Mitarbeitern diskutiert, auch bis zum Ende durchdacht. Oftmals liest und hört man, dass die drei Kennzahlen Kosten, Zeit und Qualität sich gegenseitig beeinflussen und womöglich ist der Schluss daraus, dass eine gleichartige gegenseitige Abhängigkeit besteht. So wird oft beschrieben, dass es unmöglich ist, Kosten zu senken und gleichzeitig die Durchlaufzeit vom ersten Herstellungsschritt bis zur Auslieferung zum Kunden zu verkürzen; erst recht nicht, wenn gleichzeitig die Qualität des Produktes in seinem Herstellungsprozess gesteigert werden soll. Im Gegenteil, es wird oftmals erklärt, wie man in Anlagen, zusätzliche Prozessschritte und Qualitätsprüfprozesse mit einer Verlängerung der Durchlaufzeit investieren muss, um die Qualität zu erhöhen.

Toyota und wir stimmen hier in einem Punkt überein: dass investiert werden muss! Aber nicht in Investitionsgüter, Prüfzeit und zusätzliche Prozessschritte, sondern in etwas weitaus Kostengünstigeres, das womöglich bereits vielfach zur Verfügung steht: nämlich in die Kompetenzeinbringungsmöglichkeiten der Mitarbeiter! Es muss den Mitarbeitern die Möglichkeit gegeben werden, die Kompetenzen, die sie als Eltern tagtäglich auch außerhalb des Unternehmens, zu Hause in ihrer Familie, beim Großziehen ihrer

Kinder, erworben haben, einzusetzen. Und genau das ist Toyota in der täglichen Zusammenarbeit besonders wichtig.

Schauen wir uns nun an, wie sich Kosten, Qualität und Durchlaufzeiten nun wirklich zueinander verhalten, dann wird auch klar, warum Eltern viele der Zusammenhänge täglich im Umgang mit ihren Familienherausforderungen verstehen und so erfolgreich positiv beeinflussen können. Nehmen wir also an, diese drei Parameter stehen tatsächlich miteinander in Zusammenhang. Das will auch niemand bestreiten. Jetzt stellen wir uns vor, die Qualität eines Produktes, das aus einem Herstellungsprozess kommt, wird durch die Verbesserung des Herstellungsprozesses gleich auf Anhieb gut, besser jedenfalls als vor der Verbesserung. Als Beispiel nehmen wir das Backen eines Kuchens. Nun ist die Prozessqualität durch eine Verbesserung, z. B. durch die verbesserte Reihenfolge der Zumischung der Zutaten, gesteigert geworden. Die Backtemperatur und die Backdauer wurden aufgrund von Erfahrungswerten exakt festgelegt und eingehalten. Gekostet hat das nichts, aber die Erfahrung, die das Eltern-Kind-Backteam eingebracht hat, hat positive Auswirkungen auf die Konsistenz des Teigs und damit auf die Qualität des fertigen Kuchens, was dazu führt, dass der Kuchen wohlschmeckender ist. Durch die Kenntnis des Backverhaltens im Ofen konnte die genaue Backdauer so festgelegt werden, dass ein dauerndes Prüfen mit einem Holzstab nicht notwendig ist und der Kuchen außen nicht verbrennt, sodass die Ofentür nur einmal geöffnet werden muss, nämlich zum Entnehmen des Kuchens. Ein ständiges Abkühlen und Aufheizen des Ofeninneren ist nicht mehr notwendig, weil die Kenntnisse des Eltern-Kind-Backteams aus den Erfahrungen der Vergangenheit festgelegt wurden und genau eingehalten werden.

Bei der Lenkradherstellung in einer Fabrik könnte dies dem Vorgehen bei der Beschichtung der Lenkradoberfläche und der thermischen Nachbehandlung in einem Nachheizofen entsprechen, bei der die Bindemittel oder Klebstoffe aushärten.

Wie beeinflusst nun eine solche Verbesserung der Prozessqualität die Durchlaufzeit? Wird sie kürzer oder wird sie länger? Die Frage kann eindeutig beantwortet werden: Die durchschnittliche Durchlaufzeit der Kuchenherstellung wird – verglichen mit der Situation vor der Verbesserung der Herstellqualität – eindeutig besser. Denkt man nur an die vielen Zusatzmaßnahmen, die man ergreifen muss, wenn die Kunden (im Falle des Kuchens vermutlich Geburtstagsgäste auf einer Kinderfeier) mit dem Ergebnis nicht zufrieden waren: der Zeiteinsatz, den man gebraucht hat, um einen neuen Kuchen zu backen, um die Oberfläche abzukratzen, um die Glasur aufzutragen und um den unschönen Rand zu verdecken, der durch das Abkratzen entstanden ist – dieser Zeiteinsatz ist sicherlich größer, als die Zeit, die notwendig war, um den Kuchen gleich mit dem Wissen um den besten Prozess herzustellen.

Übertragen auf die Herstellung von Lenkrädern in der Fabrik bedeutet das, dass die Durchlaufzeit für Lenkräder, die gleich beim ersten Durchlauf in perfekter Qualität zum Kunden gehen können, natürlich kürzer ist als die Durchlaufzeit der Lenkräder, die nachgearbeitet werden müssen oder aufgrund schlechter Qualität gar in den Ausschusskübel wandern und nun nachproduziert werden müssen.

Es ist also gar nicht von der Hand zu weisen, dass eine Verbesserung der Herstellprozessqualität beim Kuchen und bei den Lenkrädern ohne Zweifel zu einer Verkürzung der Durchlaufzeit führt – und das meist sogar bei gleichen Kosten. Es werden nur die Kompetenzen der Mitarbeiter genutzt, um die Prozessqualität zu verbessern und dieses Wissen für zukünftige Prozessanwendungen zu speichern, z. B. in Form von Rezeptablaufverbesserungen.

Haben Sie schon einmal in ein Rezeptbuch einer erfahrenen Hausfrau geschaut? Ist Ihnen schon einmal aufgefallen, dass es nahezu kein Rezeptbuch ohne zusätzlichen handschriftliche Notizen gibt? Schauen Sie einmal in die Rezeptbücher Ihrer Eltern. Dort ist all das Wissen Ihrer Eltern über die verbesserten Prozessabläufe zur Steigerung der Qualität für die Familie gespeichert! Und genauso macht das Toyota mit den Kompetenzen und dem Wissen seiner Mitarbeiter.

Jetzt noch der letzte Schritt im Beschreiben des Dreiecks aus Qualität, Durchlaufzeit und Kosten: Wir haben also nachweisen können, dass eine Verbesserung der Prozessqualität eine Verkürzung der Durchlaufzeit zur Folge hat. Beides sind Dinge, über die der Kunde sich freut, an denen er also direktes Interesse hat. Was aber hat das für Auswirkungen auf die Kosten? Werden sie durch diese Verbesserung der Herstellqualität höher oder reduzieren sie sich?

Gehen wir gedanklich nochmals von der Qualität über die Durchlaufzeit zu den Kosten. Die Durchlaufzeit sagten wir, wird durch die bessere Qualität kürzer. Das bedeutet jedoch gleichzeitig, dass die Kosten für das gebundene Kapital geringer werden, weil die Produkte weniger lang in unserem Besitz sind. Außerdem werden weniger Kosten für Nacharbeit und Zusatzmaterial notwendig. Die Bestände, die ich aufgrund von unsicherer Prozessqualität lagern muss, werden geringer, weil die Prozessqualität ja sicherer gute Produkte erzeugt. Das heißt also in der letzten Konsequenz, dass höhere Prozessqualität zu geringeren Durchlaufzeiten und dies wiederum zu geringeren Kosten führt. Und auch ohne den Umweg über die Durchlaufzeit wird ersichtlich, dass bessere Qualität zu niedrigeren Kosten führt. Denn

4.2 Beispiel: Wie Elternkompetenz im Unternehmen ... 257

wenn der Kuchen oder das Lenkrad gleich beim ersten Mal perfekt ausgeliefert werden können, müssen keine zusätzliche Arbeitszeit, keine zusätzlichen Rohstoffe und keine zusätzliche Energie eingesetzt werden, um den Kunden zufriedenzustellen. Er wird es ja schon gleich beim ersten Mal sein. Und das aufgrund des Wissens des Kuchenbackteams oder eben des Mitarbeiterteams bei der Lenkradherstellung.

Im Zusammenhang mit Wertschöpfungsprozessen in Unternehmen wird dies gerne als das magische Dreieck der Wertschöpfung bezeichnet. Es wird daraus auch ersichtlich, dass die Herstellqualität immer an erster Stelle einer Verbesserung steht, wenn es zu einer Kostenherausforderung, einer Kundenunzufriedenheit bei Lieferzeiten oder zu Reklamationen bei Qualitätsmängeln kommt. Leider ist in der westlichen Industrie immer noch der Reflex weit verbreitet, dass bei Ergebnisproblemen ein Kostensenkungsprogramm die richtige Reaktion ist. Jedoch ist aufgrund des tieferen Verständnisses des magischen Dreieckes die Prozessqualitätsverbesserung die erste Stellgröße, an der auf der Basis des Wissens und der Kompetenz der Mitarbeiter die Reduzierung der Kosten ge- und begründet werden kann. Toyota wurde das bereits vor vielen Jahrzehnten klar und konnte sich aufgrund der Umsetzung dieses Zusammenspiels von Qualität, Durchlaufzeit und Kosten und den eingebrachten Kompetenzen der Mitarbeiter so erfolgreich etablieren.

Noch eine Anmerkung zur Vorgehensweise von Toyota: Als Toyota 2012 einen signifikanten Rückgang des Umsatzes erlebte, hat die Führungsspitze nicht Mitarbeiter entlassen und Kostensenkungsprogramme gestartet, wie man es von deutschen Automobilherstellern gewohnt ist, sondern ein Qualitätsverbesserungsprogramm ins Leben gerufen, bei dem jeder Mitarbeiter einen signifikanten Anteil seiner Arbeitszeit für Verbesserungen zugestanden bekommen hat. Zum Beispiel wurde die Entwicklungszeit erheblich verlängert, und das in einem Umfeld, in dem die Unternehmen bereits seit einem halben Jahrhundert versuchen, die Entwicklungszeit jedes Jahr zu verkürzen. Jeder Mitarbeiter hat also Zeit bekommen, um seine Arbeitsprozesse zu verbessern, was zur Qualitätssteigerung beitragen sollte. Und dies hat direkt dazu geführt, dass Toyota 2014 – bereits zwei Jahre später – wieder der erfolgreichste Automobilhersteller der Welt wurde. Und wenn Sie Toyota fragen, wie das möglich war, dann werden die Führungskräfte Ihnen versichern, dass es aufgrund der Kompetenzen war, die die Mitarbeiter in ihre Arbeitsprozesse eingebracht haben.

So war ein hochrangiger Toyota-Manager in einem Gespräch ganz begeistert von einem Familienvater, der ihm erzählt hat, wie er seinem Sohn das Skifahren beibringt. Nicht etwa durch mündliche Beschreibung der Bewegungsabläufe in detaillierter Schrittfolge, wie es in den Lehrbüchern des deutschen Skiverbandes üblich war, sondern, indem er seinen Sohn auf angemessenem Gelände experimentieren ließ, sodass er keine Angst zu haben brauchte, jedoch selbst erfahren konnte, welche Auswirkungen das Aufkanten der Ski bei unterschiedlichen Geschwindigkeiten hat. Gelernt hat der Sohn immer dann, wenn er einen Versuch mit dem Aufkanten der Ski gemacht hat und aus der Reaktion des Skis im Schnee Erfahrungen gesammelt hat. Bei jeder nächsten Abfahrt erfolgte ein erneutes Experiment. Je sicherer die Erwartungen an das Ergebnis des Experimentes vorausgesagt werden konnten, desto wahrscheinlicher war die Erweiterung des Experimentes mit einer anderen Beinbewegung und weiterem Lernen. Das Erfahrene wurde nach Absicherung der Vorhersagbarkeit als Handlungskompetenz im Gehirn des Kindes abgespeichert, sodass die Fähigkeiten bei zukünftigen Abfahrten erweitert werden konnten. Der Vater musste nur dem Sohn das richtige, sichere Gelände zeigen und ihn vor die nächste Herausforderung stellen. Die Motivation war in seinem Sohn intrinsisch vorhanden und konnte interessanterweise auch nicht stark von außen beeinflusst werden, so wie etwa Geldzahlungen an Mitarbeiter für Leistungssteigerungen auch nicht nachhaltig sinnvoll sind, wie in unzähligen Studien bewiesen.

Genau so führt Toyota auch die Mitarbeiter im Bezug auf kontinuierliche Prozessverbesserungen im eigenen Unternehmen. Die intrinsische Motivation eines jeden Mitarbeiters lässt Toyota gewähren, gemeinsam ausgerichtet auf das Ziel, dem Kunden das beste Produkt in der kürzesten Durchlaufzeit zu den niedrigsten Kosten zur Verfügung zu stellen.

Das größte Experiment in der Organisationsentwicklung

Das vielleicht größte Experiment der Organisationsentwicklung zeigt in beeindruckender Weise, wie das Ermöglichen, Kompetenzen der Mitarbeiter in ein Unternehmen einzubringen, eine Organisation zur Höchstleistung bringen kann. Nach der ersten großen Ölkrise 1974 wurde die Welt zum erstem Mal auf die Vorgehensweisen Toyotas in der Unternehmensführung aufmerksam. Damals war die Wahrnehmung noch auf den Umgang von Toyota mit Beständen und Materialflüssen beschränkt. Die Wettbewerber und Wissenschaftler haben jedoch festgestellt, dass Toyota als erstes Unternehmen nach der Krise wieder profitabel war. Es schien in irgendeiner Weise agiler auf die veränderten Umstände reagieren zu können. Analysten und Wettbewerber hatte den Eindruck, das Unternehmen wäre aufgrund von niedrigeren Beständen und kürzeren Durchlaufzeiten des Materials schlanker aufgestellt und könne deshalb schneller profitabel im Markt agieren.

Im Jahre 1984 entschied sich der damals größte Automobilhersteller General Motors, kurz GM genannt, zu dem auch das deutsche Unternehmen Opel gehörte, eine Partnerschaft mit Toyota einzugehen, um von diesem Unternehmen mehr über seine Erfolgsgeheimnisse zu erfahren. Es wurde ein Joint Venture vereinbart, das gemeinsame Führen eines Werkes in Kalifornien, NUMMI (New United Motor Manufacturing Inc.) genannt. Obwohl das Werk in den Jahren zuvor das vermutlich schlechteste GM-Werk in den USA war, wurden dieselben Mitarbeiter im Werk weiterbeschäftigt. Das war u. a. eine Bedingung von Toyota, weil das Unternehmen daran interessiert war herauszufinden, ob seine Vorgehensweise im Führen von Mitarbeitern und die Übertragung von Verantwortung für die Weiterentwicklung von Arbeitsprozessen auch bei nordamerikanischen Mitarbeitern von Erfolg gekrönt wäre. So wurden dieselben Mitarbeiter, denen zuvor Sabotagebereitschaft unterstellt wurde, in den Führungsmechanismen geschult, um ihnen die Verantwortung für die Qualitätsweiterentwicklungsprozesse zu übertragen. Zur Überraschung der gesamten Industrie dauerte es keine vier Jahre, bis das frühere GM-Werk, zuvor als schlechtestes Werk der USA bewertet, als bestes Werk in den Qualitätsbewertungen der gesamten nordamerikanischen Automobilindustrie ausgezeichnet wurde! Besonders interessant ist, dass parallel dazu ein anders Werk in Japan, das Toyota von einem Wettbewerber übernommen hatte, zwölf Jahre gebraucht hat, bis es das von Toyota erwartete Qualitätsranking erreicht hat. Was war der entscheidende Unterschied? Warum konnte ein Werk, das unter der Führung von Toyota mit amerikanischen Mitarbeitern, die zuvor als katastrophal schlecht bezeichnet wurden, einen solchen Turnaround in wenigen Jahren erreichen und ein japanisches Werk mit japanischen Mitarbeitern, die hinlänglich als extrem qualitätsbewusst eingeschätzt werden, brauchte für einen solchen Veränderungsprozess so lange?

Nun, der einzige Unterschied lag in der Zusammensetzung der Führungskräfte. Bei NUMMI in den USA wurden die Mitarbeiter nahezu ausschließlich von japanischen Führungskräften von Toyota geführt und in die Verbesserungsprozesse voll mit eingebunden. Das heißt, ihnen wurde täglich Gelegenheit gegeben, ihre Kompetenzen in regelmäßige Verbesserungsprozesse einzubringen. Dies war während der Führung durch GM-Vorgesetzte nicht möglich. Im japanischen Werk, das von Toyota übernommen wurde, wurden die Mitarbeiter nach der Übernahme und Einführung des Toyota-Produktionssystems weiterhin von den Vorgesetzten des ursprünglichen japanischen Automobilherstellers geführt. Es dauerte also mindestens drei

Mal so lange, bis der erfolgsversprechende Führungsstil auch wirklich bei den Mitarbeitern in den Wertschöpfungsprozessen ankam. Daraus wird sehr deutlich erkennbar, dass es mit dem Menschenbild der Führungskräfte zusammenhängt, ob ein Unternehmen die Nutzung der Mitarbeiterkompetenzen zu seinem Erfolgskonzept machen kann oder nicht. Nur wenn die Führungskräfte die Beobachtungen von Peter Drucker und Coch und French aus den 1940er-Jahren und die Vorgehensweise von W. Edwards Deming in die tägliche Führungsarbeit integrieren können, scheint der Aufbau einer Hochleistungsunternehmung, basierend auf Einbringen der Mitarbeiterkompetenzen, zumeist mit Bezug auf Elternkompetenzen, möglich.

Vertrauen als Grundlage höchster Qualitätssicherung

Um den Zusammenhang zwischen Höchstleitung und gegenseitigem Vertrauen greifbar zu beschreiben, ist es hilfreich, sich eine für Toyota typische Vorgehensweise aus dem Joint Venture NUMMI anzuschauen. Betrachten wir hierzu die sogenannte „Andon-Cord", deutsch „Andon-Schnur". Das Wort Andon bedeutet hierbei einfach nur Signal. Es handelt sich also um eine Art Schnur, die entlang des Fließbandes, an dem viele Arbeitsplätze miteinander verkettet sind, gespannt ist. Die Schnur erhält dann ihre Bestimmung, wenn sich ein Mitarbeiter in einer Situation befindet, in der er seine Arbeit nicht in für den Kunden hundertprozentig zufriedenstellender Weise ausüben kann. Es ist also eine Signalschnur, mit dem der Mitarbeiter ein Signal abgeben kann: ich habe ein Problem 100 % Qualität abzuliefern.

Nun ist doch die Frage, warum ein Unternehmen einem Mitarbeiter, der vielleicht durchschnittlich umgerechnet 3000 EUR im Monat verdient, eine Schnur in die Hand gibt, die bei einmaligem Ziehen durch den Stillstand im Produktionsablauf in jeder Minute 3600 EUR Kosten verursacht! Warum tut ein Unternehmen das und wie gehen Mitarbeiter mit einer solchen Last der Verantwortung um?

Als GM die Andon-Schnur im NUMMI-Werk entdeckt hat, dauerte es nicht lange, bis die erste Andon-Schnur auch in einem GM-Werk in Detroit eingeführt wurde. Voller Zuversicht, dass nun die Qualität der GM-Fahrzeuge sich ebenfalls erhöhen würde, setzte GM dieselben Qualitätswerkzeuge in seinen Werken ein. Es konnte also losgehen! Mit Erstaunen stellte GM jedoch fest, dass nach sechs Monaten kein einziger Mitarbeiter an der Andon-Schnur gezogen hatte, obwohl alle mehrfach in der Nutzung geschult wurden. Was ist schiefgelaufen?

Nun, GM hat seit vielen Jahrzehnten die Angewohnheit, und das war auch in den Jahren vor der Bankrotterklärung des Unternehmens im Jahre 2012 so, alle paar Jahre eine Entlassungswelle über das Unternehmen ziehen zu lassen. Es wird in den Controllingabteilungen des Konzerns geprüft, welche Werke und welche Mitarbeiter sich lohnen, und wenn das Ergebnis oder das Urteil nicht positiv ausfällt, dann werden Standorte geschlossen, Marken vom Markt genommen und Mitarbeiter entlassen. Eine Vorgehensweise, mit der sich ein großer deutscher Konzern seit etwa fünf Jahren mit erstaunlicher Regelmäßigkeit auch wunderbar in den Schlagzeilen deutscher Nachrichtenagenturen hält. Und was, denken Sie, wird ein Mitarbeiter tun, wenn er in regelmäßigen Abständen vorgerechnet bekommt, wie teuer es ist, wenn ein Fließband zum Stillstand kommt, und er weiß, dass die nächste Entlassungswelle gleich vor der Türe steht? Wird er selbst derjenige sein, der sein Werk mit zusätzlichen 3600 EUR pro Minute belastet?

Bei einem Besuch mit Studenten in einem Automobilmontagewerk in Deutschland wurde der Herr, der uns durch die Produktion führte, von einem über das Scheitern der GM-Andon-Schnur Bescheid wissenden Studenten gefragt, wozu diese gelbe Schnur entlang der Montagelinie eigentlich gut sei. Die Antwort war, dass dies eine Andon-Schnur sei, mit der jeder Mitarbeiter bei auftretenden Problemen die Montagelinie anhalten könne. Natürlich hat diese Entdeckung beim Studenten den Reflex ausgelöst, sofort nachzufragen, wie oft denn durchschnittlich an der Schnur gezogen wird. Die knappe Antwort des Produktionsexperten des deutschen Automobilherstellers war: „in den letzten zwölf Monaten gar nicht!" Überrascht?

Warum also hängt Toyota eine Andon-Schnur entlang der Montagelinie auf, wenn dieses Vorgehen an so vielen anderen Standorten anderer Automobilhersteller keine Anwendung findet? Die Antwort ist in dem Vertrauensverhältnis zwischen Führungskräften und Mitarbeitern zu finden. Toyota und seine Mitarbeiter, nicht nur die Führungskräfte, haben sehr gut verstanden, dass Qualität nicht in ein Produkt nach seiner Herstellung am Bandende hineingeprüft werden kann, sondern direkt im Herstellungsprozess entsteht. Das ist übrigens nicht nur japanischen Automobilherstellern und Autoren japanischer Qualitätsfachbücher wie Shigeo Shingo bekannt, das haben auch vielfach amerikanische Autoren wie zum Beispiel Philip Crosby ausführlich in ihren Büchern beschrieben.

Wenn also die Qualität im Herstellungsprozess sichergestellt werden muss, dann liegt sie komplett und im wahren Sinne des Wortes in den Händen der Mitarbeiter, die die Herstellungsprozesse durchführen. Und das sind nun einmal im Falle einer Fließbandproduktion die Mitarbeiter am Fließband. Wenn ich also einem Mitarbeiter diese Arbeit anvertraue, ihn an diesen Arbeitsplatz stelle, dann vertraue ich ihm auch darin, dass er diese Arbeit im Sinne des Kunden durchführt. Oder, von anderer Seite betrachtet, wenn ich schon einen Mitarbeiter täglich Produkte im Sinne des Unternehmens zusammenbauen lasse, dann wäre es doch naheliegend, dass er die Kompetenzen hat, diese Arbeit besser durchzuführen als jeder andere Mitarbeiter im Betrieb. Sonst wäre der andere Mitarbeiter ja an diesem Arbeitsplatz. Außerdem gibt es ja wohl keinen Mitarbeiter im Betrieb, der nicht mehr Erfahrung bei dem entsprechenden Montageprozess sammeln konnte, als der Mitarbeiter, der diese Arbeit tagtäglich durchführt. Also vertraut Toyota diesem Mitarbeiter auch darin, dass er am besten darüber urteilen kann, ob er bei seinem Arbeitsprozess Schwierigkeiten hat, oder alles zu 100 % in guter Qualität ausgeführt werden kann. Und genau dazu ist die Andon-Schnur da, damit der Mitarbeiter dem Unternehmen und seinen Kollegen über ein Signal mitteilen kann: „Halt, ich habe hier ein Problem, das ich selbst in der mir zur Verfügung stehenden Zeit nicht lösen kann!" Mit dem entsprechenden Reaktionssystem bekommt der Mitarbeiter dann die notwendige Unterstützung, damit das Problem gelöst wird.

Diesem Vorgehen liegt im Übrigen nicht nur das tiefe Verständnis zugrunde, dass Toyota dem Mitarbeiter Vertrauen entgegenbringt, seine Kompetenzen zur Beurteilung seiner Arbeit jeden Tag in den Betrieb gerne einzubringen, sondern auch das Verständnis, dass nach Peter Drucker Betriebe dann erfolgreicher sind, wenn sie die Entscheidungskompetenzen im Unternehmen weiter nach unten abgeben, und auch, dass im Dreiecksverhältnis von Qualität, Durchlaufzeit und Kosten die Qualität immer an erster Stelle steht. Philip Crosby hat in seinem Buch *Quality Is Free* bereits 1980 darauf hingewiesen: Je weiter sich ein Qualitätsproblem in Richtung Kunde weiterbewegt, desto kostenintensiver wird seine Korrektur. Das ist eindrucksvoll am Beispiel der Zündschlossprobleme von GM oder der Abgasprobleme von VW zu erkennen. Die Mitarbeiter wussten schon lange Bescheid, man gab ihnen jedoch nicht die Entscheidungskompetenz, den Prozess zu stoppen, diese Produkte weiter an den Kunden zu transportieren! Peter Drucker, der in seinen letzten Jahren die Schere zwischen Vorstandsgehälter und Mitarbeitergehältern verteufelte, hätte sich bestätigt gesehen durch den Verlauf dieser Skandale, bei dem sogar viele Menschen zu Tode gekommen sind, hat er doch genau diese Entwicklung vor Jahrzehnten durch seine Veröffentlichungen zu verhindern versucht.

Entscheidend ist bei der Übergabe der Verantwortung an die Mitarbeiter, nicht die Kosten für die Verbesserung der Qualität in den Vordergrund der Kommunikation zu stellen, also den Fokus auf die Kosten zu legen. Entscheidend ist, den Fokus auf die Verbesserung der Qualität des Prozesses zu legen, der wiederum dem Kunden das bessere Produkt bescheren wird und eine kürzere Durchlaufzeit realisiert. Die niedrigeren Kosten ergeben sich dann ganz von alleine, die das magische Dreieck der Wertschöpfung zusichert, jedoch nur, wenn es in der Reihenfolge Qualität, Durchlaufzeit und Kosten priorisiert wird.

Abschließend noch die spannende, recht aktuelle Information, dass Toyota sogar intensiv darüber forscht, was seine Mitarbeiter davon abhält, ihre Kompetenzen der Qualitätssicherung in die Wertschöpfungsprozesse einzubringen. So hat Toyota in den Jahren vor 1994 in seiner Forschungsabteilung zu erörtern versucht, was Mitarbeiter davon abhält, an der Andon-Schnur zu ziehen. Bei Toyota ist dies eine sehr entscheidende Kennzahl, und so ist es nicht das Ziel, die Anzahl der Andon-Schnur-Ziehungen zu reduzieren, sondern sicherzustellen, dass diese Zahl nicht zurückgeht! Warum? Weil Toyota immer davon ausgeht, dass es Probleme gibt und die Probleme auf keinen Fall weiter in Richtung Kunden wandern sollen.

Nach eingehender Untersuchung des Mitarbeiterverhaltens in der Forschungsabteilung von Toyota haben die Forscher festgestellt, dass die Mitarbeiter dann wesentlich gehemmter zur Andon-Schnur greifen, wenn sie den Kollegen, die sie nicht kennen, durch das Anhalten der Montagelinie Unannehmlichkeiten bereiten. Festgestellt wurde, dass die soziale Aufmerksamkeitsspanne zu Kollegen in Werkshallen entlang der Montagelinie bei etwa zwölf Mitarbeitern eine natürliche Grenze findet. Ist also die Verbindung der Wertschöpfungskette durch eine Fließbandproduktion länger als zwölf Mitarbeiter, geht die Bereitschaft, sich bedingungslos dem Qualitätsziel des Mitarbeiters und des Unternehmens zu widmen und die Andon-Schnur zu ziehen, deutlich zurück. Folglich darf die Verkettung von Fließbandschritten nicht länger als ca. zwölf Mitarbeiter sein.

Beeindruckend ist jedoch nicht nur, dass Toyota sich dem tieferen Verständnis widmet, was einen Mitarbeiter daran hindert, seine Kompetenz in die tägliche Arbeit einzubringen, vielmehr ist auch die konsequente Umsetzung der Ergebnisse erstaunlich. So hat Toyota im Jahre 1994 sein Layout des Werkes Motomachi so angelegt, dass immer zwischen 12 bis 15 Mitarbeitern ein Puffer von mehreren Fahrzeugen existiert, damit die Mitarbeiter keine Hemmungen haben, die Andon-Schnur zu ziehen und das Montageband anzuhalten (vgl. Fujimoto et al.). Das ist umso erstaunlicher, als Toyota zur Verkürzung der Durchlaufzeit und damit zur Reduzierung der Kapitalbindung durch Reduzierung der Bestände seit vielen Jahrzehnten überall im Unternehmen Puffer einsparen möchte. Die Erkenntnis jedoch, dass fehlende Puffer die Einbringung von Mitarbeiterkompetenzen einschränkt und das tiefe Verständnis, dass Erhöhung der Qualität vor Reduzierung der

Durchlaufzeit zu bewerten ist, macht eine solche Änderung in der Unternehmensstrategie sehr nachvollziehbar. Gleichzeitig macht es deutlich, wie weit Toyota sich bereits vor vielen Jahrzehnten von den Vorgehensweisen in der Führung seiner Mitarbeiter und damit seines Unternehmens gegenüber den westlichen Unternehmen weiterentwickelt hat. Offensichtlich nicht zum Nachteil, sondern zum Vorteil des Unternehmens. Toyota ist seit 2007 der größte Automobilhersteller der Welt, hat durch seine Hybridtechnologie die niedrigsten Flottenverbräuche aller Marktwettbewerber, ist mit seiner serienreifen Brennstofftechnologie Innovationsführer im Antriebskonzept und hatte 2014 in Europa unvergleichliche Wachstumsraten von über 9 %!.

Abschließend ist noch auf ein Forschungsgebiet aus dem Herkunftsland von Toyota hinzuweisen. In den 1950er-Jahren hat sich in Japan ein Wissensgebiet entwickelt, dass sich Monozukuri nennt und das „Herstellen von Dingen" ins Zentrum stellt. Es betrachtet unter anderem die drei Dinge, die man braucht, um Dinge herzustellen. Diese sind auf einen einfachen Nenner gebracht: Material, Maschinen und Menschen. Auch die in Europa und Amerika gebräuchliche Betriebswirtschaft sieht in der Produktion diese drei Ressourcen. So wird von Investitionsgütern gesprochen, wenn man von Maschinen spricht, es wird von Material gesprochen, wenn man die Rohstoffe meint, aus denen etwas produziert wird, und es wird von Human Resources gesprochen, wenn man von den Menschen spricht, die diese Maschinen bedienen und das Material bearbeiten. Der kleine Unterschied in der Betrachtungsweise liegt in einem winzigen Detail. Die Ressourcen werden bei Monozukuri nicht als gleichwertig und schon gar nicht als Kostenfaktor angesehen. Die Kostenbetrachtung wird bei einer Ressource grundlegend anders angesetzt.

Der Mensch wird nicht als gleichwertiger Kostenfaktor angesehen, der für die Erzeugung eines Produktes eingesetzt werden muss, sondern der Mensch hat die Sonderfunktion, dass er die Herstellung des Produktes erst möglich macht. Denn es ist erst der Mensch, der den Prozess anstößt, der aus dem Material mithilfe einer Maschine ein Produkt machen kann.

Nun werden einige Leser vielleicht die „menschenleere Fabrik" ins Feld führen. Jedoch ist auch in diesem Fall der Maschinenpark noch nie ohne Menschen gelaufen. Im Gegenteil: Der Personalaufwand, die Maschinen am Laufen zu halten, ist regelmäßig höher als zuerst berechnet. Wenn dann noch die höheren Investitionskosten berücksichtigt werden, ist die menschenleere Fabrik auf einmal in der Realität gar nicht mehr so produktiv. So wurde das Opel-Werk in Eisenach, als eines der produktivsten Werke Deutschlands gefeiert, 2007 infrage gestellt und die Produktion zeitweise eingestellt.

Im Jahre 2014 veröffentlichte eine deutsche Zeitung einen Artikel, nach dem Toyota seine Roboter durch Menschen ersetzt. Das war jedoch nicht, wie in dem Artikel beschrieben, weil Toyota glaubte, dass Menschen weniger Fehler machen als Roboter, sondern vielmehr, weil Toyota weiß, dass Menschen die Produktionsprozesse mit ihren Problemlösekompetenzen kontinuierlich verbessern können!

Aus diesem Grund sind Menschen nicht als eine von drei Ressourcen zur Produktion von Industriegütern zu sehen, sondern als der kreative und kompetente Kern der Wertschöpfungsprozesse, egal ob es sich um Serviceprozesse, administrative oder Produktionsprozesse handelt.

Mit den Ausführungen in diesem Abschnitt wollten wir deutlich machen, dass der entscheidende Wettbewerbsvorteil bei der Entwicklung eines Hochleistungsunternehmens durchaus die Nutzung von Mitarbeiterkompetenzen sein kann und oftmals die Nutzung von Elternkompetenzen ist. Denn, machen wir uns nichts vor, gute Maschinen, gutes Material, gute Entwickler, gute Strategen und gute Finanzleute haben die Unternehmen in den globalen Industrien heute alle. Aber haben sie alle die Führungskräfte, deren Menschenbild es zulässt, die Mitarbeiterkompetenzen voll ins Unternehmen einzubringen? Haben sie eine Organisationsform aufgebaut, in der es möglich ist, an informellen Lernorten Kompetenzen aufzubauen, die dann zum Erfolg des Unternehmens an den Arbeitsplätzen eingebracht werden können?

Dieses Buch soll dazu beitragen, diese Veränderungen in der Einstellung der Führungskräfte, der Gründer und der Eigentümer in Organisationen anzustoßen und vielleicht eine Orientierung zu geben, wie man aus Unternehmen und Familie Freunde macht, zum Vorteil beider und zur Sicherung deutschsprachiger Standorte im globalen Wettbewerb der Unternehmen.

4.3 Teamarbeit im Unternehmen und in der Familie

Joachim E. Lask

> „Meine Firma ist ein Pool, in dem sich Menschen entwickeln. Manchmal sind meine Mitarbeiter wie Kinder für mich, wenn ich über sie wohlwollend nachdenke und schaue, wie ich sie fördern und fordern kann. Ich möchte, dass sie sich mit Begeisterung entwickeln, statt Angst haben und unter Druck stehen. Ich will ihnen freiheitliche Selbstständigkeit bieten und fordere gleichzeitig Verbindlichkeit ein. Das habe ich an meinen eigenen Kindern gelernt, wie gut

das gelingt." (Lothar Jahrling, Vater von zwei Kindern, Erfinder der sensomotorischen Einlage, Gründer und Geschäftsführender Gesellschafter von Footpower GmbH)

Den besten Einfluss auf das Engagement bei der Arbeit hat der Kollege – das sagen 41 % der befragten deutschen Angestellten 2015 in der Oracle-Simply-Talent-Studie [1]. Damit ist noch nichts über die Arbeit im Team ausgesagt. Dieses Ergebnis deutet jedoch darauf hin, dass der Mensch am Arbeitsplatz Begegnung benötigt um seine Arbeit erfolgreich zu verrichten.

Klar ist: Nur, wenn Kommunikation und Stimmung im Team gut sind, kann das Arbeitsklima gut und die Motivation hoch sein. Doch erfolgreiche Teamarbeit entsteht nicht einfach durch Großraumbüros und kostenlosen Kaffee aus einer italienischen Kaffeemaschine. Hierzu braucht es vor allem gute Führung!

Viele Eltern sehen Teamarbeit eher realistisch-nüchtern und freuen sich bereits, wenn die Familienmitglieder vereinbarte Regeln befolgen, wie etwa „Wir tragen Hausschuhe in der Wohnung" oder „Auf dem WC sitzen wir!" Und genau genommen sind die aufgeführten Tätigkeiten auch noch keine Teamarbeit, sondern eher vereinbarte Einzelarbeit.

Hingegen scheint der feste Glaube an das Team als die beste Arbeitsform in Unternehmen ungebrochen zu sein, obwohl es hierzu – dies sei hier bereits vorweggenommen – keine überzeugende Gründe gibt. Verantwortliche erhoffen sich von Gruppen besserer Leistungen als vom Einzelnen. Dem Team werden besondere Fähigkeiten zugeschrieben: mehr Weisheit, höhere Leidensfähigkeit, starker Zusammenhalt, bessere Stimmung, Schwarmintelligenz, Netzwerkarbeit usw. Die hohe Komplexität von Problemen erfordere das gesammelte Expertenwissen von mehreren Spezialisten, der Einzelne sei hier überfordert.

Und doch: die Gruppe ist für den Menschen seit jeher eine Grunderfahrung. Um zu überleben gab es immer wieder die Notwendigkeit, kooperativ zu handeln. Durch das Aufteilen der Arbeit und das gemeinsame Nutzen von Erfahrungen, Wissen und Materialien konnten Herausforderungen erfolgreicher bewältigt werden. Außerdem macht der Mensch im Kontext der Kleingruppe wesentliche Lebenserfahrungen. Heute organisieren wir uns häufig in Arbeitsgruppen, Projektgruppen oder Gesprächsrunden. Dabei erleben wir sowohl die Vorteile der Gruppe, wenn Gruppenmitglieder sich gegenseitig konstruktiv ergänzen. Wir erleben jedoch auch die Nachteile, wenn die Gruppe z. B. nicht effektiv arbeitet, Teammitglieder sich in der Arbeit mehr behindern statt zu fördern und das muss noch nicht einmal vor dem Hintergrund von Misstrauen und Missgunst geschehen.

Wir müssen uns also fragen:

- Welche Voraussetzungen müssen gegeben sein, damit Teams tatsächlich mehr als die Summe ihrer Einzelmitglieder leisten?
- Unter welchen Bedingungen führt Teamarbeit zu Leistungseinbußen?
- Wie unterscheidet sich die Familie vom (Arbeits-)Team?
- Wie kann Führung im Team gelingen?
- Wie kann das Teamklima beeinflusst werden?

Vor- und Nachteile von Teamarbeit

Anhand wissenschaftlicher Untersuchungen konnten bis heute keine besonderen generellen Vorteile von Teamarbeit gegenüber der Einzelarbeit nachgewiesen werden [2]. Ganz im Gegenteil: Die Prozesse innerhalb der Gruppe (Gruppendynamik) sind komplex und können schnell zur Blockierung der Gruppe führen. Man denke nur an den mit einem Augenzwinkern geschriebenen Büroleitfaden von Margit Schönberger [3]. Hier berichtet sie vom Artenreichtum der Spezies „Kollege" als Wichtigtuer, Zicke, Petze oder Klugscheißer. Außerdem gibt es prinzipielle Nachteile von Teams (Motivationsverluste). Hier einige Beispiele, die viele Eltern, Mitarbeiter und Führungskräfte aus eigener Erfahrung bestätigen können:

- *Soziales Faulenzen*: Kavitz und Martin [4] fand bereits zwischen 1882 und 1887 erste Hinweise auf ein Nachlassen der Produktivität in Gruppen – ein Phänomen, das später als „soziales Faulenzen" in die Forschungsliteratur eingegangen ist. Er untersuchte die Zugkraft beim Tauziehen, indem er acht Männer gemeinsam an einem Seil ziehen ließ. Gemeinsam erzielten sie eine um 50 % geringere Zugkraft, als man aufgrund der bei ihnen einzeln gemessenen Zugkraft erwartet hätte.
- *Brainstorming*: Einen ähnlichen Gruppeneffekt gibt es beim Brainstorming, bei dem die einzelnen Gruppenmitglieder so viele Ideen wie möglich zu einem bestimmten Thema einbringen sollen. Auch hier untersuchte man die Summe der in der Gruppe generierten Ideen im Verhältnis zu der Anzahl von Ideen, die die Gruppenmitglieder in einer Einzelsituation lieferten (dabei wurden die redundanten Ideen abgezogen). In all diesen Experimenten brachten Brainstorminggruppen fast nie so viele Ideen hervor wie die einzelnen Personen insgesamt [5]. Dieser Unterschied lässt sich nicht durch kreativere oder praktikablere Techniken auflösen. Er lässt sich hauptsächlich durch eine „Produktionsblockierung"

in interaktiven Brainstorminggruppen erklären. Nennen Gruppenmitglieder ihre Ideen, sind zum gleichen Zeitpunkt die anderen Gruppenmitglieder blockiert und können keine Ideen hervorbringen.
- *Entbehrlichkeitseffekt:* Gruppenmitglieder strengen sich deswegen weniger an, weil ihr individueller Beitrag nur einen geringen Einfluss auf die Gruppenleistung zu haben scheint. Beim Bergsteigen richtet sich die Gruppe nach dem schwächsten Mitglied.
- *Trotteleffekt:* Erkennen oder wähnen Gruppenmitglieder, dass andere Gruppenmitglieder sich weniger anstrengen, vermeiden sie, dass sie ausgenutzt werden und sich somit „zum Trottel" machen.
- *Gruppendenken (groupthink):* Dies ist ein Effekt, bei dem es zu falschen, unklugen oder im schlimmsten Fall katastrophalen Entscheidungen in Gruppen kommt. Typischerweise zeigt sich dieser Effekt in Gruppen, die gemeinsamen oder ähnlichen Zielen verpflichtet sind. Die Einmütigkeit und der Zusammenhalt der Gruppe werden auf Kosten einer realistischen Bewertung alternativer Handlungen aufrechterhalten. Janis [6] begründet das Gruppendenken u. a. mit hohem Zusammenhalt, Abschottung der Gruppe gegenüber Kritik von außen, direktiver Führung, mangelhaften Strategien zur Konfliktlösung und Erfolgsdruck. Besonders kritisch sieht er die Kombination aus hohem Zusammenhalt und Erfolgsdruck (Stress).

Den Nachteilen von Teamprozessen auf die Leistung stehen Motivationsgewinne durch Teamprozesse gegenüber. Einige Beispiele führen wir hier auf:

- *Soziale Erleichterung:* Die Gegenwart einer anderen Person wirkt sich auf die Leistung aus, ohne dass diese aktiv in den Arbeitsprozess eingreift. Dieser Leistungsvorteil zeigt sich jedoch nur bei einfachen oder routinierten Arbeitsabläufen und nicht bei komplexen. Bei noch ungeübten und kreativen Tätigkeiten wird die Anwesenheit von anderen als störend und hinderlich erlebt.
- *Sozialer Wettbewerb:* Lassen sich die Einzelleistungen darstellen, steigt die Wahrscheinlichkeit, dass Mitglieder der Gruppe eine höhere Leistung erzielen. Hintergrund ist der soziale Wettbewerb. Dieser ist besonders attraktiv, wenn die Gruppenmitglieder in etwa gleich leistungsfähig sind und die Einzelleistung wertgeschätzt wird.
- *Köhlereffekt:* Schwächere Mitglieder einer Gruppe arbeiten härter, als sie es alleine täten, wenn sie damit eine schwache Gruppenleistung vermeiden können.
- *Transaktives Gedächtnis:* Ein bedeutender Vorteil von Teams betrifft die mehrfache Informationsverarbeitung. Teams können gleichzeitig mehrere

Gedächtnisse nutzen. Dadurch wird insgesamt eine bessere Gedächtnisleistung und bessere Korrektur individueller Fehler möglich. So kann sich in der Gruppe ein geteiltes Wissen entwickeln. Dabei müssen nicht alle Teammitglieder selbst sämtliche Informationen behalten. Jedoch wissen sie, wer was weiß. Voraussetzung ist jedoch Kommunikation und Kooperation unter den Teammitgliedern.

Eltern werden spätestens, nachdem sie diese Zeilen gelesen haben, diese Gruppeneffekte in ihrer Familie gezielter wahrnehmen und ggf. verändern oder nutzen.

Auf den Punkt gebracht: Das Führen von Teams fordert professionelle Beziehungsarbeit. Teams sind aus der betrieblichen Tätigkeit nicht mehr wegzudenken. Der Nutzen von Teamarbeit wird aber häufig überbewertet.

> **Kompetenzcenter Familie – Leistungseffekte der Gruppe nutzen**
>
> Die Fähigkeit, die Leistungsfähigkeit von Teams einzuschätzen und Aufgaben entsprechend zu organisieren:
>
> - leistungsfördernde Teameffekte erkennen und gezielt einsetzen,
> - erkennen, unter welchen Bedingungen Teamarbeit zu gegenseitiger Behinderung führt,
> - ein gutes Teamklima anregen.

Was zeichnet ein Team aus?

Wo „Team" draufsteht, muss noch lange kein „Team" drinnen sein! Sicherlich stimmt es, dass jedes Team auch eine Gruppe ist, doch nicht jede Gruppe ist ein Team. Man denke nur an Reisegruppen, die sich sicherlich nicht als Reiseteam verstehen. Hingegen vermuten wir hinter jeder Fußballmannschaft ein Team. Und wie steht es mit der Familie? Ist sie auch ein Team? In diesem Kapitel beschreiben wir einige Kriterien, an denen Eltern und Führungskräfte ein Team erkennen können. Damit sind auch Ansätze gegeben, auf ein Team einzuwirken.

Treffen sich eine Führungskraft und eine Mutter oder Vater, und berichten von Ihren Teamerfahrungen aus der Arbeit oder Familie, dann gibt es eine große Schnittmenge, und jeder wird zum anderen sagen können: „Das kenne ich aus meinem Team auch!" Auf den folgenden Seiten stellen wir einige Erkenntnisse aus der Arbeits- und Organisationspsychologie dar, und Sie können als Leser auswählen, ob Sie den Text aus der Perspektive „Eltern" oder „Führungskraft" lesen. Wie auch immer, wir hoffen, Sie erhalten Anregungen für Ihr Team in der Familie und/oder der Arbeit.

Vorteilhafte Gruppengröße

Eine Familie oder Gruppe besteht aus mindestens drei Personen – erst dann sind Gruppenphänomene wie z. B. Koalition oder Ausgrenzung möglich –, und sollen Gruppenmitglieder anspruchsvoll geführt werden, stoßen Gruppen mit sechs Personen bereits an ihre Leistungsgrenze.

Phasen der Gruppenentwicklung

Gruppen entwickeln sich. Sie brauchen hierfür genügend Zeit, um mehrere Phasen zu durchlaufen. Damit ist kein fixer Zeitraum vorgegeben. Eine Gruppe in einem Tages-Seminar hat wesentlich weniger Zeit für diese Entwicklung als ein Arbeitsteam, das in den nächsten Jahren zusammenarbeiten wird. Fest steht jedoch, dass sich Phasen der Gruppenentwicklung beschreiben lassen. Fünf solcher Phasen, deren Abfolge nicht zwingend ist, hat Truckman [7] dargestellt:

- *Orientieren* (Forming): Die Gruppenmitglieder lernen sich kennen.
- *Konfrontation* (Storming): Macht und Status in der Gruppe werden geklärt. Es kann zu Konflikten kommen.
- *„Wir"* (Norming): Die Gruppenmitglieder stellen Standards des gemeinsamen Umgangs auf, sie haben Ansprüche an akzeptiertes Verhalten und Leistungsansprüche.
- *Leisten* (Performing): Erst in dieser Phase ist die Gruppe gut aufgestellt, um ihre Aufgaben bestmöglich koordiniert zu bewältigen.
- *Abschließen* (Adjourning): Gruppenmitglieder verlassen die Gruppe, oder die Gruppe löst sich auf. Als Emotion treten Erleichterung und/oder Enttäuschung auf.

Tritt ein neues Teammitglied einem bestehenden Team bei, entsteht bereits ein neues Team oder ändert sich die Aufgabenstellung, sodass einzelne oder alle Phasen wiederholt durchgemacht werden müssen.

Zum Durchlaufen dieser Phasen braucht die Gruppe Zeit. Katz und Allen [8] konnten in empirischen Untersuchungen zeigen, dass in den ersten 3 bis 5 Jahren der Zusammenarbeit die Leistungen besser werden. Arbeitet jedoch die Gruppe dann unverändert weiter zusammen, werden ihre Leistungen in der Regel schlechter. Besonders auffällig war die Abnahme der Kommunikation mit Personen außerhalb der Gruppe (externe Experten), stattdessen konzentrierte man sich stärker auf die eigenen Lösungsstrategien und gewohnte Prozesse.

Das Leben in der Familie ist gekennzeichnet von zwei sich abwechselnden Prozessen: Veränderung und Konsolidierung. Jede Konsolidierung gibt Zeit, die oben angeführten Gruppenprozesse zu durchlaufen um somit zu einem leistungsfähigen Team zu werden. Die Änderungen in der Familie beenden dieses Familienteam und führen es zurück auf „Los", damit sich ein neues Familienteam mit den gleichen Familienmitgliedern entwickeln kann. Die neuen Herausforderungen, die mit den Veränderungen einhergehen sollen, so besser bewältigt werden. Schon wer mit seiner Familie in den Urlaub fährt, kann die einzelnen Gruppenphasen gut beobachten. Allein die Veränderung des Ortes verändert ein Team und Aufgaben und Rollen müssen neu zugeordnet werden. Familie bietet also standardmäßig Veränderungen, die Impulse für den Neustart der Gruppenentwicklung sind. Interessanterweise erfolgen diese Impulse in der Familie spätestens nach 3 bis 5 Jahren. Aus der Perspektive der Familie sind zur zeitlichen Abfolge von Veränderungen diese Punkte zu nennen:

- Die 2010 geborenen zweiten Kinder waren im Durchschnitt vier Jahre jünger als ihre erstgeborenen Geschwister. Die dritten Kinder kamen durchschnittlich fünf Jahre nach dem Geburtstag des zweiten Kindes zur Welt [9].
- Anspruch auf einen Kitaplatz ab dem 3. Lebensjahr,
- Einschulung ab dem 5./6. Lebensjahr,
- Wechsel von der Grundschule in Hauptschule, Realschule, Gymnasium mit dem 9./10. Lebensjahr,
- Pubertät,
- Schulabschluss,
- Beginn einer Berufsausbildung.

Kompetenzcenter Familie – Begleitung von Gruppenprozessen

Die Fähigkeit, Gruppenprozesse zu initiieren und zu begleiten:

- die Phasen „Orientieren" → „Konfrontation" → „Wir" → „Leisten" → „Abschließen" gestalten,
- Begegnungen moderieren,
- Konflikte, Erfolge phasenbedingt begleiten,
- einzelne Gruppenmitglieder fördern und fordern.

Direkter Kontakt

Ein nächstes wesentliches Merkmal eines Teams ist die Möglichkeit zum direkten Kontakt *(face to face)*. Der Sozialpsychologe George Homans [10] konnte 1950 nachweisen, dass mit der Anzahl der Kontakte die Nähe zwischen zwei Personen zunimmt. Das Homans-Gesetzt besagt: „Wenn sich die Häufigkeit der Interaktion zwischen zwei oder mehreren Personen erhöht, so wird auch das Ausmaß ihrer Neigung füreinander zunehmen, und vice versa" [10, S. 126]. Dann werden zwischen den Gruppenmitgliedern nicht nur Sympathie und Antipathie ausgehandelt, sondern auch Macht und Einfluss.

Eltern mit Vollerwerbstätigkeit spüren diesen Zusammenhang sehr deutlich, wenn man sich am Wochenende oder im Urlaub innerhalb der Familie viel häufiger sieht. Diesen Effekt konnte ich regelmäßig in den Elternkursen beobachten, die ich im Frankfurter Bankenviertel durchführte. Der Elternkurs PEP4Kids zielt zunächst darauf ab, mit Vätern (80 % der Kursteilnehmer) und Müttern Ideen zu entwickeln, wie die Kontakthäufigkeit mit den Kindern trotz Erwerbstätigkeit erhöht werden kann. Dabei war für die Eltern die Information wichtig, dass der entscheidende Faktor die Häufigkeit und nicht die Dauer des Kontakts ist. Bereits eine Begegnungszeit von 30 s wirkt im Sinne des Homans-Gesetzes. Schon innerhalb von 14 Tagen konnten Eltern, die Sorge hatten, außerhalb der Familie zu stehen, davon berichten, dass die gestiegene Häufigkeit der Interaktion zwischen ihnen und dem Kind zu einer deutlich intensiveren Beziehung führte.

Rollendifferenzierung

Ein Team zeichnet sich durch seine Unterschiedlichkeit der Teammitglieder aus. In der Konsequenz bedeutet dies, dass jedes Gruppenmitglied eine andere Funktion im Team hat. In einem Team entwickeln sich Erwartungen an die einzelnen Mitglieder, wie sie sich in bestimmten Situationen verhalten sollten. Die Summe dieser Erwartungen auf eine Person wird als Rollenerwartung bezeichnet, die das Team dem Mitglied zuspricht. Ob sich die Person dieser Rollenerwartung anpasst oder ein anderes ggf. modifiziertes Rollenverständnis von sich selbst für das Team hat, wird ständig ausgehandelt. Beispielsweise wird einem Teammitglied die Führungsrolle zugewiesen. Sowohl die Geschäftsführung als auch die Teammitglieder sind sich darin einig. Ob die neue designierte Führungskraft diese Rollen annehmen will, ist damit noch nicht entschieden. Ggf. kündigen eigene Erfahrungen in solch einer Rollenkonstellation „vom Kollegen zum Chef" konflikthafte Erfahrungen an.

In funktionierenden Teams differenzieren sich Rollen aus, sodass sie sich ggf. gegenseitig ergänzen oder auch variabel von anderen übernommen werden können. Dabei differenzieren sich die Rollen auf zwei Ebenen: auf der Macht/Einfluss-Ebene (vertikal, bestimmen vs sich einlassen), auf der die „Hackordnung" festgelegt wird, und auf der horizontalen Ebene, auf der Spezialisten im weiteren Sinne herausgebildet werden, wie etwa Bescheidwisser, Kritiker, Nüchterne, Spaßvögel, Spontane, Konservative, Perfektionisten.

In der Familie werden ebenso unterschiedliche Erwartungen an die einzelnen Familienmitglieder gerichtet, und es bleibt offen, ob die zugewiesenen Rollen angenommen und erfüllen werden. Eltern kommen aus ihrer Rolle, Vater und Mutter für ihre Kinder zu sein, nicht mehr heraus. Mit der Aufteilung, wer wie viel mit Erwerbstätigkeit zum fiskalischen Familieneinkommen beisteuert, mag eine weitere Rollendifferenzierung dazukommen. An der Elternverantwortung und Rollenerwartung ändert sich damit jedoch nichts. Anders ist es für die Kinder. Dort können etwa durch die Geburtenfolge Rollen besetzt sein. Beispielsweise ist das erstgeborene Kind häufig mit Verantwortungsaufgaben betraut, wenn ein weiteres Geschwisterkind geboren wird. Das letztgeborene Kind wird nicht die Erfahrung machen, dass es sich mit einem jüngeren Geschwisterkind seine Position (Rechte und Privilegien) aushandeln muss. Ob ein mittleres Kind zwangsläufig die Rolle eines „Sandwichkindes" erhält, das aus dem Rahmen fällt und wenig beachtet wird oder stets zwischen den Fronten vermitteln soll, ist nicht vorgegeben. Rollentypen wie „der Vernünftige", „das schwarze Schaf", „der Clown, das Maskottchen" oder „das stille Kind" sind zwar in der familientherapeutischen Literatur beschrieben, müssen jedoch nicht auf ein Familienmitglied fixiert sein. Im Gegenteil: Je häufiger Familienmitglieder verschiedene Rollentypen wechseln oder zugeschrieben bekommen, desto besser für die Familiengesundheit. Schwierig werden Familiensysteme dann, wenn einzelne Rollen zu Überlebensrollen werden, etwa wenn „der Vernünftige" die Familienehre retten muss, „das schwarze Schaf" den Familienstreit auflösen soll oder „der Clown" mit seiner Albernheit in Konfliktsituationen für Ablenkung sorgen muss.

Regeln und Normen

Jedes Team entwickelt Standards. Im Laufe der Zeit vereinbaren Teammitglieder Regeln, wie man in bestimmten Situationen miteinander umgehen soll und wie auf keinen Fall. Mit der Einigung auf ausgesprochene oder auch unausgesprochene Regeln wird eine Reihe von Funktionen bereitgestellt, die für ein Team existenziell notwendig sind:

- *Orientierung und Selektion:* Welche von den vielen Verhaltensvarianten ist die richtige?
- *Stabilität und Vertrauen:* Wir können uns in gegebenen Situationen auf ein vereinbartes Verhalten verlassen.
- *Koordination und Prognose:* Wir stimmen uns in unserem Handeln aufeinander ab und können dann dieses Verhalten auch erwarten.

In jeder Familie bilden sich Regeln für das gemeinsame Leben und Wohnen heraus wie etwa Vereinbarungen des Respekts „Wir klopfen an, wenn die Tür geschlossen ist!" oder der Ordnung „Wir hängen unsere Jacken und Mäntel in die Garderobe!" Ebenso treffen Arbeitsteams Vereinbarungen des Miteinanders beispielsweise, wie mit Fehlern umgegangen wird, wie die Arbeitszeit geregelt ist oder wer wann in den Urlaub geht.

Wir-Gefühl

Ein weiteres konstituierendes Merkmal eines Teams ist der Zusammenhalt. Damit ist ein Wir-Gefühl gemeint, wenn die Teammitglieder sich in der Gruppe wohlfühlen und sich mit der Gruppe identifizieren. Dieser Zusammenhalt wird von Sader [11] als Ausmaß wechselseitiger positiver Gefühle definiert und als Kohäsion bezeichnet. Interessanterweise gilt für die Familie, dass sie eine solche bleibt, auch wenn das „Wir-Gefühl" getrübt oder nicht mehr vorhanden ist.

Vision – Auftrag – Aufgabe

Jede Gruppe ist auf ein Ziel oder einen Zweck ausgerichtet, von dem sie ihre Aufgabe oder Auftrag ableitet. Dieses Ziel ist verbunden mit der Vision der Gruppe, dem längerfristigen Ziel. Fehlt dieses Ziel und finden sich keine alternativen Ziele, verliert die Gruppe ihre Begründung und löst sich auf.

In der Familie findet am Übergang von der Zweierbeziehung zur Familie ein fundamentaler Wechsel des Zieles statt. Zur Partnerschaft tritt nun die Elternschaft als Auftrag hinzu. Ebenso ist es wieder der erneute Übergang zur Partnerschaft – dann wenn der Erziehungsauftrag erfüllt ist und die Kinder die Eltern verlassen –, der das ursprüngliche Paar herausfordert, seine

Ziele neu zu definieren. Gelingt es dem (Eltern-)Paar nicht, in den Zielen Klarheit, Einigkeit und das Gefühl der Erreichbarkeit zu erlangen, wird die Partnerschaft und Familie vor erhebliche Probleme gestellt sein.

> Definition: Eine Gruppe ist eine Anzahl von Personen, die über längere Zeit in direktem Kontakt stehen, wobei sich Rollen ausdifferenzieren, gemeinsame Normen entwickelt werden und Kohäsion, d. h. ein Wir-Gefühl, besteht [12]. Jede Gruppe hat ein Ziel.
> Auch wenn das Erlernen von Theorien und Wissen zur Führung in Familien nicht geboten wird, sind die Trainingsmöglichkeiten für Führungsverhalten exzellent und nicht zu überbieten. So können Führungskompetenzen langfristig und häufig auch unter Stressbedingungen eingeübt werden.

Was unterscheidet die Familie vom (Arbeits-)Team?

Wenn die Definition von Team und Familie so viele Ähnlichkeiten aufweist, stellt sich die Frage: Können Prozesse in der Familie auf Teams übertragen werden? Auf diese Frage hören wir immer wieder zwei spontane Antworten: Die erste ist ein klares „Nein!" und die zweite ein „eigentlich Ja!". Das „Nein!" liegt darin begründet, dass Mitarbeiter keine Familienangehörigen sind und Führungskräfte keine Eltern, dass Mitarbeiter sich nicht mit Kindern vergleichen lassen und das Eltern-Kind-Verhältnis nicht der Führungskraft-Mitarbeiter-Beziehung entspricht. Die zweite Antwort „eigentlich Ja!": Unterhalten sich Führungskräfte und Eltern über ihre Erfahrungen werden beide immer wieder feststellen, dass sie eigentlich die gleichen oder sehr ähnlichen Erfahrungen machen: „… hören nicht auf das, was man ihnen sagt", „Wie viel Mal muss man etwas noch sagen, bis es befolgt wird?", „Die wollen immer mehr! Es ist nie genug!", „Wenn man nicht selbst hinter allem her ist, läuft hier gar nichts!" usw.

Betrachten wir die Funktion von Arbeitsteams und der Familien, gibt es einen klaren Unterschied. Teams haben die Aufgabe, ein Produkt – sei es einen Gegenstand oder eine Dienstleistung – zu erstellen, das zum Verkauf angeboten wird. Die Familie hat die Aufgabe, das Überleben zu sichern durch Nachkommen und deren Vorbereitung auf ein selbstverantwortliches Leben in der Gesellschaft. Zwar wird diese Leistung nicht zum Verkauf angeboten, doch hat die Familie für die Existenz einer Gesellschaft ethische, soziale sowie ökonomische Bedeutung.

Weisen wir schlagwortartig den Arbeitsteams das Adjektiv „aufgabenorientiert" und der Familie das Adjektiv „beziehungsorientiert" zu, werden wir mit Sicherheit beiden Gruppen nicht gerecht. Natürlich muss eine Familie auch aufgabenorientiert sein und ein Team in der Arbeit beziehungsorientiert. Es verhält sich sogar so, dass die Beziehungsorientierung für Arbeitsteams einer der wichtigsten Leistungsfaktoren ist. Ohne Kommunikation, Zielsetzung, Verlässlichkeit, Loyalität, Wertschätzung und Kritik gelingt keine Arbeit. Hingegen ist die Aufgabenorientierung für Familien das tägliche Brot. Sehr viele Aufgaben von der Haushaltsführung über das Gesundheitsmanagement bis hin zur Erziehung sind zu bewältigen. Oder noch aktiver formuliert: Eine gemeinsame Aufgabenorientierung hält die Familie zusammen, stärkt die Zusammengehörigkeit – und das nicht nur auf der Gefühlsebene.

In diesem Buch stellen wir immer wieder fest, dass die Prozesse der Zielsetzung, der Wertschätzung, Forderung und Förderung, Konsequenz und Kommunikation in Arbeitsteams und in der Familie häufig identisch oder nahezu identisch sind. Und doch bleibt ein wesentlicher Unterschied, der weitreichende Konsequenzen hat. Die Aufkündigung der Beziehung ist in der Arbeit, aber nicht in der Familie möglich. Auch wenn die Familie kein Team mehr ist, bleibt sie eine Familie. Dass dies weitreichende Folgen für die Themen Entlohnung und Gerechtigkeit hat, haben wir bereits in Kap. 3 im Abschnitt „Sicherheit durch Vertrautheit" dargestellt. Ein zweites absolutes Alleinstellungsmerkmal ist die Verantwortung, die eine Generation gegenüber der anderen hat. So haben Eltern die rechtliche Verantwortung für ihre minderjährigen Kinder. Ebenso haben Kinder Verantwortung für pflegebedürftige Eltern. Zwischen Arbeitgebern und Mitarbeitern gibt es zwar ähnliche Verantwortungen, jedoch nur so lange der Arbeitsvertrag zwischen beiden Parteien wirksam ist. Beispielsweise beteiligt sich der Arbeitgeber an den Sozialabgaben des Mitarbeiters für die Kranken- und Rentenkassen. Auch hier wird deutlich, dass Ähnlichkeiten zwischen Familienverhältnissen und Arbeitsverhältnissen bestehen.

Unser Anliegen ist hier, das Gemeinsame aus Arbeit und Familie für beide Gruppen zu nutzen und uns vor einer billigen Gleichmacherei zu schützen sowie einem kategorischem „das kann man nicht vergleichen" vorzubeugen. Um den Sachverhalt zu verdeutlichen, haben wir eine Grafik entwickelt (Abb. 4.1).

Die Eigenheiten von Familie und Team sind jeweils in den Pfeilen links und rechts verankert. Die gleichen Aufgaben und Strategien sind in der Mitte angedeutet.

4.3 Teamarbeit im Unternehmen und in der Familie

Abb. 4.1 Unterschiede und Gemeinsamkeiten von Familie und Arbeitsteam

Wie kann Führung gelingen?

„Personal- und Führungskräfteentwicklung wird seit vielen Jahren als eine der ganz großen Herausforderungen für Unternehmen bewertet. Speziell in die Aus- und Weiterbildung von Führungskräften muss viel investiert werden, um Teams, Abteilungen und ganze Unternehmen erfolgreich führen zu können. Die Führungskräfte werden darauf geschult, je nach Situation unterschiedliche Führungsstile anwenden zu können. Dabei reicht die Palette der Stile vom „demokratischen" Ansatz bis zum „autoritären" Führungsstil. Aktuell wird in vielen Unternehmen auf die „Coaching"-Kompetenz der Führungskräfte wert gelegt. Auch als Eltern sind wir in der Familie in unterschiedlichsten Situationen gefordert. Je nach Situation und Alter unserer Kinder werden wir ständig mit anderen Szenarien konfrontiert. Bewusst oder unbewusst setzen wir die Vielfalt unserer Führungsstile ein und entwickeln, üben und erweitern unsere Fähigkeiten im Umgang mit komplizierten Familiensituationen. Wer diese Erfahrungen aus der Familie nicht hat, muss seine Expertise anderweitig und aufwendig trainieren." (Prof. Dr. Matthias Landmesser, Vater von drei erwachsenen Kindern, Vorstand der Dualen Hochschule Baden-Württemberg – DHBW, zuvor für die Personal- und Führungskräfteentwicklung der IBM in Nord-, Mittel- und Osteuropa verantwortlich)

Unter welchen Bedingungen sind Menschen in Gruppen (wie Familie, Verein, Gemeinschaft, Organisation) effektiv? Diese Frage stellt sich in fast allen Lebensbereichen. Dies gilt im Sport, in der Politik ebenso wie in der Familie und am Arbeitsplatz.

Die Frage, die sich Führungskräfte im Unternehmen immer wieder stellen, ist: Wie muss ich mich als Führungskraft verhalten, damit meine Mitarbeiter das bestmögliche Leistungsergebnis erzielen? Die gleiche Frage beschäftigt auch Eltern, wenn sie möchten, dass ihre Kinder sprechen lernen, lernen mit Emotionen angemessen umzugehen, Hausaufgaben zu machen, im Haushalt zu helfen usw.

Als Eltern wollen wir gerne wissen: Was muss ich tun, damit Erziehung und Familie gelingt? Dies ist eine eindeutige Führungsaufgabe, die da lautet: Wie bewältige ich die mir übertragene (Erziehungs-)Aufgabe

- mit diesem Kind/diesen Kindern,
- mit den vorhandenen Möglichkeiten,
- mit dem anderen Elternteil,
- in der vorhandenen Situation

möglichst optimal?

In der Frage selbst steckt bereits der Suchfokus: Das Interesse richtet sich auf die Person, die für den Führungserfolg verantwortlich sein soll. Aus der Familienperspektive ist interessant, dass Eltern für die Erziehungsaufgabe offensichtlich von ihrer Persönlichkeit befreit werden. Das heißt, egal welche Charaktereigenschaften oder Persönlichkeitsmuster bei diesem Elternteil vorliegen, erwarten wir, dass er ein bestmögliches Erziehungsverhalten, angepasst an das Kind und die Situation, entwirft. An dieser Herausforderung wird deutliche, welche enorme Leistung Eltern in ihrer Persönlichkeitsentwicklung imstande sind zu vollbringen, wenn beispielsweise Verlässlichkeit von Eltern gefordert wird, der Vater oder die Mutter mit reichliche situativer Flexibilität in der Persönlichkeit ausgestattet ist, oder wenn Eltern trotz ausgeprägter Introversion zu aktivem und herzlichem Kommunikationsverhalten gegenüber ihren Kindern gefordert sind. Diesen Gedanken führen wir im nächsten Abschnitt weiter aus.

Wie funktioniert Führung?

Lutz von Rosenstil [13], einer der führenden Arbeits- und Organisationspsychologen im deutschsprachigen Raum, definiert Führung zunächst schlicht als „die bewusste zielbezogene Einflussnahme auf Menschen." Dieser Definition können sich Eltern anschließen und konkret benennen, was das Ziel ihrer Führung ist und wie sich die Einflussnahme gestaltet. Familie als Hausgemeinschaft hat etwa die Aufgabe der Reproduktion der Spezies Mensch, der Sozialisation (Erziehungsfunktion) oder auch eine wirtschaftliche Funktion. Die Art der Einflussnahme auf die Familienmitglieder lässt sich etwa benennen als Beeinflussen, Motivieren oder Befähigen.

4.3 Teamarbeit im Unternehmen und in der Familie

Das Ziel der Führung aus Unternehmenssicht ist, etwas zur Effektivität von Arbeitseinheiten und Organisationen beizutragen. Die Forschung rund um das Thema Führung konzentriert sich bis heute auf die Führungskraft selbst. Viele der Führungstheorien wurden in der ersten Hälfte des 20. Jahrhunderts entwickelt. Sie konzentrieren sich auf typische Persönlichkeitsmerkmale und Verhaltensweisen von Führungskräften. Seit etwa den 1960er-Jahren wird die Situation, in der Führung erfolgt, in die Führungstheorien aufgenommen. In sogenannten Kontingenzansätzen [14] berücksichtigt man jetzt situative Bedingungen wie z. B. charakteristische Merkmale der Organisation, der Aufgabe und der Mitarbeiter, um den Erfolg von Führungskräften und Führungsverhaltensweisen vorherzusagen. Aktuelle Konzepte zur Führung richten ihre Aufmerksamkeit auf die Beziehungsgestaltung zwischen Führungskraft und Mitarbeitern und auch auf die gemeinsame Führung *(shared leadership)* innerhalb von Arbeitsgruppen.

Wie bereits oben beschrieben, scheint die elterliche Führung in ihrer normativen Kraft des Faktischen die Blaupause für die Führungsforschung zu liefern. Natürlich versuchen auch Eltern, ihren Führungserfolg und -misserfolg mit Personenfaktoren zu erklären: „Er ist halt jähzornig!", „Sie hat schwache Nerven!". Obwohl diese Personenfaktoren den Führungserfolg in der Familie vermeintlich erklären, stehen Eltern stets in der Spannung ihrer Persönlichkeit und ihrer Verantwortung. Diese Spannung lässt sich auch nicht mit dem Rückgriff auf die Herkunftsfamilie auflösen, sondern triggert (hoffentlich) einen Entwicklungsprozess der Mutter / des Vaters an.

So ist ein Vater, der in seiner Persönlichkeit Merkmale, wie geringe Herzlichkeit, geringe Offenheit für Gefühle oder eine geringe Gutmütigkeit aufweist, gleichwohl herausgefordert, seinem Kind Nähe und Wärme zu zeigen. Er ist herausgefordert, mit seinem Familienführungsauftrag genau dies zu lernen, auch wenn er sich in seiner Persönlichkeit deswegen keinen Millimeter verändern wird. Gleichwohl kann er jedoch sein Verhalten dem Kind gegenüber verändern. Zuwendung, Zuhören und Interesse bewirken Nähe und emotionale Wärme. Das Gleiche lässt sich für einen Elternteil formulieren, der in seiner Persönlichkeit eher spontan, flexibel, offen für neue Ideen und Handlungen ist. Erziehung fordert immer wieder auf der Grundlage positiver Beziehung ein nachhaltiges Verhalten, Konsequenz und Regelhaftigkeit. Eltern werden diese Verhaltensweisen situationsangemessen lernen und einsetzen, da sie für die Erziehung und Familienführung beauftragt sind.

Und doch forschen Psychologen nach speziellen Persönlichkeitseigenschaften, durch die sich Führungserfolg erklären lässt.

Persönlichkeitsansatz

In der Psychologie der Persönlichkeit geht man davon aus, dass jeder Mensch stabile Eigenschaften in seinem Verhalten und Erleben hat. Sie sind so stabil, dass sie immer gleich bleiben. Ist ein Mitarbeiter wegen seiner Gewissenhaftigkeit bekannt, dann gehört diese Eigenschaft trotzdem nur dann zu seiner Persönlichkeit, wenn er diese Gewissenhaftigkeit auch künftig (Zeit) und in anderen Situationen (Ort) zeigt, etwa bei der Haushaltsführung, der Kassenführung im Verein, der gut organisierten Briefmarkensammlung, dem systematisch geplanten Urlaub etc.

Entsprechend forschte man bereits früh nach Zusammenhängen zwischen Führungserfolg und Persönlichkeitseigenschaften. Bezüglich der Forschungsergebnisse gibt es heute eine gute und eine schlechte Nachricht. Zuerst die gute: In der Tat fanden Forscher eine Anzahl von Persönlichkeitseigenschaften, die mit dem Führungserfolg in Zusammenhang stehen wie Extraversion, Offenheit für Veränderung, Gewissenhaftigkeit und emotionale Stabilität. Die schlechte Nachricht: Durch die Besonderheiten einer Führungspersönlichkeit lässt sich Führungserfolg in Gruppen nicht befriedigend erklären.[1] Mit anderen Worten: Es gibt nicht *die* Führungspersönlichkeit schlechthin.

Verhaltensansatz

Die Suche nach den Bedingungen für Führungserfolg ging weiter. Das Interesse verlagerte sich von den überdauernden Merkmalen der Führungskraft (Persönlichkeit) auf das, was Führungskräfte tatsächlich tun – ihr Führungsverhalten.

Kurt Lewin, einer der einflussreichsten Pioniere der Psychologie, beobachtete bereits [15] einen Zusammenhang zwischen Leistungsfähigkeit und dem Führungsstil in Kleingruppen mit Jugendlichen. In einer Reihe von

---

[1]Heute werden relativ geringe, aber stabile Zusammenhänge (Korrelationen) zwischen effektiven Führungskräften und den sogenannten Big Five-Persönlichkeitscharakteristika berichtet [16]. Beispielsweise ist es wahrscheinlicher, dass Führungskräfte effektiv sind, wenn sie hohe Werte im Hinblick auf Extraversion ($r = .31$), Offenheit gegenüber Erfahrung ($r = .24$) sowie Gewissenhaftigkeit ($r = .28$) aufweisen und geringe Werte im Hinblick auf Neurotizismus ($r = -.24$) haben. Die Korrelation ist bei der fünften Persönlichkeitsdimension (Verträglichkeit) viel geringer, $r = .08$, aber sie ist immer noch zuverlässig von Null verschieden. Was bedeutet hier geringer Zusammenhang? Die höchste Korrelation (Zusammenhang) zwischen Führungserfolg und Persönlichkeit weist die Extraversion mit $r = 0,31$ auf. Dies bedeutet, dass lediglich 10 % der Varianz des Führungserfolgs mit dieser Korrelation aufgeklärt werden kann, 90 % der Varianz stehen mit anderen Faktoren im Zusammenhang.

Experimenten erkundete er im Detail, wie Führungskräfte mit unterschiedlichen Führungsverhaltensweisen oder Führungsstilen das „soziale Klima" in Vereinen beeinflussten. Dabei konnte er zwei Kräfte in Gruppen nachweisen: Zum einen fand er eine Kraft, die er Lokomotionspol nannte. Damit meinte er jene Kräfte, die zur Erreichung eines Zieles notwendig sind. Die zweite Kraft nannte er Kohäsionspol. Diese bindet jene Kräfte, welche notwendig sind, die Gruppe zusammenzuhalten und störende Einflüsse auszubalancieren. Damit ist jeder Vorgesetzte dazu aufgefordert, dafür zu sorgen, dass sich die Beziehungen zwischen den Mitarbeitern in einer menschlich befriedigenden Weise entwickeln, damit einem Auseinanderfallen der Gruppe vorgebeugt wird und die erwartete Leistung erbracht werden kann.

Ca. 30 Jahre zuvor fand der Soziologe Charls H. Cooley [17] einen ähnlichen Zusammenhang. Er suchte nach Erklärungen, warum sich Menschen in einer Gruppe engagieren und in dieser bleiben und andere diese Gruppe früher verlassen. Cooley differenzierte Kleingruppen in Primär- und Sekundärgruppen. Menschen in Primärgruppen erleben ein positives Beziehungsangebot, stehen mit deren Mitgliedern in direktem emotionalen Kontakt.[2] Primärgruppen sind etwa die Familie, der Kindergarten, die Grundschule. Dem gegenüber steht die Sekundärgruppen, in der sich Menschen nach Cooley lediglich mit einzelnen, spezifischen Fähigkeiten im Dienste der sachrationalen Vernunft beteiligen wie etwa in der Arbeits-, Projekt- oder Sportgruppe. Auf den Punkt gebracht: Die Primärgruppen ist affektorientiert, die Sekundärgruppen ist vernunftorientiert.

Übrigens: Diese Frage nach der emotionalen Bindung an das Unternehmen ist heute weiterhin aktuell und wird jährlich mit einer Studie des Gallup-Instituts [18] beantwortet. Die Studie gibt Auskunft darüber, wie hoch der Grad der emotionalen Bindung von Mitarbeitern und damit das Engagement und die Motivation bei der Arbeit ist. In Abschn. 3.3 haben wir diese Studie ausführlich vorgestellt.

Vor dem Hintergrund der Forschungsergebnisse von Cooley und Lewin begannen in den späten 1940er-Jahre zwei Forschungsprogramme in den

---

[2] Diese Primärgruppe bietet dem Menschen die Ersterfahrungen sozialer Beziehungen. Akzeptanz, Zugehörigkeit, Zusammenarbeit, Solidarität, Macht und Einfluss, Autonomie, Konkurrenz, Konflikte und wie sie gelöst werden etc. werden erstmals erfahren.

USA (Ohio-Gruppe[3] und Michigan-Gruppe), unabhängig voneinander, nach dem optimalen Führungsverhalten zu forschen. Statt nach der optimalen Persönlichkeitsstruktur von Führungskräften zu suchen, fragten die Teams nach dem optimalen konkreten Verhalten von Führungskräften. Sie haben bis zum heutigen Tag unser Verständnis des Führungsverhaltens geprägt. Beide Forscherteams kamen zu folgendem Ergebnis: Erfolgreiches Führungsverhalten lässt sich gut durch zwei unabhängige Kategorien beschreiben:

1. Mitarbeiterorientierte Verhaltensweisen *(consideration)* erfassen Wärme, Vertrauen, Freundlichkeit und Achtung der Mitarbeiter.
2. Aufgabenorientierte Verhaltensweisen *(initiating structure)* erfassen Organisation und Strukturierung von Aufgaben sowie die Aktivierung und Kontrolle des Mitarbeiters.

In einer großen Metaanalyse von 200 Studien fanden Judge et al. [19] heraus, dass ähnlich wie im Persönlichkeitsansatz zur Erklärung des Führungserfolgs die Verhaltensweisen von Führungskräften in Mitarbeiterorientierung und Aufgabenorientierung nur einen moderaten Zusammenhang aufweisen[4]. Personenorientierte Ansätze, die sich nur auf die Eigenschaften und Verhaltensweisen der Führungskraft konzentrieren, neigen dazu, einfache Antworten für komplexe Probleme zu suchen. Sie können oft nur einen begrenzten Anteil der Führungseffektivität erklären, da sich die Eigenschaften und Verhaltensweisen von Führungskräften je nach Situation gegenseitig aufheben. In einer Situation ist eher beziehungsorientierte Führung, in einer anderen eher eine aufgabenorientierte Führung die Methode der Wahl.

---

[3] Die Ohio-Gruppe konzentrierte sich auf die Führungskraft als Hauptquelle des Führungsverhaltens und versuchte, die relevanten Führungsaspekte dadurch zu klassifizieren, dass sie etwa 1800 Beschreibungen des Verhaltens von Führungskräften zusammenstellte, die später auf ungefähr 150 Items reduziert wurden. Ein vorläufiger Fragebogen wurde tausenden von Angestellten in Behörden und militärischen Organisationen vorgelegt, die angaben, in welchem Maße ihre Vorgesetzten diese Verhaltensweisen zeigten. Der endgültige Fragebogen mit der Bezeichnung Leader Behavior Description Questionnaire (LBDQ) stellt einen Meilenstein in der Geschichte der Führungsforschung dar. Mithilfe faktorenanalytischer Methoden zur Analyse von Zusammenhangsmustern zwischen den Items des LBDQ ergaben sich zwei unabhängige Dimensionen: aufgabenorientierte Verhaltensweisen (engl. initiating structure) und mitarbeiterorientierte Verhaltensweisen (engl. consideration).

[4] Judge et al. [19] führten eine Meta-Analyse von 200 Studien mit insgesamt 300 Stichproben durch. Judge et al. fanden heraus, dass sowohl mitarbeiterorientierte ($r = .49$) als auch aufgabenorientierte Verhaltensweisen ($r = .29$) moderat ausgeprägte Korrelationen mit Führungserfolg aufwiesen. Mitarbeiterorientierte Verhaltensweisen hingen stärker mit der eingeschätzten Effektivität der Führungskraft ($r = .39$), mit der Motivation der Mitarbeiter ($r = .40$), mit der Zufriedenheit der Mitarbeiter mit ihren Führungskräften ($r = .68$) und mit ihrer generellen Arbeitszufriedenheit ($r = .40$) zusammen als aufgabenorientierte Verhaltensweisen.

Diese Erkenntnis ist für Eltern das tägliche Brot. Wenn beispielsweise wie in Kap. 3 im Abschnitt „Der kontinuierliche Verbesserungsprozess – ein Beispiel für Konsequenz" beschrieben die 13-jährige Tochter von der Schule nach Hause kommt und im Französisch-Vokabeltest eine „5" erhalten hat, sind Eltern aufgefordert herauszufinden, welcher Führungsstil am ehesten zum Erfolg führt, sodass die Tochter für den nächsten Vokabeltest rechtzeitig und ausreichend lernt. So kann es sein, dass die Tochter noch völlig aufgebracht ist und über die Lehrerin schimpft, da der Vokabeltest unfair gewesen sei. Ein noch so gut aufgebautes aufgabenorientiertes Führungsverhalten mit der Organisation und Strukturierung der nächsten Lerneinheiten für französische Vokabeln könnte zum Misserfolg führen, da die Tochter diesen Hilfestellungen noch nicht offen gegenübersteht. Stattdessen könnte das beziehungsorientierte Führungsverhalten, das Respekt und Wärme der Tochter gegenüber zeigt (statt der Enttäuschung im Sinne von: „Ich habe es schon kommen sehen, dass du eine schlechte Note im Französisch-Vokabeltest schreiben wirst!!!"), angebracht sein. Beispielsweise so: „Das war unfair! – Was genau ist passiert?" Der Elternteil hört der Tochter zu, respektiert ihre Perspektive und geht auf ihre Sichtweise ein. Wie wichtig das Zuhören und das damit verbundene Interesse in der Zusammenarbeit mit Mitarbeitern insbesondere im kontinuierlichem Verbesserungsprozess ist, haben wir bereits an anderer Stelle (Abschnitt „Der kontinuierliche Verbesserungsprozess – ein Beispiel für Konsequenz" in Kap. 3) beschrieben. Hier bei unserem Thema Teamführung wird deutlich: Ein effektives Führungskonzept muss neben der Führungsperson und ihrem Verhalten auch die Situation berücksichtigen.

Kompetenzcenter Familie – mitarbeiterorientierte Führung

Die Fähigkeit, Gruppenmitglieder mit emotionaler Wärme, Vertrauen, Freundlichkeit, Achtung und Wertschätzung zu fördern:

- emotionale Beteiligung dem Gruppenmitglied gegenüber zeigen: zuhören, Bedürfnisse erkennen und ansprechen, auf Widerstände eingehen,
- in Beziehung bleiben: regelmäßige kurze Begegnungen, persönliche Ansprache,
- Respekt und Anerkennung sowie Kritik verhaltens- und situationsgenau benennen,
- Vertrauen und Verbindlichkeit entwickeln,
- Offenheit für neue Perspektiven zeigen,
- in komplizierten Situationen Vorbild sein.

Kompetenzcenter Familie – aufgabenorientierte Führung

Die Fähigkeit, die Aufgaben für das Gruppenmitglied gut zu organisieren und zu strukturieren:

- Ziele klar setzen,
- Arbeitswege zum Ziel darstellen, Leitfaden entwickeln,
- Verantwortung und Aufgaben strukturieren,
- angemessene Ressourcen bereitstellen,
- für Arbeitsbedingungen sorgen,
- zeitnahes und konstruktives Feedback geben, kontrollieren.

Situationsansatz

Führungskonzepte, die situative Faktoren berücksichtigen, sind unter dem Begriff „Kontingenzansatz" zusammengefasst. Zu den situativen Faktoren gehören nicht nur die Merkmale der Personen (z. B. Mitarbeiter, Familienmitglieder; Motivation, Befähigung, Reife), sondern auch die Merkmale der Aufgabe (z. B. Aufgabenstruktur, Aufgabenkomplexität) und die Merkmale der sozialen Situation (z. B. die Qualität der sozialen Beziehung, Gruppenzusammenhalt, Größe der Gruppe). Auf diesen Ansatz sind wir bereits in Abschn. 3.7 eingegangen.

Ausschnitt aus dem Interview mit Lothar Jahrling, Vater von zwei Kindern, Erfinder der sensomotorischen Einlage, Gründer und Geschäftsführender Gesellschafter von Footpower GmbH

LJ: Ich suchte für die Werkstatt einen Schleifer: Wolfgang ist Schreiner mit einer Bergauf-bergab-Biografie, doch konnte er keine Einlagen schleifen. Ich hatte ihn zunächst als Hausmeister eingestellt. Dann habe ich ihm eine Einlage gezeigt und ihn gefragt, ob er sich zutraut, diese zu schleifen. Er hat es probiert. Heute ist er mein Hauptschleifer. Jedes Weihnachten erhalte ich ein SMS: „Du bist der beste Chef, den ich je hatte!" Ich kann mich auf ihn zu 100 % verlassen.

Heike: Sie ist die Chefin für den Laden. Auch sie hat bei mir fachfremd begonnen. Sie hat aus eigener Kraft viel gelernt, mit Weiterbildungen und Kursen sich weiterentwickelt. Sie hat sich bei uns wohlgefühlt. Als ich einen geschäftsleitenden Mitarbeiter entlassen musste, beauftragte ich diesen, Heike in seine Arbeit einzuführen. Heike sagte: „Das kann ich nicht!" Und damit hatte sie recht: Sie machte wirklich viele Fehler. Ich sagte ihr: „Du darfst Fehler machen! Ich traue dir diese Arbeit zu!" Ich habe ihr diese Freiheit gelassen. Es gab jedoch eine Vereinbarung zwischen uns: „Wenn du einen Fehler machst, dann musst du mit mir hierüber sprechen. Keine Fehler vertuschen!" Heute macht Heike ihren Job im Unternehmen richtig gut!

Martin: Im Unternehmen wollte ihn niemand haben. Jeder wollte, dass er geht. Er hatte handwerkliche Fähigkeiten. Seine emotionalen und sprachlichen Fähigkeiten führten häufig zu Konflikten. Ich sagte zu ihm: „Ich möchte, dass du fachlich und emotional besser wirst. Und noch etwas möchte ich, dass du nicht jedem auf den Sack gehst. Wenn du das auch willst – dann musst du wagen, Fehler zu machen. Diese Fehler werden auftreten in dem neuen fachlichen, emotionalen oder sprachlichen Raum, den du bisher noch nicht betreten hast. Diesen Raum schenke ich dir! Das heißt: Du darfst Fehler machen! Martin, wir treffen hier eine Vereinbarung: Wenn der Fehler passiert ist, dann kommst du zu mir und ich erkläre dir, wie es besser geht. Dann machst du den Fehler vielleicht noch mal und noch mal ... bis du den Fehler nicht mehr machst." Dieser Mitarbeiter ist heute mein bester Einlagenbauer. Er baut die kompliziertesten Einlagen, und er geht den Leuten nicht mehr auf den Sack.

EG: Mit den Kindern haben Sie Emotionsregulation gelernt, indem Sie Ihre Enttäuschung und Aggression in Sprache gewandelt haben. Wie wirkt sich das bei den Mitarbeitern heute aus?

LJ: Ja! Eins-zu-eins. Manchmal bin ich sehr sauer. Dann brauche ich meine Zeit alleine im Büro und werfe etwas in die Ecke. Dann brauche ich meine Leute, denen ich auch mal laut meinen Ärger sagen kann. Doch will ich Martin begegnen, dann gehe ich zunächst davon aus, dass er nichts Böses will. Das habe ich auch von meinen Kindern gelernt. Die machen das ja nicht extra. Auch meine Mitarbeiter sind doch in einem Lebensexperiment. Es geht hier nicht um Gut und Böse. Nicht um Richtig und Falsch. Gelernt als Kind habe ich: Wenn ich etwas richtig mache, dann bin ich gut vor Gott. Mit der großen moralischen Linie wurde ich als Versager großgezogen. Und das wollte ich nicht für meine Kinder und auch nicht für meine Mitarbeiter.

(Das gesamte Interview mit Lothar Jahrling lesen Sie im Anhang.)

Guter Fachexperte ist nicht automatisch gute Führungskraft

Wie kann gute Führung gelingen? So war die Ausgangsfrage dieses Kapitels. Schauen wir uns die Praxis der Besetzung von Führungspositionen an. Häufig wird von Unternehmen in der Besetzung von Führungspositionen ein fundamentaler Fehler begangen mit der Katastrophenformel: „Gute Fachexperten sind/werden auch gute Führungskräfte!" Leider werden viele Personalentscheidungen in dieser Art getroffen, da es keine strategische Personalentwicklung gibt. Dann, wenn die Position einer Führungskraft kurzfristig neu besetzt werden muss, wird auf diese Formel zurückgegriffen – trotz besseren Wissens und schmerzhafter, kostenintensiver Erfahrungen!

Im Grunde genommen basieren solche Entscheidungen weiterhin auf einem taylorschen Menschenbild: „Sag dem Mitarbeiter, was er zu tun hat." Der Experte weiß durch sein hohes Fachwissen, wie ein Produkt entwickelt oder produziert wird. Was nicht beachtet wird, sind die Gruppenerfahrungen, die jeder Mensch in sich trägt und häufig unreflektiert auf seine gegenwärtige Gruppe überträgt.

Umso wichtiger ist es, Mitarbeiter zu finden, die bereit sind, Verantwortung zu übernehmen, und die – wie auch immer – Teamprozesse konstruktiv (mit-)gestalten können. Hierzu sollten sie bestenfalls profundes Erfahrungswissen besitzen, etwa aus der Jugendzeit aufgrund der Ausübung ehrenamtlicher Aufgaben und früher Teamerfahrung in Arbeitsprozessen, oder aber das Kompetenzcenter Familie zur Verfügung haben mit dem Motiv, für die Kinder gute Eltern zu sein.

Erste Erfahrungen in der Herkunftsfamilie prägen

Jeder von uns hat als Kind und Jugendlicher eine Lernbiografie mit Gruppen hinter sich. Diese Erfahrungen prägen die heutigen Erwartungen, wie wir uns in einer Gruppe „richtig" verhalten, und bieten Deutungsmuster, mit denen wir versuchen, unseren Erfahrungen einen Sinn zu geben.

Weiterführender Ausschnitt aus dem Interview mit Lothar Jahrling

LJ: Erziehung der Kinder hat für mich immer mit der eigenen Geschichte zu tun. Als wir die Kinder haben wollten, habe ich mir vorgenommen, dass meine Kinder die Dinge erleben dürfen, die ich nicht erleben konnte. Sie sollten glücklich sein können. Zu diesem Glück gehört nach Auffassung meiner Frau und mir ganz viel Freiheit dazu. Daher war uns wichtig, die Kinder nach ihren Wünschen, Fähigkeiten und Charakteren zu fördern. Das fing damit an, dass wir uns unsere Zeit eingeteilt haben. Ich habe gearbeitet, und meine Frau war für die Kinder da.

Ich habe mir trotz vieler Arbeit jeden Tag eine Stunde Zeit genommen, um mit meinen Kindern zusammen zu sein und mit ihnen zu toben. Ich habe die Zeit verwendet, die mein Vater für mich nicht hatte. Mein Vater hat auch viel gearbeitet und ist abends um 22 Uhr nach Hause gekommen. Ich erinnere mich noch: Da lag ich schon im Bett. Ich hatte wohl wieder einmal etwas angestellt und war als „Schuldiger" unter meinen Brüdern ausgewählt worden. Daher bekam ich kein Abendbrot. Um 22 Uhr hat mir dann mein Vater heimlich ein Brot geschmiert. Er hatte das mit meiner Mutter nicht durchdiskutiert. In meiner eigenen Familie haben wir darauf geachtet, gemeinsame Entscheidung zu treffen. Meine Frau und ich wollten damit eine gemeinsame Basis schaffen, damit die Kinder immer wissen, wo sie bei uns dran sind. Wir als Eltern haben uns zum Ziel gesetzt, dass die Kinder sich gut verstehen, und das fängt an mit Sprache lernen, Gerechtigkeit, beispielsweise bei Geschenken, Süßigkeiten, Klamotten oder Geld, das die Kinder bekommen. Wir haben immer versucht, gleichmäßig zu verteilen – gerecht zu verteilen.

Konkret hieß das für mich als Vater: Ich habe mit meinen Kindern gelernt, meine Wut nicht herauskommen zu lassen. Natürlich bin ich auch in der Familie schon ausgerastet. Doch ich will meine Kinder nicht so behandeln, wie ich es erlebt habe. Schlagen ist keine Lösung. Kommunikationsfähigkeit bedeutet hier für mich: Sprechen, statt sich gehen zu lassen und aggressiv zu werden;

> über den eigenen Ärger oder Enttäuschungen sprechen und dies erklären, statt aggressiv zu werden oder sich still zurückzuziehen. Oder: „Wahrhaftig bleiben", statt „Du schaust jetzt nicht Fernsehen, weil die Sendung ausgefallen ist", was nicht stimmt. Stattdessen erklärte ich: „Ich will nicht, dass du die Sendung siehst. Ich habe Sorge, dass du dann wieder schlecht träumst." Das ist viel schwieriger zu erklären – doch ich bleibe wahrhaftig. Das war eine intensive Herausforderung für mich.
>
> (Das gesamte Interview mit Lothar Jahrling lesen Sie im Anhang.)

Wer aber heute kompetente Führungskraft sein will, braucht Kenntnisse über die Dynamik von Gruppen. Aber dies ist nicht alles. Zur Ausbildung von Führungskompetenz sind Trainingsmöglichkeiten notwendig. Und das bedeutet: Wissen, das in ein oder zwei Semestern im Studium oder in Weiterbildungskursen gelernt wird, reicht nicht aus, sondern Führungskompetenzen erfordern langfristige Lernerfahrung in der Praxis! Denn Führung soll auch unter Stressbedingungen gelingen, also dann, wenn Führung besonders wichtig ist. Denn unter Stress verlassen wir uns in unseren Handlungsprogrammen auf Routinen, die reflexartig angewendet werden können. Unter Stress gelingt uns das „rational Richtige" oft nicht.

Eltern können sich in ihrer Familienarbeit selbst beobachten, über sich reflektieren und sich zunehmend ihres Familien- bzw. Gruppenmodells bewusst werden. Was sie als gewonnene Erfahrung in ihre Familie oder eine andere Gruppen hineintragen, zeigt sich in ihrem Führungsstil. Dieser wirkt direkt auf die Gruppendynamik der Familie ein. Je bewusster Eltern ihre eigenen Führungsaufgaben und -funktionen in der Gruppe selbst wahrnehmen und reflektieren, desto realitätsgerechter können Entscheidungen gefällt, Strategien angewandt und Kommunikation gestaltet werden. Dies wiederum wirkt sich positiv auf die Leistungsfähigkeit der Familie aus.

Chancen für solche Reflexionen gibt es für Eltern häufig:

- Kinder sagen offen, wie sie uns erleben, und zeigen es in ihrem offenen Verhalten.
- Da Eltern zur dualen Führung (Tandem) verpflichtet sind, stehen unterschiedliche Primärgruppenerfahrungen zu Verfügung, die Grundlage für Handlungsentwürfe oder Deutungsmuster sind.
- Großeltern, Eltern, Schwiegereltern, Geschwister, Tanten und Onkel beurteilen das elterliche Verhalten.

> **Kompetenzcenter Familie – Selbstreflexion**
>
> Die Fähigkeit, das eigene Verhalten von außen zu betrachten bzw. betrachten zu lassen und daraus Optimierungen für das eigene Handeln ableiten können:
>
> - täglich das beste und schwierigste Erlebnis benennen können,
> - andere um kritisches Feedback bitten (Coach, Supervisor, Mentor, Kollege etc.),
> - die eigene Biografie akzeptieren und sich weiter kennenlernen,
> - regelmäßiges Überarbeiten eigener Zielsetzungen,
> - das eigene Mission Statement formulieren.

Das Klima im Team

Wer möchte kein gutes Klima im Team haben. Wir schreiben ihm viele positive Eigenschaften zu. Es ist schön, wenn Eltern erleben, dass Kinder sich verstehen oder sogar gegenseitig helfen. Wir wissen, wie notwendig Konflikte sind, um auch hieraus soziale Kompetenzen zu lernen. Eltern kennen es aber auch, wie ein Familienmitglied ins Abseits geraten kann und womöglich zum schwarzen Schaf oder Sündenbock wird. Wenn die Stimmung erst einmal im Keller ist, dann lässt sich das Stimmungsbarometer nicht so schnell herumreißen. Während der Wechsel von Emotionen irgendwie normal ist und in jeder Familie täglich erlebt wird, sowohl von den Kindern als auch von den Erwachsenen, verhält es sich mit Stimmungen anders. Sie sind wesentlich zähflüssiger als Emotionen. Ist es schon eine Kunst, Emotionen in den Griff zu bekommen, so fällt dies bei einer Stimmung wesentlich schwerer. Und wenn Eltern erleben, dass das gesamte Klima innerhalb der Familie schlecht und angespannt ist, bedeutet das: Das macht hier gerade keinen Spaß. Jeder wartet nur darauf, etwas Negatives am anderen zu entdecken. Eltern haben dann die Aufgabe, Bedingungen zu schaffen, die dieses Klima zum Positiven verändern können. Doch leichter gesagt als getan. Einmal gemeinsam Pizza essen gehen mag zwar nett sein, doch deswegen wird die Stimmung in der Familie nicht dauerhaft besser. Eltern sollten stets darauf achten, diese klimatischen Bedingungen in der Familie zu beobachten und für ein möglichst positives Klima zu sorgen. Am Beispiel des Wetters erleben wir, wie lange es dauern kann, bis sich klimatische Verhältnisse ändern. Denken wir nur an den FCKW-Ausstoß und das Ozonloch und die Klimaerwärmung, die wir irgendwie in den Griff bekommen müssen. Also, Eltern können zu Teamklimaexperten werden, wenn sie sich den Aufgaben ihrer Familie stellen. Wer im Kleinen anfangen will, kann die nächsten Ferien als ein Projekt hierzu angehen.

4.3 Teamarbeit im Unternehmen und in der Familie

Führungskräfte stehen exakt vor der gleichen Aufgabe, haben allerdings den Vorteil, dass sie sich zur Not selbst aus dem Team entlassen oder für eine neue Zusammensetzung des Teams sorgen können. Doch damit ist häufig das Problem des schlechten Teamklimas nicht behoben. Es scheint tatsächlich so zu sein, als ob ein Klima an Orte oder auch Personen gewissermaßen gebunden ist. Das wollen wir uns jetzt genauer anschauen mit der Frage: Welche Faktoren beeinflussen das Teamklima? Eltern und Führungskräfte können dieses Wissen nutzen. Die Bedeutung dieses Themas ist für die Wirtschaft enorm, da der Ansporn für gute Leistung immer weniger von einer Positionsmacht ausgeht, von der her die Führungskraft als „Vorgesetzter" Druck ausüben kann. Der Wissensarbeiter, der seine Produktionsfaktoren „zwischen seinen Ohren trägt", und die Arbeitsbedingungen von Industrie 4.0 bzw. dem Internet der Dinge machen das positive Beeinflussen des Teamklimas zu einer Schlüsselkompetenz.

Mit Niklas Luhmann sind wir der Meinung, dass die soziale Interaktion das eigentliche Handeln ist [20]. Sie erfolgt stets zwischen den Personen und nicht an diesen selbst, während Persönlichkeit in stabilen Mustern durch das Erleben und Verhalten dieser Personen definiert werden kann. Wollen wir erkennen, was in einer Gruppe geschieht oder welchen Charakter ein Team hat, müssen wir betrachten, was *zwischen* den einzelnen Personen passiert. Häufig werden wir in der Organisationberatung gebeten, die Güte eines Teams etwa eines Vorstandes zu erfassen. Erwartet wird, dass wir nun mit Persönlichkeitstests jeden Einzelnen erfassen, um dann eine Teamdiagnose zu erstellen. Das gelingt überhaupt nicht! Diese Tatsache frustriert zunächst den Auftraggeber, denn die Idee „Wir brauchen den richtigen Mix an Personeneigenschaften" klingt einfach und lässt sich mittels einer Excel-Tabelle lösen. Hinter diesem Gedanken steht letztlich wieder das taylorsche Menschenbild im Sinne von „Sag dem Mitarbeiter, was er zu tun hat, und alles wird gut!". Statt auf die Gruppenmitglieder zu schauen, müssen Führungskräfte und Eltern, um das Klima eines Teams zu erfassen, ihren Blick auf das richten, was zwischen den Teammitgliedern geschieht.

Um das Klima einer Gruppe zu beschreiben, schlagen Brodbeck et al. [21] vier Merkmale vor, die wir hier für den Arbeitsplatz und die Familie beschreiben wollen.

Können Gruppenmitglieder gemeinschaftlich benennen, wozu sie beieinander sind? Wir haben uns in diesem Buch schon ausführlich zur Zielbildung oder dem Mission Statement geäußert. Jedoch geht es hier darum, ob alle Gruppenmitglieder dieses Ziel kennen, wertschätzen, es für erreichbar halten und vor allem, ob sie es gemeinsam teilen. Beispielsweise ist ein Urlaubsziel zwar allen bekannt, wird jedoch nicht von allen geteilt oder wertgeschätzt. Die „klimatischen Bedingungen" dieses Urlaubs sind wohl eher ungünstig. Gleiches gilt für Teams in Organisationen. Schon allein die Frage: „Was und wozu machen wir das hier überhaupt?" kann das aktuelle Teamklima auf den Punkt bringen: „Keiner weiß es so ganz genau, was wir hier tun." Das schlechteste aller Ziele ist: Wir verdienen hier unser Geld! Wir haben in der Unternehmensberatung häufig erlebt, dass Gruppenmitglieder sich zwar im Unternehmen engagieren, jedoch nicht wissen wofür. Dies kann zum Burn-Out-Syndrom führen, da man keine Kraft in Krisen hat.

Ein weiterer Indikator für das Teamklima steckt hinter folgender Frage: Haben die Mitglieder der Gruppe ein gemeinsames Verständnis für eine gute Aufgabenerfüllung? Gibt es Normen, an denen jeder für sich einschätzen kann „Das passt!", „So ist es richtig!" oder „Das ist eine Bestleistung!", und gibt es eine Haltung, sich gegenseitig zu helfen bzw. sich kritisch zu hinterfragen? In der Familie erfüllen Familienregeln diese Funktion, die bestenfalls am Familientisch von allen in einem Aushandlungsprozess für einen Zeitraum festgelegt werden. Beispielsweise legt die Familie fest, dass die Jacken und Mäntel an der Garderobe hängen und die Schuhe in den Schuhschrank gestellt werden. Im Unternehmen gibt es ebenso Standards, die sich aus dem kontinuierlichem Verbesserungsprozess entwickeln: Wie wird gute Arbeit organisiert? Wie erfolgt bestmöglich der Arbeitsprozess? Was kann gute Arbeit leisten?

Ein drittes Merkmal des Teamklimas betrifft die Sicherheit, die jedes Mitglied in der Zugehörigkeit der Gruppe hat. Dabei geht es nicht um eine Positionsmacht, die dem Teammitglied eine Sicherheit verschafft, etwa durch die Dauer der Gruppenzugehörigkeit, rechtliche Bedingungen oder die Position im Organigramm. Es geht hier um die Sicherheit, ein wertgeschätztes Mitglied der Gruppe zu sein. Eltern können darauf achten, ob Familienmitglieder sich an Meinungen, Bewertungen und Entscheidungen beteiligen und ob sie sich in der Gruppe insgesamt wohlfühlen. Aus diesen beiden Punkten ergibt sich der Zusammenhalt. Gleiches können Führungskräfte in ihrem Team beobachten.

Schließlich ist der Umgang mit Innovation eine markante Stellschraube eines Teamklimas, denn hieran entscheidet sich, ob Mitglieder der Gruppe ihr Praxiswissen zur Entwicklung der Gruppe preisgeben. Nichts ist schlimmer, als gute Vorschläge für eine Verbesserung in der Gruppe zu übersehen oder diese zu missachten, weil sie zurzeit nicht ins Konzept passen. Und das kann viele Gründe haben: Die Führungskraft mag nicht anerkennen, dass ein Mitarbeiter eine gute Idee hat, weil er ihm unterstellt, dass er zu neuen Ideen nicht fähig ist oder gar, dass er keine konstruktiven Beiträge leisten will. Doch selbst, wenn Eltern oder Führungskräfte für Innovationen offen sind und diese wertschätzen, fehlt häufig die Bereitschaft zur ernsthaften Umsetzung von Verbesserungsvorschlägen. Sie werden dann in einem Vorschlagswesen aufgenommen und verschwinden in der Schublade der Verantwortlichen. Dabei ist es so einfach, diese wertvollen Verbesserungsvorschläge aufzugreifen und für den Erfolg der Gruppe nutzbar zu machen. Hier verweisen wir auf den in diesem Buch schon beschriebenen PDCA-Zyklus (Abschn. 3.4).

> **Kompetenzcenter Familie – Beeinflussung des Teamklimas**
>
> Die Fähigkeit, die Wirklichkeit der Gruppe zu erfassen und konstruktiv zu beeinflussen:
>
> - Ziele der Gruppe immer wieder neu klären, sie gemeinsam vereinbaren, sodass möglichst alle sie wertschätzen,
> - Regeln und Normen in der Gruppe vereinbaren, sodass jedes Gruppenmitglied erkennt, wann davon abgewichen wird und gegenseitige Hilfe möglich wird,
> - den Zusammenhalt der Gruppe fördern, sodass jedes Gruppenmitglied sich wertgeschätzt weiß,
> - zur Innovation anregen und Strategien bereithalten, damit Verbesserungsvorschläge die Chance erhalten, umgesetzt zu werden.

In diesem Abschnitt zum Team haben wir dargestellt, dass die Arbeit immer vernetzter wird und häufig in Teams organisiert ist. Dabei muss immer wieder neu entschieden werden, ob in einem Team auch organisierte Einzelarbeit einer Gruppenarbeit in der Effizienz überlegen ist. Gleichwohl sind Führungskräfte herausgefordert, die richtigen Stellschrauben zu finden, die eine gute Teamentwicklung und ein möglichst günstiges Teamklima ermöglichen. Dabei wurde deutlich, dass diese Stellschrauben nicht zwingend in den Personen, sondern zwischen den Personen zu finden sind. Damit ist die Führungsaufgabe von Teams vor allem Beziehungsarbeit und folglich Kommunikationsarbeit. Auch wenn eine fundierte Fachkompetenz für das Leiten von Teams vorausgesetzt wird, nimmt die Bedeutung der Handlungskompetenzen immer weiter zu und wird für gute Führung zur notwendigen Bedingung. Eltern stehen in ihren Familien sowohl hinsichtlich der Inhalts- als auch der Prozessverantwortung vor enormen Herausforderungen, die sie so gut sie können meistern. Diese Kompetenzen zu nutzen liegt im Interesse der Unternehmen sowie der Eltern selbst.

4.4 Eltern in Führung

Joachim E. Lask

> „Ich glaube, es ist per se schwierig, eine Führungsposition auszufüllen, wenn der Partner nicht dahintersteht. Als Führungskraft muss ich manchmal sehr flexibel sein, und das muss mein Mann dann abfangen. Das ist andersherum genauso. Es ist zu ungewohnt, als dass es für Frauen selbstverständlich wäre, die Hauptverdienerrolle in der Familie in Anspruch zu nehmen. Wenn eine Frau heute zu ihrem Mann sagt: „Wenn unser Kind da ist, ziehst du es groß, und ich gehe weiter arbeiten – okay?" Dann sagen die meisten Männer: „Da sprechen wir noch einmal drüber!" Wenn jedoch ein Mann mit dem gleichen Anliegen zu seiner Frau kommt, dann antwortet sie immer noch häufig: „Ja, und später gehe ich dann auf Teilzeit." Es muss für beide Elternteile gleichermaßen selbstverständlich werden, eine Führungsrolle bekleiden zu können – als Frau oder Mann und/oder als Elternteil." (Uschi Schulte-Sasse, Mutter von einer Tochter und zwei Stiefkindern, Diplom-Kauffrau, Senior President Aviation/INFORM GmbH)

Wer mit Führungsaufgaben betraut wird, sollte vor allem eines haben: Führungskompetenz. Nun wird immer häufiger an Ausbildungsstätten wie Meisterschulen, Universitäten oder Weiterbildungsinstituten Führungswissen gelehrt, doch fehlt häufig die langjährige Handlungserfahrung zur Ausbildung von Führungskompetenz bei den Betroffenen. In diesem Kapitel zeigen wir auf, dass Eltern im Kompetenzcenter Familie den optimalen Lernort haben, Führungskompetenzen wie beispielsweise Verantwortung/Delegation und Vertrauensbildung auszubilden. Folglich sollten Unternehmen diesen Kompetenzvorteil nutzen und Eltern mit guten Führungsqualitäten in entsprechende Positionen bringen.

Die gegenwärtige Situation steht dem diametral entgegen. Elternzeit fördert Teilzeitjobs und damit geht häufig ein „Stopp" in der Karrierelaufbahn einher. Dies betrifft vor allem Mütter. Die Lohnverluste für jene Eltern, die sich in den ersten Jahren Vollzeit der Kindererziehung widmen, sind erheblich, auch für die Altersversorgung. Zudem weisen Zeitbudgetuntersuchungen bei den Vollzeitmüttern nur einen kleinen Vorteil gemeinsam verbrachter Eltern-Kind-Zeit gegenüber teilzeiterwerbstätigen und vollzeiterwerbstätigen Müttern nach. Obwohl die Fremdbetreuung von Kindern gut untersucht ist, gibt es die von Eltern häufig vorgetragene Sorge, dass Kinder durch Kindertagesstätten, Hausaufgabenbetreuung oder anderer Fremdbetreuung Nachteile in ihrer Entwicklung nehmen. Die Forschungsergebnisse widersprechen dieser Sorge, sofern die Bindung zum Kind tragfähig und die Fremdbetreuung qualitativ gut ist. Und noch erstaunlicher ist: Ein hoher Prozentsatz an Frauen wünscht sich einen Mann als Vorgesetzten.

Es gibt also viel zu tun, um die Führungskompetenz sowohl aus der Perspektive der Organisation als auch der Eltern selbst in die Gewinnzone zu bringen.

Männer machen Vollzeitkarriere – Frauen verharren in der Teilzeitposition

„Ich glaube, von Arbeitgeberseite wird eher bei Frauen gesehen, dass sie Kompetenzen durch Kindererziehung erwerben, wie zum Beispiel Verlässlichkeit, Kontinuität. Dadurch, dass Familienarbeit so wenig Wertschätzung erfährt, ist es heute immer noch schwierig, diesen Bereich den Unternehmen als Vorteil deutlich zu machen. Heute ist ja nach wie vor die Haltung so: „Wow, dein Mann hilft dir im Haushalt." Dieser eine Satz sagt ja schon alles über die noch immer vorhandene Haltung aus. Der Transfer für das Unternehmen, was es bedeutet, wenn ein Vater Familienarbeit leistet, ist noch schwer. Ich als Unternehmerin sage: Ich würde es immer unterstützen und begrüßen und sehe die Vorteile von Familienarbeit. Vielleicht werde ich es in gewisser Weise einfordern, weil es eben so viele positive Erfahrungen und so viel Nutzen für ein Unternehmen bringt. Die jungen Leute, die Generation Y, wie man so schön sagt, löst sich meines Erachtens immer mehr von dem klassischen Bild. Für sie gilt nicht mehr: Ich muss unbedingt ganz viel arbeiten, Karriere machen. Da passen keine Kinder rein, oder es gibt nur Kind oder Karriere, Kind oder Geld. Ich habe den Eindruck, dass über die starke Fixierung auf Erfolg im Beruf als das Alleinige, wonach man bemessen oder bewertet wird, eine gewisse Ermüdung eintritt. Die Burnoutzahlen zeigen ja, dass diese Fixierung auf Erfolg im Beruf nicht die Lösung auf Dauer ist. Unsere Kinder sagen momentan noch, dass sie auch alle sechs Kinder haben wollen. Das zeigt, dass sie offensichtlich auf nichts verzichten mussten, sondern Familie als Ort des Lernens und des Aufgehobenseins sehen. Ich ermutige gerne, besonders junge Frauen, alles zu wollen." (Dr. Karin Uphoff, Mutter von sechs Kindern, Initiatorin „heartleaders", Inhaberin „connectuu GmbH", Lehrbeauftragte, EU-Unternehmensbotschafterin)

Es ist ernüchternd! Trotz hervorragender Ausbildungen, Gleichberechtigungsgesetzen, Elterngeld und Elternzeit, deutlich gestiegener Erwerbstätigkeit von Frauen scheint – zumindest, was die Führungspositionen angehen – alles beim Alten zu bleiben: Männer machen Vollzeitkarriere und Frauen verharren in der Teilzeitposition. Das hat langfristig dramatische

Konsequenzen, insbesondere bezüglich der Rentenversorgung lediger Frauen. Weiterhin bestehen gravierende strukturelle Benachteiligungen von Eltern und insbesondere von Müttern.

Gleichwohl hat sich die Vereinbarkeit von Familie und Beruf gebessert. 72 % der Frauen gingen 2012 einer Erwerbstätigkeit nach. Das Elterngeld verbunden mit der Elternzeit hat Eltern und Unternehmen gut erreicht. Der Ausbau von Kitas, die Flexibilisierung der Arbeitszeiten, eine Vielzahl von Zeitmodellen bis hin zum Jobsharing in der Führungsposition und vieles andere mehr hat dazu geführt, dass Familie und Beruf heute besser vereinbar sind als noch vor zehn Jahren.

Und doch ernüchtern vier Fakten:

1. Es gibt weltweit kein weiteres Land, in dem die Geburtenrate über einen so langen Zeitraum so konstant niedrig ist wie in Deutschland: seit 1997 stabil bei 1,4 bis 1,5 Kinder je Frau (davor unter 1,4).
2. 2 von 3 Frauen (67,2 %) mit minderjährigen Kindern sind mit einem Teilzeitjob erwerbstätig, während dies aufseiten der Männer nur bei 5,6 % der Fall ist. Und: Elternzeit fördert Teilzeit – bei den Müttern.
3. Lediglich 3 von 100 Frauen wünschen sich eine weibliche Vorgesetzte!
4. Obwohl bis zum 30. September 2015 ca. 3500 deutsche Unternehmen laut „Quotengesetz" konkrete Zielvorgaben zum 30. Juni 2017 für die Erhöhung des Frauenanteils in ihren obersten Führungsebene angeben mussten, hatten mehr als drei Viertel der untersuchten Börsenunternehmen zum 1. September 2016 keine einzige Frau im Vorstand, so die Untersuchung der AllBright Stiftung gGmbH [22].

Sicherlich werden wir in naher Zukunft diese Zusammenhänge wissenschaftlich weiter erforschen und zu dem Schluss kommen, dass wir noch mehr für die Vereinbarkeit von Familie und Beruf tun müssen. Richtig! Noch immer gibt es für berufstätige Eltern kein angemessenes Angebot an Kitas und Ganztagsschulen trotz rechtlichem Anspruch darauf. Zudem werden Eltern weiterhin steuerlich stets benachteiligt. Solange Kaviar mit 7 % und Windeln mit 19 % besteuert werden, Familien mit drei Kindern bereits ein Armutsrisiko von 21,8 % (Ost: 31,4 %), Alleinerziehende generell ein Armutsrisiko von 43,7 % haben, stimmt etwas nicht in unserer Gesellschaft und in der Haltung gegenüber Kindern und Familien.

Wir glauben, dass es nicht genügt, den Vereinbarkeitsgedanken nach dem Motto „ein Mehr des Gleichen" voranzutreiben. Vielleicht passt auch Familie und Beruf nicht beliebig unter einen Hut. Wir brauchen neue Ansätze, vor allem auch solche, die Einstellungen von Vorgesetzten und Eltern konsequent hinterfragen oder gar neu formulieren.

Zum Beispiel ist es nicht verständlich, weshalb wir einerseits die strukturellen Veränderungen mit Volldampf vorantreiben, andererseits Arbeitgeber darüber klagen, dass Teilzeitjobber nicht in den Vollzeitjob wechseln möchten. Es ist unverständlich, dass sich auf Führungspositionen so wenige Frauen bewerben, obwohl sie sehr gute Aussichten auf Erfolg hätten. Es ist fast unerträglich, dass Eltern zwar im besten Kompetenzcenter Selbststeuerung, Motivation, Vertrauen, Delegation, Konfrontation und vieles mehr lernen, trainieren und weiterentwickeln, diese Fähigkeiten jedoch häufig noch nicht einmal benennen, geschweige denn in einem Bewerbungsprozess auf eine Arbeitsstelle werblich einsetzen können.

Wir sind der Überzeugung, dass die Entwicklungen rund um Industrie 4.0 für das Verhältnis von Familie und Beruf eine Chance sind. Warum sollten intelligente Assistenzsysteme nur zur Ausbildung von Fachkompetenzen herangezogen werden? Die in diesem Buch so häufig benannten Handlungskompetenzen können ebenso von Führungskräften assistenzbasiert gelernt werden. Eine Software hilft beim Erkennen von relevanten Führungssituationen und stellt sich anhand vorhandener Kompetenzen des Lernenden automatisch auf dessen Unterstützungsbedarf ein. Somit erfolgt eine passgerechte Unterstützung des Lernenden, indem handlungsleitendes Wissen zur Verfügung gestellt wird. Learning by Doing erhält damit eine ganz neue Wirksamkeit. Wohl der angehenden Führungskraft, die dann eine Familie ihr eigen nennen darf, um dort im Kompetenzcenter Familie zu lernen, statt in virtuellen Sozial-Avatar-Gruppen. Wer im Trainermarkt tätig ist, kennt die enorme Wirksamkeit dieser direkten Einflussnahme, die wir Trainer auf den Lernenden haben, wenn wir ihm etwa im Microteaching, in Verhaltensproben bzw. Rollenspielen bei Bedarf kurze, hilfreiche Informationen geben können. Eltern profitieren somit vom Lernort Familie – wie wir dies in Kap. 2 dargestellt haben –, wenn es um die Ausbildung von Führungskompetenzen geht.

Frauen in Teil- und Vollzeitjobs sowie in Führungspositionen

Elternschaft geht nach wie vor mit strukturellen Nachteilen im Erwerbsleben einher. Kind oder Karriere? Immer noch müssen Mütter sich diese Frage stellen. Die Stichworte hierzu sind dauerhafte Teilzeiterwerbstätigkeit und Entwertung des Humanvermögens. Diskussionen hierzu haben häufig emotionalen Charakter etwa mit folgenden Positionen:

- „Väter sollten auch mal bei der Familie bleiben!"
- „Warum diese Gleichmacherei? Männer können keine Kinder gebären!"
- „Väter müssen zu Hause stärker in die Pflicht genommen werden!"
- „Wer möchte so eine Quotenfrau sein?"
- „Für einen Kulturwandel muss die Politik frauenfreundliche Gesetze verabschieden!"

So richtig die eine oder andere Position ist, fällt aus unserer Sicht die Familie und die Elternarbeit erneut unter den Tisch und wird weiter entwertet. Wer Elternarbeit verrichte, verliere gesellschaftliche Anerkennung und Intelligenz. Elternarbeit sei verordnete Unterforderung und letztlich eher minderwertig.

Wir sind der Überzeugung, dass Elternzeit und jegliche Elternarbeit eine Investition in das Humanvermögen von Vätern und Müttern ist. Wer eine 3- bis 14-monatige Ganztagsweiterbildung absolviert, der hat die Chance, tatsächlich in seinen Kompetenzen zu wachsen. Wir sind weiterhin der Überzeugung, dass eine verbesserte Wahrnehmung der elterlichen Kompetenzen durch Väter, Mütter und Führungskräfte zu erwünschten Veränderungen in der Beteiligung am Arbeitsmarkt führt. So wird die Bereitschaft zur väterlichen Teilzeit und mütterlichen Vollzeitbeschäftigung ansteigen, sodass beide Eltern von der Investition in das Humanvermögen durch verbesserte Handlungskompetenzen profitieren werden. Insbesondere die Steigerung der Handlungskompetenzen verbunden mit hoher Fachkompetenz lädt ein, diese Mitarbeiter in Führungspositionen zu berufen.

Ein gutes Beispiel gibt Janina Kugel, die seit Februar 2015 Mitglied des Vorstandes der Siemens AG ist:

> Dabei weiß ich aus eigener Erfahrung: Kind und Karriere sind nicht nur miteinander vereinbar, in Kombination sind sie auch sehr erfüllend. Die Geburt meiner Kinder hat meiner Karriere keinen Schaden zugefügt. Im Gegenteil: Sie ging damit erst so richtig los. Mein Blick schärfte sich für das Wesentliche, ich lernte, noch besser zu planen, zu organisieren und zu kommunizieren. Kurzum, meine Arbeit bekam eine neue Qualität (Working Moms [23]; S. 15).

Die Aufgabe für die Eltern besteht darin, sich den Herausforderungen der Erziehung zu stellen und zu beginnen, die hieraus entstehenden Kompetenzen zu benennen und folglich als Wettbewerbsvorteil auf dem Arbeitsmarkt zu platzieren. Eltern, die eine Elternzeit für sich weiterhin als „Urlaub" oder „Auszeit" auffassen, werden nichts von diesen Vorteilen erhalten und erleben.

Doch wollen wir zunächst die Zahlen, Daten und Fakten zum Thema Frauen in Teil- und Vollzeitjobs sowie in Führungspositionen anschauen.

Danach fragen wir: Welche Lohnverluste entstehen mit der Unterbrechung der Erwerbstätigkeit? Wie wirkt sich Fremdbetreuung auf die Entwicklung von Kindern und Überlegungen zum Karriereverhalten aus?

Teilzeitjobs bei Müttern

Der Wunsch nach eigenen Kindern ist bei Jugendlichen mit 69 % (Frauen 73 %, Männer 65 %) nach wie vor hoch – so die Ergebnisse der Shell-Jugendstudie 2010. Jedoch verbinden junge Erwachsene mit der Familiengründung erhebliche ökonomische, emotionale und partnerschaftliche Belastungen vor dem Hintergrund einer Idealisierung der Elternschaft. So wird Familiengründung als Überforderungssituation gewähnt. Eine Aufschiebung oder gar ein Verzicht des einstigen so großen Wunsches nach einer eigenen Familie ist die Folge.

Deutschland hat also bezüglich der Familiengründungen kein Motivations- sondern ein Umsetzungsproblem. Dies belegen die 1,5 Kinder, die durchschnittlich pro Frau geboren werden. Im Jahr 2013 wurden in Deutschland insgesamt 682.069 Kinder geboren. Im Folgenden werden weitere Gründe erörtert, weshalb junge Familien in dieser Gesellschaft (zunächst) wie Verlierer aussehen.

Von den Eltern der 682.069 Kinder nahmen in den Jahren 2011 bis 2013 95 % der Mütter das Erziehungsgeld in Anspruch. Mit der Familiengründung geben viele Mütter die Berufstätigkeit erst einmal auf; sie kehren mit zunehmendem Alter der Kinder wieder in das Erwerbsleben zurück. 3,5 %, der Väter beantragten Erziehungsgeld, 18 % beteiligten sich bei Einführung im Jahr 2007 an der Elternzeit. Seitdem stieg die Beteiligung der Väter an der Elternzeit bis 2013 stetig auf 32,2 % an.

Wie wirkt sich dies auf die Erwerbstätigkeit von Müttern aus? Jede dritte Mutter, deren jüngstes Kind im Krippenalter von unter 3 Jahren war, war 2011 aktiv erwerbstätig. Die Erwerbstätigkeit der Mütter, deren jüngstes Kind im Kindergartenalter (3 bis 5 Jahre) war, stieg auf knapp 61 %. Im Grundschulalter der Kinder (6 bis 9 Jahre) nimmt der Anteil der erwerbstätigen Mütter weiter zu (68 %). Mütter mit 15- bis 17-jährigen Kindern erreichten mit 73 % die höchste Erwerbstätigenquote.

Wie hoch ist die Wochenarbeitszeit der Mütter? Mehr als zwei Drittel (69 %) der erwerbstätigen Mütter arbeiteten 2011 in Deutschland auf Teilzeitbasis. Eigentlich wäre hier eine gleiche Dynamik wie die des Beteiligungsgrads zu erwarten: Je älter die Kinder, desto länger die Wochenarbeitszeiten. So steigt die Erwerbstätigkeit bei Müttern von 31,5 % mit Kindern unter 3 Jahren auf 72,6 % bei Müttern mit Kindern zwischen 15 und 17 Jahren und hat sich somit in diesem Zeitraum mehr als verdoppelt. Lediglich um 7 % erhöht sich die Vollzeitquote in diesem Zeitraum der erwerbstätigen Mütter: von 30,2 auf 37,9 % Vollzeitquote.

Welche Gründe geben erwerbstätige Mütter für das verharren in der Teilzeiterwerbstätigkeit an? Befragt man die Mütter nach ihren Motiven für die Teilzeittätigkeit, so geben 4 von 5 (82,5 %) Müttern persönliche und familiäre Gründe an. Nur 8,9 % sagen, dass eine Vollzeittätigkeit nicht zu finden war. Interessant ist noch, dass vor allem Ehefrauen am seltensten einer Vollzeittätigkeit nachgingen. 44 % der berufstätigen Lebenspartnerinnen und 43 % der alleinerziehenden Mütter gingen im Jahr 2011 einer Vollzeittätigkeit nach. Eine von 4 erwerbstätigen Ehefrauen arbeitete dagegen zu 26 % in Vollzeit.

Ausschnitt aus dm Interview mit Uschi Schulte-Sasse, Mutter von einer Tochter und zwei Stiefkindern, Diplom-Kauffrau, Senior Vice President Aviation Division/INFORM GmbH

JL: Wie haben Sie das bewältigt, die Familiengründung und -führung und Führungskraft in INFORM zu sein?

US: Ich blieb einen Monat zu Hause, bin dann mit 30 h wieder eingestiegen und habe drei Jahre in Elternzeit 30 h gearbeitet. Mein Mann und ich waren uns von Anfang an einig, dass wir gemeinsam Elternzeit nehmen. Also sind wir beide auf 30 h gegangen. Er hatte den Donnerstag und ich den Dienstag frei. Mit unserer Tagesmutter für Montag, Mittwoch und Freitag hatten wir viel Glück. Sie ist heute die Patentante unserer Tochter.

[...]

JL: Wie ist „Mutter und Führungskraft" in Ihrem Unternehmen möglich?

US: Bei uns in der Firma ist „Mutter und Führungskraft" nicht anders als „Vater und Führungskraft". Wir haben die wohl noch relativ seltene Konstellation, dass beide – Mütter und Väter – Elternzeit nehmen und auch einige – auch Väter – ihren Vertrag nach der Elternzeit auf Teilzeit ändern. Ich war bis zum dritten Lebensjahr unserer Tochter mit 30 h als stellvertretende Bereichsleiterin in einer Führungsposition. Auch aktuell habe ich Führungskräfte mit einem Teilzeitvertrag.

JL: Wie gelingt das in Ihrem Unternehmen?

US: Bei uns sind nicht alle Führungskräfte immer 100 % Führungskräfte. Sie leiten ihren Bereich, arbeiten jedoch auch aktiv im Team mit. Letzteres macht derjenige, der einen Teilzeitvertrag hat, entsprechend weniger. Er nutzt dann seine verfügbaren Stunden vermehrt für die Führung. Dann werden in diesem Team zum Teil Aufgaben nicht so schnell erledigt, oder ich muss das Team anderweitig ergänzen. Ich bin der Meinung, dass eine Führungsposition nicht unbedingt Vollzeit bedeuten muss, nur, wenige Wochenstunden können es leider auch nicht sein. Des Weiteren bin ich als Chef aber auch nicht bereit, auf einen guten Mitarbeiter zu verzichten, nur weil er jetzt Teilzeit arbeiten möchte. Das beschränkt mich als Führungskraft, doch insgesamt haben wir beide meines Erachtens einen Gewinn.

JL: Sie sind ja selbst hervorragendes Beispiel, dass Unternehmen Frauen in Führungsarbeit haben.

US: Nicht so viele, wie ich gerne hätte. Es bewerben sich viel weniger Frauen. Das finde ich erschreckend.

JL: Worauf führen Sie das zurück?

US: Zum Teil, weil sie sich nicht trauen und, weil Frauen sich selbst häufig einfach nicht in einer Führungsposition sehen. Das Führungsbild ist noch sehr vom Mann geprägt. Unter anderem hadern viele Frauen mit dem scheinbaren Widerspruch Familie und Führungsposition und entscheiden sich dann für Familie und für Kinder, weil ihre Männer das genau nicht tun. Das war auch bei uns zu Hause ein Thema. Wir haben neutral überlegt, wer von uns beiden nach der Elternzeit wieder auf Vollzeit geht. Mein Mann musste zur Arbeit weiter fahren, also blieb er auf 4 Tage Woche, und ich ging wieder auf Vollzeit. Mit dieser Entscheidung haben wir später gerungen, weil die Welt einfach so (noch) nicht tickt.

JL: Weil die Rollenerwartung eine andere war?

US: Ja. Zum Beispiel wenn er mit unserer Tochter auf dem Spielplatz war, war er damals alleine unter Frauen. Und in seiner Firma kam Elternzeit und dann Teilzeit auch nicht gut an.

(Das gesamte Interview mit Uschi Schulte-Sasse lesen Sie im Anhang.)

Lohnverlust bei Unterbrechung der Vollzeiterwerbstätigkeit

Die Unterbrechung der Vollzeiterwerbstätigkeit infolge der Gründung einer Familie erfolgt im Durchschnitt im 31. Lebensjahr der Mutter.[5] Was bedeutet das für die Lohnverluste? Geht Elternschaft mit einer Entwertung des Humankapitals und steigendem Armutsrisiko einher? Welche Kosten entstehen einer Mutter, wenn sie ihre Vollzeiterwerbstätigkeit aufgibt? Dabei handelt es sich um Lohnverluste, die infolge der Geburt des ersten Kindes entstehen, entweder während der Auszeit, während der Teilzeit oder nach

---

[5] Zum Alter der Väter bei der Geburt des ersten Kindes liegen nur ungenaue Zahlen vor. Es liegt vermutlich bei 36 Jahren.

Rückkehr zur Vollzeit. Bei diesen Lohnverlusten lassen sich zwei Komponenten unterscheiden [24]:

1. die unmittelbaren Verdienstausfälle während der geburtsbedingten Erwerbsunterbrechung,
2. die Folgekosten der Unterbrechungsentscheidung nach der Rückkehr in das (Vollzeit-) Erwerbsleben durch Entwertung des mütterlichen Humankapitals (bzw. unterlassene Investition) während der Unterbrechung.

Annahme: Eine Mutter mit mittlerem Bildungsabschluss bekommt mit 30 Jahren ihr erstes Kind, bleibt für eine Zeit lang in der Elternzeit, arbeitet im Anschluss Teilzeit (20 Wochenstunden) und kehrt nach insgesamt sechs Jahren nach der Geburt in eine Vollzeittätigkeit zurück.

Die Berechnung des Lohnverlustes zu einer vollzeitbeschäftigten Referenzfrau mit gleicher Bildung vom Unterbrechungszeitraum bis zum 46. Lebensjahr beträgt bei einer zweijährigen Familienzeit 170.779 EUR und bei einer dreijährigen Familienzeit 193.900 EUR.

Die Einkommensverluste – und damit auch das Armutsrisiko für Frauen – vergrößern sich, wenn folgende Faktoren gegeben sind:

- ausbildungsfremde Beschäftigung (Stichwort: Überqualifizierung in Teilzeitjobs),
- Trennung vom Partner:
  - In den letzten 20 Jahren hat sich die Zahl der Ehescheidungen nach einer Ehedauer von 26 und mehr Jahren von 12.000 im Jahr 1992 auf 24.600 im Jahr 2012 mehr als verdoppelt [25].
  - Die Zahl der Alleinerziehenden ist gegenüber 1996 um gut ein Fünftel (20,6 %), die der Alleinstehenden um gut ein Viertel (26,8 %) gestiegen.
- niedriger Bildungsabschluss,
- Ein-Verdiener-Haushalte.

In Ihrer Untersuchung zu Lohneinbußen von Müttern kommt Christina Boll zu dem Schluss: „Entgangene Lohneinkommen sind ein Teil des Kinderpreises, den Frauen zahlen, wenn sie betreuungsbedingt – zumindest befristet – ihre Vollzeitbeschäftigung unterbrechen" [26]. Ihre Untersuchung weist u. a. auf, dass die aktuelle Vollzeittätigkeit vom Arbeitsmarkt deutlich höher vergütet wird als frühere Vollzeitjahre vor einer Erwerbsunterbrechung. Der Lohn wächst während einer geburtsbedingten Teilzeitphase kaum. Eine Erwerbsunterbrechung wird im ersten Wiedereinstiegsjahr mit deutlichen Lohnabschlägen bestraft, insbesondere wenn es sich um eine geburtsbedingte Auszeit handelt.

Kinderbetreuung

Die Betreuung im Kindergarten ab dem dritten Lebensjahr ist in Deutschland seit vielen Jahren allgemein akzeptiert. Jedoch gibt es über die Vor- und Nachteile der Betreuung von Kleinkindern in Kinderkrippen und Tagesstätten für Kinder unter 3 Jahren kontroverse Einschätzungen. Kritiker von Krippen und Tagesstätten argumentieren, dass in der Regel durch Eltern, zu denen eine sehr lange und vertrauensvolle Bindung aufgebaut werden konnte, die emotionale, geistige und soziale Entwicklung des Kindes am besten gefördert werden kann. Daraus leitet sich die Sorge ab, dass durch Fremdbetreuung, etwa durch Tageseltern, Kitas, Kinderkrippen oder Kindertagespflege, Bindungsverluste zwischen Eltern und Kinder entstünden.

Hier seien nur zwei kurze Bemerkungen gemacht zum Thema Fremdbetreuung und den Zeitbudgetuntersuchungen von Eltern, die bei den Kindern bleiben und im Teilzeitjob oder Vollzeitjob sind.

Die NICHD-Studie [27], die 1364 Kinder von der Geburt bis zum 15. Lebensjahr und deren Eltern untersuchte, kam u. a. zu folgenden Ergebnissen: Ob ein Kind fremd betreut oder von der Mutter betreut wird, hat in der Regel keine Unterschiede in der Mutter-Kind-Bindung zur Folge. Unterschiede konnten jedoch nachgewiesen werden, wenn die Mutter in ihrer Sensibilität oder ihrer Bereitschaft, auf das Verhalten ihres Kindes zu reagieren, eingeschränkt und die Kinder über 10 h fremd betreut waren und diese Fremdbetreuung schlecht war. Diese Kinder zeigten dann ein weniger sicheres Bindungsverhalten.

Eine Zeitbudgetuntersuchung zur Kinderbetreuung von Stancanelli [28] zeigt auf, dass Teilzeit erwerbstätige Mütter im Durchschnitt 33 min weniger Kinderbetreuung als nichterwerbstätige Mütter leisten. Vollzeit erwerbstätige Mütter verwenden gegenüber Teilzeit erwerbstätigen 18 min weniger Zeit auf Kinderbetreuung.

Überlegungen zum Karriereverhalten

Häufig wird mit der Familiengründung der Begriff „Karriereknick" reflexhaft mitgedacht. Wie oben beschrieben, sind Einkommensverluste und die Entwertung des Humanvermögens zu erwarten. Hierzu gibt es sehr viele einzelne Untersuchungsergebnisse, von denen wir hier drei kurz darstellen wollen.

Für die Betrachtung der Karriereentwicklung für Frauen lohnt es sich, die Geschlechterverteilung an deutschen Hochschulen zu betrachten [29]. Während es bei den Studienanfängerinnen und Studienanfängern, Studierenden sowie Absolventinnen und Absolventen zwischen den Geschlechtern noch nahezu gleiche Quoten gibt (zwischen 47,4 und 52,6 %) öffnet sich die Schere der Geschlechterverteilung bereits bei der Promotion. Männer promovieren fast 10 % häufiger als Frauen. Viermal häufiger habilitieren Männer als Frauen. Eine W3/C4-Professur erreichen dann lediglich 11,2 % Frauen und 88,8 % Männer.

Sicherlich sind strukturelle Gründe für solche Karriereverläufe verantwortlich. Untersuchungen zeigen auf, dass ebenso die Kompetenzerwartungen an das mittlere und Top-Management geschlechtsspezifisch formuliert werden und das Bewerberverhalten der Frauen beeinflusst. In einer Studie der German Consulting Group [30] wurden 220 männliche Führungskräfte befragt, welche Kompetenzen sie gegenüber dem mittleren und Top-Management erwarten. Demzufolge sind:

- Teamfähigkeit, soziale Kompetenz, Begeisterungsfähigkeit u. Ä. für den Aufstieg ins mittlere Management erforderlich,
- Entschlussfähigkeit, Durchsetzungskraft, Risikobereitschaft u. Ä. für das Topmanagement unerlässlich.

Die für das mittlere Management als relevant erachteten Merkmale werden als „typisch weiblich", die für das Topmanagement als relevant geltenden als „typisch männlich" kategorisiert. Demnach bewerben sich Frauen nicht auf Ausschreibungen, die „typisch männliche" Merkmale wie „zielstrebig" oder „durchsetzungsstark" verlangen. Dies sei so, da diese Begriffe stärker mit männlichen Stereotypen verbunden seien. Das hat ein Forschungsprojekt gezeigt, bei dem Wissenschaftlerinnen der Technischen Universität München (TUM) die Auswahl und Beurteilung von Führungskräften untersucht haben [31]. Die Forscherinnen zeigten rund 260 Testpersonen fiktive Anzeigen. Ausgeschrieben wurde dort beispielsweise ein Platz in einem Qualifizierungsprogramm für angehende Führungskräfte. Waren in der Ausschreibung viele Eigenschaften genannt, die mit Männern in Verbindung gebracht werden, fühlten Frauen sich weniger angesprochen und wollten sich seltener bewerben. Zu diesen Eigenschaften zählen etwa „durchsetzungsstark", „selbstständig", „offensiv" und „analytisch". Stärker angesprochen fühlten sich Frauen von Wörtern wie „engagiert", „verantwortungsvoll",

„gewissenhaft" und „kontaktfreudig". Für männliche Testpersonen machte der Ausschreibungstext dagegen keinen Unterschied.

Vor dem Hintergrund dieses Buches fällt es uns schwer, diesen Unterschied als gegeben hinzunehmen. Insbesondere Eltern, die sich zeitlich intensiv in der Familienarbeit engagieren, können Entschlussfähigkeit, Durchsetzungskraft, Selbstständigkeit oder Verantwortungsbewusstsein entwickeln. Beginnen Mütter ihr tägliches To-do in der Familienarbeit, in Kompetenzbegriffen zu beschreiben, erhalten sie ein neues Selbstbewusstsein, auch für die sogenannten „typisch männlichen" Merkmale des Top-Managements. Das ist unsere Hypothese. Und wir meinen, wir liefern mit diesem Buch gute Argumente sowohl für Eltern und Mitarbeiter als auch für Führungskräfte und Unternehmer.

Elternzeit ist Investition in das Humanvermögen der Eltern

Bei der Berechnung der Lohnverluste bei Unterbrechung der Vollerwerbstätigkeit durch Elternschaft [24] ist die Investition in das Humanvermögen der Eltern einzurechnen.

Unternehmen wie Behörden müssen für Mitarbeiter in Fort- und Weiterbildung investieren. Insbesondere die Weiterbildungskosten für Handlungskompetenzen, z. B. Kommunikation, Kritik- und Konfliktfähigkeit und Selbstkompetenzen wie Stressmanagement, haben häufig deshalb keine Wirkung, da sie mit viel zu kurzen Lernzeiten versehen werden. Häufig werden Arbeitsverhältnisse aufgelöst oder Kündigungen ausgesprochen, nicht wegen einer geringen Fachkompetenz, sondern viel häufiger wegen mangelnder Teamfähigkeit, ungenügendem Durchsetzungsvermögen, fehlender Zielorientierung und Handlungsorientierung, mangelnder Termintreue. Oder noch kostenintensiver: Mitarbeiter können ihre Leistung nicht einschätzen und überfordern sich bis hin zum Burnout.

Einzurechnen als Investition in das elterliche Humanvermögen ist ebenso die höhere emotionale Bindung an das Unternehmen. Diese entsteht unmittelbar, sobald das Unternehmen die im Kompetenzcenter Familie entwickelten Handlungskompetenzen systematisch für eine höhere Produktivität nutzt und entsprechend honorieren kann. Die stärksten Motivatoren für Angestellte und Beamte sind Aufmerksamkeit und Wertschätzung, die ein Vorgesetzter seinen Mitarbeitern für sein Handeln gibt [18]. Ein gutes Beispiel gibt die Firma Bosch in „Ihr Karrierefahrplan".

Mitarbeiter, die aufgrund familiärer Aufgaben etwa einen mehrjährigen Auslandseinsatz oder Geschäftsbereichswechsel nicht antreten können, haben die Chance, dass ihnen das als Karrierebonus auf eine nächste Hierarchiestufe angerechnet wird: „Familienzeit ist eine wertvolle Erfahrung und steigert die Sozialkompetenz. Dies wird auch beruflich anerkannt, indem Ihre ‚Familienzeit' einen Karrierebaustein ersetzen kann" [32].

Teilzeit in Führung

Teilzeit und Führungskraft ist die Regel, nicht die Ausnahme, vor allem in kleinen und mittleren Unternehmen! Der Job ist oft in viele Funktionen aufgeteilt, sodass häufig nur in Großbetrieben Führungskräfte sich dieser Verantwortung nahezu ganztags widmen können. Die Regel in kleinen und mittleren Unternehmen ist die Vormittagsführungskraft, meistens der Unternehmer oder Gesellschafter selbst, der am Nachmittag seinem anderen Teilzeitjob, etwa als Entwickler, nachgeht oder im Vertrieb/Marketing, in der Verwaltung oder im Facility-Management beschäftigt ist. Ebenso ist die mittlere Ebene davon betroffen. Oft kommt zu der bisherigen Arbeit noch die Führungsaufgabe hinzu. Bemisst man die Zeit, in der die Führungskraft sich ausschließlich Führungs- und Personalthemen hingibt, dann sind dies lediglich 12 % der Arbeitszeit, so eine empirische Studie von Dworski et al. [33]. Über 70 % geben ergänzend an, dass sie sich in dieser Führungsaufgabe zu wenig intensiv betätigen.

Bemerkenswerterweise ist das in der Familie bei der Kinderbetreuung nicht anders: Wer halbtags in der Elternrolle ist, geht in der zweiten Hälfte des Tages ganz anderen Aufgaben nach. Elternschaft ist mit dieser Aufgabe eine Teilzeittätigkeit! Eine Zeitverwendungsstudie von Stancanelli [34] für Deutschland aus dem Jahr 1992 macht dies deutlich. Sie zeigt, dass Teilzeit erwerbstätige Mütter im Durchschnitt 33 min weniger Zeit für die Kinderbetreuung aufweisen als nicht erwerbstätige Mütter und bei Vollzeit erwerbstätigen Müttern dies einen Unterschied von 51 min pro Tag ausmacht. Diese Zahlen überraschen! Sie machen deutlich, dass Eltern – ebenso wie Führungskräfte – ihre Zeit für sehr unterschiedliche Funktionen und Aufgaben verwenden. So sind Eltern geradezu herausgefordert, ihre Zeit sehr bewusst den einzelnen Aufgaben zuzuteilen, sich dabei abzugrenzen, zu planen und im Management stets nach Optimierungen zu suchen. Mit dieser Aussage wollen wir keinesfalls die Leistung und die Verantwortung von Eltern schmälern. Natürlich sind wir Eltern, und zwar 24 Stunden am Tag.

In Deutschland gilt seit 2001 das Teilzeit- und Befristungsgesetz. Es sichert jedem Arbeitnehmer eine verringerte Arbeitszeit zu, sofern er dies rechtzeitig verlangt. Voraussetzung ist, dass das Unternehmen mehr als 15

Mitarbeiter hat und das Arbeitsverhältnis länger als 6 Monate andauert. Nur wenn eine wesentliche Beeinträchtigung der Organisation, des Arbeitsablaufes oder der Sicherheit oder unverhältnismäßige Kosten durch die Teilzeit entstehen, kann der Arbeitgeber diese Forderung ablehnen. Und für Kinder, die nach dem 1. Juli 2015 geboren wurden, hat der Gesetzgeber die Elternzeit weiter flexibilisiert. So können Mütter und Väter in Elternzeit bis zu 30 h in der Woche in Teilzeit arbeiten. Dies kann eine gute Strategie sein, in der fachlichen Weiterentwicklung up to date zu bleiben.

Im Folgenden gehen wir den Fragen nach:

1. Wer arbeitet in Teilzeit mit Führungsverantwortung?
2. Welche Vorteile haben Unternehmen von Teilzeit in Führung?
3. Was macht Eltern zu einer Zielgruppe für Teilzeit und Führung?
4. Wie kann sich ein Unternehmen auf Teilzeit in Führung vorbereiten?

Teilzeit in Führung vs. Präsenzkultur

In Deutschland arbeiten 5 von 100 Führungskräften in Teilzeit. Der Anteil der Teilzeitbeschäftigten unter Spitzenführungskräften lässt sich statistisch nicht erfassen. Deutschland ist ein Vollzeitland bezüglich der Führungskräfte! Nur 5 % der Führungskräfte interessieren sich für eine Teilzeittätigkeit. Ein guter Chef hat mehr als 100 % verfügbar zu sein. Dabei beziehen sich die 100 % auf 38 h. Dies ist eine völlig willkürliche Festlegung. Angenommen, die Vollzeitbeschäftigung beträgt 32 h oder 45 h, bleibt es dann bei der Teilzeitdefinition von weniger als 30 h? Nein, natürlich nicht! Die Teilzeitgrenze wird dann relativ angepasst.

Europäisch betrachtet [35] ergibt sich eine eindeutige Korrelation zwischen der Häufigkeit der Teilzeitbeschäftigten und den darunter befindlichen Führungskräften. So sind etwa in Polen ca. 12 % der Erwerbstätigen Teilzeitjobber und darunter lediglich 3 % Führungskräfte. Dagegen liegt der Anteil der Teilzeitbeschäftigung in Lettland und Großbritannien bei knapp 30 % mit immerhin 8 % Führungskräften. Den höchsten Wert erreichen die Niederlande, dort sind 3 von 5 Erwerbstätigen Teilzeitjobber, von denen jeder neunte Arbeitnehmer eine Führungsposition verantwortet.

Die Aufteilung zwischen Männern und Frauen ist – wie auch für die Teilzeitbeschäftigung – eindeutig: Management in Teilzeit wird sechs Mal häufiger von Frauen besetzt! Diese Frauen haben eher mehrere Kinder, sind (damit) älter und arbeiten in kleinen oder mittleren Unternehmen mit weniger als 50 Mitarbeitern. Diese Teilzeitführungskräfte sind vor allem acht Mal so häufig in den Branchen Bildung, Gesundheit und öffentliche Verwaltung anzutreffen als im verarbeitenden Gewerbe.

Vom Produktivitätsansatz ist für uns nicht zu verstehen, weshalb die Präsenzkultur in vielen Unternehmen weiterhin gepflegt und verteidigt wird. Eine Ergebnisorientierung fördert beim Mitarbeiter ein Optimierungsmotiv. Wie kann ich mit meinen Ressourcen das gleiche oder bessere Ergebnis erreichen als bisher? Das eröffnet eine Flexibilisierung bezüglich Arbeitszeit und Arbeitsplatz.

Um Arbeitszeitkontrolle durch Leistungsanreize zu ersetzen, bedarf es nicht nur eines einheitlichen Verständnisses über die zu erreichenden Ziele. Grundlegender ist eine vertrauensvolle Zusammenarbeit zwischen Mitarbeiter und Führungskraft. Und diese beginnt mit der Überzeugung der Führungskraft, ob sie ihrem Mitarbeiter ein kooperatives und faires Zusammenarbeiten zutraut oder ob sie ihn kontrollieren muss, damit Schaden vom Unternehmen abgewendet wird (s. Abschnitt „Welches Bild vom Menschen habe ich?" in Kap. 3, XY-Theorie von McGregor). Die Entwicklung einer vertrauensvollen Zusammenarbeit trotz Anpassungskonflikten, Verteilungskämpfen und Diskussionen bezüglich Standards ist die notwendige Bedingung. Das Fachliche ist hingegen lediglich die hinreichende Bedingung. Die Industrialisierung 4.0 wird genau das den Führungskräften für die Entwicklung ihrer Mitarbeiter abverlangen: das Entwickeln einer vertrauensvollen Zusammenarbeit, die mit den Konflikten des Arbeitsalltags belastet werden kann. Eltern haben das Kompetenzcenter Familie, um genau diese Fähigkeit auszubilden und nachhaltig zu trainieren.

Gute Gründe für Teilzeit in Führung

Eine effiziente Arbeitszeitgestaltung dient sowohl Unternehmens- als auch Mitarbeiterinteressen. Der Personaleinsatz soll bestmöglich an die konkreten individuellen Interessen und betriebswirtschaftlichen Ziele angepasst sein. Wurde bisher mit dem Thema Teilzeit eher reaktiv auf die Bedürfnisse von Mitarbeiter eingegangen, ist nun vielmehr ein proaktiver Umgang mit Teilzeit der Vorteil. Teilzeit für Fach- und Führungskräfte trägt zu wirtschaftlichen und organisatorischen Zielen bei (Tab. 4.1).

Betriebswirtschaftliche Vorteile von Teilzeit in Führungsaufgaben:

- effizienter und flexibler Einsatz des Fach- und Führungspersonals,
- die Senkung von Personalkosten,
- eine gezielte Personalentwicklung,
- die Erhöhung von Mitarbeitermotivation und -zufriedenheit
- Mitarbeiterbindung.

Tab. 4.1 Unterschied zwischen ergebnisorientierte Arbeitszeitkultur und Präsenzkultur [36]

Ergebnisorientierte Arbeitszeitkultur:	Präsenzkultur (anwesenheitsorientierte Arbeitskultur) geht einher mit:
Erfüllung einer Aufgabe in einer allgemein akzeptierten Form und Zeit Führung: Leistung wird nicht nach Anwesenheit, sondern nach Qualität der Aufgabenerfüllung beurteilt, ein hohes Maß an Aufgaben wird delegiert; die Mitarbeiter nehmen ihre Aufgaben eigenverantwortlich wahr und arbeiten vorwiegend in Teams; kürzere Arbeitszeiten werden auf- und längere abgewertet Doppelrolle von Führungskräften	mangelnder Kunden- und Auftragsorientierung, Belohnung von Arbeitszeitverbrauch, unverbindlicher oder starrer Arbeits-(zeit-)planung, (unzureichender) Steuerung der Arbeitszeiten durch Führungskräfte, gegenseitigem „Arbeitszeitmisstrauen"

Ein weiterer Vorteil von Teilzeit in Führungsaufgaben ist die Notwendigkeit, Führungsaufgaben klar zu definieren, damit Schnittstellen gelingen. Dadurch können unwirtschaftliche Konzentrationen mit klaren Organisationsabläufen dezentralisiert werden. Eine höhere Selbststeuerung der Mitarbeiter ist die Folge und damit auch eine Entlohnung nach dem Ergebnis statt der Präsenzzeit. Zugegeben, dies ist nur dann erfolgreich, wenn Führungskräfte ihr Handwerk der Führung verstehen. Wir sind der Meinung: Gute Eltern sind eine Zielgruppe für solche Führungskräfte.

Zielgruppe Eltern in Teilzeit und Führung

Warum sind Eltern eine Zielgruppe für Teilzeit in Führung? Zunächst gibt es hierauf zwei einfache Antworten. Zum einen leben Eltern in einem Kontext, der ihnen immer wieder – ob sie wollen oder nicht – Führungsverhalten abverlangt! Das bedeutet, dass Eltern für viele Jahre die Chance haben, Führungskompetenzen aufzubauen und weiterzuentwickeln. Hierzu hilft es, wenn wir uns bewusst machen, welchen komplexen Aufgaben Eltern mit der Führung einer Familie ausgesetzt sind. Hierzu dient uns ein Blick auf die Gruppenpsychologie sowie Organisationspsychologie.

Ein zweiter Grund, weshalb Eltern eine Zielgruppe für Teilzeit in Führung sind, hängt mit dem ersten Grund zusammen, doch soll er hier deutlich als zweiten Grund hervorgehoben werden. Erwerbstätige Eltern haben zwei große Lebensbereiche, aus denen sie Lebenssinn beziehen können und damit ein großes Potenzial an Motivation: Familie und Arbeit. Dies hat den einfachen Vorteil, dass eine herausfordernde oder sogar frustrierende Situation z. B. in der Familie mit dem Gedanken „Was lerne ich hier für meinen Arbeitsplatz?" neue Motivationskraft erhalten kann, die Herausforderung dennoch anzunehmen und aus ihr zu lernen. Beispielsweise ist die so häufig geforderte Emotionsregulation oder -kontrolle von Eltern nicht so ganz einfach umzusetzen, wenn etwa das 5 Monate alte Baby zum fünften Mal in der Nacht meinen Schlaf unterbricht, oder der in der Vorpubertät befindliche Sohn austestet, mit welchen Beschimpfungen oder Abwertungen er mich provozieren kann. Hier haben Eltern den potenziellen Vorteil, dass sie sich mit „Wenn ich das hier lerne, dann kann mir das im Beruf Vorteile bringen!" zusätzlich motivieren können.

Welche Kompetenzanforderungen werden an Teilzeitkräfte in Führung gestellt? Führungskräfte, insbesondere in Teilzeit, benötigen eine hohe Kommunikationsfähigkeit für Abstimmungen und faire Aushandlungen. Ca. 80 % der Führungstätigkeit erfordert Kommunikation etwa bei Absprachen, Anweisungen, Konfliktlösungen oder Verhandlungen:

- Teamfähigkeit,
- Flexibilität,
- Organisationsfähigkeit, Delegationsfähigkeit,
- Führungskompetenz.

Wir behaupten nicht, dass Eltern dies alles können. Jedoch haben sie das Kompetenzcenter Familie in dem sie diese Fähigkeiten lernen können und zwar nachhaltig!

4.5 Wie wir mit dem Älterwerden im Unternehmen und in der Familie umgehen

Joachim E. Lask

Welches Bild vom Älterwerden und Altsein haben Sie? Und welches Bild haben die anderen von Ihnen, wenn sie älter werden oder alt geworden sind? Die Antworten auf beide Fragen bilden häufig ein Delta und nicht nur, weil wir die Meinung der anderen fürchten. Es kann auch sein, dass uns vor der eigenen Meinung vom Älterwerden und Altsein graut. Denn das Älterwerden hat letzten Endes auch immer etwas mit dem Sterben und dem Tod zu tun. Und im Tiefen wissen wir: „Forever young" und „turnend in die Urne" sind unrealistische Bilder für das Sterben. Doch bleiben wir zunächst beim Altern im arbeitsfähigen Alter. Denn der Fachkräftemangel und die gestiegene Lebenserwartung lassen Unternehmen umdenken. Sie können nicht mehr auf die Erfahrung älterer Mitarbeiter verzichten.

Der authentischste Ausbildungsort für ein fundiertes Altersmanagement ist die Familie mit ihren Erfolgs- und Scheitergeschichten. Hier werden die Lebens- und Handlungskompetenzen erworben, die in Unternehmen so dringend benötigt werden. Doch Sätze der Eltern wie „Wir wollen euch im Alter nicht zur Last fallen!" sagen etwas anderes über das Älterwerden aus. Es ist nicht so einfach, sich plötzlich als „Silver Worker" zu definieren, wo man doch vor Kurzem noch mit dem goldenen Handschlag in den Vorruhestand verabschiedet worden wäre.

In diesem Abschnitt setzen wir uns mit dem Älterwerden auseinander und stellen uns folgende Fragen:

- Was beeinflusst unser Bild vom Älterwerden und Altsein?
- Wie gehen wir mit dem Altern in Familie und Unternehmen um (Altersmanagement)?
- Durch welche Art von Wissen zeichnen sich ältere Menschen aus (Erfahrungswissen)?

Älterwerden und Altsein

Zwischen 35 und 55 Jahren befinden wir uns im „So-kann-es-weitergehen-Lebensgefühl". Wir spüren das Alter an uns selbst kaum. Mit etwas Realismus scheint fast alles möglich. Eher sind es die anderen um uns herum, die uns vermitteln: „Auch du wirst älter!" Dies geschieht etwa, wenn der jüngere Kollege uns auf der Karriereleiter überholt. Oder wir gehen auf ein Klassentreffen in die schon damals beliebte Lokalität. Vergeblich suchen wir die Klassenkameraden, bis wir plötzlich bemerken, dass die ältere, etwas lärmende Gesellschaft tatsächlich die Freunde von einst sind. Gewiss, auch an unseren Kindern erleben wir, wie die Jahre vergehen … Doch die Midlife-Crisis weist gnadenlos darauf hin: Du hast nur noch einmal so viel an Jahren, wie du alt bist. Der Trigger ist hierbei weniger das „Altwerden" als vielmehr das Sinnbedürfnis, das für die zweite Lebenshälfte neu definiert werden muss. Höher, schneller, weiter verliert seine Polposition im Sinnranking. Neue Sinnhorizonte werden gesucht, die meist eher bei den inneren Sinnaspekten gefunden werden. Und spätestens, wenn unsere Eltern sterben, dann ist klar: Als Nächstes wird sich das Älterwerden uns selbst in den Weg stellen.

Älter werden wir alle. Das beginnt mit der Geburt. Die Kinder wollen noch älter werden. Aber irgendwann schlägt dieses Gefühl um in: Älter werden ist okay, doch alt sein … Da treten Vorstellungen auf, die nicht für jeden erstrebenswert sind. Denn mit dem Alter ändert sich auch das Bild des Alters oder des Alterns selbst.

Doch wollen Sie der Frage auf den Grund gehen, welches Bild vom Älterwerden und Altsein Sie selbst haben, so können Sie die Antwort ganz einfach finden:

- Lassen Sie Bilder in sich wach werden, wie Sie mit 10 Jahren einen 50-jährigen Menschen z. B. bei dessen Geburtstagsfeier erlebt haben.
- Erinnern Sie sich an aktuelle Feiern zum 50. Geburtstag.
- Vergleichen Sie diese Bilder und beschreiben Sie den Unterschied.

Einige ältere Forschungsergebnisse legten nahe, dass unser eigenes Altersbild in der Kindheit angelegt wird und sich dann wenig verändert. Doch schon allein die veränderte Lebenserwartung zwingt uns, das eigene Altersbild anzupassen. In jedem Fall hat sich das äußere Bild von 50-Jährigen in den letzten 40 Jahren drastisch geändert.

Heute haben 50-Jährige eine längere Lebenserwartung (Frauen 34,04 Jahre, Männer 29,64 Jahre) als jene 50-Jährigen aus dem Jahr 1972 (Frauen 28 Jahre, Männer 23 Jahre; Daten von www.destatis.de) [37]. Die Wahrscheinlichkeit, 80 oder gar 90 Jahre alt zu werden, ist deutlich gestiegen. Das hat einen wesentlichen Einfluss darauf, wie alt wir uns fühlen. Und dieses Lebensgefühl wirkt sich auf unser Verhalten und Erleben während des Älterwerdens aus. Aber auch die Grundüberzeugungen haben sich von Generation zu Generation geändert. In den 50er- und 60er-Jahren hatten Fleiß, Pflicht, Sicherheit, Familie, Treue und Nützlichkeit als Werte besondere Bedeutung. Die Spaßkultur der 70er- und 80er-Jahre war geprägt von Selbstbezogenheit, Lust, Leistungsstreben und Besitzorientiertheit. Und junge Familien heute entwickeln wiederum ihre neue Kultur, die geprägt ist von Werten wie Erfahrung, Authentizität, Natürlichkeit, Netzwerkorientierung und Spiritualität.

Die gestiegene Lebenserwartung und das Mitschwimmen in der jeweiligen Alterskultur sagt jedoch überhaupt nichts darüber aus, wie wir Älterwerden oder Altsein leben. Wie wir die gestiegene Lebenserwartung und die veränderten Lebenswerte in unserem eigenen Leben verarbeiten, hängt entscheidend von unseren ganz persönlichen Bewertungsmustern bezüglich unserer Erfahrungen ab.

Ob ich nun eine Erfahrung des Älterwerdens – etwa die nachlassende Merkfähigkeit – als Bestätigung meiner Befürchtung „Bald werde ich einsam und unbrauchbar sein!" bewerte oder aber als Impuls für „Jetzt beginne ich, regelmäßig Sport zu treiben, das unterstützt meine Merkfähigkeit!" nutze: Der entscheidende Punkt ist die Bewertung oder Deutung meiner nachlassenden Merkfähigkeit.

Einen wesentlichen Einfluss auf unsere Bewertung des Älterwerdens und Altseins sind unsere Altersbilder. Sie bündeln unsere Denkmuster und Handlungsimpulse in ein Bild.

So praktisch Bilder sind, da sie mehr sagen als tausend Worte, so gefährlich sind sie auch, da sich hinter den Bildern schnell Stereotype verstecken. Unsere Altersbilder leiten uns, wie wir mit dem Älterwerden umgehen sollen.

Für Sie selbst ist es auch wichtig zu erfahren, wie Ihr Bild des eigenes Älterwerdens gestaltet ist. Hierzu ein weiteres Gedankenexperiment: Wenn Sie für sich jetzt einmal überlegen, wie und was sich für Sie in 3, in 5 und in 10 Jahren verändert:

- Wie alt werden Sie dann sein?
- Was bedeutet das für Ihren Körper?
- Wie werden Sie psychisch reagieren?
- Wie alt sind Ihre Kinder, Ihre Eltern?
- Was wird in Ihrem beruflichen Leben anders sein?

Vielleicht wagen Sie auch eine 15- oder 20-Jahres-Perspektive. Was Sie mit diesem Gedankenexperiment herausbekommen? – Ihr Altersbild.

Hier ein Altersbild eines süddeutschen Unternehmens: „Erfahrung ist Zukunft!" Dem Unternehmen war aufgefallen, dass sich auf Stellenausschreibungen keine älteren Menschen beworben hatten. Hier ein Auszug aus dem Anforderungsprofil:

- soziale Kompetenz, Fachkompetenz mit Erfahrungswissen,
- Durchhaltevermögen und Ausdauer,
- Flexibilität,
- Mobilität (Reisebereitschaft),
- Motivation,
- Loyalität,
- nachhaltige Zusammenarbeit,
- sofortige Verfügbarkeit.

Nachdem man festgestellt hatte, dass das Anforderungsprofil insbesondere auf ältere Arbeitnehmer abschreckend wirkte, formulierte man den Anzeigentext um im Sinne von: „Mit 45 zu alt – mit 55 überflüssig? – Wir suchen Ihre Berufs- und Lebenserfahrung ..." Innerhalb kürzester Zeit lagen mehr als 500 Bewerbungen vor, von denen 180 als „sehr gut passend" eingestuft wurden. 19 Ingenieure wurden eingestellt, von denen 15 über 50 Jahre alt waren [38].

In der Forschung und öffentlichen Diskussion wird häufig unterschieden zwischen dem positiven und dem negativen Altersbild. Das positive Altersbild begreift das Älterwerden als Chance, als Möglichkeit, in dieser Welt sinnvoll zu leben. Älterwerden und Altsein wird mit Begriffen wie Gelassenheit, Selbstbewusstsein, Lebenserfahrung, Zufriedenheit oder Unternehmungslust verbunden. Das negative Altersbild stellt das Nachlassen von Funktionen in den Vordergrund und bewertet diese defizitorientiert. Älterwerden und Altsein wird dann eher mit Begriffen wie geringe Belastbarkeit, schlechterer Gesundheitszustand, Einsamkeit, Nutzlosigkeit, sinkende Lebensfreude oder Langeweile verbunden.

In Redensarten oder Sprichwörtern tauchen manche Haltungen zum Älterwerden auf. Wenn Eltern ihren Kindern sagen „Wir wollen euch im Alter nicht zur Last fallen!", dann drückt sich damit ein eher negatives Altersbild aus. Oder wenn wir das Sprichwort nehmen „Was Hänschen nicht lernt, lernt Hans nimmermehr!", dann wird uns ein defizitorientiertes Altersbild vermittelt. Andererseits hören die Jungen von den Alten: „Werde erst einmal so alt wie ich!" oder „Komm erst mal in mein Alter!". Hier deutet sich an, dass dieses Alter herausfordernd ist und eine besondere Qualität hat, die eben der junge Mensch (noch) nicht kennt.

Nicht jeder von uns wird wie Altbundeskanzler Helmut Schmidt im hohen Alter blitzgescheite, mit Weisheit gespickte Antworten auf die Fragen von Journalisten geben können und dabei im Fernsehstudio rauchen dürfen. Doch dieses Altersbild prägt sich ein. Sicherlich wollen viele von uns auf diese Weise alt werden. Welchen alten Menschen haben Sie als Vorbild? Die gute Nachricht ist: Sie können dieses Vorbild selbst auswählen. Schauen Sie in Ihrer Bildersammlung zum Thema „Älterwerden und Altsein" nach und entscheiden Sie neu, welche Vorbilder Sie hängen lassen und welche Sie besser abhängen.

Zurück zum Altersbild: Mit dem eigenen Altersbild formulieren wir, wie wir zu unserem eigenen Alter stehen. Dies ist also unser individuelles Altersbild, welches nun positiv oder negativ, idealistisch oder realistisch etc. sein kann. Dem eigenen Altersbild ausgesetzt zu sein, kann schon eine gewaltige Aufgabe sein. Doch noch interessanter wird es, wenn wir dem gesellschaftlichen Altersbild ausgesetzt sind. Wie begegnen mir Menschen hinsichtlich meines Alters oder wie begegne ich Älteren? Kaum habe ich etwas nicht richtig verstanden, lächeln die nahen jüngeren Verwandten und tuscheln: „Er wird halt älter!" Und wenn ich beginne, mich gegen dieses Bild zu wehren – „Man darf doch wohl noch etwas nicht richtig verstehen, ohne gleich als Oldie abgestempelt zu werden!" –, wird mir auch das, passend zum gesellschaftlichen Altersbild dieser Gruppe, als „Der Altersstarrsinn beginnt bei ihm auch schon!" ausgelegt.

Was ist eigentlich mit dem Begriff „Altersbild" genau gemeint? Wenn wir über das „Altersbild" schreiben, dann meinen wir damit sowohl das Bild, wie wir älter werden, als auch unser Bild vom Altsein. Die Bezeichnung „Altersbild" greift also sowohl den Prozess des Älterwerdens als auch den Zustand des Altseins auf. Es sagt zunächst nichts darüber aus, ab wann man „alt ist".

Auf den Punkt gebracht: Altersbilder können in positive und negative Altersbilder unterteilt werden. Weiterhin hat jeder Mensch ein individuelles Altersbild, das er selbst mitgestaltet. Außerdem begegnen wir einem gesellschaftlichen oder Unternehmensaltersbild, dem wir selbst ausgesetzt sind.

Hier sind wir wieder bei den Stereotypen angekommen. So notwendig und hilfreich diese Bilder sind, so haben sie doch die Gefahr, zu einer sich selbst erfüllenden Prophezeiung zu werden. Der Argumentationskreislauf folgt dem Prinzip: „§ 1. Ich habe immer recht! § 2. Wenn ich einmal nicht recht haben sollte, dann Tritt § 1 in Kraft." Wer in Stereotypen denkt, läuft Gefahr, sich gegen neue, nicht theoriekonforme Informationen abzuschotten.

Sehr schnell sagen wir „Oh – ich werde alt!", wenn wir beispielsweise etwas vergessen haben. Dahinter steht ein Bild vom Altwerden, das von Einschränkungen der Merkfähigkeit, Wahrnehmungsgeschwindigkeit und Informationsverarbeitung oder von einer geringeren Belastbarkeit ausgeht. Wenn dann noch negative Bewertungen erfolgen wie „nutzlos", „Langeweile", „Einsamkeit" entwickelt sich ein negatives Altersbild. Wir könnten doch bei jedem Erfolg, den wir auf unsere Lebenserfahrung zurückführen, mit einem „Zum Glück bin ich schon so alt!" reagieren. Denn die Gelassenheit und das Selbstvertrauen können ausgeprägt sein, wenn aktiv Selbstverwirklichung betrieben wurde. Die Lebenszufriedenheit erreicht einen Höhepunkt, weil das Alter vorangeschritten ist. Die kristalline Intelligenz nimmt wegen der fundierten Lebenserfahrung weiter zu. Diese und viele Faktoren mehr führen zu einem positives Altersbild.

Welche Lebensbedingungen sind es nun, die einen positiven Einfluss auf unser Altersbild haben? Einige Ergebnisse zu unserem Thema „Wirtschaft trifft Familie" möchten wir hier darstellen:

(Weiter-)Bildung. Ältere mit wenig Bildung neigen zu sehr negativen Selbstzuschreibungen, während (Weiter-)Bildungserfahrungen das Altersbild sehr positiv beeinflussen. Befragt man die 45- bis 80-Jährigen in Deutschland, dann sagt etwa jeder Dritte, er sei „zu alt für Weiterbildung" [39]. Bildung und Altern wird hier nicht als etwas Selbstverständliches angesehen. Wir wissen heute, dass bereits eine Weiterbildungserfahrung im Jahr signifikant zu einem positiven Altersbild beiträgt.

Eine besondere Rolle im Rahmen innerfamiliärer Interaktion kommt dem Austausch mit der jüngeren Generation zu. Die Familie erweist sich als wichtigster Ort intergenerativer Begegnungen und generationenübergreifender Kontakte, die sich wiederum positiv auf das Altersbild auswirken. Zumindest zeigt sich bei Befragten, die innerhalb oder außerhalb der Familie regelmäßig Kontakt zu Jüngeren haben, ein signifikant positiveres Altersbild als bei denjenigen Älteren, die nur wenig mit jüngeren Generationen zusammenkommen [40].

Umgekehrt zeigt auch die Entwicklung eines positiven Altersbilds bei Kindern und Jugendlichen die konstruktiven Einflüsse der Kontakthäufigkeit mit älteren Erwachsenen auf. Andererseits wird bei den meisten Kindern eine generell eher von Stereotypen geprägte Sichtweise des Alters sichtbar, die zwar noch wenig gefestigt, aber dennoch bedenklich erscheint. Gerade vor dem Hintergrund einer zunehmenden Separierung der Generationen („Wir wollen euch nicht zur Last fallen") scheinen Bildungssettings als Rahmen für die intergenerative Begegnung an Bedeutung zu gewinnen [41]. In der Familie und am Arbeitsplatz liegen besondere Ressourcen, da Begegnung zwischen den Generationen hergestellt werden können.

Nicht die Nationalität, sondern der Geburtsort erweist sich als Vorhersagefaktor für ein positives Altersbild. Das deutet darauf hin, dass die ersten Kindheitsjahre einen wesentlichen Einfluss auf unser Erleben von Älterwerden und Altsein haben. Der Untersuchung von Schmidt-Herta und Schmidtbauer (2012) zufolge hat der Geburtsort außerhalb von Deutschland (!) einen erheblichen Einfluss auf ein positives Altersbild. Für die in Deutschland geborenen Personen mit ausländischer Staatsangehörigkeit scheint für die Entwicklung des Altersbildes das Aufwachsen in Deutschland bedeutsamer zu sein als die Herkunftskultur der Eltern und Verwandten. Nicht ganz überraschend ist die Wirkungsrichtung: Ist das Geburtsland außerhalb von Deutschland, hat dies einen signifikant stärkeren Einfluss auf das positive Altersbild. Ein weiteres Ergebnis der gleichen Forscher spitzt die Interpretationsmöglichkeiten zu.

Demnach ist das positive Altersbild desto ausgeprägter, je intensiver die Begegnung der Älteren mit der jüngeren Generation erfolgt. Interessanterweise ist dies auch der Fall, wenn die Begegnung mit Jüngeren auch außerhalb von der eigenen Familie stattfand.

Das individuelle Altersbild wird also von Lebensbedingungen beeinflusst wie Weiterbildung, Geburtsort außerhalb Deutschlands, Begegnung mit der jüngeren Generation.

Doch machen wir uns hier mit der simplifizierenden Reduktion der Altersbilder auf positiv und negativ etwas vor? Geben wir uns möglicherweise einer Illusion hin? Ist es realistisch, permanent ein positives Altersbild zu entwickeln? Wir müssen es doch akzeptieren, dass unsere körperlichen und auch psychischen Funktionen in jedem Fall abnehmen! Welch einen Stress machen wir uns selbst, wenn wir uns zu einem positiven Altersbild verpflichten, und wie entlastend kann es sein, Einschränkungen zu akzeptieren?

An dieser Stelle ist es uns wichtig, für ein optimistisch-realistisches Altersbild zu werben. Das positive und negative Altersbild muss nicht gegeneinander ausgespielt werden. Beide Altersbilder haben ihre Berechtigung und werden im Alter Realität. Damit beide Altersbilder nicht in ihre entwertende Übertreibung „Forever young!" und „Altern ist Siechtum!" entgleisen, ist noch ein wesentlicher Lebensbestandteil aufzugreifen, das Sterben:

- Sterben und „erfolgreiches Altern" – wie passt das zusammen?
- Wenn wir von einem erfolgreichen Altern sprechen und dies häufig mit dem Begriff „Aktivität" verbinden – ist dann Demenz und Suizid ein erfolgloses Altern? Müssen wir aufpassen, dass unser Lebensende für andere ein Kostenfaktor wird und wir eine (verdeckte) Aufforderung zum sozialverträglichen Frühableben verspüren?
- Ist es tatsächlich erstrebenswert, immer länger zu leben, wenn dies immer häufiger ein Sterben mit Demenz, ein Sterben im Krankenhaus oder ein Sterben im Pflegeheim bedeutet?
- Wir haben immer weniger Erfahrungen mit dem Sterben, da wir das Sterben und den Tod Institutionalisieren bis hin zum selbstbestimmten Sterben in den Varianten „assistierter Suizid" oder „Hospiz".
- Gehen wir dem Leben als Kampf gegen die Todesfurcht auf den Leim? Ist es nicht so, dass wir nur mit dem Tod das Leben richtig spüren? Warum

aber thematisiert ein positives Altersbild dann nicht das Sterben als die allerletzte Phase des Lebens?
- Welche Erfahrungen haben Sie mit Ihren Eltern und anderen nahestehenden Menschen mit Sterben und Tod gemacht? Wie konnten Sie hierüber sprechen? Welche Themen konnten angesprochen werden, welche nicht? Und wie war das für Sie persönlich, wenn über Tod und Sterben gesprochen wurde? Waren Sie erleichtert, dem Leben näher, oder eher bedrückt und depressiv?

Unsere persönliche Meinung hierzu ist, dass wir in den Familien neu lernen müssen, über den Tod und das Sterben zu sprechen – gleich, wie herausfordernd dies für alle Beteiligten ist. Wir meinen, diesen Anspruch haben nicht nur die älteren, sondern insbesondere auch die jüngeren Generationen. Das Alleinstellungsmerkmal des Alters ist der Tod! Es gibt keine andere Lebensanschlussphase. Und damit sind wir in den Familien immer wieder herausgefordert, spirituelle Lebensfragen zu stellen und nach Antworten zu suchen, Glaubensüberzeugungen und Jenseitshoffnungen zu thematisieren.

Denn die Begegnung mit dem Sterben fördert …

- Weisheit, da wir Erfahrungswissen zu Abschiedsthemen gewinnen, das Sterben im Alter relativieren können und verschiedene (Wert-)Vorstellungen zu Tod und Sterben kennenlernen.
- Selbstbewusstsein, durch Wertschätzung von Verlust- und Leiderfahrungen, inter- und intragenerative „Produktivität",
- spirituelle Intelligenz, durch den Einsatz von Gelassenheit, Hoffnung, Kreativität, Dankbarkeit oder Verzeihenkönnen.

Nach einem WFI-Fachgespräch „Wirtschaft trifft Familie" zum Thema „The Circle of Life – Altersmanagement" schrieb uns ein Teilnehmer eine E-Mail [42], die wir hier auszugsweise wiedergeben möchten:

Ich will es nun als These formulieren: Ich glaube, dass wir in der Tiefe nur dann ein wirklich optimistisch-realistisches Altersbild haben, wenn wir darum wissen, dass Gott jede Lebensphase, gerade auch mit ihren schwierigen, unsere Selbstverwirklichung und Selbstgestaltung massiv einschränkenden Seiten segnet, also uns zum Segen werden lassen kann und will, und wenn wir eine Vision von einem hoffnungsvollen Sterben haben, das uns neugierig und zuversichtlich macht.

Ich will bei Jesus in der Ewigkeit ankommen, das ist das Ziel meines Lebenslaufes. Darauf freue ich mich, und ich will wissen, wie das sein wird! So gesehen gehört wesentlich zum Alter das Sterbenlernen.

Die Reduktion der Altersbilder auf „positiv" versus „negativ" ist irreführend und lädt zu ungerechter Stereotypisierung ein. Es wird für ein optimistisch-realistisches Altersbild geworben, das das Sterben und den Tod integriert und Fragen der Jenseitshoffnungen thematisiert.

Altersmanagement

Am Anfang von Kap. 2 hatten wir bereits beschrieben, dass das Leben in einer Familie einem Zyklus folgt, beispielsweise mit den Phasen Gründung von Partnerschaft und Familie, Phase mit Kleinkindern, Schulkinder usw. Dieses Denken gewinnt in Unternehmen immer mehr Bedeutung [43]. Dies ist ein Ergebnis eines radikalen Wechsels im Altersbild von „Defizitorientierung" im Sinne von Leistungseinbußen, Verschlechterung des Gesundheitszustandes hin zu Ressourcenaktivierung („Active Ageing"), Stärken von Kompetenzen und Nutzen des Erfahrungswissens. So lässt sich ein beruflicher Lebenszyklus etwa in Phasen beschreiben wie „… vor dem beruflichen Eintritt" → „berufliche Einführung" → „Professionalisierung" → „Reife" → „Sättigung" und → „Austritt aus dem Berufsleben". Insbesondere die letzten beiden Phasen werden uns im Weiteren beschäftigen, da sie das Altersmanagement besonders betreffen. Dabei schauen wir, wie im Weiterbildungsort „Familie" aufgrund von Herausforderungen Kompetenzen erworben werden können. Natürlich fragen wir dabei auch nach der Übertragbarkeit auf das Altersmanagement im Unternehmen.

Die den betrieblichen Phasen „Sättigung" und „Austritt aus dem Berufsleben" entsprechende Phase im Familienzyklus dürfte die der „Ablösung der Jugend vom Elternhaus" sein. Schauen wir uns jetzt genauer an, was den Weiterbildungsort Familie in dieser Phase bezogen auf das Altersmanagement so wertvoll macht. Einige Aspekte wurden bereits angesprochen: Die Auseinandersetzung mit der jüngeren Generation soll stets gesucht werden. Dies fördert die sozialen Kompetenzen wie Kommunikation und Konfliktbewältigung. Die ständige Auseinandersetzung zwischen den Generationen führt zu einer dauernden Aktualisierung des Altersbildes auf beiden Seiten. Die Auseinandersetzung mit dem Altwerden ist vorgegeben, auch mit Themen, die sonst gerne vermieden werden wie Krankheit, Vergänglichkeit, Lebensende oder Tod. Wer sich den Herausforderungen der Familie stellt, setzt sich mit Fragen der Würde auseinander, angefangen bei der Geburt bis zum Sterben.

Es ist genau diese Phase im Lebenszyklus, in der uns die nächste Generation gegenübersteht, in der wir Eltern uns unausweichlich kritisch mit dem eigenen Alter auseinandersetzen müssen. Sie beginnt spätestens dann, wenn die eigenen Kinder in die Pubertät kommen, wir jenseits der 45 Jahre angekommen sind oder ein anderes Lebensereignis uns erneut die Sinnfrage stellt. Bezogen auf den Familienzyklus ist dies die Phase, in der sich die Jugendlichen vom Elternhaus entfernen und eigene Partnerschaften oder Familien gründen. Betrachten wir die Herausforderungen dieser Familienphase genauer und fragen uns dabei – sozusagen nebenher –, was das für das betriebliche Altersmanagement bedeuten kann.

Im Weiteren beschreiben wir die Aufgaben dieser Familienphase genauer und benennen zu jeder Aufgabe Fähigkeiten, die aus diesen entstehen können. Diese Auflistung von möglichen Fähigkeiten endet jeweils mit einer leeren Zeile für Sie. Denn wir laden Sie ein, diese Liste mit Ihren Erfahrungen und Ideen zu vervollständigen. Die Anpassungsleistung der Eltern, die sich aus der Ablösung und dem Auszug ihrer Kinder aus dem gemeinsamen Haushalt ergibt, dauert etwa 15 Jahre. Diese lange Zeitspanne deutet auf viele Lernherausforderungen der Eltern hin, die sich nun als älteres Ehepaar wieder neu definieren.

Denn der ungebrochene Trend ist, dass sich junge Menschen trauen, Partnerschaften und Ehen einzugehen. Das zeigen immer wieder Untersuchungen wie z. B. die Shell-Jugendstudie. 2010 stellten mehr als drei Viertel der Jugendlichen für sich fest, dass sie um wirklich glücklich zu leben eine Familie brauchen [44]. Und wenn die jungen Leute Partnerschaften und Familien gründen, dann sind sie jünger, agiler, fitter usw. – alles Attribute, die das ältere Paar nun nicht mehr hat. Häufig muss die Ehebeziehung in dieser Zeit weiterentwickelt oder neu aufgebaut werden, vor allem dann, wenn sie sich in der vorausgegangenen Phase des Familienzyklus auf die Elternschaft reduziert hat.

Kompetenzcenter Familie – Altersmanagement
Die Fähigkeit, die Veränderungen im eigenen Lebensverlauf realistisch wahrzunehmen, Veränderungen einzuleiten und den Lebenssinn neu zu definieren:

- fair bilanzieren,
- rechtzeitig ein Changemanagement einleiten und umsetzen,
- Älterwerden respektieren,
- jüngere Generation auf Augenhöhe wertschätzen und keine falsche Rivalität entwickeln,
- persönliche und gemeinsame (neue) Ziele entwickeln,
- ...

Nicht berufstätige Eltern stehen in der besonderen Herausforderung nach der Familienzeit, neue sinnvolle Aufgaben für sich zu entwickeln.

> **Kompetenzcenter Familie – Lebenszielentwicklung**
>
> Die Fähigkeit, einen erlebten Lebensabschnitt zu beenden und einen völlig neuen zu planen bzw. einzuleiten:
>
> - die eigenen Kompetenzen bilanzieren,
> - Wertfrage aktualisieren oder (neu-)beantworten,
> - die eigene Sinnfrage neu beantworten,
> - Mut zu neuen Lebensentwürfen zeigen,
> - …

Vollerwerbstätige Eltern erreichen in der ersten Hälfte dieser Phase des Familienzyklus häufig den Höhepunkt ihrer beruflichen Laufbahn und erzielen damit ggf. ihr höchstes Erwerbseinkommen.

> **Kompetenzcenter Familie – dankbare Bescheidenheit**
>
> Die Fähigkeit, die eigenen positiven und negativen Lebenserfahrungen anzunehmen und darüber hinaus eine dankbare Lebenshaltung zu entwickeln:
>
> - persönliche Grenzen wohlwollend akzeptieren,
> - von äußeren Werten zu inneren Werten wechseln,
> - das Leben im gegebenen Rahmen genießen können,
> - Lebensdankbarkeit üben,
> - sich selbst verzeihen können,
> - Weitsicht einnehmen,
> - …

Mit der „Midlife-Crisis" – häufig zwischen dem 40. und 50. Lebensjahr – überdenken die Betroffenen ihr bisheriges Leben kritisch und ziehen es häufig gefühlsmäßig in Zweifel. Das Abfinden mit dem erreichten Grad des beruflichen Erfolges, die abnehmende Potenz bzw. die Wechseljahre, die geringer werdende Attraktivität, das Verarbeiten von Enttäuschungen und das Verfehlen bestimmter Lebensziele sind Aufgaben, die partnerschaftlich bewältigt werden. Eine neue Haltung zur Sexualität muss gefunden werden.

> **Kompetenzcenter Familie – Krisenbewältigung**
>
> Die Fähigkeit, lebenszyklische oder plötzliche Krisen konstruktiv zu bewältigen:

- Krisenerfahrung durchleben,
- Bewältigungswissen sammeln,
- Neuausrichtung erarbeiten,
- das bisherige Lebensmuster hinterfragen,
- dyadisches Stressmanagement betreiben,
- Sensemaking,
- Konfliktmanagement erarbeiten,
- sich mit der eigenen Lebensgeschichte auseinandersetzen (Kinder als Spiegel),
- ...

In der zweiten Hälfte dieser Phase des Familienzyklus müssen sich die Partner mit dem Altern, mit den abnehmenden Kräften und der Verschlechterung ihrer Gesundheit auseinandersetzen.

Kompetenzcenter Familie – Integration von Einschränkungen

Die Fähigkeit, gesundheitliche, soziale und mobile Einschränkungen im Alter in das Leben zu integrieren:

- mit Begrenzungen umgehen,
- sich auf Stärken konzentrieren und damit kompensieren,
- sinnvoll Beschränkung (z. B. Führerschein abgeben) integrieren,
- Gesundheitsverhalten anpassen,
- soziale Kontakte weiterentwickeln,
- Copingstrategien entwickeln und ausbauen,
- ...

Es sind soziale Integrationsleistungen zu bewältigen, wie eine Beziehung zu der Schwiegertochter und/oder dem Schwiegersohn aufbauen.

Kompetenzcenter Familie – Familien-/Organisationsentwicklung

Die Fähigkeit, das eigene soziale System weiterzuentwickeln:

- neue (Groß-)Familienmitglieder integrieren,
- Vertrauen, Zutrauen aufbauen,
- Grenzen neu regulieren,
- in altersgemischten Gemeinschaft leben
- Teambildung,
- Nähe-Distanz regulieren,
- transgenerationale Fähigkeiten und Fertigkeiten weitergeben,
- ...

4.5 Wie wir mit dem Älterwerden im Unternehmen ...

Die Balance im Dreieck „Unterstützung", „Einmischung" und „Auf sich selbst achten" gegenüber der jungen Familie muss ausprobiert werden. Die neue Rolle als Großeltern wird eingenommen.

> **Kompetenzcenter Familie – Anbieten von Unterstützung**
>
> Die Fähigkeit, Unterstützung angemessen anzubieten und deren Ablehnung oder Nichtinanspruchnahme respektvoll zu akzeptieren:
>
> - Augenhöhe behalten; das eigene Erfahrungswissen anbieten,
> - Rolle situationsspezifisch finden: Mentor, Coach, Berater, stiller Beobachter, Kollege, Förderer, Unterstützer, Finanzierer, Ermöglicher,
> - aushalten, dass eigenes Erfahrungswissen nicht weitergegeben werden kann,
> - ...

Hinzukommt in dieser Phase des Familienzyklus, dass durch die deutlich gestiegene Lebenserwartung Eltern ihren eigenen Eltern und immer häufiger auch noch ihren Großeltern in ihrer Lebensgestaltung helfen.

> **Kompetenzcenter Familie – Umgang mit der Lebensgrenze**
>
> Die Fähigkeit, Lebensgrenzen anzusprechen und bestmögliche Handlungsweisen zu entwickeln:
>
> - mehrere Generationen leben zusammen,
> - mit Gebrechlichkeit, Krankheit auseinandersetzen,
> - über den Tod sprechen,
> - loslassen lernen,
> - ...

Auf den Punkt gebracht: Eltern müssen sich in der Phase „Kinder verlassen die Eltern und gründen eigene Familien" als Paar neu erfinden, den eigenen Kindern und Schwiegerkindern auf Augenhöhe begegnen, die Rolle als Großeltern finden, biologische und psychologische Veränderungen akzeptieren, neue Ziele und damit Sinnaspekte für das eigene Leben entwickeln und sich ggf. mit den eigenen Eltern über Gebrechlichkeit und Sterben aktiv auseinandersetzen.

Erfahrungswissen

Einige Resultate aus dem Kompetenzcenter Familie möchten wir hier verdichten.

Wer, wenn nicht die Generation über 40 Jahre hat den größten Einfluss auf die Entwicklung eines optimistisch-realistischen Altersbildes? Die Rahmenbedingungen hierzu sind besser als je zuvor. Eltern setzen sich mit dem ihnen zugesprochenen Rollenbild des Alterns und dem selbst erlebten Vorgang des Alterns auseinander und sind vor dem Hintergrund der gestiegenen Lebenserwartung nahezu hierzu gezwungen.

Eltern erfahren, dass mit 40 plus vieles im Leben weiterhin gelernt werden kann. Etliche Situationen fordern sie heraus, sich auf Neues einzulassen. Sie werden sich ihrer Stärken bewusster, können diese vertiefen. Gegebenenfalls entwickeln sie sogar hieraus neue berufliche Tätigkeiten.

Das enorme Erfahrungswissen steht dem fundierten Theoriewissen der Jungen gegenüber und gewinnt mit „Probieren geht über Studieren!" Hinzu kommt Augenmaß in der Praxis, das durch Erfahrungswissen gestützt wird. Dies lässt sich als Weisheit definieren [45].

Hierzu einige psychologische Informationen zur kristallinen Intelligenz, die in engem Zusammenhang mit dem Erfahrungswissen steht. Raymond Cattel [46] unterschied in seiner Zweikomponententheorie u. a. die fluide von der kristallinen Intelligenz. Demnach ist das erlernte Wissen und damit auch das Erfahrungswissen ein Teil unserer Intelligenz, die Cattell als kristalline Intelligenz bezeichnet. Sie wird also beeinflusst von der Art und der Weise der Lernerfahrung im Lebensverlauf. Allgemeinbildung, Schulwissen, Studium, Berufsausbildung, Weiterbildung und besonders das informelle Lernen, also neue Erfahrungen im Alltag, sind Faktoren, die erheblichen Einfluss auf die Ausbildung der kristallinen Intelligenz haben.

Kristalline Intelligenz umfasst also erfahrungsbedingtes Wissen, das sich im Lebensverlauf ansammelt und daher auch bis in das hohe Alter stetig zunimmt [47]. Die kristalline Intelligenzentwicklung begründet demnach die Zunahme an Erfahrungswissen und sogenannte Weisheit im Alter.

Genauer: Bis zum 65. Lebensjahr ist eine kontinuierliche Steigung der kristallinen Intelligenz zu verzeichnen. Auch danach kann sie durch gezielte Weiterbildung und Trainingsmaßnahmen noch gesteigert werden. Die Wahrscheinlichkeit, an Alzheimer zu erkranken, wird geringer, wenn die kristalline Intelligenz stetig ansteigt und trainiert wird.

Wie lässt sich das Erfahrungswissen der Älteren konkreter beschreiben?

- *Synthetisches und konzeptuelles Denken:* Das Verbinden von unterschiedlichen Lebens- und Arbeitsbereichen oder Handlungsstrategien gelingt besser.
- *Aktive Suche nach relevanten Informationen:* Das Wissen, wo und wie relevante Informationen im gegebenen Kontext gefunden werden können wird umfangreicher.
- *Ausüben von Kontrolle:* Die eigene Alltagserfahrung in Prozess- und Arbeitsabläufen befähigt dazu, an den entscheidenden (neuralgischen) Punkten Kontrolle anzusetzen. Hierzu gehört auch das Erfahrungswissen in Gruppenprozessen, beispielsweise in Familien.
- *Motivation von Mitarbeitern:* Das Wissen „Wie der Hase läuft" befähigt dazu, zur richtigen Zeit am richtigen Ort Anregungen zu geben, motivierende Zielvereinbarungen zu treffen und rechtzeitig Feedback zu geben.
- *Kooperation und Teamarbeit:* Das Erfahrungswissen befähigt, eigene Ziele und Fähigkeiten in Gruppenprozesse zu integrieren (s. Abschn. 3.7).
- *Modellfunktion für andere Menschen:* Ansehen und Altersweisheit verleiht älteren Menschen Vorbildfunktion für andere Menschen.
- *Selbstbewusstsein:* Das profunde Erfahrungswissen sowie auch die gewachsene soziale und funktionale Vernetzung verleiht dem älteren Menschen die Überzeugung, durch ihre Meinung, Verhaltensweise und Arbeit einen bedeutenden Beitrag für die Gemeinschaft leisten zu können.

Ganz anders die fluide Intelligenz. Cattell ordnet ihr zwei grundlegende Prozesse zu: Informationsverarbeitung und Problemlösung. Dazu gehören etwa die psychischen Funktionen wie Merkfähigkeit, Geschwindigkeit der Wahrnehmung oder des schlussfolgernden Denkens. Diese fluide Intelligenz sei eher von Vererbungsfaktoren abhängig. Beide Intelligenzarten stehen in enger Verbindung, da die Entwicklung der kristallinen Intelligenz von den qualitativen Merkmalen der fluiden Intelligenz abhängig ist.

Auf den Punkt gebracht: Das Älterwerden ist populärer geworden. Die gestiegene Lebenserwartung, aber auch das neue Interesse von Unternehmen am Erfahrungswissen der „Alten" – sicherlich, vor dem Hintergrund des Fachkräftemangels – fordern uns heraus, unser eigenes Altersbild zu reflektieren und ggf. fortzuschreiben. Familie kann hierfür einen robusten Realitätsrahmen bieten. Dies gelingt besonders dann, wenn die Beziehungen in der Familie würdevoll und tragfähig sind. Die Reflexionen zum Älterwerden, Altsein und Sterben sind dann möglich und ein positives Altersmanagement in der Familie und in Unternehmen kann entwickelt werden.

4.6 Informelles Lernen und dessen systematische Nutzung in der Personalentwicklung

Joachim E. Lask

> „Grundsätzlich ist es immer gut, wenn man einen Mitarbeiter bekommt, der auch Vater oder Mutter ist, egal in welcher Position. Die Kompetenzen, die da eingebracht werden, sind eigentlich immer passend auf jeder Arbeitsstelle. Sind Eltern stressresistenter oder gelassener in herausfordernden Situationen, dann kann ich sie auch in Position ABC bringen, die zum Beispiel diese Kompetenzen besonders brauchen. Das ist dann für uns ein Führungsthema. Die Führungskraft muss einen Blick für die Mitarbeiter haben. Ich habe auch schon erlebt, dass Eltern schlechter sind als Nichteltern. Das ist also keine 08/15-Aussage, sondern man muss im Einzelfall genau hinschauen: Hat die Mutter oder der Vater die Kompetenz oder nicht? Oder hat ein Single eine bessere Kompetenz?" (Fred Jung, Vater von sechs Kindern, Gründungsgesellschafter, Mitglied des Aufsichtsrats und bis 1.7.2016 Vorstandsvorsitzender der juwi AG)

Informelle Bildungsorte in klein- und mittelständigen Unternehmen (KMU) systematisch nutzen – wie kann das gelingen? In diesem Abschnitt zeigen wir Ihnen ein praxiserprobtes Konzept[6], informelles Lernen in Ihr Unternehmen einzuführen [48]. Wir empfehlen Ihnen, diesen Prozess von externen Experten begleiten zu lassen.

Den inhaltlichen Hintergrund des informellen Lernens für die systematische Nutzung in der Personalentwicklung fassen wir hier kurz zusammen:

Ein wesentlicher Faktor für erfolgreiche Unternehmen liegt in der effektiven Förderung und richtigen Platzierung der Mitarbeiter. Hierzu muss der Personalverantwortliche die spezifischen Anforderungen an die Mitarbeiter benennen können (Was wird genau erwartet?) und gegebenenfalls entsprechende Fördermaßnahmen zur Weiterentwicklung des Mitarbeiters ermöglichen (Entwicklung). Dies ist ein Aushandlungsprozess auf Augenhöhe zwischen Mitarbeiter und Führungskraft bzw. Personalverantwortlichen.

Der informelle Bildungsweg in privaten und beruflichen Handlungskontexten bietet etwa 70 % beruflich relevanten Zugewinn für jene Handlungskompetenzen, die nicht fachlich sind. Denn es sind die alltäglichen Herausforderungen, etwa in Familie, Partnerschaft, Freizeit, Beruf oder Sport, die zum Aneignen von Lösungsstrategien für aktuell wiederkehrende Herausforderungen und Probleme führt. Diese lassen sich insgesamt den

---
[6] Dieses Konzept wurde im Jahr 2012 von der „hessenstiftung – familie hat zukunft" als Werkstattseminar für KMUs finanziell unterstützt.

Sozialkompetenzen und Selbstkompetenzen zuordnen. Erworbene Handlungskompetenzen im privaten Lebensbereich werden unter bestimmten Bedingungen der Organisation im beruflichen Kontext eingesetzt.

Die Entwicklung von Handlungskompetenzen wie Stresstoleranz, Selbstmotivation, Ziel- und Zeitmanagement, Team- und Kommunikationsfähigkeit werden in Weiterbildungsseminaren lediglich angestoßen. Um diese Fähigkeiten auch unter Stressbedingungen einsetzen zu können (Nachhaltigkeit), werden sie vorwiegend in alltäglich wiederkehrenden Herausforderungen trainiert – kurz: an den sogenannten informellen Lernorten.

Diese Handlungsanweisung beschreibt einen Prozess zur Einführung des informellen Lernens in einem KMU. Wenn Sie mögen, können Sie diesen Leitfaden auf den folgenden Seiten einmal selbst durchführen:

1. Entwicklung eigener Beispiele informellen Lernens,
2. Entwicklung eines Handlungskompetenzmodells,
3. Analyse der Mitarbeiterstruktur,
4. Erstellung einer Handlungskompetenzmatrix,
5. Einführung I – Personalentwicklung,
6. Einführung II – Gesamtes Unternehmen,
7. Schulung der Führungskräfte,
8. Prozessbegleitung.

Formulierung eigener Beispiele informell gelernter Handlungskompetenzen

Da das informelle Lernen eher beiläufig oder gar nicht bewusst erfolgt, besteht der erste Schritt für Personalverantwortliche – im Selbstversuch – darin, sich des eigenen Informellen bewusst zu werden. Es ist herausfordernd, konkrete Beispiele zu benennen.

To-do: Sind Sie zum Experiment bereit? Benennen Sie von sich eine Handlungskompetenz, die sie informell gelernt haben. Erklären Sie detailliert, wie der Lernprozess war, indem Sie genau beschreiben, wodurch Sie diese Handlungskompetenz, etwa in der Familie oder Partnerschaft, gelernt haben. Dann beschreiben Sie den Spill-over (die Übertragung) auf den Beruf.

Beispiel „wirtschaftliches Denken": „Durch das Führen eines Haushaltsbuches weiß ich, wie viel Geld im Monat zur Verfügung steht, was wie viel kosten darf oder wann bzw. wie man sich z. B. ein neues Auto leisten kann."

Übertragung auf den Beruf: „Hier muss ich wissen, wie lange z. B. ein bestimmter Arbeitsschritt dauern darf. Anhand von fertiggestellten

Projekten lassen sich z. B. spezifische Kosten und Zeitaufwände ermitteln, die ich in einem neuen Angebot oder Projekt zugrunde legen kann. In beiden Bereichen muss ich also stets kostenbewusst handeln."

Entwicklung eines Handlungskompetenzmodells

Ein Handlungskompetenzmodell besteht zunächst aus zwei Teilen: dem ausformulierten Unternehmensziel und den spezifischen Kompetenzanforderungen an die Mitarbeiter, um das Unternehmensziel bestmöglich zu erreichen.

Das Handlungskompetenzmodell (Abb. 4.2) kann untergliedert werden, etwa in die Bereiche Arbeitsweise, Methodenkompetenz, Sozialkompetenz, Unternehmenskompetenz und Führungskompetenz. Zu den einzelnen Kompetenzbereichen werden einzelne Handlungskompetenzen ausgewählt, wiederum mit Bezug auf die bestmögliche Erreichung des Unternehmensziels. Beispielsweise könnte der Arbeitsweise „Termintreue" und „Flexibilität" zugeordnet werden. Oder der Sozialkompetenz werden die Fähigkeiten „Kommunikation" und „Perspektivenübernahme" zugeordnet. In einem nächsten Schritt werden die einzelnen Handlungskompetenzen verhaltensnah definiert. Wie handelt ein Mitarbeiter wenn er beispielsweise „termintreu" ist? Nur durch diese Präzisierung kann das Kompetenzmodell in den Mitarbeitergesprächen fair zur Geltung kommen.

Abb. 4.2 Beispiel – Handlungskompetenzmodell eines mittelständigen Unternehmens

To-do: Ihr Experiment geht weiter: Entwickeln Sie in drei Schritten das Handlungskompetenzmodell:

1. Fixieren Sie schriftlich Ihr Unternehmensziel.
2. Benennen Sie Kompetenzen, die zur optimalen Erreichung der Unternehmensziele notwendig sind. Beschränken Sie sich auf die Anzahl von drei bis vier Handlungskompetenzen pro Bereich.
3. Definieren Sie jede Kompetenz mit mehreren Merkmalen möglichst verhaltensnah.

Beispiel einer verhaltensnah definierten Handlungskompetenz (hier: Kritik- und Konfliktfähigkeit):

- Ich höre zu, wenn ich kritisiert werde und überdenke die Punkte.
- Ich erkenne eigene, innere Konflikte und Konflikte mit anderen Personen.
- Ich spreche Konflikte an, sage z. B., wenn ich das Verhalten eines anderen wie Zuspätkommen oder Ähnliches als störend empfinde.
- Ich kann zu meiner Meinung stehen, auch wenn sie kritische Reaktionen anderer hervorruft.
- Ich kann mein Gesprächsverhalten selbstkritisch überprüfen.
- Ich kann unterschiedliche Meinungen als Chance und Anregung verstehen.

Analyse der Mitarbeiter bezüglich ihrer informellen Lernorte

In welchen informellen Bildungsorten befinden sich die Mitarbeiter? Sie haben zwei Möglichkeiten für diese Analyse:

1. Mit einer Demografieanalyse können Mitarbeiter hinsichtlich Altersstruktur und Familienstand ausgewertet werden. Dadurch lassen sich einige Hypothesen aufstellen, welche informellen Bildungsorte vorwiegend vorhanden sind. Auf dieser Ebene können systematische Maßnahmen zur Personalentwicklung getroffen werden, etwa wenn mehrere junge Eltern oder Mitarbeiter mit pflegebedürftigen Eltern vertreten sind.
2. Die Mitarbeiter werden bezüglich ihrer informellen Lernorte befragt, bzw. der Führungskraft ist bekannt, in welchen informellen Lernorten der Mitarbeiter sich befindet.

In jedem Fall steht jedem Mitarbeiter der informelle Bildungsort „Arbeitsplatz" zur Verfügung. Die Aufgabe der Führungskraft liegt darin, möglichst günstige Bedingungen für das informelle Lernen bereitzustellen. Das Ergebnis der Analyse kann für den einzelnen Mitarbeiter, die Gruppe/Abteilung oder das Unternehmen festgehalten werden, um davon Maßnahmen für die Personalentwicklung abzuleiten.

To-do: Nächster Schritt im Experiment: Analysieren Sie Ihre Mitarbeiterdaten unter dem Gesichtspunkt der möglichen informellen Lernorte, z. B. nach Geschlecht, Alter, Familienstand, ggf. besondere Interessen oder Lebensumständen etc.

Erstellen der Handlungskompetenzmatrix mit Erfassung informeller Lernorte

Für die Erstellung einer Handlungskompetenzmatrix mit informellen Lernorten haben Sie jetzt alle nötigen Informationen gesammelt. Mit der Handlungskompetenzmatrix können Sie die Informationen übersichtlich darstellen. Damit erhalten Sie eine schnelle Übersicht vorhandener Kompetenzen bzw. können individuelle bzw. Gruppenziele für die Personalentwicklung ableiten.

To-do: Entwickeln Sie eine Mitarbeiterkompetenzmatrix (Abb. 4.3) in vier Schritten:

1. Schreiben Sie in die Spalten die Kompetenzen und
2. in die Zeilen den einzelnen Mitarbeiter.
3. Schätzen Sie jeden Mitarbeiter bezüglich seiner Kompetenz ein. Dies ist nur eine erste Einschätzung, die mit dem Mitarbeiter validiert werden muss (→ Mitarbeitergespräche). Überlegen Sie sich hierzu eine Einschätzungsskala, z. B. „nicht vorhanden", „vorhanden – in Schulung", „vorhanden – ohne Hilfe", „vorhanden, kann anleiten", „vorhanden – erkennt weitere Zusammenhänge/Supervisor"
4. Um die Kompetenzeinschätzung können Sie bevorzugte informelle Lernorte des Mitarbeiters farblich markieren. Wichtig ist, dass die Ausprägung der Skala für die Mitarbeiter transparent ist.

4.6 Informelles Lernen und dessen systematische Nutzung ...   329

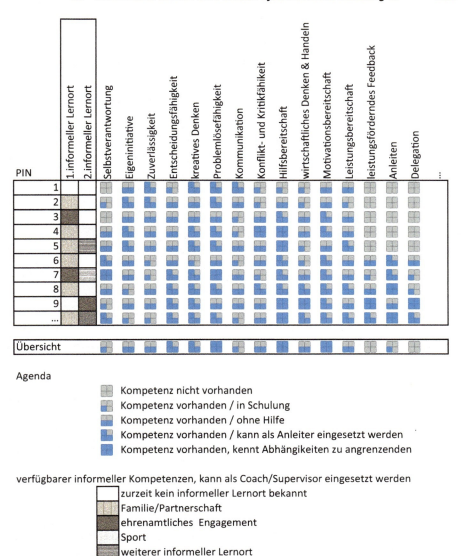

Abb. 4.3 Handlungskompetenzmatrix

Erfahrungstipps:

- „Um jedem Mitarbeiter gerecht zu werden, benötigt das Ausfüllen der Handlungskompetenzmatrix genügend Zeit. Die Einschätzung erfordert eine hohe Konzentration. Bereits nach der Einschätzung von drei

Mitarbeitern war eine Pause nötig, um dann mit neuer Aufmerksamkeit die Einschätzung fortzusetzen."
- „Die Einschätzung zu dritt hat zu validieren Ergebnissen geführt."

Informelles Lernen in der Personalentwicklung nutzen

Wer informelles Lernen im Unternehmen einführen will, kann mit den Ergebnissen aus den Schritten 1 bis 4 jetzt Maßnahmen überlegen, mit denen informelles Lernen systematisch in der Personalentwicklung genutzt wird (Tab. 4.2). Dies kann zunächst ganz in der Unternehmenshaltung zum Ausdruck kommen, etwa in der Unternehmensphilosophie oder der öffentlichen Bekanntmachung, dass Ihr Unternehmen informelles Lernen nutzt. Eine weitere Ebene der ersten Maßnahmen könnte sich auf Eltern mit Kindern bis 18 Jahren beziehen. Dieser Gruppe könnte geschult werden, wie insbesondere die Familie einer der effektivsten Orte für informelles Lernen ist. Noch konkreter kann informelles Lernen umgesetzt werden, indem für den einzelnen Mitarbeiter Zielvereinbarungsgespräch und Zielfördergespräch geführt werden. Hier können die informellen Lernorte sehr konkret genutzt werden, wobei sichergestellt sein muss, dass die Privatsphäre gewahrt bleibt.

To-do: Betrachten Sie Ihre Handlungskompetenzmatrix mit den eingetragenen informellen Lernorten und setzen Sie zunächst ein Ziel, das Sie durch die Nutzung von informellem Lernen erreichen möchten. Entwickeln Sie dann eine Strategie, um dieses Ziel zu erreichen. Nutzen Sie hierzu Tab. 4.2 als Anregungen für Ideen, die zu Ihrem Unternehmen passen.
Erfahrungstipps:

- „Zunächst wollen wir uns in der Geschäftsführung einig werden, da wir die Werte, die mit dem informellen Lernen verbunden sind, top down in das Unternehmen leben wollen. Unser zweiter Schritt ist die Schulung der Führungskräfte der mittleren Ebene."
- „Bisher waren Mitarbeitergespräche eher ein Stiefkind in unserer Personalentwicklung. Wir wollen das informelle Lernen nutzen, um in Mitarbeitergesprächen Kompetenzen weiterzuentwickeln."
- „Bevor wir das informelle Lernen als Konzept den Mitarbeitern vorstellen, wollen wir in der Geschäftsführung den Selbstversuch starten."

4.6 Informelles Lernen und dessen systematische Nutzung ...

Tab. 4.2 Handlungsebenen des Unternehmens

Ebene	Beschreibung	Strategie 1	Strategie 2	Strategie 3	Strategie ...
1. Unternehmenshaltung	Informelles Lernen wird öffentlich wertgeschätzt	Verankerung des informellen Lernens in der Unternehmensphilosophie	Öffentliches Bekenntnis in Pressemitteilungen, Ansprachen, Reden etc.	Geschäftsführung/Vorstand spricht öffentlich von eigenem informellen Lernen	
2. Unternehmenshaltung/aktiv	Öffentliche Wertschätzung informell gelernter Kompetenzen	Stellen Ausschreibung mit „informell gelernte Kompetenzen werden berücksichtigt"	Platzierung von Mitarbeitern auch nach informell gelernten Kompetenzen	Honorierung informell gelernter Kompetenzen	Weiterbildung der Führungskräfte bzgl. informellen Lernens
3. Allgemein: Förderung des informellen Lernens	Möglichkeiten zum informellen Lernen werden geschaffen	Handlungskompetenzmatrix (Was ist rechtlich möglich?)	Sozialen Raum zum informellen Lernen schaffen		
4. Zielgruppen werden aktiv gefördert	Angebote für bestimmte Mitarbeitergruppen, z. B. nach Orten des informellen Lernens	Angebote für Eltern/Paare Elternzeit als Karrierekick	Sport und informelles Lernen	Ehrenamt als Ort der beruflich relevanten Weiterbildung	
5. Einzelne Mitarbeiter werden aktiv gefördert	Informelles Lernen als Bestandteil der Mitarbeitergespräche	Zielentwicklung > Fördergespräch	Kompetenzfeststellung, Spill-over-Zertifikat	Coaching	

Wir empfehlen Ihnen, diese Strategie dann mit einer Kick-off-Veranstaltung im Unternehmen bekannt zu machen (s. nächsten Abschnitt).

Einführung des informellen Lernens im Unternehmen

Das informelle Lernen ist häufig auch unter den Mitarbeiter noch nicht bekannt. Daher empfehlen wir – sofern informelles Lernen künftig systematisch genutzt werden soll –, eine Kick-off-Veranstaltung mit allen Mitarbeitern durchzuführen. Damit wird offiziell ein Startschuss „Ab jetzt!" gesetzt, was die hohe Bedeutung unterstreicht. Ein weiterer Vorteil ist, dass Sie von Anfang an Ihre Mitarbeiter am Konzept des informellen Lernens beteiligen können.

Mit dem folgenden Beispiel einer Kick-off-Planung wollen wie Ihnen ganz konkreten Einblick geben. Es handelt sich um ein Unternehmen mit ca. 25 Mitarbeitern und zwei Geschäftsführern:

Vorschläge für die Kick-off-Veranstaltung am XX.YY.2015. Im Folgenden geben wir Ihnen eine Idee dieser Veranstaltung:

- Kurze Darstellung: Was ist informelles Lernen? – Konkrete Beispiele – Zielformulierung/Vision: informelles Lernen als Bestandteil künftiger Personalentwicklung bzw. der daraus folgenden Mitarbeitergespräche.
- Aufgabe 1: Jeder Mitarbeiter erarbeitet sich ein eigenes schriftliches Beispiel für informelles Lernen. Gemeinsame Diskussion von zwei Beispielen und Verfeinerung des bisherigen Beispiels oder Formulierung eines zweiten Beispiels.
- Vorstellung des vorläufigen Handlungskompetenzmodells durch die Geschäftsleitung anhand der PPT-Grafik als Grundlage für einen Diskussionsprozess.
- Aufgabe 2: Arbeitspapier an *alle* Mitarbeiter verteilen mit der Einschätzung der vorläufigen Kompetenzdefinitionen unseres Unternehmens. To-do der Mitarbeiter: Einschätzung der Handlungskompetenzen in „passt – weiß nicht – nein//folgende Kompetenz ist auch noch wichtig: ____". Rückgabe bis zum XX.YY.2015 (in 7 Tagen).
- Abschluss: Würdigung des ersten Schrittes zur systematischen Nutzung des informellen Lernens im Unternehmen.

Weiteres Vorgehen:

- Die Rückmeldungen der Mitarbeiter aus „Aufgabe 2" in das Handlungskompetenzmodell einarbeiten.

- Einschätzung des Handlungskompetenzmodells durch die Führungskräfte. Ggf. Übereinstimmungen und Nichtübereinstimmung im nächsten Mitarbeitergespräch klären.
- Das verfeinerte Handlungskompetenzmodell wird den Mitarbeitern dargestellt und dient zur Grundlage weiterer Fortschreibungen.
- Jeder Mitarbeiter erhält die Aufgabe, sich selbst auf Grundlage des Handlungskompetenzmodells einzuschätzen, z. B. anhand einer Skala von 1 bis 7. Dieses Ergebnis bleibt beim Mitarbeiter und ist Vorbereitung des nächsten Mitarbeitergesprächs: Was habe ich? Was brauche ich? An welchem informellen Bildungsort kann ich das ggf. lernen? Partnerschaft/Familie; Ehrenamt; Sport; Arbeitsplatz; Sonstiges.

Schulung der Führungskräfte und Prozessbegleitung

Führen Sie Zielentwicklungs-, Zielförder- und Zielerreichungsgespräche im Unternehmen ein, sofern dies nicht bereits der Fall ist, und schulen Sie die Führungskräfte in der Nutzung informeller Lernorte in der Personalentwicklung. Achten Sie dabei auf die Privatsphäre der Mitarbeiter und setzen Sie ggf. hierzu externe spezialisierte Coaches ein.

4.7 Elternkompetenzen arbeitsplatzrelevant formulieren – ein Leitfaden für Eltern

Joachim E. Lask

In diesem Buch haben wir beschrieben, wie und was Eltern im Kompetenzcenter Familie lernen. Ein wesentliches Anliegen war es, elterliches Handeln sprachfähig zu machen, um die erworbenen Kompetenzen auch in anderen Lebensbereichen gezielt einsetzen zu können. In diesem Abschnitt möchten wir Ihnen als Eltern einen Leitfaden geben, um eigene erworbene oder weiterentwickelte Kompetenzen benennen zu können.

Die Ziele dieses Leitfadens sind:

- Eltern können ihre am Bildungsort Familie gelernten Kompetenzen in einer berufsbezogenen Sprache präzise formulieren.
- Diese Kompetenzen können mit einigen praktischen Alltagsbeispielen unterlegt werden.
- Eltern bieten ihre Kompetenzen konkret dem Arbeitgeber an bzw. wenden sie ggf. gezielt im Arbeitsprozess an.

Sie werden gleich feststellen, dass dieser Vorgang – Elternkompetenzen genau und mit Praxisbeispielen zu benennen – geübt werden muss. Für die folgende Übung brauchen Sie etwas zum Schreiben, etwas Zeit und die PEP4Kids-Toolbox [48] oder eine andere Übersicht elterlichen Handelns. Dieser Prozess gliedert sich in drei Schritte auf:

1. Identifizieren,
2. Erstellen konkreter Praxisbeispiele und
3. Spill-over: Vorteile für mich und den Arbeitgeber.

Zum Schluss zeigen wir Ihnen ein Beispiel dieses Prozesses zur Kompetenz „logische Konsequenz".

Identifizieren

In diesem Buch haben wir einige Kompetenzen, die Eltern in ihrer Familie erwerben können, benannt und verhaltensnäher beschrieben. An dieser Stelle geben wir Ihnen eine Übersicht über diese Kompetenzen. Dies kann eine Anregung sein für das Identifizieren eigener in der Familie erworbener Kompetenzen.
Kompetenzcenter Familie – Übersicht

- Strategisches Management (Mission Statement entwickeln) (Abschn. 3.1)
- Ambiguitätstoleranz (Abschn. 3.1, 3.3)
- Eigenverantwortung und Selbstkompetenz (Abschn. 3.2)
- Zielsetzung und Zielentwicklung (Abschn. 3.2)
- Realisierungsorientierung (Abschn. 3.2)
- Belastbarkeit und Emotionsregulation (Abschn. 3.2)
- Positive Beziehung gestalten (Abschn. 3.3)
- Konkrete Anweisungen geben (Abschn. 3.3)
- Systemklarheit (Abschn. 3.3)
- Kommunikation (Abschn. 3.3)
- Kurze Beziehungszeiten nutzen (Abschn. 3.3)
- Zuhören (Abschn. 3.3)
- Anleiten/Coaching (Abschn. 3.3)
- Konkretes Loben (Abschn. 3.3)
- Bedingungslose Wertschätzung (Abschn. 3.3)
- Werte Leben (Abschn. 3.3)
- Ziele formulieren (Abschn. 3.4)

- Wirksame Aufforderung/Anweisung (Abschn. 3.4)
- Konsequent sein (Abschn. 3.4)
- Kontinuierlicher Verbesserungsprozess (Abschn. 3.4, 3.7)
- Anwendung des PDAC-Zyklus/Deming-Kreis (Abschn. 3.4)
- Weiterentwicklung des persönlichen Menschenbildes (Abschn. 3.5)
- Vorbildfunktion (Abschn. 3.5)
- Sicherheits- und Gesundheitsbewusstsein/Gefährdungsbeurteilung (Abschn. 3.6)
- Sicherheitskulturentwicklung (Abschn. 3.6)
- Realistisch sein (Abschn. 3.7)
- Selbsteinschätzung (Abschn. 3.7)
- Situatives Führen (Abschn. 3.7)
- Leistungseffekte der Gruppe nutzen (Abschn. 4.5)
- Gruppenentwicklung leiten (Abschn. 4.5)
- Mitarbeiterorientierte Führung (Abschn. 4.5)
- Aufgabenorientierte Führung (Abschn. 4.5)
- Situationsorientierte Führung (Abschn. 4.5)
- Selbstreflexion (Abschn. 4.5)
- Teamklima erkennen und beeinflussen (Abschn. 4.5)
- Altersmanagement (Abschn. 4.6)
- Lebenszielentwicklung (Abschn. 4.6)
- Dankbare Bescheidenheit (Abschn. 4.6)
- Krisenbewältigung (Abschn. 4.6)
- Einschränkungen integrieren (Abschn. 4.6)
- Unterstützung anbieten (Abschn. 4.6)
- Umgang mit der Lebensgrenze (Abschn. 4.6)

Jetzt suchen Sie nach zusätzlichen Elternstrategien, die mit Ihrer bereits ausgesuchten Elternkompetenz im Zusammenhang stehen. Beispielsweise steht „konsequentes Handeln" im Zusammenhang mit „Regeln vereinbaren", „wirksame Aufforderung geben" oder „Sorge für positive Beziehungen". Schreiben Sie diese zusätzlichen Elternstrategien um Ihre schon eingetragene Elternkompetenz herum. Zeichnen Sie Verbindungslinien zur Mitte oder auch zwischen den Zusatz „Elternstrategien", um die Zusammenhänge abzubilden (Abb. 4.4).

Lesen Sie jetzt nochmals in *PEP4Kids* oder einem anderen Elternbuch, wie Ihre ausgewählte Elternkompetenz und auch die Zusatzstrategien verhaltensnah beschrieben sind. Schreiben Sie Stichworte heraus und tragen Sie die Ergebnisse zusammen wie in Abb. 4.5 dargestellt. Das wird Ihnen helfen, im nächsten Schritt konkrete Beispiele aufzuschreiben.

```
┌─────────────────────────────────────────────────┐
│  Zusatz-Strategie              Zusatz-Strategie │
│                                                 │
│                 Elternkompetenz                 │
│                                                 │
│  Zusatz-Strategie              Zusatz-Strategie │
└─────────────────────────────────────────────────┘
```

Abb. 4.4 Elternkompetenz mit Zusatzstrategien

```
┌─────────────────────────────────────────────────┐
│ Elternkompetenz:                                │
│ verhaltensnahe Beschreibung:                    │
│ -                                               │
│ -                                               │
│ -                                               │
│ -                                               │
│                                                 │
│ Zusatz-Strategie:                               │
│ verhaltensnahe Beschreibung:                    │
│ -                                               │
│ -                                               │
│ -                                               │
│ -                                               │
│                                                 │
│ Zusatz-Strategie:                               │
│ verhaltensnahe Beschreibung:                    │
│ -                                               │
│ -                                               │
│ -                                               │
│ -                                               │
│                                                 │
│ Zusatzstrategie …                               │
│ Zusatzstrategie …                               │
│ …                                               │
└─────────────────────────────────────────────────┘
```

Abb. 4.5 Verhaltensnahe Kompetenzbeschreibung

Erstellen konkreter Praxisbeispiele

Schreiben Sie nun zwei bis drei Beispiele aus Ihrer Elternerfahrung auf, die beispielhaft belegen, dass Sie die ausgewählte Elternkompetenz im Kompetenzcenter Familie gut einsetzen können. Achten Sie darauf, Ihr konkretes elterliche Verhalten zu beschreiben. Hier helfen die Informationen aus dem vorherigen Abschnitt. Ihre Beispiele sollen so konkret beschrieben sein, dass ein Leser das Beispiel sich wie einen Film vorstellen kann (Abb. 4.6).

4.7 Elternkompetenzen arbeitsplatzrelevant formulieren ...

```
Beispiel 1:

Beispiel 2:

Beispiel 3:
```

Abb. 4.6 Konkrete Beispiele erstellen

```
- Vorteile / Mehrwert für mich:

- Mehrwert für den Arbeitgeber:

- am Arbeitsplatz nennt man diese Kompetenz:
```

Abb. 4.7 Spillover-Effekt: Meine Elternkompetenz am Arbeitsplatz

Spill-over: Vorteile für mich und den Arbeitgeber

- Überlegen Sie zunächst, welchen Vorteil es für Sie am Arbeitsplatz hat, wenn Sie Ihre Elternkompetenz auch dort aktiv einsetzen.
- Dann machen Sie sich Gedanken, welchen Mehrwert auch Ihr Vorgesetzter bzw. das Unternehmen von Ihrer Elternkompetenz am Arbeitsplatz hat.
- Schließlich versuchen Sie, Ihre Elternkompetenz aus der Perspektive Arbeitswelt neu zu benennen.

Tragen Sie Ihre Ergebnisse in den Kasten in Abb. 4.7 ein.

Gratulation! Ihre Elternschaft und Familie ist das beste Kompetenzcenter!

Probieren Sie es gleich aus! Berichten Sie anderen von Ihrem Kompetenzcenter Familie. Genießen Sie Ihren Erfolg des informellen Bildungsortes Familie. Nehmen Sie wahr, welche herausragenden Weiterbildungsmöglichkeiten Ihnen Elternschaft und Familie bieten. Kommen Sie mit andern Eltern hierzu ins Gespräch.

Dann überlegen Sie sich, wie Sie diese Elternstrategie am Arbeitsplatz einsetzen können und wie diese Kompetenz dort benannt wird. Beispielsweise: Sie suchen sich „Fragen-Sagen-Tun" aus, dann lautet das aus der Arbeitsplatzperspektive „Anleiten", „ressourcenorientiertes Anleiten" oder „Micro-Teaching".

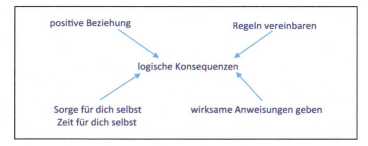

Abb. 4.8 Beispiel für die Kompetenz „logische Konsequenz": Elternkompetenz mit Zusatzstrategien

---

Elternkompetenz

Logische Konsequenz

- Sofort konsequent, zeitnah, durchführbar, ruhig durchführen, begrenzen für kurze Zeit
- Fünf Konsequenzfelder: Wiedergutmachung, Ausschluss aus der Situation, Wegnahme von Annehmlichkeiten, Entzug von Privilegien, Einengung des Handlungsspielraums

Zusatz Elternstrategien

Positive Beziehung

- Konkretes Loben: Lob positiv formulieren, konkret, echt!
- Lob durch Aufmerksamkeit: … sobald eine Aufforderung befolgt wurde; Gesten, kurze Zurufe
- Kurze Beziehungszeiten

(Familien)Regeln vereinbaren

- Sind leicht zu befolgen, fair, Regel positiv formulieren
- Festlegen einer Konsequenz bei Regelverletzung

Wirksame Anweisung geben

- Zur Durchsetzung bereit
- Günstiger Zeitpunkt; Aufmerksamkeit herstellen

Sorge für dich selbst

- Zeit für sich selbst, sich beruhigen können, Atementspannung

---

Abb. 4.9 Beispiel für die Kompetenz „logische Konsequenz": Kompetenzzusammenhänge

Hier haben wir mit Abb. 4.8, Abb. 4.9 und Abb. 4.10 ein Beispiel für die Kompetenz „logische Konsequenz" dargestellt.

4.7 Elternkompetenzen arbeitsplatzrelevant formulieren ...

Beim Einkauf im Discounter benutzt die 9-jährige Tochter zusammen mit einer gleichaltrigen Freundin den Einkaufskorb als Spielgerät. Das ist für mich okay. Was nicht okay ist, dass sie durch lautes Rufen und hektische Bewegungen andere Kunden stören. Ich spreche meine Tochter und ihre Freundin mit ruhiger Stimme an, um möglichst gemeinsam eine Vereinbarung zu finden. Ich sage ihnen, was mich stört, und frage, was sie selbst tun können, damit die Kunden in Ruhe einkaufen können. Ich achte weiterhin darauf, dass meine Stimme ruhig bleibt. Beide meinen, dass sie ab sofort darauf achten können, in der Stimme ruhig zu bleiben und in ihrem Spiel so auf die anderen zu Kunden achten, dass diese ungehindert einkaufen können. Als Kriterium, ob dies gelingt vereinbaren wir, ob ich sie zu diesem Verhalten ermahnen muss. Als Nächstes will ich die Konsequenz festlegen, wenn die Regel von den Mädchen gebrochen wird und ich sie dann ermahne. Hierbei habe ich sie erneut einbezogen. Ich frage sie, was denn die Konsequenz sei. Ich nutze hierzu die fünf Konsequenzfelder und frage: Wiedergutmachung? Kopfschütteln! Etwas hergeben müssen? Mir wird Taschengeld angeboten. Ausschluss aus der Situation? Ja! Dann müssen wir rausgehen! Ich sage: Dann aber sofort! Wir vereinbaren diese Konsequenz. Während des Einkaufs achte ich immer wieder auf die Einhaltung der Vereinbarung und zeige ihnen wertschätzend, dass ich ihre Kooperation erkenne. Dabei achte ich auch darauf, dass ich gelassen und ruhig bleibe. Es gelingt! Der Discounterbesuch verläuft erfolgreich. Ich lobe im Auto die Kinder konkret für ihr Verhalten.
In der nächsten Woche, am gleichen Ort mit den gleichen Personen spreche ich lediglich die Vereinbarung inkl. Konsequenz an indem ich danach frage. Die Mädchen benennen diese richtig. Auch dieser Discounterbesuch endet erfolgreich.

Elternkompetenz

Logische Konsequenz

- Sofort konsequent, zeitnah, durchführbar, ruhig durchführen, begrenzen für kurze Zeit
- Fünf Konsequenzfelder: Wiedergutmachung, Ausschluss aus der Situation, Wegnahme von Annehmlichkeiten, Entzug von Privilegien, Einengung des Handlungsspielraums

Zusatz Elternstrategien

Positive Beziehung

- Konkretes Loben: Lob positiv formulieren, konkret, echt!
- Lob durch Aufmerksamkeit: ... sobald eine Aufforderung befolgt wurde; Gesten, kurze Zurufe
- Kurze Beziehungszeiten

(Familien)Regeln vereinbaren

- Problem konkret benennen; Regeln sind leicht zu befolgen, fair, Regel positiv formulieren
- Festlegen einer Konsequenz bei Regelverletzung

Wirksame Anweisung geben

- Zur Durchsetzung bereit
- Günstiger Zeitpunkt; Aufmerksamkeit herstellen

Sorge für dich selbst

- Zeit für sich selbst, sich beruhigen können, Atementspannung

Abb. 4.10 Beispiel für die Kompetenz „logische Konsequenz": Konkretes Beispiel aus dem Alltag

Spill-over der Elternkompetenzen an den Arbeitsplatz:

- Vorteile für mich: Ich spreche Missstände bei Kollegen und Vorgesetzten an und suche einerseits nach Lösungen und bedenke andererseits auch die Folgen, falls die Lösung nicht gelingt. Mir fällt das durchaus schwer und bin dabei aufgeregt, doch danach bin ich froh, es in dieser Konsequenz angesprochen zu haben. Andererseits sehe ich, wie ich durch mein konsequentes Verhalten Umstände und Abläufe für mich optimieren kann. Ich bin erfolgreicher in meiner Arbeit.
- Mehrwert für den Vorgesetzten: Er bekommt meine Veränderungsideen präsentiert und profitiert von der Motivation, von den Lösungen, die tatsächlich umgesetzt werden. Mein Vorgesetzter kann sich auf mich verlassen. Es herrscht Besonnenheit in Konfliktsituationen.

- Am Arbeitsplatz nennt man diese Kompetenz: Konfliktlösung, Verhandlungsgeschick, Konsequenz, Emotionsregulation.

Wollen Sie als Eltern oder als Unternehmer über die Selbstbeschreibung eine objektive Einschätzung zu den Elternkompetenzen etwa für eine nächste Bewerbung oder als Development-Center, dann ist das Spill-over-Zertifikat das richtige Verfahren.

Literatur

1. Oracle (2015). OracleStudie: Mitarbeitermotivation entscheidet über Unternehmenserfolg. Pressemitteilung, Redwood Shores/München, 15. September 2015. https://www.oracle.com/de/corporate/pressrelease/oracle-simply-talent-study-20150915.html. Zugegriffen: 25. Okt. 2016.
2. Nerdinger, F. W., Blickle, G. U., & Schaper, N. (2011). *Arbeits- und Organisationspsychologie. Merkmals in Gruppen* (S. 96). Berlin: Springer.
3. Schönberger, M. (2008). *Wer Kollegen hat, braucht keine Feinde mehr: Überlebenstraining fürs Büro.* München: Goldmann.
4. Kavitz, D., & Martin, B. (1985). Ringelmann rediscoverd: The original article. *Journal of Personality an Social Psychology, 50*(5), 936–941.
5. Mullen, B., Johnson, C., & Salas, E. (1991). Productivity loss in brainstorming groups: A meta-analytic integration. *Basic and Applied Social Psychology, 12,* 3–23.
6. Janis, I. (1972). *Victims of groupthink: A psychological study of foreign-policy decisions and fiascoes.* Boston: Houghton Mifflin.
7. Tuckman, B. W. (1965). Developmental sequence in small groups. *Psychological Bulletin, 63,* 384–399.
8. Katz, R., & Allen, T. J. (1982). Investigating the Not Invented Here (NIH) syndrome: A look at the performance, tenure and communication patterns of 50 R&D project groups. *R & D Management, 12,* 7–19.
9. Statistisches Bundesamt. (2013). *Geburtentrends und Familiensituation in Deutschland.* Wiesbaden: Statistisches Bundesamt.
10. Homans, G. C. (1950). *The human group.* New York: Harcourt, Brace & World.
11. Sader, M. (2008). *Psychologie der Gruppe.* Weinheim: Beltz.
12. Rosenstil, L. von. (2007). *Grundlagen der Organisationspsychologie.* Stuttgart: Schäffer-Poeschel.
13. Rosenstiel, L. von. (2009). Grundlagen der Führung. In L. von Rosenstiel, M. Domsch, & E. Regnet (Hrsg.), *Führung von Mitarbeitern* (6. Aufl., S. 3–27). Stuttgart: Schäffer-Poeschel.

14. Fiedler, F. E. (1967). *A theory of leadership effectiveness*. New York: McGraw-Hill.
15. Lewin, K., Lippitt, R., & White, R. K. (1939). Patterns of aggressive behavior in experimentally created ‚social climates'. *Journal of Social Psychology, 10,* 271–299.
16. Judge, T. A., Heller, D., & Mount, M. K. (2002). Five-factor model of personality and job satisfaction: A meta-analysis. *Journal of Applied Psychology, 87*(3), 530–541.
17. Cooley, C. H. (1909). *Social organization. A study of the larger mind*. New York: Scribner.
18. Nink, M. (2014). *Engagement Index – Die neuesten Daten und Erkenntnisse aus 13 Jahren Gallup-Studie*. www.gallup.de. München: Redline Verlag.
19. Judge, T. A., & Piccolo, R. F. (2004). Transformational and transactional leadership: A meta-analytic test of their relative validity. *Journal of Applied Psychology, 89,* 755–768.
20. Luhmann, N. (1984). *Grundriss einer allgemeinen Theorie*. Suhrkamp: Frankfurt a. M.
21. Brodbeck, F. C., Anderson, N., & West, M. A. (2000). *Das Teamklima-Inventar: Handanweisung und Validierung der deutschsprachigen Version*. Göttingen: Hogrefe.
22. Allbright-Stiftung GmbH. (2016). Zielgröße: Null Frauen. Die verschenkte Chance deutscher Unternehmen. http://www.allbright-stiftung.de/s/Allbright-Bericht-2016-Final-Screen.pdf. Zugegriffen: 25. Okt. 2016.
23. Working Moms (Hg)., & Bilen, S. (2016). *Mut zu Kindern und Karriere – 40 Working Moms erzählen, wie es funktionieren kann*. Frankfurt: Frankfurter Allgemeine Buch.
24. Boll, C. (2009). *Einkommenseffekte von Erwerbsunterbrechungen – mit besonderer Berücksichtigung möglicher Elterngeldeinflüsse auf das Unterbrechungsmuster*. HWWI Policy – Paper 1–21 des HWWI-Kompetenzbereiches Wirtschaftliche Trends. http://www.hwwi.org/uploads/tx_wilpubdb/HWWI_Policy_Paper_1-21.pdf. Zugegriffen: 25. Okt. 2016.
25. Statistisches Bundesamt DESTATIS: Lebenserwartung in Deutschland. https://www.destatis.de/DE/ZahlenFakten/GesellschaftStaat/Bevoelkerung/Sterbefaelle/Tabellen/LebenserwartungDeutschland.html.. Zugegriffen: 25. Okt. 2016.
26. Boll, C. (2009). SOEPpapers on Multidisciplinary Panel Data Research 160. Lohneinbußen durch geburtsbedingte Erwerbsunterbrechungen. http://www.diw.de/documents/publikationen/73/96092/diw_sp0160.pdf. Zugegriffen: 25. okt. 2016
27. Textor, M. Die „NICHD study of early child care" – ein Überblick. http://www.kindergartenpaedagogik.de/1602.html. Zugegriffen: 27. Juni 2016.
28. Stancanelli, E. (2003). *Do fathers care?* (OFCE Working paper, Nr. 2003–08). Paris: Observatoire Francais de Conjonctures Economiques (OFCE).

29. Kahlert, H. (2014). Vortrag auf der Fachtagung WoMen on Top am 23.01.2014 an der Hochschule Heilbronn.
30. German Consulting Group. (2005). Studie beweist: Weibliche Eigenschaften sind in Chefetagen unerwünscht! „Männer bleiben lieber unter sich". http://www.gcg.ag/gcg_sharedpages/pdf/artikel_frauen.pdf. Zugegriffen: 25. Okt. 2016.
31. Hentschel, T., Heilman, M. E., & Peus, C. (2013, Januar). *Have gender stereotypes changed?: Ratings of women, men and selt.* Poster präsentiert auf dem 14. Kongress der Society for Personality and Social Psychology (SPSP), New Orleans.
32. BOSCH. (2013). Ihr Karrierefahrplan/Roadmap for your career. http://www.bosch-career.com/media/nl/documents_master_6/growing_with_bosch_documents_master_6/advancement_opportunities_documents_master_6/associate_development_documents_master_6/2013_Communication_Developement_RoadmapForYourCareer.pdf. Zugegriffen: 25. Okt. 2016.
33. Dworski. E. A., Gamm, N., Gottlieb, G. & Junga, C. (2006). Führung von Einrichtungen der Forschung und Lehre. *wissenschaftsmanagement, 6,* 28–33 http://www.wissenschaftsmanagement-online.de/sites/www.wissenschaftsmanagement-online.de/files/migrated_wimoarticle/06-06-Fhrung.pdf. Zugegriffen: 25. Okt. 2016.
34. Hipp, L. & Stuth, S. (2013). WZBrief Arbeit 15. Mai 2013 – Management und Teilzeitarbeit – Wunsch und Wirklichkeit. https://bibliothek.wzb.eu/wzbrief-arbeit/WZBriefArbeit152013_hipp_stuth.pdf. Zugegriffen: 25. Okt. 2016.
35. Kutscher, J., Weidinger, M., & Hoff, A. (1996). *Flexible Arbeitszeitgestaltung. Praxis-Handbuch zur Einführung innovativer Arbeitszeitmodelle.* Wiesbaden: Gabler.
36. DESTATIS: https://www.destatis.de/DE/ZahlenFakten/GesellschaftStaat/Bevoelkerung/Sterbefaelle/Tabellen/LebenserwartungDeutschland.html. Zugegriffen: 25. Okt. 2016.
37. Sporket, M. (2009). Altersmanagement in der betrieblichen Praxis. *Zeitschrift für Gerontologie und Geriatrie, 4,* 292–298.
38. Tippelt, R., & Schmidt, B. (Hrsg.). (2009). *Handbuch Bildungsforschung* (3. Aufl.). Wiesbaden: VS Verlag.
39. Schmidt-Hertha, B., & Mühlbauer, C. (2012). Lebensbedingungen, Lebensstile und Altersbilder älterer Erwachsener. In F. Berner, J. Rossow, & K.-P. Schwitzer (Hrsg.), *Individuelle und kulturelle Altersbilder. Expertisen zum Sechsten Altenbericht der Bundesregierung* (Bd. 1, S. 109–152). Wiesbaden: VS Verlag.
40. Schmidt-Hertha, B., Schramm, S., & Schnurr, S. (2012). *Altersbilder von Kindern und Jugendlichen.* Wiesbaden: VS Verlag.
41. Hotz, B. (2015). AW:Handout zum 7.WFI-Fachgespräch Wirtschaft trifft Familie. E-Mail vom 21. August 2015. Absatz 4.

42. Graf, A. (2011). Lebenszyklusorientierte PE als Ausgangspunkt für den Erhalt der Arbeitsmarktfähigkeit. In B. V. Seyfried (Hrsg.), *Ältere Beschäftigte: Zu jung, um alt zu sein. Konzepte – Forschungsergebnisse – Instrumente* (S. 93–105). Bonn: BIBB Bundesinstitut für Berufsbildung.
43. Shell Jugendstudie: Zusammenfassung. www.shell.de. Zugegriffen: 25. Okt 2016.
44. Brück, M. von. (2013). Weise werden. Lernen in personalen und sozialen Lebensrhythmen. In E. Hellgardt & L. Welker (Hrsg.), *Weisheit und Wissenschaft. Festschrift zum 25-jährigen Bestehen des Seniorenstudiums an der LMU* (S. 199–213). München: Herbert Utz Verlag.
45. Cattell, R. B. (1973). *Die empirische Forschung der Persönlichkeit*. Weinheim: Beltz.
46. Lehr, U. (2003). *Psychologie des Alterns* (10. Aufl., S. 78). Wiebelsheim: Quelle & Meyer.
47. Lask, J., & Rosar, E. (2012). Informelles Lernen und dessen systematische Nutzung in der Personalentwicklung. Bensheim: hessenstiftung familie hat zukunft. http://www.hessenstiftung.de/downloads/756-2012-12-17_Handreichung_Werkstattseminar2012.pdf. Zugegriffen am 25. Feb. 2017.
48. Lask, E. J. (2015). PEP4Kids-Toolbox. http://pep4kids.de/downloads/arbeitspapier_kompetenzcenter-familie.pdf. Zugegriffen: 25. Okt 2016.

5

Ausblick

Wirtschaft und Familie werden Partner! Das Ambiente hierzu ist die Industrie 4.0. Der Anlass: Qualifizierung! Der Inhalt: emotionale, soziale- und Selbstkompetenzen. Dies sind Erfolg versprechende Voraussetzungen für ein Treffen zweier Partner.

Die Chancen und Herausforderungen, die sich mit dem Internet der Dinge und dieser Partnerschaft in Deutschland bieten sind enorm. Das Internet der Dinge wächst schnell. 200 Mrd. vernetzte Geräte werden bis zum Jahr 2020 prognostiziert. Damit stehen wir an der Schwelle, die unser persönliches Leben, aber auch die gesamte Industrie maßgeblich verändern wird.

Unsere Entwicklungsleistung besteht in einer standortübergreifenden und überfachlichen Qualifizierung, die den formellen Bildungsweg inhaltlich und strukturell überfordert. Hingegen bietet die Familie mit ihrem informellen Bildungsort der Wirtschaft ein Kompetenzcenter an, in dem langfristige Bildungswege für die geforderten Handlungskompetenzen exzellent möglich sind. Die Qualifizierung von Facharbeitern, Shopfloormitarbeitern, indirekten Mitarbeitern und Führungskräften muss jetzt geleistet werden, will man von Anfang an vorne dabei sein.

Für die standortspezifischen Qualifikationen sind die Weiterbildungskonzepte gut entwickelt. Zudem lassen sie sich mit den neuen Möglichkeiten des Internets der Dinge deutlich effizienter gestalten. Qualifizierungsmodule können beispielsweise individualisiert, just in time und assistenzbasiert an den Lernprozess ideal angepasst werden. Entscheidungen müssen unter den

Bedingungen einer stark flexibilisierten Produktion bis hin zur Losgröße 1 noch schneller getroffen werden.

Industrie 4.0 bietet die Gelegenheit, dem Menschen in den Wertschöpfungsprozessen seine Würde wiederzugeben, die ihm als Ermöglicher zusteht. Jedoch darf der Mensch nicht erneut den Automatisierungssystemen untergeordnet werden. Industrie 4.0 soll nicht zum vierten Versuch verkommen, das zu erreichen, was dreimal nicht zielführend umgesetzt werden konnte und anderen die Bühne des Erfolgs überlassen hat.

Welcher Wertschöpfungsprozess funktioniert schon ohne die Menschen darin? Und welcher Prozess wird ohne die Menschen darin verbessert? Beide Partner – Wirtschaft und Familie – werden diese Frage „Wer ist der Mensch?" vor dem Hintergrund der Industrie 4.0 neu diskutieren. In der kritischen Auseinandersetzung mit Eltern wird es der Wirtschaft gelingen, gegenüber den kreativen, gemeinschaftsorientierten Menschen, die in den Wertschöpfungsprozessen tätig sind, Respekt zu zeigen. Denn Eltern sind die Lebensexperten, die in beiden Systemen zu Hause sind – in der Familie und der Arbeit! In dieser starken Partnerschaft erhalten Menschen die Möglichkeiten, ihre Ideen und Lösungskompetenzen selbst einbringen und anwenden zu können. Denn es sind die Mitarbeiter, die den Prozess durch ihre tägliche Arbeit und Durchführung besser kennen als jede Maschine oder jede IT-Datenbank. Fehlt dieser kritische Partner auf der Suche zum realistischen Menschenbild, sehen wir folgende Entwicklung: IT-Systeme und deren Entwickler werden das Potenzial nicht nutzen, das in den Wertschöpfungsprozessen steckt, nämlich die Menschen.

So muss dem Mitarbeiter mehr selbstständiges und ergebnisorientiertes Handeln ermöglicht werden. Neue Wertstrom übergreifende Prozesse und ein ganzheitliches Denken der Mitarbeiter sind erforderlich. Nur, wer die Kompetenz der Problemlösung in die Hände der wertschöpfenden Mitarbeiter übergibt, wird diese auch nicht an IT-Systeme übertragen.

Das Internet der Dinge wird die Arbeitswelt grundlegend verändern. Die Automatisierung und Robotik, die zunehmende Vernetzung von Mensch und Maschine und die Nutzung von Big Data eröffnen neue Produktionsprozesse, Geschäftsmodelle, Serviceleistungen und neue Formen der Zusammenarbeit. Völlig neue Organisationsformen werden sich entwickeln, die soziale und emotionale Intelligenz der Führungskräfte voraussetzen. Macht im Sinne von Gestaltungskraft generiert sich kaum noch über die Positionierung im Organigramm, sondern mit dem Management von Beziehungen, also der Gestaltung sozialer Netzwerke, etwa in der Teamentwicklung und Teamführung. Scrum als Vorgehensmodell des Projekt- und Produktmanagements gibt hierzu einen kleinen Vorgeschmack.

5 Ausblick

Für die Ausbildung und Qualifizierung in hybriden Tätigkeitsfeldern genügt es nicht, lediglich auf eine betriebliche Kompetenzentwicklung zu setzen, sondern es werden prozessorientiertes Lernen und neue Lernformen des informellen Bildungsweges zu gestalten sein. Dabei stehen an der Schnittstelle Mensch-Organisation Kompetenzen wie Kommunikation, informelle Kooperation, flexible Routinen, Ganzheitlichkeit, Polyvalenz, Lernfähigkeit oder Ambiguitätstoleranz auf dem Bildungsplan. Diese Kompetenzen bietet das Kompetenzcenter Familie der Wirtschaft auf Augenhöhe an. Eltern sind bereit, ihre in den Familien erworbenen Kompetenzen proaktiv zur Verfügung zu stellen.

Wir wünschen Wirtschaft und Familie eine gute Partnerschaft. Vorteile gibt es viele. Für beide Seiten!

6

Anhang: Interviewprotokolle

Interviews mit:

- **Ursula Haller**
  Mutter von zwei Kindern, Schweizer Politikerin (BDP) und Nationalrätin bis 2014.
  [JL][1]
- **Dr. Karin Uphoff**
  Mutter von sechs Kindern, Initiatorin „heartleaders", Inhaberin „connectuu GmbH", Lehrbeauftragte, EU-Unternehmensbotschafterin.
  [JL]
- **Elke Benning-Rohnke**
  Mutter von zwei Kindern, hat in Mannheim Psychologie und Betriebswirtschaft studiert, ihre Karriere 1984 als Brand Manager bei Procter & Gamble begonnen und als Marketing-Direktor bei Kraft Jacobs Suchard fortgesetzt. 1996 bis 1999 war sie im Vorstand der Wella AG in Darmstadt. Seitdem führt sie ihre eigene Unternehmensberatung in Ismaning bei München. Sie engagiert sich bei der Organisation „Frauen in die Aufsichtsräte" (FidAR) als Regionalleiterin Süd und sitzt selbst im Aufsichtsgremium der Daiichi Sankyo Europe GmbH.
  [JL, EG]

---

[1] Die Interviewführer und Interviewführerin waren Joachim E. Lask [JL], Profl. Dr. Ralph Kriechbaum [RK] und Elisabeth Gärtner [EG].

- **Fred Jung**
  Vater von sechs Kindern, Gründungsgesellschafter, Mitglied des Aufsichtsrats und bis 1.7.2016 Vorstandsvorsitzender der juwi AG, ca. 1000 Mitarbeiter.
  [JL, EG]
- **Peter Ullinger**
  Vater von zwei Kindern, Geschäftsführer von Dannewitz GmbH & Co.
  [JL, EG]
- **Prof. Dr. Matthias Landmesser**
  Vater von drei erwachsenen Kindern, Vorstand der Dualen Hochschule Baden-Württemberg (DHBW), zuvor war er für die Personal- und Führungskräfteentwicklung der IBM in Nord-, Mittel- und Osteuropa verantwortlich.
  [JL, EG]
- **Dr. Peter Schwibinger**
  Vater von drei Kindern, CEO und Gesellschafter von carcoustics mit über 2800 Mitarbeitern.
  [RK]
- **Uschi Schulte-Sasse**
  Mutter von einer Tochter und zwei Stiefkindern, Diplom-Kauffrau, Senior Vice President Aviation Division/INFORM GmbH.
  [JL, EG]
- **Lothar Jahrling**
  Vater von zwei Kindern, Handwerksmeister, Erfinder der sensomotorischen Einlage, Geschäftsführender Gesellschafter und Gründer der Firma Footpower Giessen GmbH, Gesellschafter und Gründer der Firma Feet Control und Gesellschafter und Gründer der Firma Footpower Service GmbH.
  [JL, EG]
- **Dr. Hans-Jörg Gebhard**
  Vater von zwei Kindern, Agraringenieur, Aufsichtsratsvorsitzender der Südzucker AG.
  [JL, EG]

6.1 Ursula Haller

Mutter von zwei Kindern, Schweizer Politikerin (BDP) und Nationalrätin bis 2014

JL: **Was haben Sie im Kompetenzcenter Familie gelernt?**
UH: Prioritäten zu setzen. Zu wissen, was ist jetzt wichtiger: den Kindern die Windeln zu wechseln – wir hatten zwei Windelkinder –, oder ist es jetzt dran, ein Protokoll zu schreiben? Das habe ich als Mutter und haben wir als Eltern gelernt.
Wir bekamen gesagt, dass wir keine eigenen Kinder bekommen können. Aber wir wollten Kinder, und das bedeutete Adoption, und sahen uns plötzlich mit der Situation konfrontiert, dass es Menschen gibt, die das gar nicht so sehen konnten und nicht akzeptieren wollten. Ich war 30 Jahre, als meine leibliche Tochter – entgegen der Aussage von drei Ärzten – geboren wurde. In diesem Sinne war ich keine junge Mutter. Da ist ein blondes Mädchen mit blauen Augen, und im Kinderwagen liegt ein dunkler Junge mit schwarzen Augen, unser Adoptivsohn. Da kommen plötzlich so komische Fragen: Wie kommt das? Was ist da los? Da habe ich Selbstbewusstsein gelernt. Ich musste mir Folgendes anhören: Ist das jetzt ein Statussymbol, Frau Haller, dass man noch ein armes Kind aus der Dritten Welt hat? Diese Reaktion war sehr speziell auf meine Situation als Politikerin bezogen. Ich habe gelernt, mich zu behaupten.
Meine Tochter ist Jahrgang 1978, mein Sohn Jahrgang 1979. Ich wurde 1985 in den Stadtrat gewählt. Die Kinder waren also 7 resp. 8 Jahre alt. Da war ich schon einige Jahre Vorstandsmitglied und Sekretärin der Partei – man zieht sich ja da so schön hoch –, irgendwann Fraktionspräsidentin, dann Parteipräsidentin. Dazu kommt, dass ich bei meinem Mann – der ein Architekturbüro hatte – das ganze Büro geführt habe: das ganze Sekretariat, die ganze Buchhaltung etc. Also auch zwischen Beruf und Politik und Kindern und Haushalt einfach die richtigen Prioritäten zu setzen hatte … und immer zu wissen: In letzter Konsequenz machst du fast alles freiwillig.

JL: **Trotz der hohen Belastung behielten Sie Ihre Freude, da Sie sich für diese Aufgaben selbst entschieden haben?**
UH: Es ist für Sie möglicherweise eine absolute Binsenweisheit, aber ich glaube schon, wenn man etwas gerne macht und sich engagiert und Freude an der Arbeit hat, dann fällt alles halb so schwer, als wenn man an einem Morgen aufsteht und quälend daran denkt, jetzt muss

ich dies und das machen. Das gebe ich ganz offen zu: Ich glaube schon, dass ich da ziemlich gut bin.
Wenn man Kinder hat bei all diesen Herausforderungen, dann wird eine Mutter automatisch zur Generalistin. Das trägt einen, und das kommt einem im späteren Leben – sei es im Beruf, sei es in der Politik – sehr, sehr entgegen.

JL: **Eine Generalistin kann richtige Prioritäten setzen?**
UH: Ja! Sie können ein extrem guter Experte sein, sind auf einem bestimmten Gebiet unschlagbar. Aber bei vielen anderen Themenbereichen haben sie schlichtweg wenig Ahnung. Nicht weil sie hierzu keine Intelligenz haben, sondern weil sie sich auf ihren Hauptberuf fokussieren. Bei der Frau gilt, dass sie sich hauptsächlich mit den Kindern, mit der Schule, mit den Krankheiten, bis hin zu den anderen täglichen Herausforderungen herumschlägt. Da muss man sich automatisch breiter aufstellen als ein Facharbeiter oder Ingenieur – ich will aber keineswegs verallgemeinern! Ich behaupte, im vernetzten Denken bin ich „sackstark"!
Mein konkreter Fall: Mit unserem Riesenwunsch, einen Sohn aus Indien zu adoptieren, haben wir zunächst uns einen Herzenswunsch erfüllt und nicht primär dem Kind einen Gefallen getan. Umgekehrt konnten wir natürlich das Angenehme auch mit etwas Schönem verbinden, von dem wir nie erwartet haben, dass uns jemand auf die Schultern schlägt und sagt: Das habt ihr gut gemacht. Doch haben wir erlebt, dass das gewisse Leute ganz anders sehen. Da lernt man, sich auch zu behaupten, entwickelt Zivilcourage und schlagfertig zu sein. Das verlangt auch Mut, sich nicht alles bieten zu lassen.

JL: **Ihre Priorität „Ja zur Elternschaft" hat Sie herausgefordert!**
UH: Ein kleines Beispiel: Der Sohn war vielleicht 3 Jahre, die Tochter 4 Jahre. Wir standen am See und warteten auf das Schiff. Da stand eine Frau mit einem langen Rock mit einer Hochsteckfrisur, eine evangelikal geprägte Frau mit sechs Kindern. Plötzlich hat sie unseren dunkelhäutigen Sohn entdeckt und sagte ihren Kindern – umgeben von ganz vielen anderen Leuten – so laut, dass ich es hören musste: „Wisst ihr, der liebe Gott verbietet das, dass man Kinder aus anderen Kulturen hernimmt. Das ist so nicht vorgesehen." Das habe ich natürlich gehört, und Sie können dreimal raten: Ich habe mich natürlich umgedreht und gesagt: „Ich habe gehört, dass Sie glauben, dass das, was wir gemacht haben, der liebe Gott offenbar verbieten möchte. Ich gebe Ihnen jetzt eine Antwort: Haben Sie überhaupt eine Ahnung, wie viele Schweizer Kinder allenfalls zur Adoption frei

werden? Wenn Sie vorhin gesagt haben, es gebe genug solche Kinder, dann sind Sie auf dem Irrweg. Denn dies sind ja meist nur Pflegekinder. Wenn sich die Mutter sozial erholt hat, bekommt sie das Kind zurück. Es gibt viel zu wenig Schweizer Kinder zur Adoption." Das habe ich sehr markant und deutlich laut gesprochen. Dann habe ich mich umgedreht und habe gesehen, wie die Leute rundherum genickt haben, weil sie auch das Gefühl hatten: Richtig, wehren Sie sich nur! Alles muss man sich nicht bieten lassen. Ich hatte sie noch gefragt, wenn sie jetzt schon den lieben Gott anrufen würde, ob sie denn nicht das Gefühl habe, es sei wenig von einem christlichen Glauben geprägt. Man könnte ja sagen, dass wir, wenn wir uns schon einen Herzenswunsch erfüllen, diesem Knaben die Möglichkeit geben, ein schönes Leben zu haben. Es hätte ja sein können, dass sein Leben nicht so positiv verlaufen wäre. Es kam ja noch dazu, dass mein Sohn, als er bei uns ankam, eine schwere Krankheit hatte, er hatte Hautwürmer. Und viele dieser betroffenen Kinder sterben wegen mangelnder Hygiene daran. Aber wir haben uns bemüht, ihm ein schönes Leben zu ermöglichen. Natürlich lief nicht alles rund. Wer kann das schon von seinen Kindern behaupten? Eine Frau, die ein behindertes Kind hat, die lernt das auch. Sie muss sich nicht für das Kind rechtfertigen. Aber sie muss Mut haben, sich zu wehren, wenn sie das Gefühl hat: Es ist des Guten zu viel.

JL: **Emotionale und soziale Intelligenz. Wie haben Ihre Kinder Ihnen dies beigebracht?**

UH: Als unser Sohn zu uns kam, 1979, wollten ihn alle berühren und ihm die Haare streicheln, wollten in den Wagen schauen und sagten: „Oh, was ist das für ein wunderschöner Knabe." Er hatte etwas Exotisches an sich. Später erlebt dieser gleiche Mensch, dass er abgelehnt wird.

Das konnte ich ihm nicht nur rational erklären, weshalb das bei uns in der Schweiz so ist. Das konnte ich ihm nicht nur intellektuell erklären. Sondern, da kommen irgendwann einmal die Emotionen. Ein Mensch ist erst dann umfassend, wenn er beide Fähigkeiten hat. Wenn ich nur blitzgescheit bin und dazu eiskalt in den Emotionen, dann liege ich oft daneben. Daher ist es auch gefährlich, in der Politik. Es braucht eine gute Mischung zwischen Intelligenz und Emotion, und es ist ja auch schön zu wissen, dass das heute immer häufiger akzeptiert wird. Sogar Männer dürfen durchaus zeigen, dass man Gefühle hat, wenn einen etwas fürchterlich traurig macht.

JL: **Sie haben emotionale Intelligenz mit Ihren Kindern gelernt?**
UH: Meine Tochter erlebte, wenn sie mit ihrem Bruder Schlittschuhlaufen ging, dass er wegen seiner Hautfarbe beleidigt wurde. Hier musste ich die Tochter dafür sensibilisieren. Ich sagte ihr: „Du musst nicht provozieren, du kannst auch einmal einfach weghören. Aber wenn es zu schlimm wird und du merkst, er kann sich nicht wehren und er ist traurig, oder er fühlt sich wirklich attackiert, dann musst du auch für ihn einstehen." Sie berichtet später: „Weißt du, Mami, jemand hat zu ihm gesagt, du schwarzer Neger, schwarzer Kerl ... Dann habe ich gesagt: Das wird sich noch rächen, du Milchbubi." Das war schon wichtig für die Tochter, dass sie ihren Bruder hier verteidigen kann.
Ich werde hiermit täglich konfrontiert. Da gibt es die kritischen Stimmen, die sagen: Hey, Frau Haller, das haben Sie doch gewusst, als Sie dieses Kind adoptiert haben! Ja, ich habe gewusst, welche Formen das annehmen kann, aber nie erahnt, wie viele Leute einen Menschen nur aufgrund seiner Hautfarbe „taxieren" und sofort negative Assoziationen entwickeln. Denken Sie jetzt bitte nicht, ich wäre hier der Gutmensch, der sagt: Alles kein Problem. Selbstverständlich bin auch ich gegen Drogenhandel und Kriminalität, bin ebenfalls dafür, dass Ausländer, die sich nicht an Gesetz und Ordnung halten, ausgeschafft werden sollen. Wenn wir hier nicht konsequent handeln, fördern wir eine gefährliche fremdenfeindliche Stimmung. Aber alle Ausländer und Menschen fremder Kulturen in den gleichen Topf zu werfen, geht eindeutig zu weit.
Unser Sohn hat realisieren müssen, dass er plötzlich in der Bahnhofhalle von der Polizei angehalten wurde. Er musste, wegen seiner Hautfarbe, den Ausweis zeigen. Seine Kollegen und Freunde konnten weiterlaufen... Solche und viele andere Erlebnisse haben bei mir das Kämpferische entwickelt. Ich konnte mich zwar unendlich freuen, plötzlich Mutter von zwei gesunden Kindern zu sein. Aber ich musste plötzlich dafür kämpfen, dass dies eine normale Situation ist. Denn mein Mann und ich haben uns für eine Adoption entschieden, weil wir keine Vorurteile haben gegenüber Menschen mit dunkler Hautfarbe.
JL: **Die Erfahrungen mit Ihrem Sohn aus Indien haben Sie geprägt in Ihrer politischen Ausrichtung?**
UH: Unbedingt! Sowohl in meiner Tätigkeit als Politikerin auf Ebene der Stadt, in der Exekutive, als auch als Nationalrätin auf Ebene Bund, in der Legislative. Ich habe gelernt, dass es keine Standardoption

geben kann. Man muss die Praxis kennen, statt nur über theoretische Kenntnisse zu verfügen. Es gibt immer wieder Situationen, die man erst versteht, wenn man sie auch selbst erlebt hat.

Beispiel: Diskussion im Nationalrat über die Möglichkeit eines Schwangerschaftsabbruches bis zur 14. Woche. Sie können sich vorstellen, dass ich, die zehn Jahre lang auf ein Kind gewartet habe, sehr, sehr sensibel darauf reagiert habe und nicht mit der Haltung: „Kein Problem. Auf jeden Fall bin ich dafür!" Ich fragte mich, was bedeutet das, wenn wir diese Frage so salopp mit „ja" beantworten. Ich kenne doch so viele Frauen, die möglicherweise über viele Jahre gern ein Kind hätten, und sie bekommen keines. Da wird man sensibel und überlegt genau, welches politische Signal gesetzt wird.

Das sind dann Dinge, die auch die Politik glaubhafter machen. Wenn ich ein Kompliment immer wieder erhalten habe, ist es: „Frau Haller, Ihnen glauben wir, das, was sie so sagen, was sie denken, und dass sie das auch so leben."

JL: **Wie kam das zustande?**
UH: Meine Trennung von der Partei nach 31 Jahren war nicht einfach. Denn ich war mir sehr bewusst, dass ich dieser Partei auch etwas zu verdanken habe. Andererseits hat auch die Partei von mir profitiert. Es ist ein Geben und Nehmen.

Jedoch hatte in mir bereits zehn Jahre zuvor eine innere Rebellion begonnen. Ich hatte gemerkt, dass ich nicht mehr in einer Partei sein kann, die inhaltlich immer mehr primär um Themen wie „Ausländer", „Ausschaffungsinitiative" etc. kreist.

Oder ein zweites Beispiel: UNO-Beitritt. Die Partei war dagegen, ich war absolut dafür. Ich war im Kanton Bern auf dem Podium und hielt das „Pro-Referat". Schlussendlich haben dann in meinem Wohnkanton 50,5 % in der SVP für den UNO-Beitritt gestimmt und wurden zum „Zünglein an der Waage" für den UNO-Beitritt. Sehr zum Ärger des obersten Chefs der Partei, Christoph Blocher – und sehr zur Freude von mir! Oder anders gesagt:

Wenn du nicht opportunistisch bist und wie ein Fähnchen im Wind oder wie ein Wendehals immer versuchst, der Liebling der Nation zu sein, dann erhältst du keine Glaubwürdigkeit in der Bevölkerung. Herr Blocher sagte dann im „Blick", dass die Haller sich nicht an das Parteiprogramm halte und somit in der Partei nichts mehr zu suchen hätte. Bitte, ich habe das dann in die Tat umgesetzt.

In der Politik tue ich das, was ich in der Familie gelernt habe: Sich für eine Sache engagieren und zu kämpfen.

JL: **Wenn etwas nicht so rund läuft mit den Kindern …**
UH: Eltern mit zwei leiblichen Kindern machen doch auch die Erfahrung: Eines ist so, das andere ist so. Wir hatten mit unserer Tochter nie Mühe in der Schule. Sie machte ihre Hausaufgaben immer ohne großen Aufwand, und sie wusste bereits mit 14 Jahren, dass sie einmal Juristin werden, in die USA gehen und dort einen dunkelhäutigen Juristen heiraten wolle. Tatsächlich ist sie heute eine erfolgreiche Rechtsanwältin, allerdings glücklich in der Schweiz wohnhaft!
Unser Sohn dagegen musste sich in der Schule alles mühsam erkämpfen. Nicht nur als Mutter, auch als zuständige Vorsteherin der Bildung weiß ich: Ich kann zwei Kinder haben, das eine ist absolut problemlos, und beim anderen muss man fast alles wenden, damit es gut kommt. Diese wertvolle Erkenntnis zeigt, dass nicht alles einfach so selbstverständlich ist.

JL: **Was hat das für Ihren Beruf als Politikerin bedeutet?**
UH: Die Erkenntnis, dass wir in der Schule sehr wohl schauen müssen, dass man Kindern mit einem interkulturellen Hintergrund, mit sozial schwierigen Verhältnissen, mit einer starken Dyskalkulie oder mit irgendeinem Defizit alle notwendigen Fördermaßnahmen vom Staat her anbieten muss, aber auch die andere Seite nicht vernachlässigen darf: Schüler mit speziellen Fähigkeiten oder sogenannte hochbegabte Kinder brauchen ebenfalls eine spezielle Förderung. Also: Wir müssen das ganze Spektrum betrachten, um die richtigen Fördermaßnahmen für alle zu finden.

JL: **Sie haben mit Ihrem Sohn Geduld gelehrt!**
UH: Ja, das stimmt. Mein Sohn hat wegen gewisser schulischer Defizite eine Kochlehre begonnen. Der Beruf gefiel ihm außerordentlich gut, aber er hatte dort leider Pech. Obschon die Pächter des Hotels selbst auch zwei Adoptivkinder hatten und von unserem Sohn begeistert waren, obschon es auch mit dem Küchenchef bestens harmonierte, kam es zu einem unerwarteten Pächterwechsel. Der neue Pächter war ein Rassist. Er hat unseren Sohn jeden Tag wegen seiner Hautfarbe gehänselt, zum Beispiel mit: „Du, schwarzer Kerl, du hast den Kopf zu lange über die Fritteuse gehalten!" Ich ging zweimal zu diesem Pächter und sagte ihm: „Das können Sie nicht machen!" Er meinte, ich solle mir daraus nichts machen, der Ton sei so in vielen Küchen. Nach einigem Hin und Her hat unser Sohn dann diese Lehre verlassen und eine neue Lehrstelle als Sportartikelverkäufer begonnen. Da hat er jetzt vor ca. einem Jahr die Stelle verloren, aus meiner Sicht war er nicht ganz unschuldig. Denn er ist kein Engel,

aber er ist auch kein Bengel. Ein Jahr war er arbeitslos. Beworben, beworben, beworben. Er hat keine Stelle gefunden. Dann habe ich ihn gefragt: „Du hast ja noch keine Familie, hast noch keine Kinder. Willst du nicht vielleicht doch noch einen neuen Beruf erlernen? Wir unterstützen dich, denn du wirst drei Jahre lang wieder nur einen Lehrlingslohn haben." Jetzt hat unser Sohn eine Malerlehre begonnen. Die vorübergehende Krise wurde so zu einer großen Chance. Er ist heute glücklich wie selten in seinem Leben. Ich als Mutter musste ihn also überzeugen, auch wenn es nicht der normale Weg ist, an sich selbst zu glauben.

JL: **Sie hatten einen langen Atem!**

UH: Ja, es ist eine unwahrscheinlich tiefe und schöne Bestätigung für mich, für die ganze Familie inklusive meiner Tochter und deren Freund. Es ist für uns alle das schönste Geschenk, dass er im Februar diese neue Ausbildung beginnen kann. Es ist ganz wichtig, dass die Kinder spüren, dass man auch dann zu ihnen steht und sie unterstützt, wenn es nicht so rund läuft – das stärkt ihr Selbstvertrauen und Selbstwertgefühl!

JL: **Sie halten nachhaltig an ihren Werten fest.**

UH: Ja! Ich bin der Meinung, wenn etwas nicht mehr stimmt, dann muss man den Mut haben, daran etwas zu verändern. Ich wusste zum Beispiel damals, als ich die Partei wechselte, dass in einem Jahr Neuwahlen anstanden. In dieser Situation, eine neue Partei zu gründen, bedeutet schlichtweg den Tod einer Politikerin, weil die sonst fast problemlose Wiederwahl aufs Stärkste gefährdet ist. Ich habe mir aber gesagt, wenn ich nicht mehr gewählt werde – bei den anstehenden Proporzwahlen musste ich satte 16,66 % erreichen –, dann muss ich nicht Pfeile auf jene richten, die mich nicht mehr gewählt haben, sondern mich selbst in die Pflicht nehmen. Denn ich habe den Entscheid getroffen, aus meiner bisherigen Partei auszutreten und in einer bisher unbekannten Partei anzutreten. Wenn solches Tun mit Erfolg belohnt wird, dann ist es sehr schön!

JL: **Worauf führen Sie es zurück, dass heute Männer und Frauen so ungern Eltern werden, obwohl Trenduntersuchungen zeigen, dass Jugendliche eigentlich Kinder wollen?**

UH: Meiner Meinung hat es etwas mit der Ausbildung und den Finanzen zu tun. Frauen müssen sich entscheiden: Wenn ich ein Kind habe, dann muss ich meinen (vielleicht geliebten) Beruf, in dem ich vielleicht über zehn Jahre gearbeitet habe, an den Nagel hängen. Nicht

jede Frau hat die Möglichkeit, dass sie von der eigene Mutter bei der Betreuung des Kindes oder der Kinder später unterstützt wird.
Auch ein Jobsharing ist nicht in jedem Beruf machbar. Daher kämpfe ich, zum Teil zum Leidwesen gewisser männlicher Kollegen, für Kinderkrippen, Kindertagesstätten und vor allem für Tagesschulen, die von Kindern aus allen gesellschaftlichen Schichten besucht werden können. Wir hatten im Jahr 2008 hier in Thun die erste Tagesschule eröffnet. Es war uns ein großes Anliegen, dass sowohl die alleinerziehende Mutter, mit einem minimalen Einkommen, das mittelständische Paar als auch das Doppelverdienerehepaar mit hohem Einkommen ihr Kind oder ihre Kinder schicken können – dank einem ausgeklügelten, maßvollen auf das Einkommen bezogenen Sozialtarif, der für alle stimmt. Dank diesen zusätzlichen Angeboten können jene Frauen, die ihren Beruf teilweise oder ganz weiter ausüben wollen – oder müssen! – Familie und Beruf gut vereinbaren.

JL: **Warum haben so viele Paare ein oder allenfalls zwei Kinder? Was müsste man politisch tun, damit sich das verändert?**

UH: Wir stellen in Europa fest, dass es Länder gibt, wo die Geburtenrate steigt – weshalb dies so ist, kann nicht mit einer kurzen Erklärung belegt werden. Es hat aber sicher damit zu tun, dass der Wert der Familie und der Kinder in der Gesellschaft anerkannt ist. Wichtig ist deshalb – ich wiederhole mich – dass wir alles unternehmen, damit junge Eltern – Frau und Mann – sich nicht die Frage stellen müssen: Kind oder Hund? Sie sollen vielmehr selbstbewusst sagen können: Kind/Kinder und Hund! Dafür braucht es aber familienexterne und schulergänzende Angebote, auf privater Basis, aber auch vom Staat unterstützt. Auch das Angebot, dass die Eltern beide ihr Arbeitspensum reduzieren können, um sich gemeinsam um die Kinder kümmern zu können, ist wichtig. Ich behaupte sogar, dass es für die gesunde Entwicklung der Kinder extrem wichtig ist, dass sich beide Elternteile um die Erziehung kümmern. Denn wir stellen fest, dass viele Kinder in einer zunehmend vaterlosen Gesellschaft aufwachsen. Oftmals sind die Eltern geschieden, die Kinder verbleiben meist bei der Mutter, dann kommt die Kindergärtnerin, danach die Lehrerin. Es gibt immer weniger männliche Bezugspartner.

JL: **Andersherum: Welche beruflichen Vorteile hätte es für Väter, die sich in der Erziehungszeit beteiligen?**

UH: Gewiss. Ich will keineswegs verallgemeinern, aber damit würde sich die oftmals einseitige Fachkompetenz ideal mit einer sozialen und emotionalen Intelligenz ergänzen.

Der Vater würde wissen: Was mache ich, wenn mein Sohn krank ist und die Mutter nicht da ist? Er müsste plötzlich lernen, was zu tun ist, damit sich der Junge beruhigt. Dieser Mann zum Beispiel, nehmen wir an er ist Personalchef oder sonst in einer gehobenen Stellung tätig, ist plötzlich motiviert, weil er selbst Erfahrungen sammeln konnte, in seinem Betrieb, zusammen mit seinen Mitarbeitenden, nach Modellen zu suchen, die Familie und Beruf ideal ermöglichen oder ergänzen.

Ich habe im Nationalrat so manche junge, emanzipierte Frau aufgelöst und weinend in der Toilette gesehen, die mir gesagt hat: „Weißt du, ich hatte meinem Mann hoch und heilig versprochen seit einer Stunde zu Hause zu sein, aber erst in 15 min kommt mein Dossier dran." So steht „frau" dauernd in einer Spannung, nicht alles unter diesen einen Hut zu bekommen. Das hat negative Auswirkungen auch auf die Kinder – und dies müssen wir dringend ändern, indem wir die Männer vermehrt einbeziehen.

Allerdings gibt es da ein zusätzliches Problem: Bis zum 6. März muss bei uns in der Schweiz eine Frau arbeiten, um gleich viel in der Lohntüte zu haben wie am 31. Dezember der Mann. Oder anders gesagt: Im Durchschnitt verdient in der Schweiz eine Frau ungefähr 18 % weniger für die gleiche Arbeit als ein Mann. Solange das so ist, wird sich die Frau zugunsten des Mannes aus dem Arbeitsleben zurückziehen, und es bleibt die klassische Teilung: Es wird der Mann sein, der arbeiten geht, und die Frau verzichtet. Allerdings, mit Verlaub: Mutter sein, Hausfrau sein ist auch ein Beruf, der allerdings von der Gesellschaft unterschätzt oder zu wenig geschätzt wird!

JL: **Welche Elternkompetenzen brauchen gute Politikerinnen und Politiker?**

UH: Einfühlungsvermögen. Die Rolle eines anderen zu verstehen. Nehmen wir mal an, wir haben ein thematisches Gespräch und Sie sind überzeugt, Sie haben hier eine positive Haltung, und Sie stellen plötzlich fest, hey der andere denkt ja das Gegenteil. Dann muss ich doch in der Lage sein, hinzuhören und fragen: „Was ist denn der Grund dafür, was der andere denkt?" Also mit anderen Worten: die Möglichkeit, sich in die Rolle des anderen zu versetzen, um zu begreifen, was der andere denkt, statt ihn als Spinner zu betrachten. Das braucht der Politiker, um die richtigen und intelligenten Entscheidungen zu fällen. Als Politikerin muss ich in der Lage sein, Andersdenkende zu respektieren, aber auch akzeptieren, dass er nicht zwingend meine Denkweise übernehmen muss.

JL:	**Wie lernt eine Mutter solch eine Toleranz?**
UH:	Als Mutter lernt man das sehr gut, wenn man feststellt, dass zwei Kinder nicht gleich erzogen werden können. Dass zwei Kinder mit der gleichen Erziehung, mit den gleichen Voraussetzungen auch ganz anders werden können. Und trotzdem hat man die Kinder gleich lieb.
	Sie haben gehört: Wir haben sehr lange auf ein Kind gewartet. Wir hatten den 287. Platz auf der Warteliste von Terre des Hommes Kinderhilfe. Und wir sind alle zwei, drei Monate um drei, vier Plätze vorgerückt. Wir haben uns in diesen fünf Jahren extrem auf diese Adoption vorbereitet und sind ja dann schließlich während dieser Wartezeit Eltern einer Tochter geworden. Als wir dann nach Genf fuhren, um unseren Sohn abzuholen, hatte ich so eine Angst und gleichzeitig eine wahnsinnige Vorfreude vor diesem einzigartigen, hoch emotionalen Moment. Was passiert jetzt?
JL:	**Was ist in Genf passiert?**
UH:	Unser Sohn kam per Flugzeug aus Indien nach Genf. Dort im Spital kam er in die Quarantäne und musste dort für drei Wochen bleiben. Da waren noch drei andere Kinder im Zimmer. Da hat man uns gesagt: Dieser Knabe dort ist ihr Sohn. Wir sind vor seinem Babybuggy niedergekniet, mein Mann und ich haben unseren Sohn zum ersten Mal gesehen. Wir haben uns angelacht, und es gab ab diesem Augenblick keinen Moment mehr, wo wir, wo ich meine Gefühle steuern musste, die da vielleicht gesagt hätten: Das ist ja gar nicht mein Kind! Dies war etwas ganz Spezielles! Wenn man sich nichts einreden muss, sondern das Kind einfach so annimmt, wie es ist. Ich kann Ihnen dieses Glücksgefühl und diese Gewissheit gar nicht beschreiben. Egal, ob wir später fünf Mal in der Nacht aufstehen mussten oder ich zum dritten Mal meinen Sohn während seiner Lehre begleite – es ist und bleibt unser, mein Sohn. Ich bin und bleibe seine Mama. Da gibt es nichts zu hinterfragen, das ist und bleibt so.
JL:	**Sie stehen zu Ihren Entscheidungen.**
UH:	Ja! Genau in der Zeit, als ich mich von meinem Mann getrennt hatte, ich bin jetzt wieder glücklich verheiratet, wurde ich in meinem Heimatkanton zur höchsten Politikerin, zur Großratspräsidentin gewählt. Am Festakt nahmen fast 600 Personen teil, ich trat ohne Mann, aber mit meinen beiden Kindern, vor die Anwesenden. Vor mir sprachen fünf Männer: der Regierungsrat, der Stadtpräsident, der Fraktionspräsident, der Parteipräsident, und zum Schluss durfte ich eine Rede halten. Ich habe meine Rede gehalten. Die

vorbereitete (für die Medien vorverfasste) Rede sah nicht vor, mich über meine aktuelle familiäre Situation – der Trennung von meinem Ehemann – zu äußern. Aber ich konnte nicht anders! Während ich sprach, merkte und wusste ich, dass ich diesen Punkt nicht werde verschweigen wollen. Deshalb ergänzte ich meine Rede spontan: „Sie sehen: Da vorne sitzt eine Politikerin, die soeben viel Ruhm und Ehre bekommen hat. Sie sitzt da mit ihrer Tochter und ihrem Sohn, und Sie alle fragen: Wo ist denn da der Ehemann? Ich kann Ihre Frage mit den Worten beantworten: Auch bei mir wachsen die Bäume nicht in den Himmel. Wir haben uns leider getrennt, wir sind nicht mehr ein Paar. Ich stehe dazu." Danach kamen die Medienleute auf mich zu: „Frau Haller, hatten Sie einen Kommunikationsberater, um diese Tatsache so offen und ehrlich zu thematisieren?" Ich sagte: „Nein! Ich habe einfach gemerkt und gewusst: Wenn ich das jetzt nicht sage, dann bin ich nicht ehrlich, bin ich nicht ich."

JL: **Was ist dann passiert?**
UH: Nicht ein Journalist hat mich später jemals auf meine Scheidung angesprochen, sie wussten ja, was Sache ist, mussten also nicht in meinem Privatleben wühlen. Auch dieses zwar schwierige Erlebnis hat mir gezeigt: Versuche nicht, eine Rolle zu spielen, sondern sei authentisch, bleibe du selbst!

**Herzlichen Dank,
Frau Ursula Haller, für dieses Interview!**

6.2 Dr. Karin Uphoff

Mutter von sechs Kindern, Initiatorin „heartleaders", Inhaberin „connectuu GmbH", Lehrbeauftragte, EU-Unternehmensbotschafterin

JL: **Sie sind Mutter von sechs Kindern. Was haben Sie im Kompetenzcenter Familie gelernt?**
KU: Da gibt es natürlich sehr viele Felder. Was und wie ich heute bin, ist ganz entscheidend von der Leitung meiner Familie und meiner Erziehungsarbeit geprägt. Geduld, Gelassenheit und Lernen habe ich gelernt. Ich war ja 26 Jahre, als das erste Kind kam. Da war die Sturm-und-Drang-Zeit vorbei, doch die innere Ruhe hatte ich noch nicht gefunden. Auch wenn man sagt, „die sechs Kinder sind ja gleich aufgewachsen", so ist dies überhaupt nicht der Fall.

JL: **Sie haben durch Ihre Familienarbeit Geduld von der Pike auf gelernt?**

KU: Unsere Kinder waren von der Entwicklung her langsam. Während alle anderen schon liefen, saßen unsere noch wie Michelin-Männchen auf dem Boden und machten Spuckebläschen. An dieser Stelle habe ich angefangen, Gelassenheit zu entwickeln und zu sagen „Das wird schon werden" und musste lernen, die eigenen Vorstellungen des Ehrgeizes „Meine Kinder müssen das und das können" loszulassen und darauf zu vertrauen, dass das so schon gut sein wird. Das habe ich für mich erkannt: „Oh, die Kinder sind nicht dafür da, irgendwas für dich zu erfüllen, an Erfolgserlebnissen, an Vorstellungen, die ich vom Leben habe." Da musste ich wirklich zurückzuschalten und mir sagen: „Okay, das hat jetzt einen ganz anderen Rhythmus, die Kinder dürfen sich so entwickeln, wie sie sich entwickeln wollen. Ob ich da jetzt den Schnellen haben will, das spielt überhaupt keine Rolle." An das Gefühl kann ich mich heute noch sehr gut erinnern, an diese prägende Erfahrung, und das hat mir hinterher für alle weiteren Prozesse mit den Kindern sehr geholfen. Es war für mich ein langer Lernprozess.

Da kommen wir schon zum nächsten Punkt: Ich habe gelernt, eigene Bedürfnisse zurückzunehmen und mich nicht im Mittelpunkt zu sehen. Ich musste mich darauf einstellen, selbst wenn ich jetzt Durst habe und die Kinder schreien, dann sind die Kinder jetzt wichtiger. Es war eine Phase im Leben, in der ich mich auf die Kinder eingestellt habe. Ich habe dann gelernt, dies nicht als Begrenzung, sondern als Lernerfahrung zu sehen. Es ist ja immer eine Einstellungssache. Von den Grundbedürfnissen klar, jedoch gibt es ja keinen guten oder schlechten Tag, sondern immer nur das, was ich innerlich daraus mache. Ich kann sagen „Oh, jetzt muss ich schon wieder Kinder wickeln" oder ich sage „super" und erfreue mich einfach daran, wie ich das Ganze organisiere.

JL: **Aus der „Not" eine Tugend machen?**

KU: Ja! Mein Glück und meine Zufriedenheit hängen nicht davon ab, was passiert, sondern einzig und allein von meiner Wahrnehmung. Das kann ich ja selbst steuern. Das war am Anfang natürlich ein Lernprozess. Meine Grundeinstellung ist, dass ich mir das Leben schön machen will. Ich hatte eine etwas schwierige Jugend und hab mir irgendwann gesagt: „Ich bin für mein eigenes Leben verantwortlich und schaue, dass es mir gut geht."

Diese bewusste Entscheidung hierfür hat dazu geführt, dass ich es mit den Kindern und meiner Arbeit so gesehen und immer wieder so trainiert habe. Ist mir natürlich nicht immer gelungen, ich war auch mal gestresst. Doch insgesamt kann ich sagen, dass es mir mit den Kindern und meiner Arbeit, parallel dazu meine Promotion und die Hausrenovierung, gut gegangen ist. Dadurch, dass ich es geschafft habe, die Herausforderung positiv zu sehen, hat mir das viel Spaß gemacht und ganz viel Befriedigung gebracht. Wir hatten mit den Kindern eine große Freude, die manch innerliche Hängephase dann auch gut überbrücken lässt.

JL: **Die sechs Kinder waren keine Last, sondern ganz im Gegenteil haben diese Ihnen eine Riesenfreude gemacht?**

KU: Natürlich war es auch anstrengend, aber vor allem eine große Freude. Viele Kinder zu haben bedeutet für mich die Fülle des Lebens. Vor dem ersten Kind habe ich mir keine Gedanken gemacht, wie viele Kinder ich haben möchte. Als ich meinen Mann kennenlernte, da entstand das Gefühl „Ja, mit dem kann ich mir vorstellen, Kinder zu haben". Dann war das erste Kind da, das nach 6 Wochen durchgeschlafen hat, 14 h am Tag. Da habe ich mir gedacht: „Dafür ein ganzes Leben umstellen?" Ich habe immer schon viel Sport gemacht, war Leistungssportlerin, habe immer schon gerne gefüllte Tage gehabt, und da war ein Kind viel zu wenig. Deshalb kam dann auch sehr schnell das zweite, und das hat dann so viel Spaß gemacht, dass mein Mann und ich sagten: „Ja da passt auch noch ein drittes und ein viertes ..."

JL: **Wie haben Sie das gemacht?**

KU: Und dies ist für mich ein wichtiger Punkt: Egal ob wir ein Kind, vier oder dann sechs Kinder haben, die haben ihre Bedürfnisse und Rechte an meiner Zeit. Gleichzeitig müssen die Kinder lernen, dass ich auch ein eigenständiger Mensch und nicht nur Mama bin. Es geht in unserer Familie nicht nur um die Kinder, sondern genauso und zum gleichen Anteil um meinen Mann und um mich. Wir haben immer unsere Sachen gemacht, ob jetzt Promotion, Sport zu treiben oder Motorrad zu fahren: Wir haben diese Teile nicht ad acta gelegt, selbst wenn die Kinder etwas wollten, bekamen sie zu hören: „Jetzt nicht!" Wenn sie ganz klein sind, klar, dann geht das noch nicht. Jedoch, je älter sie wurden, hörten sie von uns: „Wir haben die gleichen Rechte wie ihr." Die Ruhe zu finden, war so für mich der Punkt, damit ich mich noch wie ich selbst fühle. Es gibt ja den schönen Spruch, wenn man wenig Zeit hat, soll man langsam machen. Was konnte schlimmstenfalls passieren? Die Kinder konnten vielleicht mal 5 h mit der vollen Windel rumlaufen, dann war der Po wund, okay. – Prioritäten zu setzen, was ist jetzt wichtig und was ist dringend, das hat geholfen.

JL: **Sie haben Prioritäten gesetzt.**

KU: Genau. Unsere Wohnung sah teilweise super chaotisch aus. Bei uns konnte man vom Boden essen, man hat immer etwas gefunden. Wir haben eben die Kinder auch zu allem mitgenommen z. B. zum Feiern. So haben sie sich an andere Umgebungen gewöhnt und konnten schlafen, wo immer sie waren. So in der Beobachtung zu anderen haben wir relativ wenig „Gedöns" um das Schlafen gemacht. Es wurde also z. B. kein spezielles Schlafritual eingeführt. Ich glaube, die Kinder haben gemerkt, dass ich da auch kein Pardon kenne. Sie schlafen und Punkt. Dadurch haben die Kinder relativ klar empfunden, was sie machen dürfen oder wie weit sie gehen können. Wenn man jetzt ein Schreikind hat, dann ist das etwas anderes. Manche Kinder schlafen wahrscheinlich auch schlechter. Nur die Wahrscheinlichkeit, dass bei sechs Kindern ein Kind biologisch gesehen schlecht schlafen kann, wäre ja auch gegeben. Aber das war bei uns nicht der Fall. Sie haben in den ersten Jahren zusammen in einem Zimmer geschlafen. Wenn wir tagsüber das Saugen nicht geschafft haben, dann haben wir abends das Licht in ihrem Zimmer angemacht und haben abends das Kinderzimmer gesaugt. Die haben davon nichts mitbekommen, da sie einfach daran gewöhnt waren, dass es laut ist.

JL: **Diese klare Grenze zwischen Familienzeit und Selbstzeit – das hört sich sehr tragfähig an.**

KU: Ich konnte diese verschiedenen Bereiche machen, weil ich die Kinder habe. Statt: Ich promoviere, obwohl ich die Kinder habe. Wenn ich mich mit meinen Sachen beschäftigt habe, dann hatte ich daran Freude gehabt und war froh, mal nichts mit den Kindern zu tun zu haben. Wenn ich das erledigt hatte, dann habe ich mich wieder auf die Kinder gefreut und konnte meine beruflichen Sachen wieder nach hinten stellen. So konnte ich mich den ganzen Tag freuen auf das, was als Nächstes kommt.
Netzwerkbildung will ich auch als wichtigen Punkt nennen. Wenn man sich ein Netzwerk spinnt, dann bin ich gut auf Belastungen vorbereitet. Meine Eltern oder Schwiegereltern wohnten zwar weiter weg, doch zur Not konnten sie uns helfen, genauso wie Freunde und Institutionen. Waren wir unterwegs, hatten wir eine Erzieherin, die unsere Kinder mittags mit zu sich nach Hause genommen

hat. Das finde ich einen ganz wichtigen Punkt für Familien. Das hat mir sicherlich auch für das unternehmerische Denken sehr geholfen. Immer Plan B und C schon zu haben. Das ist mir durch das Training in der Familie in Fleisch und Blut übergegangen, z. B. die Diversifizierung bei Aufträgen. Ich sorge dafür, dass ich nicht von einem Auftrag oder von einem Event oder einem Mitarbeiter abhängig bin.

JL: **Wie nutzen Ihnen diese Kompetenzen heute im Beruf?**
KU: Ich kann gut organisieren und habe das mit meiner großen Familie gut hinbekommen. Auf der anderen Seite ist das Führen eines Unternehmens, wie ich es jetzt habe, nichts anderes. Natürlich sind meine Mitarbeiter nicht meine Kinder. Die haben noch einmal eine andere Verantwortung für sich. Letztendlich aber begeben sie sich auch in meine Obhut und vertrauen darauf, dass ich die Leitung für alle bestmöglich mache. Ich sehe da unterschiedliche Typen von Menschen, die sind so, wie sie sind. Ich fördere ihre Stärken letztendlich genauso wie ich meine Kinder unterstütze, ermuntere oder ermutige. Ich freue mich über ihre Entwicklungsschritte und vertraue darauf, dass sie weiterkommen. Das ist genau das Gleiche bei den Mitarbeitern: Ich sehe, welches Potenzial sie haben, ich unterstütze sie, fördere sie, habe Geduld mit ihnen. Dabei darf ich die eigenen Positionen, Sichtweisen oder Vorgehensweisen infrage stellen und lerne dazu. Gleichzeitig muss ich als Chefin realisieren, das ist genau das Gleiche wie als Mutter: Man wird als Mutter nie die Freundin der Kinder sein, man ist immer die Führungsperson, egal wie alt Kinder sind. Gleiches geschieht mit den Mitarbeitern, wenn man Chefin ist. Man kann nicht mit Mitarbeitern befreundet sein, und es gilt immer, darauf zu achten, Chefin zu bleiben und nicht einen zu bevorzugen.
Ein anderer wichtiger Punkt ist „bei sich zu bleiben", wenn man Kinder und Familie hat.

JL: **Was meinen Sie mit „bei sich bleiben"?**
KU: Kein anderer traut sich so deutlich, Feedback zu geben, wie die Kinder, die ja darauf vertrauen, geliebt zu werden, und aus diesem grundsätzlichen Vertrauen heraus auch Dinge sagen, die andere dann vielleicht so nicht sagen würden. Kinder spiegeln einem ja unmittelbar wider, was man gut oder schlecht macht, wie man sich verhält. Sie bringen einen auch immer wieder auf den Boden der Tatsachen bzw. sie erden einen sehr.
Das ist wichtig in der Führungsarbeit. Wenn Mitarbeiter einem etwas spiegeln, nehme ich dies nicht als Angriff. Es kommt dann

JL: darauf an, welche Schlüsse ich daraus für mich ziehe: Nehme ich das an und ändere mich, oder sage ich: „Okay, es sind auch bestimmte Dinge, mit denen muss ich leben."

JL: **Es geht um die Bereitschaft zum Anhören?**

KU: … ja und sie als subjektive Äußerung des anderen stehen lassen, ohne sich angegriffen zu fühlen. Die Pubertät bringt einen als Eltern noch einmal ganz intensiv ins Spiel. Es ist eine Eins-zu-eins-Situation. Da muss man selber in den Ring steigen. Das hat auch mit Vertrauen zu tun. Als mein erstes Kind in die Pubertät kam, da hatte ich das Vertrauen noch nicht so. Öfters habe ich Angst gehabt, wie sich etwas entwickelt, oder ob er mir entgleitet. Klar, mit jedem Mal, wo wir gesehen haben, sie überleben das irgendwie, wuchs auch unser Vertrauen.

JL: **… und das Pendant für die Arbeit ist die Personalentwicklung?**

KU: Auf jeden Fall. Letztendlich Dinge abzugeben und dem Mitarbeiter a) zu vertrauen und b) ihm auch den Spielraum zu lassen, sich so viel Unterstützung von mir zu holen, wie er braucht. Das finde ich ähnlich wie bei Kindern. Hier dem Mitarbeiter zu sagen: „Ich glaube, dass du das schaffst, und alles, was du an Unterstützung brauchst, holst du dir aktiv von mir." Das ist auch ein Teil des Delegierens und des Vertrauens. Damit gebe ich dem Mitarbeiter auch die Verantwortung. Wir fangen bereits mit unseren Praktikanten an. Im Erstgespräch ist es mir besonders wichtig, ihnen zu sagen: „Ihr könnt hier alles lernen. Ihr könnt alles machen. Ihr könnt den ganzen Tag fragen. Wir geben euch natürlich auch Projekte. Wir gehen aktiv auf euch zu, aber wir erwarten von euch eine Holschuld. Euer Praktikum wird nur so erfolgreich sein, wie ihr uns fragt und immer wieder nachbohrt und sagt: ‚Ich will das noch lernen, ich brauche da Unterstützung usw.'" Dass ganz klar ist, bei aller Unterstützung, die gegeben werden kann, liegt die Verantwortung für das, was der Einzelne aus dem jeweiligen Beruf, aus seinem Job, aus seinem Auftrag macht, bei ihm selbst. Dies ist eins zu eins vergleichbar mit den Kindern.

JL: **Wie sind Sie mit den ständigen Änderungen in der Familie umgegangen? Was haben sie dabei gelernt?**

KU: Das habe ich tatsächlich auch als Herausforderung empfunden. Hauptsächlich als emotionale Herausforderung. Die von außen gesetzten Schritte wie Kindergarten, Schule, weiterführende Schule, waren letztendlich Anlässe, die aktuelle Situation zu hinterfragen wie z. B.: „Was bedeutet das für das Kind? Was bedeutet das für uns? Was können und was müssen wir dem Kind jetzt auch überlassen?"

JL: **Sie haben sich mit den Kindern zusammengesetzt und haben solche Schritte geplant?**
KU: Ich habe das hauptsächlich für mich gemacht. Aber auch für die Kinder war es mir wichtig. Ich wollte ihnen vermitteln, dass mit jedem Schritt Veränderungen kommen und, dass sie größere Freiheit und Selbstständigkeit gewinnen und dass gleichzeitig damit mehr Eigenverantwortung verbunden ist. Zum Beispiel, als sie in die Schule kamen, habe ich mit ihnen gesprochen: „Schule ist deine Sache, ich schaue nicht, ob du deine Hausaufgaben machst! Jetzt kommt eine Phase, wo du eigenverantwortlicher oder unabhängiger von uns agieren kannst. Das darfst du dann auch bitte gerne für deine Schulsachen nutzen, indem du selber dafür sorgst, dass deine Sachen in Ordnung sind. Wir sind noch dafür da, wenn etwas nicht klappt. Dann sprich uns an." Das hat gut funktioniert. Wir haben mit unseren Kindern nie Hausaufgaben gemacht.
JL: **Sie haben mit Ihren Kindern Zielentwicklungsgespräche geführt?**
KU: Ja, es war mir wichtig, dass sie wissen: Da sind Leitplanken! Diese sind einzuhalten. Innerhalb derer können sie machen, was sie wollen. Unsere Kinder durften sicherlich auch Sachen, wo andere Eltern die Hände über den Kopf zusammengeschlagen haben. Die Vorgabe an unsere Kinder war: Die Schule muss funktionieren, die Pflichten zu Hause müssen erledigt werden und Werte wie Ehrlichkeit und Verlässlichkeit sind mir wichtig. Wie sie das dann für sich interpretieren, ob die um 12:00 nachts oder am nächsten Morgen um 7:00 erst nach Hause kommen, war dann kein Streitpunkt.
JL: **Was macht es heute schwierig, Kinder zu haben?**
KU: Als Familie kann man sehr allein sein, es sei denn, man vernetzt sich aktiv. Es wird nicht mehr als natürlich angesehen, eine Familie zu haben.
JL: **Woran liegt das Ihrer Meinung nach?**
KU: Hier in Deutschland sind Kinder nur so lange interessant, wie man über sie diskutieren kann, beispielsweise als Konsument. Kinder jetzt einfach nur Kinder sein zu lassen und als solche willkommen zu heißen, so finde ich, das fehlt bei uns in Deutschland immer mehr. Familien müssen irgendwie mit sich selber zurechtkommen. Das ist schon eine große Herausforderung. Wir haben anonyme Briefe bekommen, ob wir noch nie was von Überbevölkerung gehört haben. Mütter wie ich, die so vielen Kinder haben und auch noch arbeiten gehen, seien für den Untergang der Gesellschaft verantwortlich.

JL: **Die gesellschaftliche Wertschätzung der Familie fehlt.**
KU: Ja, Kinder sind Störfaktoren. Deutlich geworden ist mir das an einer meiner Töchter die in der 10./11. Klasse ein Auslandsjahr in Australien gemacht hat. Als wir sie in Brisbane besuchten, erlebten wir, wie Kinder und Jugendliche in der Schule behandelt wurden, als wären sie alle Schätze, über die man sich freut und denen man das Gefühl gibt: „Schön, dass ihr da seid! Wir unterstützen euch!" Unser großer Vorteil war, dass mein Mann und ich promoviert sind, und zwar deswegen, weil man mit mehreren Kindern sehr schnell als asozial abgestempelt wird. Wir haben unseren Kindern auch die Freiheiten gelassen haben, wie sie sich anziehen. Wenn sich eine andere Familie genau gleich zu uns verhalten hätte, und die Eltern wären schlichter Herkunft gewesen, dann glaub ich, hätten sie wesentlich mehr Stress bekommen, als wir das bekommen haben. Bei uns war es eher so: „Na ja, die Doktores sind seltsam, mit dem, was sie mit ihren Kindern machen, aber die müssen es ja wissen, die sind ja studiert." Ich als Mutter von sechs Kindern habe viel Wertschätzung oder Anerkennung erhalten im Sinne von „Wow. sechs Kinder und dann noch das alles nebenher". Das hat mein Mann nicht im gleichen Maße erfahren. Wenn ich drei Viertel gearbeitet habe und dann nach Hause zu den sechs Kindern gefahren bin, dann hieß es „Wow". Wenn mein Mann dies gesagt hat, dann kam die Reaktion: „Ach wie schön, jetzt nach Hause und Füße hochlegen."
Wir haben uns beide gleichermaßen in die Familie und den Beruf eingebracht. Das ist bei ihm so wahrgenommen worden: „Na ja, der arbeitet halt ein bisschen weniger." Es wurde nicht gesehen, dass er die Familienarbeit leistet. Gerade Männer bekommen auch heute noch wenig Unterstützung oder Anerkennung dafür, dass sie Familienarbeit tun.
JL: **Was bedeutet das für die Unternehmen?**
KU: Ich glaube, von Arbeitgeberseite wird eher bei Frauen gesehen, dass sie Kompetenzen durch Kindererziehung erwerben, wie zum Beispiel Verlässlichkeit, Kontinuität. Dadurch, dass Familienarbeit so wenig Wertschätzung erfährt, ist es heute immer noch schwierig, diesen Bereich als Vorteil den Unternehmen deutlich zu machen. Heute ist ja nach wie vor die Haltung so: „Wow, dein Mann hilft dir im Haushalt." Dieser eine Satz sagt ja schon alles über die noch immer vorhandene Haltung aus. Der Transfer für das Unternehmen, was es bedeutet, wenn ein Vater Familienarbeit leistet, ist noch schwer. Ich als Unternehmerin sage: Ich würde es immer unterstützen und begrüßen und sehe die Vorteile von Familienarbeit. Vielleicht werde

ich es in gewisser Weise einfordern, weil es eben so viele positive Erfahrungen und so viel Nutzen für ein Unternehmen bringt. Die jungen Leute, die Generation Y, wie man so schön sagt, löst sich meines Erachtens immer mehr von dem klassischen Bild. Für sie gilt nicht mehr: Ich muss unbedingt ganz viel arbeiten, Karriere machen. Da passen keine Kinder rein, oder es gibt nur Kind oder Karriere, Kind oder Geld. Ich habe den Eindruck, dass über die starke Fixierung auf Erfolg im Beruf als das Alleinige, wonach man bemessen oder bewertet wird, eine gewisse Ermüdung eintritt. Die Burnoutzahlen zeigen ja, dass diese Fixierung auf Erfolg im Beruf nicht die Lösung auf Dauer ist. Unsere Kinder sagen momentan noch, dass sie auch alle sechs Kinder haben wollen. Das zeigt, dass sie offensichtlich auf nichts verzichten mussten, sondern Familie als Ort des Lernens und des Aufgehobenseins sehen. Ich ermutige gerne, besonders junge Frauen, alles zu wollen. Der Begriff Work-Life-Balance ist nicht wirklich ein guter Begriff, weil er impliziert „Arbeiten und Leben" haben nichts gemein. Mir gefällt der Satz: „Da ist genug Leben im Arbeiten und Arbeit im Leben." Das Work-Life-Enrichment-Modell ist der passendere Ansatz. Wenn ich mich als Führungskraft körperlich ausbeute, dann ist das vergleichbar mit Eltern, die nicht für sich sorgen. Ich habe als Elternteil dafür zu sorgen, dass es mir gut geht, ich leistungsfähig und gut gelaunt bleibe. Dann habe ich schon einen wichtigen Part erfüllt. Das Gleiche, so finde ich, gilt für mich als Chefin oder für eine Führungsperson. Es ist meine Verantwortung, den anderen vorzuleben, dass man arbeiten kann, und es einem gleichzeitig körperlich gut geht. Nur, wenn ich für mich sorge, ich ausgeglichen bin, dann gebe ich meinen Mitarbeitern, die ja meine Arbeit machen, viel mehr, als wenn ich mich verausgabe und noch erwarte, dass jeder mich auch noch bemitleidet.

**Herzlichen Dank,
Frau Dr. Karin Uphoff, für dieses Interview!**

6.3 Elke Benning-Rohnke

Mutter von zwei Kindern, nach zwölf Jahren in internationalen Konzernen wurde sie Vorstand bei der Wella AG in Darmstadt. Heute: In eigener Unternehmensberatung in Ismaning bei München tätig und sitzt im Aufsichtsgremium der Daiichi Sankyo Europe GmbH

JL: **Frau Benning-Rohnke, ich stelle mir vor: Eine auf Karriere orientierte junge Frau in einem internationalen Konzern wird Mutter. Haben Sie gleich gewusst, dass Sie da etwas lernen werden für beide Rollen?**

EB: Ich erinnere mich noch gut an den Moment kurz nach der Geburt meines ersten Sohnes. Ich fragte mich: Wie mache ich das denn jetzt? Der Junge bleibt jetzt 18 Jahre lang bei mir? Ich kenne mich da nicht aus. Die überholten Rollenbilder meiner eigenen Eltern helfen mir nicht weiter. – Dass da ein hartes internes Weiterbildungsprogramm anstand, war mir ziemlich schnell klar. Dass ich mich damit auch als Persönlichkeit weiterentwickeln würde, habe ich zumindest geahnt.

JL: **An welchem Leitbild für die Erziehung haben Sie sich orientiert?**

EB: Mein Mann und ich waren uns zunächst einmal einig, dass die Kinder physisch und psychisch gesund heranwachsen und in der modernen Gesellschaft bestehen sollten. Natürlich wollten wir ihre Talente fördern und sie formen. Durch meine zahlreichen Geschwister (drei Brüder!) wusste ich aber, dass jedes Kind ganz Unterschiedliches mitbringt und eine Veränderung dieser Anlagen nur eingeschränkt möglich ist.

JL: **Welchen Erziehungsauftrag haben Sie daraus abgeleitet?**

EB: Wenn man die Kinder stark machen will, erfordert das seitens der Eltern einen ständigen Perspektivenwechsel. Jedes Kind will anders angesprochen, anders gefördert werden. In schwierigen Situationen muss man beherzt, aber auch behutsam eingreifen. Rückblickend kann ich sagen, dass Eltern ein guter Coach sein müssen – ein Begriff, den ich damals noch nicht kannte. Heute sehe ich, dass ich diese Kompetenz über meine Kinder erworben habe. Damit habe ich mich auch beruflich weiterentwickelt. Denn oft kann man Erfahrungen aus dem familiären Bereich auf berufliche Teams übertragen und vice versa.

JL: **Was sind das konkret für Fähigkeiten, die Sie sich erworben haben?**

EB: Ich erwähnte schon den ständigen Perspektivenwechsel. Damit ist immer auch Rollenflexibilität verbunden, ebenso die Fähigkeit, Konflikte deeskalieren zu können und für Win-win-Situationen zu sorgen. Die größte Herausforderung dabei ist, dass sich ja die Kinder über die Jahre verändern. Ich muss also immer wieder neu verstehen: Wohin will der andere in diesem Moment? Wo stehe ich selbst gerade? Mit welchen Ressourcen können wir jetzt arbeiten? Wo können wir etwas stärken? Wie gelingt der Interessenausgleich? – Das sind Kompetenzen, die ich heute bei mir als ausgeprägt bezeichne.

JL: **Können Sie uns hierzu ein Beispiel geben?**
EB: Ich erinnere mich, wie unser ältester Sohn einmal aus dem Kindergarten heimkehrte. Sonst eher ein sonniger Typ, war er an dem Tag fix und fertig. Man kam erst gar nicht an ihn heran. Dann platzte es aus ihm heraus: „Mama, ich bin ja jetzt König und für alles verantwortlich. Ich schaffe das nicht." Es stellte sich heraus, dass man ihm diesen Titel verliehen hatte, weil er jetzt der Älteste war. Ich hätte natürlich sagen können: „Vergiss das einmal. Die Chefs sind doch die Kindergärtnerinnen. Mach dir mal keinen Kopf." Ich habe es anders gemacht. Ich habe mich mit meinem Sohn gemeinsam in die Rolle des Königs im Kindergarten hineinversetzt und herausgefunden, was diese Position verlangt, was er bereit ist zu geben und wie er das den anderen Kindern vermitteln kann. Wir waren auf Augenhöhe.

JL: **Lief das in der Pubertät auch noch so gut?**
EB: Die Situation, die mich am meisten herausgefordert hat, war für mich, als mein jüngerer Sohn, damals 14, zu mir sagte, er wünsche sich, dass ich als seine Mutter mich nicht mehr in sein Leben einmische. Ich wollte schon ansetzen und ihm die rechtlichen Grenzen dieses Ansinnens erklären. Doch dann erinnerte ich mich daran, wie unglaublich erwachsen ich selbst mich in diesem Alter gefühlt hatte und zu welch massiven Konflikten das damals mit meinen Eltern führte. Ich hab dann schnell beschlossen, nicht in Konfrontation zu gehen.

JL: **Und was haben Sie stattdessen getan?**
EB: Ich habe sein Ansinnen der Selbstbestimmung angenommen und die Möglichkeiten ausgelotet, wie ich für ihn ein akzeptabler Ratgeber sein kann. Ab sofort war ich sein Coach. Das hat dann auch sehr gut funktioniert. Wichtig war für mich, diese Rolle konsequent einzuhalten. Ich habe dann auch mit richtigen Coaching-Tools gearbeitet, die für Eltern eher untypisch sind. Bei einer schwierigen Situation mit dem Mathelehrer haben wir uns einen Abend durch das Konflikthaus gearbeitet *(lacht)*. Das war eine ernste Sache.

JL: **Sie haben das also konsequent durchgehalten, auch im Rahmen des Jugendschutzgesetzes?**
EB: In der Tat hatten wir auch das ausführlich besprochen. Er wusste, dass er uns mit seinem selbstbestimmten Verhalten nicht in Gefahr bringen darf. Er scheint damit verantwortlich umgegangen zu sein. Wenn wir Wünsche ablehnen mussten, dann haben wir das anhand der rechtlichen Regeln oder unserer Wertvorstellungen für ihn nachvollziehbar gemacht.

JL: **Welche Kompetenzen haben Sie noch als Coach mit ihren Kindern zusammen entwickelt?**
EB: Vorausschauendes und strategisches Denken. Das muss ich aus meiner Situation heraus erklären. Erstens komme ich aus einer Familie, die mit dem Schulsystem eher gehadert hat und zweitens wusste ich, dass ich als voll berufstätige Mutter, gar als Vorstand, im System Schule keine hohe soziale Akzeptanz genießen würde. Ich musste also von vornherein sicherstellen, dass meine Kinder da möglichst problemlos durchlaufen.
Ich habe mich mit den Jungs dann schon in der Grundschule geeinigt, dass man eine Sportart betreibt, ein Musikinstrument lernt und keine Vier nach Hause bringt. Wer die zweite Vier schreibt, bekommt Nachhilfe und muss die Hälfte der Nachhilfe vom Taschengeld selbst bezahlen. Dazu ist es dann niemals gekommen. Meine Seite des Deals war: Ich habe mich in die Schule nicht einzumischen. Meine Söhne haben so früh ihre Selbstverantwortung gestärkt, und ich habe ihnen das Vertrauen geben.
JL: **Trotzdem muss ja jemand die Betreuung übernommen haben ...**
EB: Ja, und da sind wir gleich bei einer weiteren Kompetenz: spontanes Organisieren. Wir waren nach Köln gezogen und hatten ein Au-Pair-Mädchen, der ich natürlich nicht die ganze Verantwortung für das Schulleben meines Sohnes aufbürden konnte. Am ersten Schultag trafen wir uns auf dem Schulhof spontan mit fünf anderen Eltern. Obwohl wir uns alle nicht kannten, trafen wir eine Vereinbarung: Die fünf Kinder sind nach der Schule an jedem Tag bei einer anderen Familie. Die Folge: Diese fünf Kinder wurden zu einer total starken Gruppe. Sie haben stets zusammen Hausaufgaben gemacht und sich den Stoff gegenseitig erklärt. Die Eltern hatten vier Tage am Nachmittag ein gutes Gefühl und die Kinder total viel Spaß. Sie haben zudem ganz verschiedene Haushalte kennengelernt, denn die Eltern kamen aus völlig unterschiedlichen Berufsgruppen. – Für solche Lösungen muss man nicht nur spontan, aufgeschlossen und flexibel sein, man braucht auch die Fähigkeit zu vertrauen und loszulassen: Immerhin war unser Sohn vier Nachmittage außerhalb der Familienkontrolle.
JL: **Gab es denn nicht auch Grenzen in der Vereinbarkeit von Familie und Beruf?**
EB: Natürlich bin ich auch an die Grenzen der Belastbarkeit gestoßen. Man weiß gerade als Mutter zunächst nicht, wo die Grenzen dessen sind, was man sich zumuten kann. Ich war dazu gezwungen, ein

Bewusstsein für meine Ressourcen zu erlernen, also nicht einfach die zwei Schichten Beruf und Familie hintereinander abzuarbeiten, sondern auch Zeiten für die Regeneration einzuplanen.

JL: **Trotzdem sind Sie in eine Grenzsituation gekommen …**

EB: Mein Ehemann arbeitete zu der Zeit in Köln, während ich mit den Kindern in Darmstadt wohnte. Auch wenn ein Kind krank war, saß ich am nächsten Tag wieder als Vorstand an meinem Schreibtisch. Ich war praktisch alleinerziehend, und da wurde mir klar: Wenn ich so weitermache, dann bin ich bald ausgebrannt. Eine innere Stimme sagte mir: Ich brauche hier eine strategische Veränderung. Es lief auf die Frage hinaus: Suche ich mir einen neuen Job oder einen neuen Mann?

JL: **Sie haben dann Ihre Vorstandsposition verlassen …**

EB: Ja. Und mein Umfeld hat das als Fehler interpretiert. Gerade männliche Kollegen sagten mir, ich hätte das Zeug zur Vorstandsvorsitzenden eines internationalen Konzerns und würde mir jetzt alles verbauen. Meine Karriere zu optimieren, das sollte aus ihrer Sicht meine erste, nein eigentlich einzige Priorität sein. Ich selbst betrachte jedoch das Leben eher ganzheitlich, das Leben bietet viele Bereiche, in denen ich gerne gestaltend tätig bin oder die ich einfach bespielen möchte. Ich bin gerne erfolgreich und verdiene auch gerne viel Geld. Aber ich brauche auch die anderen Facetten des Menschseins, um glücklich zu sein. Als selbstständige Unternehmerin schaffe ich den Einklang der Vielfalt heute besser.

JL: **Ihre Entscheidung liegt schon einige Jahre zurück. Hat sich die Situation für die Frauen in den Unternehmen inzwischen verändert?**

EB: Ich denke schon, dass die Konzerne flexibler geworden sind und die Frauen mehr Möglichkeiten haben, verschiedene Lebensbereiche miteinander zu verbinden. Dennoch glaube ich, dass die Arbeitsgesellschaft generell eine falsche Haltung zur Familie hat. Man reduziert den Wert eines Mitarbeiters auf Produktivität in Form verfügbarer Stunden. Auf Vorstandsebene kam es mir manchmal so vor, als lebe ich einer Parallelwelt. Dass Familie zum Menschsein gehört und ein wertvoller Bestandteil unserer Gesellschaft und damit auch der Unternehmenswelt ist, findet in der Breite der Konzerne zu wenig Berücksichtigung. Die Werte der Familie können eine Richtschnur sein, etwa zur ethisch verantwortungsvollen Führung einer Automarke oder zur Erhaltung der Reputation einer Bank. Das wird vernachlässigt. Einige optimieren Macht und Einkommen oft auf Kosten anderer, aber ob sie die Werte, die sie innerhalb der Familie vor sich hertragen, dabei beherzigen, ist sehr fraglich. Wir sehen ja täglich, dass selbst Betrug offensichtlich auf Vorstandsebene in dem ein oder anderen Unternehmen geduldet wird. Vermutlich ist das nicht in deren Familien so. Meine Meinung ist: Die gleichberechtigte Teilhabe von Frauen und Männern an Führungspositionen in der Wirtschaft birgt die Chance, diesen Zustand zu verändern. Mehr und unterschiedliche Perspektiven führen ja nachweislich zu guten Lösungen.

JL: **Welche Möglichkeiten sehen Sie, das Humanvermögen von Eltern im Unternehmen zu nutzen?**

EB: Ich glaube ehrlich gesagt nicht, dass die Familienkompetenzen im derzeitigen System sehr schnell anerkannt werden können. Es bedarf eines Mentalitätswandels, der durch mehr Gender Diversity befördert werden kann. Eine weitere Chance birgt meines Erachtens der technologische Wandel, der die Geschäftsmodelle einiger Unternehmen radikal infrage stellt und eine Zeit des Umbruchs einläutet. Künftig müssen sich die Firmen noch mehr mit ihren Kunden beschäftigen. Neben dem Engineering von High-End-Produkten bedarf es zukünftig viel stärker der Kompetenz des „Response" auf Kundenwünsche und das Managen von komplexem Verhalten. Wer je eine Familie glücklich gemanagt hat, weiß ganz genau, was das bedeutet – und wird ein sehr gefragter Mitarbeiter sein.

**Herzlichen Dank,
Frau Elke Benning-Rohnke, für dieses Interview.**

6.4 Fred Jung

Vater von sechs Kindern, Gründungsgesellschafter, Mitglied des Aufsichtsrats und bis 1.7.2016 Vorstandsvorsitzender der juwi AG, ca. 1000 Mitarbeiter

JL: **Wie haben Ihre Kinder Sie herausgefordert?**
FJ: Es gibt vielfältige Situationen in unserer Familie mit den Kindern. Das ist vom Alter und Charakter der Kinder, von der aktuellen Tagessituation oder auch von der Situation meiner Frau abhängig.
Beispiel: Abends – die Kinder sollen ins Bett gehen. Die fünf Kinder sitzen am Tisch. Der eine ist schon müde, der andere will noch etwas essen, der Nächste kommt vom Basketballtraining und hat

einen Mordshunger. Für mich ist es dann herausfordernd, eine halbwegs geordnete Kommunikation zustande zu bringen. Warum? Jeder möchte sich durchdringend mitteilen – das ist ja bei Mitarbeitern auch so, die sich beim Chef erkenntlich zeigen wollen.

Hier bin ich als Elternteil herausgefordert, darauf zu achten, nicht nur die Kinder zu Wort kommen zu lassen, die jetzt gerade lauter oder rhetorisch geschickter sind, sondern auch die zu Wort kommen lassen, die ruhiger sind oder die ich herauslocken muss. Das ist eine Situation, mit der ich täglich am Abendtisch meine soziale Kompetenz trainieren kann. Im Arbeitsalltag gilt das Gleiche: Ich will die Mitarbeiter so fördern und führen, dass sie ihre Gaben entwickeln und einsetzen.

JL: **Was lernen Sie mit Ihrer Familie, und können es in der Arbeit nutzen?**

FJ: Wir hatten als Kinder zu Hause gelernt, andere ausreden zu lassen oder wertzuschätzen. Ich bin auf einem landwirtschaftlichen Betrieb groß geworden, in dem wir auch Vertrieb der landwirtschaftlichen Produkte zum Endkunden hatten. Da habe ich früh gelernt, Kundenbeziehungen aufzubauen. Das zusammen hat bei mir ein Potenzial entwickelt. Heute in meiner Familie sind die Kinder in ihrer Art und Weise sehr ehrlich, sagen sofort, wenn sie sich ungerecht behandelt sehen. Der Mitarbeiter ist da nicht ganz so offen, direkt oder ehrlich und sagt das nicht immer sofort. Sicherlich denkt er sich seinen Teil und redet beim Kaffee mit einem anderen Kollegen über den Chef.

JL: **Das Kompetenzcenter Familie hat Ihre Fähigkeiten weiterentwickelt?**

FJ: Ja! Viele Kompetenzen konnte ich in meiner Familie weiterentwickeln. Beispielsweise: Aufgabenverteilung innerhalb der Familie. Da gibt es Kinder, die sich dieser Aufgabenverteilung vehement widersetzen. Ich finde es herausfordernd, dann als Eltern nicht locker zu lassen, trotz aller Tricks und Argumenten der Kinder konsequent zu bleiben, und zwar nicht mit dem Vorschlaghammer zu argumentieren, sondern klar zu bleiben und dabei Konsequenzen aufzuzeigen. Dazu kommt dann, die Konsequenzen auch durchzuhalten. Da habe ich dazugelernt. In dieser Gänze und auch Hartnäckigkeit habe ich das so vorher nicht erlebt ... stellenweise bei der Bundeswehr, Berufsausbildung oder im Studium. Das ist auch in der Firma ein wichtiger Punkt: nach der Aufgabenverteilung die Ausführung oder das Ergebnis auch zu kontrollieren. Ich schaue, dass die Arbeit rechtzeitig gemacht wird und lass nicht alles laufen. Danach habe ich aber auch Lob und Kritik parat. Diese Mitarbeiter-Feedback-Gespräche versuche ich zeitnah zu erledigen – also nicht ein paar Wochen später ... Genauso, wie ich bei den Kindern zeitnah reagiere, sonst ist das Lob oder auch die Kritik hinten runtergefallen. Die Kinder wissen dann gar nicht mehr „Warum regt sich der Papa jetzt darüber auf?".

EG: **Ihre Mitarbeiter bekommen das Projekt mit den positiven und negativen Konsequenzen dargestellt?**

FJ: Wir arbeiten bei den Mitarbeitern mit dem Balance-Scorecard-System, in dem Ziele für ein Jahr erarbeitet und festgehalten werden, aber eben auch Konsequenzen deutlich werden. Hier werden unter anderem die finanziellen Ziele aufgelistet. Da gibt es ein 100-Prozent-Ziel, und wenn der Mitarbeiter darunter bleibt, dann hat er weniger Bonus, und wenn er mehr erreicht, dann hat er mehr Bonus. Das ist dann eine Konsequenz, die der Mitarbeiter auf das Jahresende erlebt.

Neben den finanziellen gibt es auch Marktziele, Prozessziele und Mitarbeiterziele. Hier wird auch Lob und Kritik über Ergebniserreichung durch finanzielle Mittel geäußert. Im direkten Gespräch tagtäglich konstruktiv kritisch miteinander zu sprechen ist uns sehr wichtig.

Mit den Kindern kann ich direkter umgehen als mit Mitarbeitern. Die Mitarbeiter können kündigen, wenn sie keine Lust mehr haben, mit mir zusammenzuarbeiten. Die Kinder nicht. Und auch die Eltern nicht. Aber grundsätzlich schätzen Mitarbeiter ein offenes ehrlich gemeintes Feedback.

EG: **Das schnelle Reagieren mit Lob und Kritik ... das ist etwas, was Sie in der Familie gelernt haben und im Unternehmen auch anwenden?**

FJ: Ja, die Kinder fordern mich zum konsequenten Handeln heraus, und das nutzt mir auch im Unternehmen. Umgekehrt ist es allerdings auch so. Ich bin relativ früh Führungskraft geworden. Als unser erster Sohn geboren wurde, hatten wir schon ca. 30 Mitarbeiter. Das heißt, ich kann auch davon berichten, dass ich viele Führungserfahrungen im Unternehmen gemacht habe, die der Familie zugutekamen und kommen.

Ein weitere wichtiger Kompetenz, die ich in der Familie übe, ist Stresssituationen aushalten. Die Familie erlebe ich hier als gutes Lernfeld, wegen den tausenden von unterschiedlichen Aufgaben und Ansprüchen, die gleichzeitig auf mich zukommen. Diese dann in einem gesunden Maß zu balancieren, Prioritäten zu setzen, „nein" und „ja" zu sagen, abzuarbeiten, zu verschieben und dabei ruhig zu bleiben oder nicht in die Luft zu gehen und zu explodieren ... da ist Familie ein sehr gutes Kompetenzcenter für den Beruf, wo das oft ähnlich zugeht.

JL: **Geben Sie uns bitte ein Beispiel.**

FJ: Das sind tägliche Situationen: Da kommt ein Anruf von einem unzufriedenen Kunden, den ich sofort zurückrufen soll; ein Bankvorstand, der sofort eine Reaktion von mir will; drei Mitarbeiter sitzen in einer Besprechung und brauchen mich; ein Geschäftsführer sagt: „Ich muss schnell mal vorbeikommen, weil da ganz dringend eine Unterschrift notwendig ist". Also Situationen, in denen mehrere Themen gleichzeitig kommen: Dann muss ich gut priorisieren und organisieren. Den einen nehme ich sofort den anderen rufe ich in einer Stunde zurück; dann frage ich mich: Was ist das Wichtigste und Dringendste? Was bestimmt meine Prioritätenauswahl? Wer braucht meine Aufmerksamkeit sofort? Dem widme ich mich. Dann delegiere ich, was ich in der Firma eher tue als in der Familie. So lasse ich dem Kunden über meine Sekretärin ausrichten, dass ich mich am Abend nochmals persönlich melde; dann entscheide ich, welche Erwartungen ich befriedigen will und welche nicht ... also „nein" sage.

Bei den Kindern lerne ich das genauso. Da muss ich schauen, wer hat auch das dringende Bedürfnis, mit mir jetzt umgehend zu sprechen, zu kämpfen oder zu lernen. Auch muss ich ein Gerechtigkeitsgefühl entwickeln: Mit wem habe ich in den letzten drei Wochen eher viel gemacht? Wer hat mit der Mama wie viel gemacht? Wen übervorteile ich jetzt? Wer spricht mich jetzt an, nur um vielleicht die Aufmerksamkeit zu bekommen ohne direkte Notwendigkeit. Dies alles abzuschätzen ist ja auch im Beruf ständig so. Die Kinder sind zwar alle aus einem Stall, aber haben doch alle unterschiedliche Charaktere, sehr unterschiedliche Arten, Dinge auszusprechen oder auch nicht auszudrücken. Beim Mitarbeiter ist das natürlich identisch: Der eine ist introvertiert, und der andere ist extrovertiert ... usw. Dies fordert von mir unterschiedlich intensive Pflege, Führung und Begleitungen. Das lerne ich natürlich auch zu Hause in der Familie.

JL: **Was haben Sie durch die Veränderung in der Familie gelernt?**

FJ: Ich habe mehr Gelassenheit gelernt! Ich kann jetzt auch mal Dinge laufen lassen, ohne zu kontrollieren. Beim ersten Kind war ich noch sensibel für alle Dinge, die sich mit dem ersten Kind zutragen. Bei dem zweiten, dritten, vierten, fünften und sechsten Kind nimmt das einfach ab. Ich kann Dinge einfach laufen lassen und dennoch entwickelt sich das Kind super, und man wundert sich: Warum hab ich mir früher solchen Stress gemacht? Jetzt kann ich mit viel mehr Gelassenheit an die Dinge herangehen.

Heute kann ich mehr unter einen Hut bringen. Als wir noch ein Kind hatten, dachte ich: Das bekomme ich mit zwei oder drei – geschweige denn mit fünf oder sechs – Kindern nie hin. Dann stelle ich fest: Ich wachse mit meinen Aufgaben. Inzwischen kann ich mir ganz bewusst Hilfe von außen holen. Etwa von den Großeltern, mit einer Haushaltshilfe, durch das soziale Netzwerk, die einen unterstützen und helfen. Ich habe gelernt: Ich muss nicht alles selbst machen, sondern ich kann jetzt abgeben und loslassen und den Kindern – je größer sie werden – auch mehr zutrauen und Verantwortung abgeben.

JL: **Wie erklären Sie, dass heute Frauen im Durchschnitt nur 1,4 Kinder gebären?**

FJ: Es sind eine Reihe von Faktoren: Die Wertschätzung von Familie und der Wert von Familie war lange Zeit eher gering. Doch ich habe den Eindruck, es nimmt wieder deutlich zu. Das erlebe ich zumindest in meinem Umfeld. Wenn in unserer Firma eine Mitarbeiterin ein Kind geboren hat und bringt es in das Unternehmen mit, dann freuen sich alle, kommen, sind begeistert und wertschätzen die Mutter. Das erlebe ich als positiven Trend, nicht nur im Unternehmen, sondern auch in der Gesellschaft. Wenn ich die letzten zwei, drei Jahrzehnten betrachte, dann war das nicht immer so.

Das Vorleben von gesunden Ehe- und Familienbeziehungen: In den letzten Jahrzehnten haben immer mehr Scheidungen stattgefunden. Dadurch leiden Kinder und kommen vielleicht zu dem Schluss: Eine Familie zu gründen, das ist mir zu riskant!

Der Zeitgeist schaut darauf, was man hat und was man kann: Die eigene Wertschätzung war in der Vergangenheit nicht so sehr über die Familie und Partnerschaft geprägt gewesen, sondern mehr über den Geldbeutel, das Auto oder über den Urlaub. Auch hier habe ich den Eindruck, dass dies wieder abnimmt. Wir sind in Deutschland reich. Eigentlich haben wir alles, und wir beziehen uns wieder mehr auf die immateriellen Werte, dazu gehört in erster Linie eine stabile Partnerschaft und Familie. Die zunehmende Komplexität im Beruf: die mobile Arbeitsplatzsituation, etwa auch im Ausland arbeiten zu wollen oder zu müssen. Nicht nur einen, sondern viele Arbeitsplätze zu haben, auch öfters mal umzuziehen, behindert, soziale Netzwerke aufzubauen. Schwangere Frauen erfahren in Firmen Nachteile und keine gute Firmenkultur in Work-Life-Balance. Die zunehmende Fokussierung der Erziehung auf die Eltern: Mir fehlt das gemeinsame Betreuungsangebot für Kinder von Großeltern, von sozialen Netzwerken, der Nachbarschaft bis hin zu Kitas, sodass die Kinder mit anderen Kindern zusammen aufwachsen und nicht nur auf die Eltern fokussiert sind. In unserem landwirtschaftlichen Betrieb war es immer so, dass da Tante, Onkel, Oma oder Opa waren, die uns Kinder miterzogen haben. Wir waren nicht nur auf die Eltern fokussiert. Dadurch konnten die Eltern arbeiten. Heute sind Familien oft in städtischen Regionen isoliert. Im Dorf gibt es häufiger solche Netzwerke. Das erleichtert auch den Wunsch zu realisieren, Kinder zu bekommen, wenn man weiß: Da gibt es ein soziales Netzwerk, das uns hilft. Das war auch bei uns der Fall gewesen. Wir hätten heute nicht sechs Kinder, wenn wir nicht mit meinen Eltern gemeinsam auf einem Hof wohnen würden, eine gute Hausperle hätten und ein gutes soziales Netzwerk vor Ort.

Die Finanzen: Wenn man heutzutage Kinder erzieht, dann ist das sicherlich teurer als vor 40 Jahren. Meine Frau kauft eine Menge Second-Hand-Klamotten für die Kinder, weil sie sagt „In drei Wochen ist die Jeans doch durch!" oder „Die Kinder sind schnell aus den Kleider rausgewachsen". Die finanzielle Spanne ist gigantisch. Im Modedesignerladen sind die Kleider um das 20- bis 40-fache so teuer wie in einen Second-Hand-Laden. Die Frage ist: Setze ich mich diesem finanziellen Zeitgeist aus: „Das Kind muss das modernste, schönste zum Anziehen haben." Wir meinen, das tut den Kindern nicht gut. Sie sollen sich nicht über Kleider definieren, sondern sich über ganz andere Werte definieren, z. B. lernen, auch etwas auszuhalten. Auszuhalten, dass wir keine Wii-Station und keinen Fernseher haben, nur wenige Male in der Woche über den Livestream oder per DVD uns was anschauen. Dann ist Familie sicherlich auch finanziell mit weniger machbar. Aber ich sehe schon: Der gesellschaftliche Zwang ist schon groß. Familie ist teuer geworden, auch wenn man an die Ausbildung der Kinder denkt.

JL: **Was tun Sie als Unternehmer konkret für die Familienfreundlichkeit?**

FJ: Das eine sind die Maßnahmen. Das andere ist das Vorleben. Es sind zwei Seiten einer Medaille. Uns bei juwi ist es wichtig, authentisch zu sein. Zum Beispiel stellen wir auch junge Mütter ein, auch in Teilzeit. Wir freuen uns über schwangere Frauen in der Firma und haben eine Kita mit fast 70 Kindern mit dem liebevollen Namen „juwelchen".

JL: **Können Sie sich das unter der Vorgabe der Gewinnmaximierung leisten?**
FJ: Ich glaube, das kommt auf die Größe der Firma an. Wenn man eine Drei-Mann-Firma hat, wo jeder zählt ... wo man mit einer schwarzen Null jährlich rausgeht ... und wenn dann einer ausfällt und nicht mehr verfügbar ist und man dann noch Zahlungen leisten muss, dann kann das der Bankrott für eine Firma sein. Wir haben eine Größe, mit der wir uns das leisten können, auch wenn wir damit vordergründig vielleicht ökonomisch weniger verdienen. Wir steuern die Firma nicht in erster Linie nach Gewinnmaximierung. Deswegen stellt sich uns die Frage: Was heißt unternehmerisch?
Drei Punkte sind wichtig: zum einen die Größe und die Finanzlage des Unternehmens. Zum anderen der gesellschaftliche Kontext. Und schließlich die gesellschaftliche Vision, mit dem das Unternehmen geführt wird. Wir in juwi sagen: Für das Unternehmen und für die Familie selbst ist wichtig, dass sie gesund sind.
JL: **Bitte geben Sie uns ein Beispiel.**
FJ: Gerne!
Beispiel 1: es geht aktuell um die Einstellung eines leitenden Angestellten. Er hat zwei kleine Kinder und wohnt mit seiner Familie in Hamburg. Er möchte bei uns arbeiten und eine Wochenendehe führen. Den Bereichsleiter und den Teamleiter habe ich gebeten, nochmals ein Gespräch zu führen, um zu prüfen, ob er bereit ist, mit seiner Familie umzuziehen, weil das langfristig für die Familie und das Unternehmen besser ist. Wir haben dann erfahren, dass er sich bereits von seiner Frau getrennt hat. Er hat bereits seit 10 Jahren eine Wochenendehe geführt.
Die Wahrscheinlichkeit, dass eine Ehe und Familie gelingt, wird umso geringer, wenn eine Wochenendbeziehung da ist. Deswegen bin ich da immer sehr vorsichtig, wenn es um Einstellungen geht. Manchmal bekomme ich das Commitment „Ja, wir ziehen um" ..., aber ich kann mich letzten Endes nicht drauf verlassen. Ich als Unternehmer habe hier die Möglichkeit, unsere Unternehmenswerte zu signalisieren und zu betonen für den, der sich bewirbt.
Beispiel 2: Heute Morgen erfahre ich, dass einer unserer Mitarbeiter sich von seiner Frau und seinen zwei kleinen Kindern getrennt hat. Der Bereichsleiter fragte mich, was er denn jetzt machen kann. Ich habe ihm die Internetseite von Team-F weitergegeben, auf der Hilfsangebote für Paare und Familien dargestellt werden. Ich kann aber nicht vorschreiben, was hier jemand zu tun hat. Mir bleibt das

persönliche Gespräch, in dem ich vorleben und weitergeben kann, was mir wichtig ist. Was wir als Unternehmen jedoch aktiv angehen, ist der Aufbau unseres Kindergartens. Damit bieten wir den Eltern die Möglichkeit zu wissen: Mein Kind ist mit hundertprozentiger Sicherheit gut aufgehoben. Bei der Arbeit entfällt der Druck, ständig schauen zu müssen: Wie geht es dem Kind? Wann geht der Babysitter? Usw.

Diese Maßnahme lassen wir uns jährlich einen hohen Betrag kosten …, da investieren wir, weil wir sehen, dass hierdurch die Mitarbeiter konzentrierter und motivierter arbeiten. Damit identifizieren sie sich auch mit der Firma, weil sie nicht nur des Geldes wegen arbeiten, sondern auch arbeiten, um gesellschaftspolitische Stabilität herzustellen.

JL: **Als Unternehmer haben Sie letzten Endes auch einen Gewinn.**

FJ: Ja, es ist ein Gewinn, dadurch eine geringere Mitarbeiterfluktuation, höhere Arbeitgeberattraktivität für junge gut ausgebildete Fachkräfte und eine stärkere Bindung zum Unternehmen. Außerdem merke ich, wie positiv dies in der Gesellschaft wahrgenommen wird. Ja, ich meine, den Erfolg fühlen zu können.

Die juwi-Sozialleistungen sichern u. a. Folgendes den Mitarbeitern zu: Beratung in schwierigen Lebenssituationen durch externe Experten. Wir bieten die Möglichkeit der Auszeit oder eines Sabbatical. Das ist bei uns nicht nur möglich, sondern das ist grundsätzlich erlaubt und wird auch gerne gesehen, wenn jemand sagt: „Ich brauche mal eine Auszeit." Für Familie und Beruf haben wir Sonderurlaub: sieben Tage Freistellung zur Pflege des kranken Kindes unter 12 Jahren. Wir bieten Ferienbetreuungsmöglichkeiten an. Wir sind aufgeschlossen gegenüber flexiblen und Teilzeitarbeitszeitregelungen. Da gibt es keine feste Regelung, da es vom einzelnen Team getragen werden muss. Das per Korsett vorzugeben macht auch keinen Sinn, denn dann sind vielleicht alle auf die Mutter ärgerlich, die das in Anspruch nimmt, weil sie die anderen Teammitglieder hängen lässt, und sie macht sich einen faulen Lenz.

JL: **Welche Elternkompetenzen wünschen Sie sich als Unternehmer für Ihre Firma?**

FJ: Gelassenheit in Stresssituationen, effektives Projektmanagement; in herausfordernden Situationen klare Prioritäten setzen, nachhaltig führen und kommunizieren.

Wir hatten eine Mutter als Mitarbeiterin mit drei kleinen Kindern zu Hause, und die war auch unsere erste Finanzchefin. Ich war immer erstaunt, wie die das für sich geregelt hatte. Sie hatte mit einer Klarheit und Stringenz, aber auch mit einer Flexibilität die Arbeit bewältigt ... das war einfach klasse!

JL: **Welche Möglichkeiten sehen Sie, das Humanvermögen von Eltern im Unternehmen noch effektiver zu nutzen?**

FJ: Das hängt sehr stark von der einzelnen Arbeitsbeschreibung des Elternteils ab, also welche Arbeit es im Unternehmen macht und welche Position es hat. Grundsätzlich ist es immer gut, wenn man einen Mitarbeiter bekommt, der auch Vater oder Mutter ist, egal in welcher Position. Die Kompetenzen, die da eingebracht werden, sind eigentlich immer passend auf jeder Arbeitsstelle. Sind Eltern stressresistenter oder gelassener in herausfordernden Situationen, dann kann ich sie auch in Position ABC bringen, die zum Beispiel diese Kompetenzen besonders brauchen. Das ist dann für uns ein Führungsthema. Die Führungskraft muss einen Blick für die Mitarbeiter haben. Ich habe auch schon erlebt, dass Eltern schlechter sind als Nichteltern. Das ist also keine 08/15-Aussage, sondern man muss im Einzelfall genau hinschauen: Hat die Mutter oder der Vater die Kompetenz oder nicht? Oder hat ein Single eine bessere Kompetenz?

Wir schulen unsere Führungskräfte, nah am Mitarbeiter dran zu sein, damit sie erkennen können, welche Kompetenzen und Begabungen sie tatsächlich haben und wo sie Unterstützung brauchen. Dies gilt nicht nur für die Eltern, da – wie schon angesprochen – es auch Eltern gibt, die nur eine Wochenendbeziehung führen und dadurch dieses Lernfeld nicht zu Verfügung haben. Daher muss die Führungskraft seinen Mitarbeiter gut kennen und wissen: Wie wird die Vaterrolle oder Mutterrolle gelebt? Und dann erst wird entschieden. Deswegen muss er dicht am Mitarbeiter dran sein. Das ist nicht immer gegeben, weil es ja auch einen privaten Bereich gibt. Das ist eine sensible Schnittstelle, und trotzdem sollte man Privat und Arbeit nicht komplett trennen, weil es doch ziemlich stark miteinander verwoben ist. Denn wenn wir gute Eltern haben, die gute Kompetenzen entwickelt haben, dann sollten wir diese auch entsprechend in der Firma einsetzen, nutzen ... Dann haben auch die Eltern mehr Spaß in der Firma.

JL: **Was könnten die Eltern tun, damit das Unternehmen die im Lernfeld Familie erworbenen Kompetenzen besser nutzen kann?**

FJ: Die Eltern sollten ihre Kompetenzen anmelden, also deutlich machen: „Ich möchte gerne in diesem oder jenem Bereich arbeiten, weil ich diese oder jene Kompetenz habe." Das sollten die Eltern der

	Führungskraft aktiv mitteilen. Außerdem deutlich machen, dass sie gerne effektiv und zielgerichtet arbeiten wollen.
JL:	**Sie wären durchaus beeindruckt, wenn sich ein Bewerber vorstellen würde mit: „Ich bin Vater von fünf Kindern und habe eine hohe Stressresistenz."**
FJ:	Ja genau! Oder eine Mutter, die sagen könnte: „Ich bin Mutter von zwei Kindern. Meine Familie hat mir besonders das vorausschauende Denken abverlangt. Mir gelingt das Veränderungsmanagement gut. Ich mache einen Jahresvorblick und gestalte die Veränderungen, soweit es geht aktiv. Zum Beispiel: Die Tochter geht aus dem Haus, die Kleine kommt in die Schule. Das hat Umgestaltungen in der Wohnung und Lebensrhythmus zur Folge." Diese Kompetenzen sind in unserer Firma willkommen, und wir berücksichtigen diese bei der Einstellung.

**Herzlichen Dank,
Herr Fred Jung, für dieses Interview!**

6.5 Peter Ullinger

Vater von zwei Kindern, Geschäftsführer von Dannewitz GmbH & Co

JL:	**Was haben Sie in Ihrem Kompetenzcenter Familie gelernt?**
PU:	Freiheitliches Denken, Offenheit, zu jedem Zeitpunkt das, was man empfindet, zu äußern, aber auch das Sachliche auf einen Punkt zu bekommen. Also die sprachliche Kompetenz.
JL:	**Was hat Sie als Vater besonders herausgefordert?**
PU:	Das Schwierige ist, dass es gegen meine Natur ist, weil ich ja eher der Bestimmer bin, der sagen will „So wird es gemacht". Für mich ist das einfach Anstrengung. Es gibt für mich keinen schwierigeren Kunden oder Lieferanten als meine eigene Töchter. Alles, was ich gelernt habe, wie ich mit schwierigen Partnern umgehe, habe ich durch meine Töchter gelernt. Die haben es mir beigebracht.
JL:	**Können Sie das bitte konkretisieren?**
PU:	Konkret, indem sie sich z. B. bestimmten Dingen verweigern. Ich möchte ihnen gerne was verkaufen, und sie fahren gar nicht drauf ab. Ich möchte z. B., dass meine Tochter auf einer Jugendfreizeit mitfährt, und sie will da absolut nicht hin, weil sie in der Zeit auch was anderes machen könnte. Wie fängt da der Verkäufer an? Er sagt:

"Okay, ich muss das Angebot irgendwie anders verpacken." Formal sage ich „Das bekommen wir schon hin", aber inhaltlich sage ich mir „Arbeite an ihren Freundinnen". Wenn da irgendeine von der Peergroup zieht, ziehen alle.

Beim Kunden versuche ich über einen Partner ein Angebot aufzubauen und entwickle Strategien. Zuerst versuche ich es vielleicht mit Druck und merke dann, dass es kontraproduktiv ist. Der Kunde ist frei in seiner Entscheidung, wo er einkauft. Auch wenn er sich für den Mitbewerber entschieden hat, begegne ich ihm weiterhin mit Respekt. Irgendwann kommt der Zeitpunkt, wo abgefragt wird, „Ist das nur funktional, wie der reagiert oder ist das echt?" Wenn dann der Kunde wahrnimmt, dass meine Reaktion und mein Verhalten echt und authentisch sind, dann kann der auch ohne jegliche Scham zu mir wechseln.

Dann stellen sich im Vertrieb auch die nachhaltigen Erfolge ein. Und das wächst kontinuierlich. Wir wollen keinen One-Night-Stand, wir wollen langfristige Beziehungen entwickeln. Das ist aber in einer so kurzlebigen Zeit äußert schwierig. Denn die bekommen ja Druck von ihren Partnern, ihren Lieferanten, von den Herstellern, die alle kurzlebige Ziele haben. Wie kann man da langfristig was machen? Der einzige Schlüssel ist der Mensch.

JL: **Die Arbeit an der Beziehung führt zu Vertrauen, und das beginnt sich auszuzahlen, zum Kind und zum Kunden. Wie haben Sie das gelernt? Wie halten Sie es aus, geduldig zu sein?**

PU: Mein Vater und ich waren zunächst Rivalen, waren beide Kämpfer und am Ende des Lebens haben wir uns gut verstanden. Da habe ich gelernt, Geduld zu haben. Mein Vater war leidenschaftlicher Angler. Ich bin dann ab und an mit ihm zum Angeln gegangen. Da haben wir dann gemeinsam gesessen und auf das Wasser geschaut „bewegt sich was?", „bewegt sich nichts?". Da entwickelt man Geduld. Man hat es nicht in der Hand, wann der Fisch anspringt. Im Moment, wo der Fisch dann anbeißt, dann müssen Sie Gewehr bei Fuß sein und sofort reagieren. Diesen langen Atem zu haben, das hat mir mein Vater vermittelt. Im Sinne von: „Hab Geduld, du kommst schon an dein Ziel." Das habe ich verinnerlicht. Aber auch dann diesen Ehrgeiz zu haben, nicht aufzugeben, auch wenn Dinge gegen einen stehen. Das ist etwas Wichtiges, was man im Vertrieb können muss und viele Verkäufer einfach nicht können. Ich sage: „Wenn es schwierig wird", dann muss man fragen „Warum?". Das ist der Beginn für eine langfristige Strategie.

JL: **Wenn es schwierig wird, lernen wir uns besser kennen?**
PU: Ich habe ja Theologie studiert. Als ich das meinem Vater gesagt habe, war erst mal Funkstille. Er sagte: „Die Kirche hat mir meinen Sohn genommen." Das war für ihn ein tiefer Verlust. Während meines Studiums habe ich für eine amerikanische Firma gearbeitet. In dieser Firma habe ich viel über Menschen gelernt. Ich habe die dort gemachten Eindrücke aufgesaugt wie ein Schwamm und habe das ausgelebt, was mir ein Theologie-Professor gesagt hat: „Jede Frage der menschlichen Existenz kann eine theologische Frage werden." Das habe ich beherzigt. Ich habe diese Fragen immer mitgenommen, theologisch durchgearbeitet und reflektiert. Das war eine sehr spannende Sache.

Dann bin ich wieder an die Uni zurück und habe nach 15 Jahren wieder meinen alten Professor, Herrn Bayer, getroffen. Der dann zu mir sagte: „Herr Ullinger, ich erinnere mich doch sehr gut an Sie. Sie waren doch in der Tillich-Vorlesung." „Ja", sagte ich, „da haben Sie mir die Impulse gegeben". Er fragte: „Wie kann es sein, dass ein angehender Theologe, Pfarrer eigentlich Manager wird?" Ich sagte: „Sie haben damals gesagt, jede Frage der menschlichen Existenz kann eine theologische Frage sein, das habe ich ausprobiert und ausgelebt, und das war gut." Im Grunde meines Herzens bin ich Theologe, und so gehe ich auch an den Kunden ran. „Der Mensch hat eine Seele oder besser ist Seele". Er hat Bedürfnisse, und man muss den Mensch als Persönlichkeit respektieren.

JL: **Freiheit in der Verantwortung als Vater, Manager, Führungskraft, Theologe, Verkäufer.**
PU: Mein Freiheitsbegriff hat viel mit der deutschen Geschichte zu tun. Zuletzt 1987, als Reagan in Berlin vor dem Brandenburger Tor stand, war ich auch in Ost-Berlin. Als er sagte „Open the gate", habe ich gedacht, dass er keine Ahnung und Vorstellung davon hatte, wie es in Ost-Berlin mit der Freiheit steht. Doch 1989 war die Mauer gefallen. Es kam ein Brief von einer jungen Frau, die Mitbegründerin des Neuen Forums. Sie schrieb mir, wie das abgelaufen war. Ich hatte nichts Besseres zu tun, als auch nach „drüben" zu fahren und den Dialog, den ich damals begonnen hatte, fortzuführen. Wir hatten uns verliebt. Ich habe die ersten freien Wahlen in der DDR mitbekommen. Ich habe 1989 gemerkt, wie sich plötzlich mein Leben ändern kann durch den Mauerfall. Da wusste ich, was Freiheit ist. Ich habe auch gesehen, dass Freiheit ohne Verantwortung ins Chaos führt. Das war für mich ein Schlüsselerlebnis.

Die Eindrücke und Emotionen kann ich meinen Kindern nur schwer vermitteln. Man konnte sich plötzlich nicht mehr hinter dem Zaun verstecken. Man hatte hier eine Firma, man musste Entscheidungen treffen. Was früher geordnet und geregelt war in der DDR, war plötzlich anders. Du bist voll verantwortlich für deine Freiheit. Da habe ich Kompetenzen gelernt. Ich habe gelernt, zu Menschen zu stehen. Es gab viel Widerstand, als ich meine jetzige Frau aus der ehemaligen DDR heiraten wollte. Das ist mit Kindern auch so. Zu deinen Kindern zu stehen, egal was sie ausgefressen haben.

JL: „Stehe zu deiner Elternschaft!"
PU: In unserer transparenten Welt erhalten Sie dauernd Forderungen. Sie können sich nicht verstecken. Sie sind permanent irgendwelchen Möglichkeiten ausgesetzt. Hier müssen Sie den Schutz von innen her haben von der Persönlichkeit her.

Das Unternehmen ist heterogen von 16 bis über 70 Jahren. Wir haben alle Religionen, alle sozialen Schichten vertreten. Dannewitz ist sozusagen multikulti. Ziel war immer: „Ja, wir wollen, dass Leute auch hier in Rente gehen können." Dazu stehe ich. Als wir 2009 die Krise hatten, war es uns wichtig, dass wir keinen entlassen und versuchen, das gemeinsam durchzustehen. Das haben wir hinbekommen.

Jeder Mitarbeiter hat seinen Wert. Komisch wird es erst dann, wenn der 50-Jährige wie die 18-Jährige rumspringen möchte. Wir haben sieben Auszubildende. Wir wollen unser Unternehmen nachhaltig entwickeln, wollen eigene Leute heranbilden und entwickeln. Man muss den Leuten jedoch auch die Freiheit geben, dass sie sich nicht gezwungen fühlen müssen, immer im Unternehmen zu bleiben.

Die Generation mit 50 ist kritisch. Die stellen sich die Frage: „Wo will ich denn noch hin?" Das schränkt die Leute ein, nimmt ihnen die Kreativität. Als Geschäftsführer kann ich äußerlich Anreize schaffen, doch es kommt auf die innere Haltung des Mitarbeiters an. Wie kann ich als Unternehmer das Innere ansprechen? Da gibt es eine gewisse Grenze, die man respektieren muss. Sobald man versucht, in diesen inneren Raum einzugreifen, wird es hochmanipulativ und das kann nur schiefgehen. Auf der anderen Seite muss man führen und lenken und Räume schaffen. Hier kannst du durchgehen, hier kannst du sicher sein. Vertrauen ist hier ein ganz wichtiges Element, was wir auch in der Familie lernen. Vertrauen ist das A und O für jegliche Geschäftsbeziehung. Wenn das nicht vorhanden ist, dann können Sie das beste Produkt haben, es wird Ihnen nichts nutzen.

JL: Mit Vertrauen kann man an die Grenzen gehen und darf auch scheitern?

PU: Als Eltern haben Sie den Riesenvorteil, dass Sie die Geschichte Ihres Kindes mitbestimmen. Beim Mitarbeiter spielen viele unterschiedliche Dinge mit. Als Vorgesetzter muss man klar seine Rolle kennen. Man kann nicht der Seelsorger oder Therapeut sein. Man muss wissen, wo seine Grenzen sind. Das lernt man auch in der Familie, „Grenzen setzen". Beim Mitarbeiter sind die Grenzen unterschiedlich. Diese Grenzen gilt es, zu respektieren und einzuhalten. Hat man sie doch überschritten, dann hat man als Vorgesetzter das zu reflektieren und seinen Fehler einzugestehen.

JL: In Freiheit leben, Geduld haben und doch gemeinsam zum Ziel kommen. Das ist Ihr Konzept bei den Kindern und beim Kunden. Wie setzen Sie das für Ihre Mitarbeiter um? An welche Grenzen stoßen sie?

PU: Ich versuche da auf einer Seite nicht einzuengen. Auf der anderen Seite kommen wir nicht dran vorbei, bestimmt Regeln zu haben. Gerade in so einem technologischen Bereich. Wir arbeiten in sehr sensiblen Bereichen wie z. B. Militärtechnik, Luft- und Raumfahrt, Automobilindustrie. Von dort kommen die Kundenforderungen nach Managementsystemen nach gewissem Standard. Das haben wir zwar, jedoch hatten wir nicht das Zertifikat dazu. Dann haben wir entschieden, es anzugehen, weil wir es wirtschaftlich günstiger und vernünftiger hielten. Das hatte zur Folge, dass wir die ganze Firma umgekrempelt haben.

Mittlerweile sind wir 45 Mitarbeiter. Wir haben Organigramme aufgebaut. Die wichtigste Ebene sind die Bereichsleiter (die mittlere Ebene). Dort, wo sie starke Persönlichkeiten haben, die führungsfähig sind, dort laufen die Teams gut. Bei der offenen Struktur achte ich darauf, nicht zu stark einzugreifen. Das kann tödlich sein bei flachen Hierarchien. Wichtig ist es in der Führung, die richtigen Leute zu haben. Deshalb musste ich neue Leute in Führungsaufgaben finden.

Da denke ich immer zurück an meine Familie. Da sind ja auch immer Umbrüche da. Da ist meine älteste Tochter, die wird jetzt allmählich erwachsen, die will sich abkoppeln. Als Eltern müssen wir ihr den Raum geben, dass sie da reinwachsen kann. Trotzdem kommen da Anforderungen wie Schule, Freunde, die da so einfach „reinknallen". Da haben wir als Eltern keinen Einfluss drauf. Da muss ich permanent versuchen, den Weg dorthin zu finden.

Ich stelle mir die Frage: „Wer fährt in dem Bus weiter, wer will neu einsteigen, wer fährt mit, wer steigt aus?"

JL: **Das entscheiden auch Sie, wer ein- und wer aussteigt?**

PU: Natürlich. Ja das sind die Erwartungen, die an den Busfahrer gestellt werden. In meiner Familie stehe ich in ähnlichen Prozessen drin. Was macht man, wenn die Kinder groß sind? Ich muss mich neu orientieren, muss mich neu finden und neue Wege gehen. Da sind Sie genauso gefordert wie hier im Unternehmen auch.

Ich bin ein Typ, der gerne in Zweierbeziehungen arbeitet. Partnerschaft ist ein wichtiges Thema. Man muss sich in der Leitung verständigen. Die Eltern müssen sich klar werden. Das war ein langer Prozess. Ich habe lang gebraucht, um die Beziehung zu meiner Frau zu verstehen. Das hört auch nicht auf. Das spüren die Kinder. Wenn die Leitung sich uneinig ist, dann wird das ausgetestet. Sie lernen Realismus in der Familie.

JL: **Das ist im Unternehmen auch so?**

PU: Das Unternehmen wird von zwei Geschäftsführern geleitet. Wir sind total unterschiedlich. Wir diskutieren sehr radikal die Dinge. Wir gehen bis an die Grenze. Wir ergänzen uns hervorragend – auch wenn die Prozesse manchmal langwierig und schwierig sind. Mit den Zertifizierungen habe ich die Firma ein Stück weit umgebaut. Wir brauchten neue Entscheidungsprozesse, in denen die Kompetenzen nach unten weitergereicht werden. Wir in der Geschäftsleitung müssen für strategische Aufgaben frei sein. Ich habe mir dann sechs Wochen Auszeit genommen, weil ich nicht wusste, ob ich im Unternehmen noch am richtigen Platz bin. Ich habe mir Hilfe in einem Psychologen und einem Anwalt gesucht. Das war ein offenes Rennen. Wäre ich meinem Herzen gefolgt, wäre ich gerne Pfarrer geworden, wäre gerne weggezogen, in eine andere Stadt und mit einer anderen Familie. Das waren die beiden Alternativen. Für alles gab es Optionen. Das habe ich auch mit meiner Frau und der Firma kommuniziert und mit Gott.

JL: **„Kommuniziert" ... hört sich ja so einfach an.**

PU: Für mich war es ein tiefes Erlebnis. Diejenigen, die davon betroffen waren, sind mir offen, zwangfrei und ohne Druck begegnet. Das hatte mich sehr überrascht, weil ja sehr viel auf dem Spiel stand. Die Menschen, die mir zugehört haben, waren ja unmittelbar betroffen. Das setzt eine große Reife voraus. Die Menschen hören zu, auch wenn sie eigene Interessen haben.

Ich habe gelernt „Pack den Stier bei den Hörnern und bring ihn raus". Ich habe lange gebraucht, das zu verstehen. Das war befreiend.

Auf der einen Seite war es schön, dass da Menschen waren, die das ertragen konnten. Auf der anderen Seite war es mir egal, ob sie es ertragen können oder nicht. Das ist die innere Freiheit, die sie auch in der Arbeit brauchen. Das war ein Risiko.

JL: Im Kompetenzcenter Familie können Eltern vieles lernen. Welche Handlungskompetenzen wünschen Sie sich von Eltern für das Unternehmen?

PU: Langfristigkeit: Langfristige Strategien zu haben, Geduld, und Changemanagement mitgestalten. Nachhaltigkeit, Geduld und Weitblick. Dialogfähigkeit ist wichtig. Man muss eine Vision entwickeln können. Das hat ja eine Familie, einen Wunsch, dieser gepaart mit einem gesunden Realismus „was ist machbar, was ist möglich".

JL: Was erwarten Sie hier für Führungskräfte?

PU: Eine Sache ist, dass man dies nicht gezielt via Lehrplan üben kann. Wichtig ist, und darauf achte ich schon im Einstellungsgespräch, ob Spontanität und Lösungskompetenz vorhanden sind. Wie gehe ich mit Fragen um, auf die ich mich nicht vorbereiten konnte? Den richtigen Ton finden ist für eine Führungskraft wichtig, damit sie den Mitarbeiter abholen kann. Intuition … zu wissen, was im Moment dran ist, kann ich mir nicht googeln, sondern ich muss in Sekunden wissen, wie ich angemessen handeln kann.

Herzlichen Dank,
Herr Peter Ullinger, für dieses Interview!

6.6 Prof. Dr. Matthias Landmesser

Vater von drei erwachsenen Kindern, Vorstand der Dualen Hochschule Baden-Württemberg (DHBW). Zuvor war er für die Personal- und Führungskräfteentwicklung der IBM in Nord-, Mittel- und Osteuropa verantwortlich. Er hat 30 Jahre internationale Managementerfahrung auf den Gebieten Produktmanagement, Entwicklung, Vertrieb, Dienstleistungsmanagement und Bildung. Matthias Landmesser ist auf Landes- und Bundesebene in Bildungsgremien aktiv. Von 2001 bis 2006 war er Mitglied im Bildungsrat der baden-württembergischen Landesregierung.

JL: *Kinder fordern uns heraus* heißt ein Buchtitel. Sie haben drei erwachsene Kinder. Was haben Sie mit diesen Herausforderungen gelernt?

ML: Es stimmt: Vater werden ist nicht schwer – ein guter Vater sein dagegen sehr. Ja, die Familie ist ein Bildungsort mit Dauertraining – Tag und Nacht, 24 h am Tag.

JL: **Welche Herausforderung haben Sie selbst erlebt und welche Kompetenzen selbst entwickelt?**

ML: Von der beruflichen Seite war ich in den letzten Jahren schwerpunktmäßig in der Personal- und Führungskräfteentwicklung tätig. Das situative Anwenden der erlernten Führungsstile in der Familie – erfolgreich oder nicht erfolgreich, das lassen wir mal dahingestellt – ist herausfordernder als im Unternehmen. Als Vater wird mir die gesamte Palette der Führungsstile abverlangt, angefangen von klaren Anweisungen über den Coachingansatz bis hin zum affiliativen Führungsstil, in dem Einfühlsamkeit gefragt ist. Als Eltern ist man in der gesamten Breite gefordert. Hätte ich damals das Wissen von heute gehabt ... und nicht nur das Wissen, sondern noch viel wichtiger die Erfahrung ..., und man könnte heute nochmals beginnen ... Das wäre sehr spannend.

JL: **Wenn Sie nochmals starten dürften, was wäre der Unterschied?**

ML: Als meine Kinder klein waren, hatte ich die althergebrachten Erziehungsziele wie Disziplin, Gehorsam und Unterordnung. Heute sind Erziehungsziele wie Selbstständigkeit, freier Wille oder Gestaltung wichtig. Wenn ich diese beiden Zielmuster vergleiche, dann ist das frühere weniger aufwendig. Wesentlich aufwendiger ist die Förderung von Selbstständigkeit, freiem Willen und Gestaltung. Ich sehe mich im Rückblick nicht als vorbildlichen Vater. Ich hatte damals weder das Know-how noch habe ich mir genügend Zeit für die Familie genommen. Das Rad lässt sich leider nicht mehr zurückdrehen.

JL: **Angenommen, Sie hätten mehr Zeit gehabt ...**

ML: Dann hätte ich mir – rückblickend – mehr Zeit für meine Kinder und meine Familie genommen, mehr mit ihnen unternommen und mich mehr mit ihnen und ihren Fragen auseinandergesetzt. Dem Bildungsort Familie mehr Energie und Zeit zu geben lohnt sich.

JL: **Was bedeutet das mit Blick auf das Unternehmen?**

ML: Wenn sich die Erkenntnis durchsetzt, dass Familie ein Bildungsort ist und somit auch ein Gewinn für das Unternehmen sein kann, dann muss das in der Konsequenz heißen, dass auch die Flexibilität auf Unternehmensseite für Familie unterstützt wird.

Wenn es stimmt, dass Familie ein Trainingsort ist, der wichtige Kompetenzen entwickelt, die mich im Unternehmen erfolgreicher machen – also das Individuum und damit auch das Unternehmen –, dann müssen in der Konsequenz auf Unternehmensseite entsprechende Modelle gefördert und umgesetzt werden.

JL: **In Ihren Vorträgen und Veröffentlichungen berichten Sie über neue Erkenntnisse über die Bedeutung von Fachzeugnissen und sozialer Kompetenz in der Wirtschaft?**

ML: Schüler und Studierende werden zu wenig auf die Anforderungen des heutigen Berufslebens in der Wirtschaft vorbereitet. Dies belegen Untersuchungen mit konkreten Zahlen. Anders als noch vor zwei oder drei Jahrzehnten lässt sich heute nur noch ein schwacher Zusammenhang zwischen schulischem Erfolg und beruflichem Erfolg nachweisen.

Schulnoten haben immer weniger Vorhersagekraft für den Erfolg in der beruflichen Praxis. Der Korrelationskoeffizient, die statistische Größe, mit der ein solcher Zusammenhang gemessen wird, beträgt lediglich etwa 0,25 – weit weg vom idealen Faktor 1. Im Jahre 1978 betrug die Korrelation von Schul- und Berufserfolg hingegen noch rund 0,5 und war damit fast so doppelt so hoch wie heute. Stattdessen gewinnen immer mehr die „weichen Kompetenzen" an Bedeutung. Hierzu gehören u. a. Teamfähigkeit, Kommunikationsfähigkeit, der Umgang mit Konflikten, Überzeugungskraft und das Begeistern anderer. Hinzu kommen auch die personalen Kompetenzen wie Selbstwahrnehmung, Selbstkontrolle und Empathie. Sind wir fähig, eigenverantwortlich zu handeln, besitzen wir ausreichendes Einfühlungsvermögen und geistige Mobilität?

JL: **Sozialkompetenz und personale Kompetenz – sind das Erfolgsfaktoren für Unternehmen?**

ML: Ich bin überzeugt, dass überdurchschnittlich erfolgreiche Berufslaufbahnen zukünftig in einem starken Zusammenhang mit der Ausprägung der sozialen und personalen Kompetenz stehen. Bezogen auf den Menschen heißt das, dass die Fachkompetenz, die über Jahrzehnte hinweg in Deutschland unsere Bildung und unsere Gesellschaft geprägt hat, weiterhin notwendig ist, aber nicht mehr ausreicht, um überdurchschnittlich erfolgreich zu sein. Dazu sind heute erheblich mehr Kompetenzen notwendig. Ich bin auch überzeugt, dass sich Sozialkompetenz und personale Kompetenz in Zukunft zu sehr wichtigen Wettbewerbsfaktoren für den Unternehmenserfolg entwickeln werden.

JL: **Warum sind gute Schulabschlüsse für den Erfolg im Berufsleben in verhältnismäßig kurzer Zeit so irrelevant geworden?**

ML: Verkürzt formuliert lautet die Antwort: Weil wir es z. B. versäumt haben, das Bildungsangebot auf den grundsätzlichen Wandel anzupassen, den Gesellschaft und Wirtschaft in den vergangenen Jahren durchlaufen haben. Globalisierung, Informationstechnik, Teamarbeit und die Abkehr vom taylorschen Modell sind einige Stichworte dafür, wie einschneidend sich die Arbeitswelt geändert hat.

JL: Also werfen wir alles Alte über Bord? Schule und Familie mit neuen Inhalte, Konzepten und Methoden?

ML: Nein, wir können auf traditionellen Werten als Zukunftschance bauen. Wir können auf den Werten unseres christlich geprägten Abendlandes aufbauen. Das, was wir heute brauchen, bringt schon die Bibel – dieses uralte und doch so aktuelle Buch – zum Ausdruck. Viele Aussagen der Bibel können durchaus als Quelle für zukünftige Personalhandbücher oder für die Gestaltung von Unternehmenskulturen dienen. Und sie ist und bleibt ein Ratgeber für Erziehungs- und Beziehungsthemen in Familie und Gesellschaft. Schule und Hochschule können soziale Kompetenz nur bedingt fördern und entwickeln. Die Familie ist und bleibt wichtiges Element, um Menschen auch auf berufliche Herausforderungen vorzubereiten und zu stärken.

JL: Christliche Werte sehen Sie als Voraussetzung für unternehmerischen Erfolg?

ML: Man kann es auch so formulieren: Die Werte unseres christlichen Abendlandes sind eine gute Basis, um die Herausforderungen der Zukunft erfolgreich meistern zu können. Man könnte sogar so weit gehen, diese als Standortvorteil im globalen Wettbewerb zu bewerten – vorausgesetzt, sie werden in Gesellschaft, Beruf und Familie auch gelebt.

Früher hatte man noch gesagt: „Familie ist eine Karrierebremse!" Aus heutiger Sicht muss man erkennen, dass ein intaktes Familienleben zum Vorteil für Mensch und Unternehmen ist.

JL: Welchen Kompetenzvorteil aus der Familie hatten Sie mit Blick auf Ihre Karriere?

ML: Mit 28 Jahren wurde ich in meiner Abteilung Führungskraft und war dazu der Jüngste. Bis zu diesem Zeitpunkt waren die bisherigen Kolleginnen und Kollegen mir eher väterlich und mütterlich zugetan in einem mehr lockeren Umgang. Das hat sich mit dem Tag meiner Ernennung erst mal drastisch geändert – man könnte sagen, es wurde um mich herum kollegial einsam. Da war es gut, Familie zu haben, meine Familie war für mich ein wichtiger Ausgleich. Die

Familie war und ist für mich ein emotionaler Halt in guten und schwierigen Zeiten. Und zu Hause wurde neue Kraft für die Aufgaben in der Firma getankt.

Auch Kritikfähigkeit kann zu Hause in der Familie erlernt werden. Meine Frau und meine Kinder sind Korrektive bezüglich meines Verhaltens. Wenn in der Firma Korrektive kamen, dann waren sie von Chefs, Kollegen und Mitarbeitern eher dezent. Der eigentliche Spiegel kam abends – nicht in der Firma. Da waren die Kinder direkter, wenn sie sagten: Wie bist du denn heute drauf? Wie hast du dich da verhalten? Da hatte ich mein Training in Konfliktannahme auf Dauer! Die offene Kritik von den Kindern kann richtig hart, aber auch hilfreich sein.

JL: **Welchen Nutzen hatte ihr Unternehmen von diesem harten Konflikttraining?**

ML: Dieser Spiegel hilft mir auch in beruflichen Situationen, mich professioneller zu verhalten. Verhaltensänderung ist ja das Schwierigste.

Als Vater habe ich ein größeres Herz bekommen. Die Familie hat mich Toleranz gelehrt. Die Unterschiedlichkeit innerhalb der Familie positiv aufzunehmen, z. B. im Umgang mit den Kindern und dem Partner, fordert Toleranz und Akzeptanz.

JL: **Gibt es weitere Kompetenzfelder aus dem familiären Bereich, von denen Unternehmen profitieren können?**

ML: Dazu gehört zum Beispiel der Vertrieb. Tätigkeiten im Vertrieb – aber auch in anderen Unternehmensbereichen – werden heute immer anspruchsvoller und komplexer. Unternehmen investieren viel in professionelle Vertriebsschulungen. Zu den Inhalten gehören auch Module zum Aufbau und zur Pflege von Kundenbeziehungen. Eine Auftragszusage hängt heute mehr denn je von der intakten Beziehung zwischen Auftraggeber und Auftragnehmer ab. Immer wichtiger wird das Vertrauensverhältnis und der Umgang untereinander. Dazu gehören auch Fragestellungen wie der Umgang mit einem „Nein" zu einem Angebot. Angehende Vertriebsexperten werden darauf geschult, wie sie auf eine Kundenablehnung reagieren können. Dabei wird vermittelt, dass „NEIN" auch als Abkürzung für „Noch Eine Information Notwendig" steht.

Werden wir in der Familie nicht auch ständig mit ähnlichen Situationen konfrontiert? Oft genug sagen wir zu unseren Kindern Nein, und unsere Kinder konfrontieren uns auf Bitten, Ratschläge oder Anweisungen mit einem Nein. Entsteht aus der Situation eine konstruktive Auseinandersetzung, dann üben wir schon in der Familie das Vertriebsprinzip „Noch Eine Information Notwendig" – in beide Richtungen.

JL: **Sind Eltern auch bessere Führungskräfte?**

ML: Personal- und Führungskräfteentwicklung wird seit vielen Jahren als eine der ganz großen Herausforderungen für Unternehmen bewertet. Speziell in die Aus- und Weiterbildung von Führungskräften muss viel investiert werden, um Teams, Abteilungen und ganze Unternehmen erfolgreich führen zu können. Die Führungskräfte werden darauf geschult, je nach Situation unterschiedliche Führungsstile anwenden zu können. Dabei reicht die Palette der Stile vom „demokratischen" Ansatz, bis zum „autoritären" Führungsstil. Aktuell wird in vielen Unternehmen auf die „Coaching"-Kompetenz der Führungskräfte wert gelegt.

Auch als Eltern sind wir in der Familie in unterschiedlichsten Situationen gefordert. Je nach Situation und Alter unserer Kinder werden wir ständig mit anderen Szenarien konfrontiert. Bewusst oder unbewusst setzen wir die Vielfalt unserer Führungsstile ein und entwickeln, üben und erweitern unsere Fähigkeiten im Umgang mit komplizierten Familiensituationen. Wer diese Erfahrungen aus der Familie nicht hat, muss seine Expertise anderweitig und aufwendig trainieren.

Allgemein bekannt ist die Antwort einer erfahrenen Hausfrau und Mutter auf die Frage, welche berufliche Tätigkeit sie ausübt: „Ich leite ein kleines Familienunternehmen." Diese Antwort ist nicht überzogen, nein sie wird den Herausforderungen in der Familie treffend gerecht. Familie und Unternehmen sind sehr unterschiedlich, dennoch gibt es viele Handlungsfelder, von deren Erfahrungen wir im Unternehmen bzw. in der Familie profitieren können.

Eltern können durchaus bessere Führungskräfte sein, denn sie bringen aus der eigenen Familiensituation vielfältige Führungserfahrungen ein.

JL: **Trifft das auch auf Sie persönlich zu?**

ML: Auch mich hat meine Familie geprägt. Wir waren vier Kinder. Vier Jungs! Ich war der Älteste, eher introvertiert, auf mich alleine gestellt und musste mich zudem durchsetzen. Meiner Mutter hatte mich damals in die Jungschar geschickt. Das war ein wichtiges Element meiner Persönlichkeitsentwicklung. Nach einigen Jahren im CVJM ergaben sich dann Herausforderungen wie Gruppenleitung und später Vorstandsarbeit. Da wurde ich mit sehr unterschiedlichen Interessen von extrem konservativ bis extrem liberal konfrontiert.

Anfangs habe ich eher die eigenen Vorstellungen durchgesetzt, habe dann aber die Chancen von Vielfalt erkannt und konnte offener dazu stehen und diese auch fördern.

JL: **Wie könnte ein Unternehmen den Lernort Familie in die Personalentwicklung einbauen?**

ML: Es muss Freiraum schaffen für angehende Eltern, damit diese den Schritt zur Familie wagen. Hier denke ich an familienfreundliche Maßnahmen wie Elternteilzeit, Kita und Homeoffice. Die Vereinbarkeit von Familie und Beruf muss zur Selbstverständlichkeit werden. In den letzten Jahren hat sich schon viel verändert, und es muss und wird sich noch mehr ändern, denn junge Menschen wählen ihren Arbeitgeber immer mehr auch nach familienfreundlichen Kriterien aus.

JL: **Unser Gespräch hat viele Aspekte angesprochen. Können Sie das Gesagte in wenigen Worten zusammenfassen?**

ML: Familie schafft Mehrwert. Mehrwert für jedes einzelne Familienmitglied – Eltern und Kinder. Und in der Familie erlernte Kompetenzen schaffen auch Mehrwert für beruflichen und unternehmerischen Erfolg. Zukunft gestalten bedeutet deshalb auch Familie fördern und Familie leben!

**Herzlichen Dank,
Herr Professor Dr. Matthias Landmesser, für dieses Interview!**

6.7 Dr. Peter Schwibinger

Vater von drei Kindern, CEO und Gesellschafter von Carcoustics mit über 2800 Mitarbeitern

RK: **Lieber Herr Schwibinger, welche Selbstkompetenzen haben Sie in der Erziehung Ihrer Kinder trainieren können?**

PS: Das Eingehen auf unterschiedliche Interessen, allein schon durch die unterschiedlichen Interessen verschiedener Altersgruppen, bedarf einer hohen Flexibilität, sich auf ändernde Bedürfnisse relativ schnell einstellen zu können.

Das Thema Rituale ist natürlich auch ein wichtiges Element: Zubettgehritual, Essensritual, das sind wichtige Dinge, die in der Familie eingeübt werden. Rituale haben auch in der Firma eine wichtige Bedeutung, wenn sie sinnvoll und zielgerichtet eingesetzt werden.

Für Kinder sind viele Dinge neu, und sie hinterfragen sie kritisch. Das kennt man ja auch von Toyota, das 5-times-why-Fragen. Warum ist das so? Warum ist das so? Warum ist das so? Fünf Mal. Die Kinder sind hervorragende Fragensteller, Hinterfrager. Das trainiert einen für die Situationen im Unternehmen.

Andere Dinge: gemeinsame Planung, wie Urlaubsplanung, wenn die Kinder dann größer sind und mitbestimmen wollen. Wie kriege ich verschiedene Interessen unter einen Hut? Wie komme ich zu einer Entscheidung, die von allen mitgetragen wird und dann auch gut funktioniert? Und Kinder merken ganz schnell, wenn man lügt. Man muss aufrichtig und sehr konform handeln. Die Maskeraden eines Unternehmens gibt es in der Familie in der Form nicht.

Diese Aufrichtigkeit auf das Unternehmen übertragen zu können, weil es zu Hause trainiert wurde, ist natürlich sehr hilfreich!

RK: **Fällt Ihnen konkret ein Nutzen ein, den das Unternehmen davon hat, dass Sie diese Kompetenzen am Lernort Familie trainieren konnten?**

PS: Im Unternehmen geht es ja u. a. darum, Entscheidungen herbeizuführen. Das Thema, unterschiedliche Interessen in die Entscheidungsfindung einzubringen, auch die unterschiedlichen emotionalen Befindlichkeiten zu berücksichtigen und dann eine Entscheidung zu fällen, die weitgehend mitgetragen wird, das ist vom Ablauf her in Familie und Firma schon sehr ähnlich.

RK: **Haben Sie ein konkretes Beispiel dafür, was Sie in der Familie erlebt haben und später im Beruf wirklich genutzt haben?**

PS: Ja, zum Beispiel: wenn man am Familientisch jemanden unterbricht. Dann können die Kinder trotzig reagieren und sagen auch, was sie darüber denken. Das hat geholfen, auch in der Firma besser zuzuhören und die Kollegen und Mitarbeiter ausreden zu lassen. Von den anderen hierarchischen Positionen bekommt man nicht die entsprechende Reaktion, und man erfährt nicht, was in der anderen Person vorgeht. Da ist es sehr wertvoll, in der Familie sofortiges und ehrliches Feedback zu bekommen. Das ist vielleicht ein kleines Beispiel, aber es ist ein konkretes Beispiel, wo ich aus dem Familienkontext etwas eins zu eins auf die Firma übertragen habe.

Es ist eher so, dass Möglichkeiten, Gelerntes übertragen zu können, auf der Verhaltens- und Beziehungsebene liegen.

RK: **Das heißt, Sie konnten vor allem in der Beziehungsarbeit in der Familie eigene Kompetenzen aufbauen, die Sie dann im Unternehmen eingesetzt haben?**

PS: Ja!

**Herzlichen Dank,
Herr Dr. Peter Schwibinger, für dieses Interview!**

6.8 Uschi Schulte-Sasse

Mutter von einer Tochter und zwei Stiefkindern, Diplom-Kauffrau, Senior Vice President Aviation Division/INFORM GmbH

JL: **Was haben Sie im Kompetenzcenter Familie gelernt?**
US: Ich glaube, dass Familie herausfordert. Die beiden Großen (Stiefkinder) haben nicht hier bei uns gewohnt, sondern bei ihrer Mutter. Sie waren jedoch viel in den Ferien bei uns und jedes zweite Wochenende. Dass Kinder relativ rigoros sind und kein Blatt vor den Mund nehmen, daran musste ich mich zuerst gewöhnen. Dass Kinder nicht kleine Erwachsene sind, habe ich vor allem gelernt, als ich eine eigene Tochter hatte und mir sagen musste: „Die beiden Großen waren manchmal gar nicht frech, Kinder sind einfach so." Dieses sehr direkte Feedback, also Antworten, die man direkt ungefiltert bekommt, hat man als Eltern deutlich mehr als Leute, die weniger mit Kindern zu tun haben. Ich kann mich gut erinnern, wie unsere große Tochter mir bei einem Zelturlaub sagte: „Du hast mir gar nichts zu sagen, du bist nicht meine Mutter." Es ging konkret darum, über eine Straße zu laufen. Ich erklärte ihr, dass im Umfeld Zelten, wo wir mit vielen gemeinsam unterwegs waren, ihr jeder Erwachsene etwas sagen darf, um sie zu schützen, egal ob das die Mutter, der Vater oder jemand anderes aus der Gruppe ist.
JL: **Das war Kompetenzklärung.**
US: Meine Prioritäten haben sich auch mit der Familie verschoben. Vor langer Zeit bei einem dringenden Kundenprojekt ging es bis in den Abend. Ein Kollege sagte, er müsse jetzt zuerst seine Kinder ins Bett bringen. Und ich sagte ihm original: „Deine Kinder kannst du auch noch morgen ins Bett bringen, bei dem Kunden brennt es jetzt." Ich habe mich später, als ich ein eigenes Kind hatte, bei meinem Kollegen hierfür entschuldigt. Das würde ich als Elternteil nie wieder so von mir geben. Heute würde ich antworten: „Okay, fahr nach Hause, bring dein Kind ins Bett, und komm danach wieder." Ich bekomme

heute noch Gänsehaut, wenn ich mich daran erinnere, dass ich das einmal so gesagt habe.

JL: **Ihre Werte haben sich geändert?**

US: Ich würde sagen, dass ich unter anderem ein besseres Verständnis dafür bekommen habe, was Kollegen und Kunden brauchen und was sie wann brauchen. Ich kann jetzt viel besser nachvollziehen, was in ihnen vorgeht, und kann sie dadurch auch besser motivieren.

JL: **Wie haben Sie das bewältigt, die Familiengründung und -führung und Führungskraft in INFORM zu sein?**

US: Ich blieb einen Monat zu Hause, bin dann mit 30 h wieder eingestiegen und habe drei Jahre in Elternzeit 30 h gearbeitet. Mein Mann und ich waren uns von Anfang an einig, dass wir gemeinsam Elternzeit nehmen. Also sind wir beide auf 30 h gegangen. Er hatte den Donnerstag und ich den Dienstag frei. Mit unserer Tagesmutter für Montag, Mittwoch und Freitag hatten wir viel Glück. Sie ist heute die Patentante unserer Tochter.

JL: **Was haben Sie in dieser Zeit im Kompetenzcenter gelernt?**

US: Ich habe mir kein Kind gewünscht, um es nachher wegzugeben. Da sind zwei Seelen in meiner Brust, weil ich meinen Job liebe, ich arbeite sehr gerne und ich mag meine Kollegen, und trotzdem denke ich: „Ach, könnte ich doch jetzt etwas mit meiner Tochter machen. Könnte ich sie heute früher abholen?" Das zehrte an mir, diese Herausforderung musste ich selbst klar bekommen. Die Zerrissenheit zu leben, dass man nie genug Zeit für das eine oder für das andere hat. Und ich stelle fest, dass das sowohl die Tochter als auch die Firma gut hinkriegen.

Ich musste lernen, nicht mehr so perfektionistisch zu sein. Ich war früher echter Perfektionist. Alles, was nicht 150 % war, ging nicht über meinen Schreibtisch. Mein Chef sagte mir damals: „Du bist viel zu genau, so kannst du kein guter Chef sein, weil du viel zu viel mitbetrachten und mitgestalten möchtest." Ich glaube, dass mir da meine Tochter und die Zerrissenheit geholfen haben, schneller zu erkennen: „Ich muss mich damit arrangieren, dass Sachen nicht perfekt sind." Und damit habe ich gelernt, loszulassen, mehr Verantwortung zu übertragen in der Firma, aber auch an meine Tochter.

JL: **Sind Sie flexibler geworden?**

US: Per se flexibler wurde ich, weil man mit einem Kind gar nicht alles planen kann. Wir hatten zum Beispiel auf dem Weg zum Kindergarten im Frühling wunderschön blühende Bäume. Und immer, egal wie spät wir dran waren, mussten wir stehen bleiben und nach oben durch die rosa Blüten in den blauen Himmel gucken. Das ging gar nicht anders. Auch bei Baustellen blieben wir immer stehen. Flexibler wurde ich durch die Kinder in jedem Fall.

JL: **Wenn Sie jetzt an die Erziehung Ihrer Tochter denken, was sind die Herausforderungen für Sie gewesen?**

US: Ich habe gelernt: Wenn ich nicht konsequent bin, dann wird es auch nicht umgesetzt. Wenn ich meiner Tochter sage „Wenn du nicht ..., dann ..." und mache das dann nicht, dann bleibt sie beim nächsten Mal ganz locker auf der Couch sitzen. Beispiel: „Du räumst jetzt deine Sachen weg, sonst bleibt der Fernseher heute aus." Sie macht es nicht, und ich lasse auch den Fernseher nicht aus. Dann kann ich mir den Kommentar das nächste Mal sparen. Was ich hieraus gelernt habe: Ich kündige nichts an, was ich doch nicht wahr machen möchte.

Vorbild sein habe ich auch als Mutter gelernt. Kinder bringen schon mal die gleichen Sprüche wie man selbst. Ich kann nicht Wasser predigen und Wein trinken. Das bekam ich schnell gespiegelt. Beispielsweise habe ich meiner Tochter immer gesagt, man müsse viel schlafen und sie solle früh ins Bett gehen. Und was tue ich? Ich gehe, nachdem ich sie ins Bett gebracht habe, wieder an meinen Schreibtisch, schaue nach Mails und arbeite noch stundenlang. Das macht meine Tochter inzwischen ähnlich. Da kann ich ihr zehnmal sagen „Du musst schlafen!", da guckt sie mich an und sagt: „Wieso, du machst das doch auch." In der Firma erlebe ich das genauso: Wenn ich beispielsweise unpünktlich zu Meetings erscheine, dann sind die anderen nachher auch nicht mehr pünktlich.

JL: **Sie haben gesagt, dass sie im Kompetenzcenter Familie Folgendes gelernt haben: „Harte Kritik annehmen", „Klare Absprachen treffen mit Mann und Tagesmutter", „Flexibilität", „Pareto-Prinzip", „Konsequentsein" und „Vorbildsein". Wenn Sie jetzt auf Ihre Arbeit in INFORM zurückschauen, wo hatten und haben Sie hieraus den größten Nutzen?**

US: Genau in denen von Ihnen erwähnten Punkten: Kritik annehmen, klare Absprachen, Pareto, Vorbild, etc. und ich habe heute eine höhere Mitarbeiterorientierung. Ich nehme Rücksicht auf meine Mitarbeiter und kenne von sehr vielen ihr privates Umfeld. Zum Beispiel, dass der eine erst nach 9:00 Uhr da sein kann, weil er sein Kind noch in den Kindergarten bringt, oder der andere früher nach Hause muss, deshalb früher anfängt. Auf so etwas versuche ich in meiner Terminplanung Rücksicht zu nehmen. Auch die höhere Frustrationstoleranz nutzt mir heute im Unternehmen. Wurden früher Ziele nicht vollständig erreicht, habe ich viel verbissener reagiert als heute. Heute kann ich eher sagen: „Es läuft nicht alles so, wie man es haben möchte. Man kann nicht immer alle Ziele direkt erreichen, manchmal muss man einen Umweg nehmen. Eine Tür schließt sich, fünf neue tun sich auf." Das müssen auch Kinder lernen, und beim Vermitteln lernt man es selber noch mal mit.

JL: Sie sind jetzt 13 Jahre mit ihrer Tochter unterwegs. Da gibt es viele Veränderungen. Wenn Sie zurückblicken, was lehrt Sie diese Entwicklung Ihrer Familie?

US: In der Familie mussten wir alle über die Jahre Zusammenarbeit, Planung und auch Zurückstecken lernen. Da haben auch mein Mann und ich uns dran gerieben. Das geht nicht ohne persönlichen Einsatz, nicht ohne Hintenanstellen eigener Interessen, und das geht auch nicht von selbst. In der Firma ist das nicht anders. Eltern wissen, dass Verhaltensänderung nicht über Nacht passiert und dass Changemanagement kein Wunschkonzert ist. Menschen brauchen unterschiedliche Zeitdauern, um sich an Veränderungen anzupassen. Mir hat es geholfen, mit meinen Kindern zu wachsen, genauso wie ich an meinen beruflichen Herausforderungen gewachsen bin. Als Eltern kann man auf zusätzliche Erfahrungshorizonte und Sichtweisen zurückgreifen.

JL: Wie ist „Mutter und Führungskraft" in Ihrem Unternehmen möglich?

US: Bei uns in der Firma ist „Mutter und Führungskraft" nicht anders als „Vater und Führungskraft".

Wir haben die wohl noch relativ seltene Konstellation, dass beide – Mütter und Väter – Elternzeit nehmen und auch einige – auch Väter – ihren Vertrag nach der Elternzeit auf Teilzeit ändern. Ich war bis zum dritten Lebensjahr unserer Tochter mit 30 h als stellvertretende Bereichsleiterin in einer Führungsposition. Auch aktuell habe ich Führungskräfte mit einem Teilzeitvertrag.

JL: Wie gelingt das in Ihrem Unternehmen?

US: Bei uns sind nicht alle Führungskräfte immer 100 % Führungskräfte. Sie leiten ihren Bereich, arbeiten jedoch auch aktiv im Team mit. Letzteres macht derjenige, der einen Teilzeitvertrag hat, entsprechend weniger. Er nutzt dann seine verfügbaren Stunden vermehrt für die Führung. Dann werden in diesem Team zum Teil Aufgaben nicht so schnell erledigt, oder ich muss das Team anderweitig ergänzen. Ich bin der Meinung, dass eine Führungsposition nicht unbedingt Vollzeit bedeuten muss, nur, wenige Wochenstunden können es leider auch nicht sein. Des Weiteren bin ich als Chef aber auch nicht bereit, auf einen guten Mitarbeiter zu verzichten, nur weil er jetzt Teilzeit arbeiten möchte. Das beschränkt mich als Führungskraft, doch insgesamt haben wir beide meines Erachtens einen Gewinn.

JL: **Sie sind ja selbst hervorragendes Beispiel, dass Unternehmen Frauen in Führungsarbeit haben.**

US: Nicht so viele, wie ich gerne hätte. Es bewerben sich viel weniger Frauen. Das finde ich erschreckend.

JL: **Worauf führen Sie das zurück?**

US: Zum Teil, weil sie sich nicht trauen und weil Frauen sich selbst häufig einfach nicht in einer Führungsposition sehen. Das Führungsbild ist noch sehr vom Mann geprägt. Unter anderem hadern viele Frauen mit dem scheinbaren Widerspruch Familie und Führungsposition und entscheiden sich dann für Familie und für Kinder, weil ihre Männer das genau nicht tun. Das war auch bei uns zu Hause ein Thema. Wir haben neutral überlegt, wer von uns beiden nach der Elternzeit wieder auf Vollzeit geht. Mein Mann musste zur Arbeit weiter fahren, also blieb er auf Viertagewoche, und ich ging wieder auf Vollzeit. Mit dieser Entscheidung haben wir später gerungen, weil die Welt einfach so (noch) nicht tickt.

JL: **Weil die Rollenerwartung eine andere war?**

US: Ja. Zum Beispiel, wenn er mit unserer Tochter auf dem Spielplatz war, war er damals alleine unter Frauen. Und in seiner Firma kam Elternzeit und dann Teilzeit auch nicht gut an.

JL: **Wenn Mütter auch berufstätig bleiben, können sie eher lernen, Führungsarbeit zu übernehmen?**

US: Ich glaube, es ist per se schwierig, eine Führungsposition auszufüllen, wenn der Partner nicht dahintersteht. Als Führungskraft muss ich manchmal sehr flexibel sein, und das muss mein Mann dann abfangen. Das ist andersherum genauso. Es ist zu ungewohnt, als dass es für Frauen selbstverständlich wäre, die Hauptverdienerrolle in der Familie in Anspruch zu nehmen. Wenn eine Frau heute zu ihrem Mann sagt: „Wenn unser Kind da ist, ziehst du es groß, und ich gehe weiter arbeiten – okay?" Dann sagen die meisten Männer: „Da sprechen wir noch einmal drüber!" Wenn jedoch ein Mann mit dem gleichen Anliegen zu seiner Frau kommt, dann antwortet sie immer noch häufig: „Ja, und später gehe ich dann auf Teilzeit." Es muss für beide Elternteile gleichermaßen selbstverständlich werden, eine Führungsrolle bekleiden zu können – als Frau oder Mann und/oder als Elternteil.

JL: Wie erklären Sie sich, dass in Deutschland im Durchschnitt nur 1,3 Kinder von einer Frau geboren werden?

US: Ich glaube, dass viele Frauen bzw. Paare in ihrem Lebensplan, auch wegen längerer Ausbildung, beruflicher Tätigkeit, angestrebter Laufbahn und vermeintlicher Unvereinbarkeit mit Familie, keine Kinder oder maximal ein Kind vorgesehen haben. Andererseits gibt es auch Paare, die denken: „Ein Kind, eventuell zwei Kinder schaffen wir auch, wenn wir beide berufstätig sind, mehr Kinder nicht mehr." Auch in meinem Umfeld sind Familien mit mehr als zwei Kindern aus oben genannten Gründen nicht so häufig vertreten, oder sie sind als Patchworkfamilien zusammengekommen.

JL: Welche Kompetenzen lernen Eltern in der Familie mit besonderem Nutzen für den Arbeitsplatz?

US: Flexibilität finde ich bei uns wichtig, des Weiteren Zeitmanagement, Planung, Zusammenarbeit, Geduld, Motivation, Rücksichtnahme, Konsequenz, Delegation, Loslassenkönnen, Toleranz und Respekt. Fast alles, was man in der Familie lernt, kann man auch in der Firma nutzen.

JL: Merken Sie als Bereichsleiterin einen Unterschied, wenn Mitarbeiter Eltern werden, in Elternzeit gehen und dann ins Unternehmen zurückkommen? Was bewirkt das Weiterbildungsprogramm „Elternzeit?"

US: Was sie häufig mitbringen, ist ein Kompetenzausbau in Konsequenz, Zeitmanagement, Motivieren können, mehr Geduld, Leuten etwas erklären und beibringen wollen und können. Mehr Aufmerksamkeit, Empathie und Perspektivenübernahme.

Herzlichen Dank,
Frau Uschi Schulte-Sasse, für dieses Interview!

6.9 Lothar Jahrling

Vater von zwei Kindern, Handwerksmeister, Erfinder der sensomotorischen Einlage, Geschäftsführender Gesellschafter und Gründer der Firma Footpower Gießen GmbH, Gesellschafter und Gründer der Firma Feet Control und Gesellschafter und Gründer der Firma Footpower Service GmbH

JL: Herr Jahrling, was haben Sie im Kompetenzcenter Familie als Vater gelernt?

LJ: Erziehung der Kinder hat für mich immer mit der eigenen Geschichte zu tun. Als wir die Kinder haben wollten, habe ich mir vorgenommen, dass meine Kinder die Dinge erleben dürfen, die ich nicht erleben konnte. Sie sollten glücklich sein können. Zu diesem Glück gehört nach Auffassung meiner Frau und mir ganz viel Freiheit dazu. Daher war uns wichtig, die Kinder nach ihren Wünschen, Fähigkeiten und Charakteren zu fördern. Das fing damit an, dass wir uns unsere Zeit eingeteilt haben. Ich habe gearbeitet, und meine Frau war für die Kinder da.

Ich habe mir trotz vieler Arbeit jeden Tag eine Stunde Zeit genommen, um mit meinen Kindern zusammen zu sein und mit ihnen zu toben. Ich habe die Zeit verwendet, die mein Vater für mich nicht hatte. Mein Vater hat auch viel gearbeitet und ist abends um 22 Uhr nach Hause gekommen. Ich erinnere mich noch: Da lag ich schon im Bett. Ich hatte wohl wieder einmal etwas angestellt und war als „Schuldiger" unter meinen Brüdern ausgewählt worden. Daher bekam ich kein Abendbrot. Um 22 Uhr hat mir dann mein Vater heimlich ein Brot geschmiert. Er hatte das mit meiner Mutter nicht durchdiskutiert. In meiner eigenen Familie haben wir darauf geachtet, gemeinsame Entscheidung zu treffen. Meine Frau und ich wollten damit eine gemeinsame Basis schaffen, damit die Kinder immer wissen, wo sie bei uns dran sind. Wir als Eltern haben uns zum Ziel gesetzt, dass die Kinder sich gut verstehen, und das fängt an mit Sprache lernen, Gerechtigkeit beispielsweise bei Geschenken, Süßigkeiten, Klamotten oder dem Geld, das die Kinder bekommen. Wir haben immer versucht, gleichmäßig zu verteilen – gerecht zu verteilen.

Konkret hieß das für mich als Vater: Ich habe mit meinen Kindern gelernt, meine Wut nicht nach vorne kommen zu lassen. Natürlich bin ich auch in der Familie schon ausgerastet. Doch ich will meine Kinder nicht so behandeln, wie ich es erlebt habe. Schlagen ist keine Lösung. Kommunikationsfähigkeit bedeutet hier für mich: sprechen statt sich gehen zu lassen und aggressiv zu werden. Über Ärger oder Enttäuschung sprechen und dies erklären, statt aggressiv zu werden oder sich still zurückzuziehen. Oder: „Wahrhaftig bleiben", statt „Du schaust jetzt nicht Fernsehen, weil die Sendung ausgefallen ist", was nicht stimmte. Stattdessen erklärte ich: „Ich will nicht, dass du die Sendung siehst. Ich habe Sorge, dass du dann wieder schlecht träumst." Das ist viel schwieriger zu erklären – doch ich bleibe wahrhaftig. Das war eine intensive Herausforderung für mich.

JL: **Sie haben Frustrationstoleranz und Emotionsregulation gelernt?**
LJ: Ja, das kann man so sagen. Meine Eltern haben bei mir nicht auf Hausaufgaben geachtet. Ich war Legastheniker, konnte bis zur vierten Klasse nicht schreiben und lesen. Mir wurde nicht beigebracht, wie man Zähne putzt, wie man ordentlich und anständig isst. All das wollte ich meinen Kindern nicht geben. Das bedeutet, dass ich Konsequenz lernen musste. Das hat zum einen mit äußerlichen Dingen zu tun wie: „Um 18 Uhr gibt es zu Hause Abendbrot." Es ist eine Regel: „Wir essen zusammen! Wir sind eine Familie!", „Wir ziehen uns ordentlich an", „Wir putzen unsere Zähne". Und wenn Papa die Zähne nicht putzt, warum soll dann das Kind seine Zähne putzen? Ich wollte für meine Kinder alles richtigmachen. Ich wollte es gut machen, dass alle um mich herum zufrieden sind mit mir. Das ist dann mein persönlicher Untergang geworden, aber auch zum Aufgang.

Meine Herausforderung war: Jetzt habe ich zwei unschuldige Seelen, die eine unbespielte Platte haben, und jetzt in einer neuen Verantwortungsstruktur stehen. In der Ehe konnte ich mal mit der Jogginghose rumlaufen. Jetzt waren da zwei Wesen, die eine Abhängigkeit von ihren Eltern und von mir haben. Wie regeln wir das jetzt, dass unsere Kinder eine geordnete Struktur bekommen und dennoch eine Freiheit, sich selbst zu entwickeln und ihre eigenen Qualitäten entdecken können? Also: Ordnung in Balance mit gesunder Freiheit zu entwickeln, das war unser Ziel in der Erziehung.

Ein Beispiel: meine Tochter, damals 13 Jahre alt, mitten in der Pubertät. Sie war uns Eltern gegenüber sehr kritisch. Wir hatten aus ihrer Sicht damals überhaupt nicht alles richtig gemacht. Die Klassikerfrage war: „Wie lange darf ich abends wegbleiben?" Ich sagte ihr eines Tages: „Ich vertraue dir. Du darfst hier und dorthin, auch wenn ich es nicht gut finde. Ich bitte dich aber, um 23 Uhr zu Hause zu sein. Und wenn es Gründe gibt, dass du diese Vereinbarung nicht einhalten kannst, dann rufe mich an. Ich werde dann alles tun, dass ich dich dennoch abholen kann." Das ist ein gutes Beispiel: Freiheit in Verantwortung. Das hat sie dann immer gemacht – bis auf einmal. Da hatte sie mit einer mütterlichen älteren Freundin einen nächtlichen Waldspaziergang gemacht. Daraufhin habe ich mir jedoch nicht die Tochter geschnappt, sondern die mütterliche Freundin und ihr gesagt: „Wenn das noch einmal passiert, dann kann meine Tochter nicht mehr zu dir kommen. Ich habe ein Abkommen mit meiner Tochter, das sie einzuhalten hat." Und die Freiheit, die sie hat und die kein anderes Mädchen in diesem Alter hat, das hat sie nur, weil sie zuverlässig ist. Das war eine echte Herausforderung. Das habe ich erst mit meinen Kindern mühevoll gelernt. Konsequenz fällt mir schwer, vor allem dann, wenn sie den Ärger des anderen hervorruft. Denn ich will ja überall gut dastehen und einen guten Eindruck machen.

JL: **Und was bedeutet das für Ihr Unternehmen?**
LJ: Meine Firma ist ein Pool, in dem sich Menschen entwickeln. Manchmal sind meine Mitarbeiter wie Kinder für mich, wenn ich über sie wohlwollend nachdenke und schaue, wie ich sie fördern und fordern kann. Ich möchte, dass sie sich mit Begeisterung entwickeln, statt Angst zu haben und unter Druck zu stehen. Ich will ihnen freiheitliche Selbstständigkeit bieten und fordere gleichzeitig Verbindlichkeit ein. Das habe ich an meinen eigenen Kindern gelernt, wie gut das gelingt.
Einige Beispiele:

- Ich suchte für die Werkstatt einen Schleifer: Wolfgang ist Schreiner mit einer Berauf-bergab-Biografie, doch konnte er keine Einlagen schleifen. Ich hatte ihn zunächst als Hausmeister eingestellt. Dann habe ich ihm eine Einlage gezeigt und ihn gefragt, ob er sich zutraut, diese zu schleifen. Er hat es probiert. Heute ist er mein Hauptschleifer. Jedes Weihnachten erhalte ich ein SMS: „Du bist der beste Chef, den ich je hatte!" Ich kann mich auf ihn zu 100 % verlassen.
- Heike: Sie ist die Chefin für den Laden. Auch sie hat bei mir fachfremd begonnen. Sie hat aus eigener Kraft viel gelernt, mit Weiterbildungen und Kursen sich weiterentwickelt. Sie hat sich bei uns wohlgefühlt. Als ich einen geschäftsleitenden Mitarbeiter entlassen musste, beauftragte ich diesen, Heike in seine Arbeit einzuführen. Heike sagte: „Das kann ich nicht!" Und damit hatte sie recht: Sie machte wirklich viele Fehler. Ich sagte ihr: „Du darfst Fehler machen! Ich traue dir diese Arbeit zu!" Ich habe ihr diese Freiheit gelassen. Es gab jedoch eine Vereinbarung zwischen uns: „Wenn du einen Fehler machst, dann musst du mit mir hierüber sprechen. Keine Fehler vertuschen!" Heute macht Heike ihren Job im Unternehmen richtig gut!
- Martin: Im Unternehmen wollte ihn niemand haben. Jeder wollte, dass er geht. Er hatte handwerkliche Fähigkeiten. Seine emotionalen und sprachlichen Fähigkeiten führten häufig zu Konflikte. Ich

sagte zu ihm: „Ich möchte, dass du fachlich und emotional besser wirst. Und noch etwas möchte ich, dass du nicht jedem auf den Sack gehst. Wenn du das auch willst – dann musst du wagen, Fehler zu machen. Diese Fehler werden auftreten in dem neuen fachlichen, emotionalen oder sprachlichen Raum, den du bisher noch nicht betreten hast. Diesen Raum schenke ich dir! Das heißt: Du darfst Fehler machen! Martin: Wir treffen hier eine Vereinbarung: Wenn der Fehler passiert ist, dann kommst du zu mir, und ich erkläre dir, wie es besser geht. Dann machst du den Fehler vielleicht noch mal und noch mal …, bis du den Fehler nicht mehr machst." Dieser Mitarbeiter ist heute mein bester Einlagenbauer. Er baut die kompliziertesten Einlagen, und er geht den Leuten nicht mehr auf den Sack.

EG: **Mit den Kindern haben Sie Emotionsregulation gelernt, indem Sie Ihre Enttäuschung und Aggression in Sprache gewandelt haben. Wie wirkt sich das bei den Mitarbeitern heute aus?**

LJ: Ja! Eins zu eins. Manchmal bin ich sehr sauer. Dann brauche ich meine Zeit alleine im Büro und werfe etwas in die Ecke. Dann brauche ich meine Leute, denen ich auch mal laut meinen Ärger sagen kann. Doch will ich dem Martin begegnen, dann gehe ich zunächst davon aus, dass er nichts Böses will. Das habe ich auch von meinen Kindern gelernt. Die machen das ja nicht extra. Auch meine Mitarbeiter sind doch in einem Lebensexperiment. Es geht hier nicht um Gut und Böse. Nicht um Richtig und Falsch. Gelernt als Kind habe ich: Wenn ich etwas richtig mache, dann bin gut vor Gott. Mit der großen moralischen Linie wurde ich als Versager großgezogen. Und das wollte ich nicht für meine Kinder und auch nicht für meine Mitarbeiter.

Vor einem Kritikgespräch stelle ich den Mitarbeiter immer erst in seiner Gesamtheit vor, damit ich die unangenehme Kritik, die ich ihm sage, einsortieren kann. Dann fange ich jedes Gespräch mit dem Guten an und konkretisiere das. Zum Beispiel: „Heike, du machst den Plan so gut. Du hast das so prima unter Kontrolle. Jeder hat seine klaren Anweisungen. Jeder weiß, was er zu tun hat." Ist mir das gelungen, und Heike erlebt sich von mir wertgeschätzt, dann kann ich sie auch kritisieren: „Heike, wie du mit der Jane umgehst, gefällt mir nicht!"

Diese Art und Weise des Gespräches habe ich mit meinen Kindern gelernt, und ich wende dies eins zu eins hier im Unternehmen an. Wenn ich mit meinen Kindern über Kritisches gesprochen habe, habe ich ihnen zuerst immer gesagt, dass ich sie liebe.

JL: **Wie gelingt es Ihnen, konsequent zu sein, wenn das wie bei den Kindern wehtut?**

LJ: Großes Manko. Damit habe ich große Schwierigkeiten. Ich habe wenig Konsequenz. Und damit habe ich große Schwierigkeiten. Wenn ein Mitarbeiter wiederholt selbst verschuldete Fehler macht und ich ihm keine Tür mehr aufmachen kann ..., das fällt mir sehr schwer. Daher macht das Leitungsteam häufig das, was es will, und nicht das, was ich möchte.

JL: **Sie haben die Familienphase schon fast abgeschlossen. Was haben Sie über die lange Zeit im Kompetenzcenter gelernt?**

LJ: Die Kunst des Loslassens. Jemanden gehen zu lassen. Ich binde mich emotional immer an Menschen. Und hier habe ich mit den Kindern angefangen, loszulassen. Meine Tochter hat mit 18 Jahren geheiratet. Menschenskind – viel zu früh! „Du bist noch gar nicht fertig!", dachte ich. Dann habe ich sie mit einem großen Fest losgelassen und das täglich geübt. Am Tag nach der Hochzeit meiner Tochter stand ich in ihrem Jugendzimmer. Ich habe so bitterlich weinen müssen. Traurigkeit! Trennung! Und das Loslassen habe ich ebenfalls für das Unternehmen gelernt.

Ein Beispiel: Manfred, meinem Prokurist, sage ich: „Ich schaffe das nicht mehr, du musst das Qualitätshandbuch machen. Du musst mit den Krankenkassen reden." „Okay Chef! Mache ich." Als ich seinen ersten Brief sehe, erschrecke ich: Rechtschreibfehler! Ohwei! Ich sage mir: „Lass ihn seinen Weg gehen!" Heute macht er das auf seine Art und Weise gut. Es ist immer noch nicht so, wie es für mich gut wäre, doch ich muss feststellen: Es klappt! Es funktioniert! Das muss ich respektieren! Das dann stehen zu lassen ist für mich herausfordernd. Ich frage mich dann: „Funktioniert das? Bedroht mich das existenziell?" Wenn ich sagen kann „Nein, es bedroht mich nicht!", dann liegt es an mir, ihm seinen Weg zu lassen und ihn laufen zu lassen.

Im Kompetenzcenter Familie habe ich mit den kleinen Kindern Geduld lernen müssen. Mein Sohn hat als kleines Kind viel geschrien. Ich habe ihn viel getragen. Die Nacht durchgetragen – eineinhalb Jahre!

JL: **Sehen Sie eine Parallele zu Ihrer Unternehmensentwicklung?**

LJ: Ja. Anfangs war viel Geduld notwendig. Wir sind als Unternehmen wie eine Familie gewachsen. Meine Aufgabe war ja, Aufträge zu sammeln. Ich habe mich Ärzten vorgestellt, und ihnen meine Visitenkarte gegeben. Die haben sich bedankt, geben mir meine eigene Visitenkarte zurück und sagen „Auf Wiedersehen!". Da war von mir Geduld gefordert. Damals wollte ich noch nicht „footpower" werden, sondern einfach nur meine Familie ernähren. Ich hatte einfach keine Lust bei meinen Ex-Chefs zu arbeiten, weil die mich nicht gut behandelt haben. Dann brauchte ich Geduld mit Physiotherapeuten, bis sie meine Ideen begriffen. Ich bin überzeugt, dass Vatersein mir eine ganze Menge an Geduld beigebracht hat, um mein Unternehmen aufzubauen. Ich hätte ja auch zu Mitteln greifen können wie: „Ich biete dir Geld an – damit du mir Rezepte schickst!" – Das habe ich nie getan! Das hat mich bewahrt, und ich kann heute Dinge tun, die mir Spaß machen. Ich bin von niemandem abhängig – außer vom Kunden. Und wenn die zufrieden sind, dann ist mein Ziel erreicht.

Bruno beeindruckte mich in dem, wie er mir erklären konnte, wie Waschmaschinen funktionieren. Er war vor dem Hintergrund einer Insolvenz arbeitslos. Ich fragte ihn, ob er in meinem Unternehmen im Kundenservice arbeiten möchte. Bruno sagte, dass er überhaupt kein Wissen über „Muskeln und so" habe. Ich sagte damals zu ihm: „Wer so gut Waschmaschinen erklären kann, der kann das mit den Muskeln auch lernen!" Bruno hat dann ein Anatomiebuch von mir erhalten und hat „Muskeln" gelernt. Bruno fährt jetzt mit einem Firmenbus von einer Sportveranstaltung zur anderen – 44 im Jahr –, um z. B. bei Marathonveranstaltungen auf uns aufmerksam zu machen. Bruno macht das ganz alleine. Da mische ich mich nicht ein. Ich bekomme im Monat einen Bericht. Das war's! Hierüber freue ich mich wie ein Schneekönig. Das ist eine Parallelbeispiel zum Loslassen wie bei meiner Tochter.

JL: **Gesellschaftliche Frage: Worauf führen Sie es zurück, dass in Deutschland im Durchschnitt nur 1,4 Kinder je Frau geboren werden?**

LJ: Anti-Kinder-Politik! Die Menschen verdienen nicht das Geld, was sie verdienen müssten, damit sie die Bereitschaft haben, Kinder in die Welt zu setzen. Die Politik lanciert das ganz bewusst. Sie will die Bevölkerung dumm halten. Diese Kombination aus Dummheit und wenige Mittel ist ein mittelalterliches Phänomen. Das Ziel ist, wenig Menschen viel Geld zu geben, und vielen Menschen wenig Geld zu geben. Das, was wir als Mittelschicht bezeichnen, die die Kinder auf die Welt bringen, diese wird ausgehöhlt.

JL: **Wenn Eltern selbstbewusster mit ihrem Kompetenzcenter Familie auftreten und ihre Fähigkeiten der Wirtschaft auf Augenhöhe anbieten – was wird Ihrer Meinung nach geschehen?**

LJ: Diese Menschen gibt es ja kaum noch in den Unternehmen, die aus einer geordneten Struktur in die Betriebe gehen. Damit meine ich die Werte wie Achtung vor dem anderen, Anstand, Zuverlässigkeit, Höflichkeit. Das muss ich meinen Mitarbeitern zum Teil erst einmal beibringen. Wie begrüße ich einen Kunden? Dass man ihn anschaut und freundlich ist. Wenn das die Eltern, also meine Mitarbeiter, könnten, dann ginge es in den Betrieben gut! Wenn in Familien diese Spannung von Freiheit und Ordnung bzw. Regeln leben, dann würden die Unternehmen ganz viel Energie für ihre Produktivität erhalten.

JL: **Freiheit und Verbindlichkeit. Noch etwas?**

LJ: Zuverlässigkeit! Dieses Vertrauen. Wenn Eltern dies mit ihren Kindern lernen, dann kann auch ich als Unternehmer mich auf Eltern verlassen. Einige Beispiele:
Bruno hat drei Kinder. Mein Prokurist hat vier Kinder. Heike hat drei Kinder. Ich kann mich auf diese Mitarbeiter verlassen. Johannes hat keine Kinder, … schlimm, ich muss ständig aufpassen, dass er mich nicht hinters Licht führt. Jonas, den habe ich ausgebildet, und der hatte damals keine Kinder … wurde Vater, hat jetzt ein Kind. Auch auf ihn kann ich mich heute verlassen. Aron habe ich auch ausbildet. Er kommt aus gutem Elternhaus. Aron kam häufig zu spät zur Arbeit. Ich erklärte ihm, dass ich seine Arbeit schätze, jedoch nicht seine geringe Termintreue. Weiterhin sagte ich ihm: „Wenn du in meinem Unternehmen ein Häuptling werden willst, dann musst du dich auch wie ein Häuptling verhalten." Heute ist Aron ein Häuptling. Was ich hiermit sagen will: Ich sehe einen eindeutigen Zusammenhang bei meinen Mitarbeitern zwischen der eigenen Familie und Zuverlässigkeit im Unternehmen.
Noch etwas habe ich in der Familie gelernt: Worte und Handeln können in der Familie different sein. Und das kann auch bei Führungskräften oder Mitarbeitern der Fall sein. Worte und Handeln passen nicht zusammen. Das Handeln ist jedoch die klare Sprache. Ich habe meine Kinder immer gelobt. Dann sagen mir meine Kinder: „Papa, mach es mit dir selbst! Sei doch mit dir selbst zufrieden!" Oder: Ich sage meinem Sohn: „Ich helfe dir gerne!" … sagt mein Sohn zu mir: „Papa, du hast mich noch nie gefragt, ob ich dir helfen kann!" Ich mache das immer mit mir selbst aus. Damit will ich sagen: Das Loben hat bei meinem Sohn wohl wenig genützt! Mein Reden war nicht durch mein Handeln autorisiert.

Und das ist das, was ich im Unternehmen erlebe: Die Worte, die ich sage, sind weniger wert als das, was ich tue. Ich sage meinem Mitarbeiter: Ich möchte heute bei den engen Produktionszeiten der Einlagen eine Sonderaktion machen, damit die Auslieferung morgen erfolgen kann. Wenn Lothar aber keine Sonderaktionen mitmacht, macht auch kein Mitarbeiter eine Sonderaktion engagiert mit. Das habe ich gelernt. Möchte ich etwas, was meine Mitarbeiter macht, muss ich da rein. Das habe ich von meiner Familie gelernt.

Wir sind mit dem Unternehmen umgezogen. Ich konnte den ersten Tag nicht mitmachen. Dann habe ich mit Heike gesprochen, die den gesamten Umzug organisierte, und ich sagte ihr: Ich kann hier nicht den Leitwolf spielen, wenn ich erst am zweiten Tag mitarbeite. Du musst mich einer Gruppe zuordnen. Ich sagt: Ich möchte die schwerste Aufgabe mit dem schlimmsten Dreck. Ich durfte dann die Giftküche ausräumen. Hinterher wurde mir von der Mitarbeiterin erzählt: Alle Mitarbeiter haben gesagt: „Hast du den Chef gesehen? Der hat die schwersten Dinge geschleppt! Der hat den schlimmsten Dreck weggemacht." Wir haben dann in einer Woche den gesamten Umzug fertig gehabt.

Also: Was übernehme ich aus dem Kompetenzcenter Familie über die Zeit Baby-, Kleinkind-, Jugend-, Erwachsenenalter der Kinder? Dass ich das lebe, was rüberkommt, und nicht das, was ich sage.

JL: Sie nutzen gezielt die Kompetenzen von Eltern in Ihrem Unternehmen?

LJ: Ja! Meine zentralen Funktionen im Unternehmen habe ich mit Eltern besetzt.

JL: … auch systematisch in der Personalentwicklung?

LJ: Dann muss eine große Offenheit der Mitarbeiter mir gegenüber vorhanden sein. Der Mitarbeiter sagt „ja", wenn er von seiner Familie berichtet, etwas sehr Persönliches über sich. Mich geht sein Privates aber offiziell nichts an. Ich bin jedoch völlig davon überzeugt, dass Eltern, die ihre Kinder lieben, Eltern die ihre Beziehung leben, soziale und emotionale Kompetenz lernen. Ich als Unternehmer stelle diese Eltern gerne ein. Das ist ja schon so bei Menschen, die geheiratet haben und in diese Verbindlichkeit gegangen sind.

**Herzlichen Dank,
Herr Lothar Jahrling, für dieses Interview!**

6.10 Dr. Hans-Jörg Gebhard

Vater von zwei Kindern. Aufsichtsratsvorsitzender der Südzucker AG

JL: Wenn Sie heute auf Ihre Familie zurückschauen, welche Fähigkeiten haben Sie durch Ihr Vatersein gelernt oder weiterentwickelt? Wie können Sie diese in Ihrem Beruf oder am Arbeitsplatz nutzen?

HG: Ich bin ein Mensch, dem es wichtig ist, persönliche Beziehungen zu pflegen. Das gilt insbesondere im familiären Umfeld. Menschen, die mich nur von außen betrachten, erleben mich eher als distanzierten, unnahbaren oder sogar autoritären Menschen.

In Wahrheit besitze ich wohl eine Art väterliches Beschützergen, das meine gesamte Vita durchzieht. Von Kindesbeinen an habe ich versucht, mich für Schwächere einzusetzen. Wenn Menschen ungerecht behandelt wurden oder sich nicht wehren konnten, habe ich mich breitgemacht. Diese Eigenschaft hat sich in der Familie und dann auch im Geschäftsleben weiterentwickelt. Wenn ich merke, dass ein Mitarbeiter ein persönliches Problem hat, versuche ich das mir Mögliche zu tun, um seine Situation zu verbessern.

Die Großfamilie hat auf mich eingewirkt, geduldiger zu werden. Unsere zwei Jungs – sobald sie krabbeln konnten – waren stark auf mich fixiert. Ich habe mich nach der Arbeit sehr auf die Kinder eingelassen. Der Lohn meiner Geduld war ein immer besserer Zugang zu ihnen und ein sich festigendes Band in der Beziehung, das bis heute gehalten hat. Natürlich traten mit dem Älterwerden der Söhne auch unvermeidliche Konflikte auf. In dieser Phase wurden auch meine Defizite sichtbarer. Damit hatte ich mich dann auseinanderzusetzen. Ich musste mir Begriffe an den Kopf werfen lassen, die man ungern wiederholt, und ich habe mich gefragt, wie ich das verdient habe, nach all den Jahren der Zuwendung und des unermüdlichen Einsatzes. Da ich nicht zu stark reagieren wollte, habe ich mich zeitweise zurückgezogen und natürlich auch über eigene Fehler nachgedacht und daran gearbeitet, diese auch einzugestehen. Das hat mir schließlich geholfen, die zunächst entstandene Frustration zu überwinden und keine bleibende Verbitterung aufkommen zu lassen.

JL: Das war in der Pubertät, als die Kinder erkannten „Mein Papa ist nicht der liebe Gott!"?

HG: Ja, diese Phase war nicht so prickelnd, weil ich meine Kinder zu jeder Zeit wirklich geliebt habe und ihr Bestes wollte, und ich konnte nicht verstehen, dass sie mir beispielsweise Machtmissbrauch vorgeworfen haben.

Beispiel: Wir waren mit der Familie in Urlaub. Alles war prima und hat gut funktioniert. Dann gab es folgende Situation: Flughafen Wien. Wir mussten wegen eines Anschlussflugs umsteigen. Ich war ziemlich angespannt, weil wir wenig Zeit hatten, um mit einem Bus zum anderen Gate zu gelangen. Der Bus hatte hinten drei Sitze, die u. a. von mir und dem zahlreichen Handgepäck belegt waren. Da sagte mein Großer: Da ist noch ein Sitz frei. Ich sagte: „Nein! Da passt keiner mehr hin, und ich möchte hier nicht wie ein Hering sitzen." Zum Schluss saß ich dann auch im Flieger alleine und die anderen saßen zu dritt zusammen.

JL: Sie üben sich weiter in Konfliktfähigkeit und Emotionsregulation. Wo sehen Sie hier ein Übertragen in das Geschäftsleben und in Ihren Beruf?

HG: Für diese Frage bin ich vielleicht nicht der richtige Interviewpartner, da ich auch von meiner Familie immer wieder gesagt bekomme, dass ich ja keinen Vorgesetzten hätte, der mir mal die Meinung sagt. „Wer hält denn in deinem geschäftlichen Umfeld auch mal dagegen?", „Es gibt über dir keinen, außer Gott" – so in etwa. Nebenbei bemerkt: Ich empfinde das überhaupt nicht so.

Die Situation zu Hause ist natürlich etwas anders, dort gibt es meine Frau. Die lässt da nicht locker. Das ist anders als im beruflichen Umfeld. Meine Frau hat kein Problem, mich mit meinen Fehlern oder mit meinen Defiziten zu konfrontieren. Im beruflichen Umfeld und insbesondere für Mitarbeiter oder auch Kollegen ist das wohl ein bisschen schwieriger.

Zu Ihrer Frage: Mein Führungsstil hat sich über die Jahre hin zur Teamorientierung gewandelt, einfach auch aus den Erfahrungen in und mit meiner Familie. Ich habe gelernt, dass die Erreichung eines Zieles besser gelingt, wenn ich es schaffe, die anderen mitzunehmen. Das läuft im Beruf und Unternehmen wie in der Familie: Wenn ich die Mitarbeiter oder Kinder motivieren kann, dann habe ich es leichter, die gesteckten Ziele zu erreichen.

Die entscheidende Erkenntnis ist: Ich muss akzeptieren, dass meine Kinder mein Handeln sehen. Ich kann nicht von meinen Kindern erwarten, dass sie mit Fernsehen und Medien vernünftig umgehen, wenn ich selber nach Hause komme und mich vor die Glotze setze, ein Bier neben mich stelle und zur Frau sage: „Bring mal das Essen her, ich bin völlig ausgehungert." Diese Vorbildfunktion halte ich für außerordentlich wichtig. Ich kann nur das von meinen Mitarbeitern

verlangen, was ich selber bereit bin zu bringen. Und in der Familie ist es genauso. Ich kann nicht sagen „Räumt den Tisch ab", und ich bleibe sitzen und mache keinen Handschlag.
Das musste ich auch erst lernen. In meiner Jugend war das anders. Wir hatten Angestellte im Haushalt. Da hatte ich als Kronprinz keine Funktion. Nicht mal Schuhe putzen musste ich. Heute putze ich den Kindern die Schuhe, was besonders meine Schwiegertöchter nicht verstehen. „Warum machst du das?", fragen sie. Meine Antwort: „Erstens kann ich nicht sehen, wenn Schuhe dreckig sind und das Leder leidet. Und zweitens schenke ich meinen Söhnen Zeit, die sie mit ihren Familien oder auch mit meiner Frau verbringen können." Mein anderes Familien unterstützendes Hobby ist Autoscheiben putzen: Ich kann nicht verstehen, wie man mit Autos durch die Lande fahren kann, deren Scheiben ein einziger Insektenfriedhof sind. Das halte ich dann irgendwann nicht mehr aus und gehe raus, und mache diese Scheiben schließlich sauber. Solche Situationen sind ein gutes Übungsfeld für mich, Dinge oder Situationen auszuhalten, die nach meinem Dafürhalten nicht perfekt oder ordentlich sind. Das fällt mir immer wieder schwer. Das gelingt mir auch heute in der Familie bisweilen noch nicht vollständig und bleibt für mich ein Übungsfeld.
Zweifellos hat meine Familie mich verändert. Das Korrektiv aus der Familie ist für mich ein hohes Gut. Das Lernen in der Familie hat meine Fähigkeiten verbessert, auch in meinem beruflichen Umfeld erfolgreich zu sein. Das hatte schon, als wir von der Uni auf den Hof zurückgekehrt sind, eine gute Ausstrahlung auf meine Betriebsleiterfunktion gehabt. Wenn ich sah, dass mein Mitarbeiter etwas umständlicher und langsamer arbeitete, als ich es gewohnt war, dachte ich: „So ein Ärger, das mache ich in der halben Zeit!" Doch ich bin nur 30 min da, und die restlichen siebeneinhalb Stunden muss der Mitarbeiter alleine sein Tageswerk fertigbringen. Also, was bringt es dann, wenn ich ihn frustriere? Das muss ich eben aushalten. Von meinen Kindern bekomme ich heute deutlich den Spiegel vorgehalten. Sie hinterfragen mein Handeln: „Was machst du mit dem Mitarbeiter? Warum tust du das? Muss das denn sein?" Sie begegnen mir weitaus unmittelbarer. Im Unternehmen wagt es kaum ein Mitarbeiter, mich und mein Agieren zu hinterfragen. Meine Familienmitglieder nehmen da kein Blatt vor den Mund. Diese Sicherheit tut gut! Ohne diese hätte ich es im beruflichen Umfeld schwieriger. Dann wären noch mehr Leute frustriert, und das wäre für den betrieblichen Ablauf nicht förderlich und zielführend.

Auf den Punkt gebracht: Familie hat mir beigebracht, vom Familienbeschützer auch zu dem zu werden, der die Perspektive übernimmt, der zuhört, der motiviert. In der Tat: Diese Weiterbildungskurse hatte ich bei mir zu Hause, in meiner Familie. Die sind kostenfrei, aber umso robuster und härter. Daher ist es gut, wenn ich manchmal von zu Hause weg bin.

JL: **Sie sind nun in verantwortlicher Position sowohl in ihrem eigenen Unternehmen als auch bei der Südzucker AG. Was vermuten Sie, welche Elternkompetenzen sind für das Unternehmen wichtig und von hohem Nutzen?**

HG: Die Übernahme und das Aufteilen von Verantwortung in der Familie ist ein großes Thema. Im Sinne von: Ich kann nicht alles, muss ich auch nicht, doch ich muss mich mit den anderen absprechen. Der eine möchte dieses Programm schauen, der andere präferiert jenes Programm, der Nächste möchte rausgehen, um noch dies und jenes zu erledigen. Die ständigen Konflikte – das meine ich im positiven Sinn – müssen fair ausgehandelt werden.

Familie gibt eine erhebliche Stabilität, wenn sie funktioniert. Wenn ich nach Hause komme und weiß, meine Familienmitglieder akzeptieren mich als Vater oder Ehemann oder lieben mich sogar…, denen bedeute ich etwas. Das gibt mir Ruhe in mir selbst. Kindern Werte zu vermitteln und sie ins Leben zu geleiten, darin erkenne ich Sinn, der in hohem Maße mein Leben ausmacht.

Im beruflichen Umfeld ist es doch ähnlich. Wenn ich spüre, dass die Menschen mich akzeptieren, dass ich authentisch und zugewandt bin, dann werden sie auch Vertrauen haben in das, was ich sage oder anordne.

JL: **Welche Anforderungen werden an den zukünftigen Arbeitsplatz gestellt? Wird der Faktor Mensch zukünftig wichtiger werden?**

HG: Ich denke, der Lonesome Wolf hat kaum eine Überlebenschance. Gefragt ist in hohem Maße Teamfähigkeit. Einzelkämpfer haben wir vielleicht noch in irgendwelchen Forschungslabors, doch in der Regel ist es heute doch so, dass man alleine nicht weiterkommt. Die Kreativität ist begrenzt, Kommunikationsfähigkeit, die Fähigkeit, sich mitzuteilen, auch Frustrationstoleranz gehören bedingungslos dazu, die Fähigkeit, immer wieder Neues anzunehmen und zu lernen. Genau wie zu Hause: Familie, das ist ein ständiger Entwicklungsprozess, angefangen von der Betreuung der Kleinen bis hin zu den Großen, die mir dann ein Gegenüber sind.

Auch das Bilden von Ritualen ist mir noch wichtig. Rituale, wie das gemeinsame Mittagessen, Abendessen oder das gemeinsame

Wochenende sind wichtig. Im Unternehmen ist das auch so. Zum Beispiel ist es bei uns die Regel, dass wir uns vor Sitzungen am Abend vorher treffen, um uns über das Geschäftliche, aber bisweilen auch über private Dinge auszutauschen und nach dem Befinden des anderen zu fragen. Es ist gut, dass dies regelmäßig stattfindet. Das schafft Vertrauen, sich auch in dieser Art und Weise zu begegnen und zu kennen.

Ohne Familie hätte ich mich beruflich noch intensiver in die Arbeit gestürzt oder wäre noch früher ausgebrannt. Die Familie ist für mich Regulativ und zum Erhalt meiner Leistungsfähigkeit unabdingbar.

Die große Herausforderung für die Unternehmen sehe ich darin, die Arbeitsplatzsituation so zu gestalten, dass eben nicht mit Elternschaft oder Pflegeaufgaben eine Doppel- oder Dreifachbelastung für Mitarbeiter entsteht, die sie erdrückt. Es muss alles getan werden, dass eine hohe Vereinbarkeit von Beruf und funktionierender Familie sichergestellt werden kann.

JL: **Was kann das Unternehmen dazu beitragen, dass Familien gelingen?**

HG: Zunächst mal muss man sich überlegen: Sind beide berufstätig oder nicht? Ich bin daran stark interessiert, dass man Familien Zeitmodelle bietet, die beiden eine berufliche Existenz möglich machen, aber auch mehr als eine nur körperliche Präsenz zu Hause garantieren. Wichtig sind Betreuungsangebote für Kinder wie Betriebskindergärten oder Hausaufgabenbetreuung, damit Mitarbeiter problemlos und schnell zu ihren Kindern gelangen können.

Die Flexibilisierung der Arbeitszeiten ist ein großes Thema. Das Werben um Fachkräfte wird mit solchen Angeboten unterlegt. Wer da Gutes bieten kann, der hat einen Vorteil gegenüber anderen.

Meine Aufgabe als Aufsichtsrat ist es, mit den Vorständen diesbezüglich zu sprechen und zu schauen, dass wir in Zukunft noch kreativer werden, Lösungen zu finden, die eine bessere Vereinbarkeit von Beruf und Familie sicherstellen. Dort ist einiges auf die Beine zu stellen.

JL: **Sie haben das gesamte Changemanagement einer Familie schon erlebt.**

HG: Das kann man so sagen. Die Familie hat mich verändert. Ich wusste oftmals nicht, was als Nächstes passiert. Ich habe mich darauf eingelassen. Die Familiensituationen haben eine hohe Veränderungskraft. Ich habe in Gesprächen mit meiner Frau, die nicht immer Vergnügen waren, zumindest versucht, nachzuvollziehen, was bei mir nicht so besonders gut angelegt ist. Das Korrektiv war für mich nicht schädlich für mein berufliches Weiterkommen. Ich habe durchaus verstanden, dass persönliche Veränderung notwendig ist und ich nicht zu einem Zeitpunkt X den Stein der Weisen gefunden habe. Mit der Familie habe ich mich stets weiterentwickelt. Die Familie dreht sich ständig – das Berufliche auch.

**Herzlichen Dank,
Herr Dr. Hans-Jörg Gebhard, für dieses Interview!**

Stichwortverzeichnis

A

Adjourning 270
Akademikerinnen, kinderlose 4
Altersbild 310, 311
   gesellschaftliches 313
   individuelles 312
   negatives 312
   optimistisch-realistisches 316
   positives 312
      Geburtsort 314
   Sterben 315
Altersmanagement 317
   Ausbildungsort, Familie 309
   Definition 318
Älterwerden 308
Altsein 308
Ambiguitätstoleranz 62, 117
Andon-Schnur (Andon-Cord) 260
Anerkennung 126
   Beziehungsaspekt 129
   Informationsaspekt 128
   konkrete 130
   Lernaspekt 128
   Motivationsaspekt 128
   Selbstbild 129
   Wirksamkeit, Bedingungen 129
Anforderungsbereich 23
Anpassung, hedonistische 67, 101
Anweisungen 110
Anwesenheitsorientierte Arbeitskultur 307
Arbeit 3
Arbeitskultur, anwesenheitsorientierte 307
Arbeitsorganisation 185
Arbeitsschutzgesetz 176
Arbeitsschutzstrategie 184
Arbeitssicherheit, Psychologie 178
Arbeitsumgebung 186
Arbeitsunfähigkeitsschreibung 183
Arbeitsunfähigkeitstage 184
Arbeitszeitgestaltung 306
Arbeitszeitkultur, ergebnisorientierte 307
Arbeitszufriedenheit 100
   Familie 100
   sozialer Status 100
Armutsrisiko 299
Arrangement, Minderwertigkeitsgefühl 214
Atementspannung 92
Atomunfall, Three Mile Island 192

Auffälligkeit, psychische 183
Aufforderung, wirksame 140, 142
Aufgabenorientierung 276
Aufmerksamkeitsspanne 263
Augenhöhe 96
  positive Beziehung 96
Aushandlungsprozess 97
  Eltern/Kinder 48
Autoritäre Erziehung 162

B

Begeisterung, Familie/Beruf 73
Beinah-Unfall 194
Belastbarkeit 93
Belastung, psychische 70
  Arbeitsablauf 185
  Arbeitsaufgabe 185
  Arbeitsinhalt 185
  Arbeitsorganisation 185
  Arbeitsumgebung 186
  Arbeitszeiten 185
  emotionale Inanspruchnahme 185
  Handlungsspielraum 185
  Kommunikation 185
  Kooperation 185
  Qualifikation 185
  soziale Beziehung 186
  Verantwortung 185
Bescheidenheit 319
Bescheidwisser 153
Bestrafung
  effektive 134
  Effektstärke 134
Betriebliche Weiterentwicklung 238
Betriebsunfall 196
Betriebswirtschaftliche Perspektive 237
Bevölkerungsentwicklung 14
Bewegung, mangelnde, Kinder 182
Bewertungsprozess, Stresssituation 204
Beziehung
  positive s. positive Beziehung
  Qualitätsfaktor 170

Beziehungsaufbau, partnerschaftlicher, zum Kind 48
Beziehungsorientierung 276
Bibel
  anvertraute Talente 216
  Beziehungsordnung zwischen den Generationen 48
  10 Gebote, Gesundheitsschutz 180
  Liebe deinen Nächsten wie dich selbst 80
  Schöpfungsbericht 98
Big Data 346
Big Five 280
  Persönlichkeitsmerkmale 280
Bild
  vom Menschen 160
  vom Mitarbeiter, KVP 153
Bildungsort, informeller 327
Bildungsweg, informeller 8
  Industrie 4.0 347
Bindung, emotionale, nach Bowlby 102
Bindungshormon 20
Boreout 70
Brainstorming 267
Brandschutz 180
Burnout 4, 75, 290
  Arbeitsunfähigkeitsbescheinigung 75
  Begeisterung 70
  Job-Demand-Control-Modell 76
  Kreislauf 75
  4 Phasen 76
  Stufenmodell 76

C

Calvinismus 161
Changemanagement 49
  Funktionsoptimierung 52
  Optimierung, Entlastung 50
  Prozessmusterwechsel 52
  Veränderung, Aufwand 50
Cloudworker 69
Clown 273

Coaching 124
Co-Leadership, positive Beziehung 94
Consideration 282
Coping, dyadisches 91

D

Deming-Kreis 158
Demografieanalyse 327
Deprivationstank 217
Dienstreise 114
Dopamin 20
Dopaminausschüttung 20
Dringlichkeit, Eisenhower-Prinzip 87
Durchlaufzeit 254
Dyadisches Coping 91

E

Ebbinghaus-Signalverarbeitung 15
Eigenverantwortung 83
Einkommensverlust 300
Einschränkung 320
Einzelarbeit 291
Eisenhower-Prinzip, Wichtigkeit, Dringlichkeit 87
Eltern
    Armutsrisiko 299
    Führungskompetenz 292
    Führungsposition 292
    gute s. gute Eltern
    Industrie 4.0 346
    intrinsisch motivierte 41
    Lebensexperten 346
    Lohnverlust 292
    sich selbst managende 43
    sich selbst weiterentwickelnde 43
    Vorbildfunktion 193
Elternarbeit 12, 28
Elternburnout 187
Elternkompetenz 27, 196, 237
    am Arbeitsplatz 27
    arbeitsrelevant formulieren 333
    Aufzählung 28

Elternkurs 31
    PEP4Kids 272
Elternverhalten, Nutzen am Arbeitsplatz 11
Elternzeit 303
    Karrierebonus 304
    Teilzeitjobs 292
Emotion, positive 18
Emotionale Bindung nach Bowlby 102
Emotionale Intelligenz 346
    Empathie 90
    Top-Manager 91
Emotionsregulation 90
    Definition 93
Engagement 266
Engagement-Index nach Gallup 102, 281
Enrichment, Gemeinsamkeiten, fruchtbare 6
Enrichment-Ansatz 29
Entbehrlichkeitseffekt 268
Entscheidungskompetenz 252, 262
Entspannung auf Knopfdruck 92
Entwicklungspotenzial
    Eltern 32
    Unternehmen 32
Erfahrungswissen 322
Erfolgsgeheimnis, Toyota 259
Ergebnisorientierte Arbeitszeitkultur 307
Erleichterung, soziale 268
Ernährung, Kinder/Jugendliche 182
Erwerbsleben, Eltern 295
Erwerbstätigkeit, alleinerziehende Mütter 298
Erwerbsunterbrechung, geburtenbedingte 300
Erziehung, Qualität 169
Erziehungsgeld 297
Erziehungsratgeber 31, 32
    PEP4Kids, wirksame Aufforderung 140
Erziehungsstil 162
Ethik, protestantische, Industrialisierung 162

Evlolution of safety thinking 194
Expertenwissen 153
Expertenzusammenarbeit, vernetzte 165

F

Fachexperte, Führungskraft 165, 285
Fachkräftemangel 1
Familie 28
　Alleinstellungsmerkmal 276
　integrative Begegnung 314
　Mission Statement 12
　Neuorientierung 50
　Selbsterfahrung, Seminar 45
　ständiger Wandel 42
　Team 269
　Teamarbeit 265
Familienarbeit 28
Familienbild 238
Familienentwicklung 320
　Phasen 45
Familiengründung 297
Familienlogik 112
　Geben/Nehmen 113
Familienregeln
　entwickeln 86
　Konsequenz 138
　Ziel 138
Familienzyklus 42, 46
Feedback
　ehrlicher 38
　harte Fakten 39
Fehler machen 143
Fehlzeiten-Report 2015 181
Fließbandarbeit, Funktionslogik 116
Förderung 121
Forming 270
Forschungsabteilung 263
Fragen-Sagen-Tun-Prinzip 122
Frauen, Führungspositionen 293
Fremdbetreuung 292, 301
Fremdwahrnehmung 81, 218

Führung 277
　aufgabenorientierte 282, 283
　Beziehungsarbeit 145
　Beziehungsorientierung 279
　Definition 278
　durch Vorbild 160, 174
　erfolgreiche 134
　Gruppendynamik 287
　Herkunftsfamilie 286
　Kohäsionspol 281
　Kontingenzansatz 279, 284
　laterale 94
　Lokomotionspol 281
　mitarbeiterorientierte 282, 283
　Persönlichkeitsansatz 280
　Primärgruppe 281
　Sekundärgruppe 281
　shared leadership 279
　Situationsansatz 284
　situative 228
　transformationale 94
　Verhaltensansatz 280
Führungserfolg 278
　Person 278
Führungsfehler 127
　fehlende Unterstützung 145
Führungskompetenz 17
Führungskraft 279, 304
　als Bescheidwisser 164
　Fachexperte 165, 285
　fair zum Menschen 114
　Persönlichkeitsmerkmale 279
　Toyota 175
　Vorbildfunktion 193
　weibliche 293–295
Führungsprinzip 252
　Taylor'sches 249
Führungsstil 280
　Leistungsfähigkeit 280
　soziales Klima 281
Führungsverhalten
　consideration 282

initiating structure 282
konsequentes 133

G

Gallup-Engagement-Index 102, 281
Geburtenrate 5, 13, 294
Gefährdungsbeurteilung, psychische Belastung 76, 179
Gefahren, Umgang 190
Gehirn 15
Gemba 224
　realistisch bleiben 222
Gemeinsamkeiten, fruchtbare 6
Genchi Genbutsu 155
Gerechtigkeit
　Familienlogik 113
　Unternehmenslogik 113
Gestalten positiver Beziehungen 108
Gesundheit fördern 199
Gesundheitsbericht, Rober Koch-Institut 2015 182
Gesundheitsbewusstsein 187
Gesundheitsfaktor, soziales Umfeld 183
Gesundheitsmanagement 180
　zielgruppenspezifisches 181
Gesundheitsschutz 180
Gewohnheitsbildung 50
Glauben 130
　Vertrauen 160
Glaubensüberzeugung 34
Gleichheitsprinzip, Familienlogik 113
Groupthink 268
Grundgesetz
　Persönlichkeitsrecht 98
　Würde des Menschen 98
Grundüberzeugung 34
Gruppe
　kooperatives Handeln 266
　Leistungseffekte 269
　Nachteile 266
Gruppenarbeit 291

Gruppendenken 268
Gruppendynamik 267, 287
Gruppenleiter, Besetzungsfehler 2
Gute Eltern 1, 28, 31, 35
　achte auf dich selbst 33
　fördere positive Beziehungen 34
　lebe deinen Glauben (deine Wertvorstellungen) 34
　realistisch bleiben 35
　sei konsequent 34
　sei verbindlich 34
　sichere Bewältigung des Alltags 35
　sieben Herausforderungen 32
　stehe zu deiner Elternschaft 33
　Wettbewerbsvorteil 1
Gutes Lernen, Rahmenbedingungen 23

H

Hackordnung 273
Halluzination, Realitätsüberprüfung 217
Handlungskompetenz 10
Handlungskompetenzmatrix 328
Handlungskompetenzmodell 326
　Unternehmensziel 326
　verhaltensnahe Kompetenzbeschreibung 327
Handlungsspielraum 185
Hedonistische Anpassung 67, 101
Herkunftsfamilie 286
Herstellqualität 256
Herstellungsprozess 241
High-Quality Connections 95
　positive Beziehung 94
Hochleistung 246
Homans-Gesetz 119
Homeoffice 114
Humankapital, Entwertung 299
Humanvermögen 44, 295, 303
　Familienunternehmen 44
Hybridtechnologie 264

I

IDEFICS-Studie 182, 199
Identität 81
  eigene 81
  Midlife-Crisis 82
Ideologie 159
Industrialisierung 3, 161
Industrie 4.0 295, 306
  Beziehungsfähigkeit 94
  emotionale Kompetenz 345
  informeller Bildungsweg 347
  Management von Beziehungen 346
  Qualifizierung, überfachliche 345
  Selbstkompetenz 345
  soziale Kompetenz 345
Informeller Bildungsweg 8
  Industrie 4.0 347
Informelles Lernen
  Einführung im Unternehmen 332
  Familie, Personalentwicklung 11
  Kompetenzbildung 2
  Learning by Doing 10
Initiating structure 282
Inkonsequenz 143
Intelligenz
  emotionale 346
  fluide 322
  kristalline 313, 322
  soziale 346
  übersummative 239
Interaktion
  Begegnungszeit 272
  Häufigkeit 272
Intrinsische Motivation 258

J

Jenseitshoffnung 317
Job-Characteristics-Modell 101
Johari-Fenster 218
Jonestown, Massensuizid 218
Jugendliche
  Selbstbestimmung 47
  Selbstverantwortung 47

K

Kaizen 150
Karriere
  Geschlechterverteilung 302
  Männer 293
  Mütter 301
Karrierebonus 304
Karriereknick 301
KiGGS (Jugendgesundheitssurvey) 182
Kinder, Loslassen 48
Kinderbetreuung 301
Klettverschlusseffekt 17
Kohäsion 274
Kohäsionspol 281
Köhlereffekt 268
Kommunikationsklarheit 117
Kompetenz
  Definition 9
  emotionale 345
  personale 2
  soziale 238, 345
  überfachliche 9
  unter Stressbedingung 40
  verhaltensnahe Beschreibung 327
Kompetenzaufbau 15
Kompetenzcenter Familie 8, 27
  Altersmanagement 318
  Ambiguitätstoleranz 62, 117
  Anleiten 124
  Anweisungen 110
  aufgabenorientierte Führung 283
  bedingungslose Wertschätzung 130
  Belastbarkeit 93
  Bescheidenheit 319
  Coaching 124
  eigene Beispiele erstellen 336
  Eigenverantwortung 83
  Emotionsregulation 93
  Familienentwicklung 320
  Gestalten positiver Beziehungen 108
  Gesundheitsbewusstsein 187
  Gruppenprozesse begleiten 271
  Integration von Einschränkungen 320

Kommunikationsklarheit 117
konkretes Loben 130
Konsequenz 146
kontinuierlicher
    Verbesserungsprozess 151, 225
Krisenbewältigung 319
Lebenszielentwicklung 319
Leistungseffekte der Gruppe 269
Menschenbild weiterentwickeln 166
Mission Statement entwickeln 61
mitarbeiterorientierte Führung 283
Nutzen kurzer Beziehungszeiten,
    Definition 120
Organisationsentwicklung 320
PDCA-Zyklus anwenden 158
Realisierungsorientierung 88
Realistischsein 215
Selbsteinschätzung 224
Selbstkompetenz 83
Selbstreflexion 288
Sicherheitsbewusstsein 187
Sicherheitskultur entwickeln 199
situatives Führen 228
Systemklarheit 117
Teamklima beeinflussen 291
Übersicht 335
Umgang mit der Lebensgrenze 321
Unterstützung anbieten 321
Vorbildfunktion 175
Werte leben 131
wirksame Aufforderung 142
Zielentwicklung 87
Zielformulierung 139
Zielsetzung 87
Zuhören 121
Zusammenfassung 53
Kompetenzerwartungen,
    Bewerberverhalten 302
Kompetenzerwerb
    beiläufiger 12
    effizienter 10
Konsequenz 132
    Belohnung 146
    Bestrafung 146
    Beziehungsarbeit 136
    Dienst nach Vorschrift 134
    Dressur 133
    erfolgreiche Führung 134
    geben 147
    Hilfe zur Zielerreichung 142
    Konfliktsituation 134
    Machtdemonstration 143
    Missbrauch 143
    nehmen 147
    Strafe 133
    unbequeme 133
    Ziel formulieren 136
Konsequenzmatrix 146
Kontakt (face to face) 272
Kontakthäufigkeit 272
Kontingenzansatz 279, 284
Kontinuierlicher Verbesserungsprozess
    s. KVP
Kunde
    dialogische Qualität 169
    ist König 171
KVP (kontinuierlicher
    Verbesserungsprozess) 150, 209
    Bescheidwisser 153
    Geh hin und sieh 153
    Konsequenz 150
    Taylorismus 162

L

Laterale Führung, positive Beziehung 94
Lean Manufacturing, Gemba 224
Lean Production 10
Learning by Doing 10
Lebenserwartung 244, 310
Lebensexperten
    Arbeit 346
    Familie 346
Lebensfragen, spirituelle 316
Lebensgrenze, Umgang 321
Lebensphilosophie 34

Lebenszielentwicklung 319
Lebenszufriedenheit, Eltern 46
Lebenszyklus, beruflicher 317
Leistungssport 92, 213
Leitbilder 130
Lernen
   assistenzbasiertes 295, 345
   gutes 23
   informelles s. informelles Lernen
   positive Beziehung 95
   positive Emotion 73
   prozessorientiertes 347
   Rahmenbedingungen 23
Lernende Organisation 20
Lernender Organismus, Familie 196
Lernerfolg 19
Lernort Familie 9, 37
   genügend Zeit 40
   günstige Motivationsmuster 41
   Handlungskompetenz 9
   Learning by Doing 38
   Lernziele 42
   Selbstmanagement 43
   Vertrauensbeziehung 37
   Vorteile 36
   Zusammenfassung 45
Lernprozess, lang andauernder 40
Lernpsychologie 146
Lerntheorie, soziale 174
Lernziele 42
Liebesgebot 80
Lob s. Anerkennung
Lohnverlust 292, 299
   Berechnung 300
   Eltern 297
Lokomotionspol 281
Lösung
   erster Ordnung 50
   zweiter Ordnung 50
Loyalität, Familienlogik 113

M

Machtdemonstration 143
Magisches Dreieck 254

Management 43
   by Objectives 85
   Teilzeit 305
   von Beziehungen 346
Managementansatz, Menschenbild 99
Managementlehre 12
Marketing 165
Maskottchen 273
Matrixorganisation 241
Maximierung, Unternehmensprofit 252
Medien, elektronische, exzessive
      Nutzung 181
Mensch
   Industrie 4.0 346
   Wertschöpfungsprozess 346
Menschenbild 99
   der Führungskräfte 260
   Industrie 4.0 346
   realistisches 346
   Taylorismus 197, 252, 285, 289
   Vertrauen 252
   Wandel 163
   Weiterentwicklung 166
   Wettbewerbsfaktor 171
Menschenleere Fabrik 264
Mensch-Maschine-Schnittstelle 192
Mensch-Organisation, Kompetenzen
   347
Midlife-Crisis 47, 319
Minderwertigkeitsgefühl 214
Mission Statement 12, 59
   Ambiguitätstoleranz 62
   Durchhaltevermögen 64
   Dynamik 62
   Entwicklung 61
   visionäres strategisches Handeln 64
Mitarbeiter
   ergebnisorientiertes Handeln 346
   ganzheitliches Denken 346
Mitarbeiterführung s. auch Führung
   Coaching 175
   Mentoring 175
Mitarbeitergesprächsrunde 249
Mitarbeiterverhalten 263

Moderationsfähigkeit 239
Monozukuri 264
Montagelinie 263
Motivation
    extrinsische 161
    intrinsische 258
Motivationsgewinn, Teamarbeit 268
Motivationsverlust, Teamarbeit 267
Motomachi 263
Muda (Verschwendung), informelles
    Lernen 10
Mütter, alleinerziehende 298
Mutter-Kind-Bindung,
    Fremdbetreuung 301

N

Nervensignal 16
Neuorientierung in der Familie 50
Neuronale Rahmenbedingungen 15
Neuroplastizität 16
NICHD-Studie 301
Norming 270
NUMMI 260

O

Oracle-Simply-Talent-Studie 266
Organisation 7
    lernende 20
Organisationsentwicklung 241, 258, 320
Organisationspsychologie 7
Orientierungssystem 253
Oxytocin 20

P

Paarforschung 66
Paarzufriedenheit, Geburt eines Kindes 46
Partnerschaft
    Übergang zur Elternschaft 46
    Wirtschaft-Familie 345
Pathogenese 187
PDCA-Zyklus 20, 93, 158, 189, 291

PEP4Kids 31, 336
Perfekte Eltern 35
Performing 270
Permissive Erziehung 162
Personale Kompetenz,
    Unternehmenserfolg 2
Personalentwickler 12
Personalentwicklung, informelles
    Lernen 324, 330
Personalpolitik, familienorientierte,
    informelles Lernen 2
Persönlichkeitsansatz 280
Persönlichkeitsrecht 98
Persönlichkeitstheorie
    Big Five 280
    XY-Theorie 161
Perspektive, betriebswirtschaftliche 237
Positive Beziehung 34, 94
    Begegnung 99
    Belastungen aushalten 94
    Best Practice 115
    Förderung zur Selbstständigkeit 121
    kurze Begegnungen 115
    persönliche Entwicklung 99
    positive, Gestaltung 108
    Vertrauen 95
    Vertrautheit durch Sicherheit 99
    Werte leben 100
    Wertschätzung 99
Positive Emotion 18
Präsenzkultur 305
Prävention 180
    Schutzfaktoren 180
Primärgruppe 281
Primary appraisal 204
Privatleben 3
Problemlösung 244
Produktionsfaktor 264
Prophezeiung, selbsterfüllende 313
Protestantische Ethik, Industrialisierung 162
Prozessmuster neu entwickeln 49
Prozessqualität 255
Psychische Auffälligkeit, KiGGS 183

Psychische Beanspruchung 70
Psychische Belastung 183
Psychische Gefährdungsbeurteilung 76, 179
Pubertät
 dritte 82
 zweite 47, 82

Q
Q12®-Aussagen 107
Qualifizierungsmodul, individualisiertes 345
Qualität 168
 dialogische 169
Qualitätsentwicklung, Selbsterkenntnis 209
Qualitätsmanagement 209, 223
 ISO 9001 151
 Respekt 170
 Prozessfehler 223
Qualitätsnorm ISO 9000 168
Qualitätsprüfprozess 254
Qualitätssicherung 263
 Vertrauen 260
Qualitätsverlust, mangelnde Beziehungsqualität 169
Qualitätswerkzeug 260
Quotengesetz 294

R
Realisierungsorientierung 88
Realismus, depressiver 211
Realistisch bleiben 205
Realität 221
Realitätsüberprüfung 217
Re-appraisal 204
Reifegradmodell, Führungsverhalten 227
Resignation 72
Respekt 127
 Arbeitszufriedenheit 167
 Engagementsteigerung 167

Selbstrespekt 167
 vor dem Kunden 168
 vor dem Menschen 166
Ressource 264
Risikosituation, Vorbereitung 92
Ritual 50, 243
Robert Koch-Institut, Gesundheitsbericht 2015 182
Rolle
 bestimmen 273
 Clown 273
 Differenzierung 272
 erstgeborenes Kind 273
 fixierte 273
 Geburtenfolge 273
 horizontale Ebene 273
 letztgeborenes Kind 273
 Macht 273
 Maskottchen 273
 Sandwichkind 273
 schwarzes Schaf 273
 sich einlassen 273
 stilles Kind 273
 Summe der Erwartungen 272
 Überlebensrolle 273
 variable 273
 vernünftige 273
 vertikale Ebene 273
Rückmeldung 217
 Identität 221
 Korrektur 217
 understanding 217

S
Salutogenese 180, 187
Sandwichkind 273
Scheitern 143
Schlafmangel, Kinder 182
Schwarmintelligenz 266
Schwarzes Schaf 273
Schwiegersohn, Integration 49
Schwiegertochter, Integration 49

Scientific Management 250
Secondary appraisal 204
Sekundärgruppe 281
Selbstaktualisierung 82
Selbstbestimmung, Jugendliche 47
Selbsteinschätzung 207, 224
  Fragen 207
Selbstkompetenz 68, 83
Selbstreflexion 288
Selbstständigkeit, Anleitung 121
Selbststeuerung 81
Selbstverantwortung 68
  Wissensarbeiter 68
Selbstwahrnehmung 81, 218
Selbstwertgefühl 81
Selbstwirksamkeit 19, 72
Sensorische System 15
Set-Point-Theorie 67
Shared leadership 279
Shell-Jugendstudie 297, 318
Sicherheit
  Argumentationsklarheit 110
  durch Routine 111
Sicherheitsbeauftragte 196
Sicherheitsbewusstsein 187
Sicherheitsexperte 194
Sicherheitskennzahl 197
Sicherheitskritisches Verhalten 195
Sicherheitskultur 193
  Entwicklung 199
  Gerechtigkeit 195
  Vertrauensklima 194
  Vorgesetzenverhalten 194
Sicherheitskumpel 197
Sicherheitspartner, Kinder 195
Sicherheitswissen 195
Signalschnur 260
Signalverarbeitung 16
  nach Ebbinghaus 15
Situationsansatz 284
Situative Führung 228
  Reifegradmodell 227
Small-Talk-Regeln 120

Sollbruchstelle 49
Southwest Airlines 253
Soziale Erleichterung 268
Soziale Intelligenz 346
Soziale Kompetenz 238
Soziale Lerntheorie 174
Sozialer Wettbewerb 268
Soziales Faulenzen 267
Soziales Netzwerk, Gestaltung 346
Sozialkompetenz, Unternehmenserfolg 2
Spillover-Effekt 6, 27, 29, 337
  emotionaler Pfad 11
  instrumenteller Weg 11
5S-Strategie, Verhältnisprävention 188
Standards 273
Sterben 315
  hoffnungsvolles 316
Sterbenlernen 316
Stereotyp 313
Steuerungsfähigkeit 239
Stilles Kind 273
Storming 270
Stress 89
Stressfaktoren 71
Stressmanagement
  dyadisches Coping 91
  instrumentelle Ebene 204
  kognitive Ebene 205
  regenerative Ebene 205
  Strategie 204
  Verhaltensprävention 202
Stressoren, Klassifikation 202
Stresssituation, Bewertungsprozess 204
Systemklarheit 117

T

Taylorismus 197
Taylor'sches Führungsprinzip 249
Team 273
  aufgabenorientiertes 275
  Auftrag 274

besondere Fähigkeiten 266
beziehungsorientiertes 275
Definition 275
direkter Kontakt 272
Gruppengröße 270
Klima 288
Kohäsion 274
Merkmale 269
Phasen, Gruppenentwicklung 270
Rollendifferenzierung 272
Standards 273
Unterschied Familie/Arbeit 275
Wir-Gefühl 274
Zusammenhalt 274
Zusammensetzung, Mitarbeiter 289
Teamarbeit 237
als beste Arbeitsform 266
Brainstorming 267
Entbehrlichkeitseffekt 268
Familie 265
Gruppendenken 268
Köhlereffekt 268
Motivation 267, 268
Nachteile 267
soziale Erleichterung 268
soziales Faulenzen 267
transaktives Gedächtnis 268
Trotteleffekt 268
Unternehmen 265
Vorteile 267
Teamführung, professionelle
    Beziehungsarbeit 269
Teamklima 288
Beeinflussung 291
Innovation, KVP. 291
Merkmale 289
Sicherheit 290
Standards der Aufgabenerfüllung 290
Ziel, Mission Statement 289
Zugehörigkeit 290
Teamklimaexperte 288
Teamleiter, Besetzungsfehler 2

Teamphasen
  Adjourning 270
  Dauer 270
  Konfrontation 270
  Norming 270
  Orientieren 270
  Performing 270
Teamregeln
  Koordination 274
  Orientierung 274
  Selektion 274
  Stabilität 274
  Vertrauen 274
  Vision 274
Teilzeit- und Befristungsgesetz 304
Teilzeitbeschäftigte, Europa 305
Teilzeiterwerbstätigkeit 295
  Frauen 293
  Mütter 298
Teilzeitführungskraft 304
  Kompetenzanforderungen 308
  Männer/Frauen 305
  Vorteile 306
Teilzeitjob 294
  Elternzeit 292
Theoriewissen 322
Three Mile Island, Atomunfall 192
Topmanager
  Persönlichkeitsmerkmale 42
  Realitätssinn 39
Toyota 246
  Führung durch Vorbild 174
  Führungskraft 175
  KVP (Kaizen) 150
Toyota-Produktionssystem 249
  Beziehungs-Funktionslogik 116
Trainermarkt 295
Transaktives Gedächtnis 268
Transferkompetenz 239
Transformationale Führung, positive
    Beziehung 94
Trotteleffekt 268

U
Überforderung 23
Übergewicht bei Kindern 182
Überlebensrolle 273
Übersummative Intelligenz 239
Unfallhäufigkeit 179
Unfalltodesopfer 179
Unterforderung 23
Unternehmen
    Entwicklungsprozess 249
    Teamarbeit 265
Unternehmenshaltung 330
Unternehmenslogik 112
    Geben/Nehmen 113
Unternehmensphilosophie 330
Unternehmensprofit, Maximierung 252
Unternehmensweitergabe 115
Unternehmensziel 253, 326
Unternehmer, Eltern 44
Unterstützung 321

V
Velcro-Effekt 17
Veränderung zum Guten 153
Veränderungsexperte 38
Veränderungsmanagement 51
    direktives 52
    partizipatives 52
Veränderungsprozess, Erfolgsfaktoren 52
Verbesserung, Optimierung 151
Verbesserungsprozess, kontinuierlicher s. KVP
Verbindlichkeit 132
Verdeckte Verstärkung 211
Verdienstausfall 300
Vereinbarkeit, Familie/Beruf 5, 294
    fragwürdiges Konzept 5
Verhalten, sicherheitskritisches 195
Verhaltensansatz 280
Verhaltensprävention 179, 187, 202

Verhältnisprävention 178, 187
    Ernährung 199
    Vorbildverhalten 193
Versagen 143
    menschliches 191
Vertrauen 260
    Lernerfahrung 95
    Vermögenswert 108
Vision 207, 274
    Handeln 208
    Zweckpessimist 208
Visionär 208
Vollerwerbstätigkeit 272
Vorbild, Führung 174
Vorbildfunktion 174, 175
    Eltern 193
    Führungskraft 174
Vorsatz 211
Vorsorgeuntersuchungen 180

W
5-Way-Methode 223
Wechseljahre 48
Weiterbildungserfahrung, positives Altersbild 314
Weiterbildungskosten 19
Weiterbildungsprogramm, wirkungsloses 3
Weiterbildungsseminar, Effektivität 2
Weiterentwicklung, betriebliche 238
Weltanschauung 159
Weltmarktführerschaft 251
Wert der Familie 12
Werte 34, 131
    Orientierung 130
Werteordnung 159
Wertesystem 159
Wertevorstellungen 159
Wertschätzung 126
    bedingungslose 127, 130
Wertschöpfung, magisches Dreieck 254

Wertschöpfungsprozess 241
Wertstrom übergreifender Prozess 346
Wettbewerb, sozialer 268
Wettbewerbsvorteil, Eltern 11, 296
Wichtigkeit, Eisenhower-Prinzip 87
Wirtschaft-Familie-Verhältnis 6, 8
Wissensarbeiter 43, 164
    als Partner 165
    Eltern 44
    Führungskraft 44
    kontinuierliches Lernen 44
Wochenarbeitszeit, Mütter 297
Work & Life
    Annäherung 6
Work-Life-Balance 5, 13, 111
    Nähe, Distanz 112
Work-Life-Konzept 5
5W, Qualitätsmanagement 223
Würde
    der Familie 12
    des Menschen, unantastbare 98
    Wertschätzungsprozess 346

X

XY-Theorie 161, 306

Z

Zeitbudgetuntersuchung 292, 301
Zeitverwendungsstudie, Eltern 304
Ziel
    aufgeschriebenes 216
    Aushandlungsprozess 84
    Funktion 85
    Motivationskraft 85
    smart formulieren 139
    vorgegebenes 84
    Weg 210
Zielentwicklung 87, 216
Zielerreichung 244
Zielfördergespräch 330
Zielformulierung 139
    Beziehungsarbeit 139
Zielsetzung 87
Zielvereinbarung
    Beziehungsarbeit 85
    Führung 85
Zielvereinbarungsgespräch 330
Zugehörigkeitsbedürfnis 19
Zuhören 121
Zusammenarbeit, vernetzte, Experten 165
Zweiter Weltkrieg 246

springer.com

Willkommen zu den Springer Alerts

Jetzt anmelden!

- Unser Neuerscheinungs-Service für Sie:
  aktuell *** kostenlos *** passgenau *** flexibel

Springer veröffentlicht mehr als 5.500 wissenschaftliche Bücher jährlich in gedruckter Form. Mehr als 2.200 englischsprachige Zeitschriften und mehr als 120.000 eBooks und Referenzwerke sind auf unserer Online Plattform SpringerLink verfügbar. Seit seiner Gründung 1842 arbeitet Springer weltweit mit den hervorragendsten und anerkanntesten Wissenschaftlern zusammen, eine Partnerschaft, die auf Offenheit und gegenseitigem Vertrauen beruht.

Die SpringerAlerts sind der beste Weg, um über Neuentwicklungen im eigenen Fachgebiet auf dem Laufenden zu sein. Sie sind der/die Erste, der/die über neu erschienene Bücher informiert ist oder das Inhaltsverzeichnis des neuesten Zeitschriftenheftes erhält. Unser Service ist kostenlos, schnell und vor allem flexibel. Passen Sie die SpringerAlerts genau an Ihre Interessen und Ihren Bedarf an, um nur diejenigen Informationen zu erhalten, die Sie wirklich benötigen.

Mehr Infos unter: springer.com/alert

Printed by Printforce, the Netherlands